Rüstow, Wilhelm

Der italienische Krieg von 1848 und 1849

Rüstow, Wilhelm

Der italienische Krieg von 1848 und 1849

Inktank publishing, 2018

www.inktank-publishing.com

ISBN/EAN: 9783747774328

Der italienische Krieg von 1848 und 1849.

Mit einer kurzen Kriegstheorie in kritischen Bemerkungen über die Ereignisse.

Von

W. Rüstow.

Mit 6 Blättern Karten und Plänen.

Zürich,
Druck und Verlag von Friedrich Schultheß.
1862.

Erster Abschnitt.

Einleitung. Bis zur Vereinigung der österreichischen Armee am Mincio und der Etsch, anfangs April 1848.

1. Die Entwicklung der Freiheits- und Unabhängigkeitsideen in Italien vom Jahre 1815 bis zur Thronbesteigung Pius des IX.

Die Bewegung in Italien, welche im Jahre 1846, nachdem Pius IX. zum Papste erwählt worden war, aller Welt sichtbar hervortrat, welche durch offenen Kampf in den Jahren 1848 und 1849 ihrem Ziele zustrebte, hatte ihre Motive in dem Drange nach innerer politischer Freiheit, nach Unabhängigkeit vom Auslande, nach nationaler Einheit. Nicht alle Italiener, ja bei weitem nicht einmal die leitenden Köpfe Italiens verbanden diese Motive deutlich und scharf mit einander, nicht alle stellten die drei Dinge auf gleiche Stufe, nicht alle verstanden unter der Einheit dasselbe und nicht alle suchten dasselbe Haupt für die Einheit. So konnte der begonnene Kampf nicht zum erwünschten, zum guten Ende führen; er war ein bloßer Vorläufer künftiger Begebenheiten. Mit Unrecht triumphirten die Gegner von Italiens Einheit und Unabhängigkeit, als Italien aus dem Unabhängigkeitskampfe von 1848 und 1849 ohne Einheit und Unabhängigkeit hervorging; mit Unrecht würden die Italiener und die Freunde Italiens über den Ausgang der Kämpfe von 1859 und 1860 triumphiren; diese können lediglich zeigen, daß eine gute Sache noch nicht verloren ist, wenn sie einmal niedergeschlagen wurde.

Worin die leitenden Köpfe der italienischen Bewegung von 1848 und 1849 wirklich einig waren, das war die Feindschaft gegen Oesterreich, den damaligen Hauptfeind der Unabhängigkeit Italiens. Der Kampf gegen Oesterreich, und zwar unter der Leitung Piemonts, ist daher der prägnanteste

1*

militärische Ausdruck der Bewegung, der militärische Mittelpunkt, um den wie in der That, so in der Erzählung alles Uebrige sich gruppiren muß.

Die äußere Geschichte Italiens in der neueren Zeit, seit der Auffindung Amerika's, ist wesentlich die Geschichte der Kriege, welche auf der einen Seite Frankreich, auf der andern Seite das habsburgische Spanien-Oesterreich um ihren Einfluß auf Italien und in Italien mit einander führten.

Unter der französischen Republik und ihrem Erben, Napoleon I., siegte der französische Einfluß so vollständig als möglich. Napoleon gab Italien, wenn auch keineswegs planmäßig, eine Art Einheit. Piemont, Genua, Parma, Modena, Toscana und Rom vereinigte Napoleon, wie es früherhin schon mit Savoyen und Nizza geschehen war, unmittelbar mit Frankreich. Lombardei, Venetien, Istrien, Südtyrol, die Romagna und die Marken bildeten das „Königreich Italien", unter einem Vicekönig in nächster Abhängigkeit von Napoleon selbst. Das neapolitanische Festland stand unter dem französischen Vasallen Joseph Bonaparte zuerst, dann unter dem französischen Vasallen Murat. Corsica war längst französische Provinz. Mehr als 18 Millionen Italiener somit gehorchten direkt oder indirekt Napoleon und erhielten auf sein Geheiß im Wesentlichen gleiche Institutionen.

Die heilige Alliance rief endlich die Völker gegen Napoleon auf; in Italien war sie durch Oesterreich repräsentirt, und dessen Generale versprachen den Italienern freigebig Einheit, Unabhängigkeit, verfassungsmäßige Freiheit.

Als der Sieg über Napoleon errungen war, ward wie allen übrigen Völkern, so auch den Italienern keine der ihnen gemachten Versprechungen gehalten. Italien kehrte in den Zustand der Zersplitterung zurück, in welchem es sich vor der französischen Revolution befunden hatte. Der Einfluß wechselte, von Frankreich ging er auf Oesterreich über, welches durch seinen direkten Besitz auf italienischer Erde, durch seine Sekundogenituren, durch seine Verbindungen mit Piemont, seine

Verhältnisse zum Papst, seine Verschwägerungen über Italien herrschte. Italien zerfiel in die österreichischen Lande (Venetien und Lombardei), die sardinischen Staaten, das Großherzogthum Toscana, die Herzogthümer Parma, Modena und Lucca, den Kirchenstaat, das Königreich beider Sicilien, das französische Corsica und das englische Malta. Südtyrol, unter der napoleonischen Herrschaft mit dem „Königreich Italien" vereinigt, kehrte in den Verband mit Nordtyrol unter Oesterreichs Szepter zurück. Auch auf die verfassungsmäßige Freiheit harrten die Italiener vergeblich; sie machten dieselbe Erfahrung, wie sie an andern Orten gemacht ward: die wieder eingesetzten alten Regierungen begannen eine entschieden reaktionäre Thätigkeit gegen die liberalen Ideen und die Keime sozialer und bürgerlicher Freiheit, welche die französische Herrschaft unwiderleglich gepflanzt hatte.

Auf die Erringung der politischen Freiheit, nicht der Einheit, richteten sich nun zunächst die Bestrebungen derjenigen, welche in Italien überhaupt dachten und den Druck und die Unwürdigkeit der neu begründeten Verhältnisse fühlten. Der ursprünglich gegen Napoleon gehegte und gepflegte Carbonarismus wendete sich nach dem zweiten Pariser Frieden gegen die neuen alten Regierungen. Im Königreich beider Sicilien war es die unter Murat gebildete Armee, welche eine geringe Anhänglichkeit an die zurückgekehrten Bourbonen gewonnen hatte und, vom Carbonarismus durchdrungen, 1820 das Banner des Aufstandes gegen König Ferdinand I. erhob, indem sie die spanische Corteskonstitution ausrief.

Eine österreichische Armee von 50,000 Mann unter Frimont rückte sogleich vor und machte nach dem leichten Sieg von Rieti über ein neapolitanisches Korps unter Wilhelm Pepe der Erhebung ohne Mühe ein Ende.

Gegen den unterdessen in Piemont ausgebrochenen Aufstand, bei dem gleichfalls die Armee eine Hauptrolle spielte, wendete sich trotz der drohenden Haltung der Lombarden gleichfalls ein österreichisches Korps unter Bubna und schlug ihn im Verein mit einer piemontesischen Abtheilung unter Latour, die dem König treu geblieben war, nieder.

Nach den Siegen der Oesterreicher bei Rieti und Novara trat die Reaktion in Italien mit verschärfter Kraft auf. Die Juliinsurrektion in Frankreich weckte einen neuen Aufstand in Italien, der dießmal seinen Hauptsitz im Kirchenstaat und im Herzogthum Parma hatte und dessen leitender Kopf Mazzini war. Der Versuch der Gründung und Befestigung einer Föderativrepublik in Italien ward im Februar 1831 abermals von den Oesterreichern unter Frimont niedergeschlagen; die Häupter des Aufstandes flohen in das Ausland.

Von jetzt ab beginnt die Idee der Einheit in Italien eine größere Kraft zu erlangen als sie bisher gehabt; deutlich spricht sich dieß allerdings erst in den Vierziger Jahren aus. Die Idee der Einheit muß nothwendig mit jener der Unabhängigkeit Hand in Hand gehen. Oesterreich erschien den Italienern naturgemäß als der sichtbare Feind der Unabhängigkeit und Einheit, zugleich war Oesterreich der Feind der Freiheit. Seine Waffen hatten die Bewegungen von 1820 und 1831 niedergeschlagen. Diese Erfolge hoben den Muth und die Ansprüche der österreichischen Befehlshaber in Lombardo-Venetien und ihrer Truppen. Jene Befehlshaber traten bei verschiedenen Gelegenheiten als die eigentlichen Herrscher in Italien auf. Es änderte nichts darin, daß 1832 der humane Radetzki den Oberbefehl in den italienischen Besitzungen Oesterreichs erhielt.

Dem österreichischen Einfluß ward von den Italienern der ganze Regierungsdruck zugeschoben, welcher auf Italien lastete. Man vergaß oder wollte nicht sehen alles Gute, was Oesterreich in seinen italienischen Provinzen wirklich geschaffen; man sah von ihm nichts als jenes erbitternde Polizeiregiment, welches durch seine Kleinlichkeit alle Schichten einer Nation gegen sich aufbringt, als die Unterdrückung jedes freien und italienischen Gedankens, welche sich vorzüglich in einer bis zum Lächerlichen getriebenen Zensur aussprach. Wo immer eine italienische

Regierung sich gegen die Grundsätze der Freiheit oder Gerechtigkeit verging, da wurde Oesterreich dafür verantwortlich gemacht, man vergaß darüber selbst den verderblichen Einfluß, welchen es auf Italien übte, daß in demselben die finstere Macht des Papstthums, als Theokratie unverträglich mit jedem bürgerlichen Fortschritt, ihren weltlichen Besitz hatte. Immer mehr sah man in der Erhebung gegen Oesterreich, in der Vertreibung der Oesterreicher aus Italien das einzige Heil; in dem direkt von Oesterreich beherrschten Lombardo-Venetien verbreiteten sich zuerst durch die Massen die national-italienischen Ideen und traten an die Stelle der bloßen Freiheitsideen, welche weniger gegen die Zersplitterung Italiens als gegen die Unterdrückung in den italischen Einzelstaaten gerichtet waren. Selbst einzelne Fürsten, aufgereizt durch das befehlshaberische, anspruchsvolle Auftreten österreichischer Generale, wendeten sich den nationalen Ideen zu, ohne dabei freilich, sei es an eine Republikanisirung, sei es an eine monarchische Unifizirung Italiens zu denken.

Seit dem Beginn der Vierziger Jahre ward die nationale Idee gepflegt durch die 1839 in dem am mildesten regierten Toscana entstandenen Gelehrtenkongresse und nicht wenig daneben durch die nähere Betrachtung der materiellen Interessen, welche man mit Recht in ihrem Fortschritte durch die Zersplitterung in viele kleine Herrschaften aufgehalten glaubte. Jeder Schritt Oesterreichs zur Förderung der materiellen Interessen durch Verbündung mehrerer Regierungen traf auf den entschiedensten Widerstand der nationalen Partei, weil man in ihm nichts Anderes sah, als ein Streben Oesterreichs nach der Erweiterung und Befestigung seines, des verhaßtesten fremden Einflusses.

Mehrere Werke und Flugblätter, welche in den ersten Vierziger Jahren erschienen, verriethen die große Verschiedenheit der Ideen von der Einheit und Unabhängigkeit, welche die Geister der Italiener beherrschten.

Mazzini strebte nach einer italienischen Föderativrepublik,

welche durch das Volk errungen, von dem Volke getragen werden sollte. Durch Flugschriften, Agitationsmittel aller Art, durch Aufstandsversuche strebte er seine Meinungen vom fremden Lande aus zu verbreiten, das nationale Gefühl wach zu erhalten, den Haß gegen die Fremdherrschaft und jede Unterdrückung zu beleben.

Gioberti predigte in seinem 1843 erschienenen Werke „über das moralische und bürgerliche Primat der Italiener“ die Herrschaft des Papstes als das wahre Reitungsmittel.

Cäsar Balbo in den „Hoffnungen Italiens“ vertheidigte das Primat Sardiniens, welches, um dasselbe üben zu können, durch die österreichischen Besitzungen in Italien vergrößert werden sollte.

Ziemlich allgemein herrschend ward in den ersten Vierziger Jahren in Italien das Verlangen nach einem italienischen Bunde (Lega italiana) — mit oder ohne Beibehaltung der Fürsten der Einzelstaaten, mit mehr oder minder klaren Begriffen über die Hegemonie und den Hegemonen — und nach der Befreiung der Halbinsel von der Herrschaft der Oesterreicher. Ein Bund der italienischen Fürsten mit einem Hegemonen an der Spitze, das schien bei der allgemeinen Lage Italiens und Europa's in der That zunächst die praktisch ausführbarste Idee, zumal wenn dieser Zustand, den man sich dachte, auf die Vertreibung Oesterreichs aus Italien gegründet werden sollte, die schwerlich anders zu erzielen war, als durch Waffengewalt.

Wenn man die Hegemonie des Papstes verwarf, wie alle vernünftigen Italiener, alle praktischen politischen Köpfe es unbedingt mußten, wenn man die weltliche Hegemonie vorzog, so hatte man nur zwischen zwei Staaten und zwischen deren Fürsten zu wählen, denen der beiden mächtigsten Staaten, des Königreichs beider Sicilien und des Königreichs Sardinien.

Ganz abgesehen von der Persönlichkeit der eben regierenden Herrscher mußte derjenige von Sardinien geneigter sein, als der von Neapel, die nationale Sache mit der Aussicht auf die Hegemonie in seine Hand zu nehmen. Einmal litt er viel direkter von den Anmaßungen und Uebergriffen der Oesterreicher, dann aber hatte er zugleich die Aussicht, mit der Hegemonie eine unmittelbare Vergrößerung seiner Staaten zu erringen, während der König beider Sicilien schwerlich daran denken konnte, sein Land durch das den Oesterreichern abgenommene Lombardo-Venetien, das weit von den Grenzen Neapels entfernte, zu erweitern.

Hiezu kamen aber auch noch die Persönlichkeiten der Herrscher. In Neapel Ferdinand II., in den absolutistischen Traditionen des Bourbonenhauses aufgewachsen, durch seine ganze Natur gestimmt, ihnen gemäß zu handeln, entschiedener Feind jeder selbstständigen Regung des Volks.

In Sardinien dagegen war nach dem Aussterben der graden königlichen Linie der Prinz Karl Albert von Carignan zum Throne gelangt. Karl Albert hatte 1821 mit den Revolutionärs gemeinschaftliche Sache gemacht; allerdings hatte er sie bald verlassen, war nach Toscana geflüchtet und hatte dann durch seine Theilnahme an dem legitimistischen Feldzuge der Franzosen nach Spanien im Jahre 1823, wie später nach seiner Thronbesteigung durch sein entschieden absolutistisches Auftreten sich bei den legitimistischen Höfen wieder rehabilitirt. Indessen hatte er doch immerhin revolutionäre Antezedentien, welche wieder aufgefrischt werden konnten; außerdem, was hier fürs erste mehr galt, war er stolz, leicht aufzureizen durch das Verhalten der anmaßend auftretenden österreichischen Generale, welches ihm vielleicht nur im rechten Lichte dargestellt zu werden brauchte; er war ferner ehrgeizig und einer Vergrößerung seiner Lande nicht im mindesten abgeneigt. Dazu kam, daß Sardinien die am besten organisirte, kriegerischste Armee hatte, in deren Offizieren die nationalitalienischen Ideen stets vielen Anklang gefunden hatten, und die sich nach kriegerischen Thaten sehnte. Die Vertreter der nationalen Ideen versuchten daher ihren Einfluß auf den König Karl Albert, und in dem Maße, als die Erinnerungen an die französische Revolution von 1830 und an die Gefahren schwanden, welche sie dem absoluten Königthum gedroht hatte, wendete sich Karl Albert von Oesterreich ab, in welchem er lange eine Stütze seines Thrones gesehen, und neigte sich den italienischen Bestrebungen zu. Allmälig erwärmte er sich an der Hoffnung auf einen Krieg, in dem er seinem militärischen Geist und Ehrgeiz ein Genüge thun könnte, nicht ohne zugleich dabei zu gewinnen, und begann einen Krieg für Italien gegen Oesterreich bestimmter ins Auge zu fassen. Im Jahre 1841 nahm er zuerst die Gelegenheit wahr, sich Oesterreich feindselig zu beweisen: er ertheilte einer englischen Gesellschaft die Konzession zum Bau einer Eisenbahn von Genua nach dem Lago maggiore, die später nach Ostende weiter geführt und durch welche die indische Post von dem Wege über Triest weggezogen werden sollte. Später trat die Feindseligkeit gegen Oesterreich entschiedener in dem Salzstreite hervor. Sardinien hatte einen Vertrag mit Oesterreich, wonach es sein Salz aus der Lombardei beziehen sollte. Karl Albert kehrte sich nicht an diesen Vertrag, Oesterreich remonstrirte und ergriff dann die Repressalie, die piemontesischen Weine, welche nach Lombardo-Venetien gingen, mit einem sehr bedeutenden Eingangszoll zu belegen. Karl Albert blieb fest, und die italienische Nationalpartei beutete die Sache aus, um den Haß gegen Oesterreich zu schüren und den König von Sardinien desto mehr für sich zu gewinnen. In der Lombardei gestalteten sich bei derselben Gelegenheit die Verhältnisse viel günstiger als bisher für Karl Albert, da jetzt auch der lombardische Adel sich entschieden der Nationalsache anschloß, was bisdahin durchaus nicht der Fall gewesen war.

2. Fortgang der Bewegung von der Thronbesteigung Pius des IX. ab während der Jahre 1846 und 1847 bis zum Ausbruche der Insurrektion im Königreich beider Sicilien.

Unterdessen starb der Papst Gregor XVI. An seiner Statt ward am 16. Juni 1846 der Kardinal Mastai Ferretti vom Konklave erwählt; er trat am 21. Juni unter dem Namen Pius IX. sein Amt an. Die Wahl dieses Mannes war ein Kompromiß. Das Konklave wagte es nicht, einen Kardinal zu der höchsten Kirchenwürde und zur Herrschaft über den Kirchenstaat zu berufen, welcher, wie z. B. Lambruschini, von der öffentlichen Meinung ganz Europa's als entschiedener Feind aller Freiheit und alles Fortschrittes gebrandmarkt war; eben so wenig wollte es einen Mann, dem man, wenn auch im bescheidensten Maße, liberale Gesinnungen, Unabhängigkeit vom blinden Kirchenthum, politische Einsicht zutraute. Es wählte Mastai Ferretti, weil er höchst unbedeutend, unentschlossen, daher lenksam, mehr zum weichen Beharren, als zum harten, selbstständigen Handeln aufgelegt war, und weil doch seine Familie einen gewissen Ruf liberaler Gesinnungen hatte.

Wohlwollend war Pius IX. gewiß, aber doch nur wohlwollend, wie und so weit ein Papst es sein kann, der nicht bloß deßhalb Papst geworden ist, um das Papstthum zu vernichten.

Wie das Konklave Pius IX. um seiner Unbedeutendheit und seines Familiennamens halber gewählt hatte, so beschloß die italienische Fortschrittspartei seine Unbedeutendheit und seinen Familiennamen zu benutzen, um ihn auf die Bahn der Reformen zu treiben, um durch die Sanktion, welche dergestalt gewissermaßen die Kirche der Reform ertheilen würde, auch die übrigen italienischen Staaten fortzureißen. Man ließ daher Pius IX. mit Jubel empfangen und begrüßen, ihn den Befreier und Erlöser Italiens nennen, ehe er sich auch nur den geringsten Anspruch auf einen solchen Titel erworben hatte, um ihn zur Erwerbung des Anspruches zu zwingen. Pius IX. konnte sich bis zu einem gewissen Punkte berauschen lassen; der Papst mußte schließlich immer wieder zum Vorschein kommen. Die praktische Frage war einzig die, bis zu welchen Resultaten nicht bloß im Kirchenstaat, sondern auch für die Staaten des übrigen Italiens, die Berauschung zu treiben sein würde. Sie ging nicht weit.

In der Berauschung ertheilte Pius IX. am 17. Juli eine unbedingte Amnestie. Ein Amnestieakt ist stets ein Akt der Willkür; er beweist nie etwas für die Gerechtigkeitsliebe oder die politische Einsicht desjenigen, welcher ihn vollzieht. Die Fortschrittspartei benutzte diesen Akt, um den Enthusiasmus für den Papst zu steigern, zugleich aber diesen zu weitern Konzessionen zu drängen. Die Konzessionen kamen spärlich, mühsam und langsam. Am 8. August ernannte Pius den beim Volke beliebten Kardinal Gizzi zum Staatssekretär, am 12. März 1847 verkündigte er ein sehr wenig freisinniges Preßgesetz, am 14. Juni setzte er ein Staatsministerium ein und verstand sich zur Einrichtung eines Staatsrathes von 24 Mitgliedern.

Wie wenig nun damit für die Freiheit des römischen Volkes gewonnen, wie wenig die Bahn früherer Kirchenfürsten damit verlassen, wie wenig die mit den Anforderungen des Volkswohls unvereinbare Theokratie gebrochen sein mochte, die Führer der Fortschrittspartei — gewiß nur zum Theil in den Meinungen befangen, welche Gioberti über das päpstliche Primat in Italien gepredigt hatte — hielten es doch selbst für klug, Pius IX. als den Vorfechter Italiens gegen den fremden Druck Oesterreichs hinzustellen, als eine Gelegenheit hiezu sich bot.

Die Gelegenheit war folgende. Oesterreich hatte seit dem Wiener Kongreß das Besatzungsrecht in Ferrara, Comacchio und Piacenza. Als unter dem Einfluß der Konzessionen des Papstes ganz Italien in Bewegung gerieth, als in Ferrara sich eine starke Bürgerwehr bildete und einige Störungen der öffentlichen Sicherheit vorfielen, verstärkte Radetzki die Garnison von Stadt und Zittadelle Ferrara beträchtlich und ließ den Sicherheitsdienst wie im Felde handhaben. Dieß erregte einen großen Sturm; der Kardinallegat Ciacchi zu Ferrara erließ sofort einen Protest dagegen, und der Kardinal Ferretti, welcher kurz vorher an Gizzi's Stelle zum Staatssekretär ernannt worden war, schloß sich diesem Proteste an.

Mehr als das sehr lahme Vorgehen des neuen Papstes mußte der Roman, welchen die Fortschrittspartei in Italien daraus schmiedete, und die Bewegung, mit welcher sie die Halbinsel hiedurch erfüllte, auf die andern italienischen Regierungen wirken. Vorzüglich waren es diejenigen von Toscana und von Sardinien, welche ernstlicher vorgingen.

In Toscana folgten alsobald freiere Bestimmungen über die Presse, welche der Journalismus sofort benutzte, und am 4. September 1847 die Errichtung einer Bürgerwehr. Die Abdankung des Herzogs von Lucca im Oktober 1847 hatte die Vertheilung des Herzogthums auf Toscana, Modena und Parma gemäß den Verträgen von 1815 zur Folge; während andererseits nach dem Tode von Marie Louise, im Dezember 1847, Parma, wo gleichfalls einige Reformen vorgenommen worden waren, an die herzogliche Linie von Lucca fiel.

In Sardinien wehrte sich Karl Albert lange gegen die Forderungen der Fortschrittspartei, welche insbesondere von Genua ausgingen; doch führte er am 3. September 1847 Oeffentlichkeit und Mündlichkeit des gerichtlichen Verfahrens ein, hob die Ausnahmsgerichte auf, gründete einen Kassationshof, übergab die Polizei, welche bisher unter dem Kriegsministerium gestanden hatte, dem Ministerium des Innern, die Zivilregister statt der kirchlichen den weltlichen Behörden und ordnete die Administration der Provinzen und Gemeinden in einer den Zeitbedürfnissen entsprechenden Weise. So wenig dieß alles nach heutigen Begriffen bedeuten mochte, für jene Zeit war es viel.

Toscana und Sardinien eilten, so weit sie ihm nicht schon voraus waren, wenn nicht in Worten, so in Thaten dem Kirchenstaate voraus. Dem Proteste Ferretti's gegen die verstärkte Besatzung Ferrara's durch die Oesterreicher hatten sie sich angeschlossen; ebenso hatten sie mit dem Kirchenstaat auf die Forderungen Ferretti's hin einen Zollverein geschlossen.

Im Kirchenstaate ward die öffentliche Meinung, wenn gleich von den Führern der Fortschrittspartei ziemlich im Zaume gehalten, doch mehr und mehr inne, daß hinter den vielen und großen Worten der päpstlichen Regierung ein ungemein geringer Inhalt stecke. Die Römer benutzten 1847 den Namenstag des Papstes (27. Dezember), um ihre Forderungen zu formuliren. Sie verlangten Preßfreiheit, den italienischen Bund, Oeffentlichkeit der Verhandlungen des Staatsrathes, Kolonisation des römischen Gebiets, Abschaffung der Lotterie, Vertreibung der Jesuiten und noch mehrere Dinge von untergeordneter Wichtigkeit, wobei auch die Judenemanzipation. Pius segnete und versprach, ohne die mindeste Absicht, etwas zu halten.

Am hartnäckigsten aber gegen die Reform stemmten sich der Herzog von Modena, welcher auch den Eintritt in den Zollverein zwischen Sardinien, Toscana und dem Kirchenstaat verweigerte, und der König beider Sicilien, welcher unter dem Vorgeben, daß die Gesetze seiner Länder die besten in ganz Italien wären, sich zu keiner Reform welcher Art immer verstehen wollte. Mit der Güte der Gesetze des Königreichs beider Sicilien hatte es seine vollkommene Richtigkeit, doch wurden diese Gesetze nicht gehalten, die Willkür trat sonach hier in noch unerträglicherer Gestalt auf und es existirte keine öffentliche Gewalt, welche durch zweckmäßige Kontrole darüber hätte wachen können, daß die Gesetze gehalten würden.

3. Der Aufstand im Königreich beider Sicilien.

In Oberitalien hatte sich die Regierung Piemonts der nationalen Idee, wenn auch keineswegs vollständig in dem

Sinn und dem Umfang, wie die am weitesten gehenden Parteien sie verstanden, angeschlossen; in Unteritalien stemmte die Regierung sich ihr entgegen. In Oberitalien gewann die diplomatische, im Interesse des Königs Karl Albert arbeitende Partei täglich mehr die Oberhand, und ihr Einfluß, der sich darauf richtete, einzelne Ausbrüche zu verhindern, erstreckte sich auch auf Mittelitalien. Aber er erstreckte sich nicht auf Unteritalien, und hier bildete sich bei dem Widerstand Ferdinands II. gegen die Reform eine weit verzweigte Partei, welche eben auf das bewaffnete Losschlagen hinsteuerte. Ihre Anhänger hatte sie namentlich in Calabrien und auf der Insel Sicilien.

In Calabrien stand an der Spitze Domenico Romeo. Am 29. August 1847 brach der Aufstand in Calabrien aus. Unter dem Rufe: Es lebe Italien! bemächtigten die Insurgenten sich der Gemeinden und Städte S. Stefano, Reggio, Gerace. Ferdinand II. sendete sofort Truppen zu Schiff gegen Reggio, welche dort am 3. September eintrafen. Die Ausbreitung des Aufstandes war eine geringe gewesen. Der Umstand, daß die Regierung von Neapel zu Palermo den Fäden der Verschwörung auf die Spur gekommen war und zahlreiche Verhaftungen hatte vornehmen lassen, hatte den Muth der Insurgenten niedergeschlagen. So konnten die neapolitanischen Truppen sich Reggio's ohne Widerstand bemächtigen. Ein eingesetztes Kriegsgericht verurtheilte 47 verhaftete Insurgenten zum Tode, von denen 6 wirklich erschossen, die andern auf die Galeeren geschickt wurden. Im Ganzen wurden 1300 Calabresen verhaftet. Romeo, der mit einem Haufen ins Innere, in die Gebirge geflüchtet war, blieb in einem Gefechte gegen die ihn verfolgenden Truppen.

Noch leichter als der Aufstand von Reggio wurden gleichzeitige zu Messina am 1. September, zu Catania und Trapani unterdrückt. Indessen ließen die Sicilianer sich nicht entmuthigen. Von Palermo aus verlangte die Volkspartei beständig die Wiederherstellung der Konstitution von 1812. Da hierauf von Seiten der neapolitanischen Generale lediglich mit neuen Gewaltthätigkeiten geantwortet wurde, erhob sich am 5. Januar 1848, freilich fruchtlos, Messina von neuem, Catania und Trapani folgten dem Beispiel. An den Straßenecken von Palermo wurden in den ersten Tagen des Januar Proklamationen angeschlagen, welche auf den 12. Januar den allgemeinen Aufstand ankündigten.

In der That brach er los; so gering die Erfolge des Volkes an diesem Tage waren, vermochten sie doch den königlichen Generallieutenant de Majo einzuschüchtern; er konzentrirte seine Truppen außer im Castellamare, den Kasernen von Quattro Venti und dem königlichen Palast, noch auf verschiedenen Hauptpunkten der Stadt.

Die Palermitaner, unterstützt durch Abtheilungen des Landvolks, welche die Königlichen zu Monreale und Bagheria entwaffnet hatten und sich nun der Hauptstadt zuwendeten, ermuthigt durch die schlaffe Haltung, welche de Majo angenommen, erneuerten am 13. Januar 1848 den Kampf, und dießmal mit glücklicherem Erfolg.

Ferdinand II., von den Vorfällen zu Palermo unterrichtet, ließ sofort 5000 M. unter General Desauget dorthin einschiffen. Desauget landete am 15. Januar zu Palermo und nahm Aufstellung bei den Quattro Venti. An demselben Tage ließ de Majo vom Castellamare aus das Bombardement der Stadt beginnen und setzte es trotz des Protestes der Konsuln der fremden Nationen die folgenden Tage fort.

Am 18. Januar ließ de Majo vier königliche Dekrete verkündigen, durch welche die Wiederherstellung des besondern sicilianischen Ministeriums, der frühern sicilianischen Administration, die Vermehrung der Befugnisse des Staatsrathes verkündet wurden. Der Graf von Aquila sollte als Generallieutenant an die Spitze der Regierung der Insel treten.

Diese Konzessionen befriedigten die Sicilianer nicht im mindesten; der Straßenkampf dauerte fort, und auf eine Anfrage de Majo's an das Revolutionskomite: Was die Insel verlange? erwiederte dieses, die Sicilianer würden die Waffen nicht eher niederlegen, als bis ein zu Palermo versammeltes sicilianisches Parlament die passende Konstitution für die Insel beschlossen haben werde.

Vom 23. bis 25. Januar bemächtigten sich die Palermitaner aller bisher noch von den Truppen besetzten Gebäude um den königlichen Palast und schlossen in diesem de Majo völlig ein, während Desauget, innerlich selbst der Revolution zugethan, sich darauf beschränkte, seine Position an den Quattro Venti zu behaupten. De Majo gab darauf den königlichen Palast auf und zog sich nach den Quattro Venti zurück. Hier übergab er alle seine Vollmachten an Desauget und schiffte sich nach Neapel ein. Am 27. Januar knüpfte darauf Desauget mit dem Insurrektionskomite Unterhandlungen über freien Abzug an. Man konnte über die Bedingungen nicht einig werden, und Desauget marschirte nun mit seinen demoralisirten Truppen, unterwegs mehrmals von den Insurgenten beunruhigt, nach Solanto ab, wo er sich am 31. Januar einschiffte. Nur das Castellamare zu Palermo hatte er besetzt gelassen.

Zu Messina zog der General Nunziante, als er den Abzug Desaugets von Palermo erfuhr, alle Truppen aus der Stadt in die Zittadelle zurück.

Zu Catania und Trapani kamen Kapitulationen zwischen Volk und Truppen zu Stande.

Ferdinand II. befahl darauf auch die Räumung von Syracus und des Castellamare von Palermo, so daß die Königlichen auf der ganzen Insel lediglich noch die Zittadelle von Messina behielten. Die Insurrektion, als deren Chef von Anbeginn der Admiral Ruggiero Settimo anerkannt war, einer der edelsten Männer Siciliens, schien daher auf der Insel vollkommen siegreich.

Die Nachrichten, welche von der Insel nach dem Festlande herüberkamen, konnten ihren Einfluß auf das letztere nicht verfehlen. In der That folgten Volksbewegungen in den Abruzzen, dem Molise, in der Provinz Salerno. In der Hauptstadt Neapel verlangte am 29. Januar ein zahlreicher

Volkshaufe, der sich in der Via Toledo sammelte, die Konstitution. Ferdinand II. wollte die Truppen einschreiten lassen; indessen auf den Rath des Platzkommandanten, Generals Statella, dem das Volk zu übermächtig schien, ließ er sich herbei, eine Konstitution zu versprechen, die am 10. Februar unterzeichnet, am 11. verkündet und am 24. feierlich vom Könige und der Armee beschworen wurde.

Auf dem neapolitanischen Festlande schien hiemit Alles abgemacht; das Festland war in die konstitutionelle Bahn eingetreten und es schien nur noch erforderlich, daß man sich jetzt auf dem Wege der Unterhandlungen mit der siegreichen sicilianischen Revolution verständige.

4. Einfluß des Aufstandes in Unteritalien auf den Rest der Halbinsel; die französische Februarrevolution und der Mailänder Aufstand.

Der rasche und überraschende Gang der Dinge wirkte, wie vorauszusehen war, auf Ober- und Mittelitalien. Das langsame Vorwärtsschieben genügte nicht mehr. Karl Albert, der eine Verfassung bisher verweigert hatte, unter dem Vorgeben, daß sie dem bevorstehenden Unabhängigkeitskampfe eher schädlich als förderlich sein möchte, ließ, nachdem am 29. Januar Ferdinand II. den Neapolitanern eine solche versprochen, deren Grundlagen für Piemont am 7. Februar 1848 von seinen Ministern berathen. Er glaubte nicht ohne Gefahr, die Hegemonie seinen Händen entschlüpfen zu sehen, hinter dem Könige der beiden Sicilien zurückbleiben zu können. Am 4. März, nachdem der Ausbruch der französischen Februarrevolution noch zu weiterer Eile angespornt und die Gefahr einer republikanischen Bewegung auch in Italien näher gerückt hatte, wurde die Verfassung (Statut) für das Königreich Sardinien verkündet.

Der Großherzog von Toscana bewilligte am 17. Februar seinem Lande eine Verfassung.

Der Papst dagegen wollte den Forderungen der Römer

in gleichem Sinne nicht entsprechen. Er wehrte sich entschieden dagegen, daß der Staatsrath sich etwa als ein Parlament betrachte, er wollte das Wort Konstitution nicht aussprechen hören; kurz der Papst siegte in Pius IX. stets über den weltlichen Fürsten, bis die Erklärung der Republik in Frankreich auch ihn auf andere Gedanken brachte und ihn am 14. März zur Verkündung einer Verfassung bestimmte. Jedoch ward dieselbe nicht in Form einer Bulle verkündet, wodurch der beschränkte Priester sich das Recht zu bewahren gedachte, die Verfassung unter für ihn günstigeren Umständen sogleich wieder zurücknehmen zu dürfen.

Der Herzog von Modena weigerte sich, auch nur eines seiner Rechte als absoluter Fürst aufzugeben und antwortete den Forderungen seines Volkes damit, daß er österreichische Truppen zu seiner Unterstützung herbeirief.

Während in Mittelitalien und in Sardinien die Dinge sich so weit ohne offenen Kampf entwickelten, war das nicht der Fall in Lombardo-Venetien, wo der italienischen Nationalpartei der von allen als gemeinsam anerkannte Feind, Oesterreich, in Waffen gegenüberstand.

Die erste Gelegenheit zu einer Demonstration in nationalitalienischem Sinne bot sich für die Lombarden, als nach dem Tode des Mailänder Erzbischofs, Graf Gaisruck, eines Deutschen, in Uebereinstimmung mit den Wünschen der Bevölkerung ein geborner Lombarde, Romilli, bisher Bischof von Cremona, auf den erzbischöflichen Stuhl von Mailand erhoben ward und am 6. September 1847 seinen Einzug in die Hauptstadt der Lombardei hielt. Obgleich die Anspielungen auf frühere Verhältnisse, den Kampf der lombardischen Liga gegen Friedrich Barbarossa und die Rolle, welche dabei der Mailänder Erzbischof gespielt hatte, ursprünglich bei der Einholung beabsichtigt, durch Verbote der Regierung verhindert wurden, ward diese Einholung doch zum wirklichen Volksfest; ganz Mailand und ein großer Theil des lombardischen Adels war auf den Beinen, um den im Lande selbst gebornen Kirchenfürsten zu

2*

empfangen. Während der Illumination am Abend kam es zu mehrfachen Ruhestörungen, Angriffen der aufgeregten Menge auf die Polizei.

Eine andere Gelegenheit zu Demonstrationen bot ein Antrag, den der Abgeordnete Nazzari in der Provinzialkongregation stellte, — eine Kommission zu ernennen, welche einen Bericht über die Lage des Landes und die Ursachen des Mißvergnügens erstatten sollte. Die Kommission trat, da die Provinzialkongregation durch das Volk ermuntert ward, zusammen und verlangte: eine abgesonderte Verwaltung unter dem von eingebornen italienischen Räthen unterstützten Vicekönig; eignes Büdget und Beiträge zu den Ausgaben des Kaiserreichs im Allgemeinen nur nach billigem Verhältniß, Zollreform, Beschränkung des Militärdienstes, Oeffentlichkeit der Gerichtsverhandlungen, bessern Schutz der Personen gegen die Polizeiwillkür.

Kaiser Ferdinand von Oesterreich antwortete ausweichend. Er erbitterte dadurch und stärkte die Opposition. Auf den 1. Januar 1848 ward ein Krieg gegen das Tabaks- und Lotterieregal angekündigt, und der erstere begann an dem vorbezeichneten Tage in den Straßen von Mailand wirklich. Oesterreichische Offiziere und Soldaten, welche sich rauchend auf den Straßen sehen ließen, wurden von der Bevölkerung angegriffen und insultirt; das österreichische Militär, hiedurch gereizt, von seinen Offizieren noch aufgestachelt, organisirte in den nächsten Tagen vollständige Herausforderungen, und die Aergerlichkeit der Auftritte, welche hieraus folgten, nahm beständig zu. Es gab dabei auf beiden Seiten Todte und Verwundete.

Radetzki drohte; er mochte den besten Willen haben, sogleich loszuschlagen, ward indessen daran durch das Zivilgouvernement gehindert. Zahlreiche Konferenzen, denen unter dem Vorsitz des Erzherzogs-Vicekönigs Radetzki, der General Graf Ficquelmont — seit dem Ferrareser Handel als geschickter Diplomat nach Italien gesendet, der Zivilgouverneur und der Generalpolizeidirektor beiwohnten, hatten keine andere

Folge, als jedes ernste Auftreten hinauszuschieben, während doch auch der Weg rechtzeitiger und zweckmäßiger Konzessionen nicht betreten ward.

Der Geist, welcher in Mailand beständig wuchs, dieser Stadt, welche durch die Natur und das Temperament ihrer Einwohner der Bildung und dem Umsichgreifen von Volksbewegungen besonders günstig scheint, verbreitete sich auch über die anderen Städte der Lombardei und zeigte sich nicht minder lebhaft und kräftig im Venetianischen. Am 8. Februar 1848 brachen gleichzeitig ernste Unruhen in den beiden Universitätsstädten Pavia und Padua aus.

Radetzki verkündete das Standrecht. Die Gemüther erhitzten sich immer mehr. Was zu Paris, was im übrigen Italien geschah, schürte die Flamme. Nun kam der Wiener Aufstand vom 15. März Die Nachricht von ihm gab das Signal zum Mailänder Aufstand.

Mailand war 1848 eine Stadt von gegen 170,000 Einwohnern. Der Umfang der niedrigen Wälle, welche die Stadt keineswegs zu einer Festung machen und viel eher als Spaziergänge zu benutzen sind, betrug $1^1/_2$ deutsche Meilen, schloß aber außer der eigentlichen Stadt noch viele sehr licht gebaute Vorstädte ein, so daß jene, dicht zusammengedrängt, wenige breite Straßen und fast gar keine, einigermaßen diesen Namen verdienenden Plätze hat. Innerhalb des Hauptumfangs an der Nordwestseite der Stadt liegt das alte viereckige Kastell, ein weitläufiges, zu Kasernen benutztes festes Gebäude, welches wiederum eine alte, aus der Zeit der Visconti stammende, von den Sforza erweiterte Burg, die Rochetta, einschließt. Das Kastell bildete früher das Reduit der fünfeckigen bastionnirten Zittadelle, welche noch von Bonaparte 1796 belagert, in der napoleonischen Zeit geschleift ward und deren ehemaligen Umfang jetzt nur vierfache Baumalleen bezeichnen. Der frühere Hof der Zittadelle bildet jetzt einen geräumigen Exerzierplatz (Piazza d'armi). Nordwestlich der Zittadelle liegt die zu Pferderennen und andern ähnlichen Spielen benutzte Arena. Von den Thoren, gewöhnlichen von Wachthäusern eingefaßten Barrieren nennen wir zuerst den Arco della Pace, an der der Kastellfront gegenüberliegenden (nordwestlichen) Grenze des Exerzierplatzes, dann folgen im Umfange der Stadt, indem wir zunächst uns nach Norden und Osten wenden, die Porta Tenaglia, Porta Comasina (Nordpunkt des Umfangs), Porta Nuova, Porta Orientale, Porta Tosa (Ostpunkt des Umfangs), Porta Romana, Porta Vigentina, Porta Ludovica, Porta Ticinese (Südpunkt der Stadt), Porta Vercellina (Westpunkt der Stadt). Von wichtigen Gebäuden befindet sich der Dom fast in der Mitte der eigentlichen Stadt, dicht bei ihm der Palast des Erzherzog-Vizekönigs, gewöhnlich die Burg genannt, und der erzbischöfliche Palast; das Munizipalitätsgebäude (Broletto), ein alterthümlicher, von engen Gassen umschlossener Bau, liegt etwa halbwegs zwischen dem Kastell und dem Dom, das Gouvernementsgebäude dagegen im östlichsten Theile der Stadt zwischen Porta Orientale und Porta Tosa. Ganz Mailand ist von unterirdischen Abzugskanälen durchzogen, deren Reinigungslöcher mit großen Quadern bedeckt sind.

Am 17. März kam die erste Nachricht von den Wiener Ereignissen nach Mailand. Am 18. verkündeten dieselben der Mailänder Bevölkerung gedruckte Proklamationen des Zivilgouvernements an den Straßenecken. Der Erzherzog-Vizekönig hatte schon am 17. Mailand verlassen. Der 18. März brach an in gespannter Erwartung wichtiger Dinge von beiden Seiten, von Seiten des Volks sowohl, als des österreichischen Militärgouvernements.

Gruppen bildeten sich um die Proklamationen, welche alle vom Kaiser Ferdinand bewilligten Reformen aufzählten; Führer fanden sich; ein Volkshaufe zwang den Grafen Casati, Podestà von Mailand, sich mit andern Mitgliedern der Munizipalität nach dem Gubernialgebäude zu begeben, um die Errichtung einer Bürgerwehr und Waffen zu verlangen. Der Vizegouverneur O'Donnell, welchen man im Gubernialgebäude traf, ward gezwungen, vier Dekrete zu unterzeichnen, durch welche die Auflösung des Polizeibataillons, der Uebergang des Gendarmeriekommando's an den Podestà, die Aufhebung der Polizeidirektion und deren Uebergang an die Munizipalität, die Abgabe der Waffen des Polizeibataillons an die Bürgerwehr angeordnet ward. O'Donnel ward darauf gefangen abgeführt.

Gleichzeitig erhoben sich auf den verschiedensten Punkten der Stadt Barrikaden, die kunstmäßig angelegt, alsbald ein ganz zweckmäßiges System bildeten. Die Steine des aufgerissenen Pflasters wurden in den Fenstern und in den Balkonen der Häuser aufgeschichtet, um als Geschosse zu dienen, Gallerieen wurden durch die Häuserviertel gebrochen, um die Barrikaden in den verschiedenen Straßen mit einander in Verbindung zu setzen, die Reinigungslöcher der Abzugskanäle wurden aufgedeckt, um die Bewegungen der Kavallerie zu behindern. Schon kam es an einzelnen Punkten zu Zusammenstößen zwischen Volk und Militär, bei welchen das letztere von den Feuerwaffen Gebrauch machte, und die Sturmglocken heulten von allen Thürmen und riefen das Volk zum Aufstande auf.

Radetzki gebot in der Lombardei und Venetien über etwa 72,000 M. Vergebens hatte er seit langer Zeit eine Verstärkung seiner Truppenmacht auf 150,000 M. verlangt. Immerhin wären die Kräfte, über welche er verfügte, bedeutende gewesen, hätte er sie vereinigen können. Dieß war unmöglich: die Truppen waren auf die zahlreichen und volkreichen großen Städte des Landes vertheilt, um diese im Zaum zu halten; wie sparsam man immer die Besatzungen des Festungsvierecks an Etsch und Mincio bemessen mochte, sie nahmen doch eine beträchtliche Zahl von Bataillonen weg; die Brigade Strassoldo war gegen die Tessiner Grenze vorgeschoben, um diese zu beobachten und Zuzüge von dorther abzuhalten; ebenso die Brigade Maurer gegen den Tessin, von woher man einen Einbruch Karl Alberts besorgte. So blieben für Mailand selbst nur 10 Bataillone, 5 Eskadrons und 6 Batterieen zu 6 Geschützen, wenig über 10,000 M.

Radetzki hatte schon am 17. den Befehl ertheilt, daß die Soldaten, obgleich sie nicht in den Kasernen konsignirt wurden, sich doch am Vormittag des 18. nicht durch die Stadt zerstreuen sollten. Am frühen Vormittag des 18. erhielt er ein Schreiben O'Donnells, in welchem ihn dieser ersuchte, durchaus keine militärische Macht zu entwickeln, bis er selbst darum bitten würde. Radetzki wartete vergebens auf eine Bitte O'Donnells. Unterdessen zeigte sich von 10 Uhr Vormittags ab eine immer steigende Unruhe in der Stadt; immer dringendere Meldungen liefen ein. Als dann endlich die Nachricht kam, daß das Gubernialgebäude und O'Donnell in den Händen des Volkes seien, ließ Radetzki die Garnison allarmiren; schon vorher hatte er sich mit den Offizieren seines Stabes auf den Kastellplatz begeben.

Hier traf er die militärischen Anordnungen. Zunächst glaubte er natürlich den Aufstand binnen kurzer Zeit niederschlagen zu können. Ein General in der Lage Radetzki's wird immer nach zwei verschiedenen Seiten hingezogen. Die rationellste Art die Truppen zu verwenden ist unter den hier obwaltenden Verhältnissen unzweifelhaft diese: die Stadt, welche im Aufstand begriffen ist, durch die vorhandenen militärischen Kräfte abzusperren, ihre Verbindung mit dem umliegenden Lande zu verhindern, sich selbst diese Verbindung frei zu halten, zur Offensive nur dort zu greifen, wo sich Zentren des Volksaufstandes bilden, wo Massen sich formiren, gegen welche die reguläre Streitmacht ihre Ueberlegenheit wirklich beweisen kann, oder dort, wo die Volksmacht sich anschickt, den Plan der Truppen und ihrer Führer zu durchkreuzen, wo sie gegen die Ausführung dieses Planes auftritt.

Aber es ist klar, daß dieser Idee gemäß selten konsequent gehandelt werden wird. Plötzlich nämlich entwickelt sich in einer großen Stadt ein Aufstand; die Truppe hat in der Stadt und an verschiedenen Punkten derselben Besitzthümer, an welche zum Theil ihr Wohl gebunden ist; erwähnen wir hier nur der Kleidungs-, Ausrüstungs- und Munitionsvorräthe;

diese Besitzthümer sucht man unwillkürlich zu schützen oder, sind sie im ersten Augenblick an das Volk verloren gegangen, zu retten, wiederzugewinnen. Ebenso verhält es sich, wenn einzelne Personen von Bedeutung, welche der bisher herrschenden Partei, der Partei der Truppe angehören, im ersten Momente abgeschnitten, gefangen gemacht worden sind, wenn vereinzelte Truppenabtheilungen selbst eingeschlossen und in eine üble Lage versetzt worden sind. Hier treten der Egoismus und das Gefühl der Kameradschaft bestimmend ein. Der General, welcher den Aufstand bezwingen soll, läßt sich um so eher zu einer Zersplitterung seiner Kräfte fortreißen, als er selten frei genug von Vorurtheilen sein wird, um im ersten Moment die Gefahr seiner Lage zu begreifen und einzusehen, daß er doch wohl nicht im Stande sein könne, trotz der innern Ueberlegenheit seiner regulären Truppen, durch Schrecken und Gewalt des anfangs ungeordneten und wenig einheitlich geleiteten Aufstandes Herr zu werden. Tritt dann noch hinzu, daß die Stärke der Truppen im Verhältniß zur Bevölkerung der zu bezwingenden Stadt gering ist, so werden selbst die für die Befolgung des wahren und rationellen Plans bestimmten Truppen leicht in die Zersplitterung zur Verfolgung von nebensächlichen Zwecken hineingerissen und nicht wenig trägt es zu den gleichen Resultaten bei, wenn durch vorhergegangene Zusammenstöße und Aufreizungen es dahin gekommen ist, daß jeder untergeordnete Truppenführer, ja jeder Soldat, in jedem Mann des Volkes einen persönlichen Feind sieht.

Alle Schwierigkeiten, welche wir hier aufgeführt haben, existirten, man kann es nicht läugnen, für Radetzki. Und obwohl er den richtigen Weg ohne Schwanken erkannte und ohne Zaudern betrat, ließ er sich doch zu jenen Einzelkämpfen fortreißen, welche der Truppe fast durchaus verderblich sein müssen.

Die Wallumfassung Mailands mit ihren Thoren, wie unbedeutend und unnütz sie auch zur Abwehr eines äußern und wohlgerüsteten Feindes sein mochte, bot immerhin der zur Unterdrückung des Aufstandes bestimmten österreichischen Besatzung von Mailand eine fest und scharf vorgezeichnete Linie, auf welcher sie, unter Benutzung der anstoßenden Häusergruppen, nach außen und innen Front machen und den anfangs von uns bezeichneten Zwecken dienen konnte; und das Kastell gab ein, wenn auch keineswegs vorzügliches Zentrum für diese Linie ab.

Radetzki vertraute die Besetzung der nördlichen und östlichen Seite des Umfanges der Brigade Wohlgemuth; die Besetzung der westlichen und südlichen der Brigade Clam an; während er den Rest der Truppen vorläufig noch als Reserve beim Kastell zusammenhielt, aber bald den General Rath zur Behauptung des Doms, der Burg und des erzbischöflichen Palastes entsendete.

Sowohl Wohlgemuth als Clam verwickelten einzelne Abtheilungen ihrer Truppen in abgesonderte Straßen- und Barrikadenkämpfe, bei denen weder Ehre noch Vortheil zu holen war, ersterer insbesondere beim Gubernialgebäude.

Rath mußte sich mit dem ungarischen Grenadierbataillon Weiler und zwei Jägerkompagnieen den Weg durch die engen, von dem Volke besetzten Straßen nach dem Domplatze bahnen; hier besetzte er mit den Jägern das platte Dach des Domes und es gelang ihm, den Platz wirklich rein zu halten, was indessen für den Erfolg des Kampfes im Allgemeinen ohne alle Bedeutung war.

Erst am Abend des 18. richtete Radetzki auch vier Kompagnien des Regiments Paumgarten unter Oberst Döll gegen den Broletto, der allerdings vom Volke besetzt war, in dem sich aber nicht, wie es der Feldmarschall voraussetzte, der Sitz der jetzt noch den Aufstand leitenden Munizipalbehörde befand. Erst nach längerem Kampfe und nachdem ein vorgeführter Zwölfpfünder das Thor des Broletto eingeschossen hatte, konnte das Gebäude erstürmt werden, in welchem man 250 Gefangene machte, unter welchen sich aber keiner von denjenigen befand, um deren willen der Sturm unternommen worden war.

Am Abende des 18. März trat ein heftiger Regen ein,

welcher nun auch alle folgenden Tage des Straßenkampfes anhielt und den Truppen, die zum größten Theile biwakiren mußten, vieles Ungemach bereitete, während das mit Ablösungen arbeitende Volk abgelöset Schutz und Unterkommen in den Gebäuden finden konnte.

Am 19. März begann der Kampf auf allen Punkten mit erneuerter Heftigkeit. Die Munizipalbehörde, Casati an der Spitze, konstituirte sich als provisorische Regierung der Lombardei und sendete Dekrete in das umliegende Land aus, durch welche sie dieses zu den Waffen und zum Zuzuge auf Mailand rief. Neben dieser provisorischen Regierung bildete sich, um Einheit in die Führung des Kampfes zu bringen, ein Kriegsrath, an dessen Spitze sich der Philosoph Carlo Cattaneo stellte. Cattaneo, welcher die Verkündung der Preßfreiheit sofort benutzt hatte, um ein Journal zu gründen, hatte am 18. noch zur Ruhe, zum Warten ermahnt. Er dachte sich den Zustand des erneuten und befreiten Italiens als den einer Föderativrepublik. Er fürchtete, daß bei zu raschem Vorgehen der Bewegung nur Karl Albert ihre Früchte ernten und weder der vollen Unabhängigkeit, noch der wirklichen Freiheit ernsten Nutzen bringen würde. Er hatte beständig vor Augen, daß Italiens glorreichste Erinnerungen nicht monarchische, sondern republikanische sind. Als aber der Kampf einmal entbrannt war, brachte er seine privaten Ansichten entschlossen zum Opfer und eilte herbei, um an der Seite seiner Landsleute zu kämpfen und den Kampf, so weit es an ihm liege, zum guten Ende zu führen.

Die provisorische Regierung ernannte den alten General Lechi, der schon unter Napoleon gedient hatte, und sein Hauptquartier im borromäischen Palaste nahm, zum militärischen Chef; aber die eigentliche miliärische Leitung war in der That in den Händen des Kriegsrathes.

Radetzki erkannte am 19., daß die Behauptung der verschiedenen Punkte im Innern der Stadt eine Kraftzersplitterung nothwendig zur Folge haben müsse, die keine guten Erfolge haben könne. Er rief deßhalb den General Rath vom Domplatz nach dem Kastell zurück, wohin dieser sich auch, wenn gleich nicht ohne bedeutende Anstrengungen und Verluste den Weg öffnete. Der Umfang der Stadt konnte nun stärker besetzt werden.

Diese Besetzung brachte den Truppen nicht den vollen Vortheil, welchen sie ihnen gewähren konnte, wenn das Land um Mailand nicht auch insurgirt gewesen wäre. Die Beitreibung der Lebensmittel für die Soldaten stieß auf viele Schwierigkeiten und die Boten, die Radetzki aussendete, um die detachirten Truppentheile nach Mailand zurückzurufen, konnten zum Theil, von den Insurgenten aufgefangen, nicht an ihre Bestimmungsorte gelangen, während andererseits die Truppenkommandanten den ihnen zugegangenen Befehlen nicht völlig zu entsprechen vermochten, theils weil die von ihnen befehligten Soldaten als geborne Italiener selbst zur Volkspartei übergingen, theils weil die mächtige Insurrektion, in der Lombardei immer mehr um sich greifend, ihnen alle Straßen verlegte, theils endlich, weil die O'Donnell abgezwungenen Verfügungen, in allen Richtungen in der Lombardei verbreitet, Unsicherheit und Unentschlossenheit bei den vereinzelten Truppenkommandanten zur Folge hatten.

Aber daraus, daß die Besetzung der Wälle seitens der Oesterreicher nicht alle die Früchte trug, welche sie hätte tragen können, darf man durchaus nicht schließen, daß sie eine falsche Maßregel war; im Gegentheil war sie die beste, welche man treffen konnte. Und wer daran zweifeln wollte, der kann sich am besten davon überzeugen, wenn er die Verlegenheiten kennt und erwägt, in welche gerade durch sie die Volkspartei in Mailand versetzt wurde.

So gut oder schlecht es sei, die österreichischen Truppen in Mailand verpflegten sich am Ende; auch schlugen sie die Freischaaren zurück, welche von außen her sich den Thoren näherten. Wären den einzelnen Truppenkommandanten von früher her ganz bestimmte Verhaltungsbefehle zugegangen, so daß sie nicht durch augenblicklich auf sie hereinstürmende Proklamationen und Manifeste irre gemacht werden konnten, so hätte auch die Insurrektion im Umlande der Hauptstadt kaum die Kraft erlangen können, jede Verbindung des Hauptquartiers Radetzki's mit seinen Brigadekommandanten zu unterbrechen und vornämlich auch die Munitionsnachschübe aufzuhalten, welche vornämlich den österreichischen Truppen in Mailand fehlten.

Aber man würde sich sehr irren, wenn man glaubte, daß die Mailänder Volkspartei nicht unter dem Unterbruch der Verbindung mit außen gelitten hätte. Wäre diese Verbindung da gewesen, so würden die Freischaaren, welche vom Po und aus den Bergen des Nordens her der bedrängten Hauptstadt zu Hülfe eilen wollten und sich an den Thoren zeigten, nicht so leicht von den Truppen Radetzki's aufgehalten worden sein.

In der That fühlte man in der Stadt den Mangel der Verbindung; deßhalb einzig und allein bediente sich der Kriegsrath der Luftballons, um seine Proklamationen und Manifeste in das umliegende Land zu tragen, und deßhalb allein machte Cattaneo verschiedene mißlungene Versuche, die Verbindung zwischen den österreichischen Posten am Umfange der Stadt zu unterbrechen, besonders gegen die Westseite hin, von der man die piemontesische Hülfe erwartete.

Auch am 20. dauerte der Kampf fort. Unter den verschiedenen Mitteln, Mailand zur Unterwerfung zurückzubringen, welche im Hauptquartier Radetzki's zur Sprache kamen, war auch das eines Bombardements mittelst der 12 Feldhaubitzen, über welche man verfügte. Das Korps der fremden Konsuln stellte sich darauf bei dem Marschall ein, um gegen diese Maßregel zu protestiren. Nach längeren Verhandlungen ließ sich Radetzki zur Annahme eines Vorschlages bestimmen, welchen die Konsuln machten. Er wollte auf einen vierzehntägigen Waffenstillstand eingehen, während dessen Verhaltungsbefehle und eine Entscheidung von Wien gefordert werden sollten. Aber die revolutionäre Behörde von Mailand wollte auf diesen Vorschlag nicht eingehen, ebenso verwarf sie einen dreitägigen Waffenstillstand. Der Kampf ward ohne Unterbrechung fortgesetzt, doch unterließ Radetzki das Bombardement.

Es ist sehr fraglich, ob bei den Zuständen, welche Ende März in Wien und im ganzen österreichischen Kaiserstaat herrschten, die österreichische Regierung sich nicht zu einer Losgebung Lombardo-Venetiens verstanden hätte. Indessen mit Sicherheit war darauf nicht zu rechnen, und konnte man nicht zu einem so schnellen und günstigen Ende gelangen, so war allerdings der Vortheil bei dem Waffenstillstande wesentlich auf Seiten der Oesterreicher. Radetzki konnte sich der ihm noch gebliebenen Truppen versichern, sie unter seine Hand bringen, Munitionsvorräthe heranziehen und nach dem Ablaufe des Waffenstillstandes mit verstärkter Kraft und klarerer Einsicht in die Lage von neuem zum Werke schreiten. Die Verwerfung des Waffenstillstandes seitens der Volkspartei war daher gerechtfertigt.

Am 21. fand sich als Abgeordneter Karl Alberts der Graf Martini in Mailand ein.

Karl Albert ward durch die französische Februarrevolution in eine große Bestürzung versetzt. Jetzt, da ihm die Nothwendigkeit zu handeln entschieden nahe trat, wußte er sich nicht zu entschließen. Er hatte sich die Lage ganz anders gedacht, als wie sie nun wirklich gekommen. Auf der einen Seite sah er mit Schrecken die Möglichkeit, daß sein Land bald rings von Republiken umgeben sein könne, der französischen im Westen, der schweizerischen im Norden, einer lombardisch-venetianischen im Osten. Würde Piemont unter solchen Umständen als Monarchie weiter bestehen können. Indem man der Lombardei zu Hülfe kam, indem die Monarchie sich der Sache der Revolution annahm, sich an deren Spitze stellte, schien sie sich selbst erhalten zu können. Andererseits aber, durfte die Monarchie revolutionär auftreten, ohne sich wiederum in Gefahr zu bringen? Aus diesem Dilemma mochte es — so wunderbar sind die Ideenverbindungen in den Köpfen der legitimistischen Politiker — mochte es retten, wenn die Lombardei, indem sie die

Hülfe des italienischen Königs anrief, sich seinem Scepter unterwarf.

Mit einer Anfrage in solchem Sinne kam Martini nach Mailand. Das Volk von Mailand war im Ganzen nicht viel mehr für den König von Sardinien eingenommen als für den Kaiser von Oesterreich, seine Neigungen waren vorherrschend republikanische. Andererseits durfte man sicherlich die Unterstützung eines wohlgeordneten Heeres nicht ohne Weiteres von der Hand weisen. Wenn es auch dem reinen Volksaufstande gelang, die Oesterreicher aus allen offenen Städten des Landes zu verjagen, so war damit noch nichts gewonnen. Aller Wahrscheinlichkeit nach blieben die Oesterreicher im Besitz einer Anzahl von Festungen, und wenn selbst dieses nicht der Fall gewesen wäre, konnten sie reorganisirt in den angrenzenden deutschen Provinzen und verstärkt aus ihnen wiederkehren. Es galt dann, sie im freien Felde zu schlagen. Dazu genügte der Volksaufstand nicht. Konnten nun die Lombardei und Venetien auch zur Organisation regulärer Truppen schreiten, so brauchte es dazu doch Zeit, so viel Zeit, als die Oesterreicher wahrscheinlich nicht dazu ließen, und man mußte überdieß voraussetzen, daß die Anwesenheit eines bereits organisirten italienischen Heeres, wie es den neuen Organisationen den nöthigen Schutz gewähre, so auch dieselben durch die Hülfsmittel, welche es mitbringe, wesentlich erleichtern und beschleunigen werde, eine Voraussetzung, die allerdings, wie wir sehen werden, nicht völlig zutraf.

Cattaneo antwortete auf die Anfrage Martini's: das Volk von Mailand sei im Kampfe begriffen und könne aus demselben nicht zurückgezogen werden, um über künftige Regierungsformen zu berathen. Möge Piemont frei und edelmüthig seine Hülfe bringen; es werde dadurch alle Parteien in der Lombardei zur Dankbarkeit verpflichten, und das Wort Dankbarkeit sei das einzige, welches das Wort Republik zum Schweigen bringen könne.

Die Lage Radetzki's besserte sich im Fortgange des

Kampfes nicht. Seine Truppen ermatteten, die Munition begann auszugehen, das Ausbleiben aller Berichte von den verschiedenen Truppenabtheilungen außerhalb Mailands zeigte, daß ganz Lombardo-Venetien im Aufstande sei; dazu kam die steigende Besorgniß vor einem Angriffe der organisirten Streitmacht Karl Alberts.

Unter solchen Umständen schien es nicht gerathen, den letzten Mann und die letzte Patrone an die Bezwingung des offenen Mailands zu setzen, vielmehr lag es nahe, daß man eine wirklich militärische Stellung zu gewinnen und so viel als möglich von den militärischen Kräften unter der Hand des Feldherrn zu vereinigen trachte.

Radetzki entschloß sich daher am 22. März früh Morgens dazu, Mailand aufzugeben.

5. Rückzug Radetzki's von Mailand. Der Aufstand im Venetianischen. Zusammenziehung der österreichischen Armee an dem Mincio und der Etsch.

Nachdem Radetzki den Entschluß zur Opferung Mailands gefaßt hatte, sendete er sogleich an die Brigaden Strassoldo und Maurer den Befehl zum Rückzug von der schweizerischen und piemontesischen Grenze nach Mailand. Die Generale Wohlgemuth und Clam-Gallas wurden beauftragt, im Laufe des Tages die an den Wall stoßenden Häuser möglichst von den Aufständischen zu säubern, damit der Zug der Truppen längs den Wällen möglichst ungehindert vor sich gehen könne. Am Abend trafen die Brigaden Strassoldo und Maurer zu Mailand ein, nicht ohne unterwegs noch erhebliche Verluste erlitten zu haben. Radetzki verfügte jetzt über 15,000 M. mit 50 Kanonen.

Am Abend um 10 Uhr ordneten sich die verfügbaren Truppen in fünf Kolonnen auf dem Waffenplatze beim Kastell. Als sie aufgestellt waren, begann der Abmarsch in einer einzigen Kolonne. Der Zug folgte in aller Stille dem Walle bei der Porta Tenaglia vorbei, wo er noch Feuer von den Aufständischen erhielt, nach der Porta Orientale und von dort nach der Porta Romana, von wo ab die Straße nach Melegnano eingeschlagen wurde. Der Hauptkolonne der Truppen folgte der Train, bedeutend vergrößert durch die Fuhrwerke von österreichischen Beamtenfamilien, welche sich in Mailand nicht sicher glaubten. Hierauf zog die Besatzung der Arena und des Kastells ab, welcher sich dann die Brigade Wohlgemuth anschloß. Endlich folgte die Brigade Clam-Gallas, welche die Nachhut bildete. Obgleich Plänklerabtheilungen die Flanken deckten, war doch die Sicherung des Marsches wesentlich auf das Geheimniß und die Stille gebaut, mit der alle Maßregeln ergriffen und ausgeführt wurden. Und sie genügten in der That so vollkommen, daß Mailand erst im Laufe des 23. erfuhr, daß es wirklich von dem seit 5 Tagen bekämpften Feinde befreit sei.

Der Straßenkampf hatte den Mailändern 424 Todte und über 600 Verwundete gekostet. Die Oesterreicher geben ihren Verlust auf 181 Todte, 235 Verwundete und 180 Gefangene an.

Radetzki's nächste Absicht war, hinter der Adda bei Lodi eine abwartende Stellung einzunehmen und hier die Truppentheile, welche er würde an sich ziehen können, mit dem Hauptkorps zu vereinigen.

Als er sich am 23. dem Städtchen Melegnano näherte, nahmen dessen Bewohner den vorausgeeilten Chef des Generalstabes, Oberst Wratislaw, und einen ihn begleitenden Offizier gefangen und forderten, aufgeregt wie sie waren, die bisherigen Erfolge des Aufstandes überschätzend, daß die Oesterreicher die Waffen strecken sollten.

Radetzki befahl darauf der Avantgarde, den Ort zu stürmen und gab ihn der Plünderung Preis, eine Maßregel, welche die Lage der österreichischen Armee erforderte, da sie ohne den Schrecken, welchen dieses Beispiel einjagte, sicherlich noch öfter in ihrem Marsche aufgehalten worden wäre.

Erst am 25. März brach Radetzki aus dem Lager von Melegnano auf und marschirte nach Lodi, welches, so wie die

Addabrücke, von der dort stehenden Brigade des Erzherzogs Ernst erhalten worden war. Bei Lodi wollte er die bereits im Anzuge befindlichen Besatzungen von Pavia, Piacenza, Brescia und Crema an sich ziehen. Von einem Eingreifen Karl Alberts war noch nichts bekannt; doch nun erhielt Radetzki zu Lodi die Kunde, daß Venedig in den Händen der Aufständischen sei und das ganze venetianische Gebiet in Feuer und Flammen stehe.

Diese Nachricht erfüllte den Feldmarschall mit ernsten Besorgnissen. In der That stand für ihn jetzt nichts mehr fest, als das Festungsviereck am Mincio und der Etsch, und die einzige Verbindung der österreichischen Armee in Italien mit den übrigen Provinzen des Kaiserreichs, auf welche man noch zählen konnte, war diejenige im Etschthale. Wenn aber Venedig trotz seiner verhältnißmäßig starken Besatzung und seiner Werke, so wie seiner isolirten Lage, doch in die Gewalt der Insurgenten gerathen war, wer bürgte dafür, daß nicht auch die schwach besetzten Mincio- und Etschfestungen, namentlich Mantua und Verona, in die Hände der Aufständischen fielen.

Solcher Gefahr durfte man sich nicht aussetzen, und Radetzki führte daher die bei Lodi versammelten Truppen von dort sogleich über Crema und Manerbio nach Montechiaro am Chiese zurück, wo sie am 29. März ankamen. Verschiedene kleinere Garnisonen, unter andern die Reste derjenigen von Brescia, hatte Radetzki unterwegs an sich gezogen, dagegen hatte er von Manerbio aus auf die Nachrichten von dem drohenden Verhalten der Bürgerschaft Mantua's den General Wohlgemuth mit 7 Bataillonen und 3 Batterieen in Eilmärschen nach der Minciofestung entsendet.

Auf die nähere Kunde von den Ereignissen in Venetien, welche Radetzki zu Montechiaro erhielt, ließ er am Chiese nur eine Arriergarde stehen und zog seine Hauptmacht an das linke Ufer des Mincio zurück. Er selbst nahm am 2. April sein Hauptquartier zu Verona.

Wie schon beiläufig aus der Erzählung der Mailänder Ereignisse klar geworden ist, war die lombardische Hauptstadt mit ihrem Aufstande nicht allein geblieben; fast alle Städte des Landes hatten sich erhoben, und die österreichische Armee hatte dabei nicht unerhebliche Einbußen erlitten. In Como, in Brescia kam es zum Kampfe; in Cremona meuterten 3 Bataillone und gingen zu den Italienern über; in Mantua hielt General Gorczkowski mit Mühe den Aufstand nieder und erhielt bald in dem aus den Herzogthümern Modena und Parma heranrückenden Regiment Este eine erhebliche Verstärkung.

Wie in der Lombardei ging es in Venetien.

Die Hauptstadt Venedig ist auf 138 größeren und kleinenen Inseln in der Mitte der Lagunen erbaut, einem seichten Wasser, welches eine Reihe ostwärts vorgelagerter, von Süden nach Norden ausgedehnter, durch Kanäle von einander getrennter Inseln von dem eigentlichen Meere scheidet. Die Lagunen sind nicht durchweg schiffbar, doch von vielen schiffbaren Kanälen durchzogen. Der Umfang der 1848 etwa 130,000 Einwohner zählenden ganz offenen eigentlichen Stadt, die Insel Giudecca eingeschlossen, beträgt gegen 14,000 Schritt. Vierhundert Kanäle, unter welchen der die ganze Stadt durchschneidende, von der Rialtobrücke überspannte Canal grande, sind die eigentlichen Straßen Venedigs; freie Plätze sind in großer Zahl vorhanden, aber sämmtlich sind sie unbedeutend und eng, auch den Marcusplatz, den größten, nicht ausgenommen.

Auf Radetzki's Andringen war in neuester Zeit Vieles für die Sicherung Venedigs durch Befestigungen geschehen. Diese Befestigungen sind durch die Natur der Umstände wesentlich auf das Festland und auf die Reihe der die Lagunen abschließenden Inseln — das sogenannte Littorale — gewiesen, so wie auf andere kleine Inseln in den Lagunen, welche die Stadt in einem engeren Kreise umgeben.

Venedig war mit dem Festland gegen Westen, gegen Mestre hin durch die erst 1847 vollendete, 4804 Schritt

3*

lange auf 222 Bogen ruhende steinerne Eisenbahnbrücke verbunden. Ihre Deckung auf der Landseite, ihren Brückenkopf, gibt das Fort Malghera ab, der Brückenkopf am Nordende des Littorals ist das Fort Tre Porti, derjenige am Südende des Littorals das Fort Brondolo.

Vier Eingänge führen von der Seeseite her durch das Littoral in die Lagunen und zwar von Norden nach Süden gezählt der Porto de Tre Porti, geschützt durch das gleichnamige Fort und einige Nebenbatterieen, der Porto di Lido, vertheidigt durch die Forts Sant Erasmo, San Nicolo und Sant Andrea, der Porto di Malamocco, beschützt durch die Forts Alberoni und San Pietro, endlich Porto di Chioggia, gedeckt durch die Forts Coroman und San Felice. Von den Batterieen, welche in den Lagunen selbst die Stadt umgeben, sind die wichtigsten auf der Nordseite von der Eisenbahnbrücke gegen Sant Andrea hin S. Secondo, Campalto, Tessera, Carbonera, San Giacomo; auf der Südseite von der Eisenbahnbrücke gegen Fort Alberoni hin S. Giorgio in Alga, S. Angelo della Polvere, Podo, Poveglia und Fisola. S. Giuliano lag nordwärts der Eisenbahnbrücke dicht an dieser und dem Ufer des Festlandes nahe, zwischen der Stadt und Malghera.

Wie Nazzari in Mailand, so hatte in Venedig Morosini den Anstoß zu Reformforderungen gegeben, indem er am 25. Dezember 1847 eine bezügliche Motion vor die Zentralversammlung Venetiens brachte. Die Motion ward am 4. Januar von der Zentralkongregation diskutirt und angenommen. Der eigentliche Leiter der Bewegung, beim Volke im höchsten Ansehen, war der Advokat Manin, welcher indessen nicht Mitglied der Zentralkongregation war. Da das Gouvernement wenig Lust bezeigte, auf die Forderungen der Venetianer einzugehen, trat Manin offen in die Schranken. Seine an die Behörden gerichteten Manifeste und Proteste hatten zur Folge, daß er, so wie der Dichter Nicolo Tommaseo, verhaftet ward. Diese Maßregel war durchaus nicht geeignet, die Aufregung der Gemüther zu beschwichtigen; vielmehr stieg dieselbe immer mehr.

So kam der 16. März heran. Schon an diesem Tage durchlief ein vages Gerücht von den Ereignissen zu Wien die Stadt. Am 17. Abends brachte der Lloyddampfer Venezia die offizielle Bestätigung. Das Volk rottete sich zusammen und verlangte die Freigebung Manins und Tommaseo's. Diesem Verlangen ward gewillfahrt. Von Seiten der österreichischen Behörden konnte das nach allem Vorhergegangenen nur Schwäche, nicht der Wille sein, begangenes Unrecht gut zu machen. Der Aufruhr wuchs daher selbstverständlich am 18. März.

Die Garnison von Venedig bestand aus 6 Bataillonen Infanterie, einer Artillerie-, einer Genie-Abtheilung und der Marine. Von den sechs Infanteriebataillonen bestanden drei — ein Bataillon des Regiments Wimpffen, ein Grenadier- und ein Garnisonsbataillon aus Italienern. Die Marine war ganz aus Italienern, vorherrschend Venezianern rekrutirt, und die nationalitalienischen Ideen hatten in ihr, auch in dem Offizierskorps, immer den größten Anklang gefunden.

Festungskommandant war der Feldmarschallieutenant Graf Zichy, Zivilgouverneur der Graf Palffy. Beide zeichneten sich nicht durch besondere Energie im Momente wirklicher Gefahr aus.

Das zuverlässige Regiment Fürstenwärther sollte zur Verstärkung der Garnison von Triest gesendet werden, ward aber dort zurückgehalten, da man auch für diese Stadt Besorgnisse hegte.

Am 18. schon früh Morgens kam es zu einzelnen feindlichen Zusammenstößen zwischen Truppenabtheilungen und dem von dem befreiten, im Triumph umhergetragenen Manin erregten Volk. Manin bestimmt den Podestà Correr, die Errichtung einer Bürgerwehr und die Zurückziehung des alsbald allarmirten Militärs zu verlangen. Zichy und Palffy gestatten die Errichtung einer Bürgerwehr von 400 M., aus denen aber in der That 4000 werden. Zichy konsignirt außerdem die deutschen

Soldaten in die Kasernen und erlaubt den italienischen mit den Bürgern zu gehen.

Die beiden folgenden Tage vergingen in allgemeinem Jubel. Unterdessen langten die ersten Nachrichten aus Mailand, über die bedrängte Lage Radetzki's, über die allgemeine Erhebung der Lombardei an, und es wurde den einsichtigen der Volksführer klar, daß man an eine Befreiung des ganzen Italiens denken dürfe und das vollständig rücksichtslose Dräufloßgehen die besten Früchte verspreche. Einen besondern Anstand gegen die österreichische Regierung zu beobachten, dazu hatte wahrhaftig Niemand Veranlassung, weder in Italien noch anderswo.

Am 21. verlangte eine Deputation der Nationalgarde, daß ihr in Gemeinschaft mit italienischen Soldaten alle Posten, auch derjenige am Regierungsgebäude, abgetreten würden; auch dieser Forderung wich Zichy, in dessen Hände Palffy auch die Zivilgewalt übergeben hatte. Bei jeder Insurrektion wird es vorkommen, daß persönlicher Haß sich entladet. Der Oberst Marinowich, Kommandant des Marinearsenals, hatte sich durch Härte und Uebermuth allgemein verhaßt gemacht. Schon am 21. wollten die Arsenalarbeiter ihn ermorden. Mit Mühe verhinderten dieß die Volksführer. Trotz aller Warnungen begab sich Marinowich am 22. März dennoch wieder in das Arsenal; er wurde hier wirklich von den Arbeitern getödtet. An demselben Tage bemächtigte das Volk unter Manins Führung sich des Arsenals; die Marinetruppen und die Equipagen der Schiffe fraternisirten mit dem Volke, überall wurden die dreifarbigen Fahnen ausgehängt, die dreifarbigen Kokarden aufgesteckt. Manin proklamirte auf dem Markusplatze die Republik.

Unterdessen hatte sich die Gemeindsbehörde versammelt und erwählte eine Deputation, welche sich zum Zivilgouverneur begeben sollte, um von diesem die Uebergabe seiner Gewalten an das venetianische Volk zu verlangen. Sprecher der Deputation war der Advokat Avesani.

Palffy hatte seine Vollmachten bereits an Zichy abgegeben; dieser leistet kaum Widerstand und läßt nach längerem unnützen Hin- und Herreden eine Kapitulation abschließen, durch welche Venedig den Händen Oesterreichs völlig entschlüpft. Zufolge dieser Kapitulation hörte die bisherige österreichische Regierung sogleich auf; an ihre Stelle trat eine provisorische Regierung; die nicht italienischen Truppen sollten Venedig und seine Forts räumen, die italienischen aber in der Stadt zurückbleiben, ebenso alles Kriegsmaterial und die Kassen, aus denen nur die abziehenden Truppen abgefertigt und die Kosten ihres Transportes nach Triest bezahlt werden.

Zichy mußte bis zu völliger Ausführung der Kapitulation als Geisel in Venedig zurückbleiben.

Die Ausführung erfolgte sofort, obwohl sich bei einigen Führern der österreichischen Truppen allerdings einen Augenblick der Gedanke regte, sie zu hindern.

Die provisorische Regierung hatte sich zuerst aus den Männern gebildet, welche die Konvention mit Zichy unterzeichnet hatten; den Podestà Correr an der Spitze. Das Volk bezeigte sich indessen mit dieser Zusammensetzung nicht sehr zufrieden und schon am 23. März folgte eine Neubildung der Regierung. Manin trat als Präsident und zugleich für die auswärtigen Angelegenheiten an die Spitze, Tommaseo übernahm den Kultus und den öffentlichen Unterricht, Paolucci die Marine, General Solera den Krieg, Castelli die Justiz, Paleocapa die öffentlichen Arbeiten, Camerata die Finanzen, Pinkerle den Handel; der Arbeiter Toffalo trat ohne Portefeuille in die Regierung.

Das Beispiel, welches Zichy zu Venedig gegeben, wirkte auf verschiedene österreichische Kommandanten auf dem venetianischen Festlande zurück. Der Feldmarschallieutenant Ludolf trat, kaum hatte er Zichy's Konvention erfahren, das Kommando der Stadt und Provinz Treviso an die provisorische Regierung ab, welche sich hier bildete; ebenso machten es die Kommandanten von Osopo, Palmanova, Udine mit den ihnen anvertrauten Plätzen. In Palmanova übernahm der bisher dort von den Oesterreichern gefangen gehaltene alte General Zucchi das Kommando. Vielfach traten die Truppen, geborne Italiener, zum Volke über. Die befreiten Städte erklärten nach einander ihre Unterwerfung unter die provisorische Regierung zu Venedig.

Das Generalkommando des zweiten Armeekorps, welches das Venetianische besetzt hielt, befand sich zu Padua. An der Spitze des Korps stand der General d'Aspre. Auch in Padua ward das Volk unruhig; d'Aspre wollte bereits den Kampf beginnen lassen, als Nachrichten aus Verona eintrafen, welche ihn auf andere Gedanken brachten: die Nationalpartei regte sich auch zu Verona stark, schon hatte sie die Errichtung einer Nationalgarde durchgesetzt, die Garnison war schwach; ging Verona verloren, so war in der That der österreichischen Herrschaft in Italien die Stütze weggeschlagen.

D'Aspre faßte daher einen raschen Entschluß, das östliche venetianische Festland seinem Schicksal zu überlassen und nach Verona zu marschiren, um diesen Platz zu erhalten und sich zugleich Radetzki zu nähern, von dem es ihm an allen Nachrichten fehlte. Am 24. März brach d'Aspre mit allen Truppen, die er vereinigen konnte, von Padua auf und marschirte nach Vicenza, über welches er am 26. bei Verona eintraf.

Auf diese Weise kam es, daß der Kern der österreichischen Macht sich Ende März und Anfangs April auf dem Terrain des Festungsvierecks an Etsch und Mincio sammelte. Auf diesem Fleck Erde mußte er von den Italienern angegriffen und der völlige Sieg errungen werden, wenn von hier aus nicht Oesterreich das Verlorne zurückeroberte.

Erst am 23. März trat Karl Albert aus der Unentschlossenheit heraus, in welcher er bis jetzt befangen gewesen. Mailand war frei von den Oesterreichern, die ganze Lombardei und Venetien waren im Aufstand, die errungenen

Erfolge wurden übertrieben, es schien unmöglich, daß die österreichische Herrschaft in Italien sich wieder aufrichte; so schien es die höchste Zeit für Karl Albert, jetzt aufzutreten, wenn er die Früchte der Bewegung noch ernten und die Sache der Unabhängigkeit Italiens mit der Sache der Monarchie versöhnen und vereinigen wollte.

Am 22. März hatte Karl Albert den Befehl zur Vereinigung seiner Armee am Tessin gegeben; am 23. erließ er eine Proklamation an die Völker der Lombardei und Venetiens, worin er ihnen versicherte, daß seine Wünsche und seine Absichten mit den ihrigen vollkommen übereinstimmten und ihnen die Hülfe eines Freundes und Bruders ankündigte, im Vertrauen auf Gott, der so sichtbarlich mit Italien sei, der ihm einen Pius IX. gegeben, der ihm gestatte, ohne fremde Hülfe, mit eigner Kraft zu handeln. Er verordnete zugleich, daß seine Truppen, indem sie das Gebiet der Lombardei beträten, neben den savoyischen die drei Farben Italiens anlegten.

Am 24. begann die Bewegung des sardinischen Heeres an und über den Tessin. Das Gros marschirte in mehreren Staffeln über Pavia und Lodi; der König selbst kam am 29. nach Pavia; eine Seitenkolonne unter General Bes, 6 Bataillons, 6 Eskadrons und eine Batterie rückte bei Buffalora über den Tessin und zog am 26. März in Mailand ein.

Die Bewegung in Mittel- und Unteritalien richtete sich jetzt darauf, die Regierungen zur Theilnahme an dem Kampfe für Italiens Unabhängigkeit zu bestimmen, und es stand demnach zu erwarten, daß man binnen kurzem den Streitkräften Radetzki's gegenüber ein italienisches Bundesheer am Po und Mincio erblicken werde.

6. Italien als Kriegsschauplatz.

Der Krieg von 1848 und 1849 umfaßte fast alle Glieder Italiens, nur mit Ausnahme einiger Inseln. Deshalb und weil wir an andern Orten schon mehrfache Gelegenheit gehabt haben, einzelne Theile Italiens als Kriegsschauplätze ausführlich zu besprechen, sei es uns hier vergönnt, Italien als Kriegsschauplatz im Allgemeinen zu betrachten.

Das Land besteht aus der Halbinsel, welche seinen Kern bildet und den Inseln Sicilien, Sardinien und Corsica, von den kleineren abgesehen. Jede von den Inseln kann einen Kriegsschauplatz für sich abgeben; die Halbinsel aber kann man füglich in drei Kriegsschauplätze abtheilen, Oberitalien, Mittelitalien und Süditalien.

Oberitalien, das Gebiet der Poebene ist im Westen, Norden und Osten von den Alpen umschlossen, welche ihre Flüsse wesentlich in der Richtung von Norden nach Süden dem Po und den nördlichen Theilen des adriatischen Meeres zusenden. Im Süden bilden die Grenze Oberitaliens die sich am Col di Tende den Alpen anschließenden Apenninen. Sie umkränzen zuerst den Golf von Genua, dann entfernt sich ihre Hauptkette immer mehr vom tyrrhenischen Meer und nähert sich dem adriatischen, sie durchschneidet die Halbinsel diagonal von Nordwesten gegen Südosten und tritt in der Gegend von Ancona so nahe an das adriatische Meer heran, daß man eine Linie von Genua nach Ancona im Wesentlichen als die natürliche Grenze Oberitaliens gegen Mittelitalien betrachten kann. Die oberitalische Ebene südwärts des Po erweitert sich beständig, je weiter man sich dem adriatischen Meere nähert. Die Flüsse, welche von den Apenninen dem Po zuströmen, haben die Hauptrichtung von Süden nach Norden.

Mittelitalien umfaßt im Allgemeinen die Thäler des Arno und der Tiber und wird von Süditalien durch die Abbruzzen geschieden, unter welchem Namen südlich Ancona die Apenninen sich dergestalt verbreitern, daß sie mit ihren Ketten fast dicht an beide Meere, das tyrrhenische und das adriatische herantreten.

In Oberitalien haben sich immer vorzugsweise die Geschicke des ganzen Landes entschieden, soweit es auf die Gewalt der Waffen ankam. Der nächste Grund liegt augenscheinlich darin, daß Oberitalien für die beiden äußeren Mächte, welche um den Einfluß auf Italien sich stritten, Frankreich und Oesterreich, durch seine Lage der natürlichste Kriegsschauplatz ward, nicht blos darin, daß die Halbinsel zum größten Theil gebirgig ist und die Poebene die einzige große Ebene ist, welche sie einschließt.

Wenn man den Po, die Etsch, die Tiber ausnimmt, so sind fast alle Flüsse der Halbinsel und der Inseln Italiens, was die von ihnen mitgeführte Wassermasse betrifft, äußerst unbedeutend. Als passive Hindernisse können die kleineren Flüsse für nichts gerechnet werden und selbst die größeren geben sehr schlechte Stellungen für eine passive Vertheidigung ab. Der Po z. B., der bedeutendste der italienischen Ströme, hat eine viel zu große Länge, um in solcher Weise zu dienen. Durch Festungen aber können einzelne Gegenden unter Benutzung der Flußläufe allerdings zu Manövrirplätzen für Heere umgestaltet werden, auf denen diese eine ungemeine Stärke zu erlangen vermögen.

In Oberitalien haben wir zwei solche Gruppen von Festungen; zuerst auf der Grenze der Lombardei und Venetiens das vielbesprochene Festungsviereck am Mincio und der Etsch, bestehend aus Peschiera, Mantua, Verona und Legnago, zu dessen Vervollständigung ein Platz am Po, z. B. Ostiglia für ein ganz freies Operiren des Vertheidigers fast eine Nothwendigkeit wäre. In weiterem Sinne kann man zu dem System die beiden Plätze Ferrara am rechten Po-Ufer und Venedig rechnen.

Ein zweites Festungssystem in Oberitalien von ähnlicher Art bilden Genua, Alessandria und Casale, das System würde durch die Befestigung von Valenza wesentlich an Stärke gewinnen.

In Mittel- und Süditalien fehlt es wie an den Bedingungen dazu, so auch gänzlich an dergleichen Einrichtungen. Alle wirklichen einzelnen Festungen hier sind selbst unbedeutend.

So verschieden die Landschaften Italiens, je nachdem sie dem Gebirg oder der Niederung angehören, auch erscheinen mögen, in Bezug auf alle Verhältnisse des Krieges haben sie doch eine ungemeine Aehnlichkeit.

Das ganze Land, nur die hohen und kahlen Gebirge ausgenommen, ist höchst fruchtbar, und da Italien auch ein altes Kulturland ist, ist es auch dicht bevölkert, so daß sich Heere von nicht bedeutender Stärke hier auf sehr geringem Raume zusammenhalten lassen. Es erleichtert dieß der schöne Himmel, die Wärme, die geringe Häufigkeit des Regens in den meisten Zeiten des Jahres. Diese gestatten, daß man von den Freilagern den ausgedehntesten Gebrauch machen kann. Und kommt es auf Schutz gegen das Wetter an, so wird doch nur Schutz gegen den Regen, nicht gegen die Kälte verlangt und jenen findet man in jedem bedeckten Raum, wie er immer beschaffen und wie bescheiden er eingerichtet sein möge. Da Italien ein altes Kulturland ist, ist es äußerst reich an Städten, auf deren Erhaltung der Munizipalgeist der Italiener bedeutend eingewirkt hat; auch jede kleinere Stadt gewährt unter den erwähnten Umständen Unterkünfte für zahlreiche Truppen. Die Städte sind sehr solid, meist geschlossen und wo sich dazu die Gelegenheit bietet, auf isolirten Berghöhen erbaut, als feste Posten mit geringer Arbeit herzurichten und zu gebrauchen.

Gute Straßen sind in dem niederen Lande häufig, im Gebirgslande allerdings selten, fehlen sie doch keineswegs ganz. Im niedern Lande sind auch gewöhnliche Güterwege fest und gut gangbar. Neben den zahlreichen Straßen ist aber im niedern Lande die Bewegung ebenso eingeschränkt, als neben den seltenern im Gebirgsland, dort durch die Kultur, wie hier durch Fels und steile Abhänge. Reisfelder von vielen Gräben durchzogen hemmen an den untern Läufen der Flüsse das Fortkommen oder machen es ganz unmöglich; anderer Orten, wo der Boden trocken ist, unterbrechen Steinwälle aus aufgelesenen Feldsteinen die Güter, und überall findet man Mauern, Gräben, Wälle, welche die Grundstücke nicht blos der einzelnen Grundbesitzer, sondern auch der Pachtbauern (Colonen) von einander sondern.

Wie durch die Durchschnittenheit des Terrains die Bewegungsfähigkeit, so ist durch die Bedeckung auch die Uebersicht äußerst eingeschränkt, durch zahlreiche Dörfer und einzelne Gebäude, dann durch die Baumpflanzungen, Oelbäume theils, theils Maulbeerbäume und Ulmen, mit welchen die Felder bedeckt sind, um das aufsprießende Getreide gegen die allzuheißen Strahlen der Sonne zu schützen.

Der Mangel freier Räume von Bedeutung neben den Straßen und der Mangel an Uebersicht auf weite Strecken, welcher sich in Ländern neuerer Kultur sonst nur im Gebirge fand, bestand in Italien schon lange und so ist es gekommen, daß dort schon längst die Infanterie die Hauptwaffe war, als sie es in andern Ländern noch lange nicht war.

Die moderne europäische, nicht nationale, Infanterie, hat ihre Wiege in Italien; sie entstand in den italienischen Kriegen zu Anfang des 16. Jahrhunderts, und alle Entwicklungseigenthümlichkeiten und Momente, welche in der Geschichte der Infanterie später mehr oder minder herrschend hervorgetreten sind, lassen sich bereits hier erkennen. Auch die ganze Geschichte der vernünftigen Verbindung des Feuergefechtes mit dem Bewegungsgefecht (Angriff mit blanker Waffe, Bajonnetangriff) liegt in diesen Kriegen bereits, wenn auch im Keime, doch vollständig vor uns. Der italienische Boden selbst hatte das Plänklergefecht erzeugt und die Schweizer brachten von den Bergen die geschlossenen, mit Piken und Hellebarden gerüsteten Haufen hernieder. Beides vermählte sich in Italiens Niederungen, und wenn gute Fußvölker bis dahin nur in vergessenen Winkeln der Erde und in den Bürgerschaften einzelner Städte — dem Ritterthum gegenüber — entstanden waren, so wurden sie nun auf dem Welttheater Italiens für ganz Europa geschaffen. Die Kunde von ihren Siegen ward in Schrift und Wort, unter dem Einfluß der alten und der neu erstehenden Kultur und Wissenschaft Italiens zu allen Völkern getragen.

Und da es in den sozialen Bedingungen der modernen Welt vor allem lag, daß das Fußvolk bestimmt war, fortan-

die Hauptsache zu werden, so ward Italien überhaupt die Wiege der modernen Kriegskunst und als wollte die Geschichte daran erinnern, daß es sich so verhalte, ließ sie an dem Ende des vorigen Jahrhunderts auf italienischem Boden unter einem italienischen Heerführer an der Spitze der Franzosen die neue Aera der Kriegskunst aller Welt sichtbar einleiten, welche mit der französischen Revolution beginnt.

Eine gute, gut ausgerüstete und gut berittene Reiterei kann sicherlich keinem Heere und auf keinem Kriegsschauplatze schaden; vielmehr wird ohne sie jedes Heer und auf jedem Kriegsschauplatze immer einer wesentlichen Hülfe entbehren. Die Reiterei ist dem Heere voraus, um die ersten sichern Nachrichten einzuziehen, zu überraschen, zu beunruhigen, die Aufmerksamkeit des Feindes auf beliebige Punkte hinzuziehen, Gefangene zu machen, sie ist auf dem Schlachtfelde, um die Flanken zu beobachten, den durch Infanterie und Artillerie erschütterten Feind zu verfolgen, ihm die Rückzugslinien abzugewinnen und zu verlegen. Zu allem diesem ist sie unentbehrlich. Aber das Durchschnittsterrain eines Landes kann einzig und allein darüber entscheiden, in welchen Massen dabei die Reiterei aufzutreten vermag. In Italien finden sich sehr selten Gegenden, in welchen die Kavallerie auf derselben Linie in größerer Stärke als der weniger Eskadrons mit Nutzen zu allen den Aufgaben verwendet werden kann, welche die Natur der Dinge ihr stellt. Die Reiterei, welche man hat, sei leicht ausgerüstet und beritten, dabei tüchtig, tapfer, ja verwegen, aber nicht zu stark. Es scheint uns nicht möglich, eine durchgreifend richtige Proportion aufzustellen, denn für manche Verhältnisse liegt es näher, eine absolute Zahl als eine Verhältnißzahl zu fordern. Verlangt man z. B. $^1/_{12}$ der Infanterie, so gibt das auf 120,000 M. Infanterie 10,000 Pferde und ist übermäßig genug, auf ein Heer von 12,000 M. Infanterie würde es nur 1000 Pferde geben, und wenn man sich damit auch allenfalls behelfen kann, so unterliegt es doch keinem Zweifel, daß man die doppelte, ja die dreifache Zahl nützlich in Verbindung mit dieser Zahl Infanterie und abgesondert von ihr würde verwenden können.

Aehnlich wie mit der Reiterei verhält es sich mit der Artillerie. Wenn die Kavallerie auch ganz abgesehen vom Schlachtfeld sehr zum Nutzen des Heeres dienen kann, so verhält sich dieß anders mit der Artillerie. Sie braucht das Schlachtfeld, um dem Heere zu dienen. Die Aufstellungen für die Artillerie sind aber in Italien beschränkt, nicht bloß wegen der Kultur, sondern auch wegen der vielen Gräben, die oft das Auffahren zu den Seiten der Straßen sehr hindern und das Abfahren im Nothfall unmöglich erscheinen lassen. Es ist mit anderen Worten auf das Manövriren der Artillerie mit den Truppen nicht sehr stark zu rechnen. Man wählt sich also gern Aufstellungen, aus denen man lange Zeit wirken kann, Aufstellungen mit einem möglichst weiten und freien Gesichtsfeld. Diese aber sind, wie sich von selbst ergibt, schwer und selten zu finden. So wird eine zahlreiche Artillerie minder wichtig, man wünscht dafür aber eine desto tüchtigere, deren jeder einzelne Schuß eine große Wirkung hat. Dabei ist leichte Handhabung und folglich Leichtigkeit des Geschützes, um die zahlreichen kleineren Hindernisse ohne Schwierigkeit überwinden zu können, äußerst wünschbar. Die gezogenen Geschütze vereinigen Alles, was man in dieser Beziehung verlangen kann. Sie werden auch bei der großen Perkussionskraft ihrer Geschosse sehr nützlich zum Einschießen fester Thore, Verbarrikadirungen, Mauern, welches bei den zahlreichen fest und solid gebauten, geschlossenen Städten häufig vorkommt und erfordert wird. Der Charakter der Bodenbedeckungen weckt aber auch sehr oft das Verlangen nach einem Wurfgeschütz von sonstigen entsprechenden Eigenschaften. Uns scheint zu diesem Ende die Mitführung der Raketen immer noch gut, wenn gleich uns bekannt ist, daß sie in neuerer Zeit immer mehr in Mißkredit gekommen sind. Uns scheint dieß mehr eine Folge der Hast, mit welcher neuerdings in den Heeren nach neuen Mordwaffen gesucht wird, und der Ueberschwenglichkeit, mit welcher man in jeder neu gefundenen nun auf einmal alle vortrefflichen Eigenschaften zusammen finden will, — als anderer Dinge. Die gezogenen Geschütze haben jetzt das ganze Interesse in Anspruch genommen, darüber werden manche guten alten Dinge allzu leicht für überwundene Standpunkte ausgegeben. Zwei Geschütze auf 1000 Mann können in Italien für durchweg ausreichend gelten, mit Nutzen kann dieß Verhältniß — gerade wie bei der Reiterei — für kleinere Heere und dann namentlich in einer Zugabe von Raketengestellen überschritten werden.

Genietruppen mit leichten und zweckmäßigen Brückentrains, mit Werkzeugtrains für die Erd- und Holzarbeit sind in größerer Zahl sehr brauchbar und wünschenswerth. Sie müssen in kleine Kompagnieen formirt und auf die verschiedenen Einheiten des Heeres vertheilt sein, weil sie in der Regel nur so vollständig ihrem Zweck entsprechen können. Es ist mehr die Zahl als die Größe der Hindernisse, welche zu überwinden sind, was hier in Betracht kommt, und die Fälle sind selten, in denen die Zusammenziehung größerer Abtheilungen und größerer Mittel des Genie nothwendig wird. Ein Mann der Genietruppen auf 30 Infanteristen ist kein zu großes Verhältniß; bei größeren Heeren kann man allenfalls unter dasselbe hinabgehen.

Wegen der geringen Uebersichtlichkeit der Schlachtfelder in Italien ist es vielfach leicht, mit geringer Streitkraft große feindliche Massen im Schach zu halten, und große Heere lassen sich kaum entwickeln, ohne daß der Zusammenhang derselben verloren gehe. Man reicht daher mit kleinen Heeren aus, wenn sie geschickt verwendet und ihre strategische Bewegungsfähigkeit aufs höchste ausgenutzt wird. Dieß wird aber durch alle die Verhältnisse, welche wir besprochen haben, erleichtert: die Güte und Zahl der Marschstraßen, das milde Klima, welches das Biwakiren, die leichte Kleidung zuläßt und aus letzterem Grunde die Mitschleppung großer Bekleidungsvorräthe unnöthig macht, den Umstand, daß die Infanterie entschieden Hauptwaffe ist, so daß man auch allzu große Artillerietrains nicht braucht, die Möglichkeit aus allen diesen Gründen und wegen der Leichtigkeit der Bewegung ein kleines Heer auf ganz geringem Raum zusammenhalten und gleichzeitig und schnell in Bewegung setzen kann, die Möglichkeit, bei dem Charakter des Terrains das Urtheil über die Richtung der Märsche dem Feind zu erschweren.

Wir werden bei der Erzählung der Feldzüge von 1848 und 1849 noch vielfache Gelegenheit haben, darauf hinzuweisen, wie geringe Theile der überhaupt verwendbaren Massen auf den Schlachtfeldern wirklich zur taktischen Verwendung kamen.

Bei jedem Kriege in Italien, einem Lande, welches im Verhältnisse zu seinem Flächeninhalt eine so gewaltige Küstenausdehnung hat, muß eine Flotte ungemein wichtige Dienste leisten können; sei es bei Einschließung der vorherrschend am Meere gelegenen großen Städte, sei es zum raschen Transporte von Truppen von einem Punkte zum andern, sei es endlich um Diversionen und Demonstrationen zu machen. Wenn Italien dereinst völlig geeinigt sein wird, muß es nothwendig zu den ersten europäischen Seemächten zählen. 1848 und 1849 war es noch ganz und gar in der Zerstückelung. Ein elendes Konglomerat fürstlicher Domänen aber, wie es heutzutage z. B. noch Deutschland ist, kann niemals seine Größe und alle Mittel, welche zu ihr führen, hegen und pflegen, und so kam es denn auch, daß in dem Feldzuge, von welchem wir erzählen, die Flotten nur eine Rolle spielten, von deren Geringfügigkeit ein Mann, der die Dinge aus der Ferne betrachtet, sich kaum eine Vorstellung machen könnte.

Wir begnügen uns vorläufig mit diesen allgemeinen Andeutungen über den italienischen Kriegsschauplatz. Die Betrachtungen, welche wir den einzelnen Abschnitten unserer Erzählung folgen lassen werden, werden uns oft und viel auf Einzelheiten zurückführen, die geeignet sind, das Allgemeine zu bestätigen. Schon von mehreren Seiten ist darauf aufmerksam gemacht worden, wie die Feldzüge von 1848 und 1849 in Italien, wegen der Verhältnisse, unter denen sie begonnen und durchgeführt worden, wegen der Sparsamkeit der Mittel auf beiden Seiten, welche zu haushälterischem Verfahren mit ihnen aufforderte, wegen der politischen Umstände ein besonders lehrreiches Kapitel in der Kriegsgeschichte sind.

Indem wir dasselbe bearbeiteten, hatten wir einerseits den Wunsch, nachdem wir die Geschichte der Kriege von 1859 und 1860 geschrieben, nun auch diejenige der Kriege von 1848 und 1849 hinzuzufügen, um so dem Leser einen vollständigen Komplex aller neuern Kriege in Italien zu geben, andererseits schien es uns keineswegs überflüssig, den zahlreichen zum Theil vortrefflichen Bearbeitungen dieser Kriege eine neue hinzuzufügen. Denn einerseits sind die ältern Bearbeitungen fast durchgängig als Parteischriften zu betrachten, andererseits behandeln sie entweder nur die Vorgänge einzelner Zeiten oder auf einzelnen Operationstheatern und wo dieß nicht der Fall ist, werden doch einzelne Abschnitte in Zeit und Raum mit einer Ausführlichkeit und Vorliebe geschildert, welche ihnen nach ihrer Wichtigkeit für das Ganze nicht zukommt und eine störende Ungleichartigkeit in das Gesammtbild hineinbringt.

Endlich glaubten wir, die Ansicht adoptirend, welche die italienischen Kriege von 1848 und 1849 als besonders lehrreich bezeichnet, an die Erzählung der Ereignisse selbst, in unsern den einzelnen Abschnitten beigefügten Betrachtungen, einen kleinen ziemlich vollständigen Leitfaden der Kriegskunst anknüpfen und dadurch das Interesse an dem Buche vermehren zu können, obwohl wir auch in dieser Beziehung keineswegs ohne Vorgänger sind.

Zweiter Abschnitt.

Von der Vereinigung der österreichischen Armee am Mincio und der Etsch bis zur Vereinigung der österreichischen Reservearmee mit der Hauptarmee.
Anfang April bis Ende Mai 1848.

4*

1. Das österreichische Heer auf dem italienischen Kriegsschauplatz.

Zum Beginne dieses Abschnittes müssen wir einen Blick auf die Heeresmassen werfen, welche vom Anfange des Aprils ab sich in Oberitalien begegnen sollten.

An der Spitze des österreichischen Heeres, welchem die Behauptung der italienischen Provinzen anvertraut war, stand der Feldmarschall Radetzki; sein Generalstabschef war der Oberstlieutenant Graf Wratislaw, Generaladjutant der F.M.L. Schönhals; später kam als Artilleriedirektor der Oberst Stwrtnik, als Generalquartiermeister F.M.L. Heß.

Die Stärke des Heeres betrug beim Ausbruche des Aufstandes 61,086 M. Infanterie, 5774 M. Kavallerie mit 5136 Pferden, 5819 M. Artillerie und andere Extrakorps mit 2115 Pferden, im Ganzen also 72,679 M. mit 7255 Pferden. Dazu gehörten 120 Feldgeschütze.

Das Heer war in zwei Armeekorps eingetheilt. Das erste, welches die Lombardei besetzt hielt, befehligte der Feldmarschallieutenant Graf Wratislaw, dessen Hauptquartier sich zu Mailand befand.

Divisionskommandanten in diesem Korps waren die Feldmarschallieutenants Wocher, Fürst Karl Schwarzenberg, Weigelsperg und Wissiak; Brigadekommandanten die Generalmajors Graf Strassoldo, Wohlgemuth, Maurer, Graf Clam, Heinrich Rath, Graf Rudolf Schaaffgotsche, Georg Schönhals, Graf Giulay, Erzherzog Sigismund und Erzherzog Ernst.

An Truppen gehörten zum Korps:

Jägerbataillone: das 2., 3., 4. vom Kaiserjägerregiment; dann Nr. 10 und Nr. 11	5
Linieninfanteriebataillone	23

nämlich vom Regiment	Kaiser Nr. 1	2
»	Paumgarten Nr. 21	2
»	Erzherzog Albrecht Nr. 44	3
»	Ceccopieri Nr. 23	1
»	Geppert Nr. 43	3
»	Erzherzog Sigismund Nr. 45	1
»	Rukawina Nr. 61	2
»	vac. Reisinger Nr. 18	2
»	Hohenlohe Nr. 17	2
»	Prohaska Nr. 7	2
»	Giulay Nr. 33	2
»	Haugwitz Nr. 38	4
Grenadierbataillone d'Anthon und Weiler		2
Grenzer, je ein Bataillon Ottochaner, Gradiscaner, Oguliner, Kreutzer und Szluiner		5
Eskadrons		20
nämlich von Radetzki Husaren		8
Kaiser Ulanen		6
König von Baiern Dragoner		6

Batterieen: 1 12pfdr. Batterie,
6 Fußbatterieen,
3 Kavalleriebatterieen,
1 Raketenbatterie.

Das ganze Korps zählte also 35 Bataillone, 20 Eskadrons 11 Batterieen mit 66 Geschützen.

Das 11. Jägerbataillon, die Regimenter Erzherzog Albrecht, Ceccopieri, Geppert, Haugwitz, das Grenadierbataillon d'Anthon, im Ganzen also 10 Bataillone vom 1. Korps, waren aus Italien rekrutirt.

An der Spitze des zweiten Korps, welches sein Hauptquartier zu Padua hatte, stand der Feldmarschallieutenant Baron d'Aspre.

Divisionskommandanten waren die Feldmarschallieutenants Graf Ludolf, Fürst Hannibal Taxis, Graf Franz Wimpffen; die Brigadekommandanten die Generalmajors Culoz, Wilhelm

Taxis, Simbschen, Fürst Fritz Liechtenstein, Auer, Boccolari, Graf Johann Nugent.

An Truppen gehörten zum Korps:

Jägerbataillone Nr. 8 und 9	2
Linieninfanteriebataillone	18
nämlich vom Regiment Haugwitz Nr. 38	2
» Erzherzog Sigismund Nr. 45	1
» Wimpffen Nr. 13	1
» Erzherzog Victor d'Este Nr. 26	1
» Zanini Nr. 16	1
» Piret Nr. 27	2
» Erzherzog Franz Karl Nr. 52	2
» Kinsky Nr. 57	2
» Erzherzog Franz d'Este Nr. 32	2
» Erzherzog Karl Ferdinand Nr. 51	2
» Erzherzog Ernst Nr. 48	2
Grenadierbataillon Angelmayer	1
Grenzer, je ein Bataillon St.Georger, Banalisten, Broder und Peterwardeiner	4
Garnisonsbataillone Nr. 5 und 6	2
Eskadrons	16
nämlich von Reuß-Köstritz Husaren Nr. 7	8
Windischgrätz Chevauxlegers Nr. 4	8

Batterieen: 1 12pfdr. Batterie,
3 Fußbatterieen,
2 Kavalleriebatterieen,
1 Raketenbatterie.

Das ganze Korps zählte also 27 Bataillone, 16 Eskadrons und 7 Batterieen mit 42 Geschützen.

Das 8. Jägerbataillon, die Regimenter Haugwitz, Sigismund, Wimpffen, Victor d'Este, Zanini, das Grenadierbataillon Angelmayer und die beiden Garnisonsbataillone, zusammen 11 Bataillone des 2. Korps bestanden aus Italienern.

Der Gesammtverlust, den die Armee in der ersten Zeit des Aufstandes durch Abfall italienischer Truppen, sowie durch abgeschlossene Kapitulationen, wenigstens zunächst, erlitt, belief sich auf etwa 20,000 M.; so daß Radetzki am Mincio und an der Etsch von seiner ursprünglichen Armee noch ungefähr 50,000 M., einschließlich der Besatzungen in den vier Plätzen des Vierecks, sammeln konnte.

Auf wiederholtes Andringen Radetzki's war schon vor dem Ausbruche des Aufstandes die Bildung einer Reservearmee am Isonzo beschlossen worden. Dieselbe schritt aber nur langsam vor; so daß diese Armee erst nach der Mitte April und zwar dann auch nur etwa mit der Hälfte der Stärke, auf die sie schließlich gebracht ward, die Operationen eröffnen konnte. Da indessen diese Armee jedenfalls von den Italienern beim Beginn ihrer Operationen hätte in Anschlag gebracht werden müssen, so ist es gut, hier schon ihre Zusammensetzung anzugeben.

Die Reservearmee unter dem Oberbefehl des alten erfahrenen Feldzeugmeisters Nugent bildete sich aus sehr verschiedenen Bestandtheilen: frischen Regimentern, welche aus dem Innern des Kaiserstaates herbeigezogen worden, Marschbataillonen, zu welchen die Ergänzungsmannschaften für bereits in Italien kämpfende Regimenter zusammengestellt waren, und Truppen des 2. Armeekorps, welche in Folge von Kapitulationen mit den Aufständischen in Venetien ihre Garnisonen dort verlassen hatten, und über die Grenze zurückgegangen waren.

Divisionskommandanten der Reservearmee waren: die Feldmarschallieutenants Graf Thurn, Graf Franz Schaaffgotsche und der Generalmajor Culoz; Brigadekommandanten die Generalmajors Auer, Fürst Felix Schwarzenberg, Fürst Edmund Schwarzenberg, Schulzig.

An Truppen gehörten zur Reservearmee:

Jägerbataillon Nr. 7	1
Linieninfanteriebataillone	12
nämlich von Erzherzog Karl Nr. 3	2
Wocher Nr. 25	2

Fürstenwärther Nr. 56	2
Kinsky Nr. 47	2
Marschbataillone für die Regimenter Prohaska, Kaiser, Hohenlohe &c.	4
Grenadierbataillon Biergotsch	1
Grenzer, je ein Bataillon vom 1. und 2. Banalregiment, Liccaner, Illyrisch Banater, Oguliner, Warasdiner Kreutzer, Warasdiner St.Georger und Peterwardeiner	8
Eskadrons	12
nämlich von Erzherzog Karl Ulanen Nr. 3	8
Marscheskadrons	4
Batterieen	12

Die ganze Reservearmee zählte also 22 Bataillone, 12 Eskadrons und 12 Batterieen mit 72 Geschützen oder auf dem höchsten Stande 22,000 M.

Endlich müssen wir noch der Truppen in Tyrol erwähnen, welche möglicherweise zum Theil wenigstens an dem Kampfe Theil nehmen konnten. In Tyrol kommandirte zu dieser Zeit der Feldmarschalllieutenant Welden. Die Truppen, über welche er verfügte, bestanden aus einem Bataillon des Tyroler Jägerregiments, 2 Bataillonen Baden Nr. 59, 2 Bataillonen Victor d'Este Nr. 26, 2 Bataillonen Schwarzenberg Nr. 19, 4 Eskadrons Liechtenstein Chevauxlegers Nr. 5 und 2 Batterieen, im Ganzen also 7 Bataillonen und 4 Eskadrons oder höchstens 8000 M. mit 12 Geschützen. Von dieser geringen Truppenmacht erwies sich das italienische Regiment Victor d'Este von vornherein als vollkommen unzuverlässig; die Brigade Lichnowsky war als Observationskorps gegen die Grenze der Schweiz vorgeschoben worden und konnte vorerst nicht zurückgezogen werden, da man fürchtete, daß die Schweiz ein Bündniß mit dem auferstehenden Italien eingehen werde, auf welches von Seiten der Italiener mehrfach gedrungen worden war.

Es blieben somit von dem Tyroler Truppenkorps höchstens 3000 M. für den Kampf gegen die Italiener verfügbar.

Alles was für diesen Kampf von Oesterreichs Seite für die nächsten Monate, aber Ende März und Anfang April noch keineswegs vollständig, verwendet werden konnte, der gerettete Theil des Heeres Radetzki's, die Reservearmee und der verfügbare Theil der Truppen aus Tyrol, belief sich auf höchstens 75,000 M.; von denen die 50,000 M. Radetzki's, einschließlich der Festungsbesatzungen in erster Linie standen.

Dazu konnte nun allerdings die Tyroler Landesbewaffnung kommen; aber sie war in neuester Zeit bedeutend vernachlässigt, wie einerseits Alles, was sich nicht so vollständig durch Befehle von Wien aus mechanisch leiten ließ, wie andererseits das österreichische Heerwesen überhaupt, wo nicht Generale wie Radetzki in ihrem Bereiche den Uebelständen mit den ihnen zu Gebote stehenden Mitteln abhalfen. Mit der Zeit wurden indessen wirklich 60 Kompagnieen Landesschützen im deutschen Tyrol auf die Beine gebracht.

Die Truppen, welche in Italien bei der Fahne geblieben, nicht zu den Aufständischen übergegangen waren, konnten für durchaus zuverlässig gelten; zum großen Theil brannten sie, Rache für die Niederlage zu nehmen, welche sie zu Mailand und in andern Städten von den Italienern erlitten hatten. Mit Vertrauen hingen sie an ihren Führern und vor allen Dingen an Radetzki.

Die Ausrüstung des österreichischen Heeres war etwas schwerfällig; es theilte aber diesen Nachtheil mit allen andern damaligen Heeren, höchstens das französische ausgenommen, und bei Lichte besehen klebt dieser Nachtheil, trotz aller vermeintlichen Fortschritte, die man gemacht haben will, noch bis auf den heutigen Tag allen regulären Heeren Europa's an. Radetzki hatte einige zweckmäßige Neuerungen bei der Armee von Italien eingeführt, und daß die Soldaten, gezwungen, plötzlich und dem Feinde ausweichend ihre alten Garnisonen zu verlassen, in diesen auch vieles von sonst mitgeschleppten Habseligkeiten zurückgelassen hatten, konnte für die nächste Zeit der Kriegführung als ein entschiedener Vortheil betrachtet werden, da Offiziere wie Soldaten durch die Güter dieser Welt nicht belästigt, nur desto frischer und freier an das Ziel des Kampfes zu denken vermochten.

Obwohl Kriegserfahrung in der österreichischen Armee von Italien wenig verbreitet war, hatte doch dieselbe unter Leitung Radetzki's und in Gemäßheit seiner verständigen Anordnungen eine gute Schule des Felddienstes und bei den Manövern in der Gegend an Etsch und Mincio, welche jetzt zum ernsten Kriegsschauplatz werden sollte, hatten Offiziere wie Soldaten eine vortreffliche Uebung auch in den großen taktischen Bewegungen und in dem Verhalten auf dem Schlachtfelde erhalten.

2. Die italienischen Streitkräfte.

Den Kern der italienischen Streitkräfte bildete die piemontesische Armee. Das aus ihr hervorgehende Operationsheer war bis Ende März folgendermaßen organisirt.

An der Spitze stand der König Karl Albert selbst, ihm zur Seite der Kriegsminister Franzini als Major-General und der Generalmajor Salasco als Generalstabschef.

Die Armee war in zwei Korps und eine Reservedivision eingetheilt.

1. Korps: Kommandant Generallieutenant Bava.

1. Division: Generallieutenant d'Arvillars.

Brigade Aosta, Generalmajor Sommariva;

5. und 6. Infanterieregiment.

Brigade Regina, Generalmajor Trotti;

9. und 10. Infanterieregiment.

Bataillon Real Navi.

1 Kompagnie Bersaglieri.

Regiment Aosta Kavallerie.

1 Kompagnie Sappeurs.

6. und 8. Batterie.

2. Division: Generallieutenant De Ferrere.

Brigade Casale, Generalmajor Passalacqua;

11. und 12. Infanterieregiment.

Brigade Acqui, Generalmajor Villafalletto;
17. und 18. Infanterieregiment.
Regiment Nizza Kavallerie.
2. und 5. Batterie.
$^1/_2$ Eskadron Gensdarmen und Train.

Das Infanterieregiment zählte 3 Bataillone zu 4 Kompagnieen und hatte eine Mannschaftsstärke von etwa 1900 M.; das Kavallerieregiment hatte in 6 Schwadronen wenig über 500 Pferde; die Batterie bestand aus 8 Geschützen.

Das ganze erste Korps zählte $25^1/_2$ Bataillone, $12^1/_2$ Eskadrons und 32 Geschütze und 18,395 M.

2. Korps: Kommandant Generallieutenant Hektor von Sonnaz.

3. Division: Generallieutenant Broglia.
Brigade Savoyen, Generalmajor d'Ussillon;
1. und 2. Infanterieregiment.
Brigade Savona, Generalmajor Conti;
16. Infanterieregiment und gegen Ende April das Bataillon von Parma; (das 15. Infanterieregiment war im Lande zurückgeblieben.)
2 Kompagnieen Bersaglieri.
Regiment Novara Kavallerie.
7. Feld- und 2. schwere Batterie.
1 Kompagnie Sappeurs.

4. Division: Generallieutenant Federici.
Brigade Piemont, Generalmajor Bes;
3. und 4. Infanterieregiment.
Brigade Pinerolo, Generalmajor Manno;
13. und 14. Infanterieregiment.
Regiment Piemont Kavallerie.
1. und 4. Feldbatterie.
Gensdarmen und Train.

Das ganze zweite Korps zählte in $22^3/_4$ Bataillone, $12^1/_2$ Eskadrons und 4 Batterien 16,747 M. mit 32 Geschützen.

Reservedivision: Kommandant Generallieutenant Herzog von Savoyen.

Brigade Garde, Generalmajor Biscaretti,
1. und 2. Grenadierregiment.

Brigade Cuneo, Generalmajor d'Aviernoz,
7. und 8. Infanterieregiment.

Kavalleriebrigade, Generalmajor Sala,
Regimenter Genua und Savoyen Kavallerie.

Artilleriebrigade, Major Alfons la Marmora,
1. und 2. reitende und 1. schwere Batterie.

½ Kompagnie Sappeurs.

Gensdarmen und Train.

Die Reservedivision zählte in 12⅓ Bataillonen, 12½ Eskadrons und 3 Batterieen 8780 M. mit 24 Geschützen.

Hiezu kamen beim Hauptquartier der Armee 3 Eskadrons Gensdarmen, 1 Kompagnie Bersaglieri, 1 Kompagnie Sappeurs, das Pontonnirkorps und eine Trainabtheilung mit 931 M.

Die gesammte piemontesische Operationsarmee zählte also in 61 Bataillonen, 40½ Eskadrons und 11 Batterieen 44,853 M. mit 88 Geschützen.

Allmälig wurde diese Armee durch Einberufung von Beurlaubten, wodurch die Bataillone von etwa 650 auf 800 M. kamen, bis auf etwa 60,000 M. verstärkt.

Die piemontesischen Soldaten waren im Ganzen gut, die Offiziere kriegslustig und zum Theil von italienischen Gesinnungen belebt; doch kann man dieß keineswegs von allen sagen, da in der That auch eine konservative oder reaktionäre Partei vorhanden war, welche von dem einen Italien durchaus nichts wissen wollte. Die Detailausbildung wie die Ausrüstung waren gut, die Kavallerie konnte sich mit der doch als vortrefflich bekannten österreichischen zu messen wagen, war gut beritten und ausgerüstet und auch für den italienischen Kriegsschauplatz in hinreichender Menge vorhanden. Dasselbe gilt von der Artillerie, die auf diesem Kriegsschauplatz, auf welchem die Artillerie wenig manövriren kann und darauf angewiesen ist, einmal genommene gute Positionen so lange als möglich zu behaupten, durch ihre größern Kaliber, die 8pfdr. und 16pfdr., welche sie den 6- und 12pfdrn. der Oesterreicher gegenüberstellte, diesen selbst überlegen war. Eine eigene Truppe war das Bataillon der Scharfschützen (Bersaglieri), dessen Errichtung man an die Hand genommen hatte, um den österreichischen Jägern etwas Aehnliches entgegenzustellen. Leicht und zweckmäßig ausgerüstet und geübt, durchweg aus gewandten und rüstigen kleinen Leuten, vorzugsweise aus dem Gebirge, zusammengesetzt, zeichneten sie sich ebensowohl durch die Leichtigkeit ihrer Bewegungen als durch ruhiges und richtiges Schießen aus.

Wenn man gegen die piemontesische Armee im Ganzen wenig einzuwenden hatte, so war doch weder die obere Führung noch die Verwaltung auf der Höhe ihrer Aufgabe. Der nominelle Oberkommandant des Heeres war der König selbst; da er aber lediglich ein tapferer Soldat war und sich selbst keineswegs die Gaben eines Feldherrn zutraute, so gestattete er bald diesem, bald jenem seiner Generale Einfluß auf seine Entschließungen oder übertrug auch bald diesem, bald jenem die Ausführung einer besondern Operation nach seinem Ermessen. Hiemit hörte die Einheit in der Befehlgebung auf, das Oberkommando verlor die Disposition über die Kräfte in dem Momente der Noth und der überdieß wenig erfahrene Generalstab ward, weil an keine festen Truppenkörper und Kommando's gebunden, vollends verwirrt, so daß, wo auch die Befehle von oben zur rechten Zeit gegeben wurden, sie doch zu spät zu den Truppen gelangten oder auch dort aus andern Gründen weder gehörig noch rechtzeitig ausgeführt wurden.

Diese Verhältnisse und der Umstand, daß die obern Offiziere um diese Sache sich wenig bekümmerten, waren auch wesentlich daran Schuld, daß die Verpflegung der Truppen oftmals auf die größten Schwierigkeiten stieß und fast niemals rechtzeitig für sie gesorgt ward, was dann wieder hemmend auf die militärischen Operationen zurückwirkte. Sonderbarer

Weise glaubte man auch das Land zu schonen, in welchem man Krieg führte, indem man sich die Lebensmittel auf einem weitläufigen Verwaltungswege verschaffte. Man bedachte dabei nicht, daß der Soldat, wenn er nicht gut und rechtzeitig genährt wird, abgesehen davon, daß er nicht leisten kann, was man von ihm fordern muß, auch zu Ausschreitungen, zu einem unregelmäßigen Verpflegungsmodus gezwungen und geneigt wird, der dem Bewohner des Kriegsschauplatzes mehr schadet, als Alles, was an Ort und Stelle, aber auf regelmäßigem Wege von ihm gefordert und beigetrieben wird.

An die piemontesische Armee sollten alle übrigen Streitkräfte Italiens sich anschließen, welche zur Bekämpfung der Oesterreicher bestimmt werden konnten. Wir müssen eine Revue dieser Streitkräfte vornehmen.

In der Lombardei fehlte es nach der Befreiung Mailands zunächst an jeder militärischen Organisation. Es schienen dreierlei verschiedene Elemente vorhanden zu sein, welche an dem Befreiungskampfe in einer oder der andern Weise theilnehmen konnten, die Nationalgarden, die Freiwilligen, die von Oesterreich abgefallenen Soldaten.

Was diese letztern betraf, so lag es nahe, aus ihnen neue Korps regulärer Truppen zu bilden. In der That wurden hiezu auch Anstalten getroffen; man rechnete darauf, ein Regiment Kavallerie, einige Batterieen und drei Regimenter Infanterie zu errichten. Indessen die ehemaligen italienischen Soldaten Oesterreichs ließen sich wenig bereit finden. Die Mehrzahl von ihnen war zur Nationalpartei nur übergetreten, um überhaupt vom Militärdienst frei zu sein. Der Italiener ist im Allgemeinen zu gescheut, um den regulären Militärdienst zu lieben. Manche wollten auch nicht in die neu zu errichtenden italienischen Korps eintreten, weil sie fürchteten, etwa von den Oesterreichern gefangen, von diesen als Deserteurs behandelt zu werden. Es gelang erst gegen das Ende des Juni 12 Bataillone aus Piemontesen und Lombarden gemischt, so daß in jedem auf 300 Piemontesen 500 Lombarden kamen, letztere meist neu ausgehoben, herzustellen; außerdem 12 andere rein lombardische Bataillone, meist Freiwillige, welche unter dem General de Perron zu einer Division vereinigt wurden. Die gemischten Bataillone bewährten sich gar nicht, die in sie eingestellten Lombarden konnten die Anmaßung und das steife Wesen der piemontesischen Offiziere und Unteroffiziere nicht ertragen. Die Organisation der Division de Perron aber schritt sehr langsam vor, wieder eine Folge des Pedantismus, der dabei herrschte, und des üblen Einflusses der Mißstimmung, die sich allgemach in der Lombardei gegen die piemontesische Regierung und Leitung herausbildete. Die etwa 18,000 M. regulärer Truppen, welche dem italienischen Heere aus der Lombardei bei längerer Dauer des Krieges hätten zufließen können, blieben für dasselbe fast ganz ohne Nutzen, da der Krieg sehr bald ein Ende nahm und die Lombardei unter die österreichische Herrschaft zurückfiel.

Nationalgarden bildeten sich überall in den Städten der Lombardei. Indessen ist diese Formation selten für den Krieg von Nutzen, da man in ihr zu viele Elemente pflegt zusammenfassen zu wollen, alle möglichen Altersklassen vereinigt und die Bourgeoisie immer einen großen Einfluß gewinnt. Die Kommandostellen fallen meist Leuten zu, welche alle möglichen guten Eigenschaften z. B. von Familienvätern und Bierbrauern haben mögen, aber jedenfalls nicht die von Soldaten. So verschlingen die Nationalgardeformationen meist viel Geld und Kräfte und rauben sie andern Formationen, welche nützlicher sein würden.

Zu diesen letztern gehören die Legionen von Freiwilligen oder Freischaaren. Die Traditionen des Condottieriwesens sind in Italien noch keineswegs untergegangen, und so wenig Lust der Italiener im Allgemeinen zu dem regulären Militärdienst hat, so geneigt ist er, in Freiwilligenkorps zu dienen. Vermöge seiner großen natürlichen Intelligenz bildet er sich sehr leicht zum Soldaten, insofern die unnützen Anhängsel des Soldatenthums bei Seite gelassen werden. In Mailand bildeten sich schon während des Straßenkampfes einzelne kleine Abtheilungen von Freischaaren aus jungen Leuten, unter wenig erfahrenen, aber tüchtigen und beliebten Führern; andere hatten sich in andern Theilen der Lombardei gebildet, noch andere kamen aus dem Tessin, der Lomellina, von Genua herbei und boten sich der provisorischen Regierung an. Ein Theil dieser Freischaaren brach schon am 24. März, nachdem die Oesterreicher kaum Mailand geräumt hatten, von dort gegen Treviglio auf: Anfangs April waren in der Gegend von Brescia 5000 Freiwillige versammelt. Die provisorische Regierung übertrug den Oberbefehl über diese Streitkräfte, welche unter einem tüchtigen Führer sehr nützlich werden konnten, dem eidgenössischen Obersten Allemandi, welchen sie zum General ernannte. Diese Wahl war eine höchst unglückliche; Allemandi erwies sich bald als vollkommen unbrauchbar und mußte entlassen werden. Und während man bis dahin eine eigentliche Organisation der Freischaaren geradezu verhindert hatte, verfiel man nun in den entgegengesetzten Fehler, man zog sie nach Brescia zurück und traf Anstalten, sie hier ganz und gar nach piemontesischem Schema umzugestalten, was natürlich das Auseinanderlaufen einer großen Zahl dieser Freiwilligen zur Folge hatte. Dennoch erhielt sich das Korps nunmehr unter dem Kommando des Generals Jakob Durando, sich durch neuen Zulauf verstärkend, bis zu Ende des Feldzuges auf der Höhe von 5000 M. Diese 5000 M. sind als die wahre Verstärkung anzusehen, welche der piemontesischen Armee aus der Lombardei zuwuchs. Außerdem muß man aber allerdings 18,000 M. weiter als in den Depots befindlich und immerhin eine Reserve für künftige Zeiten bildend, — wie die Dinge sich im April und Mai ansahen, in Rechnung stellen.

Die provisorische Regierung von Venetien, sobald sie sich konstituirt hatte, dekretirte sofort die Bildung von 3 Legionen Bürgerwehr, jede Legion zu 3 Bataillonen von 600 M. in 6 Kompagnieen; ferner von 10 Bataillonen Mobilgarde, einem Bataillon Gendarmerie, 2 Kompagnieen Kavallerie und einem Artilleriekorps. Außerdem ward nach der Schweiz geschickt, um dort ein Fremdenkorps anzuwerben. Wir übergehen einstweilen die Resultate aller dieser Schritte, da die in Venedig selbst formirten Truppen ausschließlich zur Vertheidigung der Stadt und ihrer Forts bestimmt werden mußten und der italienischen Operationsarmee gegen Radetzki nicht zu Gute kommen konnten. Anders verhielt es sich mit den Truppen, welche vom General Zucchi zu Palmanova und vom Grafen Gritti, dem von Karl Albert der General Albert Lamarmora zugesendet wurde, auf dem venetianischen Festlande organisirt wurden. Binnen Kurzem standen hier 4000 M. Infanterie, aus frühern österreichischen Soldaten formirt, sowie 7000 bis 8000 Nationalgarden und Freiwillige und 2 kleine Eskadrons Kavallerie bereit. Der Totalbestand der venetianischen Truppenmacht ist im April auf ungefähr 20,000 M., wovon 11,000 bis 12,000 verfügbar für das Operationsheer, zu berechnen.

Der Papst setzte sein Spiel mit den Römern und der italienischen Sache fort. Gedrängt von den Römern, an dem Unabhängigkeitskriege theilzunehmen, wagte er weder sich gänzlich zu widersetzen, noch wollte er es mit Oesterreich verderben, in welchem er seine wesentlichste Stütze suchte. Er willigte indessen in die Absendung einer Division gegen den Po, doch sollte dieselbe nur eine Beobachtungsstellung einnehmen und sich nicht am Kriege betheiligen. Diese Division, unter den Befehl des piemontesischen Generals Johann Durando gestellt, ward zusammengesetzt aus dem ersten und zweiten Schweizerregiment, einem Regiment italienischer Grenadiere, einem Regiment italienischer Jäger, einer Abtheilung Gendarmen zu Fuß, 8 Eskadrons Dragoner, Carabiniers und Jäger zu Pferd, einer Schweizerbatterie von 8 Geschützen und einer italienischen Batterie von 4 Geschützen.

Es waren etwa 6000 Infanteristen, 900 M. Reiterei und 300 Artilleristen mit 12 Geschützen.

Außer der 7200 M. starken Division Durando stellten die römischen Staaten noch eine eben so starke Division unter den General Ferrari, welche sich schnell aus mobilen Nationalgarden und Freiwilligen organisirte.

Durando vereinigte Ende März seine Division bei Ferrara. Die Zitadelle von Ferrara war von den Oesterreichern besetzt, und der österreichische Kommandant hatte mit der Bürgerschaft von Ferrara das Abkommen getroffen, daß er aus der Stadt, die er andernfalls zu bombardiren drohte, in aller Ruhe seine Verpflegung empfing. Durando mußte dieß Verhältniß bestehen lassen.

Das römische Volk drängte und das Ministerium Pius' IX. erließ Befehle, welche Durando zur thätigen Theilnahme am Kriege ermächtigten; Befehle, welche Pius IX. regelmäßig am Tage darauf zurücknahm oder anders auslegte. Am 9. April gab Durando einen Tagesbefehl aus, durch welchen er seinen Truppen ankündigte, daß sie in die Kriegshandlung einträten. Pius mißbilligte diesen Tagesbefehl. Als dann mit dem 24. April die päpstlichen Truppen sich wirklich der piemontesischen Armee anschlossen, hielt Pius IX. am 29. April eine Allokution, in welcher er sich entschieden gegen den Bruderkrieg (wider Oesterreich nämlich) ausließ. Dieß hinderte nicht die wirkliche Theilnahme der päpstlichen Truppen an dem italienischen Unabhängigkeitskriege.

Der Großherzog von Toscana versprach schon am 21. März seine Theilnahme am Kriege wider Oesterreich. In der That wurde bald eine Division unter dem General d'Arco Ferrari in Marsch gesetzt. Sie bestand aus 2 schwachen Infanterieregimentern jedes zu 3 Bataillonen, 1 Grenadierbataillon, 1 Bataillon von Lucca, 1 Eskadron Dragoner und 1 Batterie von 8 Geschützen, woran sich ein Livorneser Freiwilligenbataillon und ein Studentenbataillon anschloß. Das Ganze zählte in 10 Bataillonen, 1 Eskadron und 1 Batterie etwa 5000 M.

Die Truppen von Parma und Modena schlossen sich nach der Flucht der Fürsten dem piemontesischen Heere an; das Kontingent von Parma ist bereits bei der sardinischen Armee mit aufgeführt. Das von Modena bestand aus 2

5*

schwachen Bataillonen Infanterie, 1 Eskadron Dragoner, 1 Batterie von 6 Geschützen und 1 Kompagnie Pionnire; im Ganzen 1500 M.

Von den römischen Truppen rühmte man besonders die Schweizerregimenter und die Kavallerie; diejenigen von Parma und Modena waren von österreichischen Offizieren gebildet und befehligt gewesen; sie galten für gut, hatten aber durch den Austritt der Mehrzahl ihrer frühern Offiziere beträchtlich an innerem Zusammenhalt verloren. In Toscana war das Kriegswesen seit längerer Zeit vernachlässigt, die toscanischen Truppen hatten daher nicht den besten Ruf, wie denn überhaupt die Toscaner für die am wenigsten kriegerischen Italiener gelten. Doch war dafür die Sache der italienischen Unabhängigkeit in Toscana am meisten in Fleisch und Blut der Bevölkerung übergegangen. Auch zeigte die Erfahrung, daß man sich über Mangel an Tapferkeit wenigstens bei den Toscanern nicht zu beklagen hatte.

Es bleibt uns nun noch Neapel zu erwähnen. Wenn dieses Königreich an dem Unabhängigkeitskriege theilnahm, indem es vorläufig sich nicht um Sicilien bekümmerte, so konnte es die italienische Armee um mindestens 60,000 M. wohl organisirter Truppen, unter denen 4 tüchtige Schweizerregimenter mit einer Batterie, verstärken. Indessen Ferdinand II. hatte durchaus nicht die Absicht, an dem Kriege gegen Oesterreich theilzunehmen, was sich abgesehen von seinen despotischen Neigungen schon aus dem Umstande erklärt, daß es ihm nicht sehr nahe liegen konnte, lediglich zur Erhebung Karl Alberts die Waffen zu ergreifen. In Wirklichkeit dachte Ferdinand II. nur daran, wie er sich von der beschworenen Konstitution wieder befreien könne; er rechnete dabei auf den Beistand der Truppen, so wie der Nationalgarde der Hauptstadt. Dieß wußten die Führer der nationalen und revolutionären Partei sehr wohl; sie sahen ein, daß sie weiter gehen oder alles Gewonnene wieder verlieren müßten. Die Ereignisse zu Paris, zu Wien, zu Berlin waren ganz geeignet, ihren Muth zu heben. Sie verlangten eine Pairskammer, welche aus Wahlen hervorgehen sollte, eine Deputirtenkammer mit der speziellen Aufgabe, die oktroyirte Konstitution vom 11. Februar weiter zu entwickeln, Kommissionen, welche in die Provinzen gesendet werden sollten, um dort die Verwaltung zu verbessern und zu reorganisiren, die Bildung eines italienischen Bundes und die Kriegserklärung an Oesterreich.

Ferdinand II. weigerte sich auf diese Forderungen einzugehen unter dem Vorgeben, daß er bei der von ihm beschworenen Konstitution beharren müsse und nicht über sie hinauskönne. Die revolutionäre Partei schloß aus dem Verhalten der Truppen Ende März, daß der König einen Staatsstreich zu vollständiger Abwerfung seiner Verfassungsversprechungen beabsichtige. Indessen zeigte sich um diese Zeit, daß Ferdinand doch auch auf die Truppen nicht völlig unbedingt rechnen könne.

Eine Anzahl von Artillerieoffizieren erklärte am 31. März, daß sie in Gemeinschaft mit der Nationalgarde über die Aufrechthaltung der Ordnung und der Verfassung wachen, aber nicht auf das Volk schießen lassen würden. Eine ähnliche Erklärung gaben die Offiziere des 10. Linienregiments. Dieß erweckte ernste Besorgnisse beim Könige und bestimmte ihn, seine Staatsstreichplane mindestens zu vertagen. Am 2. April berief er ein neues Ministerium, an dessen Spitze der Geschichtschreiber Karl Troja gestellt ward. Dieses Ministerium debutirte mit einem Programm, welches wenig von demjenigen der italienischen Nationalpartei abwich, und daher ziemlich allgemein befriedigte, namentlich da die Massen den Unterschied zwischen der Aufstellung eines Programms und dessen Ausführung nicht erwogen und kaum wußten, daß die Männer, welche das neue Ministerium bildeten, eben zur Ausführung nicht die genügende Charakterstärke, ja kaum die nöthige Einsicht in die himmelweite Differenz zwischen dem politischen Willen Ferdinands und demjenigen des gebildeten Theils des neapolitanischen Volkes besaßen.

Auf das Andringen Troja's, sich dem italienischen Unabhängigkeitskrieg gegen Oesterreich anzuschließen, erließ am 7. April Ferdinand II. eine Proklamation, in welcher er versprach, zum Triumphe der Freiheit Italiens aus aller Kraft beitragen zu wollen, ohne sich jedoch in irgendwie bestimmter Weise zu verpflichten. Schon vorher waren Anstalten getroffen, als ob wirklich im Ernst ein Expeditionskorps nach Oberitalien gesendet werden solle.

In der That war auch Ferdinand dieser Sache keineswegs abgeneigt. Seine Herzensmeinung dabei war nämlich die, sich auf solche Weise des unzuverlässigen Theils der Truppen im Neapolitanischen zu entledigen, durch weitere Maßregeln aber und Hindernisse aller Art, die er dem Expeditionskorps bereitete, zu hintertreiben, daß dasselbe wirklich gegen die Oesterreicher kämpfe.

Für das Expeditionskorps wurden bestimmt das 10., dann das 1., 7., 9. und 12. Linienregiment, je ein Bataillon vom 5., vom 8. und vom 11. Linienregiment, das 2. und 3. Jägerbataillon, 3 Freiwilligenbataillone, das 1. Lancier- und das 1. und 2. Dragonerregiment, 2 Batterieen Artillerie zu 8 Geschützen und 2 Kompagnieen Genie, — also 18 Infanteriebataillone, 18 Eskadrons, 2 Batterieen und 2 Geniekompagnieen. Das Ganze hätte etwa 15,000 M. stark sein sollen, erreichte aber diese Stärke bei weitem nicht. Das Kommando war dem General Wilhelm Pepe angetragen, der bereits ehrenvoll unter Mürat gedient hatte, bei den Bewegungen von 1821 und 1831 betheiligt gewesen und erst am 29. März 1848 aus dem Exil zurückgekehrt war, in welchem er seit 1831 gelebt hatte. Pepe hatte das Kommando angenommen, obgleich ihm Freunde vielfach abriethen, indem sie ihm vorstellten, daß man ihm lediglich eine Schlinge legen wollte. Er glaubte, wenn er die Truppen erst unter seinem Kommando vereint habe, sie in seinem Sinne führen zu können.

Die Hindernisse, welche der Expedition insgeheim von der Kamarilla, die wirklichen Einfluß hatte, während das Ministerium nur scheinbaren Einfluß hatte, bereitet wurden, waren höchst verschiedener Art. Die Sache ist zu lehrreich für andere Fälle und ist in der gleichen und zu andern Zeiten an andern Orten so vielfach dagewesen, ohne daß gelehrte Staatsmänner sie gesehen oder den Muth gehabt hätten, sie sehen zu wollen, daß es sich verlohnt, bei dieser Art von „politischer Strategie“ etwas länger zu verweilen.

Der ursprüngliche Plan war, daß 4000 M. des Expeditionskorps direkt nach Venedig geschafft werden sollten, um dort die Revolution zu unterstützen, der Rest sollte an den Po rücken. Diesen Rest bildeten das 11., 10., 8. und 7. Linienregiment (vom 8. und 11. je ein Bataillon), die Jägerbataillone, die Volontärbataillone, die Kavallerie, das Genie und die Artillerie. Die definitive Bestimmung dieser Truppentheile verzögerte man lange; alle Augenblicke kam ein anderer Befehl; nur das 10. Linienregiment, welches man um jeden Preis aus Neapel los sein wollte, ward schnell expedirt. Sein erstes Bataillon ward schon am 5. April, das zweite Bataillon mit dem ersten Freiwilligenbataillon am 12. April nach Livorno eingeschifft, von wo es an den Po abmarschiren sollte. Die andern Truppentheile der an den Po bestimmten Staffel wurden endlich zu Lande ins römische Gebiet abgesendet, aber nicht vereinigt, sondern einzeln auf verschiedenen Wegen und so, daß die Bataillone auf dem gleichen Wege sich im Abstand eines Tagemarsches folgten.

Die nach Venedig bestimmten Truppen warteten vergebens auf die Vereinigung des Schiffsgeschwaders, welches sie zunächst nach Ancona bringen sollte; es ward dann auf Anstiften der Kamarilla die Frage aufgeworfen, ob es nicht überhaupt unzweckmäßig sei, diese Bataillone nach Venedig zu senden, „wo sie gewissermaßen in eine Sackgasse geworfen würden“. Diese Frage ward von einer Art ausdrücklich zusammenberufenen Kriegsraths bejahend entschieden. Freilich hinderte dieß noch nicht, daß man die ursprünglich nach Venedig bestimmten Truppen zunächst nach Ancona einschiffte, von wo aus sie dann zu Lande an den Po hinabmarschiren konnten. Da mußte im Einverständniß mit Ferdinand der edle Pius IX. auftreten und gegen die Vereinigung von 7 neapolitanischen Bataillonen zu Ancona auf päpstlichem Gebiet protestiren. Ferdinand befahl darauf, daß die betreffenden Bataillone bei Pescara ausgeschifft würden, von wo sie zu Lande weiter marschiren sollten. Auf diese Weise mußte natürlich ihre Ankunft, sei es in Venedig, sei es am Po, bedeutend verzögert werden. Ende April wurden die Truppen wirklich nach Pescara eingeschifft. Eine Demonstration der Einwohner von Pescara, welche sehr wohl die Ursachen des Hin- und Herziehens der Regierung begriffen, veranlaßte, daß die kaum in Pescara gelandeten Truppen sich sofort wieder einschiffen mußten, um weiter nun doch nach Ancona zu steuern.

Dieß waren nur einige der Manöver, jedes thätige Eingreifen des neapolitanischen Expeditionskorps gegen Oesterreich zu verhindern und den Leuten eine passende Zeit lang Sand in die Augen zu streuen. Wir müssen auch der andern erwähnen.

Absichtlich ward es unterlassen, die Ernennung des Generals Pepe zum Kommandanten des Expeditionskorps in den Tagesbefehl zu setzen; dagegen that die Kamarilla alles Mögliche, diesen General bei den Truppenkorps von vornherein zu verläumden und ihn dem Soldaten, den er befehligen sollte, der ihn noch nicht kannte, verhaßt und verdächtig zu machen.

Das Expeditionskorps sollte in 5 Infanterie- und eine Kavalleriebrigade eingetheilt werden und diese sollten dann in drei Divisionen vereinigt werden. Es ward aber unterlassen, die Divisions- und Brigadeabtheilung bekannt zu machen, so daß kein Bataillonschef wußte, zu welcher Brigade oder Division er gehörte. Daß die Eintheilung in höhere Heereseinheiten vollends nicht durchgeführt ward, ergibt sich aus dem, was wir schon oben erwähnt haben: daß nämlich die Bataillone vereinzelt und mit Abständen von einem Tagemarsch die Bewegung antreten mußten.

Statt 3 Divisions- und 6 Brigadekommandanten zu ernennen, wurden außer Pepe überhaupt nur zwei Generale ganz im Allgemeinen als Theilnehmer an den Expeditionskorps bezeichnet. Davon war der eine der General Statella, welcher schon vor seinem Abgang von Neapel sich höchst unzufrieden mit dieser Mission zeigte, und sich späterhin, wie wir sehen werden, so benahm, daß man annehmen muß, er sei nur mitgesendet worden, um jede wirkliche Verwendung der Expedition zu hintertreiben. Der andere war der Brigadier Klein, nach allgemeinem Urtheil von den vielen unfähigen Generalen im neapolitanischen Dienste weitaus der unfähigste.

Die Offiziere der für die Expedition bestimmten Truppen wurden durchaus nicht gezwungen, mit ihren Bataillonen zu marschiren. Vielmehr erhielten sie leicht die Erlaubniß, zu Hause zu bleiben, ja es schien, daß der König es gern sehe, wenn so wenig wie möglich Offiziere mitzögen. Viele machten daher aus allerlei Gründen von der Erlaubniß, zu Neapel und in ihren Garnisonen zurückzubleiben, Gebrauch.

Die Bataillone des Expeditionskorps wurden keineswegs auf den Kriegsfuß gebracht, auch ließ man es ihnen an den allernothwendigsten Ausrüstungsstücken fehlen. In solcher Weise wollte Ferdinand II. sich an dem italienischen Unabhängigkeitskriege betheiligen.

Am 3. Mai endlich erhielt Pepe den Befehl, sich zu dem Expeditionskorps zu begeben und in den Stellungen am rechten Pouser fernere Verhaltungsbefehle der Regierung abzuwarten. Er verließ am 4. Neapel, suchte sich unterwegs noch einen Theil seines Generalstabs zusammen und kam am 7. Mai nach Ancona, wo er sechs Tage blieb, um die durchziehenden Truppen zu mustern und soweit möglich ihre Ausrüstung zu vervollständigen. Am 17. Mai kam Pepe nach Bologna, wo der größte Theil des Expeditionskorps vereinigt war und theilte es hier in zwei Infanteriedivisionen unter Statella und Klein, und eine Kavalleriebrigade unter dem Oberst Colonna.

Statella, der mit Pepe zusammen nach Ancona gesteuert war, hatte, kaum hier eingetroffen, bereits den Vorschlag gemacht, alle Korpschefs zu einem Kriegsrathe zu versammeln, der darüber entscheiden sollte, ob man wirklich an den Po weiter vorzurücken oder, angesichts der schlechten Ausrüstung der Truppen, — vielmehr nach Neapel zurückzukehren habe. Pepe lehnte diesen Vorschlag ab und schickte Statella zu seiner Division nach Bologna.

Pepe erließ am 10. Mai einen Tagesbefehl, durch welchen er das Kommando des Expeditionskorps antrat. In diesem Befehl kündigte er auch an, daß er auf seine Verantwortung bei dem Korps die Stockprügel abschaffe. Es zeigt die ganze Situation, daß Statella bei seiner Division diesen Befehl gar nicht bekannt machen ließ. Verläumdungen gegen Pepe wurden dagegen in dem ganzen Expeditionskorps ohne Aufhören herumgeboten.

Wir verlassen hier das neapolitanische Korps. Auf seine spätern Schicksale werden wir erst zurückkommen, wenn wir den unterdessen begonnenen Krieg bis gegen Ende Mai erzählt haben. Es war aber wichtig, die Ereignisse bei dem Korps bis hieher sogleich zu geben, damit man einen Einblick in die verschiedenen Elemente der italienischen Armee, auf welche Rechnungen gemacht wurden und möglicher Weise auch gemacht werden konnten, gewinne.

Zählen wir nun alle diese Elemente zusammen, soweit sie Mitte April etwa für die nächsten drei Monate in Betracht kommen konnten, so haben wir

die sardinische Armee einschließlich der Truppen von Parma	44,853 M.
lombardische Formationen	23,000 M.
venetianische Truppen	20,000 M.
Uebertrag	87,853 M.

Uebertrag	87,853 M.
Die Divisionen Durando und Ferrari aus dem Kirchenstaat	14,000 M.
Toskaner	5000 M.
Modeneser	1500 M.
Neapolitaner unter Pepe	15,000 M.
Im Ganzen.	123,000 M.

Zieht man hievon die langsam fortschreitenden Formationen regulärer Truppen in der Lombardei und dasjenige ab, was nothwendig zur Besetzung Venedigs verwendet werden mußte, so bleiben doch für das Operationsheer, welches etwa Mitte Mai unter Karl Alberts Befehl vereinigt sein konnte, wie die Dinge im April erschienen, gegen 100,000 M. Numerisch waren allerdings also die Italiener den Oesterreichern überlegen, aber wie man sieht, keineswegs so gewaltig, als es wohl mitunter dargestellt worden ist. Was die Güte der Truppen betrifft, so stand der weitaus größte Theil der italienischen Korps darin hinter den Oesterreichern zurück, und verkehrte Organisationsbestrebungen, nicht auf die Natur der Verhältnisse in Italien berechnet, änderten im Laufe der Zeit darin etwas nicht zum Vortheil, sondern zu Ungunsten der Italiener.

Das österreichische Heer war nun außerdem ein einheitliches und dieß im prägnantesten Sinne des Wortes. Die unter Radetzki direkt vereinigten Truppen kannten im Wesentlichen gar keine andere Gewalt als die dieses Marschalls, und es verstand sich von selbst, daß auch diejenigen Truppen, welche vorerst noch nicht direkt mit Radetzki's Heer vereinigt waren, gleichfalls unter seinen straffen Oberbefehl treten mußten, sobald ihre Handlungen in Verbindung mit den Handlungen der eigentlichen Radetzkischen Armee traten.

Ganz anders waren diese Verhältnisse auf italienischer Seite. Höchstens war doch das italienische Heer ein Bundesheer, indem es selbst dann an Differenzen über die Vertheilung der Befehlsgewalt nicht hätte fehlen können, wenn auch eine Anzahl der italienischen Regierungen nicht, wie es doch der Fall war, ganz dem Unabhängigkeitskriege entgegen gewesen wäre. Karl Albert war keineswegs allgemein anerkannter Oberbefehlshaber, und er selbst wagte es nicht recht, die Befehlsgewalt über alle italienischen Truppenkörper scharf an sich zu ziehen.

Die Flottenkräfte kommen erst später in Betracht. Wir bemerken hier nur vorläufig, daß in dieser Beziehung die Italiener den Oesterreichern weit überlegen waren. Die ganze österreichische Flotte war im Wesentlichen eine venetianische, und obgleich bei dem Aufstande Venedigs nicht die ganze Flotte den Venetianern in die Hände fiel, da einige bei Pola stationirte Schiffe für Oesterreich gerettet wurden, so fiel ihnen doch der größte Theil, darunter die ganze Lagunenflottille, in die Hände. Außerdem hatten die Venetianer bei der zahlreichen geübten Küstenbevölkerung eine viel größere Leichtigkeit als die Oesterreicher, ihre Schiffe zu bemannen, und machten von diesem Vortheil den ausgedehntesten Gebrauch. Sie waren bei der Organisation ihrer maritimen Streitkräfte im Ganzen glücklicher als bei der Organisation der Landtruppen.

Hiezu kam nun die sardinische Flotte und weiterhin ein neapolitanisches Geschwader, dessen Offiziere wenigstens zum großen Theil für die national-italienischen Ideen gestimmt und gewonnen waren. Das neapolitanische Geschwader unter dem Kontreadmiral de Cosa kam am 16. Mai vor Venedig an und vereinigte sich dann mit dem sardinischen Blokadegeschwader vor Triest. De Cosa hatte indessen schon am 14. Mai Instruktionen seiner Regierung erhalten, durch welche ihm förmlich befohlen ward, jeden Zusammenstoß mit den Oesterreichern zu vermeiden.

3. Vorrücken des sardinischen Heeres an den Mincio. Gefecht von Goito.

Wir haben uns bisher auf dem Felde der allerdings höchst nöthigen Präliminarien bewegt. Jetzt können wir mit desto größerer Sicherheit zur geordneten Erzählung der Ereignisse schreiten, ohne dieselbe anders zu unterbrechen als durch die Betrachtungen, zu denen sie naturgemäß auffordern.

Es ist gesagt worden, daß das sardinische Heer in zwei Kolonnen in die Lombardei einrückte.

Die linke Flügelkolonne unter General Bes bestand zunächst aus der Brigade Piemont, dem Kavallerieregiment Piemont und einer Batterie.

Die rechte Flügelkolonne unter dem General Bava zunächst aus den Brigaden Aosta und Regina, dem Kavallerieregiment Genua, zwei Kompagnieen Bersaglieri und zwei Batterieen.

Bes kam am 26. März nach Mailand und machte Miene, hier stehen zu bleiben. Dieß erregte die Empfindlichkeit der Mailänder, welche die Sache so ansahen, als sollten sie von den Sarden als frischeroberte Unterthanen sofort unter die Obhut einer sardinischen Garnison gestellt werden. Außerdem waren mehrere Kolonnen lombardischer Freiwilliger bereits seit dem 24. März im Marsch über Treviglio, um die Oesterreicher zu verfolgen. Allerdings beruhte diese Bewegung nicht auf einem allgemeinen Plane, selbst nicht einmal auf Kenntniß der von Radetzki eingeschlagenen Marschrichtung; indessen schien es nach den Zwecken, welche Karl Albert vor seinem Einmarsch über den Tessin den Lombarden angekündigt hatte, als liege es in der Pflicht der Brigade Bes, jene Freischaaren in ihrer Bewegung zu unterstützen. Bes brach in Folge der verschiedenen laut werdenden Aeußerungen am 27. März nach Cassano und Treviglio auf. Hier blieb er den 28. und 29. stehen, am 30. marschirte er nach Antiguato, Calle und Cerago vor und besetzte Chiari mit einer Kavallerieabtheilung, am 31. März und 1. April endlich konzentrirte er sein Korps zu Brescia.

Die Avantgarde Bavas, die Brigade Regina erreichte am 28. März Lodi, wohin in den folgenden Tagen über Pavia die anderen Truppenkörper folgten. Die Richtung auf Lodi war ursprünglich verfolgt worden, weil man darauf rechnete, Radetzki auf seinem Rückzuge von Mailand noch Schaden thun zu können. Dazu indessen kamen die Sardinier zu spät, und Karl Albert ließ nun von Lodi aus das Bava'sche Korps den Weg über Pizzighettone nach Cremona einschlagen. Am 3. April erreichte Bava mit den bereits unter seinem Befehl vereinigten oben aufgeführten Truppen die Gegend von Cadestefani jenseits Cremona.

Am 4. April versammelte Karl Albert zu Cremona einen Kriegsrath, um zu beschließen, was jetzt weiter vorzunehmen sei. Man kam zu dem Entschlusse, gegen Mantua zu marschiren. Nach den Nachrichten nämlich, welche man hatte, stand Radetzki bei Montechiaro am Chiese; man wünschte ihm namentlich in diesen Gegenden, die eben und offen sind, aus dem Wege zu gehen, da man die gute Kavallerie der Oesterreicher fürchtete, von welcher Waffe, wie man voraussetzte, Radetzki eine bedeutende Zahl hatte. Dagegen sollten die Einwohner Mantua's zum Aufstand bereit sein und die Garnison der Festung sollte lediglich aus Italienern bestehen. Man hoffte solchergestalt sich Mantua's durch einen Handstreich bemächtigen zu können und der Fall dieser bedeutenden Festung, welcher ein Loch in das Festungsviereck und damit in das ganze Operationssystem Radetzki's gerissen hätte, wäre allerdings für die Italiener ein Gewinn gewesen, der kaum genug zu schätzen war.

Aber die Voraussetzungen, welche in dem Kriegsrathe bezüglich Mantua's gemacht wurden, waren durchaus falsche. Mochte immerhin eine Partei in Mantua zum Aufstande geneigt sein, der tüchtige Kommandant des Platzes, General Gorzkowski hielt sie nieder, und bereits von Manerbio, wie wir wissen, hatte Radetzki eine bedeutende Unterstützung für den Platz gesendet.

Am 5. April marschirte Bava über Piadena, Bozzolo und S. Martino an den Oglio, ließ die Brücke über diesen Fluß herstellen und besetzte am linken Ufer Marcaria und einige einzeln stehende Gebäude auf der Straße nach Mantua.

Karl Albert nahm sein Hauptquartier an diesem Tage zu Bozzolo.

Gortzkowski, von der Annäherung des Feindes unterrichtet, sendete am frühsten Morgen des 6. April den Oberst Benedek mit einem Bataillon des Regiments Giulay, einer Kompagnie Kaiserjäger und einem Zug Ulanen gegen Marcaria vor. Die Kaiserjäger schlichen sich unbemerkt an den Pferdestand eines Reiterpikets, feuerten in denselben hinein und brachten dadurch bei den piemontesischen Truppen einen Allarm zu Wege, der sich bis über Marcaria nach Bozzolo fortpflanzte und zu verschiedenen Unordnungen führte, so daß zum Beispiel Abtheilungen piemontesischer Truppen auf einander schossen. Diese Verwirrung wirkte auch noch den ganzen Tag und die folgende Nacht fort.

Benedek hatte sich beim Morgengrauen zurückgezogen. Als es Tag ward, unternahm der Herzog von Genua mit einem Theil der sardinischen Truppen eine Rekognoszirung gegen Mantua; er rückte bis Ospedaletto vor und kehrte dann mit Nachrichten von den Landesbewohnern zurück, aus denen hervorging, daß Mantua viel stärker besetzt sei, als man vermuthet, daß dort Anstalten getroffen seien, welche das Gelingen eines Handstreiches unwahrscheinlich machten.

Darauf hin ward beschlossen, gegen den Mincio abzumarschiren, um die Oesterreicher von diesem Flusse zu vertreiben und sich an seinen Uebergängen festzusetzen.

Die Arriergarde Radetzki's hatte sich beim Vorrücken der Piemontesen allmälig vom Chiese und hinter den Mincio zurückgezogen. Ursprünglich gedachte Radetzki etwa 40,000 M., auf die er nach der Vereinigung mit d'Aspre rechnete, bei Villafranca zu konzentriren, um hier, auf Verona gestützt, den Piemontesen bei ihrem Uebergange über den Mincio eine entscheidende Schlacht zu liefern. Allein die Nachrichten, welche aus allen Theilen des österreichischen Kaiserstaates einliefen, sowie die Verhältnisse in Südtyrol, von welchen wir bald sprechen werden, brachten ihn von diesem Plane zurück. Er glaubte nun die Vorsicht walten lassen zu müssen und beschloß, nur wenn er dazu gezwungen würde und unmittelbar auf Verona gestützt die ihm von den Piemontesen gebotene Schlacht anzunehmen.

An der Linie des Mincio zwischen den beiden Festungen Peschiera und Mantua hielt den rechten Flügel bei Monzambano die Brigade Strassoldo, das Zentrum bei Valeggio die Brigade Rath und den linken Flügel bei Goito die Brigade Wohlgemuth; der Rest des ersten Armeekorps unter Wratislaw war als allgemeine Reserve etwa hinter der Mitte dieser Postenlinie bei Villafranca vereinigt. Bei seiner geringen Breite und Tiefe und den Verhältnissen seiner Ufer, von denen bald das rechte das linke, bald das linke das rechte überhöht, eignet sich der Mincio nicht zu einer passiven Vertheidigung; ja die Uebergangsschwierigkeiten sind für eine mit zweckmäßigem Brückenmaterial ausreichend versehene Angriffsarmee so gering, daß nicht einmal jene aktive Vertheidigung empfehlenswerth ist, bei welcher der Vertheidiger dem Angreifer direkt nur mäßigen Widerstand entgegensetzt, um dafür mit dem Hauptheile seiner Macht selbst offensiv auf das feindliche Ufer überzugehen. Ganz zweckmäßig konnte dagegen jenes System der Vertheidigung von den Oesterreichern angewendet werden, zufolge dem sie den Fluß selbst nur mit schwachen Posten besetzt hielten, mehr um rechtzeitig Stärke und Uebergangspunkte des Feindes zu erkunden, als um den Uebergang selbst zu hindern, während die Hauptmacht an einem Punkte des linken Flußufers vereint blieb, um über die Kolonnen oder Kolonnenspitzen des Feindes einzeln herzufallen, welche den Uebergang bewerkstelligt hatten, was gewiß nicht so gleichzeitig geschah, daß ganze Macht dabei auf ganze Macht gestoßen wäre. Die Truppenvertheilung an der Minciolinie selbst und in der Reserve zeigt deutlich genug, daß Wratislaw die Befolgung dieses Systems nicht im Sinne haben konnte. Zur direkten Besetzung der Minciolinie waren dafür viel zu viel Truppen verwendet.

Am 7. April rückte Bava mit den Truppen seines Korps, welche er bei sich hatte, über Gazzoldo bis Ca Bozzelli gegen Goito vor. Ihm folgte die Reserve, welche hinter ihm angekommen war, bis Gazzoldo; der Reserve folgte von Asola aus die Brigade Acqui des 1. Armeekorps.

Das zweite Armeekorps, de Sonnaz, bis auf das von ihm abgetrennte Detachement unter Bes rückte über Asola und Castel goffredo auf Cavriana vor.

Karl Albert nahm sein Hauptquartier zu Asola.

Am 8. April marschirte Bava weiter gegen Goito.

Die Brigade Wohlgemuth hatte den Mincio bei Goito in folgender Weise besetzt:

Eine Kompagnie des 4. Bataillons Kaiserjäger stand in dem mit Ringmauern umgebenen Städtchen am rechten Flußufer; ein Bataillon Gradiskaner weiter aufwärts am Flusse bei Pozzolo; der Rest des Kaiserjägerbataillons, ein Bataillon Oguliner, zwei Eskadrons Radetzki-Husaren und 4 Geschütze hinter Goito am linken Mincio-Ufer.

Die Avantgarde Bava's traf auf dem Thalrande des Mincio, welcher das tief unten am Flusse gelegene Goito verdeckt, die österreichischen Vorposten, welche alsbald in die Stadt zurückgetrieben wurden. Bava entwickelte darauf zwischen 10 und 11 Uhr Vormittags seine Truppen zum Angriff auf Goito.

In erster Linie hatte er eine Kompagnie Bersaglieri in Schützenlinie, welche er durch mehrere Kompagnieen Infanterie nach den Seiten hin verlängerte. Diese Linie ward durch zwei deployirte Bataillons der Brigade Regina gestützt, denen die vier übrigen Bataillons derselben Brigade in Kolonnen folgten. Auf der Straße formirte sich in Kolonne das Bataillon Real Navi, welchem zwei Geschütze beigegeben wurden. Das Reiterregiment Aosta ward theils auf die Flanken zur Deckung der Artillerie, theils hinter die Brigade Regina vertheilt.

Von der im Anzug begriffenen Brigade Aosta sollte nur das 5. Regiment der Brigade Regina folgen, das 6. aber in der

Gegend von La Moina halten bleiben, wo die Straße von Mantua in diejenige von Gazzoldo nach Goito einfällt, um den Angriff auf letzteres gegen etwaige Bewegungen von Mantua her zu sichern.

Als Bava diese Anstalten getroffen hatte, ließ er die Plänklerkette, welche auf dem Fuße der Kolonne des Bataillons Real Navi folgte, zum Angriffe schreiten. Die Sarden wurden von den Kaiserjägern mit einem lebhaften Feuer empfangen und Wohlgemuth sendete über die mittlere Minciobrücke Verstärkung nach dem Orte.

Nach mehrfachen vergeblichen Versuchen der Piemontesen, während welchen das zweite Treffen der Brigade Regina, unterstützt von Kavallerie und Artillerie, sich rechts und links zog, um die Flanken der Stürmenden zu decken und selbst einen Uebergang über den Mincio oberhalb der Brücke von Goito zu drohen, gelang es den Plänklern und dem Bataillon Real Navi, durch das Thor in die Stadt zu dringen.

Hier erhob sich nun ein neuer heftiger Kampf um die Barrikaden, welche die Oesterreicher errichtet hatten. Seine Artillerie verwendete Wohlgemuth vorzugsweise, um die Uebergangsdrohungen der Brigade Regina abzuweisen.

Endlich drangen immer mehr piemontesische Truppen in die Stadt; auch einige Bataillone der Brigade Aosta rückten zur Unterstützung vor. Die Oesterreicher mußten Goito räumen; ein Theil von ihnen ward um so mehr abgeschnitten, als die mittlere Brücke etwas zu frühzeitig gesprengt ward; die Abgeschnittenen wurden theils gefangen gemacht, theils zogen sie sich am rechten Ufer hinauf und setzten auf Barken bei Pozzolo ans linke Flußufer über.

Nachdem Goito gewonnen war, konnten die Piemontesen ihre ganze Artillerie nahe am rechten Ufer des Mincio aufstellen und zwangen dadurch Wohlgemuth zum Rückzuge, den er auf der Straße nach Mantua langsam antrat.

Die Brücke von Goito war unvollkommen gesprengt, eine Brüstungsmauer war stehen geblieben; die piemontesischen Bind saglieri gingen über dieselbe an's linke Ufer und verfolgten die Oesterreicher noch eine Strecke weit.

Bava ließ die Brücke sogleich herstellen und am linken Ufer einen Brückenkopf anlegen.

Die Oesterreicher verloren im Gefechte von Goito 3 todte und 3 verwundete Offiziere, von Unteroffizieren und Soldaten 17 Todte, 35 Verwundete und 68 Gefangene, im Ganzen also 126 M. Außerdem mußten sie ein demontirtes Geschütz stehen lassen. Die Sarden geben ihren Verlust auf nur 50 Todte und Verwundete, unter diesen letztern befanden sich die beiden Obersten Lamarmora, der Organisator der Bersaglieri, und Maccarani, Kommandant des Bataillons Real Navi. Beide Theile hatten sich brav geschlagen, die Piemontesen waren eben so muthig zum Angriff geschritten als die österreichischen Jäger sich zähe vertheidigt hatten.

Wenn auch dieß unbedeutende erste Gefecht den Piemontesen keinen Grund gab, übermüthig zu werden, so gab es doch auch nicht die mindeste Veranlaßung, die Unglücksfälle und die Auflösung vorauszusagen, welche die piemontesische Armee thatsächlich späterhin betrafen.

4. Ereignisse am Mincio und in Südtyrol vom Gefechte von Goito bis zum Gefechte von Pastrengo.

Bava verlegte nach dem Gefechte von Goito die Division d'Arvillars in Quartiere am rechten Mincio-Ufer, von Ferri oberhalb bis Sacca unterhalb Goito. Während er hier stand, kam die Division de Ferrere des ersten Armeekorps heran; die Brigade Acqui wurde gleichfalls an den Mincio nach Ferri, Falzoni und Torre vorgezogen. Die Brigade Casale weiter rückwärts zu Vasto, Ceresara, Solarolo und Ca Bozzelli untergebracht.

Da zu dieser Zeit auch erst die Ergänzungsmannschaften der Brigade d'Arvillars aus Piemont herankamen, hatte Bava

6*

ziemlich viel mit der Organisation und Disziplinirung dieser frisch eingestellten Truppen zu schaffen.

Die Division Broglia vom 2. Armeekorps war unterdessen über Cavriana gegen Monzambano einerseits, gegen Borghetto andererseits vorgerückt und zeigte sich hier am 9. April. Strassoldo zog sich bei ihrer Annäherung von Monzambano ohne Widerstand zu leisten ans linke Mincio-Ufer zurück und nahm Stellung auf den Höhen von Brentina, dem rechten Thalrand des Mincio; die Brücke von Monzambano ward abgebrannt; ebenso diejenige zwischen Borghetto und Valleggio. Der rechte Flügel Broglia's unter Oberst Mollard suchte die Brücke von Borghetto zu repariren, ward aber daran von den hier höchst vortheilhaft postirten Oesterreichern gehindert.

Bei Monzambano stellte Broglia am 10. die Brücke her und überschritt am 11. mit einem Theil seiner Division den Fluß. Strassoldo wartete den Angriff nicht ab, sondern zog sich gemäß den von Wratislaw erhaltenen Befehlen zurück.

Die Brigade Bes vom 2. piemontesischen Korps war nach der Organisation der lombardischen Freischaaren von Brescia auf Montechiaro vorgerückt, ging von hier am 8. über Castiglione nach Guidizzolo, am 9. ward sie auf den linken Flügel Broglia's nach Pozzolengo zur Beobachtung Peschiera's vorgezogen und besetzte am 10. Ponti und die umliegenden Ortschaften.

Die Reservedivision ward nach Cavriana vorgezogen. Karl Albert nahm sein Hauptquartier zu Volta. Die piemontesische Armee war also mit dem 11. April am Mincio vereinigt und hatte den Lauf dieses Flusses zwischen den beiden Festungen Mantua und Peschiera inne.

Wratislaw ertheilte auf die Kunde von dem Gefecht von Goito und der Festsetzung Broglia's bei Monzambano seinen detachirten Brigaden den Befehl, sich bei Villafranca zu konzentriren und ward dann von Radetzky mit seinem ganzen Korps nach Verona zurückgezogen.

Es trat nun in den großen Operationen eine lange Pause ein. Die Ursachen derselben werden wir später ausführlich besprechen. Die Zeit von dem Gefechte bei Goito bis zu demjenigen von Sa. Lucia ist mit einer bedeutenden Zahl von Einzelhandlungen ausgefüllt, welche, wenn auch thatsächlich wenig in Zusammenhang mit einander, dennoch auf die verschiedenen Richtungen hinweisen, in welchen die zur Offensive berechtigte Partei je nach ihrer Wahl hätte mit Entschiedenheit auftreten können. Nur in dieser Beziehung erlangen diese Einzelhandlungen eine Wichtigkeit, und weil sie keine andere haben, werden wir ohne besondere Rücksicht auf die Zeitverhältnisse, sie nach den einzelnen Schauplätzen behandeln, auf denen sie vorkamen; diese Schauplätze sind Südtyrol, das Venetianische und die Gegend am Mincio.

In Südtyrol, welches ja unter der napoleonischen Herrschaft zum Königreich Italien gehört hatte, waren die italienischen Sympathieen, wie sie es bis auf den heutigen Tag sind, bedeutend. Die provisorische Regierung von Mailand hatte in einem ihrer Manifeste Alles Land, was südlich des Alpenkammes liegt, für Italien in Anspruch genommen. Obgleich solche allgemeinen Bezeichnungen im Wesentlichen wenig durchschlagen, obgleich es zumal sehr schwer sein würde, den „Kamm" der Alpen einigermaßen genau zu bestimmen, so zünden doch nationale Stichworte leicht in Gegenden, welche überhaupt nur auf die Ausgabe dieser Parolen warten. Die Munizipalität von Trient sprach den Wunsch aus, daß Südtyrol mit dem neuen Italien vereint werde; man bereitete sich zu Trient vor, dem Beispiele Mailands und Venedigs zu folgen, und die Resultate, welche hier und dort Ende März erkämpft waren, konnten die Tridentiner nur ermuthigen, die dreifarbige Fahne Italiens aufzupflanzen.

Für Radetzki waren diese Anzeichen sehr böse. Nachdem er sein Hauptquartier zu Verona aufgeschlagen, nachdem er dort sich vollständig über den Stand der Dinge unterrichtet hatte, mußte er wissen, daß die Verbindung seiner bei Verona vereinten Heeresmacht mit den andern Provinzen des Kaiserstaates, soweit sie durch das venetianische Festland ging, ihm vorläufig ganz abgeschnitten war, daß nur die Verbindung im Etschthal ihm noch blieb. In späteren Zeiten, nach dem Siege, welchen Oesterreichs Armee von Italien erfochten hatte, ist von Soldaten, wie von Spießbürgern, die sich das Ansehn von Soldaten gaben, die Sache oft genug so dargestellt worden, als wäre bei der österreichischen Armee von Italien und bei ihrem Führer auch niemals nur ein Zweifel an dem Erfolge aufgetaucht, als hätten diese die italienischen Freischaaren, welche sie nach dem Siege — und die Leute natürlich an der Spitze, welche nichts zum Siege beigetragen hatten — Lumpengesindel tauften, von vornherein so betrachtet und so genannt. Es verhielt sich aber keineswegs so. Und die Dinge lagen auch gar nicht so. Wie man so Vieles ganz unvermuthet verloren, so konnte man noch mehreres verlieren. Daß Radetzki die Verbindung durch Tyrol verlor, war um kein Haar unwahrscheinlicher, als daß er Venedig verlor; ja noch mehr: der Verlust Venedigs auf die Weise, wie er vor sich ging, war eigentlich die unwahrscheinlichste von allen Sachen. Und doch hatte sie sich ereignet. Daß der kleine Raum zwischen Etsch und Mincio nicht mit Bequemlichkeit eine immerhin bedeutende Armee auf längere Zeit ernähren konnte, war für jeden, der einigermaßen in diesen Dingen bewandert ist, klar genug. Auch konnte man österreichischer Seits Ende März und Anfang April auf die schlaffe Art der Kriegführung, welche Karl Albert adoptirte, ganz gewiß nicht rechnen, man mußte vielmehr im Hauptquartier zu Verona voraussetzen, daß Karl Albert, nachdem er einmal seinen Rubikon, den Tessin, überschritten hätte, — statt das Schwanken zwischen legitimistischen und revolutionären Richtungen fortzusetzen, wie er es wirklich that, — sich ganz und gar der Revolution in die Arme werfen werde, wenn auch nur, um sie desto sicherer zu beherrschen. Und that Karl Albert das, so war Oesterreich sehr bös daran.

Es scheint uns daher, daß die retrospektiven Großsprecher

auf österreichischer Seite Radetzki noch mehr Unrecht thun, als die Gegner. In der That, was späterhin gewissermaßen als Fehler des österreichischen Feldherrn betrachtet werden konnte, war, wenn man die Sachen betrachtet, wie sie sich im Augenblick des Entschlusses und der Handlung darstellen, von der nothwendigen Vorsicht geboten.

Angesichts der eigenen Lage und der Unruhe in Südtyrol sendete Radetzki alsbald den Oberst Zobel mit einem Bataillon Hohenlohe und einem Bataillon des Kaiserjäger-Regiments nach Trient. Zobel zog einen Kordon an der Grenze und schloß sich mit dem, was ihm von seinen Truppen blieb, in das Kastell von Trient ein, indem er drohte, beim Versuch eines Aufstandes die Stadt in Brand zu stecken und zu plündern; er ließ außerdem die Häupter der südtyrolischen Revolutionspartei verhaften und schickte sie nach Verona.

Wir haben gesehen, wie dem General Allemandi von der provisorischen Regierung der Lombardei der Befehl über die sämmtlichen lombardischen Freischaaren übertragen ward. Er sollte mit den Freischaaren, die sich zu Brescia und Montechiaro vereinigt hatten, einen Einfall in das südliche Tyrol unternehmen, um den Aufstand hier theils wachzurufen, theils zu unterstützen. Karl Albert, ohne einen strategischen Gedanken dabei, der sich allerdings leicht darbot, war mit diesem Einbruch in Südtyrol ganz einverstanden; einestheils, weil er meinte, daß es nie schaden könne, wenn recht viel und auf recht vielen Punkten österreichischen Gebietes revolutionirt würde, andererseits, weil er in der bornirten Voreingenommenheit gegen Freiwilligenschaaren, welche er mit den meisten höheren Offizieren seines Heeres theilte, es für ein Glück ansah, von diesen auf dem Theil des Kriegsschauplatzes, den er speziell für seine Armee erlesen hatte, befreit zu sein.

Allemandi war nicht der Mann, aus dieser Expedition etwas zu machen oder um die Freischaaren zu einer wirklich nützlichen Masse zu vereinigen. Karl Albert, der Allemandi aus früheren gemeinschaftlichen Konspirationen her kannte, wußte dieß und gönnte ihm ein Mißlingen, welches er voraussah.

Die lombardischen Freischaaren setzten sich in drei Kolonnen gegen die tyrolische Grenze in Bewegung; der rechte Flügel den Gardasee aufwärts von Salò gegen Riva; das Zentrum im Thal des Chiese aufwärts gegen das obere Sarcathal, der linke Flügel in der Val Camonica gegen den Tonal. Der rechte Flügel ward durch eine Zwischenunternehmung, die wir erst weiter unten erwähnen werden, in seinem Vorschreiten mehrere Tage aufgehalten; das Zentrum war am meisten vorwärts und überschritt die Tyroler Grenze bereits am 9. April. Auf Widerstand stießen die Freischaaren bei den schwachen Kräften Weldens und Zobels anfangs nicht, und am 17. April hatten sie die ganze Linie von Cles im Val di Sole (Nosthal) bis an die Nordspitze des Gardasee's hinab besetzt. Für die Fähigkeiten Allemandi's ist es Zeugniß genug, daß er mit einer kleinen Reserve ruhig bei Rocca d'Anfo stehen blieb und sich einbildete, von dort aus die Bewegungen von 4000 M. Freischaaren einheitlich leiten zu können, welche sich über eine Gebirgsfronte von mehr als 7 deutschen Meilen ausdehnten.

Welden, welcher wie wir wissen, das Oberkommando in Tyrol führte, hatte, von dem Einfalle der Freischaaren unterrichtet, sein Hauptquartier nach Trient verlegt und alle verfügbaren Truppen — einschließlich der von Zobel von der untern Etsch herbeigebrachten, unter seiner Hand vereinigt, indem er nur das Beobachtungsdetachement gegen die Schweizergrenze stehen ließ.

Ein erster Kampf fand am 18. April zwischen 2 Kompagnieen, welche die österreichische Besatzung von Riva bildeten, und einer Schaar Freiwilliger, die aus dem obern Sarcathal hinabkamen, bei Vannone statt, wohin die Oesterreicher den Freiwilligen entgegengerückt waren Die Freiwilligen wichen nach kurzem Gefechte zurück.

Welden selbst entsendete von Trient zwei Kolonnen

gegen die Freiwilligen. Die eine unter Major Scharinger aus Jägern und mehrern Kompagnieen von Schwarzenberg Infanterie bestehend, rückte über Cadine gegen Stenico; die andere unter Oberst Melczer, aus Jägern, mehreren Kompagnieen von Baden Infanterie und einer Kompagnie Landesschützen gebildet, ging über Mezzo Lombardo das Nosthal hinauf.

Scharinger stieß vor Stenico am 19. April auf die Kolonne Arcioni, welcher die Kolonne Manara als Reserve diente. Arcioni's Freiwillige wurden bald geworfen, Manara kam zu spät heran, um das Gefecht herzustellen; auch er mußte weichen. Die Flucht ging bis nach Condino, während die Oesterreicher bei Stenico Halt machten.

Melczer stieß am 19. bei Cles auf die schwache Kolonne Scotti und zwang sie zum Rückzug nach Malé. Hier verstärkte sich Scotti durch Zuzug von Freiwilligen aus der Umgegend. Melczer marschirte am 20. nach Malé, griff ihn von neuem an und zwang ihn zur Fortsetzung seines Rückzugs das Nosthal (Val di Sole) aufwärts.

Damit war der Invasion in Südtyrol ein Ende gemacht. Welden besetzte Malé, Stenico und Riva und zog seine verfügbaren Truppen im Etschthal zusammen, um einerseits die aus der Lombardei nach Südtyrol führenden Päſſe zu bewachen, andererseits eintretenden Falles Radetzki die Hand reichen zu können.

Die Invasion in Südtyrol war offenbar an der totalen Unfähigkeit des Führers, an dem Mangel der nothwendigen Organisation, die absichtlich vernachläſſigt war, endlich an dem Mangel jeder festen leitenden Idee gescheitert. Man schob das Scheitern mit Vorliebe darauf, daß die Invasion von Freischaaren unternommen sei. Jedoch mußte Allemandi abtreten. Es folgte das Zurücknehmen der Freiwilligenabtheilungen hinter den Tonal und ins Chiesethal auf Brescia und Bergamo, und jener Wechsel im Kommando, von welchen, so wie von den sie begleitenden Umständen schon vorläufig die Rede gewesen ist.

Durando behielt doch eine Division von etwa 5000 Freiwilligen zusammen, welche in 15 Bataillone formirt war und deren Artillerie in 4 Gebirgsgeschützen bestand. Diese Division schob Durando alsbald wieder am rechten Ufer des Gardasee's, im Chiesethal, sowie gegen den Tonal und das Stilfser Joch vor, verhielt sich aber rein beobachtend und abwartend.

Im Venetianischen hatte sich ein Korps von etwa 2000 Freiwilligen aus verschiedenen Abtheilungen bestehend und unter dem Kommando des Generals S. Fermo auf der Linie von Sorio, Montebello, Meledo und Lonigo festgesetzt und belästigte von hier aus die Detachements, welche die Verpflegung für die Truppen zu Verona beitrieben.

Radetzki sendete daher am 8. April schon ein starkes Detachement unter Fürst Friedrich Liechtenstein gegen Montebello. Liechtenstein ließ nur eine Seitenkolonne unter Major Martini auf Montebello marschiren und rückte selbst auf Sorio, wo S. Fermo seine Hauptstärke vereinigte. Bei Montebello sowohl als bei Sorio wurden die Venetianer nach kurzem, aber hartnäckigem Kampfe geschlagen und zum Rückzuge nach Vicenza gezwungen.

Wir haben früher erwähnt, daß der rechte Flügel der lombardischen Freischaaren bei seinem Vorrücken gegen die Grenze Südtyrols durch einen Zwischenumstand etwas aufgehalten wurde. Dieser Umstand war folgender.

Am Mincio angekommen, wollte natürlich Karl Albert diesen Fluß überschreiten, um ernste Operationen gegen Radetzki fortsetzen zu können. Dabei waren die beiden Festungen Peschiera und Mantua, wenn man sie im Rücken behielt, äußerst hinderlich. Der Wunsch, sich ihrer zu bemächtigen, lag daher sehr nahe. Sollte dieß aber durch förmliche Belagerung geschehen, so kostete es viel Zeit und ein großer Theil des Vortheils und Gewinnes ging offenbar damit verloren. Ueberdieß war der piemontesische Belagerungstrain noch gar nicht herangekommen.

Es ist daher begreiflich, daß man im Hauptquartier Karl Alberts sich mit Vorliebe der Hoffnung hingab, durch Handstreiche, welche von innen heraus, sei's von der Bewohnerschaft, sei es von Theilen der Garnisonen unterstützt würden, die beiden Festungen zu gewinnen. In solchem Sinne hatte die Vorrückung gegen Mantua stattgefunden vor dem Marsche nach Goito. In solchem Sinne wollte man nach dem Gefechte von Goito etwas gegen Peschiera unternehmen, wo nach unrichtigen Nachrichten ein italienisches Bataillon in Besatzung liegen sollte.

Während Karl Albert sich anschickte, mit einem Theil seiner regulären Armee von der rechten Seite des Mincio her eine Beschießung und einen Angriff zu beginnen, glaubte er, daß es nützlich für den Zweck sein würde, wenn zu gleicher Zeit italienische Truppen sich auf dem linken Ufer des Gardasee's und des Mincio zeigten.

So erhielt am 10. April das gerade zu Salò angekommene lombardische Freiwilligenbataillon Novaro den Befehl, mittelst des Dampfschiffes vom Gardasee, dessen die Italiener sich glücklich bemächtigt hatten, bevor es Zuflucht im Hafen von Peschiera suchen konnte, über den See zu setzen und die Gegend von Bardolino und Lacise am linken Ufer zu beunruhigen.

Novaro kam dem Befehl nach, breitete sich rechts über Pacengo aus, überraschte hier an den Seestraße den Posten, welcher das wegen Mangel an Zeit und Fuhrwerken noch nicht geräumte Friedenspulvermagazin der Festung Peschiera bewachen sollte, nahm ihn gefangen und begann das Pulvermagazin zu räumen. Um diese Arbeit zu sichern und die Kommunikation zwischen Peschiera und Verona zu unterbrechen, sendete er ein Detachement nach Castelnuovo, welches sich dort festsetzte und verbarrikadirte. Bei dem wie es schien glücklichen Fortgang dieser Unternehmung ward am 11. auch noch das Bataillon Manara von den lombardischen Freischaaren an das linke Seeufer übergesetzt.

Unterdessen aber hatte Radetzki Kunde von dem Erfolge der Freischaaren erhalten und entsendete am 11. den Generalmajor Fürst Wilhelm Taxis mit 8 Kompagnieen Infanterie, einer Abtheilung Kavallerie und mehreren Geschützen gegen Castelnuovo. Taxis stürmte und plünderte Castelnuovo und veranlaßte die Trümmer der Bataillone Novaro und Manara zu eiligem Rückzuge an das rechte Seeufer, worauf er am 12. April nach Verona zurückkehrte.

Am letztgenannten Tage ließ Karl Albert am rechten Mincioufer 8 Belagerungs- und 24 Feldgeschütze gegen Peschiera in Batterie bringen und eröffnete mit dieser Artillerie am 13. ein lebhaftes Feuer, während sich rückwärts je ein Regiment von den Brigaden Piemont und Pinerolo des zweiten Korps in Sturmkolonnen formirten.

Nach mehrstündigem Feuer ließ Karl Albert den Kommandanten von Peschiera, General Rath, zur Uebergabe auffordern. Die Garnison war indessen weder eingeschüchtert, noch sonst zum Aufstande bereit. Rath erwiederte, daß er keinen Befehl habe, den Platz zu übergeben. Die Beschädigungen aber, welche das Artilleriefeuer von wenigen Stunden und aus großer Entfernung an den Werken der Festung angerichtet hatte, waren natürlich so gering, daß sie einen Sturm auf keine Weise rechtfertigten, falls nicht besondere begünstigende Umstände, wie die erwähnten früher erwarteten, hinzukamen.

Karl Albert unterließ daher den Sturm und beschloß, sich vorläufig, bis sein Belagerungstrain herankäme, auf eine Blokade Peschiera's am rechten Ufer zu beschränken, welche der Brigade Pinerolo übertragen ward.

Unterdessen waren bei Karl Albert neue Hoffnungen erweckt worden, daß ein Aufstand in Mantua sich erheben könnte, wenn auch von außen etwas gethan würde. Aber selbst für den Fall, daß ein Aufstand nicht zu erwarten war, hielt man eine Unternehmung gegen Mantua für nothwendig. Offenbar war Karl Albert sammt seinen Berathern, kaum am Mincio eingetroffen, sehr in Verlegenheit gerathen, was er nun weiter thun solle. Anfangs war er als Schwert, als Befreier Italiens begrüßt, die kleinen Erfolge, welche er errungen hatte, waren über alles Maß übertrieben. Da nun weiter gar nichts erfolgte, fingen namentlich in der Lombardei diejenigen Leute, welche von dem piemontesischen Königthum von Anfang an nicht allzu viel hatten wissen wollen, an, die Dinge bei Licht zu betrachten und zu beleuchten. Man fragte nach den Gründen der Unthätigkeit, in welche die piemontesische Armee verfallen, und statt sie in der Unfähigkeit Karl Alberts zu suchen, wollte man sie in verrätherischem Einverständniß mit den Feinden Italiens suchen. Man erinnerte dabei an das frühere Leben, wie an manche Aeußerungen Karl Alberts von früherher. Klagen der Bewohner des Kriegsschauplatzes über privates Ungemach, wie es der Krieg immer mit sich bringt, wurden dabei gleichfalls benutzt. Solche Klagen gingen auch von den Bewohnern der Umgegend Mantua's aus, welche unter den Brandschatzungen litten, die ihnen Gorczkowski auferlegen mußte, um den von ihm befehligten Platz ausreichend zu verproviantiren.

Falls die Piemontesen das höchste Ziel nicht erreichten, welches sie sich gestellt hatten, Einnahme Mantua's durch einen Handstreich unter Begünstigung durch einen Aufstand der Einwohner, hofften sie doch wenigstens die Verproviantirungssphäre der Festung durch Wegnahme einzelner österreichischer Posten, namentlich zu Rivalta und le Grazie, einschränken zu können.

Mit der Ausführung des Unternehmens gegen Mantua beauftragte Karl Albert den Kommandanten des ersten Korps, General Bava. Dieser traf folgende Anstalten:

In der Nacht vom 18. auf den 19. April vereinigte er zu Gazzoldo unter dem Kommando des Generals Olivieri, die beiden Kavallerieregimenter Nizza und Aosta, ein Bataillon der Brigade Casale und 4 Geschütze der reitenden Artillerie.

General de Ferrere vereinigte 5 Bataillone der Brigade

Casale, die Freiwilligen von Griffini und 4 Geschütze zu Cà Bozzelli, La Motta und Ceresare.

General d'Aix versammelte die Brigade Aosta nebst einer Kompagnie Bersaglieri, den Genueser Freiwilligen und 4 Geschützen zu Sacca.

Die Brigade Cuneo mit 8 schweren Geschützen ward zu Piubega zusammengezogen.

Die Kolonne d'Aix sollte am 19. April früh Morgens von Sacca aufbrechen, am rechten Mincioufer abwärts über Rivalta und le Grazie gehen und den Feind, den man sich mit seinem Gros am Osone aufgestellt dachte, in Front angreifen.

De Ferrere sollte über Ca Bozzelli und Rodigo rechts von d'Aix vorrücken und dann diesem in zweiter Linie folgen.

Olivieri sollte in der Morgendämmerung des 19. von Gazzoldo aufbrechen und über Sarginesco auf Montanara vorgehen, um so die Linie des Osone in der linken Flanke zu packen.

Die Brigade Cuneo endlich sollte von Piubega nach Castellucchio und Ospedaletto marschiren, abschneiden, was sich etwa von österreichischen Detachements auf der Straße von Mantua nach Cremona vorgeschoben befände, im Uebrigen der Kolonne Olivieri als Reserve dienen.

Die Kolonne Olivieri, mit welcher Bava marschirte, kam etwa zur gleichen Zeit bei Montanara an, in welcher die Kolonne d'Aix sich Curtatone näherte. Bis dahin war man auf keinen Feind gestoßen, da Gorczkowski, vom Vorhaben des Feindes unterrichtet, seine exponirten Posten zurückgezogen hatte. Gorczkowski selbst hatte sich auf die Kunde von der Annäherung der Piemontesen in das Fort Belfiore begeben. Gegen dieses ließ Bava die beiden Kolonnen Olivieri und d'Aix vorrücken; die Infanterie der letzteren setzte sich in li Angeli fest, die Bersaglieri nisteten sich am Seeufer ein und ebendaselbst fuhr eine Batterie gut gedeckt auf und feuerte auf die Lunette Belfiore. Gorczkowski ließ deren Artillerie mit

Kartätschen antworten und ließ dann durch zwei Kompagnieen Infanterie nebst 3 Kavalleriegeschützen längs dem Seeufer einen Ausfall machen, der natürlich von den überlegenen Kräften der Piemontesen zurückgeschlagen ward.

Indessen hatte Bava aus den ihm zugekommenen Nachrichten die Ueberzeugung gewonnen, daß er gegen Mantua selbst nichts würde ausrichten können. Obgleich er daher die Meldung erhielt, daß die Brigaden Casale und Cuneo in den ihnen angewiesenen Aufstellungen angekommen wären, befahl er den Rückmarsch der Truppen in die Kantonnirungen, welchen die Brigade Casale deckte, ohne daß sie indessen von den Oesterreichern behelligt worden wäre.

Ohne einzelner kleiner Verstärkungen zu erwähnen, welche für die Armee Karl Alberts täglich ankamen, rückte nun wenige Tage nach der Unternehmung gegen Mantua einerseits die toscanische Division, verstärkt durch das 10. neapolitanische Linienregiment und ein neapolitanisches Freiwilligenbataillon, andererseits Durando mit den römischen Truppen in die Linie.

Die toscanische Division besetzte die Linie des Ossokanals von Curtatone bis Montanara und verschanzte sich daselbst, um Mantua von dieser Seite zu beobachten und seine Verpflegungssphäre einzuschränken; ein Detachement von 1000 Freiwilligen ward zu gleichem Zwecke nach Governolo verlegt und schob von hier eine Abtheilung nordwärts zwischen Mincio und Etsch nach Castellaro und Castelbelforte vor, um die gewöhnliche Verbindung Mantua's mit Legnago und mit Verona zu unterbrechen.

Johann Durando, den äußersten rechten Flügel der Armee Karl Alberts bildend, besetzte mit den Römern am 21. April Ostiglia und schob nach einigen Tagen 1200 M. nach Badia an der Etsch rechts vor. Schon früher hatte sich der Oberst Zambeccari mit 700 Freiwilligen, meist aus der Romagna, dicht bei Legnago, westlich desselben, in dem alten

Schlosse von Bevilacqua auf der Straße nach Padua festgesetzt.

Radetzki war entschlossen, außer wenn er dazu gezwungen würde, nichts Entscheidendes zu unternehmen, ehe die Reservearmee unter Nugent, vom Isonzo heranziehend, sich mit ihm bei Verona vereinigt hätte, dagegen benutzte er den Umstand, daß von gegnerischer Seite viele einzelne kleinere Detachements hie und dorthin verlegt waren, zu kleinen Unternehmungen, bei welchen sich seine Truppen an das Feuer und die Strapatzen des Krieges gewöhnten.

So rückte am 23. April der Oberst Heinzel mit 600 M. von Legnago gegen Bevilacqua aus. Zambeccari zog sich bei der Annäherung der Oesterreicher nach Padua und später über Vicenza nach Treviso zurück. Heinzel verbrannte und plünderte das Schloß und einen Theil der Ortschaft.

Gegen Castellaro entsendete in der Nacht vom 22. auf den 23. April Gorczkowski ein starkes Detachement unter dem Major Martini. Martini überfiel am 23. in der Morgendämmerung Castellaro und sprengte die dort stehenden Freischaaren aus einander.

In der Nacht vom 23. auf den 24. mußte der Oberst Castelliz mit 600 M. Infanterie, 40 Pferden und 6 Geschützen gegen Governolo ausrücken, um wo möglich auch den dortigen Posten zu vertreiben. Governolo war gut verbarrikadirt und ward mit Hartnäckigkeit vertheidigt. Castelliz stürmte einige der vorgeschobenen Barrikaden, vermochte aber wegen der geringen Zahl und Enge der Zugänge nicht in die Stadt selbst einzudringen und mußte mit Verlust nach Mantua zurückkehren.

5. Der Uebergang der Sarden über den Mincio und das Gefecht von Pastrengo.

Durch die verunglückten Versuche, sich bald Peschiera's, bald Mantua's durch Handstreiche in Verbindung mit innern Aufständen zu bemächtigen, hatte Karl Albert die Ueberzeugung gewonnen, daß so etwas wohl überhaupt nicht gelingen werde. Aber schon mit dem 9. April stand er jetzt im Wesentlichen unthätig am Mincio, Alles drängte zum Handeln, auch die Armee wollte etwas thun. Bedeutende Verstärkungen hatte Karl Albert nicht mehr zu erwarten, das konnte kein Grund sein, die entscheidende Thätigkeit hinauszuschieben. Dagegen hatte Nugent seine Operation begonnen, wenn auch noch mit schwachen Kräften, den Isonzo überschritten, um die Kommunikation durch das Venetianische für Oesterreich frei zu machen und zur Unterstützung Radetzki's heranzuziehen.

Unter solchen Umständen entschloß sich Karl Albert, mit seiner Hauptmacht den Mincio zu überschreiten. Die Zwecke, welche damit weiter verfolgt werden konnten, waren folgende:

Erstens war es möglich, daß bei Verona glückte, was bei Peschiera und Mantua mißglückt war, die Wegnahme durch einen Handstreich;

oder man konnte doch zweitens vor Verona Radetzki eine Niederlage bereiten;

oder drittens, man konnte sich der Position von Rivoli bemächtigen, dadurch die bisher noch einzige Kommunikation Radetzki's mit dem Kern der österreichischen Staaten unterbrechen;

oder viertens, man konnte nun Peschiera auf beiden Ufern des Mincio einschließen und dann auch mit Aussicht auf Erfolg förmlich belagern; während der Haupttheil der Armee zur Deckung dieser Belagerung eine Stellung gegen Verona nahm.

Verschiedene dieser Zwecke hängen, wie man sieht, sehr enge mit einander zusammen, insbesondere sobald zur Ausführung geschritten ward.

Immerhin war Karl Albert noch bedenklich; er fürchtete, beim Uebergange über den Mincio selbst von Radetzki angegriffen zu werden. Er ließ daher noch zwei Rekognoszirungen vornehmen, ehe er den Marsch vorwärts wirklich antrat: die erste machte am 23. April General de Sonnaz mit 12 Bataillonen Infanterie, 12 Eskadrons und 16 Geschützen; die Infanterie rückte auf den Monte Bento vor, nachdem sie bei Monzambano über den Mincio gegangen war, die Kavallerie drang rechts in der Ebene bis Villafranca. Am 25. machte der Herzog von Savoyen mit der Reservedivision die zweite Rekognoszirung, indem er bei Volta über den Mincio ging und in den Richtungen auf Marmirolo, Tezzoli und Grezzano vordrang.

Erst als diese Rekognoszirungen, bei denen man kaum auf einen Feind stieß, die Ueberzeugung verschafft hatten, daß Radetzki nicht daran denke, den Sarden den Mincioübergang irgendwie zu verlegen, führte Karl Albert am 26. April den Haupttheil seiner Armee, 37,000 M. Infanterie, 4000 Pferde und 10 Batterieen mit 80 Feldgeschützen an das linke Ufer des Mincio.

Von der Division Federici des 2. Korps blieb die Brigade Pinerolo am rechten Ufer des Flusses und See's zur Beobachtung von Peschiera stehen; die Brigade Piemont ging bei Monzambano ans linke Ufer, marschirte auf Castelnuovo und schob ihre Posten bis Colà. Die Division Broglia überschritt den Mincio bei Valeggio, vertrieb einen österreichischen Posten aus Villafranca und besetzte dann nordwärts vorrückend die Front nach Norden, die Linie von Sandrà bis Santa Giustina. Bava mit dem 1. Korps ging bei Goito über den Fluß, marschirte über Roverbella und Villafranca und besetzte, Front nach Osten gegen Verona, die Linie von Sona und Sommacampagna mit seiner ersten Division, während die zweite eine zweite Staffel auf der Linie Custoza-Villafranca bildete.

Der Herzog von Savoyen mit der Reservedivision ging bei Monzambano und Borghetto über den Mincio und nahm Quartiere um Oliosi und S. Giorgio in Salice.

Nach dem Uebergange über den Mincio hatte die piemontesische Armee im Ganzen folgende Stellung:

Auf dem äußersten linken Flügel General Jakob Durando mit 5000 lombardischen Freiwilligen zur Bewachung der nach Südtyrol führenden Pässe.

Die Brigade Pinerolo, gegen 5000 M., am rechten Minciouser zur Beobachtung und Einschließung Peschiera's.

Auf dem linken Minciouser versieht diesen Dienst ein Theil der Brigade Piemont, welche im Uebrigen zugleich die Reserve der Division Broglia bildet.

Die Division Broglia macht Front gegen Norden und schützt die Einschließung Peschiera's gegen einen Anfall der Oesterreicher von der obern Etsch her.

Mit ihr bildet die Division d'Arvillars einen Haken, indem sie Front gegen Osten macht und den gleichen Dienst gegen einen Anfall von Verona leistet.

Die Division des Herzogs von Savoyen ist die allgemeine Reserve der beiden vorigen und der Brigade Piemont.

Die Division Ferrere bewacht die Ebene von Villafranca und verbindet die Stellungen am linken Minciouser mit Goito und den Stellungen am rechten Ufer des untern Mincio.

Alle Truppen am linken Minciouser zählen zusammen gegen 43,000 M.

Das zweite Bataillon des 10. neapolitanischen Linienregiments bewacht den Brückenkopf von Goito.

Die Toscaner mit den Modenesen, einem Bataillon des 10. neapolitanischen Linienregiments und neapolitanischen Freiwilligen halten die Linie des Osonekanals gegen Mantua hin fest.

Diese letztgenannten Truppen unter General de Laugier zählen 10,000 M.

Die ganze Armee Karl Alberts, so weit sie hier aufgezählt ist, hat also eine Stärke von 62,000 bis 63,000 M.

7*

General Johann Durando hatte unterdessen den Posten von Ostiglia verlassen. Auf die einlaufenden Nachrichten nämlich von den Fortschritten Nugents im Venetianischen ertheilte ihm der piemontesische Generalstab am 23. April den Befehl, sogleich nach dem Friaul aufzubrechen, um Nugent aufzuhalten und seine Vereinigung mit Radetzki zu verhindern.

Durando verließ am 24. Ostiglia und ging über Polesella, Rovigo und Padua nach Treviso. Von Badia sendete er 600 M. nach Vicenza, um diesen wichtigen Punkt in Gemeinschaft mit der dortigen Nationalgarde zu besetzen. Ferrari mit der römischen Freiwilligendivision sollte sich im Friaul mit Durando vereinigen.

Karl Albert befestigte sich in seinen neu eingenommenen Stellungen zwischen Mincio und Etsch; eine verschanzte Linie verband die Höhen von Sa. Giustina mit denjenigen von Sona quer über die Hauptstraße von Verona nach Peschiera laufend Dagegen ward es versäumt, die Uebergänge über den Mincio grade hinter dem Hauptheil der piemontesischen Armee bei Salionze, Monzambano und Valeggio-Borghetto durch Befestigungen zu sichern.

Hospitallinien für die Armee bezeichneten die Punkte Valeggio, Castiglione delle Stiviere und Brescia einerseits, Valeggio und Cremona andererseits.

Die Verproviantirung wurde theils über den Gardasee über Lacise, theils auf dem Landweg über Volta und Monzambano bezogen.

Hauptmagazine und Depotpunkte waren Cremona und Pizzighetone.

Die Linie der Adda ward als provisorische Basis für den Fall eines nothwendig werdenden Rückzugs eingerichtet.

Sein Hauptquartier schlug Karl Albert eigenthümlicher Weise mitten in seiner ersten Linie zu Sommacampagna auf.

Von den 55,000 M., über welche Radetzki an Etsch und Mincio gebot, standen 15,000 in den vier Festungen als

Garnisonen, 5000 M. einschließlich der Brigade Zobel im Tyrol. Um Verona zur Verwendung im freien Felde blieben daher noch etwa 35,000 M.

Davon stand der Haupttheil wirklich in und bei Verona; eine Brigade, Wohlgemuth, 3500 M., stellte Radetzki bei Pastrengo, zwei geographische Meilen oberhalb Verona am rechten Etschufer, auf. Pastrengo ist rings von Höhen umgeben, die gegen die Etsch hin steil abfallen, gegen den Gardasee und nach Süden hin sich sanfter abdachen und ganz günstige Vertheidigungsstellungen geben, aber nur wenn sie verschanzt sind. Die Verschanzung ward von den Oesterreichern unterlassen.

Der Hauptzweck, welchen Radetzki bei der Besetzung der Stellung von Pastrengo im Auge hatte, war, den Piemontesen den Zugang zu der weiter nördlich gelegenen Stellung von Rivoli zu verlegen, in deren Besitz sie zugleich die Herrschaft über die österreichische Verbindungsstraße längs der Etsch gehabt haben würden. Zugleich konnte von Pastrengo aus auch sekundären offensiven Zwecken genügt werden, da man von hier, auf Castelnuovo oder Sona vorschreitend, jede Bewegung der Piemontesen gegen Verona oder gegen Peschiera in die Flanke nahm. Um die Stellung von Pastrengo ernstlich in dieser Richtung auszunutzen, wäre allerdings eine stärkere Besetzung derselben, als Radetzki sie gegeben hatte, und dann eine Verschanzung, welche in der Stellung selbst Kräfte zu sparen gestattete, nothwendig gewesen. Indessen die Stellung von Pastrengo blieb doch um so mehr immer eine Drohung für Karl Albert, als Radetzki sie zu jeder Zeit plötzlich verstärken konnte, indem er Truppen am linken Etschufer hinaufsendete. Die Stellung war mit dem linken Etschufer durch eine etwas oberhalb erbaute Brücke verbunden.

Zur Unterstützung Wohlgemuths hatte Radetzki noch bei Bussolengo, auf zwei Drittel des Weges von Verona nach Pastrengo die Brigade Taxis, 3000 M., aufgestellt. Disponibel bei Verona selbst verblieben ihm daher noch 27,000 M.

Wohlgemuth, der alle Zeit behielt die Stellung von Pastrengo ruhig zu besetzen, hatte seinen rechten Flügel nach Pacengo und Colà ausgedehnt. Die österreichischen Truppen dort konnte Karl Albert auf keinen Fall dulden, da sie auch gegen das bescheidenste Unternehmen, die Einschließung von Peschiera am linken Mincioufer Einspruch erhoben.

Bes wurde daher beauftragt, die Höhen von Pacengo und Colà zu nehmen, sobald das Heer Karl Alberts sich in seinen neuen Stellungen zwischen Etsch und Mincio einigermaßen eingerichtet hatte.

Bes griff am 28. April die Oesterreicher an, vermochte sie jedoch nicht zu vertreiben. Da indessen vorauszusehen war, daß der Angriff mit verstärkter Kraft wiederholt werden würde, so beschränkte sich Wohlgemuth freiwillig auf die Stellung von Pastrengo und Radetzki sendete zu seiner Verstärkung noch die Brigade Erzherzog Sigismund, 3000 M., am linken Ufer der Etsch aufwärts. Die beiden Brigaden Wohlgemuth und Sigismund wurden unter dem Kommando des F.M.L. Wocher vereinigt.

Am 29. April schritt Broglia zu neuem Angriffe auf Wocher. Dieser ging ihm entgegen, ward aber nach ziemlich hartnäckigem Gefecht in die Hauptstellung von Pastrengo zurückgetrieben.

Für den 30. April ordnete nun Karl Albert einen Hauptangriff, der die Oesterreicher vollends ans linke Etschufer zurückwerfen sollte. Die Führung ward dem General Sonnaz übertragen, dem etwa 20,000 M. überwiesen wurden. Dieselben theilten sich in drei Hauptkolonnen.

Zum Frontangriff erhielt der General Broglia 2 Bataillone vom 1. Grenadierregiment (von der Reservedivision), 3 Bataillone von der Brigade Savoyen (Division Broglia), 2 Bataillone von der Brigade Piemont (Division Federici), eine Kompagnie Versaglieri, eine Kompagnie Freiwillige von Parma, eine Eskadron vom Regiment Piemont Kavallerie (von der Division Federici), $3^1/_2$ Batterieen; im Ganzen

$7\frac{1}{2}$ Bataillone, eine Eskadron und 28 Geschütze, gegen 5000 Mann.

General Federici mit 4 Bataillonen der Brigade Piemont (gegen 3000 M.) sollte über Cola links von Broglia in der rechten Flanke der Stellung von Pastrengo auf Pontone vorgehen.

Der Herzog von Savoyen mit der Brigade Cuneo (von der Reservedivision), dem 2. Grenadierregiment (von der Reservedivision), dem 2. Regiment der Brigade Savoyen und dem 16. der Brigade Savona (von der Division Broglia), 11 Eskadrons von den Regimentern Piemont (Division Federici) und Novara (Division Broglia) Kavallerie, endlich mit 2 Batterieen, — also mit 15 Bataillonen, 11 Eskadrons, 16 Geschützen — im Ganzen 12,000 M., sollte die Reserve bilden und zugleich Taxis bei Bussolengo im Schach halten.

Die erste Division vom Bava'schen Armeekorps behielt Front gegen Verona, mußte aber noch die Brigade Regina nach Sa. Giustina entsenden, um die von dort fortgezogenen Truppen der Division Broglia zu ersetzen.

Karl Albert wollte mit der Kolonne des Generals Federici vorgehen. Wie man aus unserer Uebersicht erkennt, war die Grundeintheilung der Truppen bei deren Vertheilung auf die Kolonnen ganz unnützer Weise mörderlich zerrissen, worauf wir hier nur aufmerksam machen.

Broglia brach am 30. April gegen die Morgendämmerung auf und eröffnete den Angriff auf die Höhen von Pastrengo mit dem Feuer von 12 Geschützen etwa um 9 Uhr Vormittags. Als er darauf seine Infanterie zum Angriffe schreiten ließ, ging ihm Wocher entgegen und warf ihn zurück. Broglia begann darauf sein Artilleriefeuer von neuem und beschloß, mit der Wiederholung des Infanterieangriffes zu warten, bis die Kolonne Federici herangekommen sein würde.

Federici erschien etwa um 11 Uhr Vormittags links rückwärts von Broglia und entwickelte sich zum Gefecht. Sein

Erscheinen und Vorrücken um Mittag bestimmte den rechten Flügel der Oesterreicher, sich zurückzubiegen. Bei der Lage der Brücke, welche den Oesterreichern als einziger Rückzugsweg ans linke Etschufer diente, hinter ihrer rechten Flanke, ward die Situation Wochers eine gefährliche.

Er beschloß also den Rückzug, aber zugleich nur Schritt vor Schritt, mit wiederholten Rückstößen, um nicht an der Brücke gedrängt und vielleicht von ihr abgeschnitten zu werden. Dieses System hatte so guten Erfolg, als bei der Beschaffenheit der Stellung überhaupt zu erwarten war.

Broglia einerseits, Federici andererseits und der König mit seiner Eskorte folgten der rückgängigen Bewegung der Oesterreicher unter beständigen Gefechten. Außerdem war aus der Reserve die Brigade Cuneo zwischen Broglia und Federici vorgezogen und machte die Bewegung vorwärts mit. Karl Albert kam bei der Verfolgung des weichenden Feindes in entschiedene Gefahr, getödtet oder gefangen zu werden.

Zwischen 1 und 2 Uhr Nachmittags zog Wocher seine ersten Truppen über die Brücke ans linke Etschufer. Dieser Rückzug hatte bereits lange begonnen, als Zobel, der mit einem Jägerbataillon und 2 Geschützen aus Südtyrol am rechten Etschufer hinabgerückt war, herankam. Er konnte das Gefecht nicht mehr zum Vortheil der Oesterreicher wenden, doch hielt er allerdings die Verfolgung der Piemontesen eine Weile auf und konnte sich außerdem mit den Truppen Wochers ans linke Etschufer zurückziehen.

Außer der Diversion Zobels hatten an diesem Tage noch zwei andere statt. Einerseits nämlich machte der General Rath mit zwei Kompagnieen seiner schwachen Garnison einen Ausfall aus Peschiera, der selbstverständlich sofort von den Beobachtungstruppen zurückgeschlagen ward.

Andererseits rückte Radetzki am Mittag mit fünf Kolonnen an der Straße von Peschiera aus Verona vor gegen die Höhen von Sona und Sa. Giustina, um Wocher hiedurch etwas Luft zu schaffen. Nur bei Sona kam es zu einem unbedeutenden Kampf gegen Truppen der Brigade Aosta. Ein allgemeines und entscheidendes Gefecht wollte Radetzki aus den noch immer fortwirkenden Ursachen, welche ihn bisher davon zurück gehalten, nicht wagen. Sobald er annehmen konnte, daß Wocher seinen Rückzug bewerkstelligt habe, zog er sich nach Verona zurück.

Wocher war bald nach 3 Uhr Nachmittags am linken Etschufer; er hatte über 500 M. an Todten und Verwundeten und 450 Gefangene verloren, welche am rechten Etschufer abgeschnitten waren.

Zwischen Taxis und Truppen von der Kolonne des Herzogs von Savoyen hatte sich der Kampf lediglich auf Scharmützel beschränkt. Als Wocher das rechte Flußufer aufgab, zog sich auch Taxis bei Bussolengo an das linke hinüber.

Der Verlust der Piemontesen am 30. April wird, wahrscheinlich eher zu niedrig als zu hoch, auf 500 Todte und Verwundete geschätzt. Da sie die Angreifer waren und die Oesterreicher taktisch günstige Positionen inne hatten, würden die Piemontesen ohne die Ueberlegenheit ihrer Artillerie und wenn sie mehr direkt mit der Infanterie hätten handeln müssen, offenbar größere Verluste erlitten haben. In Bezug auf Bravour hatten sich auch an diesem Tage die Truppen der beiden Armeen wieder die Waage gehalten.

In der Besorgniß, daß Karl Albert nach dem Siege von Pastrengo sogleich den Versuch machen würde, ans linke Etschufer überzugehen, ertheilte Radetzki dem Feldmarschalllieutenant Wocher den Befehl, am linken Ufer stehen zu bleiben, das Defilee von Parona zu verschanzen und durch Detachements die Verbindung mit den österreichischen Truppen in Südtyrol zu unterhalten. Was denn auch geschah.

Am 1. Mai ließ Karl Albert eine Rekognoszirung nach Ponton vornehmen und am 5. Mai mußten vier Bataillone den Tassobach bei Affi überschreiten und angesichts der Position von Rivoli Stellung nehmen. Diese Stellung, in deren unbestrittenem Besitz die Piemontesen vollends die bis jetzt noch einzige Verbindung Radetzki's mit den innern Provinzen des Kaiserstaates beherrscht hätten, war für die Oesterreicher jetzt von doppelter Wichtigkeit. Welden hatte sie daher, so stark es ihm seine geringen Kräfte gestatteten, besetzt, den Uebergang über die Etsch bei Peri befestigt, und Zobel hatte nach dem Rückzuge vom 30. April gegenüber Rivoli bei Volargne Stellung genommen.

6. Das Gefecht von Sa. Lucia.

Unterdessen waren bei Karl Albert neue Hoffnungen auf eine Erhebung der Einwohner von Verona erweckt worden, falls eine solche durch einen Angriff von außen auf die Truppen Radetzki's unterstützt würde. Zu diesem Angriffe hatte sich Karl Albert bereits am 3. Mai entschlossen. Den Oberbefehl für diesen Tag übertrug er dem General Bava, der den Angriff als eine gewaltsame Rekognoszirung behandeln wollte. Nach einer sehr oberflächlichen Disposition Bava's, die allerdings nur als eine allgemeine Skizze betrachtet werden konnte, gab am 5. Mai der Generalstabschef der Armee, General Salasco, den Korps- und Divisionskommandanten eine außerordentlich weitläufige Disposition, die eben nicht an zu großer Klarheit und Einfachheit der Bestimmungen litt.

Für die erste Formation der Truppen zum Vorrücken ward die Figur eines sogenannten Keils oder Schweinskopfes angenommen, eine Form, bei welcher die Mitte dem Feinde zunächst steht, während die Flügel in Staffeln zurückgenommen sind. Die Spitze sollte sich bei Mancalacqua formiren, der rechte Flügel sich von dort über Gonfardine auf die Straße von Villafranca nach Verona, der linke an die Etsch nach Bussolengo zurückbiegen. Im Beginn der Bewegung war die kürzeste Frontlinie $1^1/_2$ deutsche Meilen, die Front mußte sich aber allerdings allmälig verkürzen, da die Straßen von den piemontesischen Positionen gegen Verona alle konzentrisch zusammenlaufen.

Nachdem wir hiemit dem Leser ein allgemeines Bild der beabsichtigten Formation und Vorrückung gegeben, wollen wir ihm das jetzt leichter verständliche Detail vorführen.

Die Spitze bildet der Generallieutenant d'Arvillars mit der Brigade Regina, der Reiterbrigade der Reservedivision, den Bersaglieri der 1. Division und 2 Batterieen oder $6^1/_4$ Bataillons, 12 Eskadrons, 16 Geschützen. Sie sammelt sich bei Mancalacqua.

Die erste Staffel rechts, 1000 Schritt rechts rückwärts Regina bildet die Brigade Aosta, 6 Bataillons mit 8 Geschützen, an der Straße von Somma Campagna nach Verona.

Die zweite Staffel rechts, 1000 Schritt rechts rückwärts Aosta, die Brigade Casale, 6 Bataillons und 8 Geschütze, sammelt sich bei Gonfardine.

Die dritte Staffel rechts, 1000 Schritt rechts rückwärts Casale, die Brigade Acqui, 6 Bataillons und 8 Geschütze, geht an der Hauptstraße von Villafranca nach Verona vor.

Die Kavalleriebrigade des 1. Armeekorps, die Regimenter Aosta und Nizza, 12 Eskadrons mit $^1/_2$ Batterie geht auch an der Straße von Villafranca vor und deckt die Bewegung, indem sie rechts streifen läßt.

Die erste Staffel links, Brigade Cuneo, 5 Bataillons und 8 Geschütze, sammelt sich auf gleicher Höhe mit der Brigade Aosta bei Sona.

Die zweite Staffel links, das 1. Regiment der Brigade Savoyen, 3 Bataillons und 1 Batterie, sammelt sich auf gleicher Höhe mit Casale vor Sa. Giustina.

Die dritte Staffel links, das 2. Regiment der Brigade Savoyen und die Brigade Savona, 7 Bataillons mit 8 Geschützen, läßt Bussolengo mit einigen Kompagnieen besetzt und geht von dort aus vor.

Diese Staffel wird unterstützt von der Reiterbrigade des zweiten Armeekorps, 9 Eskadrons mit 4 Geschützen.

Die Gardebrigade der Reservedivision, 6 Bataillons mit 8 Geschützen, wird zur Verstärkung der Mitte gebraucht, indem sie der Brigade Aosta auf 1000 Schritt Abstand folgt.

Alle Truppenkörper sollen um $7^1/_2$ Uhr Morgens an ihren Sammelpunkten zum Beginn der Bewegung bereit stehen.

Die Bewegung geht in der vorgeschriebenen Ordnung zunächst bis zu dem sanften Höhenrücken, der sich ungefähr auf halbem Wege von Sona nach S. Massimo von Feniletto im Norden bis Moreschi im Süden, ziemlich parallel dem Höhenrand von Sona und Sommacampagna, ausdehnt.

Hier sollte nun folgendermaßen aufmarschirt werden:

Im Zentrum rückt die Brigade Aosta rechts neben der Brigade Regina in Linie; das zweite Treffen des Zentrums bilden die Brigaden Cuneo hinter Regina, und Garden hinter Aosta; die bisher der Brigade Regina beigegebene Kavallerie geht hinter das zweite Treffen in Reserve zurück.

Der rechte Flügel, die Brigaden Casale und Acqui nebst der Kavalleriebrigade unter General Ferrere echelonirt sich von Moreschi gegen Palazzo della Madonna.

Der linke Flügel unter Broglia und aus dessen Division nebst der beigegebenen Kavallerie bestehend, besetzt stark die Höhen von Palazzina und Feniletto.

Nachdem diese Anstalten getroffen sind, rückt die erste Linie des Zentrums, Aosta und Regina, über den Höhensaum zum Angriffe auf Sa. Lucia und S. Massimo vor, während zugleich Anstalten getroffen werden, den Feind zu S. Massimo und Croce bianca mit Flankenangriffen zu bedrohen; die zweite Linie des Zentrums besetzt die von der ersten Linie verlassene Position; der rechte Flügel wirkt zum Angriff auf Sa. Lucia, der linke zum Angriff auf Croce bianca mit, der rechte sucht zugleich den in Tomba und Tombetta stehenden österreichischen Truppen den Rückzug nach Verona abzuschneiden.

Nach der Einnahme der Punkte Sa. Lucia, S. Massimo und Croce bianca sollte nicht weiter vorgerückt, sondern es sollten weitere Befehle erwartet werden. Die Divisionsgenerale wurden besonders darauf aufmerksam gemacht, bei der konzentrischen Richtung aller Straßen gegen Verona Stopfungen bei der Annäherung der verschiedenen Truppentheile zu verhindern, auch sollten sie darauf Acht haben, daß die Truppen nicht in das Feuer der Kanonen von Verona kämen.

Der Rückzug sollte eintretenden Falls auf denselben Straßen erfolgen, auf welchen die Vorrückung aus den Kantonnirungen stattgefunden hatte; das Zentrum sollte ihn zuerst antreten, die Flügel dann staffelförmig von Reiterei, leichter Infanterie und Artillerie gedeckt, dessen Bewegungen folgen.

Es ward eingeschärft, daß vor 6 Uhr abgegessen sein müßte.

Dieß war die Disposition. Ehe wir nun erzählen, in welcher Art sie ausgeführt ward, müssen wir uns die Stellung der Oesterreicher betrachten.

Radetzki hatte keineswegs den Gedanken einer reinen Defensive, die ewig dauern sollte. Er verhielt sich vielmehr nur abwartend, bis er durch die vom Isonzo heranrückende Verstärkung in den Stand gesetzt sein würde, offensiv vorzugehen. Um das aber zu können, mußte er sich unter allen Umständen den Ausgang aus Verona offen halten. Es war also absolut nothwendig, wenn er vor Verona angegriffen ward, den Höhenrand festzuhalten, welcher auf dem rechten Ufer der Etsch die Werke von Verona halbkreisförmig auf den Abstand von ungefähr einer deutschen Viertelmeile umgibt und durch die Ortschaften Chievo (oberhalb an der Etsch), Croce bianca, S. Massimo, Sa. Lucia und Tombetta (unterhalb an der Etsch) bezeichnet ist.

Gelang es den Piemontesen, sich auf diesem Höhenrande festzusetzen, welcher Verona dominirt, so konnten sie die Festung am rechten Ufer einschließen und unter zweckmäßiger Anwendung der Verschanzungskunst konnten sie es sogar mit geringen Kräften; nichts hinderte sie dann, wenn sie alle ihre Streitmittel zusammennahmen, auch an das linke Etschufer überzugehen, hier die Einschließung zu vollenden und nun durch ein Bombardement Radetzki zu zwingen, daß er entweder kapitulire oder sich mit Gewalt und unter den schwierigsten Umständen einen Ausgang bahne. Radetzki war daher auch entschlossen, mit aller Zähigkeit sich auf dem genannten Höhenrand zu behaupten.

Dieß mußte allerdings schwierig scheinen. Denn obgleich auf das Andringen Radetzki's, welcher die ganze Wichtigkeit von Verona, die ihm seine Lage gibt, längst erkannt hatte, in neuerer Zeit vieles für die Verstärkung der Befestigungen dieses Platzes geschehen war, so war doch gerade auf dem rechten Ufer das wenigste gethan und namentlich war von den permanenten Werken, welche zur Behauptung des Höhenrandes als unerläßlich vorgeschlagen worden waren, nichts ausgeführt. Es galt also eine ganz unverschanzte Linie mit einer sehr geringen Truppenmacht zu behaupten.

Doch boten sich allerdings für die Vertheidigung im Vergleiche zu dem Angriff durch die Beschaffenheit des Terrains manche Vortheile. Der Boden vor der von Radetzki zu haltenden Linie ist mit vielen Maulbeerbäumen rings um die Dörfer besetzt, welche die freie Aussicht beschränken; dazu haben die Landleute, um den unfruchtbaren Boden der Kultur einigermaßen zu gewinnen, die Steine herausgewühlt und aufgelesen und sie in Steindämmen aufgehäuft, welche die Gegend in allen Richtungen durchziehen, die Bewegungsfreiheit beschränken, dagegen gute Deckungen gewähren.

Diese wie die Deckungen der vielen Gebäude und ummauerten Gehöfte kamen dem Vertheidiger zu gut, der überdieß viel weniger als der Angreifer der Bewegungsfreiheit bedarf, wenn er nicht auf eine lebhafte Offensive hauptsächlich seine Rechnung stellen will; die Beschränkung der Aussicht kam gleichfalls dem Vertheidiger zu Statten, da sie dem Angreifer die Beurtheilung der Stärke unmöglich machte. So schien die Stellung vor Verona so sehr, als man es nur wünschen mochte, für eine lokale Vertheidigung geeignet, auf welche Radetzki bei seinem geringen Truppenstande sich beschränken mußte. Die natürlichen Vortheile des Terrains waren durch einige angelegte Verhaue und aufgeworfene Geschützstände an passenden Punkten erhöht. Aber auch der aktive Vortheil der Bewegungsfreiheit mangelte den Vertheidigern nicht. Es gab ihn theils das freie Feld zwischen der Stellung und Verona, theils eine vortreffliche Straße, welche am Höhenrande selbst von Chievo über Croce bianca und S. Massimo nach Sa. Lucia läuft und die Verbindung zwischen den Vertheidigern dieser Ortschaften aufs beste vermittelte.

Die verfügbaren Truppen hatte Radetzki zur Besetzung der Stellung, in der sich für gewöhnlich nur Feldwachen befanden, während der Rest der Armee auf den Glacis von Verona und in Verona selbst untergebracht war, folgendermaßen vertheilt:

Auf dem rechten Flügel bei Chievo die Brigade Taxis; bei Croce bianca die Brigade Fürst Friedrich Liechtenstein; bei S. Massimo die Brigade Giulay.

Diese drei Brigaden bildeten das zweite Korps unter d'Aspre, im Ganzen 9⅓ Bataillons, 7 Eskadrons und 30 Geschütze. Berechnet man das Bataillon zu 1000 M., die Eskadron zu 150 M. und nimmt man auf das Geschütz 20 Mann, so kommt die Stärke des Korps auf 11,000 M. Von den Geschützen waren bei Croce bianca, wo d'Aspre seinen Stand hatte, 18 vereinigt.

Den linken Flügel der Stellung bilden die beiden verfügbaren Brigaden des 1. Korps, Wratislaw, nämlich: Strassoldo bei Sa. Lucia, und Clam bei Tombetta mit zusammen 5 Bataillons, 4 Eskadrons und 12 Geschützen oder nach der vorigen Rechnung gegen 6000 M.

Hiezu kam eine Kavalleriereserve von 5 Eskadrons und 6 Geschützen, 900 M., unter General Simbschen auf dem Glacis der Festung.

Ferner wurden im Lauf des Gefechts von der Besatzung von Verona noch 3⅔ Bataillons und 6 Geschütze oder 3700

Mann herangezogen. Die ganze für das Gefecht verfügbare Stärke der Oesterreicher ergibt sich also zu 21,000 bis 22,000.

Dieß scheint nach allen Ermittlungen die richtigste Rechnung, während die Italiener 30,000 M. herausbringen und die Oesterreicher die Sache auf 16,000 zu reduziren pflegen.

Die Piemontesen disponirten im Ganzen über 45 Bataillons, 33 Eskadrons und 80 Geschütze zum Angriff, welche zu 33,650 M. angegeben werden.

Im Dienstgange der Piemontesen kamen wiederum manche Dinge vor, die sehr störend einwirkten. So fehlte es wieder einmal an der rechtzeitigen Verpflegung. Bava erhielt die vier Seiten lange Disposition erst um 2 Uhr nach Mitternacht in seinem Hauptquartier zu Custozza; er hielt es nun für nöthig, dieselbe erst abschreiben zu lassen, um sie dann vollständig zu versenden. So kam sie dem Divisionsgeneral de Ferrere erst um 4 Uhr Morgens, dessen Brigadekommandanten um 5 Uhr und den Regimentskommandanten um 7 Uhr am Morgen des Schlachttages zu. Allerdings zu spät, als daß um 6 Uhr von den Truppen hätte abgegessen sein können; aber man begreift auch nicht, wozu es nöthig war, allen Truppenkommandanten bis zum Regimentskommandanten hinab die ganze weitläufige Disposition zuzuschicken, da es jedenfalls genügte, den Brigadekommandanten u. s. w., welche die einzelnen Staffeln befehligten, anzuzeigen: die Brigade hat um 6 Uhr abgegessen und steht um 7½ Uhr da oder dort bereit, wo sie einen Offizier mit näherer Anweisung als Kolonnenführer finden wird. Da die Besprechung im Hauptquartier des Königs zu Sommacampagna bereits um 6 Uhr Abends am 5. Mai zu Ende war, so konnte diese vorläufig völlig genügende Anweisung, von Sommacampagna direkt versendet, spätestens um 9 Uhr Abends in den Händen sämmtlicher betheiligten Truppenkommandanten sein.

Daraus daß diese einfache Maßregel verabsäumt ward, ergab sich nothwendig, daß einzelne Truppentheile zu rechter Zeit ihre Stellung einnahmen und ihre Bewegung antraten, andere nicht, und daß damit der ganze Zusammenhang der Operation zerrissen ward. Wir müssen aber sogleich noch hinzufügen, daß auch in anderer Beziehung die Disposition von den Truppenkommandanten nicht eingehalten ward.

Wären auch die Truppen nicht alle zu rechter Zeit auf den Punkten versammelt gewesen, von denen sie ausgehen sollten, so hätte doch die Operation in den nothwendigen Zusammenhang kommen müssen, wenn beachtet worden wäre, daß auf der Linie Fenilletto-Moreschi durch die Disposition ein Ruhehalt zum Sammeln angeordnet war.

Dieß ward nicht beachtet.

Die Brigade Aosta kam zuerst auf der bezeichneten Ordnungslinie an; Regina, welche links von ihr einrücken sollte, war noch weit zurück, ebenso waren die Brigaden der Reservedivision, Garden und Cuneo, noch gar nicht auf dem Abstand hinter Aosta und Regina, welchen sie einnehmen sollten.

Statt zu warten, marschirte die Brigade Aosta, bei welcher General Bava sich befand, weiter gegen Sa. Lucia, in zwei Treffen formirt, Kavallerie und Artillerie auf den Flanken. Zwischen 9 und 10 Uhr Vormittags kam Aosta angesichts Sa. Lucia an. Bava zögerte einige Zeit mit dem Angriff. Unterdessen hörte man Flinten- und Geschützfeuer links; es kam von der Brigade Regina her, welche weit vor ihrem Angriffspunkt S. Massimo durch ein schwaches österreichisches Detachement sich aufhalten ließ und sich mit diesem in ein Scharmützirgefecht einließ, das erst endete, als die Oesterreicher sich, zurückgerufen, in die Stellungslinie zurückzogen.

Um 8 Uhr hatte überhaupt das Geplänkel seitens der Brigade Aosta und theilweis auf dem äußersten linken Flügel der Piemontesen gegen die österreichischen Vortruppen begonnen. Die ersten Nachrichten darüber, welche Radetzki erhielt, schienen ihm bloß auf Neckereien zu deuten, welche täglich vorkommen, wo zwei feindliche Heere sich so nahe gegenüberstehen, als es hier der Fall war. Aber bald ließen weitere Meldungen keinen

Zweifel darüber, daß die ganze Armee Karl Alberts und dießmal zu ernstem Beginnen gegen Verona in Bewegung sei. Radetzki ließ nun seine Truppen die früher von uns bezeichneten Stellungen einnehmen; den Bewohnern Verona's verkündete er, daß, sobald sie sich rühren sollten, er die Besatzung in die Forts zurückziehen und von diesen aus die Stadt bombardiren lassen werde.

Als Bava mit der Brigade Aosta vor Sa. Lucia erschien, hatten die Oesterreicher bereits den ganzen Höhenrand von Chievo bis Tombetta nach Vorschrift besetzt.

Bava, der das Geplänkel bei der Brigade Aosta für den Angriff des linken Flügels der piemontesischen Armee hielt, glaubte seinerseits den Angriff auf Sa. Lucia nicht verschieben zu dürfen und gab gegen 10 Uhr Morgens Befehl zu ihm. Sa. Lucia war von Strassoldo mit einem Bataillon des Regiments Erzherzog Sigismund, dem 10. Jägerbataillon und dem Grenadierbataillon d'Anthon besetzt, welch letzteres die Reserve bildete.

Die Soldaten der Brigade Aosta griffen tapfer an, aber die Oesterreicher Strassoldo's kämpften nicht minder tapfer und fügten ihrer lokalen Vertheidigung, bei welcher sich am Kirchhofe von Sa. Lucia besonders zwei Kompagnieen des 10. Jägerbataillons auszeichneten, auch offensive Rückschläge bei. Trotz aller Anstrengungen Bava's gelang es ihm nicht, sich der Ortschaft zu bemächtigen. Darin änderte es auch nichts, daß die Gardebrigade, nachdem schon über eine Stunde um Sa. Lucia gekämpft war, hinter der Brigade Aosta herankam. Diese Brigade verwickelte sich alsbald in ein Gewirre von Mauern und Steinwällen, ein Fehler, welcher hauptsächlich daraus entstand, daß der Befehlshaber nicht rechtzeitig die Entwicklung zum Gefecht eingeleitet hatte, sondern in der Marschkolonne geblieben war. Dieser Fehler ist nicht genug zu rügen und kaum zu entschuldigen; er beweist unter allen Umständen, daß der Befehlshaber nicht Herr seiner Gedanken ist und daß er die einfachsten Vorschriften, welche z. B. jedes Reglement in

Bezug auf die Bildung einer Avantgarde vorschreibt, obgleich er ihnen hundertmal auf dem Exerzierplatz gefolgt sein mag, hier im Ernst, wo ihre Befolgung viel wichtiger wäre, versäumt hat. Traurige Folgen der gewöhnlichen Friedensdressur, welche sich wiederholen werden, so lange es stehende Heere gibt, und denen gewöhnlich diejenigen Heere am meisten verfallen, auf deren Friedensdressur — nach hergebrachtem Schema — die meiste Zeit vergeudet worden ist.

Bava hätte die Gardebrigade zum größten Theil aus der Sackgasse, in welcher sie sich befand, nur durch eine rückwärtige Bewegung herausziehen können. Diese getraute er sich nicht anzuordnen, weil er fürchtete, daß sie in eine entschiedene Flucht ausarten könne, die allerdings in einer gar nicht zum Gefecht formirten Marschkolonne einmal eingerissen ansteckend wirkt.

Nur ein Bataillon der Gardebrigade vermochte Bava frei zu verwenden und dieses benutzte er, um sich des Meierhofes Ca Pellegrino, links von Sa. Lucia, zu bemächtigen. Im Besitz dieses Gehöftes glaubte er die Verbindung mit der Brigade Regina vermitteln zu können, welche, wie er erfuhr, noch weit zurück war. Diese konnte dann entweder S. Massimo angreifen oder auch dieses rechts umgehend zur Besitznahme von Sa. Lucia mitwirken. Nachdem Sa. Lucia genommen gewesen wäre, hätte man das Gewirre entwirren und die vorhandenen, durch schlechte Maßregeln außer Thätigkeit gesetzten Truppen zu fruchtbarer Thätigkeit entfalten können.

Bava sendete an den General d'Arvillars, er möge sich rechts ziehen und mit dem rechten Flügel der Brigade Regina dem linken der Brigade Aosta anschließen. D'Arvillars erhielt diesen Befehl, als der österreichische Posten, der die Brigade Regina aufgehalten, längst in die Hauptstellung zurückgezogen war und die Schützen von Regina nur noch ins Blaue hineinfeuerten, gegen Windmühlen kämpften, etwa um Mittag. Er verstand den Befehl falsch dahin, er solle sich zur Unterstützung der Brigade Aosta rechts ziehen, und kam, außerdem

8*

in dem bunten Terrain verirrt, wie wir sehen werden, späterhin um 2 Uhr Nachmittags bei Fenilone hinter der Gardebrigade an.

Die österreichische Brigade Strassoldo hatte sich bis Mittag siegreich bei Sa. Lucia behauptet. Ueber 2 Stunden kämpfte sie. Die Brigade Clam war in dieser Zeit nur durch Seitenpatrouillen behelligt, nur ihre Plänkler hatten mit diesen zu thun gehabt. Wir müssen hier eine Bemerkung anknüpfen, welche zu bedeutend ist, als daß wir sie nicht unmittelbar an Ort und Stelle machen müßten, wenn wir auch späterhin wieder auf sie zurückkommen werden.

Die lokale Vertheidigung, auf welche sich freilich Radetzki im Wesentlichen beschränken mußte, frißt nach den gewöhnlichen Regeln für die Besetzung einer Ortschaft, sonst eines Terraingegenstandes verhältnißmäßig viele Truppen unnöthig, aber immer nur an den Punkten, wo der Feind angreift. An andern Punkten dagegen, wo er zufällig nicht angreift, bleiben andere Truppen vollständig außer Thätigkeit.

Bei Sa. Lucia hatte Radetzki die ganze Brigade Strassoldo. Wie wenig das nun scheinen mag, und obgleich wir wissen, daß wir nach den hergebrachten Ansichten eine sehr gewagte Behauptung machen, glauben wir doch, daß auch ein Bataillon tüchtiger Soldaten, z. B. das 10. Jägerbataillon, zur lokalen Vertheidigung von Sa. Lucia bei den gegebenen Terrainverhältnissen ausgereicht hätte.

Bei Tombetta war durch die Vertheilung nach den gewöhnlichen Regeln für die lokale Vertheidigung die ganze Brigade Clam gebunden, und doch hätte hier, wie die Gefechtsverhältnisse sich thatsächlich gestalteten, eine einzige Kompagnie vollständig ausgereicht. Dieß war nun freilich von Niemandem vorauszusehen. Aber ein Bataillon reichte nach allen gewöhnlichen Verhältnissen, wie sie bei Lokalgefechten vorkommen, ganz sicher bei Tombetta, wenn dieß Bataillon aus tüchtigen Soldaten bestand.

Nimmt man den Grundsatz an, bei jeder Lokalvertheidigung so wenig Truppen als möglich zu verwenden und zwar viel weniger als sämmtliche Lehrbücher vorschreiben, aber immer noch genug für ein durchschnittenes und bedecktes Terrain, nach aller Erfahrung, so behält man immer bedeutende Reserven für Offensivstöße übrig.

Radetzki z. B., wenn er ein Bataillon zur lokalen Vertheidigung von Sa. Lucia, ein anderes zur lokalen Vertheidigung von Tombetta bestimmte, behielt für diesen Theil der Linie, abgesehen von Kavallerie und Artillerie, noch drei volle Bataillons.

Aber wie Offensivstöße unternehmen in einem Terrain, wie das hier vorliegende, in welchem Vertheidiger und Angreifer gleich wenig sehen?

Wir antworten darauf: Auf gutes Glück! aber freilich nicht mit der ganzen Reserve, die man sich erspart hat, auf einmal. Man vergegenwärtige sich nur, welchen Eindruck der Angriff eines einzigen Bataillons Radetzki's auf die in Sa. Lucia zusammengestopften piemontesischen Brigaden Aosta und Garden gemacht haben würde, ein Angriff, der auf ihren Rücken losging. Und zu einem solchen hatte man zwei Stunden mindestens Zeit, wenn die Truppen für ihn wirklich disponibel, nicht auf die lokale Vertheidigung zersplittert waren.

Man glaube aber gar nicht, daß solche Stopfungen oder ganz ähnliche taktische Verhältnisse, wie sie hier vorkamen, zu den Seltenheiten gehören. Man erwäge ferner, daß in einem Terrain, wie dasjenige, mit welchem wir es hier zu thun haben, der Angreifer ganz eben so wenig als der Vertheidiger sieht, daß daher hier ein Angriff mit wenigen hundert Mann, — da die Augen oder die Phantasie doch immer zuerst besiegt werden — ganz denselben Eindruck machen kann, wie auf offenem Terrain ein Angriff mit eben so viel tausend Mann.

Höchstens hat immer noch die Vertheidigung den Vortheil ihrer größeren Terrainkenntniß.

Weil aber auf solchem Boden wenige hundert dasselbe leisten können, als auf anderem eben so viele tausend, weil zugleich der Boden hier der Grund ist, daß man nur auf gut Glück, niemals in vollständiger Kenntniß der Sachlage angreifen kann, wäre es allerdings ein großer Fehler, wenn der Vertheidiger zu solchen Ausfällen die ganze Reserve, welche er sich durch seine Ersparungen bei Besetzung der Lokalgegenstände erworben hat, auf einmal verwenden wollte. Er muß vielmehr dazu jedes einzelne Mal nur einen Theil verwenden, dagegen lieber seine Offensivstöße — immer auf gut Glück! — mehrere Male wiederholen.

Es war gegen 1 Uhr Nachmittags, als auf der Straße von Villafranca rechts von den Brigaden Aosta und Garden General Passalacqua mit der Brigade Casale herankam und sofort zum Angriff auf den linken Flügel der Brigade Strassoldo schritt. Dieser Angriff war von Erfolg gekrönt; auch Bava ging nun wieder vor, und nach dreistündigem Gefechte mußte Strassoldo Sa. Lucia aufgeben, welches nun in die Gewalt der Piemontesen fiel.

Auf dem linken Flügel der Piemontesen hatte sich Broglia mit seiner Division ungefähr um Mittag Croce Bianca genähert und griff nach heftigem Artilleriefeuer dieses mit Infanterie an. Das 16. Infanterieregiment von der Brigade Savona, zum Sturme bestimmt, gerieth nicht bloß in das Kartätschfeuer der bei Croce bianca in beträchtlicher Zahl vereinigten österreichischen Artillerie, sondern wurde auch von einer bei S. Massimo, — welches durch die der Brigade Regina gegebene falsche Richtung fast gar nicht beschäftigt war, aufgestellten Batterie in die rechte Flanke genommen. Es floh in Unordnung und etwa zu derselben Zeit, zu welcher der rechte Flügel unter Bava sich zum Herrn von Sa. Lucia gemacht hatte, fand Broglia sich veranlaßt, den Rückzug des linken piemontesischen Flügels anzuordnen.

Wenn die Disposition in Bezug auf den Ruhehalt, der auf der Linie Feniletto-Moreschi gemacht werden sollte, ganz unbeachtet blieb, so hielt sich nun Bava, nachdem er sich zum Herrn von Sa. Lucia gemacht, strenge an die Disposition. Als das zum Uebergang aufgeforderte (italienische) Grenadierbataillon d'Anthon in Antwort darauf zum Bajonnet griff, unterließ Bava jede Verfolgung der Brigade Strassoldo, auch unterließ er es, sich links gegen S. Massimo zu wenden, um dadurch dem linken Flügel unter Broglia bei Croce bianca Luft zu machen. Und doch fehlte es ihm hiezu keineswegs an Truppen; denn hinter den Garden war die Brigade Regina angekommen, hinter dieser kam auch die Brigade Cuneo, und rechts folgte der Brigade Casale die Brigade Acqui. Bei Sa. Lucia war somit eine Truppenzahl angehäuft, die man dort gar nicht brauchen konnte, die aber auf andern Punkten verloren ging, wo sie nützlich zu verwenden gewesen wäre.

Während Bava die Truppen vorwärts und seitwärts von Sa. Lucia ordnete, um der Verwirrung, die bisher hie und da in großartigem Maße vorgetreten war, Einhalt zu thun und fernerer vorzubeugen, hatte Radetzki Meldung von dem Verluste des Dorfes erhalten. Sofort ertheilte er an Wratislaw den Befehl, Sa. Lucia wieder zu nehmen und hiezu auch die Brigade Clam heranzuziehen, die zu dem Ende durch 8 Kompagnieen von der Besatzung der Festung verstärkt ward. Clam sollte das Dorf in der rechten Flanke angreifen, während Strassoldo gegen die Front vorginge.

Wratislaw ordnete diesen Angriff und die Oesterreicher gingen tapfer vorwärts; indessen war die Uebermacht der Piemontesen auf diesem Punkte so bedeutend, sie hatten so viele Zeit gehabt, ihre Artillerie vortheilhaft zu plaziren, daß weder Clam noch Strassoldo durchzudringen vermochte und Wratislaw dieses meldete, indem er zugleich um Verstärkung bat. Radetzki ließ darauf noch zwei Bataillone und eine 12pfdr. Batterie von der Festungsbesatzung ausrücken, die letzten Truppen, welche er noch verfügbar hatte. Er konnte sich nicht denken, daß Karl Albert jede weitere Thätigkeit aufgeben würde. Und doch verhielt es sich so.

Nachdem Sa. Lucia eingenommen war, begab der König Karl Albert sich dorthin. Er übersah von dem Höhenrande Verona. Nichts regte sich in der Stadt, nichts verkündete, daß eine Volksbewegung im Gange oder zu hoffen sei. Wenn man nun ohne eine solche allerdings sich schwerlich der Festung bemächtigen konnte, so blieb es doch immerhin ein schönes Ziel, der Armee Radetzki's vor der Festung eine entscheidende Niederlage zu bereiten, und die Dinge schienen nach der Einnahme Sa. Lucia's ganz dazu angethan, als könne dieses Ziel wohl erreicht werden. Es galt nur, bei Sa. Lucia gerade so viele Truppen zurückzulassen, als nöthig waren, den Punkt einige Zeit auch gegen die Uebermacht zu behaupten, und Alles, was sonst in und um Sa. Lucia verfügbar war, durch eine Linksschwenkung gegen S. Massimo und Croce bianca zu werfen.

Allein Karl Albert hatte sich, wie Bava, so sehr auf den einen Erfolg, die Einnahme Verona's, verbissen, daß er den andern möglichen gar nicht beachtete und da er jenen nicht erreichen konnte, die ganze Arbeit aufgab und den Rückzug in die Kantonnirungen anordnete. Allerdings kamen nun noch andere Gründe hinzu, welche ihn in dem Entschlusse zum Rückzuge nur zu bestärken vermochten. Die Soldaten nämlich waren in Folge der schlechten Verpflegungsanstalten und der Versäumnisse bei Ausgabe der Befehle hungrig, müde und matt, und von Broglia traf die Meldung ein, daß sein Angriff auf Croce bianca abgeschlagen und er im Rückzuge begriffen sei. So hätten die Truppen des rechten piemontesischen Flügels den Angriff auf den rechten österreichischen jetzt allein übernehmen müssen, wozu sie innerlich und äußerlich nicht ausreichend erschienen.

Karl Albert ordnete daher zwischen 3 und 4 Uhr Nachmittags auch den Rückzug des rechten Flügels an. Zu dessen Deckung zog Bava die Brigade Cuneo nach Sa. Lucia vor, die Brigade Regina links von ihr an der Straße nach Sona. Die Division Ferrere erhielt den Befehl, sich in

Kolonnen an der Straße nach Villafranca zu formiren und hier den Befehl zum Rückzuge abzuwarten.

Als die Brigaden Cuneo und Regina ihre Stellungen eingenommen hatten, zog Bava zunächst die Brigade Aosta aus Sa. Lucia zurück und leitete sie auf die Straße nach Sommacampagna, zugleich sendete er an Ferrere Befehl, sich gegen Villafranca in Marsch zu setzen, und als die Brigade Aosta einen kleinen Vorsprung gewonnen hatte, sammelte er auch die Brigade Garden, um sie gleichfalls nach Sommacampagna in Marsch zu setzen.

Während dessen hatte Wratislaw die ihm von Radetzki zugesendeten Verstärkungen erhalten und leitete den neuen Angriff auf die Stellung von Sa. Lucia ein, welcher zunächst auf die Brigade Cuneo traf. Während des Artilleriefeuers nnd des Schützengefechtes, welches den Bajonnetangriff vorbereiten sollte, erfuhr er aber, daß der Feind Anstalten zum Rückzuge treffe und hielt es deßhalb für gerathen, um nicht unnütz Truppen zu opfern, mit dem entscheidenden Angriffe zu zögern. Jägerabtheilungen der Brigade Clam waren unterdessen von Tombetta her in die rechte Flanke der an der Straße von Villafranca in Kolonnen lagernden und den Befehl zum Rückmarsche nach Villafranca erwartenden Division Ferrere gerathen, welche schlechte Maßregeln zu ihrer Sicherheit getroffen hatte. Plötzlich von den österreichischen Jägern aus den nächsten Häusern beschossen, geriethen die Kolonnen Ferrere's in die höchste Bestürzung und nur die Besonnenheit einzelner Truppentheile und einzelner Offiziere verhinderte, daß der Rückzug der Division Ferrere in eine allgemeine und wilde Flucht ausartete.

Um 6 Uhr Abends waren die sämmtlichen piemontesischen Truppen wieder in ihre alten Kantonnirungen zurückgekehrt. Die Oesterreicher verfolgten wenig, theils weil das Terrain ihnen jetzt die Ueberschau über die Zustände der feindlichen Armee unmöglich machte, theils weil auch sie von dem Kampfe des Tages sehr ermüdet waren.

Die Oesterreicher gaben ihren Verlust auf 500 Todte und Verwundete an ($^1/_{44}$); die Piemontesen den ihrigen auf 98 Todte und 659 Verwundete, im Ganzen 757 M. (auch $^1/_{44}$). Wenn diese Angaben richtig sind, war also der Verlust auf beiden Seiten ein äußerst geringer.

7. Beginn der Belagerung von Peschiera und Vorgänge an der Tyroler Grenze.

Wäre es Karl Albert am 6. Mai gelungen, sich Verona's zu bemächtigen, so wäre damit auch Peschiera gefallen. Auf eine Belagerung Verona's ohne vorherigen entschiedenen Erfolg in der Feldschlacht konnten sich die Piemontesen nicht ohne die vorherige Einnahme von Peschiera einlassen. Wenn auch dieser Platz, was seine Größe betrifft, sehr unbedeutend ist, so ist er doch immer ein fester Uebergang über den Mincio. So lange er in österreichischen Händen war, mußte er mindestens eingeschlossen bleiben, und die Stellungen der Piemontesen rings um zwei Plätze, von denen der eine, Verona, eine kleine Armee beherbergte, hätten den österreichischen Truppen in Tyrol, wie schwach an Zahl sie immer sein mochten, bequeme Gelegenheiten zu entscheidendem Eingreifen gegeben. Sie zwangen die Piemontesen mindestens zu einer noch weiteren Zersplitterung ihrer Kräfte, um die beiden Einschließungen gegen Tyrol hin zu decken. So beschloß denn Karl Albert, als gegen die Mitte des Mai sein Belagerungsgeschütz, bestehend aus 28 24pfdrn., 10 Mörsern und 7 Haubitzen, am Mincio eingetroffen war, die Belagerung des von der Division Federici bereits eingeschlossenen Peschiera zu unternehmen.

Der Hauptangriff sollte auf dem linken Ufer des Mincio geführt werden. Man mußte ihn hier zunächst auf die beiden vorgeschobenen Lunetten Mandella richten. Der zweite Sohn Karl Alberts, Herzog von Genua, erhielt den Befehl über das Belagerungskorps, der General Chiodo sollte das Genie, der General Rossi die Artillerie leiten. In der Nacht auf den

15. Mai begannen die Batteriearbeiten gegen das Fort Mandella; einzelne Batterieen wurden auch am rechten Ufer unterhalb Peschiera erbaut. Man hatte dabei theils mit Schwierigkeiten des Terrains, theils mit den Beschädigungen zu kämpfen, welche eingetretenes Regenwetter mehrfach anrichtete. Indessen waren am 18. Mai, 24 leichte, 8 schwere Feldgeschütze, 10 24pfdr., 4 22centimetrige Haubitzen und 6 Mörser in Batterie gestellt, zusammen 52 Geschütze, welche an demselben Tage ihr Feuer eröffneten. Dasselbe wurde bis zum 21. Mai mit Heftigkeit und mit gutem Erfolge fortgesetzt und sogar ein Pulvermagazin sprang in die Luft. Rath ließ sich nicht irre machen und obgleich in Mandella der größte Theil der Geschütze bald demontirt war, antwortete er doch vom Hauptwalle aus unausgesetzt. So verhinderte er am 22. den Versuch der Piemontesen, sich mit der flüchtigen Sappe den Lunetten von Mandella zu nähern. Nach mehreren verunglückten Versuchen forderte der Herzog von Genua, der sein Hauptquartier zu Cavalcaselle hatte, am 28. den General Rath zur Uebergabe auf. Rath, dem noch mehr als die Munition die Lebensmittel auszugehen anfingen, der aber auf einen nahen Entsatz rechnete, glaubte durch Unterhandlungen die erforderliche Zeit gewinnen zu können. Er forderte daher 24 Stunden Bedenkzeit. Als diese abgelaufen waren, verweigerte er die Uebergabe, und die Piemontesen begannen die Beschießung von neuem.

Radetzki, welcher seine Zeit bisher vorzüglich auf die geordnete Verschanzung des Höhenrandes vor Verona verwendet hatte, hatte die sehnlich erwartete Verstärkung durch die Reservearmee jetzt endlich seit mehreren Tagen erhalten und bereits am 27. Abends die Offensivbewegung angetreten, deren nächstliegender Zweck der Entsatz von Peschiera war. Ehe wir den Zug der Reservearmee durch das Venetianische, ihre Vereinigung mit Radetzki bei Verona, dann dessen erste Offensive erzählen, müssen wir noch der letzten Ereignisse in Tyrol Erwähnung thun.

Johann Durando, nachdem er das Kommando der

lombardischen Freischaaren übernommen, sie durch einige aus frühern österreichischen Soldaten formirte reguläre Bataillone verstärkt und seine früher erwähnten Stellungen an der Tyroler Grenze wieder eingenommen hatte, hatte auch zu gleicher Zeit neue offensive Unternehmungen, namentlich im Chiesethal; eingeleitet.

Welden beabsichtigte, diesen ein Ende zu machen, und traf dazu seine Anstalten; zwei Kolonnen, die eine das Chiesethal über Condino aufwärts, die andere von Ponale über Mezzolago gegen Storo und Lodrone vordringend, wurden zu dem Unternehmen bestimmt.

Oberstlieutenant Signorini brach am 27. April Morgens um 1 Uhr mit $4^1/_2$ Kompagnieen von Tione auf und erreichte, ohne auf den Feind zu stoßen, um 1 Uhr Mittags Storo. Als er hier seinen ermüdeten Truppen Ruhe gab, ward er von 600 M. lombardischen Truppen angegriffen und trat seiner für diesen Fall ihm gegebenen Instruktion gemäß den Rückzug auf Condino an.

Oberstlieutenant Pechy war am Morgen des 27. mit 6 Kompagnieen bei Riva eingeschifft, landete um $7^1/_2$ Uhr bei Ponale und marschirte nun über Mezzolago nach Tiarno, wo er eine kleine dort aufgestellte Avantgarde an sich zog; mit den so vereinigten Truppen rückte er nun auf Storo vor, den Signorini verfolgenden Lombarden in rechte Flanke und Rücken. Die Lombarden wurden dadurch zum Rückzuge über Storo und hinter die Brücke des Caffaro gezwungen, vor welcher sie aber noch das Schloß Lodrone besetzt behielten.

Welden, zum Kommando einer zweiten Reservearmee, die im Venetianischen gebildet werden sollte, abberufen, verließ am 7. Mai die Truppen in Tyrol und gab das Kommando derselben an den Feldmarschalllieutenant Graf Lichnowski ab.

Lichnowski griff erst am 22. Mai das Schloß Lodrone an, bemächtigte sich desselben und zwang die Lombarden, hinter den Caffarobach zurückzugehen. Durando beobachtete ferner die Päffe von Stilfs und des Tonal, so wie das Chiesethal am Idrosee bis S. Giacomo und Rocca d'Anfo.

8. Vormarsch der österreichischen Reservearmee an die Piave und gegen Treviso.

Wir haben bereits der Reservearmee Erwähnung gethan, deren Bildung unter Nugents Kommando schon vor dem Ausbruche der italienischen Märzrevolution hinter dem Isonzo begonnen war.

Obgleich Nugent zu dieser Zeit nur erst 13,000 Mann versammelt hatte, eröffnete er doch am 16. April seine Operationen.

Seine eigene Meinung dabei war, daß er das venetianische Land selbstständig und vollständig zu unterwerfen habe. Radetzki dagegen sah in der von Nugent kommandirten Reservearmee lediglich eine Reserve für seine bei Verona konzentirten Truppen und verlangte, daß Nugent so bald als möglich nach Verona, an die Etsch komme, von wo aus dann mit vereinter Macht alles Weitere besorgt werden würde.

Dieser Zwiespalt der Meinungen über Aufgabe und Verwendung der Reservearmee dauerte fort, bis nach der Mitte Mai Nugent sein Kommando niederlegte, und muß ausdrücklich und im voraus erwähnt werden, weil sich daraus vieles sonst Unerklärliche ganz einfach erklärt.

Nugent hatte in erster Linie die von Zuchi organisirten Truppen zu bekämpfen; es waren 4000 M. zu Palmanova, wo Zuchi sich selbst befand, etwa 1000 M. zu Udine und 3000 bis 5000 M. in wechselnder Zahl, meist Freischaaren, in dem oberen Thal des Tagliamento und der Fella.

Hinter dem Tagliamento, in zweiter Linie, standen dann vorerst nur die von Lamarmora organisirten Freiwilligenkorps und Nationalgarden, so weit brauchbar, höchstens 6000 Mann.

Nugent entsendete die Brigade Felix Schwarzenberg

gegen Palmanova, 3500 M., er selbst mit 9000 bis 10,000 M. wendete sich rechts gegen Udine. Am 19. April kam er bei Cusignano an und ließ Udine zur Uebergabe auffordern. Auf abschlägige Antwort beschoß er es mit seiner Feldartillerie am 21. April. Es kamen nun Kapitulationsverhandlungen zu Stande, in Folge deren Nugent der Besatzung den freien Abzug nach Osopo zugestand. Er selbst zog am 23. in Udine ein und entsendete von dort am 24. April seine Avantgarde, die Brigade Schulzig, 4500 M., nach Codroipo.

Zucchi, von der Annäherung Schwarzenbergs unterrichtet, machte gegen diesen einen Ausfall, ward aber zurückgeschlagen, und Schwarzenberg schloß, indem er die Ortschaften um Palmanova besetzte, diese Festung ein.

Die Brigade Culoz, 4000 M., rückte am 23. von Tarvis vor, um sich im Friaul mit dem Hauptkorps von Nugent zu vereinigen. Sie fand bei Ponteba den Paß ins Fellathal verrammelt, von Landeseinwohnern und Freischaaren besetzt. Culoz griff diese an, zerstreute sie und eröffnete sich solchergestalt die Verbindung mit Nugent bei Udine.

Schulzig, als er am 24. an den Tagliamento vorrückte, fand dort die Brücke von Valvasone zerstört. Dieß war auf Befehl des Generals Albert Lamarmora geschehen, welcher seine Freischaaren auf Treviso zurückgezogen hatte. Am 25. trafen die österreichischen Pontons, welche in Ermangelung von regelmäßigen Transportmitteln mittelst Ochsen fortgeschafft werden mußten, am Tagliamento ein. Die Pontonnire gingen nun sogleich an die Arbeit, vollendeten aber die Brücke erst am 27. April. An demselben Tage überschritt Nugents Avantgarde den Fluß.

Erst am 30. April verlegte Nugent sein Hauptquartier nach Pordenone und schob seine Avantgarde nach Sacile an der Livenza vor. Die Bewegungen der Reservearmee wurden theils durch das Warten auf verschiedene nachziehende Verstärkungen verlangsamt, theils durch das Warten auf eine Ruderflottille, welche Nugent zu Triest hatte ausrüsten lassen, welche einen Theil der Armeebedürfnisse führte, deren sich aber Nugent — was am besten die Differenz seiner Ansichten mit denjenigen Radetzki's charakterisirt — auch bei der Blokade Venedigs zu bedienen gedachte. Diese Ruderflottille kam nur außerordentlich bedächtig vorwärts. Endlich müssen wir auch noch erwähnen, daß sich im Hauptquartier Nugents der Graf Hartig befand, ein Diplomat, welchen das Wiener Ministerium nach Italien gesendet hatte, um auf gütlichem Wege die Vermittlung des Friedens zu suchen. Nugent war diesem Versuche nicht ganz abgeneigt, während Radetzki sich vollständigst dagegen auflehnte.

Am 3. Mai schob Nugent seine Avantgarde nach Susigana gegen die Piave vor und verlegte sein Hauptquartier nach Conegliano. Seine rechte Flanke hielt er durch den Aufstand in den Gebirgsgegenden bedroht; außerdem wäre es allerdings wünschenswerth gewesen, dieser Gegenden Herr zu sein, um immer die möglichst kürzeste Verbindung mit Tyrol offen zu haben.

Am 1. Mai waren zu solchem Zweck 800 M. reguläre österreichische Truppen nebst mehreren Kompagnieen Landesschützen aus dem Pusterthal in das Ampezzothal (Thal der Boita) vorgegangen, um von hier aus in die Gebirgsgegend von Cadore einzudringen. Doch war dieß nicht gelungen, da sich sofort die ganze Bevölkerung dieses Landstriches erhob.

Um sich nun einigermaßen zu sichern, zugleich um sich größere Freiheit der Bewegung zu verschaffen, wollte Nugent sich zunächst Belluno's bemächtigen, wo eine steinerne Brücke über die Piave führt; während er nach Conegliano vorrückte, hatte er deßhalb zwei kleine Kolonnen, jede von 4 Kompagnieen nebst Raketengeschütz, vorrücken lassen, die linke über die Berge nach Trichiana, unterhalb, die rechte über Ceneda nach Capo di Ponte, oberhalb Belluno an der Piave. Ein Versuch dieser Kolonnen, sich Belluno's zu bemächtigen, mißlang am 3. Mai, weßhalb Nugent die ganze Brigade Culoz nach Belluno hinaufrücken ließ, die am 5. Mai die Stadt besetzte.

Unterdessen hatten sich die Streitkräfte der Italiener hinter der Piave, ursprünglich nur aus den Truppen Albert Lamarmora's bestehend, bedeutend vermehrt. Sobald die venetianische Regierung das Vorrücken Nugents über den Isonzo erfahren, hatte sie den damals noch in der Romagna stehenden Durando angerufen, mit den römischen Truppen ins Venetianische einzurücken. Indessen ward Durando zu dieser Zeit vom piemontesischen Generalstab nach Ostiglia gerufen, und erst am 23. erhielt er die Anweisung, wie wir gesehen haben, rechts ins Venetianische abzumarschiren, wo er nun den Oberbefehl übernahm. Er kam am 1. Mai nach Treviso, ebendahin kam am 6. Mai Ferrari mit dem größten Theil seiner Division; vorwärts Treviso zur Beobachtung der Piave, vom Bosco Montello oberhalb über Ponte Priula (auf der Straße von Conegliano nach Treviso) bis Breda unterhalb, stand der General Guidotti mit etwa 2000 M. venetianischer Freischaaren; der Rest der venetianischen Freischaaren war unter Albert Lamarmora in und um Treviso vereinigt. Die ganze italienische Streitmacht an der Piave bestand um den 6. Mai aus etwa 18,000 M.

Zur Ueberbrückung der Piave bei Ponte Priula reichte die österreichische Brückenequipage nur etwa auf ein Drittel. Als sich daher Culoz in den Besitz von Belluno gesetzt hatte, beschloß Nugent ihm mit dem Hauptheil der Armee zu folgen. Die Brigade Felix Schwarzenberg, bei Palmanova durch neu nachgerückte Truppen unter F.M.L. Stürmer abgelöst, hatte sich der Reservearmee bereits angeschlossen. Am 6. Mai marschirte Nugent von Conegliano rechts ab auf Belluno. Bei Susigana und gegen Ponte Priula ließ er, um seinen Abmarsch zu maskiren und zugleich mit dem Auftrag, hier die Piaveüberbrückung zu vollenden, die Division Schaaffgotsche zurück, welche aus der bisherigen Avantgardebrigade Schulzig und aus der Brigade Edmund

Schwarzenberg zusammengesetzt ward. Letztere, aus drei Grenzerbataillons bestehend, war eben erst an der Piave angekommen.

Am 7. Mai traf Nugent mit seiner Hauptmacht bei Belluno ein; eine Arriergardebrigade, Felix Schwarzenberg, nahm bei Capo di Ponte Stellung und die nunmehrige Avantgarde, Brigade Culoz, rückte nach Feltre vor.

Durando, von dem Abmarsche Nugents am 6. unterrichtet, verstärkte Guidotti zur Bewachung der mittleren und untern Piave mit den beiden einheimischen Infanterieregimentern seiner Division (Guidotti empfing später auch noch andere Verstärkungen von Ferrari) und marschirte mit dem Rest der Division, den Schweizerregimentern und der Kavallerie, gegen 5000 M., links die Piave aufwärts ab, offenbar in der Absicht, Nugent den Besitz von Belluno streitig zu machen.

Am 7. in Quero angekommen, erfuhr er, daß die Oesterreicher bereits im Besitz von Feltre seien; es kam ferner die Nachricht, daß sie über Feltre bereits in die Val Sugana (Brentathal) nach Primolano vorgedrungen wären. Letzteres war lediglich richtig in Bezug auf eine Croatenpatrouille von 23 Mann.

Auf diese Nachrichten hin marschirte er selbst nach Bassano ab und ertheilte Ferrari, der mit etwas Artillerie verstärkt ward und nun etwa 4000 M. zählen mochte, den Befehl, auf Montebelluna zu gehen, dort sich aufzustellen und Posten die Piave aufwärts gegen Feltre vorzuschieben, was sofort geschah.

Am 8. Mai war daher die Stellung der Italiener folgende:

Guidotti mit 3000 M. gegen Ponte Priula und die Division Schaaffgotsche, dahinter in Treviso Albert Lamarmora mit etwa 5000 bis 6000 M.

Im Haken zu dieser Stellung, welche im Wesentlichen Front nach Osten hat, eine andere Front nach Norden, auf deren rechtem Flügel sich Ferrari bei Montebelluna, auf deren linkem sich Durando bei Bassano befindet, und welche den Oesterreichern den Austritt aus den Gebirgsthälern der Piave und der Brenta ins venetianische Tiefland verwehren soll.

Am 8. Mai rückte Culoz von Feltre auf der großen Straße nach Treviso am rechten Piaveufer abwärts vor. Am Nachmittag um 3 Uhr trafen seine Vortruppen bei Onigo auf die vorgeschobenen Posten von Ferrari. Dieser, davon unterrichtet, rückte von Montebelluna, wo er unnützer Weise eine starke Reserve zurückließ, sogleich mit 4 Bataillons, 140 Pferden und 2 Geschützen nach Cornuda vor, wo er Stellung nahm. Gegen Abend hatten sich Patrouillen von Culoz auf den Höhen von Asolo bis gegen den Musonebach in der linken Flanke von Ferrari hingezogen. Es kam hier zu einer Schießerei, die bei den ungeübten Truppen Ferrari's bald dessen ganze Linie durchlief und viel Verwirrung und Unordnung erzeugte. Ferrari sendete darauf an Durando und bat diesen um eine Verstärkung durch einige reguläre Truppen. Durando sagte dieselbe auch zu.

Am 9. früh Morgens entwickelte sich das Gefecht zwischen Culoz, der nunmehr seine ganze Brigade, 4½ Bataillons oder 4100 M. mit 3 Geschützen, beisammen hatte, und Ferrari. Dieser, der vergebens auf Durando wartete, zog endlich noch eins seiner Bataillone aus der Reserve von Montebelluna heran. Fünf Stunden dauerte das Gefecht, ohne daß irgend eine Entscheidung erzielt ward.

Unterdessen war aber die Brigade Felix Schwarzenberg, 4 Bataillons mit 3500 M., herangekommen und machte eine Bewegung in die rechte Flanke Ferrari's, um die Höhen des Bosco Montello zu gewinnen. Dieß bestimmte Ferrari zum Rückzuge nach Montebelluna, der nicht ohne Verwirrung bewerkstelligt ward.

Durando hatte am 8. von Bassano aus ein Detachement nach Primolano gesendet, ein anderes stärkeres schickte er nach Castelfranco. Hier hatte dasselbe ganz die Stellung einer gemeinschaftlichen Reserve für Bassano und Montebelluna, die allerdings viel besser und dann in gehöriger Stärke unter den obwaltenden Umständen bei Asolo placirt gewesen wäre. Durando hatte auf solche Weise am 9. Mai Morgens, als er die Aufforderung Ferrari's, ihn bei Cornuda zu unterstützen, erhielt, nur noch die kleinere Hälfte seiner Truppen, etwa 2400 M. bei sich. Mit diesen brach er von Bassano auf, um über Crespano Culoz in seine rechte Flanke und seinen Rücken zu gehen. Unterwegs aber erfuhr er, daß Ferrari bereits auf Montebelluna zurückgegangen sei, außerdem kamen neue allarmirende Nachrichten vom Erscheinen eines starken österreichischen Korps bei Primolano. Daraufhin kehrte Durando sofort um und marschirte nach Bassano zurück.

Hier entschloß er sich auf die ihm zukommenden Nachrichten hin, nach Montebelluna zu marschiren, um sich daselbst mit Ferrari zu vereinigen. Er setzte sich in der That am 10. Mai Morgens auf Montebelluna in Marsch; doch was ihm unterwegs zu Ohren kam, bestimmte ihn alsbald wieder seine Marschrichtung zu ändern und nach Cittadella aufzubrechen.

Während Ferrari am 9. seinen Rückzug nach Montebelluna ausführte, vertrieb Schaaffgotsche bei Ponte Priula die Sechspfünder, welche ihm Guidotti am rechten Piaveufer entgegenstellte, mit zwei Zwölfpfünderbatterieen vom linken Ufer her und vollendete den Brückenschlag in der Nacht vom 9. auf den 10. Mai, worauf am 10. Morgens sogleich die Brigade Schulzig ans rechte Piaveufer überging und bei Visnadello Position nahm. Vor Ponte Priula ward der Bau eines Brückenkopfs begonnen. Guidotti zog sich nach Treviso zurück. Auf die Kunde von den Vorfällen bei Ponte Priula wichen noch in der Nacht vom 9. auf den 10. Ferrari's Freiwillige von Montebelluna nach Treviso und ein großer Theil von ihnen verlief sich.

Durando zog bei Cittadella seine ganze Division,

9*

Schweizerregimenter und Kavallerie, 5000 M., zusammen, indem er die Detachements von Primolano und Castelfranco einberief.

Am 11. Mai ging Schulzig über Visnadello bis Castrette vor, während Edmund Schwarzenberg gleichfalls die Piave überschritt und in Reserve auf Visnadello vorrückte.

Ferrari, von dieser Bewegung unterrichtet, beschloß einen Ausfall und den Versuch zu machen, ob er nicht die Division Schaaffgotsche hinter den Fluß zurückwerfen könne, was, wenn es gelang, jedenfalls große Freiheit des Handelns gegen Nugent geben mußte, der schon am 10. über Montebelluna nach Falzé (an der Straße nach Treviso, nicht zu verwechseln mit einem andern Falzè am linken Piaveufer oberhalb Ponte Priula) vorgerückt war.

Lamarmora marschirte bereits am 10. mit einem Theil der Freischaaren, welche am meisten der Organisation bedürftig erschienen, über Mestre nach Venedig ab.

Ferrari nahm zu seinem Ausfalle vom 11. von den römischen Linientruppen 1 Grenadier- und 2 Jägerbataillone, eine Eskadron Dragoner, dazu mehrere Kompagnieen Freiwillige, im Ganzen 2000 M. mit 3 Geschützen, und rückte nach Castrette vor. Seine Truppen gingen muthig auf die Brigade Schulzig los, als diese plötzlich eine Batterie demaskirte. Deren Kartätschenhagel warf die Italiener alsbald in Unordnung zurück; der Kampf, in welchem General Guidotti blieb, war so schnell beendet, daß eine Bewegung gegen Ferrari's linke Flanke, die Nugent über Postioma und die alte Römerstraße machte, überflüssig ward.

Der Vereinigung von Nugents beiden Kolonnen, der bei Ponte Priula und der andern bei Belluno übergegangenen, am rechten Ufer der Piave und angesichts Treviso stand nun nichts mehr im Wege; sie ward in und vor Visnadello bewerkstelligt.

Durando verließen wir in Cittadella. Von hier

aus sendete er an Ferrari den Befehl, in dem mit alten festen Mauern versehenen Treviso nur eine Garnison zurückzulassen, mit seiner übrigen Mannschaft aber sich nach Mestre zurückzuziehen.

Ferrari ließ in Treviso unter Oberst Lante 3600 Mann, wobei auch die regulären römischen Truppen, mit dem Rest der Freiwilligen ging er noch am 12. nach Mestre, wo einreißende Indisziplin ihn bewog, am 13. nach Venedig selbst aufzubrechen.

Durando nahm am 13. Mai Stellung bei Piazzola hinter der Brenta, ungefähr gleich weit entfernt von Fontaniva, Padua und Vicenza. Er beherrschte hier, so weit es mit seinen 5000 M. möglich war, die Hauptstraßen von Treviso nach Verona.

Die Armee Nugents — erste Reservearmee oder auch 3. Armeekorps genannt — hatte am 14. Mai folgende Stellung.

Das Hauptkorps war bei Visnadello angesichts Treviso vereinigt. Seine Formation war nunmehr nachstehende:

Division F.M.L. Graf Schaaffgotsche — Brigaden Schulzig und Felix Schwarzenberg — $8^1/_3$ Bataillons und 1 Batterie oder 8175 M. mit 6 Geschützen.

Division F.M.L. Graf Thurn — Brigaden Culoz und Supplikatz — $9^1/_6$ Bataillons und $^1/_2$ Batterie oder 8740 M. mit 3 Geschützen.

Kavalleriedivision F.M.L. Prinz Würtemberg, bis jetzt in der einzigen Brigade Edmund Schwarzenberg, 12 Eskadrons und 1 Batterie oder 1641 Reiter mit 6 Geschützen bestehend.

Artilleriereserve, Oberst Swrtnik, 5 Batterieen oder 800 M. mit 30 Geschützen.

Das gesammte Hauptkorps zählte also in runder Zahl 19,300 M.

Detachirt waren Oberst Stillfried an der obern Piave um Longarone mit 6 Kompagnieen und 9 Geschützen.

Division F.M.L. Stürmer, 32 Kompagnieen und

½ Eskadron vor Palmanova, im obern Tagliamento- und Fellathal, dann bei Portogruaro am Lemene zwischen Tagliamento und Livenza.

Die Ruderflottille war bei Caorle liegen geblieben.

Major Haltitschek mit 7 Kompagnieen, ½ Eskadron und 3 Geschützen stand im Pusterthal.

Hiezu kam die Brigade Susan, 5½ Bataillons, 3 Eskadrons, 1 Zug Pionire und 8 Geschütze, welche im Brückenkopf von Ponte Priula zum großen Theil freilich erst zusammengezogen werden sollte.

Diese sämmtlichen Detachements beliefen sich auf etwa 13,000 M.

Ein Theil von ihnen konnte der ersten Reservearmee, falls diese die Operation gegen Verona fortsetzte, bald nachrücken, da eine Ablösung durch die in der Bildung begriffene zweite Reservearmee unter Welden in Aussicht stand. Für diese waren 3 Bataillone bereits in Görz versammelt und 8 weitere Bataillone wurden bis Ende Mai erwartet.

Nugent ließ Treviso mit seiner Feldartillerie bombardiren; indessen ohne Erfolg; die Besatzung, wohl mit Positionsgeschütz versehen, antwortete mit diesem in überlegener Weise.

9. Marsch der Reservearmee von Visnadello nach Verona.

Allzu schnell war Nugent nicht gerade vorgerückt; er hatte ungefähr einen Monat gebraucht, um die 18 deutschen Meilen von Görz bis nach Visnadello zu machen. Es hatte auch gar nicht den Anschein, als ob er gedenke, sich jetzt einer größeren Eile zu befleißigen.

Radetzki, der begreiflicher Weise bei seinen Anschauungen höchst ungeduldig ward, sandte auf allen möglichen Wegen die dringendsten Aufforderungen zu raschem Vorrücken. Solche trafen denn Nugent zu Visnadello. Er berief darauf am 16. Mai einen Kriegsrath, bestehend aus den Feldmarschalllieutenants Thurn, Prinz von Würtemberg und Schaaffgotsche und den Generalmajors Culoz, Felix und Edmund Schwarzenberg, um ihm die Frage vorzulegen, ob es besser sei, möglichst schnell nach Verona zu ziehen oder vielmehr erst die venetianischen Provinzen gründlich zu unterwerfen.

Der Kriegsrath war — bis auf Nugent selbst — einstimmig für den schleunigsten Zug nach Verona. Thurn machte darauf aufmerksam, daß wenn auch das vereinte Hauptkorps augenblicklich nach Verona zöge, die zurückgelassenen Truppen, abgesehen von der zweiten Reservearmee, doch hinreichend sein würden, das bisher durchzogene Land östlich der Piave festzuhalten.

Nugent entließ den Kriegsrath ohne sich zu entscheiden, und wurde krank.

Am 17. Mai berief er den Kriegsrath von neuem und überließ — in Anbetracht seiner Krankheit — dessen Leitung dem Grafen Thurn.

Der Kriegsrath sprach sich wie am 16. aus, worauf Nugent das Kommando an Thurn abgab. Zu mehrerem Ueberfluß langte in der Nacht vom 17. auf den 18. noch ein neues dringendes Mahnschreiben Radetzki's zu Visnadello an.

Thurn befahl den Abmarsch auf Verona für den 18. Abends um 8 Uhr.

Das nach Verona abziehende Korps war jetzt folgendermaßen zusammengesetzt:

Division Schaaffgotsche — Brigaden Schulzig und Felix Schwarzenberg — 8 Bataillons, 4 Eskadrons und 12 Geschütze.

Division Culoz — Brigaden Kleinberg und Suppfikatz — 6 Bataillons, 2 Eskadrons und 12 Geschütze.

Kavalleriebrigade Edmund Schwarzenberg, 5 Eskadrons nebst 3 Zügen Pionnire mit der Brückenequipage.

Artilleriereserve Oberst Swrtnik, 29 Geschütze.

Das Ganze zählte etwa 16,000 bis 17,000 M.

Thurn bestimmte insbesondere: um den Abmarsch des Operationskorps von Visnadello zu maskiren, bleiben 2 Kompagnieen Grenzinfanterie mit 1 Eskadron Ulanen auf den Vorposten gegen Treviso stehen und ziehen sich, wenn sie nicht durch überlegenes Drängen vom Platze her früher dazu gezwungen werden, erst am 20. Mai nach dem Brückenkopf von Ponte Priula zurück. Die abmarschirenden Truppen versehen sich mit abgekochtem Fleisch, Brot, Salz und Wein, da am 19. nicht abgekocht, sondern der Marsch bis zur Brenta ohne Aufenthalt durchgemacht wird, was man bei den falschen Nachrichten über eine sehr bedeutende Stärke Durando's, zu welchen noch weitere über den bevorstehenden Einmarsch der Neapolitaner kamen, für durchaus nöthig hielt. Das Hauptkorps marschirt auf der alten Römerstraße über Postioma; ein Flankendetachement, aus Reiterei bestehend, von Padernello ab auf der Poststraße über Vedelago und Castelfranco.

Vor dem Abmarsch brach ein starkes Gewitter aus, welches auch während des Marsches andauerte und dessen Mühseligkeiten bedeutend vermehrte. Am 19. Vormittags zwischen 10 und 11 Uhr vereinigte sich das Gros mit der Seitenkolonne bei Castelfranco auf der großen Poststraße. Nach kurzer Rast wurde wieder aufgebrochen. Von Cittadella aus mußte Major Münchhausen mit 2 Eskadrons und 2 Kavalleriegeschützen in Trab und Galopp an die Brentabrücke vorauseilen, um sich dieser durch Ueberraschung zu bemächtigen.

Die Brücke war sorgfältig zum Verbrennen eingerichtet, aber es befand sich nur ein schwacher Posten der Italiener an ihr. Dieser wurde durch einige Kanonenschüsse vertrieben und die Oesterreicher waren im Besitz der Brücke.

Um 3 Uhr Nachmittags kam die Spitze der Kolonne des 3. Korps bei Fontaniva an; die Arriergardebrigade Schulzig, durch die nur mit Ochsen bespannten Bagagewagen aufgehalten, mußte bei Castelfranco stehen bleiben.

Am 20. Mai marschirte Thurn gegen Vicenza.

In Vicenza standen außer der Bürgerwehr der Stadt 3 Bataillone römische Freiwillige, welche Manin am 16. von Venedig nach Mestre und darauf nach Vicenza gesendet hatte, wo sie am 20. vor Thurns Erscheinen angesichts der Stadt eintrafen; am 21. folgte dann noch die in Frankreich gebildete Legion Antonini, welche bisher in Padua gestanden hatte.

Die Stadt war stark verbarrikadirt und ihre an und für sich tüchtigen Mauern waren durch in Erde ausgeführte Geschützstände vor den Vorstädten verstärkt. Der Zugang zu den berischen Bergen, welche, im Südwesten der Stadt liegend, diese beherrschen, waren einerseits durch den Bachiglione, andererseits durch den Retronebach, welchen die Vertheidiger angestaut hatten, gedeckt.

Durando, den wir bei Piazzola verließen, hatte auf mehrfach wiederholtes Begehren der Einwohner von Treviso beschlossen, dieser Stadt zu Hülfe zu eilen; er brach noch am 17. Abends von Piazzola auf und ging über Padua und Mestre. Bei Mogliano, zwischen Mestre und Treviso, am 19. angekommen, erhielt er die Nachricht, daß Thurn bei Fontaniva erschienen sei und sich, begünstigt durch die Abwesenheit Durando's von der Brenta, der Brücke über diesen Fluß bemächtigt habe. Er kehrte nun augenblicklich nach Mestre zurück, setzte dort seine Division auf die Eisenbahn bis Padua und eilte dann von Padua in schnellem Marsche nach Vicenza, wo er am 21. Mai ankam.

Am 21. Mai hatte sonach, abgesehen von der Bürgerwehr, Vicenza eine Besatzung von 8000 bis 9000 M.

Als Thurn am 20. von Fontaniva her bei Lisiera, $^{3}/_{4}$ Meilen nordöstlich Vicenza, angekommen war, machte er dort Halt und sendete die Brigade Felix Schwarzenberg zur Rekognoszirung vorwärts. Schwarzenberg rückte gegen die Vorstadt Sa. Lucia vor, kam bald ins Gefecht, bemächtigte sich eines Theils der genannten Vorstadt, überzeugte sich aber, daß Vicenza sehr gut versichert und besetzt sei, und die Einnahme mit stürmender Hand, falls sie überhaupt gelänge, doch viel Blut kosten würde.

Thurn, dessen Aufgabe es war, dem Feldmarschall Radetzki sein Korps so vollständig und so schnell als möglich zuzuführen, beschloß darauf, Vicenza zu umgehen. Er sammelte am 20. Abends sein ganzes Korps bei Lisiera.

Am 21. Morgens ließ er dann die Brigade Schulzig gegen Sa. Lucia vorrücken, um seinen Abmarsch zu maskiren, und führte nun sein ganzes Korps in weitem Bogen nordwärts um Vicenza herum über Monticello, Polegge, Cresole, Rettogole, Osteria del Albero nach Olmo. An der Straße nach Schio ließ Thurn noch einen Posten von einem Bataillon zurück, welcher sowohl gegen Schio, von dem es gleichfalls hieß, daß es besetzt sei, als gegen Vicenza Front machen mußte. Schulzig folgte nach kurzem Scharmützel der Hauptkolonne und nahm das Bataillon von der Straße von Schio auf.

Bei Olmo erreichte Thurn nach einem beschwerlichen Marsche auf schmalen Landwegen wieder die große Hauptstraße von Treviso nach Verona. Er marschirte auf derselben noch eine Strecke weiter und nahm dann bei Tavernelle sein Lager.

Die Vertheidiger Vicenza's, aufmerksam gemacht durch die lange Gepäckkolonne, welche von Creazzo und der Osteria del Albero nach Olmo hinabzog, beschlossen einen Ausfall. Antonini unternahm ihn mit seiner Legion, den Jägerkompagnieen der Schweizerregimenter und einer Batterie. Bei Olmo kam er ins Gefecht mit der österreichischen Arriergarde. Er selbst verlor hiebei einen Arm, und seine Truppen wurden bald zum Rückzug nach Vicenza gezwungen.

Am 22. Mai marschirte nun Thurn auf der großen Straße nach S. Bonifacio und Villanova weiter und traf hier am Abend mit den von Verona vorgeschobenen Posten Radetzki's zusammen. Er hatte also seine Vereinigung mit der Hauptarmee bewerkstelligt.

Kaum war Thurn bei S. Bonifacio eingetroffen, als er auch schon den Befehl erhielt, gegen Vicenza umzukehren und dessen Wegnahme zu versuchen. Auf das ganze Unternehmen sollten aber höchstens 3 Tage verwendet werden und es sollte wenig Blut kosten.

Nachdem Radetzki so lange auf die Ankunft des 3. Korps schmerzlich gewartet hatte, um seine Offensive zu beginnen, mußte dieser Befehl, eben da das Ersehnte eingetreten war, jedenfalls auffällig erscheinen. Zur Erklärung müssen wir bemerken, daß Radetzki bereits beschlossen hatte, sich mit vereinter Streitmacht über Mantua auf das rechte Mincioufer zu werfen, um dort den Entsatz Peschiera's zu versuchen. Stand nun während dieser Operation eine bedeutende feindliche Streitmacht im Rücken Verona's, so mußte man immer für dieses fürchten und verlor einen Theil der wünschenswerthen Freiheit des Handelns. Konnte man also vorher sich noch Vicenza's bemächtigen, so war dieß allerdings gut. Andererseits konnte Radetzki die beabsichtigte Hauptoperation, weil noch einige Voranstalten fehlten, doch nicht vor drei oder vier Tagen beginnen, die so möglicher Weise von dem noch in der Gegend Vicenza's stehenden 3. Korps gut anzuwenden waren.

Thurn brach am 23. Mai Morgens unter Zurücklassung der Bagage und einiger Bataillone zu deren Bedeckung von S. Bonifacio auf und erreichte am Abende Tavernelle und Olmo, wo er das Lager bezog. Sturm und Gewitterregen, welche zu dieser Zeit ausbrachen und die ganze Nacht durch andauerten, strengten die Leute sehr an.

Am 24. Morgens sollte der Angriff erfolgen; die Disposition dazu bestimmte:

Die Brigade Schulzig marschirt links ab, schließt die Stadt auf ihrer Nordseite ein und greift die dortigen Vorstädte an;

rechts von ihr auf der großen Straße geht die Hälfte der Brigade Supplikatz gegen die Vorstadt San Felice vor;

diese beiden Brigaden erhalten Wurfgeschütz zur Bewerfung der Stadt;

die noch bleibende Hälfte der Brigade Supplikatz — 2 Bataillone Erzherzog Karl und 2 Kompagnieen Jäger — unter Oberst Graf Thun ersteigt, von Olmo rechts abbiegend, die berischen Berge, welche Vicenza beherrschen und macht den Hauptangriff. Es werden ihr Raketengeschütze beigegeben;

die Brigade Felix Schwarzenberg bleibt als allgemeine Reserve bei Tavernelle.

Am 24. Mai um 3 Uhr Morgens setzte sich Alles in Bewegung.

Die Kolonne Supplikatz traf sehr bald auf ein bedeutendes Hinderniß; die Diomabrücke vorwärts der Vorstadt S. Felice war nämlich von den Vertheidigern gesprengt, und die österreichischen Pionnire mußten sie erst herstellen, was in der Dunkelheit und bei dem beständigen Regen mit vielen Schwierigkeiten verknüpft war. Als die Brücke hergestellt war und die Kolonne über sie vorrückte, wurde sie alsbald von Artilleriefeuer begrüßt. Dasselbe ging von einem Erdwerke aus, welches die Vorstadt S. Felice quer über die Straße sperrte und mit zwei eisernen Kanonen besetzt war. Drei österreichische Sechspfünder wurden aufgefahren und demontirten die Kanonen der Italiener; die Besatzung verließ das Werk und Supplikatz drang ein.

Unter beständigem Plänklergefecht gewann er Terrain und kam endlich bis nahe an das Stadtthor.

Ebenso nahm Schulzig einen großen Theil der nördlichen Vorstädte.

Darauf wurden Haubitzbatterieen aufgefahren und die Stadt beworfen, was ihr bei ihrer soliden Bauart wenig schadete.

Unterdessen hatte Thun, von welchem man den Ausschlag erwartete, seiner Aufgabe durchaus nicht genügen können. Die Ueberschwemmung des Retronebaches nämlich erstreckte sich viel weiter aufwärts, als man es gewußt und vermuthet hatte, sie füllte das ganze Thal zwischen den beiden parallelen Höhenzügen von Altavilla einerseits, von Arcugnano-Margherita andererseits. Den letztern mußte man gewinnen, um auf ihm gegen die dominirenden Höhen über Vicenza vorzudringen. Dieß hatte man direkt durch das trennende Thal gewollt. Hier hinderte aber die Ueberschwemmung. An und für sich mochte sie allerdings nicht bedeutend sein, doch der starke Regen hatte sie geschwellt; außerdem war das Terrain mit vielen Gräben durchzogen, in welche wie in den eingeweichten Boden die Soldaten bei ihren Versuchen, die Ueberschwemmung zu durchschreiten, tief einsanken.

Allerdings hätte Thun nach Tavernelle zurückmarschiren können, von dort die Höhen von Altavilla und dann über deren Verbindungsrücken mit den Höhen von Arcugnano die letzteren gewinnen können. Aber mit den Versuchen, die Ueberschwemmung zu durchschreiten, war schon viele Zeit verloren gegangen; größere Zeitverluste waren bei der Wahl dieses Aus- und Umweges noch zu erwarten, und Thun hatte keine überflüssige Zeit zu verwenden. Außerdem hätte jetzt der Angriff Thuns, sehr spät kommend, kaum noch mit denjenigen von Supplikatz und Schulzig zusammengestimmt. Deren Bewerfung der Stadt konnte, wie man sah, zu keinem Resultat führen; eine Leitererſteigung war nicht anwendbar, weil sie zu viel Menschenleben gekostet hätte, die Thurn nicht aufwenden sollte.

So gab er denn den Angriff auf, ließ Vicenza nur noch bis $8^1/_2$ Morgens bewerfen und trat dann den Rückmarsch nach San Bonifacio an, wo er am Abend des 24. eintraf. Am 25. mußte er dann nach Verona marschiren und hier organisirte Radetzki, indem er die am wenigsten brauchbaren Truppen oder diejenigen, welche am meisten gelitten hatten, für die Besatzung von Verona ausschied, seine Operationsarmee in 3 Armeekorps:

Das 1. Korps, Wratislaw, erhielt in 4 Brigaden 15 Bataillons, 8 Eskadrons und 36 Geschütze.

Das 2. Korps, d'Aspre, 17 Bataillons, 8 Eskadrons und 36 Geschütze, in gleichfalls 4 Brigaden.

Das Reservekorps, Wocher, in 3 Infanterie- und 2 Kavalleriebrigaden, 11 Bataillons, 28 Eskadrons und 79 Geschütze.

Die ganze Operationsarmee hatte also 43 Bataillons, 44 Eskadrons und 151 Geschütze und war ungefähr 45,000 Mann stark.

Thurn ward für das Kommando in Tyrol bestimmt.

Ehe wir nun zur Erzählung der ersten Offensive Radetzki's übergehen, welche mit diesen Streitkräften unternommen ward, müssen wir uns noch einen Augenblick mit den Verhältnissen des neapolitanischen Expeditionskorps unter Pepe beschäftigen.

10. Der 15. Mai in Neapel. Abberufung des neapolitanischen Expeditionskorps.

Ferdinand II. hatte ein Expeditionskorps an den Po gesendet, aber er hatte Oesterreich den Krieg nicht erklärt und die Instruktionen, welche Pepe bisher erhalten, waren darauf berechnet, daß er nicht gegen die Oesterreicher auftreten solle.

Ferdinand II. hatte seinen Völkern eine Verfassung verliehen, aber er zögerte mit der Ausführung, wartete auf einen Vorwand, der ihm gestatten würde, die Ausführung überhaupt zu unterlassen und wendete alles Mögliche an, um einen solchen Vorwand herbeizuführen.

Am 15. Mai sollten die Kammern eröffnet werden. Das Ministerium erließ mehrere Tage vorher ein Programm für die Eröffnungsfeierlichkeit. Danach sollten die Deputirten dem König und auf die Verfassung den Eid leisten und sich verpflichten, die katholische Religion zu bekennen und bekennen zu lassen, den Königen beider Sicilien treu zu dienen und die Verfassung vom 10. Februar zu beobachten.

Man mußte wissen, daß damit die Fortschrittspartei, der

größte Theil aller Gebildeten, nicht zufrieden sein konnte. Man hatte für die Kammer ausdrücklich das Recht verlangt, die Verfassung weiter zu entwickeln. Nun sollte sie sich verpflichten, die oktroyirte vom 10. Februar festzuhalten. Eben so verdächtig war der Eid des Gehorsams für den König.

In der That erhob sich in der Vorbereitungssitzung, welche die Deputirtenkammer am 14. Mai im Palast Montoliveto hielt, dieselbe fast einstimmig gegen die so ganz beiläufig im Programm für die Eröffnungsfeierlichkeit eingeschmuggelten Zumuthungen. Es kam zu Verhandlungen zwischen den Deputirten, dem Ministerium, dem König. Der letztere gab in einigen unwesentlichen Dingen scheinbar nach, aber nicht im Wesentlichen. Das Volk sammelte sich am Palast Montoliveto und ermunterte die Deputirten zum Beharren bei ihren Forderungen.

Da ließ Ferdinand die Truppen ausrücken und am königlichen Palast, am Arsenal, auf dem Platz des Palastes und dem Largo del Castello, so wie an andern Punkten der Stadt Stellung nehmen. Das Volk nahm dieß für eine Herausforderung, welche es ohne Zweifel auch war, und begann Barrikaden zu bauen, namentlich in der Toledostraße und in den Querstraßen, welche von dieser nach den von den Truppen besetzten Punkten führten. Eine spätere Untersuchung hat herausgestellt, daß Ferdinand durch geheime Polizeiagenten zum Barrikadenbau ermuntern ließ. Er wollte den Kampf.

Die Deputirtenkammer übertrug angesichts der Truppenentwicklung dem Nationalgardekommandanten, General Gabriel Pepe, die Sorge für den Schutz der Stadt.

Dieß Alles benutzten die Minister, um in den König zu dringen, daß er nachgebe. Ferdinand, der mit der ihm nicht abzusprechenden Schlauheit sein Verhalten genau abmaß, wollte anfangs gar nicht nachgeben, endlich aber versprach er, daß die Eröffnung der Kammern vor sich gehen solle, ohne daß vom Eid die Rede wäre.

Damit erklärten sich die Deputirten zufrieden, und es sollten nun einerseits die Barrikaden abgetragen werden und die Volkskämpfer sich zurückziehen, andererseits aber auch die Truppen in die Kasernen zurückkehren. Letzteres geschah nicht; das Abtragen der Barrikaden begann auf einzelnen Punkten, auch die Mehrzahl der Volkskämpfer verlief sich; nur eine kleine Zahl, welche gegen Ferdinand das höchst verdiente Mißtrauen hegte, verharrte bei den Barrikaden.

Am 15., als die Deputirten sich in Montoliveto versammelten und bemerkten, daß die Truppen noch alle ihre Stellungen wie am vorigen Tage innehatten, sendeten sie, überzeugt, daß die Erhitzung der Gemüther leicht zu einem Konflikt führen könne, der blutige und unabsehbare Folgen haben möchte, eine Deputation an den König, mit der Bitte, er möge die Eröffnungsfeierlichkeit beschleunigen, damit man über die Unsicherheit der Lage hinwegkäme.

Ferdinand wußte besser als die Deputirten, daß ein Konflikt bei den Maßregeln, die er getroffen hatte, nicht ausbleiben könne, und daß er, da die Volkspartei — bis auf eine kleine Zahl — thöricht genug gewesen war, ihm zu vertrauen, in dem Konflikte Sieger bleiben müsse.

Die Kommission der Deputirtenkammer war noch nicht vorgelassen, als einige Polizeispione, die sich an der äußersten Barrikade der Toledostraße, gegen den königlichen Palast zu, eingeschlichen hatten, von dort auf die zum Schutz des Palastes aufgestellten Garden zu feuern begannen.

Da gab Ferdinand den Befehl zum Beginn des Kampfes. Die Minister, welche bisher von Ferdinand rein an der Nase herumgeführt waren, konnten dieß jetzt deutlich aus dem Hohngelächter des Hofgesindels erkennen, welches sie empfing und begleitete, als sie ihre Entlassung gaben.

Den Schweizern fiel der aktive Theil in dem Kampfe gegen die betrogene Bevölkerung Neapels zu. Sie mußten die Barrikaden in der Toledostraße und in den Quergassen erobern. Obgleich dieselben nur noch schwach besetzt waren, verloren die 9000 bis 10,000 Schweizer, welche an diesem Tage in den Straßen des schönen Neapels gegen die Freiheit kämpften, dennoch 28 Todte und 194 Verwundete; zusammen 222 M. oder den vierzigsten Theil ihres Standes.

Am Abend war der Sieg für Ferdinand entschieden; zwölf Jahre später erst sollte die Vergeltung folgen und sie sollte das schuldige Haupt Ferdinands nicht mehr treffen.

Am 16. Mai ernannte der König ein Reaktionsministerium, an dessen Spitze der Prinz Cariati stand, welches sofort das Königreich in Belagerungsstand erklärte, Preßfreiheit und Vereinsrecht unterdrückte, die Entwaffnung der Nationalgarden anordnete und eine Menge von Verhaftungen vornahm.

Daß Ferdinand, als Sieger im Kampfe, das Expeditionskorps sofort vom Po zurückrief, versteht sich, nach Allem, was wir bereits wissen, von selbst.

Am 19. Mai hatte Wilhelm Pepe einen Brief des piemontesischen Kriegsministers Franzini erhalten, der ihn zu genauen Mittheilungen über die Bewegungen der neapolitanischen Truppen aufforderte. Pepe sendete darauf mit der Antwort den Artilleriehauptmann Ulloa ins piemontesische Hauptquartier. Obgleich er, so sprach Pepe, den Befehl seiner Regierung habe, am rechten Ufer des Po zu bleiben, glaube er doch, daß ihm die Waffenehre und die Interessen Italiens vorschreiben, ans linke Ufer überzugehen und sich Karl Albert zur Verfügung zu stellen. Sende dieser ihn nach Venetien, so müßten Durando und Ferrari unter Pepe's Oberbefehl gestellt werden, damit Einheit in das Kommando komme. Zugleich bat Pepe, ihm das 10. Linienregiment wieder zusenden und ihn im freien Felde, nicht etwa vor irgend einem festen Platze verwenden zu wollen.

Ulloa ging am 21. Mai nach Sommacampagna ab, an demselben Tag hatte Pepe der ersten Brigade der 1. Division den Befehl ertheilt, nach Ferrara abzumarschiren; am 22. sollte die zweite Brigade ihr folgen, so daß am 24. die erste Division zu Ferrara konzentrirt wäre und nach Francolino abmarschiren könnte, um dort den Po zu überschreiten.

Karl Albert bestimmte auf die Mittheilungen Ulloa's, daß Pepe ins Venetianische hinüberrücke, wo Ferrari unter seine Befehle treten würde; Durando sollte sich dagegen dem rechten Flügel der piemontesischen Armee zwischen Etsch und Mincio anschließen und das 10. neapolitanische Linienregiment sollte vorläufig in seinen Stellungen am Mincio bleiben.

Unterdessen lief in Karl Alberts Hauptquartier die Nachricht ein, daß Thurn die Brenta und Vicenza glücklich passirt habe und nichts mehr seiner Vereinigung mit Radetzki im Wege stehe. Darauf ward noch an demselben Tage, 22. Mai, bestimmt, daß Pepe sich aufs schnellste mit dem rechten Flügel der piemontesischen Armee vereinige.

Aber dieser 22. Mai war ein merkwürdiger Tag. An demselben traf im Hauptquartier Pepe's zu Bologna der Brigadier Scala mit dem Befehle ein, welcher das neapolitanische Expeditionskorps nach Neapel zurückrief. Ferdinand, der Sieger vom 15. Mai, brauchte sich keinen Zwang mehr anzuthun. Man ließ Pepe die Freiheit, sein Kommando niederzulegen und es an Statella zu übergeben.

Pepe schwankte; seine Neigung war, den Befehl nicht auszuführen. Aber konnte er sich auf die Truppen, konnte er sich nur auf die Bevölkerung Bologna's und der Umgegend verlassen? Daß die Anhänger und Behörden Pius' IX. im vollsten Einverständniß mit Ferdinand seien, das wußte Pepe.

Nach einigem Besinnen gab Pepe das Kommando an Statella ab, welcher sofort an alle Korps den Befehl zum Rückmarsch expedirte: Kavallerie und Artillerie sollten zu Lande, die Infanterie sollte auf dem Seewege gehen.

Kaum hievon unterrichtet, bestürmte die Bevölkerung von Bologna den greisen neapolitanischen General, das Kommando wieder zu ergreifen, und versprach ihm ihre ganze Unterstützung. Pepe hatte bei allen seinen sonstigen vortrefflichen Eigenschaften den Fehler der Eitelkeit. Wenn es Schwäche gewesen war, daß er trotz seiner Ansichten, seiner wahren Ueberzeugung den Befehl niederlegte, so war es eine noch viel größere Schwäche, daß er sich jetzt bestimmen ließ, ihn wieder zu übernehmen: dieß konnte nur zur abscheulichsten Verwirrung führen.

Pepe widerrief in der That die Ordre, durch welche er das Kommando niedergelegt hatte. Statella protestirte dagegen. Pepe aber ließ den Befehlen Statella's sogleich Contreordres folgen. Ein Theil der in Ferrara konzentrirten Division hatte bereits sich von dort in Marsch gesetzt, um nach Ancona zu gehen und sich daselbst einschiffen zu lassen.

Nun kamen die Gegenbefehle Pepe's.

Der Oberst Zola, welcher in Abwesenheit Statella's die erste Division kommandirte, versammelte augenblicklich sämmtliche Korpskommandanten zu einem Kriegsrath, der entscheiden sollte, welchem General man jetzt eigentlich zu gehorchen habe, — ob Statella, ob Pepe?

Die Mehrzahl entschied sich für Pepe. Statella reiste auf diese Kunde nach Florenz ab, um nach Neapel zurückzukehren; in Florenz ward er vom Volke mit sehr unliebsamen Demonstrationen begrüßt. Pepe hatte mit Statella den Major Cirillo mit Briefen an den König und den Kriegsminister entsendet. In diesen Briefen bat er, man möge den Befehl widerrufen, welcher die Rückkehr der Truppen ins Neapolitanische anordnete. Diese Briefe blieben ohne Antwort.

Die Entscheidung der Korpskommandanten zu Gunsten Pepe's war durchaus keine allgemeine, sie war auch vor allen Dingen nicht die Entscheidung aller Offiziere und aller Soldaten gewesen. In allen Korps erhob sich beim Bekanntwerden der verschiedenen Nachrichten eine großartige Wühlerei. Die Anhänger Ferdinands, unterstützt von allen denjenigen, welche nicht die größte Lust hatten, mit österreichischen Kugeln Bekanntschaft zu machen, bearbeiteten die Soldaten und suchten sie für die Rückkehr in die Heimat zu gewinnen. Es war eine leichte Mühe.

Man erlebte eine in neueren Zeiten und bei konskribirten

Heeren unerhörte Sache. Es bildete sich zu Ferrara ein Komite, aus Unteroffizieren und wenigen Subalternoffizieren bestehend, welches die ganze obere Leitung des Expeditionskorps in die Hand nahm. Dasselbe, welches bei den Soldaten der ersten Division den vollkommensten Gehorsam fand, enthob die höheren Offiziere ihrer Funktionen, bemächtigte sich der Artillerie und unterwarf alle diejenigen, welche Lust bezeigten ans linke Po-Ufer überzugehen, einer strengen Aufsicht. Pepe hatte den Befehl zum Uebergang über den Fluß ertheilt, am 25. Mai sollte er stattfinden. Da drohte das 12. Linienregiment offen und einstimmig, auf alle Feuer zu geben, die dem Befehl Pepe's nachkommen würden. — Nun legte sich der Kardinallegat von Ferrara ins Mittel, stellte dem Oberst Zola vor, daß es gefährlich sei, undisziplinirte Truppen in einer Stadt zu lassen, welche unter den Kanonen einer von den Oesterreichern besetzten Zittadelle liege, und bestimmte Zola zum Ausmarsch. Das Unteroffizierskomite hatte sich vollkommen einverstanden mit der Meinung des Kardinallegaten erklärt. Es leitete die Bewegung, ließ den Offizieren die ganze Disziplinargewalt, schrieb aber seinerseits die Etappen, die ganze Ordnung der Bewegung vor und ließ durch Beauftragte die Offiziere bewachen. Eins der schönsten Beispiele der Loyalität und Treue! von dem wahrscheinlich viele Offiziere anderer Heere, die davon jetzt sehr viel reden, nicht sonderlich erbaut sein werden.

Am 28. Mai begann der Ausmarsch der ersten Division aus Ferrara. Pepe, von diesen Vorgängen unterrichtet, erließ sogleich einen Tagsbefehl, durch welchen er ankündigte, daß alle diejenigen, welche nicht binnen drei Tagen nach Ferrara zurückkehrten, als Deserteurs vor dem Feinde betrachtet und behandelt werden würden. Aber er war um so unmächtiger, diese Drohung auszuführen, als das loyale Unteroffizierskomite bei allen Behörden Pius' IX. die beste Unterstützung und Hülfe fand.

Nur etwa 300 Offiziere, Unteroffiziere und Soldaten unter dem Major S. Martino waren in Ferrara zurückgeblieben.

Die zweite Division war noch nicht vereinigt; damit sie dem Beispiel der ersten Division nicht mit allzu großer Bequemlichkeit folgen könne, vereinigte sie Pepe auch nicht, sondern vertheilte sie bataillonsweise längs dem rechten Po-ufer, um sie später in eben dieser Vertheilung an das linke Ufer hinüberziehen zu können. Die Offiziere der zweiten Division verbürgten sich für die Disziplin und die Ruhe ihrer Soldaten, bis neue Befehle von Neapel ankommen würden, erklärten aber auch zu gleicher Zeit, daß sie gegen den ausdrücklichen Befehl der Regierung nicht an das linke Po-ufer übergehen würden. Pepe nahm am 4. Juni sein Hauptquartier zu Ferrara.

Dieß waren die Zustände des neapolitanischen Expeditionskorps, als Radetzki eben aus seinen abwartenden Verhältnissen in die Offensive gegen Karl Albert übergegangen war.

11. Betrachtungen.

A. Die Operationspläne und Operationen.

Ein Handeln ohne Plan, ohne leitende Idee sollte eigentlich von denkenden Menschen gar nicht vorausgesetzt werden können; dennoch kommt es im Kriege sehr häufig, obwohl doch meist nur scheinbar vor; scheinbar z. B. insofern, als die Kritik von den handelnden Personen verlangt, daß sie die Sache im Auge behalten und dieser gemäß handeln sollen; während die leitenden Personen statt der Sache nur sich selbst im Auge haben. Auf diesem Standpunkte handeln sie planmäßig, aber durchaus nicht nach dem Standpunkt, welcher die Sache obenanstellt.

Karl Albert ist es vorgeworfen worden, daß er nicht, während Radetzki noch in Mailand kämpfte oder doch unmittelbar nachdem Radetzki Mailand geräumt hatte, über den Tessin ging, um mit raschen Märschen die Oesterreicher vom Mincio abzuschneiden, die detachirten Korps, welche sich noch nicht mit der österreichischen Hauptmacht vereinigt hatten, bleibend von ihr zu trennen und dadurch eine solche Verwirrung und Bestürzung in den Feind zu werfen, daß auch das Festungsviereck ohne Weiteres in die Hände der Italiener gerieth. Ohne Zweifel versprach dieser Plan den Italienern die höchsten Vortheile; aber es gehörte zu seiner Ausführung als Vorbedingung, daß Karl Albert vollständig mit sich darüber im Reinen war, Italiens Sache unter allen Umständen zur seinigen zu machen, und daß er demgemäß seine Armee längst am Tessin konzentrirt gehabt hätte. Diese Vorbedingung fehlte, wie wir gesehen haben, gänzlich. Es war eigentlich erst die Furcht vor der Republikanisirung der Lombardei und Venetiens, was ihn nach dem Erfolge der Mailänder über den Tessin trieb.

Solchergestalt können hier gar keine Vorwürfe mehr gegen Karl Albert erhoben werden, und die Zeit für ihn, Operationspläne zu machen, fängt erst an, als Radetzki vollkommen seines ungehinderten Rückzugs nach dem Festungsviereck sicher ist.

In diesem Momente gestaltet sich die Ansicht der Dinge folgendermaßen:

Radetzki steht in dem Festungsviereck, welches ihm ein vortreffliches strategisches Manövrirfeld bietet, die Front der Oesterreicher, gegen Westen gewendet, bezeichnet die Linie des Mincio; Radetzki hat zwei Kommunikationen mit seinen Quellen, die eine in seiner rechten Flanke, die Etsch aufwärts durch Tyrol, die andere in seinem Rücken durch das Venetianische. Die letztere ist aber fast absolut in den Händen der Italiener; Venedig selbst gehört ihnen bereits; die Kommunikation durch Tyrol ist unsicher, aber immer noch in den Händen der Oesterreicher. Der Hauptzufluß an Streitkräften für Radetzki ist von Osten her auf der Kommunikation durch das Venetianische, vom Isonzo, zu erwarten, wo ein Reservearmeekorps in der Bildung begriffen ist.

Die möglichen Operationen für Karl Albert sind jetzt diese:

a. Radetzki in der Front angreifen;
b. ihn in der rechten Flanke angreifen;
c. ihn in der linken Flanke angreifen;
d. zwei von diesen Operationen mit einander verbinden.

Sehen wir jetzt diese Operationen eine nach der andern an.

Ein Angriff in der Front ist ein Angriff an der Minciolinie; man kann dabei mehr oder minder methodisch verfahren. Ein ganz methodisches Verfahren setzt voraus, daß man sich der Minciofestungen zuerst bemächtigt. Das Einverständniß mit den Bewohnern Peschiera's und Mantua's konnte dabei zu Hülfe kommen. Aber, wie man leicht begreift, es kann nichts entscheiden. Man mußte also vor Allem eine zahlreiche und kräftige Artillerie haben. Diese ist namentlich gegen Mantua nothwendig, eine Festung, die man eigentlich nur durch Aushungerung mittelst einer strengen Blokade oder mittelst eines scharfen Bombardements zwingen kann. Das letztere Mittel war unter allen Umständen vorzuziehen, als das bei Weitem kürzere. Aber möglicher Weise konnte die Bezwingung der Minciofestungen auch auf diese Weise noch sehr lange Zeit wegnehmen. Man erinnert sich, wie lange es dauerte, ehe die Piemontesen ihren Belagerungspark vor Peschiera heranbrachten.

Man konnte, indem man sich mittelst Brückenköpfen am linken Ufer des Mincio festsetzte, entweder zuerst Mantua allein ernstlich angreifen, während man Peschiera, Verona und Legnago nur beobachtete, oder Peschiera allein ernstlich angreifen, während man Mantua, Verona und Legnago beobachtete, oder Peschiera und Mantua zugleich ernstlich angreifen, während man Verona und Legnago beobachtete.

Der gleichzeitige ernstliche Angriff auf Mantua und Peschiera führte unter allen Umständen zu einer Zersplitterung der Kräfte und des Materials, verzögerte die Einnahme beider Plätze und gab Radetzki größere Chancen für Theilsiege, wenn er mit dem, was er verfügbar hatte, über die Einschließungs- und Belagerungstruppen vor Mantua oder Peschiera oder über die Beobachtungstruppen gegen Verona und Legnago herfiel.

Ob man Peschiera oder Mantua, wenn man eins von ihnen allein vornehmen wollte, angriffe, darüber mußte vorzugsweise das Bestreben entscheiden, ob man mehr darauf rechnete im Fortschritt der Operationen mit dem Frontangriff einen Angriff auf die rechte oder auf die linke Flanke Radetzki's zu verbinden. Für jenes war der Besitz Peschiera's wichtiger, für dieses der Besitz Mantua's.

Peschiera war eine leichtere Eroberung; Mantua dagegen, wenn es genommen war, ein viel wichtigerer Besitz.

Wollte man weniger methodisch verfahren, so konnte man sich am Mincio zwischen Peschiera und Mantua festsetzen, gute Brücken und gute Brückenköpfe anlegen und nun gerade auf Verona losrückend die österreichische Hauptmacht dort aufsuchen. Eine entschiedene Niederlage derselben mußte entscheidend wirken. Indessen Radetzki hatte gar nicht die Verpflichtung, sich dem Feinde im freien Felde zu stellen; verlor er selbst unter den Mauern Verona's eine Schlacht, so konnte er sich immer noch ans linke Etschufer zurückziehen, indem er Verona stark besetzt ließ. Eine Belagerung von Verona konnte Karl Albert nicht beginnen, ohne Peschiera und Mantua, namentlich letzteres und Legnago außerdem stark zu beobachten; besser war es, wenn er Peschiera wenigstens vorher genommen hatte.

Verlassen wir hier einstweilen den Frontangriff, auf den wir doch zurückkommen müssen, und sehen wir uns den Angriff auf die rechte Flanke an. Man kann diesen doppelt verstehen.

1. Das piemontesische Heer rückte in den Thälern des Oglio, der Mella, des Chiese und am rechten Ufer des Gardasee's aufwärts, nur ein Beobachtungsdetachement vor Brescia gegen Peschiera zurücklassend, nach Tyrol vor, bemächtigte sich bei Trient und Roveredo des Etschthales

und schnitt so Radetzki die Verbindung durch Tyrol ab, die einzige, über welche er gebot, so lange das Venetianische noch nicht wiedererobert war.

2. Das piemontesische Heer ging unterhalb Peschiera über den Mincio, bemächtigte sich bei Rivoli beider Ufer der Etsch und erreichte hier denselben Zweck. Ganz unbeachtet lassen konnte es dabei Peschiera unter keinen Umständen; wenn es die Festung nicht belagern wollte, so mußte es sie beobachten; ward also jedenfalls an der Etsch so lange gefesselt, als nicht ein entscheidender Vortheil über Radetzki gewonnen war.

Das erste, was bei dieser Operation in die Augen fällt, sind die Schwierigkeiten, welche die Verpflegung des piemontesischen Heeres im Gebirgslande machen mußte, die sicher sehr bald sich zeigten und um so mehr sehr entschieden hervortreten mußten, je weniger gut im Allgemeinen der administrative Dienst im piemontesischen Heere geregelt war. Allerdings ist es richtig, daß Radetzki mit dem ganzen piemontesischen Heer in seiner rechten Flanke, auf seiner einzigen Verbindung, die Sache nicht lange aushalten mochte. Er mußte aus Verona vorgehen und den Piemontesen die Schlacht bieten. War er in dieser unglücklich, so konnte ihn kaum etwas hindern, sich auf Verona zurückzuziehen; war er aber glücklich, so wurden die Piemontesen in die Gebirge zurückgeworfen und, wenn Radetzki nicht absolut falsch operirte, von ihrer Rückzugslinie abgedrängt. Sie setzten also bei dieser Operation Alles auf einen Wurf, auf das Schicksal einer einzigen Schlacht, — und ob sie bei der Organisation ihres Kommando's und bei der Beschaffenheit ihrer Armee ein Recht dazu hatten, darüber kann die Erzählung der Ereignisse, welche wir gegeben, das beste Licht verbreiten. Unserer Meinung nach hatten sie durchaus kein Recht dazu. Wenn man die piemontesischen Truppen von 1848 und 1849 näher betrachtet, so findet man bei ihnen vorzugsweise jenes Laster stehender Heere, die nicht durch besonders große Führer oder eine beständige Kriegsnothwendigkeit und Kriegserfahrung auf bessere Bahnen gelenkt sind, ausgesprochen: daß sie nämlich dasjenige, was bei einem Heere stets am leichtesten zu versammeln ist, beständig bei der Hand haben, die Mannschaft, — das aber, was am schwersten zu haben ist, Material, gute Organisation, gute Administration und gute oberste Führung, eben so wenig und vielleicht noch weniger haben als bloße Milizheere.

Man kann sagen: es war nicht nothwendig, daß Radetzki auf Verona gestützt, alsbald nordwärts zum Angriff auf die oberhalb an der Etsch stehenden Piemontesen schritt. Er konnte noch mehreres Andere thun. Dieß ist ganz richtig; indessen sehen wir uns dieses Andere an!

Radetzki konnte erstens über Peschiera oder, wenn ihm dieses nicht offen stand, über Mantua in die Lombardei einfallen. Für diesen Einfall konnte er höchstens 30,000 M. aufbringen; außerdem war der revolutionäre Geist noch vollständig wach in der Lombardei, was sich freilich sehr bald anders verhielt, nachdem mehrere Monate ohne Erfolge vergangen waren. Radetzki wäre im April jedenfalls sehr übel in der Lombardei empfangen worden. Die Piemontesen konnten ihn ruhig bis an die Adda und selbst bis an den Tessin vorgehen lassen, wo er höchstens mit 20,000 M. angekommen wäre, und sich dann ihm in den Rücken werfen. Indem sie sich dabei zugleich an den Po zogen, gewannen sie sogar eine für sie ganz sichere Rückzugslinie. Für Karl Alberts Interesse konnte daher Radetzki in der Zeit kaum etwas Besseres thun als dieses.

Zweitens, Radetzki konnte mit Zurücklassung von Besatzungen in den Festungen des Vierecks sich an den Isonzo zurückziehen, um sich hier mit der Armee Nugents zu vereinigen und dann zur Wiedereroberung des Aufgegebenen oder Verlorenen wieder vorzudringen. Dieß war eben so zweckmäßig — nicht für die Oesterreicher, sondern für die Piemontesen. Wie ungeregelt der Aufstand in Venetien immer sein mochte, jedenfalls genügte er, um Radetzki lange aufzuhalten, so daß die Piemontesen vollkommen die Zeit behielten, sich am linken

Etschufer in seinen Rücken werfend, ihn mit Uebermacht anzufallen. Nur Trümmer der Armee Radetzki's würden unter diesen Umständen an den Isonzo gelangt sein, wie hoch einer immer die moralische und organisatorische Ueberlegenheit der österreichischen Armee über die piemontesische anschlagen mochte.

Drittens konnte Radetzki nun ruhig in seinem Festungsviereck stehen bleiben und, indem er auf die Verbindung mit Tyrol freiwillig verzichtete, sich aus dem Lande im Süden zu nähren suchen, was ihm nothwendig der Umstand erleichtern mußte, daß die Piemontesen ihm den Süden vollständig frei ließen. Die Sache war von den dreien, die wir hier betrachtet haben, für Radetzki allerdings die am mindesten gefährliche. Indessen diese Art Leben ohne regelmäßige Verbindung war doch für die österreichische Armee ein reines Leben aus der Hand in den Mund, ein sehr unsicheres, ein Proletarierdasein. Nur um zu leben, mußte Radetzki beständig Detachements in ziemlich großem Umkreise um seine vier Festungen unterwegs haben. Ganz klein durfte er sie nicht machen, schon der Volksbewaffnung halber in der Lombardei, in Venetien und in der Romagna. Machte er sie aber groß, so zersplitterte er seine Kräfte auf eine unerhörte Weise, die, ganz abgesehen von den aus dem Süden zu erwartenden Korps der Toskaner, Römer und Neapolitaner, es auch der piemontesischen Armee nahe legten, sich mit Detachements in diesen kleinen Krieg einzumischen, und wie es dann mit der österreichischen Armee ausgesehen hätte, das wird ein Jeder leicht ermessen.

Man sieht also wohl, daß von allen diesen allerdings auch möglichen Operationen weder die Piemontesen etwas zu fürchten, noch Radetzki etwas zu hoffen hatte. Das einzig Entscheidende, was gegen die piemontesische Operation in Radetzki's rechte Flanke spricht, ist die Rücksicht auf ein direktes Vorgehen Radetzki's die Etsch aufwärts gegen die piemontesische Armee, die nicht unbedeutende Wahrscheinlichkeit eines Sieges Radetzki's in dieser Richtung und die vollständig traurige Lage, in welche in solchem Falle die Piemontesen kamen.

Dieses Entscheidende ist aber auch wirklich dermaßen durchschlagend, daß es die Operation Karl Alberts in Radetzki's rechte Flanke absolut verdammt. Es würde gar nicht durchschlagend sein, wenn die Wahrscheinlichkeit eines Sieges der Piemontesen bei Rivoli groß wäre. Sie war das aber nicht, im Gegentheil äußerst gering. Radetzki konnte für die Operation den Etschfluß aufwärts ohne Nachtheil die Festungsbesatzungen in dem Viereck so bedeutend abschwächen, als es ihm bei keiner andern der möglichen Operationen erlaubt war. Sowohl wenn er ins Lombardische, als wenn er ins Venetianische marschirte, mußte er im Festungsviereck beträchtliche Garnisonen zurücklassen, wollte er sich nicht der Gefahr aussetzen, daß ein Festungskommandant, durch seine Isolirung erschreckt, namentlich unter dem ersten Eindruck der Erfahrungen des März, eine Festung, einen wichtigen Platz auf wenig mehr als die erste Aufforderung übergab. Wollte Radetzki bei Verona stehen bleiben und bloß mittelst Detachements seine Verpflegung durch Requisitionen aus dem Süden sichern, so führte dieß vollends zu einer allgemeinen Zersplitterung. Wir haben früherhin erörtert, daß kleine Heere in Italien viel ausrichten und selbst gegen überlegene viel ausrichten können. Dieß ist auch ganz sicher wahr. Aber ein Mann in dem Alter Radetzki's geht an und für sich mit einem Heere nicht mehr so verzweifelt drauf, als ein jüngerer, — wie man die Sache auch drehen möge, — und einem Manne in dem Alter und von den anerzogenen Ideen Radetzki's mußten überdieß die plötzlich im Handumdrehen ganz veränderten Verhältnisse Europa's, mußte insbesondere die Lage des österreichischen Kaiserstaats, über welche man allerdings nach dem wunderbaren nochmaligen Siege der Reaktion leicht großsprechen kann, die aber in jener Zeit doch thatsächlich vielen Großsprechern a posteriori das Herz sehr tief in den Posterior trieb, die allergrößten Rücksichten auferlegen.

Wendete er sich aber die Etsch aufwärts gegen die Piemontesen, so lief Radetzki wenig Gefahr, wegen der ihm immer bleibenden Möglichkeit des Rückzuges auf das feste Verona nach verlorner Schlacht, und er hatte ziemlich bedeutende Chancen des Sieges. Diese liegen darin, daß er zu dieser Operation, weil er die sämmtlichen Festungen hinter sich behielt, viel größere Streitkräfte konzentriren konnte, als für jede andere der von uns betrachteten Operationen, daß er ferner als Angreifer und zwar als desperater Angreifer auftreten konnte nicht bloß, sondern mußte, was im Gebirgskriege stets ein sehr entschiedener Vortheil ist.

Die Piemontesen dagegen waren bei der Unsicherheit ihrer Rückzugslinie stets zu einer großen Zersplitterung ihrer Kräfte, wenn auch nicht gezwungen, so doch veranlaßt. Und Radetzki kommandirte nicht erst seit drei Tagen in Italien. Jahre lang hatte er Zeit gehabt, sich auf dem italienischen Kriegsschauplatz zu orientiren und außerdem die piemontesische Armee, namentlich die Kommandoverhältnisse in ihr genau zu studiren. Er kannte die Persönlichkeiten, er hatte seit 1847 dringende Veranlassung und genügende Gelegenheit gehabt, sich auf den Fall eines Krieges vorzusehen und die Verhältnisse anzusehen, und er mußte daher vollständig wissen, daß, wenn er seine Kräfte zusammenhielt und in der passenden Richtung, der Sieg in der Feldschlacht gerade in dem Gebirgsterrain Tyrols gegen die Piemontesen ihm kaum fehlen konnte.

Für die letzteren erschien daher die Operation in die rechte Flanke der Oesterreicher doppelt nicht rathsam. Sehen wir dagegen uns die Operation in die linke Flanke der Oesterreicher an. Sie ist von Allen, welche diesen Krieg ihren Betrachtungen unterworfen haben, für die zweckmäßigste erkannt worden.

Im Wesentlichen würde sie wohl immer die Gestalt annehmen, daß die Piemontesen sich am linken Ufer des Po und quer über die untere Etsch, an beiden Seiten dieses Flusses festsetzten und von hier aus eine Linie zu gewinnen suchten, welche mit der linken Flanke sich auf Ostiglia stützt, mit der rechten sich gegen Vicenza ausdehnt. Dieß war die Basis der Operation. Hatten die Piemontesen dieselbe im Sinne, so konnten sie schon bei Piacenza ans rechte Po-Ufer übergehen und dann ruhig vorwärts marschirend über Bondeno und Legnago das linke Po-Ufer wieder gewinnen.

Die Vortheile der Aufstellung, die sie nun an der untern Etsch nehmen, sind augenscheinlich:

a. Hinter sich haben sie die ihnen durchaus befreundete Romagna. Daß es an Brücken, andern Uebergängen über Po und Etsch und guten Brückenköpfen nicht fehlen durfte, versteht sich von selbst. Von den Oesterreichern besetzt war nur die kleine Zittadelle von Ferrara, welche einem ernsten Angriff nebst energischer Zernirung, wie aus den erzählten Thatsachen selbst hervorgeht, kaum einige Tage widerstehen konnte.

b. Die Piemontesen vereinigten sich hier unmittelbar mit allen aus Italien ihnen zukommenden Streitkräften aufs bequemste, mit der römischen Division unter Durando, mit der toskanischen Division, mit den modenesischen und Parmesaner Truppen, endlich mit den neapolitanischen Truppen, die erwartet wurden. Man darf wohl mit Recht fragen, ob Ferdinand II. das Spiel mit seinem Expeditionskorps gelungen wäre, wenn dieses eine starke italienische Armee bereits vor sich fand.

c. Von ihrer rechten Flanke her hatten die Piemontesen nicht das mindeste zu fürchten, da Venedig in italienischen Händen war; im Gegentheil trat auch noch die Vereinigung mit den venetianischen Truppen hinzu, so weit sie nicht zur Besatzung der Stadt Venedig unentbehrlich waren. Alle diese Truppen, indem sie sich um den Kern des piemontesischen Heeres schaarten, gewannen einen ganz andern Halt, als sie thatsächlich hatten, und würden sich in Zuversicht auf die Gesammtkraft viel besser entwickelt haben. Karl Albert selbst nahm eine ganz andere Stellung ein, wenn er so an der Spitze eines versammelten italienischen Heeres stand, statt nur an der Spitze eines piemontesischen, an das sich einige Fetzen der kleineren Staaten ohne großen Nutzen für die Sache anhängten, während eben die größeren und schon formirten italienischen Truppenkorps jedes auf seine Hand kämpften und in der Vereinzelung dem Verderben entgegen gingen.

d. Während Karl Albert für seine rechte Flanke gar nichts zu fürchten hatte, hinderte ihn dagegen auch gar nichts, sich mit erdrückender Uebermacht auf die österreichische Reservearmee zu werfen, sobald diese durch das Venetianische heranziehend die Brenta oder den Bacchiglione erreichte, sich überhaupt zwischen Radetzki und Nugent zu stellen.

e. Das Land, in welchem man operirte, war äußerst reich und bot an allen Lebensbedürfnissen Ueberfluß, seine Benutzung ward zugleich den Oesterreichern aufs Entschiedenste entzogen.

f. Endlich überließ man die Lombardei ihren eigenen Kräften und zwang sie dadurch, mit Eifer an der Organisation ihrer eigenen Truppen zu arbeiten, welches gewiß geschehen wäre, wenn man ordentlich ans Werk ging, so lange das revolutionäre Feuer noch brannte.

So sieht man, wie die Operation gegen die linke Flanke der Oesterreicher fast alle Forderungen erfüllt, die an eine gute zweckmäßige Operation gestellt werden müssen. Bemerken wir hier sogleich, daß diese Vortheile sich allerdings vermindern, wenn Venedig, wie jetzt zum Beispiel, in den Händen der Oesterreicher ist. In diesem Falle wird dieselbe Operation immer noch gut sein, aber sie wird nun nur mit viel bedeutenderen Kräften zu unternehmen sein, weil es stets auf eine Blokade oder eine Belagerung Venedigs gleichzeitig mit der Operation gegen das Festungsviereck ankommt.

Man kann wohl nicht annehmen, daß im Hauptquartier Karl Alberts an die Operation in Radetzki's linke Flanke gar nicht gedacht worden wäre, denn ihre Vortheile, der Gedanke an sie liegt zu nahe. Aber es waren entschieden wesentlich politische Gründe, welche sie nicht an die Hand nehmen ließen. Karl Albert wollte außer höchstens noch Parma und

Modena vor allen Dingen die Lombardei und Venetien mit seinem Reiche vereinigen, in Bezug auf die übrigen italienischen Staaten aber wollte er nur als das Haupt des Bundes, der Lega italiana betrachtet sein.

Deßhalb wollte er einerseits auch die Romagna nicht wie ein eigenes Land behandeln, indem er sich auf sie basirte, andererseits aber wollte er die neuen Unterthanen, welche er erhoffte, sich dadurch gewinnen, daß er ihren Schutz übernahm. Es bietet sich hier eine auffällige Analogie mit den Beziehungen des Cavour'schen Kabinets zu Süditalien im Jahr 1860. Cavour sagte den Süditalienern, er bringe Macht genug, sie zu schützen. Sie brauchten sich unter seinen Fittigen um nichts mehr zu kümmern, — ganz im Gegensatz zu der Sprache, die Garibaldi gegenüber den Süditalienern führte. So ließ nun auch, wie Cavour zu den Süditalienern, Karl Albert zu den Lombarden sprechen.

Karl Albert kam, wie wir wissen, erst über den Tessin, nachdem er gewissermaßen sich die Zusicherung der Lombarden eingeholt hatte, daß sie ihn zu ihrem Könige wollten. Er kam also nicht eher, als bis er schon Verpflichtungen ihnen gegenüber übernommen hatte, wie er das verstand. Wäre dieß nicht der Fall gewesen, so hätte er ihnen sagen können: Ich komme als Italiener, um für die Unabhängigkeit der italienischen Länder zu kämpfen; was diese ein jedes mit ihrer Unabhängigkeit anfangen werden, wenn sie errungen ist, das ist mir gleich. Ich strenge alle Kräfte Piemonts an, aber ich sage, daß diese viel zu gering sind, um unsern Gegnern mit Erfolg die Spitze zu bieten, sie dauernd von unserm Boden vertreiben zu können. Jedes Land muß also an seiner Stelle selbst arbeiten, jedes Land muß sich sofort so stark als möglich militärisch organisiren und auch wie Piemont alle seine Kräfte anstrengen.

Karl Albert vermochte bei seinen politischen Anschauungen nicht so zu sprechen. Ja fügen wir auch dieß noch hinzu: die militärische Organisation wäre in dieser Zeit in der Lombardei ganz wesentlich in den Händen der thatkräftigen revolutionären Partei gewesen, welche zugleich die republikanische war. Und damit war Karl Albert gar nicht gedient.

Es scheint uns, als sei von den Schriftstellern über diesen Krieg bisher viel zu wenig Gewicht auf die eben beleuchteten politischen Beziehungen gelegt worden, wo sie über die Wahl der Operationsrichtung Karl Alberts urtheilen. Man kann mit der politischen Anschauung Karl Alberts und seiner Berather nicht einverstanden sein. Sobald man sie aber als Thatsache hinnimmt, kann man die Wahl Karl Alberts, nämlich den Frontangriff, nicht mehr so geradhin verdammen.

Sehen wir uns nun den Gang der Operationen bei dem Angriff auf Radetzki's linke Flanke, wenn Karl Albert diese Richtung gewählt hätte, etwas mehr im Einzelnen an.

Zunächst kam es darauf an, Legnago zu gewinnen, um eine bequeme Verbindung über die Etsch zu Operationen je nach den Umständen auf dem linken oder auf dem rechten Ufer zu haben. Legnago war weiter von dem Zentralpunkt der österreichischen Macht, Verona, entfernt als Peschiera; als Festung bedeutet es nicht mehr als Peschiera. Es ist also sehr wahrscheinlich, daß es, energisch angegriffen, schneller fallen mußte als Peschiera. Dann war die erwünschte Verbindung zwischen dem rechten und linken Etschufer erzielt. So lange Legnago nicht in den Händen der Piemontesen war, mußten sie sich im Venetianischen mit ihrer Macht wesentlich abwartend verhalten. Absolut war dieß freilich nicht nöthig; da die ganze Hauptmacht Karl Alberts zwischen Vicenza und Legnago entwickelt sein konnte, folglich stets im Stande, sich in einem einzigen Tagmarsch zu konzentriren, war es vollständig erlaubt, auf Vicenza gestützt, mittelst Streifpartieen durch die Val Arsa und die lessinischen Berge beständig die Kommunikation Radetzki's mit Tyrol zu beunruhigen, selbst auf längere Zeiten ganz zu unterbrechen. Kam Nugent heran, so konnte man bei der Uebermacht, die man nach Vereinigung aller einzelnen Korps über die beiden österreichischen Armeen hatte, indem man Radeßki nur eine Arriergarde bei Bonifacio und Montebello gegenüberließ, mit mindestens doppelter Macht Nugent entgegenrücken und ihm mit Sicherheit eine Niederlage bereiten; brach in solchem Falle Radeßki aus Verona hervor, so konnte die Arriergarde sich südwärts gegen den Po hin zurückziehen, um dort mit dem Korps vor Legnago sich zu vereinigen und nun Falls Radeßki den Marsch über Vicenza fortsetzte, in seine rechte Flanke operiren, während die Hauptmacht nach dem Sieg über Nugent Front gegen Radeßki machte. Verfolgte Radeßki aber südwärts die Arriergarde, so lief er Gefahr, von der unterdessen wieder umgekehrten piemontesischen Hauptmacht von Verona abgeschnitten zu werden. Eine gute und gut verschanzte Etschbrücke bei Albaredo gestattete den Piemontesen, bis auf die Straße zwischen Mantua und Verona, so wie zwischen Mantua und Legnago zu streifen, alle diese Verbindungen zu beunruhigen und Nachrichten über Alles einzuziehen, was Radeßki auf dem Terrain des Festungsvierecks unternehmen mochte. In allen äußersten Fällen, deren Eintreten aber sehr unwahrscheinlich war, blieb der italienischen Armee immer noch der Rückzug hinter den Po und in die Romagna gesichert. Weßhalb Radeßki sich auf einen Zug in die Lombardei, einen Gegenzug gegen die piemontesische Operation nicht einlassen konnte, haben wir schon bei anderer Gelegenheit gesehen.

Was nun eine Verbindung zweier Operationen mit einander oder irgend einer Nebenoperation in irgend einer andern Richtung mit einer Hauptoperation betrifft, so war diese in allen von uns erwähnten Fällen möglich. Bei dem Angriffe auf Radeßki's rechte Flanke ward es unerläßlich, von der Lombardei wie vom Venetianischen her das Festungsviereck durch leichte Schaaren beobachten und seinen Verproviantirungsrayon einschränken zu lassen.

Bei dem Angriffe auf Radeßki's Front war eine Beobachtung der Ausgänge Tyrols mehr oder minder geboten und war das einmal der Fall, so konnte man damit auch ein Vordringen in Tyrol, um die Kommunikation Radetzki's dorthin zu unterbrechen, leicht verbinden.

Bei dem Angriff auf linke Flanke und Rücken Radetzki's bot sich diese Nebenoperation (durch die lessinischen Berge) eigentlich ganz von selbst dar und sie ward hier äußerst ungefährlich, weil sie von dem rechten Flügel des Heeres unternommen werden konnte, ohne daß dieser im mindesten die Verbindung mit der Hauptmacht des Heeres verlor, und weil man es hier sehr leicht vermeiden konnte, deutsches Bundesgebiet zu verletzen (falls dieß von einiger Wichtigkeit ward), während in dem andern Fall das Vordringen aus der Lombardei nach Tyrol gar nicht möglich war. Uebrigens müssen wir bemerken, daß es uns völkerrechtlich ganz und gar unbegründet scheint, von den Italienern zu verlangen, sie sollten in einem Kriege gegen Oesterreich deutsches Bundesgebiet achten, so lange es Oesterreich nicht auch verboten wird, Truppen aus seinen deutschen Bundesländern nach Italien zu führen. Es liegt hier einer der vielen Fälle vor, in denen sich der ganze Unsinn des deutschen Bundesverhältnisses recht deutlich zeigt. Uebrigens ergibt sich, daß die Operation gegen Radetzki's linke Flanke und Rücken auch in Bezug auf die Verbindung, in welche sie mit Nebenoperationen gesetzt werden konnte, allen anderen vorzuziehen ist.

Diese Operation entsprach am besten für die Piemontesen den beiden Hauptbedingungen einer jeden Operation:

Möglichste Größe des Gesammterfolges im Falle des Sieges auf dem Schlachtfeld.

Möglichst geringe Größe der Gefahr (Sicherheit des Rückzugs) im Fall der Niederlage auf dem Schlachtfelde.

Für die Nebenoperationen werden für Italien vielleicht noch auf lange hinaus, jedenfalls so lange als seine inneren Verhältnisse noch nicht vollständig geregelt sind, Freiwilligenschaaren oder Freischaaren einen großen Werth behalten. Wir werden daher Gelegenheit nehmen, uns über diesen Punkt späterhin noch ausführlicher zu verbreiten.

11*

In der That wählte nun Karl Albert von den möglichen Operationen, zu denen er greifen konnte, den Frontangriff. Daß dieß nicht die beste Wahl war, leuchtet aus dem von uns entwickelten ein, ebenso aber auch, weßhalb er gerade diese Wahl traf.

Die Thatsachen der Ausführung bis zum Ende des Mai lassen sich leicht zusammenfassen:

Zuerst Versuche, sich der beiden Minciofestungen Mantua und Peschiera durch Handstreiche mit Unterstützung der Einwohner zu bemächtigen, um so eine feste Basis zur Fortsetzung der Operationen gegen die Etsch zu gewinnen.

Als dieß nicht gelingt, begnügt sich Karl Albert vorläufig mit der Beobachtung der Minciofestungen und überschreitet zwischen ihnen mit seiner Hauptmacht den Fluß.

Es kann nun zweierlei eintreten: entweder Radetzki geht ihm im freien Felde entgegen oder er bleibt bei Verona stehen. Im erstern Falle kommt es zur Schlacht zwischen Mincio und Etsch und bei ihrer Ueberlegenheit haben die Sarden alle Aussicht auf den Sieg; im zweiten Falle bleibt aber eigentlich nichts übrig, als aus der Operation gegen Radetzki's Front in die Operation gegen dessen rechte Flanke überzugehen.

Dieser Fall trat nun ein. Indessen die Operation gegen die rechte Flanke ist unter allen Umständen eine höchst mißliche. Und deßhalb sehen wir nun nach den glücklichen Gefechten von Pastrengo, die gewissermaßen die Einleitung zum Uebergang aus dem Frontangriff in den Angriff auf die rechte Flanke bilden, obgleich sie für die Piemontesen glücklich sind, ein Schwanken, ein Hängen zwischen den beiden Operationen ohne entschiedenen Entschluß eintreten, welches sich in der verunglückten Schlacht von Sa. Lucia, dann der Stellung Front gegen Verona, mit einem Auge auf Mantua und der Belagerung Peschiera's als dem leichtesten möglichen Unternehmen mit voraussichtlichem positiven Erfolg ausspricht.

Bei allen diesen Verhältnissen kann sehr leicht die Frage

entstehen, weßhalb man denn nach Erkenntniß der wahren Sachlage durch die Erfahrung piemontesischer Seits nicht noch während des Mai z. B. in die richtige Operationslinie überging, diejenige gegen Radetzki's Linke?

Diese Frage ist ganz und gar berechtigt. Indessen gibt es im Wesentlichen darauf die Antwort: daß es immer viel schwerer ist, von dem falschen zum rechten überzugehen, als auf dem rechten Wege fortzuschreiten. Das kommt im Kriege daher, daß ein Heer keineswegs eine so leicht bewegliche Masse ist, als dieß wohl hie und da vom Unverstand angenommen wird. Es bleibt ihm immer etwas von der besonderen Art der Unbeweglichkeit des Krokodils mit seinem langen Schwanze; welches Thier zwar auch in gerader Richtung schnell genug fortkommt, dagegen große Schwierigkeiten bei allen Wendungen zu überwinden hat. Außerdem erzeugt jede Thatsache, jeder thatsächliche Zustand, auch bei denen, die ihn herbeigeführt haben, eine eigene Anschauung, einen gewissen Zusammenhang der Gedanken, der gewissermaßen in dem, was um einen her vorgeht, versteinert und aus dem nicht leicht herauszukommen ist. Auch die Gedanken der Menschen sind meist durchaus nicht so beweglich als es pflegt angenommen zu werden, und deßhalb ist es im Kriege von so durchgreifender Wichtigkeit, von Anfang an auf der rechten Bahn zu sein; deßhalb aber auch ist der Feldherr mehr als es gewöhnlich geschieht, zu loben, der den rechten Weg, wenn er sich ursprünglich auf einem falschen befand, doch noch innerhalb seiner Thätigkeit zu erkennen und ihn dann wirklich einzuschlagen versteht.

Radetzki konnte offenbar nichts Besseres thun, als was er that, auf dem Gebiete des Festungsvierecks seine verfügbare Streitmacht konzentriren, hier die Verstärkungen erwarten, welche ihm zukamen, deren Heranrücken, so weit er es vermochte, durch eigene Thätigkeit erleichtern. Erst wenn er stark genug war, um mit Aussicht auf Erfolg den Piemontesen im freien Felde entgegenzutreten, erst dann war die Zeit gekommen, die Offensive zu ergreifen.

Nicht vergessen darf man nun aber, daß Radeßki bei der Ausführung seines Plans auf eine außerordentliche Weise vom Glücke begünstigt ward und zwar sind es insbesondere zwei Umstände, welche hier in Betracht kommen, die falsche Wahl der piemontesischen Operationsrichtung und die verständige Unterstützung, welche seine Unterbefehlshaber dem österreichischen Feldherrn gewährten. Niemals konnte Radeßki auf einen so günstigen Umschwung der Verhältnisse sich Rechnung machen, als derselbe wirklich eintrat, — wenn Karl Albert statt des Frontangriffs den auf die linke Flanke wählte. Das ist durch alles früher Erzählte und Erwähnte außer Zweifel gestellt. Aber auch der Frontangriff Karl Alberts mußte ganz andere Folgen haben, wenn Radeßki nicht die Truppen, welche er um Verona konzentrirte, wirklich vermocht hätte, dort zu vereinigen. Die Vereinigung einer bedeutenden Streitmacht daselbst ward ihm nur dadurch möglich, daß alle seine Unterbefehlshaber mit höchster Kraftanstrengung den Anschluß an ihn suchten. Am wichtigsten aber für das Allgemeine war in dieser Beziehung der Entschluß d'Aspre's, nach Verona zu ziehen. Sicherlich hätten gegen d'Aspre durchaus keine allzu großen Vorwürfe erhoben werden dürfen, wenn er seinen Rückzug an den Isonzo nahm, statt an die Etsch vorwärts zu marschiren. Daß er das letztere wählte, ist rein und unbestreitbar sein Verdienst. Der Entschluß d'Aspre's war höchst folgenschwer. Ging d'Aspre an den Isonzo zurück, so konnte Radeßki sich wohl mit dem, was er im Festungsviereck frei unter der Hand behielt, allerhöchstens 15,000 M., schwerlich im freien Felde behaupten. Daß er die Kommunikation mit Tyrol frei behielt, war ganz unwahrscheinlich; ja das Gefecht von Sa. Lucia hätte er wahrscheinlich nicht bestanden. Andererseits konnte es bei einer solchen numerischen Schwäche der Truppen Radeßki's, so daß die österreichische Hauptoperationsmacht nunmehr nicht an der Etsch, sondern vielmehr am Isonzo zu suchen war, denn doch wohl kommen, daß Karl Albert sich zu dem Vorgehen gegen die linke Flanke Radeßki's bestimmen ließ, ins Venetianische abmarschirte und somit auf die rechte Bahn gelangte. Jedermann erkennt ohne Mühe den großen Umschwung, welchen dieß in die ganze Lage zu Gunsten der Piemontesen bringen mußte. Der Entschluß d'Aspre's, nach Verona zu marschiren, kann demnach nicht hoch genug gestellt werden. Und ein Vergleich zwischen der Unterstützung, welche die österreichischen Unterbefehlshaber einerseits, die piemontesischen andererseits ihrem Oberkommando gewährten, fällt im Allgemeinen sehr zum Nachtheile dieser letztern aus. Aber auch der geschickteste Oberbefehlshaber wird wenig Vernünftiges ausrichten, wenn er allein steht, bei seinen Unterbefehlshabern keine Unterstützung findet, sich nie sicher auf sie verlassen kann, ja wohl gar voraussetzen muß, daß ihm entgegen gehandelt werde, während ein wohl unterstützter mittelmäßiger Oberbefehlshaber immer noch sehr viel auszurichten vermag.

Wir haben von dem Zwiespalt der Ansichten Radetzki's und Nugents über die Bestimmung der Reservearmee geredet. Nach Radetzki's Ansicht kam Alles auf die schnelle Vereinigung der Reservearmee mit der Armee bei Verona an. Die Reservearmee mußte daher vom Isonzo nach Verona marschiren; sie konnte, wo leichte Erfolge sich unterwegs von selbst darboten, sie mitnehmen, durfte aber dabei nie zu viel opfern, mußte also, wo sie in Gefahr kam, viele Truppen zu verlieren, lieber ausweichen, statt das Gefecht zu suchen; mit Belagerungen und ähnlichen langwierigen Operationen durfte sie sich gar nicht aufhalten. Diese Ansicht kam erst zur Ausführung, als Nugent das Kommando niederlegte und Thurn es übernahm. In der ersten Zeit bis dahin, d. h. von der Mitte des April bis zur Mitte des Mai regierte die Ansicht Nugents, nach welcher die Reservearmee bestimmt gewesen wäre, das venetianische Festland völlig methodisch vom Isonzo aus zurückzuerobern; ja Nugent hatte dann selbst Lust, zur Blokade der Stadt Venedig zu schreiten. Diese Ansicht Nugents führte nicht bloß zu einem sehr langsamen Vorwärtsschieben der Reservearmee, sondern auch zu vielen Detachirungen. Es war somit den Italienern sehr gut die Gelegenheit geboten, mit aktivem Auftreten Erfolge über Nugent zu erkämpfen, obgleich die Italiener lange nicht so stark im Venetianischen waren, als sie hätten sein können.

Erst als Nugent an der Piave angekommen war, begann die regelmäßige Kriegführung. Durando, der auf italienischer Seite das Kommando führte, hatte so viel Leute als Nugent auch und in Bezug auf die Güte der Truppen war der Unterschied eben kein großer, da auch die österreichische Reservearmee sehr zusammengewürfelt war.

Durando erfuhr sehr bald, daß Nugent einen Theil seines Korps am mittlern Lauf der Piave bei Ponte Priula hatte stehen lassen und mit dem andern an die obere Piave hinauf marschirt war. Die Aufgabe Durando's war, das Durchkommen Nugents nach Verona zu verhindern. Nugent konnte nach seinen Manövern nur zweierlei Absichten haben; entweder von Belluno über Feltre und Bassano oder auch noch nördlicher durch die Berge mit seiner ganzen Macht Verona zu gewinnen, — oder zuerst sich in der Ebene, etwa bei Treviso, zu vereinigen und dann den Marsch von dort über Vicenza nach Verona zu erzwingen. Im erstern Falle mußte er die Division Schaaffgotsche sich nach auf Belluno ziehen lassen; im letztern mußte er mit der Division Culoz am rechten Ufer der Piave abwärts ziehen, während Schaaffgotsche bei Ponte Priula überging. Für den einen wie für den andern Fall kam es für Durando darauf an, den ganzen Lauf der Piave bis gegen Feltre hinauf und die Val Sugana durch schwache Detachements beobachten zu lassen und seine Hauptmacht so viel als möglich bei Montebelluna etwa zusammenzuhalten. Durch seine Detachements hätte er schnell erfahren, zumal es ihm auch an Reiterei nicht fehlte, was der Feind eigentlich beabsichtigte und das Zusammenhalten seiner Hauptmacht hätte ihm gestattet, stets je nach den Umständen über den oder jenen Theil von Nugents Kräften herzufallen und ihm eine Niederlage beizubringen.

Statt sich einfach auf diese Weise einzurichten, wollte Durando jedes Loch zustopfen und verzettelte demgemäß seine geringe Streitmacht auf einer langen Linie und in solcher Weise, daß es ihm schwer werden mußte, auch nur irgendwo eine Uebermacht zum Gefechte zu bringen.

Nachdem es Ferrari nicht gelungen war, Nugent an der obern Piave aufzuhalten, that Durando gar nichts mehr, um im Verein mit Ferrari das Vordringen der Kolonne Nugents nach Süden aufzuhalten, und stellte sich mit dem, was ihm blieb, wieder frontal hinter der Brenta auf, verließ aber auch diese Stellung wiederum unmotivirt, um Treviso zu Hülfe zu eilen, und fehlte so an der Brenta gerade im entscheidenden Augenblick, wodurch es Thurn gelang, sich der Brentabrücke ohne Widerstand zu bemächtigen und so gut wie gar nicht gehindert, Verona gewinnen zu können.

B. Gefechte.

Die Gefechte in der Periode, welche wir hier zu betrachten haben, sind dasjenige von Goito vom 8. April;

bei Vacone am 18. April;
Stenico und Cles am 19. April;
Castelnuovo am 11. April;
Mantua am 19. April;
Bevilacqua und Montanara am 23. April;
Governolo am 23. April;
Pastrengo vom 28., 29., 30. April;
Sa. Lucia am 6. Mai;
Storo am 27. April;
Caffaro am 22. Mai;
Ponteba am 23. April;
Belluno am 3. Mai;
Cornuda am 9. Mai;
Ponte Priula am 9. und 10. Mai;
Castrette am 11. Mai;

bei Vicenza am 20. und 21. und am 24. Mai;
in Neapel am 15. Mai.

Von den zwei Dutzend Gefechten, welche wir hier gewissenhaft notirt haben, erheben sich nur sehr wenige über die Höhe gewöhnlicher Vorpostenscharmützel. Es gehört auch zu den Eigenthümlichkeiten dieses Krieges, daß — besonders im Anfang — die geringsten Zusammenstöße, die man sonst als tägliches Brod kaum zu erwähnen pflegt, als Gefechte aufgezeichnet wurden.

Die wichtigsten von den bezeichneten Gefechten sind dasjenige von Pastrengo am 30. April und dasjenige von Sa. Lucia am 6. Mai. In beiden traten die Piemontesen, der allgemeinen Lage der Dinge entsprechend, als Angreifer, die Oesterreicher als Vertheidiger auf.

Im Gefechte von Pastrengo fällt es auf Seiten der Oesterreicher besonders auf, daß sie ihre Stellung nicht durch Feldverschanzungen verstärkt hatten Allerdings war die Zeit kurz gewesen, aber sie hatte doch keineswegs gefehlt. Mißlich war die Stellung Wochers ohne Zweifel wegen der Beschränktheit des Rückzugs und der geringen Zahl seiner Truppen. In solchem Falle sollten Feldverschanzungen noch immer eine große Rolle spielen können. Sicher ist es, daß die Feldverschanzungskunst nicht mit der Zeit fortgeschritten ist; namentlich neuerdings findet sich selbst in der permanenten Fortifikation eine gewisse Verlegenheit in Bezug auf die materiellen Mittel, welche der durch die Einführung der gezogenen Geschütze bedeutend vermehrten Artilleriewirkung entgegen zu setzen sein möchten.

Für Feldverschanzungen wird es wohl immer noch das vortheilhafteste sein, daß man sie durch zweckmäßige Wahl der Lage, wie durch die Bauart der Sicht aus der Ferne möglichst entzieht. Solche Schanzen, die, geschlossen, noch besetzt gehalten werden können, wenn auch die neben ihnen offen aufgestellten Bataillone zum Rückzug gezwungen sind, werden durch die nicht vorhergesehene Wirkung, welche sie äußern, immer noch im Stande sein, einen verfolgenden Feind aufzuhalten, überhaupt sind wir überzeugt, daß nach wie vor die Feldverschanzungen den Titel Verstärkungen verdienen werden. Man erinnere sich nur der Sorgen, welche späterhin im österreichischen Hauptquartier die Stellung von Sommacampagna, Sona und Sa. Giustina machte, und wie diese Stellung, obgleich keineswegs so zweckmäßig verschanzt, als sie es hätte sein können, selbst auf die Wahl der Operationsrichtung einwirkte, als Radetzki in die Offensive überging.

Die Richtung der piemontesischen Umgehungskolonne gegen Wochers rechte Flanke kann bei der Lage des österreichischen Rückzugspunktes als eine zweckmäßige angesehen werden. Indessen leuchtet es ein, daß bei dieser Richtung ein Abschneiden der Oesterreicher von der Etsch nicht mit solcher Leichtigkeit zu erzielen war, als hätten die Piemontesen ihre Hauptkraft gegen den linken Flügel von Wochers Stellung gerichtet. Der leitende Gedanke auf piemontesischer Seite war, wie dieser Umstand und dann das Aufgeben jeder energischen Verfolgung deutlich zeigt, nicht darauf gerichtet, daß man Radetzki durch eine Festsetzung an der Etsch oberhalb Verona die Kommunikation mit Tyrol abschneide, sondern lediglich darauf, die Oesterreicher vom rechten Etschufer zu vertreiben, damit man mehr Freiheit erhalte, sowohl gegen Peschiera als gegen Verona zu handeln. Diesem Grundgedanken der Piemontesen verdankte es Wocher hauptsächlich, daß er noch mit einem verhältnißmäßig geringen Verluste davonkam.

Wichtiger als das Gefecht von Pastrengo ist dasjenige von Sa. Lucia. Namentlich hing für die Oesterreicher von der Behauptung des Höhenrandes vor Verona so viel ab, daß man einen ganz andern und für sie viel ungünstigeren Ausgang des Feldzuges annehmen kann, wenn es ihnen nicht gelang, den piemontesischen Angriff zurückzuweisen.

Wir haben die piemontesische Disposition mitgetheilt, wie sie gegeben wurde. Bava deutet an, daß der Erfolg am 6. Mai ein günstigerer gewesen sein würde, wenn seine Disposition genau zur Ausführung gekommen wäre. In allem Wesentlichen aber ward sie ausgeführt; der Generalstab Karl Alberts bestimmte nur näher, was Bava ganz unbestimmt gelassen hatte. Auch Bava's letztes Ziel war nur, die Festungswerke Verona's auf der Südwestseite zu rekognosziren.

Was die wirklich gegebene Disposition betrifft, so war der Grundgedanke dabei: die Einnahme Verona's. Diese aber sollte nur unter einer Bedingung versucht werden, nämlich in dem Falle, daß sich die Einwohner Verona's erhöben und von innen her das Beste thäten. Das nächste Gefechtsziel ward demnach für die piemontesische Armee nur dahin bestimmt, sich des Höhenrandes zu bemächtigen, sich auf diesem festzusetzen, damit man in Bereitschaft sei, den Veronesern beizuspringen, sobald sie sich erhöben.

Das Warten auf ein ganz unbestimmtes Ereigniß, wie die Erhebung Verona's, mußte nothwendig schon eine gewisse Lauheit in die ganze Disposition bringen. Ueber diesem Warten auf die Erhebung Verona's vergaß man aber zugleich ein Ziel, welches man wirklich hätte erreichen können und welches die piemontesische Armee bei ihrer numerischen Ueberlegenheit über die Oesterreicher und bei ihrem im Ganzen bisher glücklichen Auftreten gegen sie, sich zu setzen ein vollständiges Recht hatte, nämlich den Oesterreichern eine entscheidende Niederlage vor Verona beizubringen. Auf piemontesischer Seite scheint man trotz der bisweilen affektirten Verachtung gegen alle Freischaaren und Volkskämpfer doch sich wieder übertriebene Vorstellungen von dem Erfolge von Straßenkämpfen gemacht zu haben. Verona war von Anbeginn her kein Mailand; außerdem hatte Radetzki vollauf Zeit gehabt, den Veronesen die Mittel zu einem erfolgreichen Straßenkampf zu entwinden, und er hatte in der Festung Verona viel mehr Kraft und Mittel, eine Erhebung niederzudrücken, als in dem offenen Mailand. Vergessen darf man dabei nicht, daß der revolutionäre Geist seit den Märztagen sich bereits in ganz Lombardo-Venetien bedeutend herabgestimmt hatte, zum Theil in Folge des Auftretens der Piemontesen. Wir wollen annehmen, daß alles dieß eine Erhebung einiger hundert kühner Männer in Verona nicht ausschloß. Aber kaum konnte diese Erhebung lange dauern; es war höchst wahrscheinlich, daß sie binnen kurzem verblutete. Sie konnte also nur ausgenutzt werden, wenn die Piemontesen augenblicklich von ihr unterrichtet wurden und nun auch vollkommen bereit standen, zuzugreifen. Wie sollten sie aber unterrichtet werden? und standen sie auf dem Höhenrand, angenommen selbst, sie hatten hier festen Fuß gefaßt, wirklich bereit zuzugreifen?

In der Disposition nimmt die Vorschrift für die Bildung des Schweinskopfes oder Keils einen bedeutenden Platz ein. Wir wollen hier nur darauf aufmerksam machen, daß dabei auf die wirklichen Stellungen der Truppen, auf die Stellungen, in denen sie sich sammeln sollten, auf die Entfernungen dieser Punkte von einander, auf die Verpflegungsschwierigkeiten, welche doch nachgerade bekannt sein mußten, weil sie sich regelmäßig einstellten, auf die ungeschickte und langsame Handhabung des Detaildienstes des Generalstabs, — kurz auf die Zeitverhältnisse und zu erwartenden Zeitverluste gar keine Rücksicht genommen war, sondern die ganze Sache behandelt ward, als komme es nur darauf an, bleierne Soldaten aus einer Schachtel zu nehmen und auf einem Tische aufzustellen. Wie alle diese Dinge im Einzelnen wirkten, geht aus unserer Erzählung der Thatsachen deutlich genug hervor. Es ist also nicht erforderlich, weiter darauf zurückzukommen. Dagegen müssen wir die Frage näher beleuchten, welchen Sinn der Schweinskopf in diesem Falle haben sollte.

Er hätte nun möglicher Weise seine Begründung in zweierlei Dingen haben können. Wegen der Richtung der Vorrückungsstraßen sternförmig gegen Verona konnte man fürchten, daß Stopfungen eintraten, wenn Alles auf einer Höhe vorrückte. Ferner konnte es die Absicht sein, daß zuerst die Mitte des Heeres die Mitte der österreichischen Stellung beschäftige und nun erst später die rückwärtigen Flügelstaffeln zum Zusammendrücken der Oesterreicher hervorbrächen.

Wie gesagt, diesen Sinn hätte die Schweinskopf- oder Keilfigur haben können. Indessen sie hatte ihn nicht, denn laut der Disposition sollte ja vor dem Beginn des eigentlichen Kampfes sich wirklich Alles auf gleicher Höhe, nämlich auf dem Rande Feniletto-Moreschi sammeln.

Somit bleibt im vorliegenden Fall die Wahl dieser Figur für den Beginn der Vorrückung eine bloße Spielerei. Es mochte sich im Generalstab Karl Alberts Jemand für die Schlacht von Isly oder auch für die Albernheiten des Vegetius begeistert haben, und so auf die Idee des Caput porcinum gekommen sein.

In der Ausführung der Disposition zeigt es sich, wie ein Oberbefehlshaber von seinen Unterbefehlshabern unterstützt ist; in dieser Beziehung stellten sich die Piemontesen ein schlechtes Zeugniß aus. Die Hauptpunkte sind hier: das Zurückbleiben der Brigade Regina; dann der Rechtsabmarsch derselben, sowie der beiden Brigaden Garden und Cuneo auf Sa. Lucia, so daß hier eine kaum verwendbare Macht zusammengeballt wurde, während S. Massimo gar nicht angegriffen ward, so daß d'Aspre volle Gelegenheit behielt, alle seine verwendbaren Streitkräfte gegen den linken piemontesischen Flügel ins Gefecht zu bringen. Es gehört auch hieher das durch einen Unglücksfall durchaus nicht motivirte unaufhaltsame Zurückgehen des linken Flügels (Broglia). Endlich dürfen wir die schlechten Anstalten, die für die Sicherheit des rechten Flügels (Ferrere), nachdem der Rückzug schon beschlossen war, getroffen wurden, so daß einige österreichische Jäger hinreichend waren, den ganzen rechten Flügel in Unordnung zu bringen, nicht mit Stillschweigen übergehen. Bei der großen numerischen Ueberlegenheit der Piemontesen würden sie immer noch etwas ganz Anderes erreicht haben, als geschah, wenn alle Unterbefehlshaber vollständig ihre Schuldigkeit gethan hätten. Daß dieß nicht der Fall war, zeigt schon der ungeheuer geringe Verlust, der wahrhaftig auf keinem Punkte ein übereiltes Aufgeben des Gefechtes rechtfertigte.

Schon bei der Erzählung der Thatsachen selbst haben wir auf die hauptsächlichsten der zahlreichen taktischen Fehler aufmerksam gemacht, welche von den Unterbefehlshabern Karl Alberts begangen wurden. Diese lassen sich wesentlich reduziren auf den Mangel einer Entwicklung zum Gefecht im richtigen Zeitpunkt; sie kamen eigentlich auf allen Punkten des Schlachtfeldes vor. Die Befehlshaber marschirten meist bis ins Feuer selbst in Marschkolonnen, wie auf dem Exerzierplatz, kaum daß sie an eine kleine Avantgarde dachten. Hiedurch ward das Stopfen der Gardebrigade in Sa. Lucia, so daß sie für das Gefecht fast unnütz ward, hiedurch das rasche und fluchtähnliche Weichen der Division Broglia, da eine solche Marschkolonne unversehens in das wirksamste österreichische Feuer kam, verschuldet. Etwas ganz Aehnliches ereignete sich dann zum Schlusse des Gefechtes bei der Division Ferrere.

Eine rechtzeitige Entwicklung zum Gefecht, bei der Brigade in drei bis vier Linien, — nämlich Tirailleurkette des ersten Treffens, erstes Treffen, zweites Treffen und dann noch eine Reserve (wo die Brigade selbstständig und nicht als festes Glied einer Division auftritt) — bietet ungemeine Vortheile. Zuerst wird hiedurch jedem Kommandanten eines Bataillons schon sein Verhältniß zu den andern angewiesen und er kann sich daran gewöhnen; zweitens trifft der Regel nach, wenn man auch zu seiner Ueberraschung mit dem Feinde zusammenkommt, dieß nur die Tirailleurkette zunächst; sollte das aber auch nicht der Fall sein, wie z. B. wenn der Feind unversehens in der Flanke erscheint, so sind es doch immer nur einzelne Bataillone, die zunächst den Choc des Feindes zu bestehen haben, und in ihnen etwa einreißende Verwirrung kann sich unmöglich dem Ganzen unmittelbar mittheilen, wenn man auf einer Front entwickelt ist, die gehörigen Intervallen zwischen den einzelnen Bataillonen, die gehörigen Abstände zwischen den Treffen vorhanden sind. Vielmehr wird der Befehlshaber stets die Zeit und die Mittel haben, frei und zweckmäßig zu disponiren, welche allerdings fehlen können, wenn ein Punkt einer schlangenartig einherkriechenden langen Kolonne in Verwirrung gebracht wird. Man könnte sagen, bisweilen könne alle Möglichkeit der Entwicklung auf mehreren Linien neben einander fehlen. Jedenfalls wird dieß höchst selten vorkommen. Wenn wir die Entwicklung verlangen, so ist damit nicht gesagt, daß z. B. auch während des Anmarsches schon die Bataillone des zweiten Treffens auf die Intervallen des ersten gerichtet sein sollen. Aber in mehrere Kolonnen neben einander sollte man jeden Truppenkörper auch während des Anmarsches schon zerlegen, der aus einer irgend beträchtlichen Zahl von Bataillonen besteht, und in einer und derselben Kolonne sollte man immer zwischen je zwei auf einander folgenden Bataillonen einen angemessenen Abstand lassen. Auf den Anmarschlinien der Piemontesen bei Sa. Lucia fehlte es an passenden Parallelwegen durchaus nicht und auch quer über Feld war, was den Marsch betraf, immer noch durchzukommen, wenn auch nicht auf allen Punkten. Die Unterstützungstrupps der Plänklerketten, welche den einzelnen Kolonnen voraus sind, bezeichnen diesen deutlich genug die Oeffnungen in einzelnen Hindernissen und Uebergänge über einzelne Hindernisse, wo sie auf solche treffen. Ist es wegen der Beschaffenheit des Seitenterrains absolut nothwendig, auf dem Marsche zum Gefecht eine beträchtliche Zahl von Bataillonen in einer Kolonne und auf einer Straße zusammenzuhalten, so muß sie durch einen desto weiter ausgreifenden Sicherheitsdienst doppelt gegen jede Ueberraschung durch den Feind geschützt werden.

Sicher sind alle diese Vorschriften höchst elementarer Natur, aber wie oft wird gegen sie gesündigt! Hat man nicht ein Recht zu fragen: wozu nützt denn alle Detailausbildung der Soldaten und der elementaren Truppenkörper, wenn dieselben im Ernst durch die Versäumnisse ihrer Führer unfähig gemacht werden, die Früchte ihrer Detailausbildung zu ernten?

Man kann, auch auf dem Marsche zum Gefecht, nicht immer entwickelt sein. Es könnte daher eine Angabe, z. B. in Schritten, verlangt werden, auf welche Entfernung vom Feinde man sich entwickeln solle. Eine solche Angabe würde schwer zu machen sein, aber dieß dispensirt gar nicht von der Pflicht, die Entwicklung rechtzeitig eintreten zu lassen, und von der Möglichkeit, es zu thun. Handelt es sich um einen Truppenkörper, welcher bereits andere im Gefecht befindliche vor sich hat und sich selbst im Anmarsch zum Gefechte befindet, so ist die Sache äußerst einfach. Sobald der Befehlshaber, z. B. einer Brigade, das Feuer vor sich vernimmt, sammelt er seine Brigade in einer Massenstellung, — am besten an einem Abschnitt, wie sich deren immer finden, und sendet einen Generalstabsoffizier vorauf, um eine ungefähre Idee zu erhalten, wie das Gefecht steht und, im Fall er noch keine bestimmten Befehle hätte, diese bestimmten Befehle einzuholen. Da, von Wundermenschen wahrscheinlich, behauptet wird, daß das Kanonenfeuer verschiedener Schlachten auf Entfernungen von 50 deutschen Meilen und mehr vernommen worden sei, so ist es vielleicht gut, noch ausdrücklich zu erwähnen, daß keine Nothwendigkeit vorhanden ist, 50 deutsche Meilen vom Schlachtfelde Halt zu machen und einen Generalstabsoffizier voraufzüsenden. Vielmehr haben wir hier immer nur Entfernungen von 3000—6000 Schritt vom Feinde im Auge.

Wenn ein Truppenkörper, im Marsche zum Gefecht, voraus ist, noch ehe das Gefecht begann, so wird doch der Kommandant dieses Truppenkörpers immer ungefähr eine Idee davon haben, wo er etwa den Feind zu erwarten hat, z. B. an irgend einem Terrainabschnitt; dann kann man als Regel annehmen, daß die Entwicklung in die Gefechtsformation wenigstens 3000 Schritt vor dem betreffenden Terrainabschnitt erfolgen soll. Ueberdieß versteht es sich unter solchen Umständen von selbst, daß der Befehlshaber sich durch voraufgesendete Detachements einige Kenntniß davon zu verschaffen sucht, wo er vermuthen darf, zuerst auf den Feind zu stoßen.

Wenn der piemontesische Generalstab am Tage von Sa. Lucia nicht ganz und gar von der vorgefaßten Meinung befangen gewesen wäre, daß man sich mit einem Handstreich

Verona's bemächtigen wolle, und zwar mittelst eines Handstreiches, bei welchem die revolutionäre italienische Partei in Verona die Hauptsache thun sollte, so würde er ohne Zweifel bei einer geringeren oder anscheinend geringeren, dafür aber auch desto realisirbareren Forderung stehen geblieben sein, nämlich derjenigen, den Oesterreichern unter den Mauern Verona's eine entscheidende und entschiedene Niederlage beizubringen. Wir wollen bald die Dispositionen entwickeln, welche im Hauptquartier Karl Alberts für solchen Fall getroffen werden mußten; vorher aber wollen wir über einen Punkt sprechen, der sich bei der Betrachtung der Kriegsgeschichte, folglich auch in der Praxis des Krieges, immer wiederholt und dessen Erörterung um so mehr von Wichtigkeit ist, als von den ersten besten Korporalen mit Generalsepauletten mit der Unsicherheit aller Dinge im Kriege, überall wo sie sich entschuldigen wollen, jeder Vernunft gegenüber ein unwürdiges Spiel getrieben wird.

Allerdings gibt es im Kriege nur Wahrscheinlichkeiten, mit denen zu rechnen ist. Z. B. kann die Dummheit, der böse Wille, die bloße Unfähigkeit eines einzelnen Unterbefehlshabers den besten Plan des Oberbefehlshabers verderben und verpfuschen. Indessen darf es doch nie an der dem Unterbefehlshaber gegebenen Kraft fehlen, wenn man auf ihn rechnen will. Man denke sich einen großen Neufundländer Hund und eine Maus, die mit einander verbündet wären gegen zwei kräftige Kater. In dem Bündnisse von Hund und Maus spielt offenbar der Hund die Hauptrolle. Wie würde nun Jedermann über das unvernünftige Vieh von Neufundländer räsonniren, wenn er von seiner verbündeten Maus verlangte, daß sie zuerst eine der Katzen nicht bloß beißen, sondern wo möglich noch auffressen sollte, und wenn er ausmachte, daß, sobald dieß geschehen sei, er selbst über den andern Kater herfallen wollte? Heißt dieß noch auf Wahrscheinlichkeiten rechnen? Nein! gewiß nicht; es heißt absolut auf das Wunder rechnen und noch obenein, ohne daß man selbst etwas dafür thut, es herbeizuführen, also ohne daß man selbst daran glaubt. Ganz dieser Fall lag hier auf Seiten Karl Alberts vor; eine schwache Erhebung in Verona soll die Kastanien für ihn aus dem Feuer holen und dann will er sie nehmen.

Wäre der Generalstab Karl Alberts nicht ganz und gar in die Ansicht verbissen gewesen, daß Verona mittelst eines Handstreiches genommen werden solle, so konnte man, wie gesagt, auf eine entschiedene Niederlage der Oesterreicher vor Verona ausgehen.

Der Hauptangriffspunkt ward in diesem Fall wesentlich durch die Beschaffenheit des Terrains bestimmt; er lag auf dem linken Flügel der Oesterreicher bei Sa. Lucia und Tombetta. Hier war das Terrain verhältnißmäßig am freiesten und weitesten, am bequemsten folglich zur Entwicklung und zu den Bewegungen einer überlegenen Streitmacht mit Artillerie und Kavallerie. Zugleich hatte man hier nach der Lage der Vertheidigungslinie der Oesterreicher die meiste Aussicht, kräftig vordringend in der Richtung von Süden gegen Norden die Oesterreicher von ihrem Rückzuge nach Verona abzuschneiden. Durch Nebenangriffe beschäftigt mußten die Oesterreicher schon vorher auf ihrem ganzen rechten Flügel von Sa. Lucia über S. Massimo und Croce bianca bis Chievo werden. Wurden die Truppen dabei kräftig, aber auch geschickt geführt, so reichte man hier mit einer sehr geringen Streiterzahl aus, da eben in dem bedeckten Terrain die Kraft der Piemontesen von den Oesterreichern kaum einigermaßen richtig zu schätzen war. Uebrigens war es durchaus kein Unglück, wenn die zu den Nebenangriffen am linken Flügel verwendeten piemontesischen Truppen in der Richtung von Bussolengo, Sa. Giustina und Sona zurückgeschlagen wurden. Ja es konnte selbst ein Glück werden, nämlich in dem Falle, wenn d'Aspre, ihnen folgend, seine Stellungen bei S. Massimo, Croce bianca und Chievo verließ. In diesem Fall wäre der piemontesischen Hauptmacht bei Sa. Lucia es erleichtert worden, mittelst einer Linksschwenkung einen großen Theil der österreichischen Armee von Verona abzuschneiden. Der Leser wird

12*

sich hier unwillkürlich des Momentes erinnern, da Karl Albert zu Sa. Lucia völlig Sieger war und da gegen die Disposition durch allerlei zufällige Umstände eben bei Sa. Lucia ein Theil der piemontesischen Streitmacht versammelt war, der allein genügte, es mit der österreichischen ganzen Armee vor Verona aufzunehmen. Sicherlich lag es nahe, aus diesem Zusammenfluß von günstigen Umständen Nutzen zu ziehen und, mochte die ursprüngliche Disposition gewesen sein, welche sie wollte, nun in die richtige überzugehen. Man kann nicht sagen, daß es an Zeit dazu gefehlt hätte; im Gegentheil, stundenlang ließen die Oesterreicher den Piemontesen so gut als vollständige Ruhe bei Sa. Lucia; indessen begnügte sich Karl Albert, mit seinem ganzen Generalstab nach Verona hinüberzuspähen, ob nicht der Sturm dort losbrechen würde. Und als das nicht geschah, — möglicherweise hätte er auch nichts davon gemerkt, wenn es geschah — da ordnete Karl Albert den Rückzug an.

Zu noch einer elementartaktischen Empfehlung fordert das durchschnittene, sehr bedeckte Terrain nicht bloß dieser Gegend, sondern überhaupt fast des ganzen Italiens auf. Hier nämlich, wo man selten, außer in der Reserve, sich in geschlossenen Körpern dauernd bewegen kann, wird es doppelte Nothwendigkeit, das Auseinanderkommen der Truppenabtheilungen (auch der Tirailleurlinien) möglichst zu verhindern, dann aber, so weit dieß nicht möglich ist, jeden Moment der Ruhe vor allen Dingen zum Wiedersammeln der aus einander gekommenen Abtheilungen zu benutzen. Es ist klar, daß ein Befehlshaber, der Tausende kommandirt, dazu nur wenig thun kann. Wenn nicht alle Offiziere ohne Ausnahme dabei mitwirken und jeder für sich und seine Abtheilung daran in jedem Augenblick denken, so wird nur wenig ausgerichtet werden. Durch die taktische Formation der Tirailleurlinien kann auf das Zusammenhalten einigermaßen hingewirkt werden, indem man nämlich die Tirailleurlinie nie zu dünn macht, sie vielmehr lieber etwas dicht zusammenhält, und indem man die Elemente nicht zu klein macht. Als das beste Element der

Tirailleurlinie für alle Verhältnisse, die dabei in Betracht kommen, bewährt sich auch hier wieder das bei den Franzosen gebräuchliche von zwei Rotten oder vier Mann (Camerades de combat). Tirailleurlinien, die jeden Mann für sich allein lassen und ihm erst im Peloton oder Zug wieder den höhern Zusammenhalt geben, taugen gar nichts.

Radetzki konnte in dem Gefechte von Sa. Lucia nichts Anderes wollen, als Festhalten, was er besaß und das wesentlichste Mittel dazu war die Lokalvertheidigung mit möglichster Ausnutzung des Geschütz- und Kleingewehrfeuers aus seinen Stellungen heraus. Wir haben schon erwähnt, daß es für Radetzki möglich gewesen wäre, durch sparsamere Besetzung der Lokalitäten sich mehr kleine Reserven für einzelne Theilstöße zu ersparen und daß diese Theiloffensiven großen Nutzen hätten bringen können. An eine große Offensive weit über seine Stellungsfront hinaus als letzten Akt der Schlacht konnte aber Radetzki bei der numerischen Schwäche seiner gesammten verfügbaren Streitkraft und bei der Gestaltung der von ihm festzuhaltenden Front durchaus nicht denken, wie dieß am besten aus dem hervorgeht, was wir über ein mögliches Zurückweichen des piemontesischen linken Flügels auf Sona, Sa. Giustina, Bussolengo und ein entsprechendes Vordringen d'Aspre's gesagt haben. Radetzki fühlte, wie die Erzählung der Thatsachen zeigt, die ganze Bedeutung von Sa. Lucia, des Angel- und Verbindungspunktes der beiden Frontlinien, die er zu besetzen und zu behaupten hatte, jenes nach Westen und des andern nach Süden gekehrten und mit Recht setzte er daher Alles daran, sich dieses Punktes wieder zu bemächtigen, was ihm das schlaffe Auftreten der hier versammelten zahlreichen piemontesischen Streitkräfte wesentlich erleichterte.

C. Ueber die Bildung von Freischaaren im Allgemeinen und in Italien insbesondere.

Wir haben wiederholt hier, wie an andern Orten Gelegenheit gehabt, über die Bildung von Freischaaren, insbesondere in Italien zu sprechen.

Die Konskription, wie sie gegenwärtig in den meisten Staaten Europa's gehandhabt wird, dergestalt, daß ein Theil der jungen Staatsbürger auf eine längere Zeit, auf mehrere Jahre, ihren Familien, ihrem Gewerbe, ihren Gemeinden troß andauernden Friedens entrissen werden, um bei der Fahne zu verharren und hier einestheils eine militärische Ausbildung zu empfangen, anderntheils beständig zu kriegerischem Handeln bereit zu sein, gelte es nun Feinden der aktuellen Regierung oder innern Feinden überhaupt oder äußern; diese Konskription ist eigentlich nirgends in der Welt beliebt. Man kann höchstens sagen, daß sich die Bewohner einzelner Länder schließlich an sie gewöhnt haben, wie der Mensch sich an Alles gewöhnt, aber behaupten, daß diese Einrichtung irgendwo mit dem freien Willen der Bewohnerschaft zurückgeführt werden würde, wo einmal durch irgend welche Umstände tabula rasa gemacht und dem freien und wirklichen Ausdrucke der gesammten Bevölkerung eines Landes freie Bahn geschafft wäre, das darf Niemand, der für aufrichtig gelten will.

Wenn man sich fragt, was diese Konskription verhaßt macht, obgleich sie doch gegen die Presse und die Strolchwerbung früherer Zeiten ein gar nicht zu leugnender Fortschritt ist, so wird die Antwort sich wohl in Folgendem finden:

1. diese Konskription entzieht eine Anzahl von jungen Leuten behufs der Uebung im Waffendienst, — ihren Familien, Gemeinden, ihrer Friedensarbeit mitten im Frieden auf eine ganz unnütz lange Zeit, da es erwiesen ist für Jeden, der nicht absichtlich der Einsicht sich verschließen will, daß die Uebung im Waffendienst für die Masse der Heere mit viel geringeren Opfern an Zeit, an Arbeit, an Geld wohl zu erreichen ist;

2. es liegt daher nahe, nach den wirklichen, nicht den angeblichen Gründen für diese lange Fernhaltung der jungen Mannschaft von der Friedensarbeit zu fragen, und als Antwort stellt sich unweigerlich auf der Basis geschichtlicher Studien und der Beobachtung der gegenwärtigen Staatswesen heraus, daß die Bildung stehender Heere mittelst der Konskription, nämlich mittelst der mehrjährigen Präsenzzeit der

Verpflichteten weit weniger um der Bekämpfung äußerer Feinde willen eingerichtet ist, als gegen die Feinde der Regierungen und der Klassen, die mit ihnen in innigem Zusammenhange spezieller Interessen stehen. Es ist sehr leicht nachzuweisen, daß in den meisten derjenigen Staaten, welche die Konskription mit einer mehrjährigen Präsenzzeit haben, die durch sie gebildeten Heere selbst wieder wesentlich aus zwei Klassen bestehen, nämlich einer Dienstaristokratie, welche allerdings in Zusammenhang mit der Grundaristokratie des Landes stehen kann, aber nicht einmal muß, und einer Masse von möglichst abhängigen Leuten, sei es, daß sie von der Dienstaristokratie leicht abhängig zu machen sind, weil ihnen wegen ihrer Jugend noch jede Kenntniß eines guten Staatswesens und der Bedingungen des Nationalwohlstandes abgeht, sei es, weil sie zum eigenen Gewinn noch eben so wenig fähig als bisher geneigt sind; — die erste Klasse sind die Offiziere, die zweite Unteroffiziere und Soldaten.

Wer einigermaßen mit Aufrichtigkeit nicht bloß bestehende Verhältnisse, sondern auch die Bestrebungen in den verschiedensten Zeitperioden, selbst in den allerneusten, verfolgt, wird unsern Behauptungen nicht zu widersprechen vermögen;

3. der Druck der Konskriptionspflichtigkeit wird, wie man leicht erkennt, thatsächlich auf den sogenannten niedern und ungebildeten Klassen ruhen; und der Vorwand, daß diese ohnehin nichts verdienen, daß sie im Heere sich ja wohler befinden müssen, als bei der sauern Arbeit im Schweiße ihres Angesichts, daß sie im Heere „gebildet" werden, wird allerdings von denjenigen, welche bei der Existenz derartiger Verhältnisse persönlich interessirt sind, immer wieder vorgebracht werden, aber nur mit Verachtung wird ihn derjenige, welcher ein wenig die Bedingungen des Staatswohles kennt, aufnehmen können, so lange er nichts dagegen faktisch thun kann, und zertrümmern wird er ihn in wenigen Jahren aufs gründlichste, sobald ihm die Gelegenheit dazu durch den Gang der Dinge geboten wird;

4. man könnte nun meinen, daß die niederen Klassen am meisten gegen das System der Konskription aufgebracht sein müßten, weil auf ihnen der Druck am meisten lastet, — und wenn dieses Verhältniß sich nicht zeigt, so könnte man schließen, daß die Konskription in ihrer jetzigen Form etwas Wohlthätiges sei. Indessen wäre dieß doch vor Allem ein ebenso großer Unsinn, als wenn man die Bewegung der Sonne um die Erde für wahr annehmen wollte, weil Jahrhunderte hindurch die Mehrzahl der Menschen in vielen wechselnden Geschlechtern sich bei dem Glauben ganz wohl befunden hat und weil von der Macht der katholischen Welt getragen, das Papstthum Kraft genug hatte, Galilei zum Widerruf der Wahrheit zu zwingen. Aber es kommt noch etwas Anderes hinzu. Wenn wir auch die Einsicht vom Besseren bei den sogenannten niedern und ungebildeten Klassen in einem oder dem andern Grade hätten, so würde doch immer noch der Mittelstand, würden doch immer noch die gebildeten Klassen unter dem Drucke der Konskription, wie sie gegenwärtig gehandhabt wird, — so daß sie nämlich zum stehenden Heere leitet — wenigstens eben so sehr leiden, als die niedern und ungebildeten Klassen.

5. Wenn nämlich in der Praxis die höhern Klassen auch von dem persönlichen Drucke der Konskription sich ziemlich frei zu halten vermögen und wenn sie sogar in einer unbegreiflichen Verblendung ort- und zeitweise dieß für einen Vortheil erkennen, den sie mit Freuden annehmen und dessentwegen sie selbst blödsinnig ein falsches und verderbliches System unterstützen, so bleiben doch immer zwei Dinge, die ihnen ebenso zeit- und ortsweise die Augen öffnen müssen. Diese sind folgende: Zuerst schafft das gegenwärtig herrschende Konskriptionssystem mit langer Dienstzeit ein stehendes Heer mit eigenen Interessen und vielen Kosten, die durch reichliche Steuern aufgebracht werden müssen, und in Hinsicht auf die Steuerfrage reduzirt sich im Wesentlichen Alles auf die Ernährung der Dienstaristokratie aus dem Säckel des Mittelstandes. Ein sehr wesentlicher Punkt, schädlich nicht bloß dem individuellen Interesse der

Personen des Mittelstandes, sondern dem allgemeinen Besten, der Entwicklung des Nationalwohlstandes. Zweitens, je weniger der persönliche Druck der Konskriptionspflicht auf den Individuen des Mittelstandes lastet, welcher doch noch lange der Träger der freien, friedlichen Fortentwicklung in Europa bleiben muß, desto mehr Spielraum bleibt der elenden, auf Kosten des Mittelstandes lebenden Bedientenaristokratie, welche wesentlich die Offiziersstellen in den Heeren akkaparirt nach den ihr von oben her zugehenden Instruktionen den Zwiespalt zwischen dem dritten und dem vierten Stande (wir bedienen uns hergebrachter Ausdrücke, ohne die Verantwortlichkeit für sie zu übernehmen, des leichtern Verständnisses halber) zu nähren, so daß bei jedem entschieden hervortretenden Fortschrittsstreben fast ohne alle Mühe von der Bedientenaristokratie der vierte, als Heer organisirte Stand, gegen den dritten (vermöge des Konskriptionssystems aber nicht organisirten Stand) ins Feld geführt werden kann, gegen das Interesse beider Stände, des dritten wie des vierten, lediglich im Interesse der Bedientenaristokratie und einer verschrobenen Regierung.

Es ist also deutlich, daß das Konskriptionssystem mit mehrjähriger Dienstzeit, wo irgend ein Fortschritt zur Bildung in den Völkern sich zeigt, verdächtig sein muß und verhaßt werden kann. Im einen Lande wird das mehr als im andern hervortreten, je nach den herrschenden Verhältnissen. In Ländern z. B., welche zu nationaler staatlicher Einheit noch nicht gelangt sind, aber nach ihr streben, müssen in der Regel die Konskriptionsheere gegen diese Einheit gestimmt sein, ihr feindlich gegenübertreten, weil das Interesse der Klassen, die diese Heere kommandiren und für sich organisirt haben, in der nationalen staatlichen Einheit keine Befriedigung findet, — im Gegentheil.

Nirgends aber hat sich noch bis auf den heutigen Tag das Volk so wenig an die Konskription gewöhnt als in Italien, und jede neue Regierung in neuerer Zeit ist auch mit dem Versprechen aufgetreten, die Konskription beseitigen zu wollen. Dieß könnte mit der Zeit durch die Einführung eines Milizsystemes geschehen, das bei kurzer Dienstzeit der Rekruten für die erste Ausbildung und mit kurzen Wiederholungskursen für die Masse der Mannschaft nur geringe stehende Stämme (Cadres) von Offizieren und Unteroffizieren nothwendig machen würde. Aber ein augenblicklicher Uebergang für die ganze italienische Armee zu einem solchen System ist nicht möglich, abgesehen von der Menge zu bekämpfender Vorurtheile, spezieller Interessen, welche der Umwandlung sich entgegenstellen, am wenigsten in einer Zeit, wo Italien immer noch Kämpfe um seinen Bestand als einheitlicher Staat, Kämpfe nach außen, in nächster Aussicht vor sich hat, folglich am wenigsten irgend eine bereits organisirte Streitmacht, sei es auch nur vorübergehend, auflösen kann. Es sind daher in neuester Zeit stets zu den durch die Konskription oder anderweitig gewonnenen Heereskräften im Kriege Aushülfen und Ergänzungen für den Krieg gesucht worden, und man fand sie in der Organisation von Freikorps oder Freischaaren. Der Italiener, insbesondere der Städte, ist zum Eintritte in solche Freischaaren sehr geneigt, der Geist des Condottierithums, welches dereinst in Italien blühte, ist noch immer nicht verflogen, und wir glauben, daß noch auf Jahrzehnte hinaus die Regierung Italiens darauf angewiesen sein wird, die Hülfe von Freischaaren in ihren Kriegen in Anspruch zu nehmen.

Man könnte es wunderbar finden, daß, wie wir gesagt haben, die italienische Jugend von der Konskription nichts wissen will und doch sehr geneigt ist zu dem Dienste in Freischaaren. Indessen das Wunderbare verschwindet, wenn man erwägt, daß der Italiener ungemein leicht einen gewissen militärischen Schick annimmt, daß ihn der nutzlose Friedensdienst in den langweiligen Garnisonen auf lange Zeit daher doppelt anwidert, während er dem bunten und aufregenden Leben des Feldlagers durchaus nicht abgeneigt, in demselben vielmehr Nahrung für seine Phantasie findet, wie er deren bedarf. Hiezu kommt allerdings bei Manchen — und dieß ist der weniger angenehme und gute Theil der Sache — die Meinung, daß es in den Freischaaren keine so strenge Disziplin gebe oder geben müsse, als in den regulären Heeren, daß der Soldat in jenen ungebundener lebe. Aber in der That ist dieß bei der Neigung der städtischen Jugend zum Freischaarendienst der geringere Theil.

Gar viele Leute in allen Landen haben ein Interesse daran, die Fähigkeit von Freischaaren zu tüchtigen kriegerischen Leistungen zu bestreiten, nicht etwa deßhalb, weil dieß Freischaaren sind, sondern weil es unbequem wird, zuzugestehen, daß eine sehr geringe Zeit wirklich erforderlich ist, um junge Leute von gutem Willen militärisch zu organisiren und militärisch zu schulen, weil mit diesem Zugeständniß der bisher noch zulässigste und am meisten angenommene Beweisgrund für die Nothwendigkeit der Konskriptionsheere mit langer Dienstzeit dahinsinken würde. Alle diejenigen, welche sich aus den Konskriptionsheeren mit langer Dienstzeit die Waffen für die Erhaltung dynastischer Macht schmieden, alle diejenigen, welche von dem Aberglauben der Legitimität und der Nothwendigkeit stehender Heere leben, können unmöglich tüchtige Leistungen von Freiwilligenheeren gerne sehen, weil sie nicht gerne sehen können die Erschütterung eines Aberglaubens, welcher ihren Interessen dient, eine Erschütterung, die alsbald zu der allgemeinen Einführung von geordneten Milizsystemen mit kürzestbemessener Dienstzeit führen müßte, ja die für das Bestehen absurder und nur unter dem Drucke der Nothwendigkeit zu ertragender Zustände noch andere Gefahren mit sich brächte.

Wenn für die Völker unzweifelhaft bewiesen wäre, daß Freischaarenorganisationen richtig angegriffen, nicht etwa gebaut auf das Vertrauen in bierbrauerliche Bürgerwehren und Schützengilden, allerdings längst dressirten Heeren die Stirne bieten können, so würden die Völker von ihren aktuellen Herren sich allerdings lange nicht das gefallen lassen, was sie sich gegenwärtig gefallen lassen, sie würden nicht heucheln ein Gottesgnadenthum anzuerkennen, an welches thatsächlich in Europa kein Mensch mehr glaubt, welches eben so verkommen ist, als es das Heidenthum in Europa, in der gebildeten europäischen Welt war, lange ehe es thatsächlich unterging. Insurrektionen und glückliche Insurrektionen, bestimmt, verachtungswerthe wider die Menschenwürde selbst streitende Institutionen und Anmaßungen zu vernichten, würden in dem gegenwärtigen Europa an der Tagesordnung sein. Damit kann natürlich allen denjenigen nicht gedient sein, deren Interesse mit diesen verachtungswerthen Institutionen auf das innigste verflochten ist.

Die Leistungen von Freischaaren oder Freiwilligenschaaren sind alle Zeit sehr verschieden gewesen; ja in dem kurzen Zeitraume der italienischen Kämpfe von 1848 und 1849 sehen wir höchst verschiedene Leistungen. Man vergleiche z. B. das Wenige, was die lombardischen Freiwilligen in und gegen Tyrol 1848 thaten, — obwohl einzelne ihrer Truppentheile bei Castelnovo, bei Calmasino &c., sowie die Toscaner bei Curtatone, doch hinreichend zeigten, was sie vermochten mit den Leistungen der römischen Freiwilligen, insbesondere unter Garibaldi's Führung im Jahre 1849!

Welches ist nun die Ursache dieser Verschiedenheiten? Wir wollen darauf an dieser Stelle gründlich antworten.

Wenn auch durchaus nicht eine so lange Zeit zur Schulung eines Soldaten nothwendig ist, als die Vertheidiger der Konskriptionsheere mit mehrjähriger Dienstzeit vorgeben, so ist es doch ein reiner Widersinn behaupten zu wollen, daß dazu gar keine Zeit nothwendig sei. Allerdings muß man sie haben. Keine Behauptung hat der Begründung vernünftiger Wehrsysteme in Europa bisher mehr Eintrag gethan, als die bisweilen von den Ultrafortschrittsmännern vorgebrachte, daß man die Soldaten reif von den Bäumen schüttle. Die Aktionärs der Konskriptionsheere mit mehrjähriger Dienstzeit haben sich dergleichen Behauptungen zu Nutze gemacht, haben z. B. so weit es irgend in ihren Kräften stand, bei Gelegenheit von Freiwilligenformationen diesen jede Zeit zur Uebung, selbst zur nothdürftigsten Formation abgeschnitten und so den Gegenbeweis gegen eine allerdings an sich förmlich blödsinnige Behauptung mit Leichtigkeit liefern können. Sie haben dadurch auch in neuerer Zeit die sogenannten Gemäßigten leicht auf ihre Seite gebracht, welche vor einem Dutzend und mehr Jahren aus Stumpfsinn, Bequemlichkeit und Neigung zum Schwätzerliberalismus sehr geneigt waren, die blödsinnige Behauptung der Ultrafortschrittsmänner nachzusprechen und anzunehmen.

Also es ist Zeit, es sind Mittel nöthig, um Freischaaren zu formiren; lange nicht so viel, als zur Formation von Konskriptionsheeren, aber man kann sie doch nicht entbehren. Wenn nun die Gegner von Freischaarenformationen, meist die aktuellen Regenten und ihre Anhänger, Zeit und Mittel, statt sie zu liefern, statt zu ihrer Erlangung behülflich zu sein, auf alle Weise zu nehmen, zu beschneiden bemüht sind, was beweist dann die geringe Leistungsfähigkeit von Freischaaren, die unter so ungünstigen Verhältnissen gebildet wurden, gegen die Leistungsfähigkeit der Freischaaren überhaupt, — abgesehen von allen den Beweisen, welche die Geschichte für die mögliche Leistungsfähigkeit von Freischaaren, ja von ganzen Freischaarenheeren geliefert hat?

Es könnte hier Jemandem einfallen, uns vorzuhalten, daß wir, indem wir wenn auch nur geringe Zeit für die Schulung von Freischaaren verlangen, als Vertheidiger der Freischaaren uns selbst schlagen, da der Feind im Kriege die Zeit zur Formation und Schulung nicht geben wird.

Gegen uns einen solchen Einwurf vorbringen, heißt nichts Anderes, als gegen Windmühlen fechten, da wir niemals den Satz aufgestellt haben, daß man gar keiner militärischen Organisation bedürfe, daß Alles mit — aus dem Boden zu stampfenden Freischaaren abzumachen sei, da wir im Gegentheil immer eine wohlgegründete Milizformation, wie das hinreichend bekannt ist — gefordert haben und es ausdrücklich aussprachen, daß Freischaaren, die aus einer solchen in Volk und Land verwurzelten Milizorganisation hervorgingen, bei weitem mehr leisten würden, als aus dem Boden gestampfte, ohne solche feste Basis.

Der Mangel an Zeit und materiellen Mitteln (Bewaffnung, Bekleidung 2c.) wird also auf die Leistungsfähigkeit von Freischaaren verderblich einwirken.

Kommen wir jetzt auf einen andern Punkt, der von der entscheidendsten Wichtigkeit ist. Er betrifft die Offiziere. Es ist durchaus nicht erforderlich, daß alle Offiziere eines Freiwilligenkorps gediente Offiziere seien, für die Masse werden junge Leute von guter Erziehung und Bildung um so mehr ausreichen, je mehr man einige Zeit vor dem beginnenden Ernst zu ihrer Ausbildung hatte. Dagegen ist es allerdings für ein Freiwilligenkorps von der höchsten Wichtigkeit, eine Anzahl ausgezeichneter höherer Offiziere zu haben, die den Dienst einer Truppe genau kennen.

Diese werden nun entweder aus den Offizieren stehender Heere gewonnen oder aus solchen, welche schon früher in Freiwilligenheeren gedient und kommandirt haben.

Auch unter den Offizieren stehender oder sonstiger regulärer Heere findet man eine außerordentlich geringe Zahl von solchen, welche mit allen Dienstzweigen, auch denen der Verwaltung, sei es durch die Praxis, sei es durch gründliche Studien sich genau bekannt gemacht haben. In den regulären Heeren geht die Sache, weil man für gewöhnlich doch voraussetzen muß, daß dort alle Dienstzweige gehörig organisirt sind. Ganz anders in einem Freiwilligenheere, wo Alles gleichsam im Fluge, zum Theil schon halb im Feldzuge drin geordnet werden, wo man auf Manches verzichten, anderes in der nothdürftigsten Weise hinnehmen muß, während doch Leistungen verlangt werden. Hier sieht man oft den Offizier eines regulären Heeres, der gewohnt ist, die Bedürfnisse seiner Truppe auf bloße Bestellzettel in einer vorgeschriebenen Quantität und Qualität in Empfang zu nehmen, verschiedene wohlgeschulte Beamte zur Verfügung zu haben, absolut rathlos stehen. Die vielseitige

Thätigkeit, welche von ihm verlangt wird, seine eigene Unbehülflichkeit machen ihn verdrießlich und er ist, statt sich einzuleben, seine Thätigkeit zu verdoppeln, seine Augen überall zu haben, wie seine Hände, wohl schnell mit dem Ausspruche fertig, daß mit solchen Truppen und unter solchen Verhältnissen nichts Vernünftiges anzufangen sei, wird doppelt lässig und glaubt dann, wenn die Dinge wirklich schief gehen, seine liebe Seele gerettet. Man sieht wohl, daß wir hier noch gar nicht von der unbrauchbarsten Klasse der Offiziere regulärer Heere reden, jenen, welche bei der Organisation ganz absolut so verfahren wollen, wie bei den regulären Heeren und dann nicht von der Stelle kommen, welche z. B. bei der Ausbildung der Mannschaft damit anfangen, den Freiwilligen stundenlang den militärischen Gruß beizubringen, dann ihm die Kniee wochenlang kunstgerecht zu biegen und andere unnütze Allotria zu treiben, statt am ersten Tage mit der Detailausbildung fertig zu werden und am zweiten die Evolutionen in der Kompagnie, am dritten die Evolutionen im Bataillon einzuüben, um Tag für Tag einen entschiedenen Schritt weiter zu thun und nur wiederholungsweise zu den Elementen zurückzukehren.

Offiziere, die schon in Freiwilligenheeren gedient und dort höhere Kommando's gehabt haben, die dennoch ein zweites und drittes Mal anbeißen, sollten unter solchen Umständen weit vorzuziehen sein. Dieß ist auch der Fall, wenn sie wirklich von Natur tüchtige Leute sind, und es ihnen an militärischer Bildung nicht fehlt. Indessen dieser Bedingung wird durchaus nicht immer entsprochen. Nehmen wir z. B. Italien in der Gegenwart. Hier haben 1848, 1849, 1859, 1860 Freischaaren in Menge gekämpft. Diese haben ihre Offiziere gehabt, auch höhere Offiziere sind aus diesen Zeiten in Menge vorhanden. Diese haben meist eine gewisse Popularität in ihren Provinzen, Bezirken, Städten. Sie haben ihrer Zeit vom Ernst des Krieges vielleicht wenig gesehen, — denn es gibt mehr Leute dieser Art, als man denken sollte, die zwei oder drei Feldzüge mitgemacht haben, ohne daß es ihnen vorgekommen wäre, Kugeln pfeifen zu hören; dagegen haben sie es nicht versäumt, sondern trefflich verstanden, ihre Namen in den Zeitungen umhertragen zu lassen. Die so gewonnene Popularität macht es ihnen nun möglich, eine nicht unbedeutende Zahl von jungen Männern aus ihren Heimatsprovinzen unter die Waffen zu bringen, und dieß macht es doppelt unmöglich, ihre Mitwirkung zurückzuweisen. Sie werden daher immer wieder in höheren Stellungen, je nach den Titeln, die sie sich zu erwerben gewußt, verwendet. Aber ihre Kenntnisse vom Waffenhandwerk entsprechen diesen Titeln nicht im geringsten, ja es geht ihnen oft das allerelementarste Wissen von der Aufstellung, Bewegung, Verwaltung der Truppen ab. Diese Leute sind die allerschädlichsten, wenn von ihnen verlangt wird, daß sie ihre Truppen regelrecht ordnen und das Kommando regelrecht führen, die vorgeschriebene Ordnung aufrecht erhalten sollen, so werden sie unwirsch, nicht weil ihnen die Einsicht von der Nothwendigkeit dieser Dinge als die Bedingung der Verwendbarkeit der Truppen durchaus abginge, sondern weil sie nicht wissen, wie sie die Sache anstellen sollen. So helfen sie sich damit, dieselbe für unnöthig zu erklären. Sie sind es besonders, welche unglücklicher Weise in einem Freiwilligenkorps bisweilen die Meinung verbreiten, daß dieses, um seinen Namen mit Recht zu verdienen, wie eine Heerde Säue daherlaufen, im Biwak die Gewehre unordentlich durch einander werfen, im Gefecht sich debandiren müsse, daß ein Freiwilligenkorps sich eben durch diese Eigenschaften, welche allerdings jeden Gedanken an einen Soldaten vertreiben und vernichten, von den Korps regulärer Heere unterscheiden müsse, während dieselben Leute vielleicht zugleich am meisten darauf bedacht sind, ihren Truppen den Flitter regulärer Korps, das Unnöthige anzuhängen, welches den Soldaten nicht im mindesten macht, während sie von ihrer Disziplinargewalt den schärfsten Gebrauch machen, wo ihnen etwa nicht die beanspruchte Ehre angethan wird, dieselbe aber schlafen und ruhen lassen, wo sie zur Ehre und zum Wohle des Ganzen aufs schärfste gehandhabt werden sollte.

Diese Leute geben ungemein viel zu schaffen, vermehren den einsichtigern und bessern Offizieren die ohnehin bedeutende Arbeit und machen ihnen das Leben sauer, abgesehen von den bösen Sitten von Landknechtsheeren, großen Ansprüchen, einfältigem Prunk und Anderm, was sie insbesondere verbreiten. Und doch, wie schon bemerkt worden ist, sie sind ein unvermeidliches Uebel, dessen Auswüchsen höchstens im Lauf der Zeit vorgebeugt und abgeholfen werden kann.

Man erkennt leicht, daß hier einer der schwierigsten Punkte für die zweckmäßige Bildung namentlich großer Freiwilligenkorps liegt. Gründlich zu vermeiden wäre das Uebel nur dort, wo die Freiwilligenkorps aus einer gut eingewurzelten, wohlbestellten Milizverfassung hervorgingen.

Man glaube nicht, wie es allerdings wohl behauptet werden kann, daß eine Milizverfassung die Aufstellung von Freiwilligenschaaren unnöthig mache. Dieß ist durchaus nicht der Fall. Auch in ein Milizsystem schleicht sich mit der Zeit der Schlendrian, der Pedantismus ein. Beispiele dafür kann man mit Händen greifen, so bereit liegen sie. Durch den Schlendrian und den Pedantismus streift sich von den Heeren der beste Sammt herunter; der Sinn für die militärische Ehre, der muntere, frische, kräftige Ehrgeiz, der seinen Werth nur nach dem, was er thut, nicht nach dem, was er erwirbt, bemißt, jener jugendliche Thatendurst, welcher nie gesättigt wird, welcher beständig wächst, je mehr gethan wird. Die Handwerksroutine nährt auch den gemeinen Handwerkssinn. In den regulären Heeren, Konskriptions- oder Milizheeren, wenn sie lange keinen Krieg gemacht haben, wird bald die Mehrzahl der Offiziere — wenige ehrenvolle Ausnahmen existiren allerdings überall — ehrbaren Schustermeistern gleichen, welche vortreffliche Familienväter, mitunter auch vortreffliche Söhne und Brüder sind, welche zünftig in ihren Ehrengerichten jede Abweichung von dem philisteriösen Lebensgange rügen, sobald sie zu einem öffentlichen Eklat führen könnte, der auf die Zunft einen Schatten werfen möchte, welchen aber in ihrem spießbürgerlichen Dahinbrüten jeder Aufschwung des Herzens und der Seele abhanden gekommen ist.

Und wie den Offizieren, so geht es in stagnirenden Verhältnissen aller Art, ganz abgesehen von der regulären Form, auch den Soldaten.

So sehnt man sich denn auch bei Milizverfassungen, wo freilich diese Uebelstände sich minder bemerkbar machen, als in den Konskriptionsheeren, nach einem erfrischenden Element, das durch sein keckes, munteres Auftreten, einen lustigen Kriegsmuth, eine von der Verfolgung höherer Zwecke geadelte, aber nicht durch sie bedingte Rauflust das Ganze mit sich fortreißt in den Strudel tapferer Thaten.

Viel weniger Schwierigkeiten als die Schöpfung guter, für Freiwilligenkorps wirklich brauchbarer Offizierskorps macht die Schöpfung von Spezialwaffen, so weit sie überhaupt nothwendig sind.

In unserer Zeit ist die Infanterie wieder einmal zu neuen und hohen Ehren gelangt, und darüber sind alle einverstanden, daß, wenn man eine gute Infanterie hat, man die Spezialwaffen numerisch auf ein Minimum reduziren darf.

Am leichtesten ist es für ein Freiwilligenkorps sich den Menschenstoff zu Genie- und Artillerietruppen zu schaffen.

Ueberall werden die jungen Handwerker mit Vorliebe zu den Freischaaren eilen. Was Italien betrifft, ist dieß durch die Erfahrung hinreichend bewiesen; es gilt aber auch ganz sicher von allen anderen Ländern, insbesondere von Deutschland. Diese jungen Handwerker bringen aber eine Masse technischer Kenntnisse mit, welche leicht für den Dienst des Genie, so wie der Geschützbedienung zu verwerthen sind. Man sagt oft, der Handwerker aus den Städten habe nicht die körperliche Kraft des Bauern. Es ist leicht zu beweisen, daß dieß eine Unwahrheit sei, wenn man den Durchschnitt nimmt und die für irgend einen militärischen Dienst nothwendige Körperkraft zur Grundlage nimmt. Indessen lassen wir die Sache zu, so können wir uns nur zu der Einführung der gezogenen

Geschütze Glück wünschen, welche den Gebrauch kleinerer Kaliber ohne Verlust an der Wirkung gestatten; die Geschütze kleinerer Kaliber sind auch von körperlich schwachen Leuten ohne die mindeste Anstrengung zu handhaben.

Von der Besetzung des Train, von der Aufstellung von Reiterei, von der Beschaffung des Materials für Freiwilligenheere oder Freiwilligenkorps braucht man eigentlich gar nicht zu sprechen, wenn die Staatsgewalt auch nur die mindeste Unterstützung gewähren will. Es kann ohne Weiteres gesagt werden, daß ein Freiwilligenkorps mit seiner größeren Bescheidenheit von der Staatsgewalt noch vieles Material mit Dank hinnehmen würde, welches die verwöhnten Regulären nur mit Naserümpfen empfangen, daß es bei seiner größeren Behülflichkeit aus einem schlechten Material noch immer etwas machen würde. Aber selbst wenn die Staatsgewalt nicht direkt helfen will, ist Hopfen und Malz noch lange nicht verloren. Mögen die Gelehrten aller Welttheile, auch Australiens, große Bücher darüber schreiben, wie eine Kanone gezogen werden soll, so wird am Ende doch jener Jude Recht behalten, der in Rücksicht auf diese Frage den entscheidenden Ausspruch that: man nimmt ein Loch und macht Messing drum. — Jetzt nennt man dieß Gußstahl. — Es kommt in unserer Zeit nur darauf an, ein passendes Modell zu haben, und man findet in jeder Stadt über 10,000 Einwohner Arbeiter in genügender Zahl, die binnen drei Wochen vollständig nicht bloß gelernt haben werden, gezogene Kanonen und die dazu gehörige Munition zu gießen; die auch in derselben Zeit die zu dieser Operation nöthigen Etablissements angelegt haben können, sollte es hiebei auch an der antiken Architektur fehlen, welche antike, hoffentlich bald verfallende Gießereien und Zeughäuser mehr zum Vergnügen als zum Nutzen der Einwohner schmückt.

Eine zahlreiche Artillerie ist für jedes Freiwilligenkorps, namentlich im Beginne zu wünschen. Junge, phantasiereiche Leute bekommen sogleich einen ungeheuren Muth, der ihnen nicht immer angeboren ist, — wenn sie es auf ihrer Seite nur

13*

ordentlich brummen hören. Die geschickte Verwendung der Artillerie, die geschickte Verbindung der Wirkung der Artillerie mit jener der Infanterie muß selbstverständlich immer Sache der höheren Führer bleiben.

Die Kavallerie verliert an Bedeutung mit dem Fortschritte der Kultur und mit dem Fortschritte der Befreiung der Massen. Die Vertheidiger der Kavallerie sind die Romantiker in der Kriegskunst. Wir unsererseits lieben sie ungeheuer, namentlich dann, wenn sie auf irgend einem Schlachtfeld, auch nur sporadisch tapfere Thaten thun. Indessen — so ungern immer, wir können uns bei den tapfersten Thaten selbst der modernen Reiterei niemals einer sanften Erinnerung an ein entschlummertes Ritterthum enthalten. Damit ist nicht gesagt, daß die Reiterei völlig entbehrlich sei. Eine Anzahl von Diensten, welche sie seit ihrem Entstehen den Heeren geleistet hat, wird sie ihnen in alle Ewigkeit leisten. Nur das steht unbedingt fest, daß die großen Reitermassen von Tage zu Tage entbehrlicher werden, ja nicht mehr verwendet werden können. Wenn aber die nöthige Zahl von Reitern in einem Heere eine sehr geringe wird, so schwinden die Schwierigkeiten ihrer Aufstellung zusammen; selbst bei einem Freiwilligenheer, wenn man sich nur in einem Lande befindet, in welchem es nicht an Pferden fehlt und wenn man einige tüchtige Reiteroffiziere zum Behufe der Organisation verfügbar hat.

Von der Unmöglichkeit vollständig aus allen Waffen organisirter Korps von Freiwilligen kann hienach nicht die Rede sein. Wenn aber ein Staat seinen Vortheil versteht, so sollte er niemals die Bildung solcher Korps beim Drohen eines Krieges verabsäumen, sollte niemals den Sonderinteressen einzelner Klassen zulieb der Organisation Hindernisse in den Weg legen, vielmehr die Sache stets, ohne sich zu tief einzumischen, befördern und begünstigen, indem er selbst den ihm zum Kriegsdienst verpflichteten Leuten den Eintritt in Freikorps gestattet, indem er Offiziere liefert und Material. Die vollständige permanente Organisation von Kadres der Freiwilligenschaaren ist dagegen eine vollständig verfehlte Maßregel; ihre eigenthümliche Kraft schöpfen vielmehr die Freischaaren gerade daraus, daß sie zu einem bestimmten Kriege sich neu organisiren, in dem Geiste dieses Krieges und aus immer frischen Elementen. Die Maßregeln, welche in neuerer Zeit von der Regierung des Königreichs Italien ergriffen worden sind, um die Freischaaren für einen künftigen Krieg ganz in ihre Hände zu bringen, können daher zu nichts Gutem führen. Mit einigen Vortheilen werden dabei so viele Nachtheile in den Kauf genommen werden, daß die Freiwilligenschaaren die Eigenthümlichkeit ihrer Wirkungsweise vollständig verlieren.

Dritter Abschnitt.

Von der Vereinigung der österreichischen Reservearmee mit der Hauptarmee bis zum Abschluß des Waffenstillstandes Salasco. Ende Mai bis 9. August 1848.

1. Marsch Radetzki's von Verona nach Mantua.

Nach dem Eintreffen Thurns befand sich Radetzki für das Heraustreten aus seinem bisherigen abwartenden Verhalten in die Offensive in einer höchst günstigen Lage: er hatte eine starke Armee bei Verona konzentrirt, auf seiner Verbindung mit dem Isonzo befanden sich lediglich noch Durando mit den von diesem befehligten Truppen zu Vicenza, dann die Festung Palmanova. Dagegen schritt die Formation des zweiten Reservekorps unter Welden im östlichen Venetien vor und in Tyrol ging jetzt bald Thurn an die Bildung des dritten Armeekorps, welches man hoffen durfte gleichfalls schnell auf eine nennenswerthe Stärke zu bringen. Die neuesten Nachrichten über das neapolitanische Expeditionskorps ließen den über Ferdinands Absichten wohl unterrichteten Radetzki schließen, daß er von demselben mindestens sehr wenig zu besorgen haben werde.

Das Objekt der nächsten Offensive mußte der Entsatz des hart bedrängten Peschiera sein.

Dieser war auf zweierlei Wegen zu suchen: nämlich indem Radetzki entweder geradeswegs von Verona auf Peschiera losging und Karl Alberts Armee frontal hinter den Mincio zurückwarf, oder indem er nach Mantua marschirte, hier das rechte Ufer des Mincio gewann, die Toscaner am Osone über den Haufen warf und nun den Mincio aufwärts vordrang.

Radetzki wählte den letztern Weg, weil er eine zu große Meinung von den Verschanzungen der Piemontesen bei Sa. Giustina und Sona hatte, glaubte hier lange aufgehalten werden zu können, während ihm der Sieg über die Toscaner sicher schien, während er hier zugleich im Glücksfalle größere Erfolge zu erzielen hoffte, wenn es ihm nämlich gelang, Karl Albert von seiner Rückzugslinie auf Brescia, Mailand oder an den Po abzuschneiden.

Radetzki konnte nun entweder zunächst am linken Etschufer hinab marschiren und dann über Legnago sich nach Mantua ziehen oder er konnte direkt zwischen Mincio und Etsch nach Mantua marschiren. Der erstere Weg war insofern der sicherere, als eine Entdeckung des Marsches seitens der Piemontesen nicht so leicht und bald zu erwarten stand, aber er war auch der längere. Radetzki wählte den direkten Weg nach Mantua zwischen Etsch und Mincio, indem er hoffte durch die Wahl der Zeit, durch Demonstrationen, welche die Aufmerksamkeit des Feindes ablenkten, begünstigt außerdem durch das durchschnittene Terrain, dem Feinde seinen Marsch lange genug verbergen zu können.

Am 27. Abends nach dem Dunkelwerden sollte der Marsch angetreten werden. Oberst Zobel, welcher bei Rivoli stand, erhielt den Befehl am 28. Mai Morgens gegen den äußersten linken Flügel der Piemontesen vorzudringen, theils um deren Aufmerksamkeit auf sich zu lenken, theils auch um wo möglich einen Lebensmitteltransport nach Peschiera hineinzuwerfen.

Am 27. um 9 Uhr Abends sammelte sich die Armee bei Tombetta; die Brigade Schulzig rückte auf die Vorposten gegen Sona und Sommacampagna. Sie hatte den Befehl, hier stehen zu bleiben, bis die ganze Armee in Marsch wäre und dann derselben zu folgen. An ihre Stelle sollten auf die Vorposten Truppen der Garnison von Verona rücken, welche aus 4000 M. unter F.M.L. Weigelsperg bestand.

Gegen 10 Uhr Abends begann der Marsch in drei Kolonnen; die erste oder nächste am Feinde bildete das erste Armeekorps, ohne die Brigade Benedek, welche zu ihm gerechnet ward, sich aber schon seit längerer Zeit bei der Garnison von Mantua befand. Die erste Kolonne marschirte über Tomba, Vigasio, Trevenzuolo, Roncaleva und Castelbelforte; hier sollte sie abkochen und dann über Boschetto den Marsch nach Mantua fortsetzen. Da sie die nächste am Feinde war, so bildete jede ihrer Brigaden ein Seitendetachement von einer Kompagnie Infanterie und einem Zug Kavallerie zur Deckung der rechten Flanke gegen Villafranca hin; diese Seitendetachements folgten dem Wege über Isola alta, Castel di Rogarolo und Bagnolo. Bis Bagnolo war ihr Weg kaum einen Kanonenschuß von den piemontesischen Vorposten vor Villafranca und Roverbella entfernt.

Die zweite oder mittlere Kolonne bestand aus dem zweiten Korps, den Infanteriebrigaden Maurer und Rath vom Reservekorps, der Artilleriereserve und dem Brückentrain. Auch die Brigade Schulzig sollte ihr nach der Ablösung folgen. Mit dieser Kolonne marschirten auch Radetzki und der damalige Erzherzog, spätere Kaiser Franz Joseph. Sie ging zuerst auf der Hauptstraße über Buttapietra bis Isola della Scala und bog dann rechts ab über Torre, Erbe, Ponte Passaro, Sorgà nach Castellaro; die Truppen des zweiten Korps sollten bei Castellaro, diejenigen des Reservekorps bei Sorgà abkochen und darauf den Marsch nach Mantua fortsetzen.

Die dritte oder Kolonne des linken Flügels bestand aus den beiden Reiterbrigaden des Reservekorps und marschirte über Tombetta, Pozzo, Villafontana und Bovolone zunächst nach Nogara, wo sie abkochte, um dann auf der Poststraße von Legnago über Castellaro nach Mantua zu ziehen.

Die Spitze der ersten Kolonne erreichte am 28. Mai Morgens um 7 Uhr Castelbelforte. Obgleich es eine mondhelle Nacht gewesen, waren doch weder die Kolonne selbst noch die Seitenpatrouillen vom Feinde beunruhigt worden. Um 11 Uhr Vormittags nach dem Abkochen brach die Kolonne wieder von Castelbelforte auf und erreichte um 2½ Uhr Nachmittags Mantua.

Die zweite Kolonne, welche sich gegen eine Stunde später als die erste von Verona in Marsch gesetzt hatte, erreichte am 28. Mai um 9 Uhr Vormittags mit dem zweiten Korps

Castellaro, mit dem Reservekorps Sorgà. Nach dem Abkochen ward um 3 Uhr Nachmittags von den genannten beiden Punkten wieder aufgebrochen, und das zweite Korps kam mit der Spitze um 7 Uhr Abends bei Mantua an. Die Brigade Schulzig, welche erst in der Morgendämmerung des 28. von Verona abmarschirt war, kam um 3 Uhr Nachmittags nach Sorgà, kochte hier ab und erreichte in der Nacht vom 28. auf den 29. Mantua.

Die dritte Kolonne kam am 28. um 10 Uhr Vormittags bei Nogara an und in der Nacht vom 28. auf den 29. nach Mantua.

Die Truppen biwakirten theils in den Straßen von Mantua, theils auf dem Glacis.

Sehen wir nun zu, was bis zum 29. Mai Morgens auf piemontesischer Seite geschah.

Am 28. Mai Morgens sendete General Bevilacqua, welcher zu Villafranca stand, an Bava zu Custozza die Meldung, daß sich in der Nacht zu Isola della Scala und Trevenzuolo österreichische Truppen gezeigt hätten. Bava legte gar keinen Werth darauf und hielt dafür, daß nur ein Theil der Garnison von Mantua von Verona aus abgelöst würde. Am 28. Nachmittags kam weitere Meldung, daß die Oesterreicher, welche bei Isola della Scala gewesen, viel Artillerie bei sich führten und am 27. Abends von Verona ausgerückt seien. Nun benachrichtigte Bava das große Hauptquartier zu Sommacampagna und schrieb außerdem an den Grafen de Laugier, welcher eben am 27. statt Arco-Ferrari den Befehl über die Toscaner und anderen Bundestruppen am Osone übernommen hatte: eine österreichische Kolonne, die wahrscheinlich übertrieben auf 6000 bis 8000 M. angegeben würde, sei im Marsche auf Mantua. De Laugier möge aufmerksam sein und, sollte er angegriffen werden, Bava schleunigst benachrichtigen, damit dieser ihm zu Hülfe kommen könne. — Da während Bava das schrieb, die Sachen doch ernster zu werden schienen, fügte Bava noch sogleich hinzu, er hoffe, daß im äußersten Falle de Laugier sich auf Goito zurückziehen werde, wohin Bava die Verstärkungen dirigiren wollte.

Am Abend des 28. kam von Passalacqua die Meldung: Radetzki und die Erzherzöge befänden sich selbst bei den auf Mantua marschirenden Truppen, auch führten diese einen Brückentrain mit. Bava sendete Anzeige hievon an de Laugier und sprach die Vermuthung aus, die Oesterreicher möchten zwischen Goito und Rivalta eine Brücke schlagen wollen, um die Osoneposition in den Rücken zu nehmen; de Laugier solle den Brückenschlag zu verhindern suchen, käme aber derselbe dennoch zu Stande, sich lieber nicht auf Goito, sondern auf Gazzoldo und von dort nach Volta zurückziehen, wo er die piemontesische Armee in Schlachtordnung finden werde.

Dann ging Bava persönlich nach Sommacampagna ins königliche Hauptquartier und stellte Karl Albert vor, daß es zu spät sein würde, dem Feinde jetzt noch mit einem Flankenangriff am linken Mincioufer zu begegnen, da er bereits bei Mantua sein werde; am gerathensten scheine es daher, so viel Truppen, als man zusammentreiben könne, bei Goito zu konzentriren. Hiemit erklärte Karl Albert sich einverstanden. Um Mitternacht war Bava in Custozza zurück.

Hier ertheilte er dem General Ferrere den Befehl, mit dem 11. Regiment (Brigade Casale) und zwei Bataillonen der Brigade Acqui, so wie einer Batterie nach Valeggio abzumarschiren; ebendahin ward das Kavallerieregiment Nizza der 2. Division von Quaderni, dann die Brigade Cuneo, das Kavallerieregiment Savoyen, eine Batterie und zwei Kompagnieen Scharfschützen von der Reservedivision beordert.

Zuerst kamen am Morgen des 29. die beiden Kavallerieregimenter, eine reitende Batterie und die beiden Kompagnieen Scharfschützen zu Valeggio an; gleichzeitig mit ihnen Bava. Er ging mit diesen Truppen sofort nach Volta und, nachdem er hier das Kavallerieregiment Savoyen zurückgelassen, nach Goito vor, wo er am 29. Mai Mittags ankam.

Wir müssen schließlich hier noch bemerken, daß Bava, als

Castellaro, mit dem Reservekorps Sorgà. Nach dem Abkochen ward um 3 Uhr Nachmittags von den genannten beiden Punkten wieder aufgebrochen, und das zweite Korps kam mit der Spitze um 7 Uhr Abends bei Mantua an. Die Brigade Schulzig, welche erst in der Morgendämmerung des 28. von Verona abmarschirt war, kam um 3 Uhr Nachmittags nach Sorgà, kochte hier ab und erreichte in der Nacht vom 28. auf den 29. Mantua.

Die dritte Kolonne kam am 28. um 10 Uhr Vormittags bei Nogara an und in der Nacht vom 28. auf den 29. nach Mantua.

Die Truppen biwakirten theils in den Straßen von Mantua, theils auf dem Glacis.

Sehen wir nun zu, was bis zum 29. Mai Morgens auf piemontesischer Seite geschah.

Am 28. Mai Morgens sendete General Bevilacqua, welcher zu Villafranca stand, an Bava zu Custozza die Meldung, daß sich in der Nacht zu Isola della Scala und Trevenzuolo österreichische Truppen gezeigt hätten. Bava legte gar keinen Werth darauf und hielt dafür, daß nur ein Theil der Garnison von Mantua von Verona aus abgelöst würde. Am 28. Nachmittags kam weitere Meldung, daß die Oesterreicher, welche bei Isola della Scala gewesen, viel Artillerie bei sich führten und am 27. Abends von Verona ausgerückt seien. Nun benachrichtigte Bava das große Hauptquartier zu Sommacampagna und schrieb außerdem an den Grafen de Laugier, welcher eben am 27. statt Arco-Ferrari den Befehl über die Toscaner und anderen Bundestruppen am Osone übernommen hatte: eine österreichische Kolonne, die wahrscheinlich übertrieben auf 6000 bis 8000 M. angegeben würde, sei im Marsche auf Mantua. De Laugier möge aufmerksam sein und, sollte er angegriffen werden, Bava schleunigst benachrichtigen, damit dieser ihm zu Hülfe kommen könne. — Da während Bava das schrieb, die Sachen doch ernster zu werden schienen, fügte Bava noch sogleich hinzu, er hoffe, daß im äußersten Falle de Laugier sich auf Goito zurückziehen werde, wohin Bava die Verstärkungen dirigiren wollte.

Am Abend des 28. kam von Passalacqua die Meldung: Radetzki und die Erzherzöge befänden sich selbst bei den auf Mantua marschirenden Truppen, auch führten diese einen Brückentrain mit. Bava sendete Anzeige hievon an de Laugier und sprach die Vermuthung aus, die Oesterreicher möchten zwischen Goito und Rivalta eine Brücke schlagen wollen, um die Osoneposition in den Rücken zu nehmen; de Laugier solle den Brückenschlag zu verhindern suchen, käme aber derselbe dennoch zu Stande, sich lieber nicht auf Goito, sondern auf Gazzoldo und von dort nach Volta zurückziehen, wo er die piemontesische Armee in Schlachtordnung finden werde.

Dann ging Bava persönlich nach Sommacampagna ins königliche Hauptquartier und stellte Karl Albert vor, daß es zu spät sein würde, dem Feinde jetzt noch mit einem Flankenangriff am linken Mincioufer zu begegnen, da er bereits bei Mantua sein werde; am gerathensten scheine es daher, so viel Truppen, als man zusammentreiben könne, bei Goito zu konzentriren. Hiemit erklärte Karl Albert sich einverstanden. Um Mitternacht war Bava in Custozza zurück.

Hier ertheilte er dem General Ferrere den Befehl, mit dem 11. Regiment (Brigade Casale) und zwei Bataillonen der Brigade Acqui, so wie einer Batterie nach Valeggio abzumarschiren; ebendahin ward das Kavallerieregiment Nizza der 2. Division von Quaderni, dann die Brigade Cuneo, das Kavallerieregiment Savoyen, eine Batterie und zwei Kompagnieen Scharfschützen vgn der Reservedivision beordert.

Zuerst kamen am Morgen des 29. die beiden Kavallerieregimenter, eine reitende Batterie und die beiden Kompagnieen Scharfschützen zu Valeggio an; gleichzeitig mit ihnen Bava. Er ging mit diesen Truppen sofort nach Volta und, nachdem er hier das Kavallerieregiment Savoyen zurückgelassen, nach Goito vor, wo er am 29. Mai Mittags ankam.

Wir müssen schließlich hier noch bemerken, daß Bava, als

stand zu finden, ließ dort nur ein Beobachtungsdetachement zurück und wendete sich dann rechts. Er traf auf die Reserve der Vertheidiger von Montanara, welche er durch das Feuer von 4 Geschützen erschütterte. Nun wiederholte auch Clam seinen Angriff und dießmal gelang es ihm, in den Ort einzudringen. Die Reserve von Montanara floh zum Theil nach Marcaria und Bozzolo, zum Theil in andern Richtungen; ein Theil der in Montanara selbst verwendeten Truppen de Laugiers wollte sich nach Curtatone zurückziehen, fiel aber hier den Reitern Benedeks in die Hände und wurde gefangen gemacht. Der Rückzug der Toscaner verwandelte sich bald in wilde Flucht. Auf dieser wurde de Laugier, der alle Befehle Bava's viel zu spät empfangen hatte, um sie befolgen zu können, von seiner eigenen Kavallerie überritten. Es gelang ihm, die Reste seines Korps bei Gazzoldo zu sammeln, von wo er sie dann zunächst nach Guidizzolo führte.

Der Verlust der Oesterreicher in den Gefechten von Curtatone und Montanara belief sich auf 93 Todte, 519 Verwundete und 63 Vermißte, im Ganzen 675 M., etwa $1/_{20}$ der verwendeten Truppen. Offiziere waren 8 todt, 28 verwundet. Der Verlust war im Verhältniß zu den frühern in diesem Feldzuge ein bedeutender und zeugt für die Hartnäckigkeit der Toscaner, die weit in der Minderzahl waren.

Die Toscaner verloren 180 Todte, 900 Verwundete und 2000 Gefangene. Kaum also die Hälfte von ihnen kam davon. Sie ließen 5 Kanonen und 5 Munitionswagen in den Händen der Oesterreicher.

Die Besatzung von Governolo, Modeneser, räumte in Folge des unglücklichen Ausgangs des Gefechtes von Curtatone den genannten Posten und ging an das rechte Po-Ufer zurück, von wo sie später nach Marcaria am Oglio gezogen ward.

Zobel war am 28. Mai von Rivoli aufgebrochen und hatte sich an diesem Tage des Ortes Bardolino am Gardasee bemächtigt. Von da marschirte er am 29. weiter auf Peschiera, traf aber bei Calmasino auf einen hartnäckigen Widerstand, den ihm eine Abtheilung lombardischer Freiwilliger entgegensetzte. Der Kampf dauerte mehrere Stunden ohne Entscheidung fort, bis $2^1/_2$ Bataillone regulärer italienischer Truppen, vom General Bes gesendet, herankamen, die dann Zobel zum Rückzuge zwangen.

Rath aufs äußerste gebracht, hatte auf die Bewegung Zobels große Hoffnungen gebaut; als er sich in diesen getäuscht sah, knüpfte er am 30. Mai die abgebrochenen Kapitulationsverhandlungen mit dem Herzog von Genua wieder an, die denn auch, wie wir sehen werden, alsbald zu einem Resultate führten.

3. Das Gefecht von Goito und der Fall von Peschiera.

Wir verließen Bava am 29. Mittags bei Goito. Hier stellte er die mitgebrachten Truppen Nizza Kavallerie, die Bersaglieri und die Artillerie auf, gab dem Postenkommandanten die nöthigsten Anweisungen, sendete auch an de Laugier, um diesen von den bereits eingetroffenen Verstärkungen Kenntniß zu geben und eilte dann um 3 Uhr nach Volta, um die dort erwartete Infanterie in Empfang zu nehmen. Er traf hier zunächst den König, dann kam Ferrere mit 5 Infanteriebataillonen von Acqui und Casale an, bald darauf aber auch ein Offizier von de Laugier mit der Nachricht, daß die Oesterreicher den Angriff auf Curtatone begonnen hätten und daß der toscanische General, der daran verzweifeln müsse, sich in seiner ausgesetzten Stellung gegen die große Uebermacht zu behaupten, beabsichtige, sich nach Goito zurückzuziehen. Wieder nicht lange nachher brachte zwischen 4 und 5 Uhr ein anderer toscanischer Offizier die Kunde von de Laugiers vollständiger Niederlage.

Um 5 Uhr Nachmittags traf noch General d'Aviernoz mit 2 Bataillonen der Brigade Cuneo, denen um Mitternacht 2 andere folgten, bei Volta ein, so daß jetzt hier 9 Infanteriebataillone vereinigt waren. Da unterdessen die Niederlage der Toscaner vollständig bestätigt war, mußten diese Truppen vorläufig bei Volta bleiben. Auch Bava blieb daselbst, während Karl Albert sein Hauptquartier zu Valeggio aufschlug.

Nach Mitternacht empfing Bava von einem Offizier seines Stabes, Hauptmann Villamarina, den er nach Curtatone gesendet hatte, mündlichen Bericht über alle Einzelnheiten des Kampfes und schickte nun dem Postenkommandanten zu Goito, General Olivieri, den Befehl, alle dort ankommenden Flüchtlinge der toscanischen Division sogleich über Cerlungo auf der großen Straße nach Brescia nach Guidizzolo zu dirigiren, damit sie durch die mitgebrachte Verwirrung und Niedergeschlagenheit nicht die dortigen oder noch dorthin zu führenden piemontesischen Truppen ansteckten.

Vor der Morgendämmerung des 30. Mai trafen außer den bereits erwähnten noch mehrere piemontesische Abtheilungen bei Volta ein. Nachdem es hell geworden war, setzte sich Karl Albert selbst, begleitet von Bava, mit den Regimentern Savoyen und Genua Kavallerie und zwei Batterieen auf der alten Straße nach Goito in Marsch, wo er ungefähr um 8 Uhr Morgens eintraf. Die Infanterie und das Regiment Aosta Kavallerie folgten der Avantgarde auf dem Fuße.

Bava ordnete alsbald die Aufstellung.

Goito war mit einem Bataillon des 10. neapolitanischen Linienregiments und einigen dort gesammelten Kompagnieen Toscaner besetzt;

rechts rückwärts davon auf der Höhe von Segrada wurden die drei Bataillone des 11. Regiments (Brigade Casale) aufgestellt;

rechts rückwärts des 11. Regiments wurden hinter dem Vereinigungspunkt der Straßen nach Volta und Guidizzolo und längs der Straße nach Vasto bis zu den Häusern Tezze die vier Bataillone der Brigade Cuneo im ersten, die zwei Bataillone der Brigade Acqui im zweiten Treffen aufgestellt.

Die Grundaufstellung war demnach staffelförmig vom linken nach dem rechten Flügel geordnet.

Das Reiterregiment Aosta ward zur Aufhellung in der rechten Flanke auf den Straßen nach Ceresara und Solarolo verwendet.

Artillerie und Schützen waren in erster Linie vertheilt.

Zu Mittag kam die Brigade Aosta an. Nun ließ Bava die beiden Bataillone der Brigade Acqui, welche bisher hinter der Brigade Cuneo gestanden, hinter das 11. Regiment rücken, während Aosta das zweite Treffen der Brigade Cuneo bilden mußte.

Um 3 Uhr Nachmittags langte die Gardebrigade an; das 1. Regiment derselben ward in Bataillonskolonnen hinter der Brigade Aosta aufgestellt; das zweite Regiment im Haken dergestalt dahinter, daß es Front nach der rechten Flanke machen konnte, um welche Bava ganz besonders besorgt war. Deßhalb wurden auch, obgleich sie durch den Caldonebach einigermaßen gedeckt war, noch zahlreiche Schützen vor ihr ausgebreitet.

Die drei Reiterregimenter Nizza, Savoyen und Genua wurden links der Bataillone von Acqui, links an den Mincio gelehnt, in Reserve aufgestellt.

Schließlich war also die Formation Bava's folgende:

Linker Flügel $1^1/_2$ Bataillone in Goito, dahinter 18 Eskadrons Kavallerie;

etwas zurückgenommenes Zentrum, 3 Bataillone des 11. Regiments auf der Höhe von Segrada, dahinter zwei Bataillone von Acqui;

noch etwas mehr zurückgenommener rechter Flügel, 4 Bataillone von Cuneo, hinter diesen 6 Bataillone Aosta, dahinter 3 Bataillone Garde;

in der rechten Flanke 3 Bataillone Garde und 6 Eskadrons Aosta Kavallerie.

Im Ganzen waren also bei Goito piemontesischer Seits $22^1/_2$ Bataillons, 24 Eskadrons versammelt, wozu mehrere

14*

Scharfschützenkompagnieen und 44 Geschütze kamen. Die ganze Streitmacht wird auf 18—20,000 M. angeschlagen.

Auf seine staffelförmige Aufstellung that sich Bava viel zu Gute, da die nach seiner Meinung stärksten vorgeschobenen Fronttheile auf dem linken Flügel einen Angriff gegen den schwächern rechten Flügel in die Flanke nahmen.

Bava übertrug an General d'Arvillars das Kommando des rechten, an General Ferrere das Kommando des linken Flügels.

Die Frontausdehnung der Hauptstellung vom Mincio bis zum Gehöft Tezze betrug kaum 3000 Schritt.

Gegen 2 Uhr Nachmittags meldete ein auf dem Kirchthurm von Goito aufgestellter Beobachtungsposten die Annäherung österreichischer Kolonnen; eine hierauf vorwärts gesendete Rekognoszirungspatrouille kehrte um 3 Uhr mit der Meldung zurück, daß sie nur auf kleine Detachements der Oesterreicher, nicht aber auf kompakte Kolonnen gestoßen sei; auf diese Meldung hin wollte Karl Albert nach seinem Hauptquartier Valeggio zurückkehren. Kaum aber hatte er sich dorthin in Bewegung gesetzt, als um 3½ Uhr die vorgeschobenen Posten der Piemontesen heftig von den Oesterreichern angegriffen wurden.

Radetzki, obgleich er fast das ganze zweite Armeekorps intakt und gehörig ausgeruht zur Verfügung hatte, hatte doch nach dem Siege an der Osonelinie sich still verhalten, diesen Sieg nicht verfolgt; erst am Abend des 29. Mai ward Benedeks Brigade als Avantgarde nach Rivalta vorgeschoben, während die andern Truppen theils auf dem Schlachtfeld am Osone, theils auf dem Glacis von Mantua lagerten.

Erst am 30. Mai nach dem Abkochen ließ Radetzki wieder aufbrechen. Das 1. Armeekorps mußte am rechten Mincio-Ufer aufwärts ziehen; diesem folgte das Reservekorps; das zweite Armeekorps ward über Castellucchio gegen Ceresara in Bewegung gesetzt; es sollte einerseits durch Detachements den Schrecken an und über den Chiese tragen und die Piemontesen um ihre Magazine und Zufuhrlinien besorgt machen, andererseits aber dieselben auch verhindern, vom Mincio an den Chiese auszuweichen. Diese weit ausholenden Flankenbewegungen, welche den Sieg antizipiren, um ihn bloß noch auszubeuten, sind eine Eigenthümlichkeit von Heß, der auf besondern Wunsch Radetzki's zur Armee gesendet, jetzt schon seit längerer Zeit an der Spitze ihres Generalstabes stand.

Benedek, welcher die Avantgarde des 1. Korps führte, stieß um $3\frac{1}{2}$ Uhr an dem Kreuzpunkt der Straßen nach Goito und nach Guidizzolo angekommen, auf ernsten Widerstand. Er erhielt Feuer von einer vor Goito aufgestellten Batterie. Er entwickelte seine Brigade; es wurden 9 Geschütze vor deren Front gezogen, zu denen bald noch 6 andere kamen; die piemontesische Artillerie erwies sich entschieden überlegen; auch die schwache Besatzung von Goito zeigte sich tapfer; ein Theil von ihr ging längs des Mincio aufwärts vor und zwang Benedek ein Bataillon zur Deckung seiner rechten Flanke zu verwenden.

Wohlgemuth hatte Befehl erhalten, links von Benedek in die Linie einzurücken. Er ging mit Ungestüm vor, traf auf den linken Flügel der Brigade Cuneo und warf diesen zurück, worauf er sich bei dem Hofe Tezze festsetzte. Hätte er Truppen genug gehabt, um mit frischen Bataillonen seinen ersten Sieg sogleich verfolgen zu können, so war es möglich, daß er auch die Brigade Aosta noch über den Haufen warf. Indessen er war zu schwach und mußte sich auf die Behauptung der gewonnenen Gehöfte beschränken.

Nur etwas später als Wohlgemuth war links von diesem auch Strassoldo über Gobbi in die Linie eingerückt und verfolgte den rechten Flügel der Brigade Cuneo, welcher sich der rückgängigen Bewegung des linken anschloß. Ja mit seiner äußersten Linken bedrohte er sogar den vom zweiten Garderegiment rückwärts gebildeten Haken.

Nicht mehr von der Brigade Cuneo maskirt, eröffnete nach deren Weichen eine beim 11. Regiment auf der Höhe von Segrada aufgestellte Batterie alsbald ein lebhaftes Feuer auf die Brigade Wohlgemuth. Darauf rückte die Brigade Aosta, unterstützt vom 1. Garderegiment gegen Wohlgemuth und Strassoldo vor, während der Herzog von Savoyen in dritter Linie auch die Brigade Cuneo wieder sammelte.

Strassoldo und Wohlgemuth mußten weichen, während Benedek seinerseits unterstützt von einigen Bataillonen der Brigade Clam auf dem äußersten rechten österreichischen Flügel das Gefecht nur aus der Ferne fortführte und den Rückzug der beiden erstgenannten Brigaden deckte. Als Bava seine Rechte und sein Zentrum außer Gefahr sah, ließ er noch das 11. Regiment bei Goito Stellung nehmen, um theils dem Feinde in Front die Wage zu halten, falls er noch einmal zu ernstem Angriffe vorginge, theils seine rechte Flanke zu beunruhigen.

Beunruhigt wurde Bava hierauf noch durch den Bericht, daß die Oesterreicher bei Torre di Goito oberhalb der Stadt eine Brücke schlügen, um die Stellung der Italiener in den Rücken zu nehmen. Bald erwies sich das als irrthümlich.

Als nun die Ordnung auf dem rechten Flügel völlig hergestellt war, ließ gegen Abend Bava diesen Flügel, dem das Regiment Nizza Kavallerie in Reserve folgen mußte, eine Bewegung vorwärts machen.

Indessen Radetzki nahm den Kampf nicht mehr an, er hatte bereits den Rückzug beschlossen und Alles für denselben geordnet. Eine Zeit lang hatte er noch darauf gerechnet, daß d'Aspre von Ceresara in die rechte Flanke der Piemontesen vorrücken werde; indessen kam eine Meldung d'Aspre's, daß dessen Truppen zu müde seien, um noch weiter zu marschiren. Sie hatten in der That einen Marsch von 3 deutschen Meilen gemacht und um die rechte Flanke der Piemontesen anzugreifen, hätten sie noch eine Meile marschiren müssen. Dazu kam aber noch, daß d'Aspre an diesem Tage beträchtlich vom Podagra geplagt wurde und weil er nicht dabei sein konnte, auch seine Truppen nicht gern fechten lassen wollte.

Radetzki, als er auf die Ankunft d'Aspre's nicht mehr rechnen konnte, zog das 1. Korps nach Sacca und Seitefratti zurück; die Brigade Maurer vom Reservekorps mußte die Vorposten übernehmen, das 2. Korps blieb vorläufig bei Ceresara. Radetzki nahm sein Hauptquartier zu Rivalta, wo auch der Ueberrest der Reserve das Lager bezog. Er entsendete von hier unter Edmund Schwarzenberg eine Anzahl von Kavalleriedetachements an den Chiese und zum Theil über den Fluß, um das Land zu beunruhigen, den Schein zu verbreiten, als ob das ganze österreichische Heer links abmarschirt sei, und Vorräthe beizutreiben.

Die Piemontesen verloren am 30. Mai 57 Todte und 286 Verwundete, im Ganzen 343 M. (etwa $^1/_{50}$), die Oesterreicher 67 Todte und 330 Verwundete, im Ganzen 397 M. ($^1/_{40}$). Der Verlust war also auf beiden Seiten ein sehr geringer, was sich zum Theil aus der geringen Dauer des Gefechts erklärt. Der etwas größere Verlust der Oesterreicher kommt einmal daher, daß sie die Angreifer waren, zweitens von der Ueberlegenheit der piemontesischen Artillerie.

Wie bereits weiter oben erwähnt worden ist, hatte Rath am 30. neue Kapitulationsunterhandlungen angeknüpft, theilweise rechnete er dabei noch darauf, Zeit zu gewinnen. Er verlangte daher freien Abzug der Garnison. Der Herzog von Genua war nicht geneigt, auf diese Forderung einzugehen, begab sich aber selbst in das Hauptquartier nach Valeggio, um den Befehl des Königs einzuholen. Hier traf er den Kriegsminister Franzini. Bei Goito hatte das Gefecht schon begonnen; Franzini war der Meinung, man müsse mit Peschiera sobald als möglich zu Ende kommen und deßhalb die Forderungen des Generals Rath bewilligen. Er wußte für diese Meinung auch den Herzog von Genua zu gewinnen. So kam denn am 30. Mai die Kapitulation von Peschiera zu Stande. Die Besatzung erhielt freien Abzug, aber unter der Bedingung, in diesem Jahre nicht mehr gegen Italien zu dienen, sie marschirte nach Ancona und ward dort nach Oesterreich eingeschifft.

Die Piemontesen legten nach Peschiera eine Besatzung von 2500 M.; die Infanterie derselben bestand in einem Regimente der provisorischen oder Reservedivision Visconti, welche aus piemontesischen Reservisten und Lombarden jetzt am rechten Ufer des Mincio formirt wurde. Festungskommandant ward der General Federici, an dessen Stelle der Herzog von Genua das Kommando der 4. Division erhielt.

Der Fall Peschiera's ward den piemontesischen Truppen bei Goito noch am 30. Mai Abends bekannt und erregte begreiflicher Weise großen Jubel.

4. Radetzki's Marsch gegen Vicenza, Einnahme dieser Stadt.

Am 30. Abends begannen die Oesterreicher ihre Stellungen zu verschanzen. Radetzki beabsichtigte am 31. Mai seine Offensive unter Heranziehung d'Aspre's und gleichzeitiger Verwendung der Reserve, also mit etwa 40,000 M. fortzusetzen, während er am 30. kaum 16,000 M. ins Feuer gebracht hatte.

Wenige Stunden nach Beendigung des Gefechts brach aber in der Nacht ein heftiger Platzregen aus, der fast ohne Aufhören bis zum 1. Juni Morgens andauerte.

Unter demselben litten beide Theile sehr und beide Theile hinderte er an den Operationen. Die Mannschaft wurde sehr mitgenommen und es gab bei Oesterreichern und Piemontesen viele Kranke. Die erstern schafften ihre Kranken und Verwundeten mittelst einer von Gorczkowski organisirten Seeflottille nach Mantua.

Auch als am 1. Juni das Wetter sich aufheiterte, war noch nicht daran zu denken, größere Operationen zu unternehmen; die Wege waren wie das Land zu den Seiten aufgeweicht und machten den Transport von Artillerie fast unmöglich. Dagegen machten sich nun die früher erwähnten österreichischen Reiterdetachements unter Fürst Edmund Schwarzenberg bemerklich; sie zeigten sich zu Asola, zu Medole, selbst ganz dicht bei Goito, zu Cerlungo, und machten Bava sehr besorgt um die Kommunikationen des piemontesischen Heeres und dessen Magazine.

De Laugier stand mit den Toscanern noch immer bei Guidizzolo. Die Nachrichten von einem großen Siege, der am 30. bei Goito erfochten sei, waren natürlich zu ihm gedrungen. Er dachte, daß Bava in der Verfolgung der Trümmer des österreichischen Heeres sei. Als er nun die österreichischen Streifkorps wahrnahm und außerdem hörte, daß ein stärkeres österreichisches Korps bei Ceresara stehe, schloß er, daß dieß abgeschnittene, versprengte Trümmer seien und sendete seinen Adjutanten, den Grafen Leo Cipriani nach Ceresara, um das dortige Korps zur Waffenstreckung aufzufordern. Darüber ward d'Aspre sehr aufgebracht, um so mehr als Cipriani auch die für einen Parlamentär gebräuchlichen Formen nicht beobachtet hatte und als das Podagra wieder sehr entschieden seinen Einfluß äußerte. D'Aspre wollte Cipriani zuerst aufhängen lassen, besann sich aber dann anders und schickte ihn zu Radetzki, der ihn laufen ließ.

Ganz den entgegengesetzten Eindruck wie auf de Laugier machten die Berichte über die österreichischen Streifkommando's und das Korps bei Ceresara auf Bava. Wie schon erwähnt, besorgt um seine Magazine und Kommunikationen, wagte er auch am 2. Juni noch nicht zur Verfolgung der am 30. Mai errungenen Vortheile den Mincio abwärts vorzurücken; er entsendete vielmehr vorerst nur eine große Rekognoszirung unter de Ferrere gegen Ceresara. Ferrere, welcher mit großen Weghindernissen zu kämpfen hatte, kam nur bis Basto und meldete rückkehrend, daß das ganze zweite Korps bei Ceresara, Solarolo und Ca Bozzelli stehe, an welchem letztern Ort d'Aspre sein Hauptquartier habe.

In der That war d'Aspre schon in einer rückgängigen Bewegung gegen la Motta und Solarolo, die das Gros seines Korps dem rechten Flügel der Armee (1. und Reservekorps) näher brachte.

Am 2. Juni nämlich erhielt Radetzki durch einen Parlamentär die Meldung Raths von der erfolgten Kapitulation Peschiera's. Das nächste Ziel der Offensive am rechten Mincio-Ufer aufwärts war damit verfehlt. Hiezu kamen die Nachrichten über die starke Truppenkonzentrirung der Piemontesen bei Goito und Volta, endlich die Kunde von der Wiener Mairevolution, welche es Radetzki nahe legte, die Armee zu schonen und nicht auf eine Karte zu setzen.

Alles dieß zusammengenommen bestimmte ihn, die Operation am rechten Minciousfer aufzugeben, aber dafür sich einer sekundären Operation zuzuwenden, welche mit weniger Opfern durchzuführen, doch große Vortheile versprach, nämlich die Eroberung Vicenza's, welche Thurn im Vorbeigehen nicht gelungen war, jetzt mit gesammelter Kraft zu versuchen.

Zu dem Ende zog er das zweite Korps an sich und trat dann in der Nacht vom 3. auf den 4. Juni aus den Stellungen von Sacca und Rivalta den Rückzug nach Mantua an. Die drei Infanteriebrigaden des Reservekorps ließ er als Arriergarde am Osone vorläufig stehen.

Nachdem Radetzki am 4. seinen Truppen in Mantua Ruhe gegeben, brach er am 5. gegen Legnago an die Etsch auf. Die Brigade Benedek ward zur Maskirung der Bewegung am linken Minciousfer aufwärts nach Marmirolo und Castiglione-Mantovano vorgeschoben; das zweite Korps marschirte nach Sanguinetto, das erste nach Bovolone, das Reservekorps von Curtatone nach Nogara.

Radetzki traf nun folgende weitere Anstalten. Das erste und zweite Korps sollten am 6. bei Legnago die Etsch überschreiten, um direkt auf Vicenza zu marschiren und dieß von der Süd- und Ostseite am 10. Juni anzugreifen; der größte Theil des Reservekorps sollte am 6. nebst der Reservereiterei von Nogara nach Verona aufbrechen, wo auf solche Weise mindestens 15,000 M. vereinigt wurden. Von diesen aber sollten am 8. Juni 5000 M. unter Culoz wieder abmarschiren, über Montebello und Brendola die Höhen von Arcugnano unter Umgehung der Ueberschwemmung des Retrone, an welcher der Angriff vom 24. Mai gescheitert war, gewinnen und nun am 10. Juni den Hauptangriff machen.

Die Bewegung des Reservekorps bot verschiedene Vortheile: zuerst, wenn die Piemontesen der Bewegung Radetzki's nachspürten, war es wahrscheinlich, das sie auf die Idee kamen, seine ganze Armee ziehe sich auf Verona zurück; zweitens, wenn Karl Albert die längere Abwesenheit Radetzki's von Verona zu einem Streich gegen dieses benutzen wollte, fand er dort eine ansehnlichere Truppenmacht als die bloße Besatzung; drittens hinderte doch der Marsch der Reserven auf Verona nicht, von dort auf wenige Tage das Korps von Culoz zu dem Angriffe auf Vicenza mit heranzuziehen.

Am 6. Juni marschirte Radetzki mit dem ersten und zweiten Armeekorps nach Montagnana und Bevilacqua, am 8. Juni erreichte er Barbarano und am 9. Longare; die Brigade Culoz war am Abend desselben Tages richtig bei Arcugnano. Culoz sendete noch in der Nacht den Oberst Hahne mit einem Bataillon weiter vorwärts, um den Höhenzug von Sa. Margherita zu nehmen und etwaige Bewegungshindernisse fortzuräumen.

Der allgemeine Angriff sollte nach Radetzki's Befehlen um 10 Uhr Vormittags beginnen.

Culoz sollte auf den Ausläufern der Berischen Berge vorrücken, daran schlossen sich weiter rechts die Brigaden Clam und Strassoldo am rechten Ufer des Bacchiglione, dann Wohlgemuth an der Eisenbahn und dem linken Ufer des Bacchiglione aufwärts dringend. Weiter rechts von diesen Brigaden des ersten Armeekorps folgten dann die Brigaden des zweiten Armeekorps: Friedrich Liechtenstein gegen Porta Padova und den nördlich davon gelegenen Stadttheil, — Taxis an der Straße von Treviso gegen die Vorstadt Sa. Lucia.

Die Brigaden Simbschen und Giulay und die Kavalleriebrigade Schaaffgotsche bildeten die Reserve.

Nachdem Thurn sich mit Radetzki vereinigt, hatte Karl

Albert dem General Durando den Befehl ertheilt, sich dem rechten Flügel der italienischen Hauptarmee anzuschließen. Hierauf erhob sich aber ein großes Geschrei in Vicenza, man bestürmte Durando dort zu bleiben, die Stadt nicht wieder der österreichischen Herrschaft preiszugeben, und Durando, — dem nachher deßhalb selbstsüchtige Absichten zugeschrieben wurden, wie, daß er nach der Diktatur Venedigs gestrebt, und nicht in der piemontesischen Armee habe eine untergeordnete Rolle spielen wollen, — Durando blieb zu Vicenza. Er ließ sich um so mehr dazu bestimmen, als beständig Nachrichten über Bewegungen Weldens einliefen, welcher um diese Zeit mit dem zweiten Reservekorps sich ernstlich zur vollständigen Unterwerfung des Venetianischen rüstete. Mehr gegen Welden als gegen Radetzki, an welchen man seit dem 24. Mai kaum noch dachte, verstärkte Durando Vicenza durch Verschanzungen.

Er hatte zu seiner Verfügung 4 Schweizerbataillone, 3 Bataillone römische Linientruppen, von Treviso herangezogen, 9 Bataillone Bürgerwehren meist aus der Romagna, die Bürgerwehr von Vicenza, seine römische Kavallerie, 16 Feld- und 22 Positionsgeschütze, im Ganzen etwa 15,000 M. mit 38 Geschützen.

Am 10. Juni Morgens um 6 Uhr eröffnete die Avantgarde von Culoz, Oberst Hahne mit seinen 6 Kompagnieen, den Kampf. Hahne erstürmte die beiden am meisten vorgeschobenen Punkte auf dem Höhenrücken, die Villa Rombaldo und dann eine mit einem Blockhaus versehene Schanze auf dem Hügel Bellavista.

Radetzki, durch den Kanonendonner vom Beginn des Kampfes benachrichtigt, wollte nicht, daß eine Truppe durch so vereinzeltes Auftreten ausgesetzt, damit der Zusammenhang gestört und der Gesammterfolg aufs Spiel gesetzt werde. Nach seinem Befehle sollte erst um 10 Uhr Vormittags Alles antreten; er ließ daher den Kampf auf den Höhen vorläufig einstellen.

Um 10 Uhr traten alle Kolonnen unters Gewehr und

begannen die Vorrückung in den ihnen angewiesenen Richtungen.

Culoz und Clam eröffneten den Kampf. Culoz zog seine Artillerie vor, um den feindlichen Hauptposten, die Kirche und das Kloster Madonna del Monte zu beschießen und es zu bewerfen, von welcher zur Stadt herunter ein von 1800 Pfeilern getragener Säulengang führt. Er that den 2 Schweizerbataillonen und 5000 M. Bürgerwehren, welche Durando zur Vertheidigung der Höhen verwendet hatte, durch dieses Geschützfeuer nur geringen Schaden. Ein Sattel der Berischen Berge trennte die Stellung Culoz's von derjenigen der Vertheidiger.

Clam rückte gegen die Rotonda, eines der Werke des Vicentiners Palladio, südlich des eben erwähnten Säulengangs vor und ließ sie mit Raketen und Granaten bewerfen. Wohlgemuth, von Secula aus zu beiden Seiten des Eisenbahndammes vordringend, hielt mit Clam Verbindung.

Als die Schweizer auf den Ausläufern der Berischen Berge sahen, daß Culoz immer nur mit Artillerie agirte, gingen sie vor, um ihn in der Nähe aufzusuchen. Sie geriethen in ein mörderisches Kartätschenfeuer und wichen. Die Brigade Culoz folgte, das 10. Jägerbataillon voran. Es handelte sich nun um die Behauptung von Madonna del Monte. Gerade hier aber erhielten die Schweizer Durando's Befehl, sich in den Säulengang und gegen die Stadt zurückzuziehen. Dieser Befehl erregte die gewöhnlichen Zweifel; während ein Theil der Schweizer sich um Madonna del Monte gegen die verfolgenden Oesterreicher wüthend schlug, zog sich die Hauptmasse in den Säulengang zurück.

Der Befehl Durando's war dadurch veranlaßt worden, daß die Brigade Clam sich unterdessen nach heftiger Beschießung durch einen Sturm der Rotonda bemächtigt hatte und von hier aus den Säulengang und die bequemsten Zugänge zur Stadt bedrohte.

Radetzki, der sich auf einer Höhe der Berischen Berge

befand und gleichfalls alle eben erzählten Vorgänge beobachtet hatte, ließ der Brigade Clam den Befehl zugehen, sich links an den Abhängen der Berge hinaufzuziehen, um die Verbindung von Madonna del Monte mit der Stadt — den Säulengang — abzuschneiden.

Clam folgte sogleich, er fuhr eine Raketenbatterie gegen den Säulengang auf und beschoß diesen so heftig, daß er bald geräumt ward.

Wohlgemuth hatte ohne Entscheidung links vom Paduaner Thor gekämpft; ebenso Liechtenstein gegen dieses Thor und den nördlich von ihm gelegenen Stadttheil. Bei Liechtensteins Brigade befanden sich 4 zehnpfündige (Steingewicht) Mörser, welche Radetzki, da er oft bemerkt, wie gegen die massiv gebauten italienischen Städte die aus Haubitzen geworfenen Granaten wenig nützten, zu Mantua für diesen Zug hatte ausrüsten lassen. Bald nach Mittag in Batterie gestellt, hatten sie von da ab Vicenza beworfen; bis zum Abend brachten sie etwa 100 Bomben in die Stadt.

Taxis führte auf dem äußersten rechten Flügel gegen die Vorstadt Lucia wesentlich ein Artilleriegefecht, welches nichts entschied. Er selbst ward während desselben tödtlich verwundet.

Alle Angriffe in der Ebene hatten so gut als nichts gethan. Sie leisteten, so lange das Gefecht überhaupt dauerte, lediglich die Dienste von Demonstrationen. Außerdem waren die hier verwendeten Truppen allerdings insofern nützlich verwendet, als sie Durando das Ausweichen auf Treviso oder Padua, falls er ein solches beabsichtigte, unmöglich machten.

Die Entscheidung lag auf den Höhen der Berischen Berge und bei der Rotonda, und hier war sie am Abend mit der Wegnahme von Madonna del Monte und der Rotonda selbst erzielt.

Mehrmals war auf den Thürmen von Vicenza schon während des Kampfes die weiße Fahne aufgehißt worden, doch war sie immer bald wieder theils von Bürgern von Vicenza selbst, theils von Schweizersoldaten durch die rothe ersetzt worden.

In der Nacht aber knüpfte Durando Kapitulationsverhandlungen an. Die Kapitulation kam bald zu Stande. Durando erhielt freien Abzug mit der ganzen Besatzung, er verpflichtete sich mit seinen Truppen nur, ans rechte Po-Ufer zurückzugehen und drei Monate nicht gegen Oesterreich zu dienen. Auch Alles, was von der Bürgerschaft wollte, durfte ihm folgen; doch übernahm Radetzki den Schutz alles Eigenthums. Radetzki hatte alle Ursache, den Abschluß der Kapitulation zu beschleunigen. Er fürchtete bei langem Verweilen für Verona, denn er durfte nicht voraussetzen, daß Karl Albert sich so unfähig erweisen würde, als er es wirklich that.

Daß Durando die Kapitulation schloß, war, was man auch sagen möge, unverantwortlich. Alle seine Truppen, auch die Freiwilligen, nicht bloß die Schweizer, wie man es der Welt hat glauben machen wollen, hatten sich gut geschlagen. Es war überhaupt nicht zu billigen, daß Durando sich in Vicenza einschließen ließ. Da er einmal diesen Fehler begangen, mußte er sich durchschlagen; er hatte eine Nacht zu seinen Vorbereitungen vor sich und die weitgedehnte Linie Radetzki's auf der Straße nach Padua oder Treviso zu durchbrechen, war absolut nicht unmöglich.

Am 11. Juni Morgens marschirte Durando mit seiner ganzen Truppenmacht und Allem, was ihm folgen wollte, auf der Straße nach Este aus, um von dort über Rovigo nach Ferrara zu ziehen.

Der Verlust der Oesterreicher in dem Kampfe von Vicenza belief sich auf 304 Todte, 541 Verwundete, 140 Vermißte, im Ganzen 985 M. (ungefähr $^1/_{35}$); die Italiener hatten 900 bis 1000 Todte und Verwundete verloren, wovon nach schweizerischen Angaben auf die Schweizer allein 600 M. ($^1/_5$ der Stärke) kommen. Diese Angaben sind aber offenbar zu hoch, da von den Schweizeroffizieren nur 14 todt oder verwundet waren, während nach dem herrschenden Verhältniß auf 600 M. 25 bis 30 Offiziere kommen müßten.

Noch am Abend des 11. Juni mußte die Brigade Culoz nach Verona abmarschiren, am 12. Juni Morgens folgte ihr das 1. Korps; vom 2. Korps mußte die Brigade Simbschen nach Schio abmarschiren, um die Val Arsa von Freischaaren zu reinigen und dadurch den Oesterreichern, welche mittlerweile ihre Verbindung längs der Etsch verloren hatten, diejenige von Verona über Vicenza und durch die Val Arsa nach Roveredo zu öffnen.

Ehe wir die Folgen der Einnahme von Vicenza, den Einfluß, welchen sie auf die Fortschritte der österreichischen Waffen, namentlich auch des zweiten Reservekorps im Venetianischen übte, näher besprechen, müssen wir noch zusehen, was Karl Albert in der ganzen Zeit vom Abmarsche Radetzki's aus den Stellungen von Sacca und Rivalta bis zu seiner Wiederkehr nach Verona gethan hatte.

5. Karl Alberts Unternehmen gegen die Stellung von Rivoli und sein neuer Versuch gegen Verona.

Am 3. Juni noch durch österreichische Streifkommando's bei Cerlungo und Cattapane beschäftigt, denen er den General Olivieri mit dem 11. Infanterieregiment entgegenstellte, entwarf nun Bava, unterrichtet von der Ankunft aller seiner erwarteten Verstärkungen bei Volta, den Plan zu einer entscheidenden Schlacht, die am 4. Juni gesucht werden sollte. Mit seiner Linken wollte Bava den rechten Flügel der Oesterreicher nächst dem Mincio nur beschäftigen, dagegen sich mit großer Uebermacht auf die feindliche Linke, das Korps d'Aspre's, werfen, um dieses von der Rechten zu trennen und durch einen allgemeinen Angriff zu erdrücken. Die Disposition dazu wurde am 3. Mittags an alle Truppenkommandanten versendet.

Als aber Bava am 4. Juni seine Bewegung den Mincio abwärts antrat, fand es sich bald, daß er keinen Feind mehr vor sich habe. Radetzki war schon in Mantua angekommen. Langsam, zum Theil im Marsche aufgehalten durch die Weghindernisse, welche die Oesterreicher zur Verstärkung ihrer Positionen geschaffen, rückte die piemontesische Armee bis Curtatone nach. Als man am 5. bei Curtatone auch keinen Feind fand, schloß man, daß Radetzki auf dem Wege, auf welchem er nach Mantua gekommen, auch wieder nach Verona zurückgekehrt sei; etwas Bestimmtes darüber wußte man nicht, der Aufhellungsdienst und Kundschaftsdienst zwischen Mincio und Etsch war von den Piemontesen so gut als gar nicht betrieben worden.

Karl Albert befahl darauf seiner ganzen Armee die Rückkehr in die früheren Positionen zwischen Mincio und Etsch gegen Verona. Hier angekommen, erhielt er den 7. Juni die Nachricht von dem Uebergange Radetzki's ans linke Ufer der Etsch, zog aber daraus keinen andern Schluß als diesen, daß die österreichische Armee durch die Niederlage von Goito und die darauf folgenden Regentage dergestalt demoralisirt worden sei, daß Radetzki der Sicherheit halber außer dem Mincio auch noch die Etsch habe zwischen sich und den Gegner bringen müssen.

Wie gesagt worden ist, sollte sich Durando mit dem rechten Flügel der piemontesischen Armee vereinigen. Am 8. aber kam die Nachricht von ihm, daß er sich entschlossen habe, bei Vicenza zu bleiben, da er sich stark genug fühle, sich im Venetianischen zu behaupten.

Karl Albert unterdessen, indem er nach irgend etwas suchte, was er wohl unternehmen könne, beschloß eine entscheidende Operation zur Wegnahme des Plateau von Rivoli.

Er bestimmte dazu das zweite Armeekorps unter General de Sonnaz. De Sonnaz hatte 19,000 Mann. Er brach am 9. Juni auf, mit der 3. Division, welche den rechten Flügel hatte, längs der Etsch über Pastrengo, mit der vierten auf dem linken Flügel gegen Costermano.

Zobel, welcher sich am 29. Mai nach dem Gefechte von

Calmasino zunächst nach Cavojon zurückgezogen, hatte bald auch dieses verlassen, sich bei Rivoli aufgestellt und die Stellung noch mehr verstärkt. Gegenüber der großen Ueberlegenheit von de Sonnaz zog er sich indessen ohne Kampf auf Preabocco und dann am 10., indem er der weiter vorrückenden Brigade Piemont auch die Posten von Brentino und der Madonna della Corona überließ, nach Südtyrol zurück. De Sonnaz postirte ein Bataillon bei Madonna della Corona, ließ ein Regiment bei Rivoli stehen und kehrte dann südwärts in seine früher eingenommenen Positionen zurück.

In derselben Zeit aber, da die Piemontesen sich der Stellung von Rivoli bemächtigten, so daß sie nun die Verbindung der Oesterreicher längs der Etsch vollständig beherrschten, hätten sich die Oesterreicher die Kommunikation durch die Val Arsa von Roveredo über Schio, Vicenza nach Verona geöffnet, wodurch jene erstere ihnen entbehrlich ward.

Schon am 7. Juni hatte Oberst Melczer mit 5 Kompagnieen Linientruppen, einer Abtheilung Landesschützen und 5 Raketengestellen den Versuch gemacht, von Roveredo aus über Chiesa und den Paß Pietra la Favella die Kommunikation durch die Val Arsa zu öffnen. Er hatte sich auch des Passes bemächtigt, ward aber hinabsteigend rings von der Landesbevölkerung angefallen, erkannte, daß er von Schio her auf eine österreichische Unterstützung nicht rechnen könne, und kehrte daher wieder gegen Roveredo um.

Nach der Einnahme von Vicenza aber entsendete nun Radetzki zur Eröffnung der Verbindung mit Roveredo die Brigade Simbschen nach Schio. Simbschen entwaffnete am 12. Juni die Stadt Schio und stieg dann weiter im Thal hinauf, den Landsturm aus einander jagend und entwaffnend, Posten im Thale zurücklassend. Am 15. Juni erreichte er so Roveredo und die Verbindung war nach Wunsch hergestellt.

Am 10. Juni erst verbreitete sich im Lager der piemontesischen Armee das Gerücht, daß Radetzki mit einem großen

Theil seines Heeres im Marsch über Montagnana nach Vicenza sei. Am 11. kam dann ein Adjutant Durando's an mit dessen Meldung, daß die päpstlichen Truppen in und bei Vicenza vereinigt seien, daß der Stadt ein Angriff bevorstehe, daß Durando aber darauf rechne, sich acht Tage zu halten. Am gleichen Tage brachte eine Deputation der provisorischen Regierung von Mailand dem König Karl Albert den Akt, durch welchen auf Grund der Volksabstimmung in der Lombardei dieses Land mit dem sardinischen Königreiche vereinigt ward.

Auf die Meldung Durando's hin lag es nahe, daß man an eine Diversion an das linke Ufer der Etsch dachte, um Radetzki, der gegen Vicenza rückte, in Flanke und Rücken anzugreifen und auf diese Weise die Vereinigung mit Durando zu erzielen. Andererseits war es aber auch verlockend, die Abwesenheit Radetzki's von Verona mit weitaus dem größten Theile seiner Streitmacht zu einem neuen Handstreiche auf die Festung zu benutzen. Wenn Durando sich aber acht Tage hielt, so hinderte nichts, beide Operationen mit einander zu verbinden. Man konnte zugleich, während man den Angriff auf Verona unternahm, unterhalb der Festung eine Brücke über die Etsch schlagen, über welche man dann, falls Verona mit seinen vier Brücken nicht genommen ward, an das linke Ufer des Flusses rücken konnte. Immerhin brauchte man zu diesem Brückenschlage Zeit.

Es ward in diesem Sinne dem größten Theile der Armee noch am 11. Juni der Befehl ertheilt, sich am 12. bei Sona, Valeggio und Roverbella zu vereinigen, von wo am 13. über Villafranca gegen Verona abmarschirt werden sollte. Es sollte dießmal der Angriff auf Tombetta, Tomba und Sa. Lucia geführt werden, einmal weil man diese Seite für die schwächste hielt, andererseits weil man dann von hier aus am leichtesten über die untere Etsch rechts abmarschiren konnte.

Das Warten auf eine Revue vor dem König Karl Albert, schlechte Vorkehrungen für die Marschordnung und

15*

ein starker anderthalb Stunden anhaltender Regen verzögerten indessen am 13. Juni die Bewegung ungemein; so wurde der Angriff auf Tomba und Sa. Lucia auf den 14. angesetzt und Bava ertheilte die Disposition dazu.

Auf dem Marsche von Villafranca vorwärts nach Alpo am 13. erfuhr Karl Albert die Niederlage Durando's und die Kapitulation von Vicenza und theilte die Trauerbotschaft sogleich dem General Bava mit. Dieß brachte selbstverständlich Unschlüssigkeit bei dem Befehlshaber zu Wege, indessen, wenn man zu spät kam, um Durando loszumachen, so blieb doch immer noch der Angriff auf Verona übrig, da man nicht wußte, ob Radetzki dorthin schon zurückgekehrt sei. Dieser Angriff trat nun in den Vordergrund.

Am Abend des 13. kam nun allerdings noch die weitere Kunde, daß Radetzki mit einem bedeutenden Theil seiner Streitkräfte nach Verona zurückgekehrt sei. Dieß verhielt sich auch in der That so.

Culoz war schon am 12. Juni Abends und während der Nacht auf den 13. zu Verona eingetroffen, Radetzki selbst mit dem ersten Armeekorps folgte am 13. Mittags. Am Nachmittag des 13. näherte sich der Herzog von Savoyen mit der Reservedivision, welche die Avantgarde gegen Verona bildete, Tomba, besetzte dieses ohne Widerstand und griff die österreichischen Vorposten bei Sa. Lucia und Tombetta an. Radetzki ließ sogleich die Truppen, von denen die Brigade Culoz ausruhte, während das erste Armeekorps beim Abkochen war, ins Gewehr treten und in die Stellungen rücken. Die eintretende Dunkelheit machte indessen dem Gefecht bald ein Ende.

Die Kunde von der Rückkehr Radetzki's machte Bava nun auch in Bezug auf den Angriff Verona's wankend. Doch zog er seine Befehle nicht zurück; da kam spät am Abend ein Einwohner von Verona zu Bava und theilte diesem mit, daß 600 bis 700 Veroneser entschlossen seien, trotz der Rückkehr Radetzki's sich zu erheben, wenn am 14. Juni zu gleicher Zeit die piemontesische Armee einen Angriff von außen her machen würde. Der Einwohner müsse diese Absicht der piemontesischen Armee den Veronesern indessen noch in der Nacht durch ein Signal ankündigen. (Es war ein großes Freudenfeuer, welches zu Villafranca angezündet werden sollte.)

Hiezu kam bald auch noch die Meldung des Herzogs von Savoyen, daß er Tomba ohne Widerstand besetzt habe.

Diese beiden Nachrichten hoben den Muth Bava's bedeutend und er war nun entschlossen, es bei dem Angriff auf Verona für den 14. Juni zu lassen. Mit diesem Gedanken legte er sich nieder, um auszuruhen, als er um 2 Uhr Nachts zum König gerufen ward, der, wie Bava auch, sein Hauptquartier zu Dorsdega vorwärts Villafranca hatte. Hier fand Bava den Einwohner, welcher das Signal hatte geben wollen. Er war von dem Platzkommandanten von Villafranca daran gehindert worden, und erklärte nun, daß unter diesen Umständen auf die Erhebung der 600 bis 700 Veroneser nicht zu rechnen sei.

Daraufhin ward nun jedes Unternehmen, sei's auf Verona, sei's ans linke Etschufer, aufgegeben und der Rückzug der Armee in die früheren Positionen angeordnet.

Die Reservedivision, dem Feind am nächsten, erhielt Befehl, noch in der Nacht den Rückzug von Tomba nach Castel d'Azana, dann über Forette nach Isola alta anzutreten.

Vom ersten Korps mußte die Brigade Aosta mit der Artillerie und dem Brückentrain, dann die Brigade Regina und ein Regiment der Brigade Acqui von Alpo nach Povegliano zurückgehen; das zweite Armeekorps sollte von Calzoni nach Sommacampagna und Sona zurückgehen; die Reiterdivision des ersten Korps sollte von Dossobuono, den Rückzug deckend, sich allmälig nach Villafranca ziehen.

Die Rückwärtsbewegung ward im Allgemeinen nach den gegebenen Bestimmungen vollzogen; nur beim zweiten Armeekorps brachte das Erscheinen eines österreichischen Ulanendetachements eine theilweise Unordnung zu Wege.

Da von jetzt ab wieder die Hauptarmeen längere Zeit einander beobachtend, gegenüberstanden, so können wir uns nun zu der Thätigkeit auf dem venetianischen Kriegsschauplatz wenden, wo zu dieser Zeit Welden und d'Aspre die Erfolge vervollständigten, welche Radetzki bei Vicenza errungen.

6. Das zweite Reservekorps und seine Operationen im Venetianischen. Fall von Treviso, Padua und Palmanova. Rückkehr des Restes des neapolitanischen Expeditionskorps in die Heimat.

Welden aus Tyrol abberufen, erhielt in Gratz den Befehl, das Kommando des zweiten Reservekorps zu übernehmen, welches nach dem Abmarsch Thurn's gegen Verona das Venetianische festzuhalten und die dort errungenen Erfolge weiter auszubeuten bestimmt war.

Am 20. Mai kam Welden nach Görz. Er fand, daß Alles, was Nugent und Thurn ihm zwischen dem Isonzo und der Piave zurückgelassen hatten, sich auf 11 Bataillone, 1/2 Eskadron und 14 Geschütze, im Ganzen 11,545 M. belief. Andere Truppen sollten nachrücken, so daß im Ganzen das zweite Reservekorps auf 5 Brigaden käme. Doch die Verhältnisse, welche sich inzwischen in Ungarn, Croatien, Serbien entwickelten, traten hier sehr störend ein.

Welden sah folgende Aufgaben vor sich:

im Zentrum die Piavelinie festhalten und die Blokaden von Palmanova und Osopo betreiben;

in der rechten Flanke die Verbindung mit Tyrol herstellen und sich dadurch in dieser Richtung sichern;

in der linken Flanke die Meeresküste von Duino über Monfalcone und Grado bis Caorle gegen die italienische Flotte und italienischen Landungstruppen schützen;

die Verbindung mit Triest rückwärts bewahren, die Verbindung vorwärts mit Verona über Vicenza gewinnen.

Welden traf zunächst die nachstehenden Anordnungen:

die Division Stürmer steht an der Piavelinie und zwar hält die Brigade Susan (bald Franz Liechtenstein) Conegliano und den Brückenkopf Ponte Priula besetzt; mit einem Detachement weiter unterhalb am Fluß bei Ponte di Piave; — die Brigade Stillfried mit dem Gros bei Belluno hält die obere Piave mit deren nördlichen Nebenthälern;

die Brigade Philippovich mit dem Hauptquartier in Udine blokirt Osopo und schickt ein Detachement über Tolmezzo ins obere Tagliamentothal, welches von da ins obere Piavethal steigt und gemeinschaftlich mit einem von Longarone die Piave aufwärts steigenden Detachement Stillfrieds die Wegnahme von Pieve di Cadore und die Eröffnung der Verbindung mit Tyrol versucht;

die Brigade Mitis schließt Palmanova ein;

eine Reservebrigade sammelt sich am untern Tagliamento, um über Latisana und Oderzo an die untere Piave nach Ponte di Piave vorzurücken, die Unternehmungen Stürmers zu unterstützen und zugleich den Küstenstrich zu sichern.

Die Ereignisse auf dem venetianischen Kriegsschauplatz in der letzten Hälfte des Mai lassen sich kurz zusammenfassen.

Die italienische Flotte, aus acht sardinischen, acht neapolitanischen und drei venetianischen Fahrzeugen bestehend unter dem Admiral Albini manövrirte seit dem 19. Mai gegen die österreichische Flotte. Diese am Einlaufen in den Hafen von Pola gehindert, suchte Schutz im Hafen von Triest. Albini erschien vor letzterem, verlangte die Herausgabe der venetianischen Fahrzeuge und kündigte, als diese verweigert ward, die Blokade an, ohne sie aber thatsächlich auszuführen; die neapolitanischen Schiffe wurden in Folge der Ereignisse des 15. Mai bald abberufen, und was die Blokade von Triest betrifft, so legten sich die Konsuln der fremden Mächte ins Mittel und machten selbst der Scheinblokade ein Ende.

Auf dem rechten Flügel gegen Pieve di Cadore waren

die von Welden entsendeten Kolonnen, sowohl aus dem Tagliamento- als aus dem Piavethal nicht glücklich.

Bei Palmanova schmeichelte sich Welden verschiedene Male mit einer baldigen Uebergabe, sah sich aber bald immer in seinen Hoffnungen getäuscht. Besonders müssen wir hier einer Komödie erwähnen, die Welden am 24. Mai aufführen ließ. Die Gerüchte von einem Uebergang der neapolitanischen Truppen über den Po waren bis zu ihm gedrungen und er glaubte, daß sie auch nach Palmanova gekommen sein würden. Er ordnete daher ein Manöver an, bei welchem ein Theil des österreichischen Zernirungskorps die Neapolitaner vorstellen und den Rest des Zernirungskorps angreifen sollte. Er hoffte, die Italiener würden nun einen Ausfall machen und dann wollte er über sie herfallen. Indessen blieb das Scheingefecht ohne die gewünschte und gehoffte Wirkung: Zuchi machte keinen Ausfall. Am 26. Mai ließ Welden Palmanova aus 4 Mörserbatterieen bombardiren. Da auch dieß ohne Erfolg blieb, verwandelte er die Belagerung in eine bloße Blokade und zog einige Abtheilungen des Zernirungskorps an die Piave vor.

Am 31. Mai verlegte Welden sein Hauptquartier nach Conegliano.

Auf seinem linken Flügel an der untern Piave ließ Welden San Donà, Grisolera, Cortellazzo, dann über die Piave hinaus Capo Sile und Cava Zucherina am nördlichen Ende der Lagunen besetzen, auch die Ruderflottille von Caorle durch die innern Kanäle nach Cortellazzo bringen, um sie besser zu sichern. Von Capo Sile schob er dann noch ein Detachement nach Porto Grandi vor, welches indessen am 3. Juni Nachmittags von Mestre her angegriffen sich nach Capo Sile zurückziehen mußte. Bis zum 4. zog nun Welden die ganze Brigade Mitis an die untere Piave vor und ließ am 6. Porto Grandi wieder besetzen.

Am 2. Juni schoben sich auf dem rechten Flügel Weldens drei Kolonnen, die eine von Belluno die Piave aufwärts, die zweite von den Tagliamentoquellen her, die dritte aus Tyrol durchs Ampezzothal gegen Pieve di Cadore, den Hauptsitz des Landsturms in diesen Gebirgsgegenden zusammen.

Gleichzeitig ließ Welden am 2. 6 Kompagnieen unter Oberst Wolff nach Feltre vorrücken, breitete sich vor Ponte Priula am rechten Piave-Ufer gegen Treviso aus, und ließ 400 M. mit 2 Geschützen unter Hauptmann Bourguignon von Ponte Priula über Volpago gegen Pederobba vorrücken, um die Verbindung mit Wolff herzustellen. Eine dritte Kolonne von 6 Kompagnieen und 2 Geschützen ward unter Hauptmann Henikstein nach Caerano geschickt. Am 4. sollten Wolff von Feltre auf Primolano, Bourguignon von Pederobba über Crespano und Henikstein von Caerano über Ons auf Bassano vordringen. Wolff ward als Rückzugspunkt Feltre, Bourguignon und Henikstein Vidor, wo eine neue Brücke über die Piave geworfen ward, angewiesen.

Wolff kam am 6. Juni auf die Anhöhen über Primolano. An demselben Tage bemächtigte sich die aus dem Tagliamentothal vorgedrungene Kolonne unter Major Zwetvevich des Punktes Pieve di Cadore; ein Theil der flüchtigen Landstürmer von Cadore fiel der aus dem Ampezzothal vorgedrungenen Kolonne des Majors Hablitschek in die Hände, worauf nun Stillfried alle gegen die cadorischen Gebirge gesendeten Kolonnen vereinigte, um die Straße nach Tyrol vollends zu öffnen.

Wolff besetzte am 7. Juni Primolano und sendete dann zwei Seitenkolonnen, die eine rechts, die andere links ab. Mit deren Hülfe ward dann am 9. Juni die Stellung von Enego genommen und auf diese Weise die Verbindung Weldens durch die Val Sugana mit Trient eröffnet.

Gleichzeitig etwa nahm Stillfried Agordo im Cordevolethal.

Am 11. Juni früh Morgens erhielt dann Welden, der nun bereits zwei Verbindungen mit Tyrol offen hatte, die Nachricht von der Kapitulation Vicenza's. Es erschien ihm wahrscheinlich, daß diese auch den Fall von Treviso zur unmittelbaren Folge haben könne. Er sendete daher noch am gleichen Tage seinen Adjutanten, den Major Crenneville als Parlamentär nach Treviso, um zur Uebergabe aufzufordern. Die wohlhabende Bürgerschaft zeigte sich in der That zu Unterhandlungen sehr geneigt und sendete auch am 12. eine Deputation an Welden, um ihm diese Geneigtheit kund zu thun. Anders verhielt es sich aber mit der über 4000 M. starken, meist aus Romagnolen, Neapolitanern und Sicilianern zusammengesetzten Garnison.

Als nun am 13. Juni Welden von Ponte Priula aus seine Truppen gegen Treviso vorgehen ließ, um die Neigung zur Unterwerfung zu verstärken, eröffnete die Artillerie der Garnison alsbald auf dieselben das Feuer. Welden ließ darauf sogleich eine 12pfd. Haubitz- und eine Raketenbatterie auffahren und bombardirte Treviso von 6 Uhr Morgens bis 6 Uhr Abends. Zugleich ließ er eine Abtheilung der Brigade Mitis von der untern Piave gegen die Kommunikation von Treviso mit Mestre vorrücken.

Am 13. Abends erschien dann eine neue Deputation der Einwohner von Treviso und am 14. kam eine Kapitulation auf den Grundlagen derjenigen von Vicenza zu Stande, in Folge deren die 4185 M. starke Besatzung mit der Verpflichtung, drei Monate nicht gegen Oesterreich zu dienen, noch in der Nacht vom 14. auf den 15. in der Richtung nach dem Po abmarschirte, um sich an dessen rechtes Ufer und nach Ferrara zu begeben.

Gleichzeitig unterwarf sich Padua freiwillig d'Aspre, der von Vicenza aus mit der Brigade Friedrich Liechtenstein dort hin eilte.

Man kann sich denken, daß es nach diesen Erfolgen der Armee Radetzki's bei Verona wenigstens nicht mehr an Lebensmitteln gebrach. Außerdem daß alle Kommunikationen frei waren, beherrschte die österreichische Armee nun auch nach dem Falle Vicenza's, Padua's und Treviso's den ganzen reichen Landstrich zwischen der Etsch und der Piave und konnte aus demselben ziehen, was ihr beliebte.

Im Venetianischen blieben jetzt eigentlich nur noch die Stadt Venedig und Palmanova zu berücksichtigen. Welden beschloß, sein Hauptaugenmerk darauf zu richten, der Stadt Venedig die Verbindungen mit dem Festlande abzuschneiden.

Er verwendete hiezu die drei Brigaden Franz Liechtenstein, Susan und Mitis. Am 16. Juni begann er die betreffenden Operationen. Am 17. besetzte die Brigade Liechtenstein Mogliano an der Straße von Treviso nach Mestre und schob ihre Avantgarde an den Desefluß vor; rechts von Liechtenstein besetzte Susan Roale, links von Liechtenstein Mitis Marcon und S. Michele am Sile. Am 18. besetzten die drei Brigaden Liechtenstein und Mitis vom rechten nach dem linken Flügel Malcontenta am Brentakanal; Mestre und Tesera; am 19. detachirten sie weiter vorwärts, Susan ging nach Mirano und schob seine Avantgarde nach Oriago.

Diese und die folgenden Bewegungen zur Einschließung der westlichen Lagunen gingen nicht ohne Gefechte mit der etwa 2600 Mann starken Besatzung von Venedig, des Forts Malghera, sowie der Lagunenflottille vor sich, welche indessen nichts besonders Erwähnenswerthes bieten, wenn man nicht eine Beschießung der venetianischen Lagunenflottille durch die Artillerie der Brigade Liechtenstein am 23. Juni von Fusina aus ausnehmen will.

Am 25. Juni kapitulirte die Festung Palmanova, welche in letzterer Zeit bedeutenden Mangel an Lebensmitteln gelitten hatte.

Die italienische Flotte that in der ganzen Zeit sehr wenig. Am 1. Juni kanonirten eine venetianische Brigg und ein sardinischer Dampfer das kleine Fort S. Bernardino an der istrischen Küste, welches den Hafen Pirano deckt. In diesen hatte sich eine italienische Barke geflüchtet, welche die Oester-

die von Welden entsendeten Kolonnen, sowohl aus dem Tagliamento- als aus dem Piavethal nicht glücklich.

Bei Palmanova schmeichelte sich Welden verschiedene Male mit einer baldigen Uebergabe, sah sich aber bald immer in seinen Hoffnungen getäuscht. Besonders müssen wir hier einer Komödie erwähnen, die Welden am 24. Mai aufführen ließ. Die Gerüchte von einem Uebergang der neapolitanischen Truppen über den Po waren bis zu ihm gedrungen und er glaubte, daß sie auch nach Palmanova gekommen sein würden. Er ordnete daher ein Manöver an, bei welchem ein Theil des österreichischen Zernirungskorps die Neapolitaner vorstellen und den Rest des Zernirungskorps angreifen sollte. Er hoffte, die Italiener würden nun einen Ausfall machen und dann wollte er über sie herfallen. Indessen blieb das Scheingefecht ohne die gewünschte und gehoffte Wirkung: Zuchi machte keinen Ausfall. Am 26. Mai ließ Welden Palmanova aus 4 Mörserbatterien bombardiren. Da auch dieß ohne Erfolg blieb, verwandelte er die Belagerung in eine bloße Blokade und zog einige Abtheilungen des Zernirungskorps an die Piave vor.

Am 31. Mai verlegte Welden sein Hauptquartier nach Conegliano.

Auf seinem linken Flügel an der untern Piave ließ Welden San Donà, Grisolera, Cortellazzo, dann über die Piave hinaus Capo Sile und Cava Zuccherina am nördlichen Ende der Lagunen besetzen, auch die Ruderflottille von Caorle durch die innern Kanäle nach Cortellazzo bringen, um sie besser zu sichern. Von Capo Sile schob er dann noch ein Detachement nach Porto Grandi vor, welches indessen am 3. Juni Nachmittags von Mestre her angegriffen sich nach Capo Sile zurückziehen mußte. Bis zum 4. zog nun Welden die ganze Brigade Mitis an die untere Piave vor und ließ am 6. Porto Grandi wieder besetzen.

Am 2. Juni schoben sich auf dem rechten Flügel Weldens drei Kolonnen, die eine von Belluno die Piave aufwärts, die zweite von den Tagliamentoquellen her, die dritte aus Tyrol durchs Ampezzothal gegen Pieve di Cadore, den Hauptsitz des Landsturms in diesen Gebirgsgegenden zusammen.

Gleichzeitig ließ Welden am 2. 6 Kompagnieen unter Oberst Wolff nach Feltre vorrücken, breitete sich vor Ponte Priula am rechten Piave-Ufer gegen Treviso aus, und ließ 400 M. mit 2 Geschützen unter Hauptmann Bourguignon von Ponte Priula über Volpago gegen Pederobba vorrücken, um die Verbindung mit Wolff herzustellen. Eine dritte Kolonne von 6 Kompagnieen und 2 Geschützen ward unter Hauptmann Henikstein nach Caerano geschickt. Am 4. sollten Wolff von Feltre auf Primolano, Bourguignon von Pederobba über Crespano und Henikstein von Caerano über Onè auf Bassano vordringen. Wolff ward als Rückzugspunkt Feltre, Bourguignon und Henikstein Vidor, wo eine neue Brücke über die Piave geworfen ward, angewiesen.

Wolff kam am 6. Juni auf die Anhöhen über Primolano. An demselben Tage bemächtigte sich die aus dem Tagliamentothal vorgedrungene Kolonne unter Major Zwetovich des Punktes Pieve di Cadore; ein Theil der flüchtigen Landstürmer von Cadore fiel der aus dem Ampezzothal vorgedrungenen Kolonne des Majors Hablitschek in die Hände, worauf nun Stillfried alle gegen die cadorischen Gebirge gesendeten Kolonnen vereinigte, um die Straße nach Tyrol vollends zu öffnen.

Wolff besetzte am 7. Juni Primolano und sendete dann zwei Seitenkolonnen, die eine rechts, die andere links ab. Mit deren Hülfe ward dann am 9. Juni die Stellung von Enego genommen und auf diese Weise die Verbindung Weldens durch die Val Sugana mit Trient eröffnet.

Gleichzeitig etwa nahm Stillfried Agordo im Cordevolethal.

Am 11. Juni früh Morgens erhielt dann Welden, der nun bereits zwei Verbindungen mit Tyrol offen hatte, die Nachricht von der Kapitulation Vicenza's. Es erschien ihm wahr-

in Venedig ein; an demselben Tage ergab sich Padua an d'Aspre.

Das neapolitanische Geschwader hatte sich schon am 11. Juni von der italienischen Flotte getrennt, um nach Neapel zurückzusegeln.

7. Lage der Hauptarmeen Ende Juni und Anfangs Juli. Entschluß, die Blokade von Mantua zu unternehmen.

Verlegen war am 14. Juni Karl Albert von Verona in seine alten Positionen zurückgekehrt. Von der öffentlichen Meinung, von der Presse gedrängt, irgend etwas zu unternehmen, vorwärts zu gehen, wußte er doch nicht, was er thun solle. Die allgemeine Verlegenheit spricht sich in einem Berichte Bava's an den König vom 19. Juni aus, welcher die Lage beleuchtet.

Bava setzt folgende Operationen als möglich:

1. Oberhalb Verona über die Etsch gehen, die Verbindung Radetzki's mit Tyrol unterbrechen und Verona vom linken Etschufer aus angreifen;

2. unterhalb Verona über die Etsch gehen;

3. Mantua auf beiden Mincio-Ufern blokiren,

4. Mantua nur am rechten Ufer blokiren und unterhalb Legnago über die Etsch gehen;

5. mit einem Theil der Armee nur die Mincio-linie behaupten und mit dem Gros über den untern Po ins Venetianische gehen.

Bava verwirft alle diese Operationen, weil sie alle eine Zertheilung, Zersplitterung der Armee zur Folge haben und hält für das einzig richtige, eine Defensivstellung am Mincio einzunehmen, dabei so viel als möglich von dem Terrain zwischen Mincio und Etsch zu behaupten, hier die Organisation und Disziplinirung der neuen Formationen aus der Lombardei und der Reserven aus Piemont zu betreiben.

In der That hatte Karl Albert nach den Niederlagen im Venetianischen, nach dem Verschwinden des neapolitanischen Expeditionskorps vom Schauplatze kaum 45,000 Kombattanten wirklich zur Verfügung.

Indessen hörte das Drängen nicht auf. Bava erklärte nun, wenn überhaupt etwas geschehen solle, so könne man nur die Blokade von Mantua unternehmen und reichte am 24. Juni eine Disposition dazu ein. Er verlangte dabei, daß die piemontesischen Stellungen an der obern Etsch, um Rivoli aufgegeben würden, damit man die Linie mehr konzentrire, die Zersplitterung vermeide, welche vereinzelten Niederlagen aussetzt. Gegen das Aufgeben der Stellung von Rivoli erhob sich aber ein lauter und entschiedener Widerspruch. Ohne sachliche Gründe für die Behauptung der Stellung von Rivoli vorbringen zu können, machte man allgemeine Redensarten über sie, holte Erinnerungen von 1796 hervor und sprach von dem üblen Eindruck, welchen das Verlassen dieser Stellung in ganz Italien machen würde. So ward denn wirklich das Projekt der Blokade Mantua's vertagt und die Ereignisse drehten sich noch eine Zeit lang um die obere Etsch, Rivoli und die Abhänge des Montebaldo, um so mehr, da die Oesterreicher hier selbst wieder sich zu regen angefangen hatten.

Auch Radetzki fühlte sich, nachdem er von Vicenza nach Verona zurückgekehrt war, zu einem offensiven Hauptschlage nicht kräftig genug. Die letzten Märsche und Gefechte, die bösen Tage bei Sacca und Rivalta hatten viele Menschen gekostet. Außerdem hatte es der Marschall für nothwendig gehalten, wie wir sahen, das zweite Armeekorps, von dem überdieß die Brigade Simbschen nach Tyrol detachirt war, vorläufig im Venetianischen bei Vicenza zu lassen.

Nach einiger Zeit dagegen, wenn d'Apre und Welden im Verein das Venetianische völlig beruhigt haben würden, konnte Radetzki nicht bloß das zweite Armeekorps wieder an sich ziehen, er konnte auch hoffen, daß Welden, dessen Reservekorps sich beständig verstärkte, bald im Stande sein werde,

Truppen an die Etsch vorzuschieben, da im Venetianischen bald nichts mehr übrig bleiben würde, als die Stadt Venedig selbst. Wie Welden, so flossen aber auch Thurn, der am 15. Juni das Kommando in Tyrol zu Roveredo angetreten hatte, noch beständig Verstärkungen aus den andern österreichischen Provinzen zu, so daß vorauszusetzen war, die dort stehende Division Lichnovski, welche jetzt unter Thurns Befehl den Namen des 3. Armeekorps angenommen hatte, werde diesen Namen bald verdienen.

Mit den bei Verona vereinigten Truppen, dem von Vicenza herbeigezogenen 2. Armeekorps, den von Welden abzugebenden Bataillonen und dem von Thurn die Etsch hinabgeführten dritten Armeekorps konnte dann Radetzki binnen wenigen Wochen eine wirklich ausgiebige entscheidende Offensive beginnen. Die Vereinigung aller übrigen für diese Offensive bestimmten Truppen hatte gar keine Schwierigkeit, nur die Verbindung Thurns mit der Hauptarmee bei Verona war eine schlechte, so lange die Piemontesen Rivoli und die vorliegenden Positionen besetzt hielten. Hier mußte noch Abhülfe geschafft werden und Thurn unternahm alsbald Einiges zu diesem Zwecke.

Seine Truppenmacht hielt im Allgemeinen die Grenzen Südtyrols gegen Italien vom Stilfser Joch über das Nordende des Gardasee's bis zu den Ausgängen der Val Arsa besetzt. Verschanzungen wurden auf verschiedenen Punkten angelegt, um die Grundstellung zu befestigen und für die Offensive Truppen zu sparen.

Am 18. Juni ward ein Versuch auf den Posten Madonna della Corona am Ostabhange des Montebaldo gemacht. Oberst Zobel mit 8 Kompagnieen und 3 Raketengestellen mußte von Avio über Madonna della Neve dahin aufbrechen, Oberst Melczer mit 4 Kompagnieen und 2 Raketengestellen von Brentonico gleichfalls über Madonna della Neve ihm zur Unterstützung folgen. Die Truppen waren am 17. aufgebrochen und 11 Stunden bis auf die Höhen marschirt. Sie glaubten am 18. leichte Arbeit zu haben. Aber wenn auch in der That Madonna della Corona von den Piemontesen numerisch nur schwach besetzt war, so thaten doch die dort stehenden Soldaten völlig ihre Schuldigkeit. Zobels wiederholter Angriff ward abgeschlagen, die Oesterreicher zogen sich noch an diesem Tage bis Pian di Cenere und am 19. dann nach Brentonico und Avio zurück.

Unterdessen plagte man sich im Hauptquartier Karl Alberts mit dem Problem der Blokade von Mantua ohne doch das Plateau von Rivoli, diesen historischen Punkt, aufzugeben. Der König wollte wenigstens einen Versuch machen, ob dort an der obern Etsch nicht etwas Großartiges zu erreichen sei; vielleicht war er auch noch im Zweifel, ob er dort nicht seine ganze Armee ans linke Ufer werfen sollte. Wenn die kleinen Versuche zu etwas führten, so ist es sehr wahrscheinlich, daß er Mantua in Ruhe gelassen hätte und ans linke Etschufer oberhalb Verona übergegangen wäre.

Am 26. Juni unternahmen die Piemontesen eine kleine Rekognoszirung des Uebergangs bei Ceradino und der Stellungen der Oesterreicher am linken Flußufer. Am 1. Juli ging dann der Herzog von Savoyen mit 4 Bataillons, 1 Eskadron und 4 Geschützen bei Ceradino über die Etsch und rückte gegen Dolce vor, während gleichzeitig eine andere piemontesische Kolonne am rechten Flußufer gegen la Croara vorrückte. Der Angriff wurde von den Oesterreichern abgewiesen, doch konnten sie dem Gegner in seine gut vorbereiteten Positionen, deren Zugänge nicht bloß von Geschütz bestrichen, sondern auch durch zum Herabrollen bereit gelegter Steinmassen gedeckt wurden, nicht folgen.

Am 8. kam es abermals in denselben Stellungen zum Vorpostengefecht.

Am 9. Juli gab dann Karl Albert den Gedanken eines offensiven Erfolges an der obern Etsch ganz auf und entschloß sich zu der von Bava vorgeschlagenen unglücklichen Blokade von Mantua, ohne indessen zugleich die Stellung von Rivoli und was daran hing verlassen zu wollen. Man wartete nur noch auf das vollständige Eintreffen der lombardischen Division Perrone und der piemontesisch-lombardischen Reservedivision Visconti. Als diese bereit waren, in Linie zu rücken — zusammen etwa 18,000 M. streitfähiger Truppen — begannen am 13. Juli die Bewegungen zur Einschließung Mantua's.

8. Die Einschließung von Mantua.

Die Blokade von Mantua ward dem General Bava, der den sonderbaren Vorschlag gemacht hatte, mit seinem Armeekorps und den ihm zugetheilten andern Truppen übertragen, während de Sonnaz mit dem zweiten Korps und den beigegebenen Truppen die Stellungen gegen Verona bis Rivoli aufwärts behaupten sollte.

Die Truppen von de Sonnaz wurden folgendergestalt vertheilt:

Bei Madonna della Corona 1 Bataillon vom 14. Regiment (Brigade Pinerolo, 4. Division);

bei Rivoli 2 Bataillone vom 14. Regiment, 1 Bataillon vom 16. Regiment (Brigade Savona, 3. Division);

in Reserve für diese beiden Positionen 2 Bataillone vom 16. Regiment.

Zusammen waren also für die Stellungen an der obern Etsch 6 Bataillone verwendet.

In der Stellung von Sandrà, Sa. Giustina, Osteria del Bosco bis Sona die Brigade Savoyen (3. Division) 6 Bataillone.

Von Sona bis Sommacampagna 1 Bataillon vom 13. Regiment (Brigade Pinerolo der 4. Division) und 700 Toscaner von dem Korps de Laugiers, welches, als die Armee vom rechten Minciouser gegen die Etsch vorging, von Guidizzolo, wo es sich nach der Niederlage von Curtatone gesammelt hatte, nach Brescia gesendet war, um sich dort auszuruhen und zu reorganisiren und nun allmälig wieder vorgezogen wurde.

Als erste Reserve dienten dieser Linie

6 Eskadrons Kavallerie des 2. Korps hinter Sonaz; ferner bei Villafranca, zugleich zur Verbindung mit dem Blokadekorps vor Mantua, die Brigade Piemont, 2 Bataillone des 13. Regiments und 600 Toscaner, also 9 Bataillone.

Als zweite Reserve diente die neue Division Visconti, welche in 12 Bataillonen 9000 M. mit 16 Geschützen zählte und Peschiera, San Giorgio in Salice, Castionze, Ponti, Pozzolengo, Monzambano, Valeggio, Borghetto und Goito besetzt hielt.

Von dem Blokadekorps vor Mantua bildete die Verbindung mit dem Korps von de Sonnaz die Reservedivision unter dem Herzog von Savoyen am linken Ufer des Mincio, sie hatte ihr Gros zu Roverbella, ihre Kavallerie theils vorwärts zu Marengo, theils rückwärts zu Villafranca.

Links der Reservedivision besetzte die Division d'Arvillars Castelbelforte und Castellaro.

Am rechten Ufer des Mincio gegen die Forts von Belfiore und Pietole nahm die Division Ferrere Stellung. Ihr nach rückte die lombardische Division Perrone. Sobald diese sich gehörig zu Mantua verschanzt haben würde, sollte aber nur die Brigade Casale am rechten Minciouufer zurückbleiben, dagegen die Brigade Acqui ans linke Ufer zur Division d'Arvillars hinüberrücken.

Zwischen Rivalta und Sacca ward noch eine Brücke über den Mincio geworfen, eine andere ward, um dem rechten Flügel des Blokadekorps einen bessern Rückzug zu sichern, bei Torre d'Oglio, am Einfluß des Oglio in den Po, erbaut.

Alle Zugänge zu den Thoren Mantua's, alle Posten wurden durch Verhaue und Verschanzungen von den Piemontesen gedeckt.

Die ganze Streitmacht Karl Alberts belief sich zu dieser Zeit auf höchstens 67,000 M., die Kranken eingerechnet, und diese war von Rivoli abwärts über Roverbella bis um

16*

Mantua herum seit dem 18. Juli auf eine Strecke von 12 deutschen Meilen oder vier Tagemärschen vertheilt. Ein großer Theil der piemontesischen Heeresmacht stand angesichts der Festungen Verona und Mantua, in und bei denen ansehnliche Massen der Oesterreicher konzentrirt standen, und war von diesen aus in der Vereinzelung durch Märsche von wenigen Stunden zu erreichen.

9. Vorbereitungen Radetzki's zu der großen entscheidenden Offensive. Die Verproviantirung Ferrara's und das Gefecht von Governolo.

Um seine Offensive zu eröffnen, traf Radetzki bereits anfangs Juli die erforderlichen Anstalten.

Die Brigade Simbschen ward aus Tyrol nach Vicenza zurückgerufen; d'Aspre ließ darauf in letzterer Stadt nur 2000 M. als Besatzung zurück und führte das Gros seines Armeekorps nach Verona, wo es seit dem 12. Juli unterhalb an beiden Ufern der Etsch lagerte.

Da mit Anfang Juli die österreichische Thätigkeit im Venetianischen eigentlich auf die bloße Beobachtung Venedigs beschränkt blieb und Welden für sein zweites Reservekorps ansehnliche Verstärkungen erhalten hatte, so konnte er Truppen an die Hauptarmee abgeben. Am 3. Juli ertheilte ihm denn auch Radetzki den Befehl, 12,000 M. nach Legnago, Minerbe und Montagnana zu senden, welche in die drei Brigaden Franz Liechtenstein, Degenfeld und Draskovich eingetheilt, unter dem provisorischen Kommando des Generals Culoz zu einem vierten Armeekorps vereinigt wurden. Diese Truppen trafen vom 10. bis 12. Juli bei Legnago ein.

Der ursprüngliche Plan Radetzki's für die neue Offensive war eine Wiederholung der Operation vom Ende des Mai: Abmarsch der Hauptarmee, welcher das 4. Korps nunmehr als Avantgarde vorausgehen konnte, nach Mantua, um von dort aus am rechten Mincioufer aufwärts zu operiren, Demonstration mit dem 3. Armeekorps, welches jetzt unter dem

Befehle Thurn's in 54 Kompagnieen, 3 Eskadrons und 3 Batterieen etwa 9000 M. disponibel hatte, aus Tyrol über Rivoli gegen Peschiera und den linken Flügel der Piemontesen, um deren Aufmerksamkeit dorthin zu lenken und so die Hauptbewegung zu maskiren. Den Befehl dazu ertheilte Radetzki am 18. Juli, ohne Thurn den Tag des Angriffes vorzuschreiben, und Thurn antwortete, daß er seinerseits am 22. Juli angreifen werde.

In Folge der Kunde von der vollendeten Einschließung Mantua's änderte, wie wir alsbald sehen werden, Radetzki seinen Plan insofern, als er der Hauptarmee eine andere Angriffsrichtung anwies.

Zwischen der Einwohnerschaft von Ferrara, in welchem sich auch viele der laut Kapitulationen aus dem Venetianischen abgezogenen italienischen Truppen sammelten, und dem Kommandanten der österreichischen Besatzung der Zittadelle hatten sich im Juli Anstände betreffs der Konvention erhoben, laut welcher die Besatzung der Zittadelle aus der Stadt ruhig ihre Verpflegung beziehen durfte.

Radetzki, davon unterrichtet, ertheilte darauf an Culoz den Befehl, eine auf 5000 Mann verstärkte Brigade nach Ferrara zu senden, welche die neue Verproviantirung der Zittadelle erzwingen sollte; mit dem Rest seiner Truppen aber nach Nogara vorzurücken, um hier die Verbindung Mantua's mit Legnago sicher zu stellen.

Culoz entsendete darauf in der Nacht vom 12. auf den 13. Juli Fürst Franz Liechtenstein mit 5000 M. von Legnago an den Po, während er mit den ihm bleibenden 7000 M., den Brigaden Degenfeld und Draskovich über die Etsch ging und an den folgenden Tagen Stellung bei Nogara nahm.

Liechtenstein überschritt den Po auf Barken und Fähren bei Ficarolo, Occhiobello und Polesella und erschien am 14. Juli Mittags vor Ferrara. Die italienischen Truppen räumten sogleich die Stadt, die Behörden erklärten ihre Unterwerfung und die Zittadelle ward sofort wieder auf 2 Monate verproviantirt.

Während dem war nach Radetzki's Hauptquartier die Kunde von den ersten Bewegungen der Piemontesen zur Einschließung Mantua's gekommen. Immer noch wesentlich der Absicht, seine neue Offensive über Mantua zu führen, wünschte er sich das Herausbrechen am rechten Mincioufer möglichst zu erleichtern und folglich die Curtatonelinie frei zu halten. Zu dem Ende schien ihm eine Verstärkung der Festungsbesatzung nothwendig und er ertheilte daher Culoz den Befehl, mit den beiden Brigaden, die er bei sich habe, von Rogara nach Mantua zu marschiren. Ebenso ward Liechtenstein, der nach Verproviantirung Ferrara's schon am 15. Juli Morgens von Ferrara an den Po zurückmarschirte, der Befehl entgegengesendet, seine Brigade in zwei Kolonnen, die eine über Legnago und Rogara, die andere längs dem linken Po-Ufer über Massa, Ostiglia und Governolo nach Mantua zu führen.

Culoz mit den Brigaden Draskovich und Degenfeld kam glücklich nach Mantua hinein, aber zu spät, um die Festsetzung der Piemontesen angesichts der Forts Belfiore und Pietole noch hindern zu können. Liechtenstein, welcher persönlich seiner Brigade voraneilte, um sich noch mit Gorczkowski zu besprechen, kam gleichfalls nach Mantua hinein. Unterdessen aber ward der Kordon um die Festung von den Piemontesen vervollständigt und nun konnte Liechtenstein nicht wieder heraus und die Brigade konnte nicht hinein, ja der nach Governolo dirigirten Kolonne war es selbst absolut unmöglich gemacht, nur diesen Punkt zu erreichen. Dieß hing so zusammen.

In Governolo stand eine österreichische Besatzung von 3 Kompagnieen des 2. Banalgrenzregiments mit 4 Geschützen unter Major Rukavina; eine Kompagnie war nach Formigosa am linken Mincioufer zwischen Governolo und Mantua detachirt.

Das Erscheinen der Brigade Liechtenstein am rechten Po-Ufer hatte den Alarm im Modenesischen verbreitet. Karl Albert fürchtete, daß Liechtenstein der hier sich bemerkbar machenden Reaktion gegen die piemontesische Herrschaft eine Stütze geben könne. Um dem entgegenzuwirken, sollte Bava mit der ursprünglich für die Blokade am linken Minciouser bestimmten Brigade Regina, dem Regiment Genua Kavallerie, einer Scharfschützenkompagnie und zwei Batterieen einen Streifzug über Borgoforte ans rechte Po-Ufer übernehmen.

Zu Borgoforte angekommen und bei seiner Rekognoszirung am rechten Po-Ufer erfuhr Bava am 17. Juli, daß Liechtenstein bereits wieder ans linke Ufer des Stromes zurückgekehrt und im Marsch auf Ostiglia sei. Hiemit wurde der Marsch an das rechte Po-Ufer für die Piemontesen weniger erforderlich; dagegen fiel es Bava ein, daß es gut sein würde, sich des Postens von Governolo zu bemächtigen, um auf diese Weise die Einschließung von Mantua vollständig zu machen.

Am 18. führte er dieses Unternehmen am linken Po-Ufer abwärts vordringend aus; die Bersaglierikompagnie sollte auf verdeckten Schiffen den Po hinabschwimmen, dann den Mincio hinauf und von der Mincioseite in die Stadt eindringen.

Bava detachirte unter General Trotti 3 Bataillone, 3 Schwadronen und 4 Geschütze links nach Bagnolo S. Vito, um von dorther vorzudringen, mit dem Rest seiner Truppen ging er von S. Nicolà direkt auf Governolo los.

Die Kolonnen rückten von der West- und Nordwestseite gegen den Ort vor und eröffneten das Feuer gegen ihn. Die Oesterreicher antworteten; unterdessen aber drangen die den Mincio hinaufgegangenen Bersaglieri in die Stadt. Es entstand Verwirrung in der Besatzung. Rukavina, der der ungeheuren ihn bedrohenden Uebermacht zum Trotz gemeint hatte, sich behaupten zu können, mußte den Rückzug antreten; die piemontesischen Bersaglieri ließen unterdessen die Zugbrücke auf der Westseite hinab; ein Theil der Truppen Bava's drang in die Stadt ein; ein anderer verlegte den Oesterreichern den Rückzug nach Mantua. Der größte Theil von Rukavina's Truppen gerieth in Gefangenschaft; der Rest mit 2 Geschützen, die wegen der Verwundung und des Todes vieler Bespannungspferde allein fortgeschafft werden konnten, kam nebst dem Detachement bei Formigosa glücklich nach Mantua.

Drei Bataillone unter Draskovich, welche Gorczkowski auf die Nachricht von der Bedrohung Governolo's Rukawina zu Hülfe aus Mantua gesendet hatte, kamen zu spät, um etwas an dem Resultate ändern zu können.

Bava ließ zu Governolo die ganze Brigade Regina nebst einer Batterie und einer Eskadron. Das Zurücklassen dieser starken Besatzung war ein größerer Nachtheil für die Piemontesen, als es ein Vortheil für sie gewesen, sich überhaupt dieses Postens mit zehnfacher Uebermacht bemächtigt zu haben.

An dem gleichen Tage, an welchem Bava Governolo nahm, ward von den Piemontesen auch Castellaro stark besetzt und hiedurch die Kommunikation zwischen Legnago und Mantua völlig unterbrochen.

Die Brigade Liechtenstein, hiedurch sowie durch die Einnahme Governolo's außer Stand gesetzt, nach Mantua zu gehen, überdieß ohne Führer, sammelte sich, weiterer Befehle gewärtig, bei Sanguinetto, schob die Avantgarde nach Nogara vor und besetzte mit Detachements auch einige Orte in der rechten und linken Flanke.

10. Die Offensive Radetzki's. Vordringen Thurns am 22. Juli. Gefechte von Rivoli.

Durch alle eintreffenden Nachrichten über die Blokade Mantua's wurde Radetzki bewogen, die Angriffsrichtung, welche er ursprünglich für seine Hauptarmee gewählt hatte, zu ändern.

Marschirte man von Verona auf Mantua ab, so hatte man gegenwärtig nach dem 18. Juli zunächst am linken Mincioufer beträchtliche piemontesische Kräfte zu bekämpfen. Wie groß immer die Ueberlegenheit der Oesterreicher numerisch sein mochte, das Terrain mußte ganz bestimmt dem Gegner gestatten, einen langen Widerstand zu leisten, welcher Karl Albert die Zeit gab, nicht bloß die drohende Gefahr zu erkennen, sondern auch seine Kräfte in einer für ihn günstigen Richtung zu konzentriren. Gelang es auch wider Erwarten, den Blokadegürtel vor Mantua in kurzer Zeit zu durchbrechen, so war nun das Debouchiren ans rechte Mincioufer aus Mantua keineswegs mehr ohne Widerstand zu bewerkstelligen. Vielmehr hatte man unmittelbar vor den Werken der Festung einen ganz wohl geordneten Widerstand zu erwarten. Auf solche Weise verlor Mantua als Ausgangspunkt für die Offensive bedeutend an Werth.

Andererseits aber gewann Verona. Statt zuerst nach Mantua zu gehen, konnte man ebensowohl von Verona direkt gegen die Stellungen von Sa. Giustina, Sona und Sommacampagna vorbrechen, nach ihrer Bewältigung an den Mincio zwischen Peschiera und Valeggio marschiren, sich der Uebergänge über den Fluß bemächtigen und nun je nach den Anstalten Karl Alberts, sei es am linken, sei es am rechten Ufer des Mincio gegen ihn weiter verfahren. Allerdings herrschten im österreichischen Hauptquartier noch weit übertriebene Vorstellungen von der Stärke der Stellung von Sona und Sommacampagna. Man wußte nicht, daß man es hier zunächst nur mit 8 Bataillons und 6 Eskadrons, also mit 6000 bis 7000 M. allein zu thun haben werde, gegen die man 50,000 sogleich ins Feld führen konnte; man machte sich auch ganz falsche Vorstellungen von der fortifikatorischen Verstärkung dieser Höhen. Dennoch war es klar, daß die Piemontesen, um Mantua so vollständig zu blokiren, als es nach allen Nachrichten jetzt den Anschein hatte, einen sehr bedeutenden Theil ihres Heeres dorthin gezogen haben, folglich die Stellungen von Sona und Sommacampagna ansehnlich geschwächt haben mußten. Es war also Aussicht, hier wirklich zu überraschen, viel mehr Aussicht, als bei dem Marsche auf Mantua. Und verlor man bei dem direkten Vorgehen gegen den Mincio unterhalb Peschiera die Aussicht auf die unmittelbare Mitwirkung des größten Theils des 4. Armeekorps, so gewann man wieder die Mitwirkung Thurns, dessen verfügbare Streitkräfte nahezu eben so hoch angeschlagen werden durften, als diejenigen, welche Culoz wirklich unter der Hand hatte.

Radetzki entschied sich daher für das direkte Vorgehen von Verona gegen Sona und Sommacampagna. Auf eine kunstgemäße Einreihung der Operationen Thurns in die allgemeinen Operationen rechnete er bei der unsichern und langsamen Verbindung mit Tyrol nicht. Doch mußte immerhin Thurn, ob er nun gleichzeitig, vor oder nach der Hauptarmee eingriff, dieser eine ansehnliche Unterstützung gewähren. Radetzki hatte die Nachricht Thurns, daß dieser am 22. vorgehen werde, schon am 21.; Thurn empfing die Anzeige Radetzki's, daß dieser am 23. Morgens seine Operationen eröffnen werde, erst am 23. Vormittags.

Thurn hatte unterdessen bereits seine Operationen eröffnet, und sie hatten mehr zu dem glücklichen Fortgang der Dinge im Allgemeinen beigetragen, als zu hoffen von Anfang an erlaubt gewesen wäre.

Am 21. Juli setzte Thurn seine Truppen in Bewegung.

Die Hauptkolonne unter Oberst Zobel, im Ganzen 23 Kompagnieen oder 3884 M. mit 6 Raketengestellen zählend, marschirte in zwei Abtheilungen über die Berge, theils von Avio über Madonna della Neve, theils von Brentonico über Scalette. Bei der Sennhütte Acque negre sollten die beiden Abtheilungen sich vereinigen.

Die Nebenkolonne unter General Mattis, 1338 M. mit 10 Geschützen, mit welcher auch Lichnowski marschirte, während Thurn sich bei Zobel befand, ging im Etschthal am rechten Ufer aufwärts. Am linken Etschufer im Thale mit rein defensiver Bestimmung wurden 600 Mann mit 6 Geschützen zurückgelassen.

Die Kolonne Zobels, welche über den Montebaldo ging, mußte ihre Tornister in den frühern Standquartieren zurücklassen, von wo sie im Etschthal nach Rivoli geschafft werden sollten; für zwei Tage Lebensmittel schaffte diese Kolonne auf

Maulthieren mit, außerdem nahm sie die Pferde für die Kochgeschirre mit sich.

Sie lagerte in der Nacht vom 21. auf den 22. Juli vereinigt bei Acque negre in der Nähe von Stellen, an denen der Schnee noch lag.

Für den 22. Juli theilte Thurn die Hauptkolonne zu dem Angriff auf die Position von Spiazzi in drei Abtheilungen: die erste oder den rechten Flügel unter Major Rissel, 1687 M. mit 6 Geschützen; die zweite oder den linken Flügel unter Oberstlieutenant Hohenbruck, 1121 M. und 3 Geschützen; die Reserve, welche dem linken Flügel folgen sollte, unter Oberst Zobel, 7 Kompagnieen oder 1076 M. und 3 Geschütze. Die Formation auf 2 Gliedern war für die ganze Kolonne Zobel bereits vor dem Ausrücken aus den Standquartieren angeordnet, um diese Abtheilung dem Gegner möglichst stark erscheinen zu lassen.

Schon um $2^1/_2$ Uhr Morgens brach Zobel am 22. Juli aus seinem Lager auf, traf um 5 Uhr auf die ersten feindlichen Posten und warf die Piemontesen, die ihm durchaus nicht gewachsen waren, allmälig bis Rivoli zurück. Auf dem Plateau von Spiazzi machte er Halt, um auszuruhen, und sendete ein Seitendetachement gegen die Etsch, um die Verbindung mit Lichnowski aufzusuchen.

Nach einiger Ruhe ließ Thurn die Kolonne Zobels über S. Martino im Tassothal, Lapresa und Le Zuanne vorgehen; gleichzeitig rückte die Kolonne Lichnowski's im Etschthale über Incanale vor; eine Batterie, aus einem 18pfünder und einer 7pfündigen Haubitze bestehend, seit längerer Zeit auf dem Monte Pastello oberhalb Ceradino angelegt, in der Nacht vom 21. auf den 22. um 6 etwas weiter unten postirte Raketengestelle vermehrt, eröffnete vom linken Etschufer her ein lebhaftes Feuer auf die Piemontesen und diese verließen die Stellung bei der Osteria am Aufgang aus dem Etschthal auf das Plateau von Rivoli, faßten jedoch alsbald weiter oben, durch Falten der Berge gedeckt, von neuem Posto. Hier wurde der nachdringende Lichnowski lebhaft empfangen und zum Rückzuge ins Etschthal nach Incanale gezwungen. Der General Mattis fand dabei seinen Tod.

Auch der Kolonne Zobels ging es bei ihrem Vordringen über S. Martino nicht besser. Bei dieser Kolonne machten sich binnen kurzem die Folgen der fast übermäßigen Anstrengung, dann das Hinabsteigen aus der kalten Gebirgsluft in die immer schwüler werdende, gewitterschwangere Luft der niederen Gegenden fühlbar. Und als General Sonnaz selbst mit einem Bataillon des 16. Linienregiments und 4 Geschützen von Affi über Cerebello in die rechte Flanke der Kolonne Zobels vordrang, mußte Thurn auch diese um 6 Uhr Abends nach S. Martino und Pazzone zurückziehen, wo man die Ankunft der Verpflegung und der Pferde mit den Kochgeschirren, welche weit zurückgeblieben waren, erwartete.

Der Angriff der Oesterreicher auf das Plateau von Rivoli war somit von den Piemontesen am 22. Juli vollständig abgeschlagen. Die Oesterreicher hatten 23 Todte, 153 Verwundete, 33 Vermißte oder im Ganzen 209 M. ($^1/_{27}$) verloren.

Dennoch zogen sich die Piemontesen in der Nacht vom 22. auf den 23. Juli theils nach Peschiera, theils über den Gardasee nach Desenzano eiligst zurück. Ueber den wahren Grund dieses Rückzuges ist viel gestritten worden; wir glauben nach den sichersten Nachrichten behaupten zu können, daß de Sonnaz in der Nacht noch die Kunde von dem beabsichtigten Vorgehen Radetzki's auf Peschiera empfing und in der Besorgniß, vollständig von den Verbindungen mit dem Gros der Armee abgeschnitten zu werden, den Rückzug anordnete. Allerdings erscheint nun durchaus nicht gerechtfertigt, daß von de Sonnaz's Seite keine zweckentsprechenden Befehle für die Truppen bei Sona und Sommacampagna ausgingen. Indessen, da sehr oft das Zweckentsprechende im Kriege nicht geschieht, ist dieses kein Grund, für den schleunigen Rückzug der Piemontesen von Rivoli eine andere als die von uns angegebene Ursache zu suchen.

11. Einnahme der Höhen von Sona und Sommacampagna durch Radetzki am 23. Juli.

Radetzki mit der Hauptarmee wollte am 23. Juli Morgens um 1 Uhr von Verona gegen die Höhen von Sona und Sommacampagna aufbrechen. Ein heftiger Gewitterregen verzögerte indessen den Aufbruch und derselbe konnte erst gegen Morgen, als das Wetter sich aufhellte, stattfinden.

Die Kolonnen waren vom rechten Flügel nach dem linken folgendermaßen geordnet:

Vom zweiten Armeekorps:

F.M.L. Graf Schaaffgotsche mit der Brigade Fürst Edmund Schwarzenberg und der Reservekavalleriebrigade Schaaffgotsche gegen Sa. Giustina;

F.M.L. Graf Wimpffen mit den Brigaden Fritz Liechtenstein, Kerpan und Giulay (letztere von Oberst Pergen kommandirt) von S. Massimo über Lugagnano und Mancalacqua auf Sona oder je nach den Umständen den Sattel zwischen Sona und Sommacampagna.

Vom 1. Armeekorps:

Die Brigaden Wohlgemuth, Supplikatz und Strassoldo von Sa. Lucia gegen Sommacampagna;

die Brigade Clam von Sa. Lucia über Calzoni und Gonfardine gegen Custozza;

das Reservekorps folgte von S. Massimo den beiden Armeekorps nach und zwar voran unter dem Kommando des F.M.L. Haller die drei Infanteriebrigaden Erzherzog Sigismund, Maurer und Harabauer, dann unter F.M.L. Fürst Taxis die Kavalleriebrigade Erzherzog Ernst und die Reserveartillerie;

in die äußerste linke Flanke ward Oberst Wyß mit 4 Eskadrons und einem Bataillon von der Reserve über Dossobuono gegen Villafranca entsendet.

Die ganze Stärke belief sich in 44 Bataillons, 36 Eskadrons und 26 Batterieen auf 42,000 M. mit 154 Geschützen.

Als die Kolonne des F.M.L. Wimpffen sich den Höhen näherte, wurde die Brigade Giulay grade gegen Sona gesendet; links von ihr die Brigade Liechtenstein gegen die Einsattlung südlich von Sona; die Brigade Kerpan folgte in Reserve.

Pergen mit der Brigade Giulay, die bald auch von dem größten Theil der Brigade Kerpan unterstützt ward, eröffnete seinen Angriff auf Sona um $6^1/_2$ Uhr Morgens und war nach heftigem Kampfe bald nach 11 Uhr Vormittags Herr der Stellung von Sona; später als Pergen war Friedrich Liechtenstein ins Gefecht gekommen, nachdem er kämpfend die Höhen erstiegen, wendete er sich gegen Madonna del Monte. General d'Aviernoz, welcher hier kommandirte, führte persönlich ein Bataillon vor, um Liechtenstein die Verbindung mit Pergen zu verwehren; ward jedoch zurückgeschlagen und selbst verwundet und gefangen gemacht.

Liechtenstein wendete sich darauf gegen Sona. Von hier war Pergen um Mittag bereits in der Richtung nach Castelnovo abmarschirt. Liechtenstein schlug die Richtung nach S. Giorgio in Salice ein, vertrieb von hier noch zwei piemontesische Kompagnieen und folgte dann Pergen nach Castelnovo, wo er das Lager bezog.

F.M.L. Schaaffgotsche, welcher mit dem Gros der Brigade Edmund Schwarzenberg auf der Hauptstraße nach Peschiera vorging, während er weiter rechts mehrere Detachements entsendet hatte, kam an den Fuß der Höhen, als Pergen schon im Gefecht war. Um 7 Uhr Morgens kam auch er zum Kampfe. Von dem Gros der Brigade ward die piemontesische Schanze bei der Osteria del Bosco gestürmt und umgangen, während die Detachements in der rechten Flanke gleichzeitig Sa. Giustina und Sandrà besetzten. Auch Schaaffgotsche rückte darauf nach Castelnovo.

Die Hauptkolonne des 1. Armeekorps begann den Angriff auf Sommacampagna um 7 Uhr Morgens, mit der Brigade Supplikatz rechts, der Brigade Wohlgemuth links und der Brigade Strassoldo in Reserve. Wohlgemuth eröffnete das Gefecht, bald unterstützte ihn Supplikatz. Der Widerstand der Piemontesen war hier am hartnäckigsten, besonders zeichnete sich auch ihre Artillerie aus. Auch Strassoldo mußte zum Angriffe vorrücken; endlich ward auch noch vom 1. Reservekorps die Brigade Haradauer herangezogen. Indessen war, als sie herbeikam, Sommacampagna bereits in den Händen der Oesterreicher. Die Hauptkolonne des ersten Armeekorps rückte nach der Einnahme von Sommacampagna gegen den Tione vor und ward am Nachmittag über diesen Fluß nach Oliosi gezogen. Hier lagerten die Brigaden Supplikatz und Wohlgemuth, Strassoldo weiter südwestlich gegen den Mincio, ein Detachement besetzte in der linken Flanke den Monte Vento. Clam besetzte bei einbrechender Nacht den Monte Torre, Monte Mamaor und Custozza, ohne auf Widerstand gestoßen zu sein.

Oberst Wyß streifte auf der Straße nach Villafranca.

Das Reservekorps ward zuerst dem 1. Armeekorps folgend über Sommacampagna vorgezogen und von dort nach S. Giorgio in Salice gerufen.

De Sonnaz hatte seine Truppen theils von Rivoli, theils aus den Stellungen von Sona und Sommacampagna vorwärts Peschiera am linken Mincioufer gesammelt; er erwartete ein Vorrücken Karl Alberts an diesem Ufer aus der Gegend von Mantua. Da dieses nicht erfolgte, so zog er sich am 24. vor der Morgendämmerung über Peschiera gegen Volta zurück und ließ die Minciolinie nur schwach besetzt.

Thurn, durch Verpflegungsschwierigkeiten aufgehalten, konnte, obgleich er keinen Feind mehr gegen sich hatte, doch am 23. aus seinen Stellungen von S. Martino und Pazzone nur bis Rivoli und an das linke Ufer des Tassobaches vorrücken.

Am Abend des 23 Juli stand also die österreichische Armee im Großen mit dem 2. Korps bei Castelnovo, mit dem 1. Korps bei Oliosi, mit dem 1. Reservekorps dahinter bei

S. Giorgio in Salice, Alles Front gegen den Mincio, das 3. Korps bei Rivoli mit völlig freier Verbindung mit dem 2. Korps bei Castelnovo.

Radetzki's Plan war jetzt folgender: sich der Mincioübergänge bemächtigen bei Salionze, Monzambano und Borghetto; einen Theil seiner Armee ans rechte Ufer vorschieben und nun abwarten, was der Feind thun würde. Konzentrirte Karl Albert seine Macht am rechten Mincioufer, so wollte Radetzki ein Gleiches thun und linke Flanke und Rücken der Piemontesen bedrohen. Zog aber Karl Albert seine Hauptmacht am linken Ufer zusammen, so wollte Radetzki dieses wiederum auch thun und die Höhenstellung, die er am 23. gewonnen, behaupten, vorkommenden Falls die Piemontesen vom linken Minciousfer ab gegen Verona drängen.

Er ordnete daher sogleich bei Salionze einen Brückenschlag an und ertheilte dem Reservekorps Befehl, am 24. Juli Morgens nach Oliosi vorzurücken, von hier zuerst die Brigade Haradauer nach Salionze zu schicken, um die dort stehenden schwachen Abtheilungen der Brigade Wohlgemuth abzulösen, dann auch die Brigade Maurer nachzuschieben. Die Grenadierbrigade Sigismund, die Kavallerie- und Artilleriereserve sollte Wocher bei Oliosi lassen als allgemeine Unterstützung sowohl gegen den Mincio hin, als gegen Süden hin für die Abtheilungen, welche dort den Höhenrand besetzt hielten.

12. Gefechte am Mincio und bei Sommacampagna am 24. Juli.

Bei Salionze kam es in der Nacht zu einem Geschieße zwischen den Oesterreichern und den Piemontesen. Um 9 Uhr Vormittags am 24. Juli traf Wocher mit der Brigade Haradauer bei Salionze ein; Wohlgemuth rückte mit seiner Brigade nach der Stellung von Brentina gegenüber Monzambano ab, links von Wohlgemuth stand, Front nach Süden, auf dem Monte Vento, Valeggio beobachtend, die Brigade Strassoldo, links von dieser bei Custozza die Brigade

Clam, vorwärts der Linie dieser Brigaden hielt Oberst Wyß mit seiner Kavallerie die Vorposten.

Die Brigade Haradauer ward unterstützt von einer 12pfdr. Batterie und einer Raketenbatterie, welche am linken Mincioufer aufgefahren die feindlichen Truppen Visconti's und de Sonnaz's fernhielten, so daß der Brückenschlag ohne Anstand und in kurzer Zeit vollendet werden konnte. Darauf ging Haradauer über, trieb die noch in der Nähe befindlichen piemontesischen Abtheilungen theils gegen Ponti, theils gegen Monzambano zurück und nahm hiebei drei 8pfünder.

Unterdessen waren am Nachmittag des 24. die Brigade Maurer vom Reservekorps und die Brigade Supplikatz vom 1. Korps nach Salionze vorgeschoben. Haradauer und Maurer besetzten am rechten Ufer die Stellung am Scolo Redonebach und Supplikatz suchte gegen Monzambano hin die Verbindung mit Wohlgemuth auf, welcher letztere, nachdem die Piemontesen Monzambano geräumt hatten, die unvollkommen zerstörte Brücke herstellen ließ und um 11 Uhr Abends ans rechte Ufer überging, wo er sich mit Supplikatz vereinigte; ihre Vorposten schoben sie nach Mitternacht links bis nach Borghetto vor.

Valeggio räumten die Piemontesen schon am Vormittag des 24. Juli; Radetzki befahl darauf Strassoldo, Valeggio vorläufig mit einem Detachement zu besetzen, was um Mittag geschah, die Brigade Strassoldo sollte später durch die Brigade Clam am Monte Vento abgelöst werden und dann ganz nach Valeggio hinabziehen.

Die Ankunft der Brigade Clam am Monte Vento war abhängig von der Ankunft der Brigade Simbschen bei Custozza, wo sie Clam ablösen sollte.

Die Brigade Simbschen war die ehemalige Brigade Franz Liechtenstein; wir verließen dieselbe nach ihrer Rückkehr von der Expedition gegen Ferrara führerlos bei Sanguinetto. Radetzki, davon unterrichtet, schickte ihr den General Simbschen entgegen, damit er das Kommando übernehme, und zugleich den Befehl, über Bovolone und Buttapietra nach Sommacampagna zum Anschluß an die Hauptarmee zu marschiren. Die Brigade brach am 22. Juli Abends 8 Uhr von Sanguinetto auf, rastete am 23. Morgens bei Bovolone, erreichte am 23. Abends Buttapietra, blieb hier die Nacht und traf am 24. Mittags bei Sommacampagna ein, unterwegs hatte sie noch den Befehl erhalten, zwischen Sommacampagna und Custozza Stellung zu nehmen. Ihre Avantgarde traf um 5 Uhr bei Custozza ein, und Clam marschirte gegen den Monte Bento ab.

Die übrigen Schicksale der Brigade Simbschen am 24. Juli werden wir alsbald erzählen.

Nach der Rechenschaft aber, die wir von der Vertheilung des österreichischen ersten und Reservekorps gegeben, müssen wir zuvor noch von den Erlebnissen des 2. und 3. Armeekorps reden und dann uns in das Hauptquartier Karl Alberts begeben.

D'Aspre, der am 24. Morgens sein Armeekorps bei Castelnovo und Cavalcaselle vereinigt hatte, ließ im Laufe des 24. die Brigade Kerpan rechts auf Pastrengo, die Brigade Edmund Schwarzenberg links über Colà vorgehen, um die Verbindung mit Thurn aufzusuchen und das etwa noch vom Feind besetzte Terrain in diesen Gegenden vollends zu reinigen. Diese Brigaden trafen auf keinen Feind, dagegen auf die Vortruppen Thurns, welcher wegen fortdauernder Verpflegungsschwierigkeiten erst am Mittag des 24. Juli von Rivoli hatte aufbrechen können und nun über Affi, Cavajon, Lacise und Colà in die Gegend von Castelnovo am linken Tioneufer hinabrückte.

Auf die Kunde hievon ertheilte Radetzki d'Aspre den Befehl, am Morgen des 25. mit drei Brigaden seines Korps ans rechte Mincioufer zu gehen, die Brigade Edmund Schwarzenberg aber zur Beobachtung Peschiera's bei Cavalcaselle zurückzulassen. Am 25. sollte dann Thurn mit dem 3. Korps die

Brigade Schwarzenberg bei Cavalcaselle ablösen und auch Schwarzenberg sollte nun den andern Brigaden des 2. Korps aufs rechte Mincioufer folgen.

Da das 3. Armeekorps seiner Stärke nach kaum den Namen eines Armeekorps verdiente, sendete Radetzki noch den Befehl an den Festungskommandanten von Verona, Feldmarschalllieutenant Haynau, die Brigade Perrin der Garnison in der Nacht vom 24. auf den 25. zur Verstärkung Thurns nach Castelnovo abgehen zu lassen.

Außerdem machte ihm der Punkt Sommacampagna bange; bei der Unsicherheit der Lage und bei der Absicht Radetzki's am 25. den größten Theil seiner Streitkraft ans rechte Mincioufer zu werfen, mußte er Werth darauf legen, ob nicht der Feind inzwischen am linken Mincioufer, auf der Verbindung zwischen dem Flusse und Verona etwas Entscheidendes unternehme. Da er nun aber von der Ankunft der Brigade Simbschen bei Sommacampagna, wo diese die Bewachung der Verbindung hätte übernehmen können, im Lauf des Nachmittags — aus guten Gründen, wie wir sehen werden — gar keine Nachricht erhalten hatte, sendete er noch gegen Abend einige Kompagnieen von Oliosi in der Richtung auf Sommacampagna ab.

Karl Albert, in seinem jetzigen Hauptquartier Marmirolo, empfing die Nachrichten von dem Angriff Radetzki's auf Sona und Sommacampagna am 23. Vormittags. Er raffte sofort alle Truppen, über die er am linken Mincioufer verfügen konnte, zusammen; es waren zunächst die jetzt alle gegen Mantua vorgeschobenen Brigaden Garden, Cuneo und Piemont nebst der zugehörigen Kavallerie; diese Truppen führte er um Mittag des 23. nach Villafranca, die Brigade Aosta sollte folgen.

Die Brigade Regina stand unnützer Weise noch immer bei Governolo; allerdings waren schon Anstalten getroffen, sie durch andere Truppen, namentlich der Division Perrone, ablösen zu lassen und dann an die ihr ursprünglich zugedachten

17*

Stellungen am linken Mincioufer zu ziehen, aber die Sache war noch nicht ausgeführt.

Am Abend des 23. Juli ward auch Bava vom König nach Villafranca beschieden. Der Befehl traf den General zu Goito. Andere Nachrichten kamen gleichzeitig, namentlich diejenige des Kommandanten von Valeggio, daß er beabsichtige sich zurückzuziehen und die Minciobrücke abzubrechen, wie er dieß am 24. Vormittags auch ausführte.

Von de Sonnaz wußte Bava gar nichts, er hielt es deßhalb für zweckmäßig, sich zunächst selbst nach Borghetto zu begeben, während er in andern Richtungen andere Offiziere absendete, um de Sonnaz zu suchen. Dem 17. Regiment von der Brigade Acqui, welches eben vom rechten Mincioufer über Goito ans linke gezogen war, um hier Gazzo an der Straße von Castellaro nach Mantua zu besetzen, ertheilte er Befehl, statt dessen nordwärts nach Roverbella zu marschiren. Die Brücke zwischen Sacca und Rivalta hatte Bava noch am 23. in einem sehr mangelhaften Zustande gefunden.

Von Goito nach Borghetto gekommen, ertheilte Bava hier dem Kommandanten den Befehl, die Brücke, welche er bereits unbrauchbar gemacht hatte, wieder herzustellen und Valeggio von neuem zu besetzen. Dann kehrte er nach Goito zurück und eilte von dort nach Villafranca, wo er um 7½ Uhr Morgens am 24. Juli ankam.

Der König sprach mit ihm die Lage durch. In Rechnung darauf, daß de Sonnaz die Minciolinie halten werde, daß die Brigaden Regina und Acqui als Reserve nachgezogen werden könnten, entschloß man sich, die linke Flanke des an und über den Mincio vorrückenden Radetzki anzugreifen, verschob aber den Abmarsch von Villafranca bis auf 2 Uhr Nachmittags, da einerseits die Verpflegung wie gewöhnlich wieder Schwierigkeiten machte, da andererseits die Brigade Aosta von Castellaro in einer Tour den Weg von drei Meilen nach Mozzecane gemacht hatte und man ihr dort nothwendig einige Ruhe gönnen mußte.

Bava hatte in den Brigaden Garden, Cuneo, Piemont und Aosta 24 Bataillone nebst einigen Kompagnieen Schützen. Hiezu kamen 2 Bataillone Toscaner zu Villafranca, ferner die Regimenter Aosta, Savoyen, Genua, Piemont und 3 Eskadrons von Novara Kavallerie, also 27 Eskadrons, endlich 7 Batterieen. Schlüge man das Bataillon bei dem allerdings etwas erschöpften Zustande der Piemontesen nur zu 700 M., die Eskadron zu 80 M., die Batterie zu 160 M. an, so erhielte man für die Gesammtstärke 21,500 Mann. Die ganze Stärke wird aber auf nur 19,770 M. und diejenige der Kavallerie auf nur 1090 M. angegeben, welches letztere für die Eskadron etwa 40 Pferde ausmachen würde.

Bava richtete die Brigade Piemont unter dem Herzog von Genua auf dem rechten Flügel gegen Sommacampagna, die Brigade Cuneo, mit welcher er selbst marschirte, im Zentrum auf Val Staffalo, die Gardebrigade auf dem linken Flügel unter dem Herzog von Savoyen auf Custozza; die Brigade Aosta sollte in Reserve von Mozzecane über Rosegaferro auf die Straße von Villafranca nach Valeggio vorrücken, die Regimenter Aosta und Savoyen Kavallerie sollten die rechte Flanke über Calzoni und Dossobuono gegen Verona decken, die Regimenter Genua und Piemont mit den 3 Eskadrons von Novara Kavallerie in Reserve hinter dem Zentrum bleiben; die Toscaner bildeten, indem sie Villafranca besetzten, die Hauptreserve und hielten die Rückzugslinie fest.

Man sieht nach dem früher Erzählten, daß der Angriff Bava's, durchaus am linken oder östlichen Ufer des Tione geführt, wenn er früh zur Ausführung kam, nur auf die beiden österreichischen Brigaden Clam und Simbschen, wenn spät, nur auf die Brigade Simbschen fallen konnte. Es trat der letztere Fall ein.

Die etwas ermüdeten Truppen der Brigade Simbschen überließen sich in Sommacampagna verschiedenen Unordnungen. Nach 1 Uhr Nachmittags am 24. marschirte Simbschen selbst mit der einen Hälfte seiner Brigade, nämlich 2 Bataillons Haynau Infanterie, 2 Eskadrons Ulanen und $1/2$ Batterie auf dem geraden Wege von Sommacampagna nach Custozza ab; als er die Val Staffalo, welche die Höhen von Sommacampagna im Osten von denjenigen von Custozza im Westen trennt, überschritten hatte, rüstete sich Clam zum Abmarsch und brach, wie schon erwähnt, gegen 5 Uhr in der Richtung auf den Monte Vento auf, um Strassoldo abzulösen.

Die zweite Hälfte der Brigade Simbschen, 2 Bataillons Prinz Emil, 1 Bataillon Nugent und 1 Bataillon Deutschbanater mit $1/2$ Batterie, brach erst um 4 Uhr, zum Theil in besoffenem Zustande, von Sommacampagna auf und folgte außerdem, irre geleitet, aus welchem Grunde ist nicht zu ermitteln, statt dem geraden Wege nach Custozza, denjenigen nach Villafranca.

Die Bewegungen der Piemontesen waren etwas langsam gewesen, namentlich hatte das Antreten und Ordnen der Mannschaften wieder vielen Zeitverlust gebracht. Der gegen Sommacampagna bestimmte rechte Flügel, welcher zuerst antrat, war nicht vor 8 Uhr in Marsch gekommen; erst um $4^1/_2$ Uhr Nachmittags näherte er sich den Höhen von Sommacampagna und seine Vortruppen stießen auf diejenigen der verirrten Staffel von Simbschen. Diese zog sich augenblicklich auf Sommacampagna und die Höhen zunächst westlich von diesem, zwischen dem Ort und Val Staffalo, zurück.

Nun folgte aber auch ohne Verweilen der Angriff der drei Brigaden Piemont, Cuneo und Garden.

Die Gardebrigade griff das Regiment Haynau in Front an; der Herzog von Genua mit der Brigade Piemont griff Sommacampagna an, welches hauptsächlich nur mit dem besoffenen Banaterbataillon besetzt war. Die Hauptsache aber that die Brigade Cuneo. Sie drang gegen Val Staffalo vor, nöthigte die hier aufgestellten Ulanen Simbschens zum Rückzug und schritt dann zum Angriff theils der linken Flanke des Regiments Haynau, theils der rechten des Regiments Prinz Emil. Dieses leztere leistete einen ausgezeichnet tapferen Widerstand. Simbschen mit dem Regiment Haynau, von der Gardebrigade und einem Theil der Brigade Cuneo bedrängt, trat gegen Abend den Rückzug gegen S. Giorgio in Salice an; das Regiment Emil war vornämlich durch die Bemühungen seines ausgezeichneten interimistischen Kommandanten, des Oberstlieutenants Gunstenau, in seiner Stellung erhalten. Dieser tapfere Mann, welcher, obwohl verwundet, doch kaum verbunden immer wieder auf den Kampfplatz eilte, fiel endlich auf dem Felde der Ehre. Und nun hörte auch hier im Zentrum der Oesterreicher der Widerstand um so mehr auf, als der Herzog von Genua bei Sommacampagna längst der besoffenen Croaten Herr geworden war. Alles floh, in den verschiedensten Richtungen: gegen S. Giorgio, gegen Sommacampagna, von dort gegen Verona. Gegen 1200 Mann waren gefangen gemacht; die Brigade war für die nächste Zeit so gut als nicht vorhanden.

13. Die Schlacht von Custozza am 25. Juli 1848.

Berichte, die am 24. Juli Abends von 7 Uhr ab im Hauptquartier Radetzki's eintrafen, mußten ihn nach und nach schließen lassen, daß Karl Albert den Haupttheil seiner Armee am linken Mincioufer konzentrirt habe. Es trat also nach dem ursprünglichen Plane für Radetzki der Fall ein, in welchem auch er seine Hauptmacht auf dem linken Ufer konzentriren, nach Süden Front machen, seine Stellung auf den Höhen vertheidigen und, wenn es sein konnte, Karl Albert vom linken Mincioufer ab und gegen die Etsch und Verona drängen mußte.

Von 9 Uhr Abends an hatte er demgemäß seinen Entschluß gefaßt und entsendete seine Befehle. Diese waren die folgenden:

Das 2. Armeekorps rückt nicht, wie es ursprünglich bestimmt worden war, aus rechte Ufer des Mincio hinüber, sondern marschirt mit seinem Haupttheil von Castelnovo nach Sommacampagna und entsendet die Brigade Gyulay (Pergen) rechts über S. Giorgio in Salice nach Monte Godio.

Vom 1. Armeekorps besetzt und hält die Brigade Strassoldo Valeggio; die Brigade Clam an der Straße von Castelnovo nach Valeggio am Südfuß der Höhen S. Zeno und Fornelli. Die Brigaden Wohlgemuth und Supplikatz lassen nur 3 Bataillone, 1 Eskadron in Borghetto und Monzambano, rücken im Uebrigen die Brigade Wohlgemuth zur Unterstützung Strassoldo's nach Valeggio, die Brigade Supplikatz zur Unterstützung Clams nach S. Zeno.

Das Reservekorps stellt die Grenadierbrigade Erzherzog Sigismund südlich Oliosi, Front nach Süden, rittlings über die Straße von Castelnovo nach Valeggio auf; läßt die Brigade Haradauer rechts des Mincio vor Salionze, die Kavalleriebrigade und Reserveartillerie links des Mincio bei Salionze und schickt die Brigade Maurer über Oliosi nach S. Rocco di Palazzolo.

Das 3. Armeekorps bleibt bei Cavalcaselle und Castelnovo zur Beobachtung von Peschiera und als allgemeine Reserve.

Die Brigade Perrin von Verona geht nicht nach Castelnovo, sondern nach Sommacampagna. Wie wir sehen werden, hatte Haynau die Brigade bereits in diese Richtung gelenkt, ehe er Radetzki's Befehl erhielt.

Endlich ließ Radetzki noch den Brückentrain, der bei Castelnovo vereinigt war, über Pastrengo nach Ponton marschiren, um dort eine Brücke über die Etsch zu werfen.

Diese waren die Befehle des österreichischen Marschalls. Ihr Sinn läßt sich kurz zusammenfassen: Radetzki macht nach Süden Front gegen den ihn von Villafranca her anfallenden Karl Albert und zwar, um seine Stellungen auf den Höhen, so weit er sie noch besitzt, zu vertheidigen, so weit er sie am 24. (bei Sommacampagna) verloren hat, wieder zu erobern. Das erste Korps von Valeggio bis zum Tione soll festhalten, was es besetzt; das zweite Korps soll als linker Flügel das Verlorne von Custozza bis Sommacampagna wieder erobern. Das Reservekorps (mit einzelnen Abtheilungen des ersten Korps) soll die errungenen Minciouübergänge zum einen Theil festhalten, zum andern eine erste Reserve bilden; das 3. Armeekorps soll Peschiera beobachten, den Rücken der Armee decken und zugleich eine zweite Reserve für die von Valeggio über Custozza nach Sommacampagna ziehende Front bilden. Endlich nimmt Radetzki, der Karl Albert für viel stärker hält als er ist, die Möglichkeit an, daß die österreichische Armee geschlagen und ihr der Rückzug nach Verona abgeschnitten werden könne. Für diesen Fall bereitet er den Brückenbau bei Ponton vor.

Schon in der Nacht vom 24. auf den 25. Juli begannen die österreichischen Korps die zu der Frontveränderung nöthigen Bewegungen, welche die Schlacht vom 25. vorbereiten sollten. Obgleich wir noch weiter darauf zurückkommen werden, müssen wir doch schon hier auf den Unterschied hinweisen, den zwischen der Armee Radetzki's und Karl Alberts die Ordnung des Dienstganges im Generalstab und in der Administration begründete. Der Dienstgang war in der erstern eben so gut geordnet, als in der letztern schlecht und schlaff. Einen großen Antheil daran hat das Festhalten an der Grundeintheilung bei Radetzki, welches bei Karl Albert durchaus nicht stattfand.

Wir reden mit guter Absicht von der Armee Radetzki's, nicht von der österreichischen Armee; denn bei der österreichischen Armee im Allgemeinen sind die Fehler, welche hauptsächlich zum Verderben der italienischen Armee von 1848 und 1849 führten, unter andern Führern und in andern Zeiten gerade auch, und auch zum Verderben, nur zu häufig begangen worden.

Auf Seite der Piemontesen wurde beschlossen, am nächsten Tage die Offensive fortzusetzen, um so mehr, da von de Sonnaz die Nachricht eintraf, daß er wieder bei Pes-

Hiera angekommen sei und von neuem Stellung gegen Borghetto, Monzambano und Salionze nehme.

Für die piemontesische Offensive ward folgendes bestimmt:

Der Herzog von Genua mit dem rechten Flügel, der Brigade Piemont bricht um 6 Uhr Morgens am 25. Juli von Sommacampagna gegen Oliosi auf und setzt sich links in Verbindung mit dem Herzog von Savoyen;

der Herzog von Savoyen im Zentrum mit den Brigaden Cuneo und Garden marschirt von Custozza längs dem Kamme der Anhöhen auf Salionze;

Bava selbst mit der Brigade Aosta greift Valeggio an, wobei ihn der Herzog von Savoyen unterstützen kann. Durch die Wegnahme von Valeggio tritt man in Verbindung mit dem Korps von de Sonnaz am linken Mincioufer.

Die Idee dieser Bewegungen ist, den Feind mit den am linken Ufer unter Bava vereinigten Streitkräften an den Fluß zu drücken, während ihm die am rechten Ufer befindlichen Streitkräfte das Ausweichen an dieses Ufer unmöglich machen sollen.

Man sieht leicht, daß einige Voraussetzungen bei diesem Plane nicht ganz richtig waren: namentlich übertrieb man im italienischen Lager den Erfolg von Sommacampagna, man glaubte, nicht hier etwa nur eine Brigade geschlagen zu haben, sondern mindestens ein Armeekorps; dann aber glaubte man auch, daß immer Radetzki noch in seiner Bewegung über den Mincio begriffen wäre, was gar nicht mehr der Fall war. Der Erfolg von Sommacampagna schlug insofern zum Unheil für die Piemontesen aus, als er gerade Radetzki auf die wahre Lage aufmerksam machte und ihn zu der zweckmäßigen Frontveränderung gegen Süden bestimmte. Ohne das Gefecht von Sommacampagna würde allerdings aller Wahrscheinlichkeit nach Radetzki am 25. Juli noch in der Bewegung aus rechte Mincioufer begriffen gewesen sein, wie sie ursprünglich im Laufe des 24. von ihm angeordnet war, und die Chancen der Piemontesen wären dann bedeutend gestiegen. Indessen immer wären sie noch in einer verhältnißmäßig günstigen Lage gewesen, wenn sie wirklich um 6 Uhr ihre Bewegungen angetreten hätten. Wir werden sehen, daß dieß wiederum nicht der Fall war.

Das Kräfteverhältniß war allerdings ein sehr ungünstiges. Radetzki konnte, wenn man das 3. Armeekorps hinzurechnet, am linken Minciousfer allein über 54,000 M. gegen die 20,000 Bava's verwenden, und auf de Sonnaz war insofern für den Gang des Gefechtes am linken Ufer gar nicht zu rechnen, als man ja von ihm vorläufig nur das Festhalten des rechten Ufers erwartete. Erst wenn die Hauptsache am linken Ufer schon gethan wäre, erst dann konnte nach dem Plane auch de Sonnaz mit einem Theile seiner Truppen an diesem Ufer mitwirken.

Bava erschien mit der Brigade Aosta um 8 Uhr Vormittags am 25. Juli angesichts Valeggio. Aus verschiedenen Anzeichen glaubte er schließen zu dürfen, daß die Oesterreicher hier sehr stark, jedenfalls viel stärker seien, als ursprünglich vorausgesetzt war. Er beschloß daher, seinen Angriff zu verschieben, bis die Herzöge von Savoyen und Genua Fortschritte auf den Höhen gemacht haben würden und ihn unterstützen könnten.

Von den Herzögen kam bald die Nachricht, daß sie wegen Verpflegungsschwierigkeiten nicht zur bestimmten Stunde hätten aufbrechen können, vom Herzog von Genua später die weitere, daß er vor 11 Uhr nicht von Sommacampagna werde abmarschiren können, — also 5 Stunden später, als die Disposition es vorschrieb. Bava wünschte nicht, seinen Angriff so lange zu verschieben, als er es hätte thun müssen, wenn er die Erfolge der Herzöge erst abwarten wollte. Er bat daher den Herzog von Savoyen ihm wenigstens ein Regiment zur Unterstützung zu senden. Als der Herzog diese Aufforderung erhielt, entwickelten sich aber ihm gegenüber bereits starke österreichische Massen. Der Herzog ließ dieß zurücksagen, worauf ihn dann Bava bat, wenigstens ein Regiment links gegen Valeggio auf die Höhen zur Verbindung mit Bava zu senden. Dieses Regiment (von der Gardebrigade) erschien denn auch gegen Mittag in der verlangten Position. Zu dieser Zeit hatte der Kampf fast auf allen Punkten begonnen; die Offensive Radetzki's hatte die Piemontesen noch in den Stellungen getroffen, welche dieselben am 24. in Folge des Gefechtes von Sommacampagna eingenommen hatten.

Wir müssen noch erwähnen, daß eine Zeit lang am Vormittag des 25. Bava sehr durch Kanonendonner beunruhigt ward, welcher von Roverbella her aus dem Rücken der piemontesischen Armee herüberschallte. Es erwies sich, daß er von einem Ausfalle herrührte, den ein österreichisches Detachement aus Mantua gemacht hatte, wobei es mit dem 17. Regiment (der Brigade Acqui) zusammenstieß. In der That, hätte Gorczkowski die ganze Lage und die Zersplitterung der piemontesischen Truppen vollständig gekannt, es möchte ihm nicht unmöglich gewesen sein, durch einen großen Ausfall den Piemontesen die Brücken von Sacca-Rivalta und von Goito und damit die letzten Rückzugspunkte zu nehmen.

Folgen wir nun den Bewegungen der österreichischen Armee und insbesondere zunächst des 2. Armeekorps.

Von diesem Armeekorps traf die Brigade Giulay zuerst in S. Giorgio in Salice ein; wie gesagt worden ist, hatte sie ursprünglich die Bestimmung, auf Monte Godio zu marschiren; indessen da Radetzki sehr um die Verbindung mit Verona und der Etsch besorgt war und vielleicht auch fürchtete, die von Verona auf Sommacampagna gerufene Brigade Perrin einer Niederlage in der Vereinzelung auszusetzen, so veränderte er die Bestimmung der Brigade Giulay dahin, daß sie direkt auf Sommacampagna marschire. — Ehe Haynau den erst in der Nacht expedirten Befehl Radetzki's erhielt, die Brigade Perrin statt nach Castelnovo nach Sommacampagna zu senden, hatte er ihr bereits diese neue Richtung auf eigene Faust angewiesen, da er am 24. dem Gefechte von Sommacampagna vom Kirchthurme von Verona zugesehen hatte und, wie es denn auch der Fall war, vorausfehle, daß Radetzki am folgenden Tage die Offensive zur Wiedereroberung von Sommacampagna ergreifen werde.

Hinter der Brigade Giulay kam, wie wir hier sogleich der bessern Uebersicht wegen bemerken wollen, die Brigade Friedrich Liechtenstein, hinter dieser Kerpan, endlich zuletzt Edmund Schwarzenberg in S. Giorgio in Salice an. Edmund Schwarzenberg hatte erst um 3 Uhr Nachmittags von Cavalcaselle abmarschiren können, da er erst zu dieser Zeit vom dritten Korps in der Stellung gegen Peschiera abgelöst worden war. Er konnte erst Abends um $5^1/_2$ Uhr ins Gefecht gebracht werden.

Pergen versicherte sich mit der Brigade Giulay, auf Sommacampagna vorrückend, zuerst des Höhenzugs von Sona und Madonna del Monte. Um 11 Uhr Vormittags formirte er darauf drei Angriffskolonnen gegen die Höhen von Sommacampagna, und bald nach Mittag begann das ernste Gefecht. Die Piemontesen hielten sich wacker, und nur Schritt vor Schritt konnte Pergen in dem hügeligen Terrain vordringen. Alle Bewegungen erschwerte dazu eine drückende Hitze von 26 bis 28 Grad, welche auf den Höhen lastete und die Soldaten beider Theile fürchterlich ermattete.

Während mit wechselndem Erfolge in der Front von Sommacampagna gekämpft ward, hatte sich die Brigade Perrin von Verona her dem östlichen Abfall der Höhen und der rechten Flanke der Brigade Piemont genähert und begann nun jene Höhe zu ersteigen, wobei sie beträchtlich von dem Feuer der Piemontesen litt, welche mit ihrer Artillerie die freien Abhänge bestrichen.

Bald war die Verbindung zwischen dem linken Flügel von Giulay und dem rechten von Perrin hergestellt, und die Soldaten jeder Brigade, ermuthigt durch das Erscheinen der andern, von deren Hülfe sie nichts gewußt hatten, gingen mit neuer Kraft darauf. Der Herzog von Genua mußte mit seinem rechten Flügel die Höhen von Sommacampagna räumen.

Unterdessen war rechts rückwärts der Brigade Giulay über Casazze und Canova die Brigade Friedrich Liechtenstein, rechts und rückwärts von ihr die Brigade Kerpan gegen Monte Godio vorgezogen. Letzterer stieß auf die Truppen des Herzogs von Savoyen; Friedrich Liechtenstein mit seinem rechten Flügel gleichfalls auf den linken Flügel des Herzogs von Genua.

Bei Monte Godio ward eine ganze Zeit ohne Entscheidung gefochten. Als aber Giulay und Perrin sich der Stellung von Sommacampagna bemächtigt hatten, begannen sie vereint mit einem Theil von Friedrich Liechtenstein den Angriff auf die Höhen von Berettara, südlich Sommacampagna. Allmälig ward der Herzog von Genua auch von hier und gegen den Monte boscone hin gedrängt und die Oesterreicher erhielten eine neue Unterstützung durch die Reservekavalleriebrigade Schaaffgotsche, welche von Castelnovo auf der Straße nach Verona vorgegangen, sich dann rechts gewendet hatte und sich nun östlich und südlich Sommacampagna ausbreitete.

Auf dem Monte Godio konnte die Brigade Kerpan erst vordringen, als von 6 Uhr Abends ab Edmund Schwarzenberg zu ihrer Unterstützung vorrückte. Diese frischen Truppen und der schlimme Stand der Dinge bei dem Herzoge von Genua zwangen auch den Herzog von Savoyen von Monte Godio gegen Custozza zurückzuweichen.

Vom Reservekorps war, sobald das Gefecht bei Sommacampagna und Monte Godio sich entwickelte, auch die Grenadierbrigade Erzherzog Sigismund an die Brigade Maurer nach S. Rocco di Palazzolo links herangezogen worden. Diese beiden Brigaden wurden unter dem Befehle des Feldmarschallieutenants Haller vereinigt. Sie hatten besonders das Geschäft, das Zentrum des Herzogs von Savoyen aufzuhalten, welches im Tionethal auf den Höhen des Belvedere nördlich Custozza aufwärts dringend die rechte Flanke der bei Monte Godio kämpfenden Brigade Kerpan bedrohte.

Auf dem linken Flügel der Piemontesen unterhielt Bava gegen Wohlgemuth und Strassoldo das Gefecht mit geringer Lebhaftigkeit von 11 Uhr Morgens ab bei Valeggio, theils auf die Fortschritte der Herzoge von Savoyen und Genua, theils auf das Erscheinen von de Sonnaz bei Borghetto wartend. Munterer kämpfte er mit seinem rechten Flügel von den ersten Nachmittagsstunden ab, 2 Bataillonen Aosta und 3 vom Herzog von Savoyen gesendeten Bataillonen Garde, welche am rechten Tioneufer die Höhen erstiegen und sich auf die Brigade Clam warfen, deren linker Flügel über die Höhen zurückgedrängt ward, bis auf der einen Seite Supplikatz ihm zu Hülfe eilte, auf der andern Seite die Reservedivision Haller an den Thalrändern des Tione erschien.

Um 4 Uhr Nachmittags erhielt Bava, bei welchem sich auch der König Karl Albert befand, von de Sonnaz die Nachricht, daß dieser nicht vor 6 Uhr im Stande sein würde, den Angriff auf Borghetto, den so sehr ersehnten, zu machen. Aber von den Herzögen von Genua und Savoyen, die am östlichen Ufer des Tione mit kaum 12,000 M. gegen mehr als die doppelte Uebermacht stritten, kam immer minder tröstliche Kunde. Zuerst nur vom Herzog von Genua, wie er immer mehr Terrain aufzugeben genöthigt war; dann von 5 Uhr ab meldete auch der Herzog von Savoyen, daß er kaum noch lange Zeit im Stande sein werde, seine Positionen zu behaupten.

Unter solchen Umständen gab Bava den Kampf auf und ordnete den allgemeinen Rückzug auf Villafranca an; den Herzog von Savoyen wies er an, nur so lange sich noch zu schlagen, bis die Brigade Aosta aus dem Bereich von Valeggio sich hinter ihm weggezogen haben würde.

Mit Einbruch der Dämmerung trat die Brigade Aosta zuerst den Rückzug auf die Wiesen am Tione südlich Custozza an und marschirte dann vereint mit den Truppen des Herzogs von Savoyen nach Villafranca zurück, wo am Abend zwischen 10 und 11 Uhr über Gonfardine auch der Herzog von Genua eintraf. Die Truppen erhielten Befehl, dieselben Lagerplätze bei Villafranca und Mozzecane, wie am 23. Abends und 24. Morgens einzunehmen.

Darauf ward in der Nacht der Rückzug ans rechte Mincioufer über Goito beschlossen. De Sonnaz sollte am 26. die über den Mincio gehenden Oesterreicher angreifen und aufhalten; das 18. Regiment der Brigade Acqui erhielt Befehl, sich zur Aufnahme der von Villafranca zurückgehenden Truppen bei Roverbella aufzustellen, ebenso die von Governolo herbeigezogene Brigade Regina bei Marengo. Am 26. früh Morgens ward dann der Rückzug von Villafranca auf den beiden Straßen über Quaderni nach Massimbuono und über Mozzecane und Roverbella angetreten. Einige Bataillone der Brigade Pinerolo, welche sich der Armee angeschlossen hatten, bildeten, noch bei Villafranca zurückbleibend, die Arriergarde.

Zu einer großartigen Verfolgung des weichenden Feindes war bei der Ermattung der Soldaten die österreichische Armee nicht im Stande. Nur am frühen Morgen des 26. gingen zwei Kavalleriedetachements, jedes zu zwei Eskadrons, und das erste außerdem mit zwei Geschützen, unter den Obersten Wyß und Stadion zur Verfolgung ab und brachten bei Quaderni und Sei vie die Brigade Piemont, der sie auch eine Anzahl Gefangene abnahmen, in Unordnung.

Der Verlust der Oesterreicher in den Gefechten vom 23. bis 25. Juli einschließlich belief sich auf 289 Todte, 1144 Verwundete und 1789 Vermißte, von welchen letztern auch noch viele todt oder verwundet waren, im Ganzen also auf 3222 Mann. Schlägt man das 3. Armeekorps und das Reservekorps ab, welche so gut wie nicht ins Gefecht kamen, so hatte Radetzki etwa 36,000 Mann. Der Verlust beläuft sich dann auf $^{1}/_{11}$ und ist also nach den Verhältnissen, welche sonst im diesem Kriege gewöhnlich vorkommen, ein sehr bedeutender.

Der Verlust der 20,000 Piemontesen, welche am 24. und 25. am linken Ufer des Mincio kämpften, wird auf 1500 bis 1600 M. angegeben, also auf etwa $1/_{12}$. Diese Angabe ist sehr wahrscheinlich, weil die Piemontesen keinen solchen Verlust an Gefangenen hatten, wie ihn die Oesterreicher am 24. Juli bei Sommacampagna erlitten.

14. Die Gefechte von Volta am 26. und 27. Juli.

In der Nacht vom 25. auf den 26. Juli stand die Armee Radetzki's in den theils eroberten, theils behaupteten Positionen; das erste Armeekorps auf dem rechten Flügel von Valeggio bis zum rechten Ufer des Tione; das zweite Armeekorps auf dem linken Flügel vom linken Ufer des Tione bei Custozza bis zu den Höhen südlich Sommacampagna und bis Sonfardine; das Reservekorps hinter der Mitte dieser Linie am Tione bei Guastalla und Oliosi. Nur schwache Abtheilungen des ersten und Reservekorps waren an den Mincioübergängen von Monzambano und Salionze zurückgelassen worden, gegen welche de Sonnaz so gut als nichts unternommen hatte. Das dritte Armeekorps lagerte bei Castelnovo und Cavalcaselle gegen Peschiera.

Als am 26. Juli früh Morgens im Hauptquartier Radetzki's die Nachricht eintraf, daß die Piemontesen, Villafranca räumend, sich auf Goito zurückzögen, begab er sich in Person nach Valeggio, und als er sich hier von der Wahrheit der eingelaufenen Meldungen überzeugt hatte, beschloß er den Abmarsch seiner ganzen Armee an das rechte Ufer des Mincio, um Karl Albert den Rückzug, sei es über Brescia auf Mailand, sei es über den untern Oglio längs des Po nach Pavia, zu verlegen.

Im Besondern ward folgendes angeordnet:

Das 1. Armeekorps als rechter Flügel überschreitet bei

Monzambano den Mincio und marschirt über Pozzolengo auf Castiglione delle Stiviere;

das 2. Armeekorps als linker Flügel überschreitet den Mincio bei Valeggio und marschirt über Volta nach Guidizzolo;

das Reservekorps überschreitet den Mincio bei Salionze und rückt nach Pozzolengo; die Reservekavallerie und Reserveartillerie folgen indessen dem 2. Armeekorps auf Volta;

das 3. Armeekorps bleibt mit einem Theil am linken Minciöufer bei Cavalcaselle gegen Peschiera stehen und sendet den Rest bei Salionze ans rechte Ufer, um die Festung auch von dieser Seite einzuschließen.

Von Valeggio nach seinem Hauptquartier, Palazzo Alzaren, zurückgekehrt, rief Radetzki noch den an die Etsch dirigirten Brückentrain von Pontone zurück und wies ihn an, über Valeggio nach Volta zu marschiren.

Das zweite Armeekorps hatte aus seinen Stellungen über Valeggio nach Volta etwa 2½ deutsche Meilen zurückzulegen. Es marschirte am Morgen des 26. nach Valeggio ab, kochte dort ab, konnte aber erst Nachmittags 4 Uhr von diesem Orte nach Volta aufbrechen. Die Avantgardebrigade Friedrich Liechtenstein näherte sich um 6 Uhr Abends Volta. Volta war zu dieser Zeit nicht besetzt. Eine vorausgesendete Patrouille brachte indessen bald die Meldung, daß starke feindliche Kolonnen von der Seite von Goito her sich Volta näherten. Liechtenstein beschleunigte daher augenblicklich die Bewegung der Avantgarde, um Volta wo möglich vor der Ankunft der Piemontesen zu besetzen.

Wenden wir uns nun zu den letzteren.

Um 2 Uhr Nachmittags waren alle die Truppen Karl Alberts, welche am 24. und 25. Juli am linken Ufer des Mincio gekämpft hatten, bei Goito versammelt. Ebendaselbst befand sich aber auch zum höchsten Erstaunen Karl Alberts und Bava's der größte Theil des Korps von de Sonnaz. Zuerst vermuthete man, daß dieser General durch überlegene österreichische Kräfte vom rechten Minciouser und über Volta zurückgeworfen sei, indessen zeigte es sich sogleich, daß de Sonnaz — wie es sich wirklich verhielt — so gut als nichts gegen sich gehabt und sich lediglich auf einen Bleistiftzettel des Generalstabsobersten Casati — natürlich ohne Angabe von Ort, Tag und Stunde — über Volta auf Goito zurückgezogen habe.

Karl Albert hoffte, indem er sich rasch auf den Höhen von Volta, Cavriana und Solferino festsetze oder sich ihrer wieder bemächtige, falls sie vom Feinde bereits besetzt sein sollten, den Oesterreichern noch den Uebergang über den Mincio verwehren zu können. Er ertheilte daher ohne Verzug de Sonnaz den Befehl, von Goito wieder nach Volta vorzurücken.

De Sonnaz marschirte sogleich mit der Brigade Savoyen ab und diese war es, deren Annäherung die Patrouillen von Liechtenstein bemerkten, als sie über Volta hinaus auf der Straße von Goito vorgingen. Es gelang Liechtenstein, mit den ersten Truppen seiner Brigade die Ausgänge von Volta auf der Seite von Goito eher zu besetzen, als die Piemontesen herankamen.

Sogleich entspann sich ein wüthender Kampf; die Piemontesen, welche besonders mit ihrem rechten Flügel drängten, waren anfangs entschieden glücklich. Indessen um 8½ Uhr kam zur Unterstützung Liechtensteins die Brigade Kerpan heran. De Sonnaz gerieth jetzt in Nachtheil und verlangte von Bava Verstärkungen.

Bava sendete zuerst gegen 11 Uhr Abends am 26. das 17. Regiment (Brigade Acqui), dann am 27. Juli früh um 3 Uhr die Brigade Regina, endlich in der Morgendämmerung des 27. zwei Kavallerieregimenter nach Volta ab.

Jede neu ankommende Unterstützung entzündete den Kampf von neuem und mit größerer Heftigkeit. Während der Nacht löste sich das Gefecht in eine Anzahl Einzelkämpfe auf, die in den Straßen Volta's mit größter Erbitterung geführt

18*

wurden und an denen sich auch die Einwohner des Ortes betheiligten.

Wie tapfer immer die Piemontesen sich geschlagen haben mochten, als der Morgen des 27. Juli graute, mußte sich das Geschick sehr bald für die Oesterreicher entscheiden. Denn d'Aspre hatte auch die letzten Brigaden seines Korps jetzt herangezogen und konnte nach Ueberschau der Lage jetzt Ordnung in das Gefecht bringen, während de Sonnaz keine einzige geordnete Truppe mehr unter der Hand hatte. Die zuletzt von Bava gesendeten Kavallerieregimenter kamen nur noch zu rechter Zeit, um den immer mehr in Flucht ausartenden Rückzug zu decken.

Zuerst führte d'Aspre die ankommende Brigade Edmund Schwarzenberg, dann endlich auch noch Giulay (Pergen) ins Gefecht, während er die Brigade Perrin links nach Valeggio zurückdirigirte, um den dortigen Flußübergang zu bewachen.

Aber nicht bloß das gesammte erste Korps sollte am frühen Morgen bei Volta versammelt sein, nein die ganze österreichische Armee sollte bald bereit stehen für den Fall, daß die piemontesische Armee mit aller Kraft sich auf Volta geworfen hätte.

Der Offizier, welchen d'Aspre am Abend des 26. mit der Meldung vom Beginne des Gefechtes von Volta um $8^1/_2$ Uhr an Radetzki geschickt hatte, kam in dessen Hauptquartier allerdings erst am 27. Juli Morgens um 3 Uhr an, lange aufgehalten durch das Gewirr von Artillerie- und Trainfuhrwerken, welches an der Brücke von Valeggio und im Orte selbst sich stopfte. Radetzki sendete darauf an das erste und Reservekorps augenblicklich den Befehl, zur Unterstützung des 2. Armeekorps nach Volta vorzurücken. Die Ausführung dieses Befehls ward dadurch erleichtert, daß Wratislaw, als er am 26. Abends den Kanonendonner von Volta herüberschallen hörte, statt weiter zu marschiren, bei dem Reservekorps bei Pozzolengo stehen geblieben war.

Es rückten nun sogleich die beiden Brigaden Supplikatz und Wohlgemuth des 1. Korps von Mescolaro auf die Höhen von Cavriana westlich Volta vor; die Brigaden Strassoldo und Clam folgten ihnen nach dem Abkochen; das Reservekorps aber ging von Pozzolengo als allgemeine Unterstützung direkt auf Volta.

Dem Reservekorps war über die Brücke von Salionze noch am frühen Morgen des 27. ein Theil des 3. Armeekorps gefolgt, um Peschiera am rechten Mincioufer zu beobachten.

Vom ersten Morgengrauen des 27. Juli ab kamen Schaaren von Flüchtlingen der Brigaden Savoyen und Regina von Volta nach Goito zurück und verbreiteten dort weiter die Demoralisation, deren Keime schon längst bestanden. Der Soldat, welcher sich stets und immer alle Vortheile aus der Hand gewunden, keinen, den er errungen, verfolgt und benutzt sah, hatte das Vertrauen zu den Führern verloren. Der fortwährende Mangel an Lebensmitteln, der sich trotz der großen Mäßigkeit des italienischen Soldaten dennoch in Folge schlechter administrativer Maßregeln bei diesem Heere so fühlbar gemacht hatte, hatte Erbitterung erzeugt. Die Bande der Disziplin waren gelockert. Vergebens versuchten jetzt die Offiziere, die Flüchtlinge von Volta bei Goito zu sammeln, ganze Schaaren waren bereits über den Oglio wild zurückgegangen und verbreiteten durch ihre Erzählungen durch die ganze Lombardei und bis nach Piemont hinein Schrecken und Bestürzung. Vergebens versuchte man diese Flüchtlinge am Oglio an den Brücken von Canneto, Marcaria und Torre d'Oglio aufzuhalten.

Um den weichenden de Sonnaz aufzunehmen, zugleich aber auch, um die noch zusammenhaltenden Truppen dem demoralisirenden Einfluß der zersprengten Flüchtlinge zu entziehen, mußte Bava die fünf Brigaden, welche er bei Goito noch unter der Hand hatte, bei Cerlungo an der Straße nach Goito ordnen.

Der König Karl Albert berief darauf am 27. Juli

Morgens um 8 Uhr einen Kriegsrath sämmtlicher bei Goito vorhandenen Generale. Darüber waren alle Anwesenden so ziemlich einstimmig, daß eine starke Demoralisation in der Armee eingerissen sei, und daß es rathsam erscheine, einen Waffenstillstand beim Gegner nachzusuchen, selbst wenn er an lästige Bedingungen geknüpft sein sollte, damit man die Truppen einigermaßen wieder ordnen und eine geregelte Verpflegung einrichten könne.

Es wurden darauf die Generale Bes und Rossi und der Oberst Lamarmora an Radetzki gesendet, um Unterhandlungen anzuknüpfen. Radetzki beauftragte seinerseits den F.M.L. Heß. Die piemontesischen Gesandten wollten, daß der Oglio die Demarkationslinie der beiden Armeen bilde und während des sogleich beginnenden Waffenstillstandes dann über einen definitiven Frieden unterhandelt werde.

Radetzki dagegen verlangte zur Demarkationslinie die Adda, ferner die sofortige Uebergabe von Peschiera, Rocca d'Anfo und Pizzighetone, die Zurückziehung aller sardinischen See- und Landstreitkräfte aus und von Venedig, aus Modena und Parma, die Aufhebung der Blokade von Triest und Istrien und die Freigebung aller zu Mailand oder in andern Städten der Lombardei irgendwie zurückgehaltenen österreichischen Offiziere.

Im Uebrigen stellte er alle Bewegungen der Truppen vorläufig ein und ließ dieselben bei Volta und Cavriana ruhig im Lager stehen, während er sein Hauptquartier nach Valeggio verlegte.

Unfehlbar waren die Bedingungen, welche Radetzki den Piemontesen stellte, hart. Indessen hätte er selbst die größte Lust gehabt, gar keine Präliminarverhandlungen anzuknüpfen, sondern augenblicklich mit seiner versammelten und streitfertigen Mannschaft auf Goito und Cerlungo zu marschiren, um die Piemontesen dort anzugreifen. Es ist nicht unwahrscheinlich, daß dieß eine vollkommene Auflösung der Armee Karl Alberts zur Folge gehabt hätte.

Doch Radetzki wollte nicht den Anschein haben, als verlange er um jeden Preis den Krieg, wie es ihm vom Wiener Ministerium schon vorgeworfen ward. Er war den durch Hartig angeknüpften Friedensunterhandlungen entgegengetreten; das Wiener Ministerium hatte dann aber unter Vermittlung Palmerstons neue Verhandlungen angeknüpft, und Ende Juni hatte in Beziehung darauf Radetzki ein Schreiben des Kaisers Ferdinand aus Innsbruck erhalten, in welchem ihm aufgetragen ward, Karl Albert einen Waffenstillstand anzubieten; nun hatte Radetzki statt dessen dem Kaiser Ferdinand geschrieben, um ihm die günstige militärische Lage der österreichischen Armee in Italien und die Wahrscheinlichkeit einer baldigen günstigen Entscheidung durch die Waffen vorzustellen, folglich von jedem Antrage eines Waffenstillstandes abzurathen. Er hatte mit diesem Briefe den Fürsten Felix Schwarzenberg nach Innsbruck gesendet, damit dieser noch mündlich die Argumente des Briefes bekräftige.

Der Waffenstillstandsantrag von österreichischer Seite war dann unterblieben und statt dessen die Offensive von Custozza gefolgt.

Jetzt aber, da Karl Albert selbst einen Waffenstillstand antrug, glaubte nach allem Vorhergegangenen Radetzki die Sache nicht ohne Weiteres von der Hand weisen zu dürfen, stellte jedoch solche Bedingungen, daß der Waffenstillstand wirkliche Vortheile gewährte, wenn er überhaupt zu Stande kam. Am Nachmittag verließen die Gesandten Karl Alberts mit den Bedingungen Radetzki's dessen Hauptquartier.

Der Verlust der Oesterreicher im Gefechte von Volta am 26. und 27. Juli betrug 77 Todte, 175 Verwundete, 202 Vermißte, also 454 M. oder, da 14,000 Oesterreicher im Gefecht gewesen waren, $^1/_{31}$. Der Verlust der Piemontesen an Todten und Verwundeten wird schwerlich viel bedeutender gewesen sein, dagegen lag in der Demoralisation, welche dieses Gefecht zum Ausbruche brachte, ein gar nicht zu taxirender Verlust.

15. Rückzug Karl Alberts hinter die Adda.

Um 5 Uhr Nachmittags kamen die Gesandten mit Radetzki's Bedingungen zu Karl Albert zurück. Bis zum 28. Morgens sollte Karl Albert sich darüber erklären.

Er beschloß nun sogleich, da die Forderungen des österreichischen Marschalls ihm zu hart schienen, nicht darauf einzutreten, dagegen die Zeit, welche ihm bis zum 28. früh blieb, zum Rückzug hinter den Oglio zu benutzen. Er ordnete diesen sogleich an.

Die Blokadetruppen, welche noch am rechten Mincioufer gegen Mantua standen, sollten — die lombardische Division Perrone über Torre d'Oglio, die andern auf Marcaria zurückgehen; die bei Goito und Cerlungo versammelten Truppen theils über Solarolo und Gazzoldo nach Marcaria, theils über Ceresara und Canneto nach Piadena.

Am 27. Abends um 9 Uhr begann dieser Rückzug; zu seiner Deckung blieb nur das Kavallerieregiment Genua bis zu Tagesanbruch des 28. Juli stehen. Es ging dann auch der Bote an Radetzki ab, welcher die abschlägliche Antwort des Königs überbrachte.

Am 28. und einem Theil des 29. Juli blieben die piemontesischen Truppen in den Stellungen am rechten Oglioufer. Am letztern Tage stellte indessen Bava dem Könige vor, daß es besser sein werde, hinter die Linie der untern Adda zurückzugehen, weil dieser letztere Fluß ein besseres passives Hinderniß sei, weil man dort auch mit der Verpflegung mindere Schwierigkeiten haben werde, weil man endlich dort vermöge der Brücken von Piacenza und Pavia für den Nothfall die Verbindung mit dem rechten Po-Ufer habe. Bava dachte also an die Möglichkeit, gegen den in die Lombardei vordringenden Radetzki eine Flankenstellung am rechten Po-Ufer zu nehmen.

Karl Albert ging auf den Rückzug ans rechte Ufer der untern Adda ein.

Am Nachmittag des 29. Juli setzte daher Bava zunächst

die Division Perrone von Torre d'Oglio und Gazzuolo über S. Giovanni in Croce gegen Cremona in Marsch; dann ließ er in der Nacht die bei Marcaria versammelten Truppen nach S. Giacomo, endlich diejenigen von Piadena bei Tagesanbruch des 30. Juli nach Pessina (den Oglio aufwärts) aufbrechen.

Sobald Radetzki am 28. Juli die Antwort Karl Alberts auf seine Forderungen erhalten hatte, ertheilte er seinen Truppen die Befehle zur Verfolgung. Vom Thurme von Volta sah man den Rückzug der piemontesischen Armee an den Oglio.

Das Reservekorps marschirte über Volta auf Goito, um etwa noch dort stehende piemontesische Truppen zu vertreiben, und sollte dann rechts auf Rodigo abschwenken;

das 2. Armeekorps sollte zunächst bis Cerlungo als Unterstützung dem Reservekorps folgen, bei Cerlungo Halt machen und sobald es die Ueberzeugung gewonnen, daß das Reservekorps seiner nicht bedürfe, rechts nach Gazzoldo abschwenken;

das 1. Armeekorps sollte zuerst nach Cereta rücken, sobald es die Nachricht habe, daß das Reservekorps Goito frei gemacht, rechts nach Piubega abschwenken.

So standen nach Vollzug dieser Bewegung, da Goito nicht mehr besetzt war, das 1., 2. und Reservekorps vom rechten nach dem linken Flügel geordnet auf der Linie Piubega, Gazzoldo, Rodigo.

Die Brigade Perrin mußte von Valeggio am linken Mincioufer nach Goito marschiren und dort vorläufig stehen bleiben.

Radetzki verlegte am 28. Abends sein Hauptquartier von Valeggio nach Gazzoldo.

Am 29. Juli rückten die österreichischen Korps an den Oglio vor; das 1. nach Casalromano, das 2. nach Canetto, das Reservekorps nebst dem Hauptquartier nach Acqua negra. Das in Mantua versammelte 4. Korps, welches jetzt unter den Befehl Thurns gestellt ward, während an dessen Statt Haynau den Befehl des vor Peschiera zurückbleibenden 3. Armeekorps übernahm, marschirte aus der Festung am 29. bis Marcaria und schob seine Avantgarde, Brigade Benedek, ans rechte Ogliousfer nach Bozzolo.

Am 30. ward der Uebergang über den Oglio bewerkstelligt; das 1. Armeekorps ging auf einer Feldbrücke bei Isola Dovarese über den Fluß, das 2. Korps und Reservekorps bei Canetto auf der dortigen stehenden Brücke; das 4. Korps ging bei Marcaria über.

Karl Albert wollte am 30. Nachmittags seine gesammte Armee in und bei Cremona und Persico vereinigt haben. In Cremona kam ihm wieder einmal der Gedanke, diese Stadt nicht ohne Kampf aufgeben zu wollen. Bava hatte unterdessen vom frühen Morgen ab die Anstalten zum Rückzuge hinter die Adda treffen lassen. Man hatte zuerst die stehende Brücke von Pizzighetone, dann hatte Bava eine Feldbrücke weiter unterhalb bei Crotta d'Adda schlagen lassen und den Bau einer andern zwischen Crotta d'Adda und Pizzighetone angeordnet.

Am Vormittag des 30. Juli etwa um 10 Uhr holte die Avantgardebrigade Strassoldo des 1. österreichischen Armeekorps, welches nach dem Oglioübergang bei Isola Dovarese die große Straße auf Cremona über Cicognola eingeschlagen hatte, hinter dem zuletzt erwähnten Orte die Nachhut der auf derselben Straße zurückgehenden Brigade Savoyen ein. Es kam zum Gefecht. Die Brigade Savoyen wich sehr bald bis nach S. Felice vor Cremona zurück, wo sie von zwei Bataillonen Aosta, zwei Scharfschützenkompagnieen und einigen Eskadrons aufgenommen wurde, die Bava von Cremona vorgehen ließ.

Bava hatte große Besorgniß, daß die Oesterreicher bei hartnäckigem Vordringen die beiden Divisionen des Herzogs von Savoyen und des Generals Ferrere, welche noch bei S. Giacomo und Sospiro rasteten, den Rückzug nach Cremona abschneiden könnten. Indessen die Oesterreicher, welche nicht wußten, was sie vor sich hatten, wollten kein entscheidendes

Gefecht anknüpfen, da das 2. Armeekorps noch bedeutend zurück war; so kamen die eben erwähnten piemontesischen Divisionen in den ersten Nachmittagsstunden des 30. Juli glücklich nach Cremona.

Das 1. österreichische Korps blieb am Abend des 30. bei Ca dell' Oro stehen;

das 2. Korps ging von Canetto über Pozzo Baronzio bis Ca di Marozzi vor und schob die Brigade Liechtenstein noch bis S. Ambrogio;

das Reservekorps folgte von Canetto über Piadena dem 1. Korps bis Cicognola, bei ihm befand sich auch der große Brückentrain;

das 4. Korps ging über Bozzolo und Rivarolo nach Solarolo, die Avantgardebrigade Benedek eilte nach Vedesetto voran, kleinere Detachements wurden in der linken Flanke gegen den Po auf Casalmaggiore und Isola Pescaroli vorgeschoben;

das Hauptquartier Radetzki's kam nach Cicognola;

endlich haben wir noch des Detachements des Obersten Wyß zu erwähnen, welches in der Stärke von 1 Bataillon, 6 Eskadrons und 6 Geschützen von Volta aus entsendet worden war, um die äußerste rechte Flanke der Armee zu decken. Es kam über Castenedolo, Ghedi, Leno, Manerbio am 30. Abends zu Pontevico am Oglio an, wo es die Brücke besetzte und seine Vorposten nach Robecco am rechten Flußufer vorschob.

Auf Seiten der Piemontesen hatte sich in dem kleinen Arriergardegefechte von S. Felice eine erschreckende Muthlosigkeit der Truppen gezeigt; ganze Schaaren von Ausreißern waren nach Pizzighetone geflohen und hatten förmlich die dortige Brücke gestürmt, um sich ans rechte Addaufer zu retten.

Unter solchen Umständen war es absolut unmöglich, sich bei Cremona in einer überdieß nichts weniger als vortheilhaften Stellung halten und dort ein ernstes Treffen annehmen zu wollen. Karl Albert konnte nichts Besseres thun, als möglichst schnell den Rückzug hinter die Adda antreten; dieß ward dann auch beschlossen, und Bava traf folgende Anstalten dazu:

Alles Fuhrwerk bricht ohne Verzug nach Pizzighetone auf; ebenso alle nicht unumgänglich nöthige Artillerie;

der Herzog von Genua mit der 4. Division rückt sofort nach Regosa ab, um den Uebergang von Pizzighetone zu sichern; ebenso der Herzog von Savoyen nach Acqua negra, um den Uebergang von Crotta d'Adda zu versichern. Diese Sicherung war nicht bloß gegen die Oesterreicher, sondern auch gegen die eigenen zuchtlosen Ausreißer nöthig;

die lombardische Division rückt über die Brücke von Pizzighetone nach Lodi ab, die erste Division, jetzt von General d'Aix kommandirt, über die Brücke von Crotta d'Adda nach Maccastorno und Meletto an der untern Adda;

die 2. Division, Ferrere, bleibt bis 3 Uhr Morgens am 31. Juli zu Cremona stehen; die 3. Division (Brigade Savoyen) mit dem Kavallerieregiment Piemont bleibt auf den Vorposten östlich Cremona bis zum 31. Morgens um 2 Uhr, marschirt dann durch Cremona und über Pizzighetone ab; die 2. Division verläßt, wie bemerkt, Cremona um 3 Uhr, marschirt nach Crotta d'Adda, überschreitet hier den Fluß und darauf folgt ihr die Division des Herzogs von Savoyen und zerstört die Brücke von Crotta d'Adda.

Diese Bewegungen wurden bis gegen Mittag des 31. Juli, obwohl keineswegs mit vollständiger Ordnung vollzogen und Karl Albert nahm sein Hauptquartier zu Codogno.

16. Plötzlicher Entschluß Karl Alberts zum Marsche nach Mailand. Radetzki's Verfolgung dahin.

Am frühen Morgen des 31. Juli erhielt Radetzki die Nachricht von der in der Nacht erfolgten Räumung Cremona's; die Nachricht ward alsbald bestätigt durch eine Deputation, welche die Unterwerfung der Stadt ankündigte.

Radetzki ordnete darauf die nachstehenden Bewegungen an:

Das 1. Armeekorps rückt nördlich von Cremona vorbei nach Farfengo;

das Reservekorps folgt ihm auf der gleichen Straße nach Luignano; läßt aber die Brigade Haradauer als Besatzung in Cremona;

das 2. Armeekorps geht durch Cremona, Sesto und Grumello nach Zanengo;

das 4. Armeekorps geht südlich Cremona vorbei nach Acqua negra;

Wyß rückt von Pontevico über Robecco gegen Cremona; das Hauptquartier kommt nach Sesto.

Am frühesten Morgen des 1. August sendete das 4. Armeekorps ein Detachement nebst Brückentrain nach Crotta d'Adda ab und folgte dann selbst nach. Das Detachement begann, bei Crotta d'Adda angekommen, sogleich eine Kanonade mit den am rechten Flußufer stehenden piemontesischen Truppen der Division d'Aix, bewog diese zu baldigem Rückzug und schritt nun zum Brückenschlag, wobei man wegen Mangels an Material mit vielen Hindernissen zu kämpfen hatte, so daß die Brücke in der That erst um 4 Uhr Nachmittags fertig wurde.

Das 1. und 2. Korps wurden am 1. August von Farfengo und Zanengo zunächst nach Formigara geleitet, wo der Bau einer Addabrücke ohne Hindernisse begonnen ward, das Reservekorps von Luignano nach S. Bassano.

Ehe wir aber den weiteren Fortschritt der österreichischen Waffen verfolgen, müssen wir uns die große Veränderung in den Plänen des piemontesischen Hauptquartiers ansehen, welche am 1. August eintrat.

Der Marquis d'Aix mit der 1. Division — den Brigaden Aosta und Regina — hatte, als kaum das österreichische Detachement des 4. Armeekorps bei Crotta d'Adda seine 3 Geschütze placirt und das Feuer begonnen hatte, die Stellung am rechten Addaufer geräumt und den Rückzug auf Cornovecchio angetreten, von wo er über S. Rocco nach Piacenza marschiren wollte. Er zeigte dieß Bava an; der Umstand, daß einige österreichische Tirailleurs auf Kähnen ans rechte Addaufer übergesetzt worden waren, bestimmte ihn sogar, seiner Meldung mit Bleistift noch hinzuzufügen, daß die Brücke der Oesterreicher fertig und von ihnen schon überschritten sei.

Bava eilte hierauf sogleich nach Cornovecchio, um den Rückzug abzubestellen und das rechte Ufer der untern Adda festhalten zu lassen. In Cornovecchio überzeugte er sich aber, daß dieß nicht mehr möglich sein werde, die im Rückzuge befindlichen Truppen wären wohl schwerlich wieder zum Umkehren zu bringen gewesen. Bava begnügte sich also mit der Anweisung, daß man mit dem Rückzug nicht zu sehr eile, damit man die piemontesischen Truppen bei Pizzighetone nicht der Gefahr einer Umgehung aussetze. Dann begab er sich nach Pizzighetone, um hier den Rückzug und die Sprengung der Addabrücke anzuordnen. Darauf eilte er nach Codogno in Karl Alberts Hauptquartier, um mit dem König die Anordnungen für den Rückzug — der nach seiner Meinung an das rechte Po-Ufer gehen sollte — zu besprechen.

Karl Albert war aber von verschiedenen angesehenen Lombarden in ganz anderer Richtung bearbeitet worden; er hatte sich hinreißen lassen, zu versprechen, daß er um jeden Preis Mailand vertheidigen wolle, und was immer Bava gegen einen so durchaus thörichten Plan, bei dem Zustand der piemontesischen Armee zumal, sagen mochte, Karl Albert befahl den Rückzug am rechten Addaufer aufwärts gegen Mailand hin.

Bava ertheilte darauf die Befehle für die erforderlichen Bewegungen, welche mit immer wachsender Unordnung und Schlaffheit ausgeführt wurden. Indessen stand am Abend des 1. August doch glücklich das Gros des Heeres auf der Linie zwischen dem Lambro und der Adda, mit dem rechten Flügel an den erstern Fluß bei S. Angiolo, mit dem linken an die Adda bei Lodi angelehnt; — die Nachhut, die 2. Division, hielt die Linie von Muzza bis Caviaga besetzt.

In dieser Stellung verharrte man die Nacht und auch

noch den 2. August, indem vorläufig nur die Kranken und die Bagage nach Melegnano zurückgesendet wurden.

Oesterreichischerseits rückte am 1. August das 4. Armeekorps von 4 Uhr Nachmittags ab über die Brücke von Crotta d'Adda und nach Maleo, von wo es ein Detachement zur Besetzung von Pizzighetone entsendete;

das 1. Armeekorps marschirte über die Brücke von Formigara nach Camairago, das 2. Armeekorps nach Cavacurta, das Reservekorps dagegen blieb am 1. August am linken Addaufer bei S. Bassano. Radetzki verlegte sein Hauptquartier nach Formigara.

Wyß hatte in Cremona seine Infanterie zurückgelassen und in der Nacht vom 31. Juli auf den 1. August brach er mit der Kavallerie und dem Kavalleriegeschütz nach Crema auf, er überfiel diese Stadt und machte eine Anzahl Gefangene. Als er hierauf gegen Lodi vorging, traf er dort auf bedeutenden Widerstand auch von Infanterie, was ihn bestimmte, auf Casaletto zurückzugehen.

Am Abend des 1. August schon hatte Radetzki Kunde von der veränderten Rückzugsrichtung der Piemontesen gegen Mailand. Er ließ daher zur Verfolgung das 1. Korps, welchem nach dem Uebergang von Formigara auch das Reservekorps folgte, am 2. August über Castiglione gegen Lodi vorrücken; links vom 1. Korps das 2. Armeekorps auf der Straße von Casalpusterlengo gleichfalls gegen Lodi.

Das 4. Korps marschirte von Maleo nach Codogno, entsendete von hier die Brigade Benedek links nach Guardamiglio an der Straße von Piacenza, rückte dann weiter nach Casalpusterlengo und ließ die Brigade Draskovich auf der Straße von Pavia weiter nach Orio vorgehen.

Bei Lurano und Muzza hatten die Vortruppen des 1. und 2. österreichischen Korps am 2. August Nachmittags kleine Scharmützel mit den äußersten Nachhuten der Piemontesen zu bestehen.

Am Abend des 2. August setzten nun alle piemontesischen

Truppen ihren Rückzug fort. Bei Melegnano durch den Bagagetrain in ihrer Bewegung aufgehalten, langten sie am 3. August von Mittag ab unter den Mauern von Mailand an.

Oesterreichischerseits lagerten am 2. August Abends das 1. und 2. Armeekorps südlich Lodi bei Pompola und Muzza, das Reservekorps dahinter bei Castiglione. Wyß war die Adda aufwärts nach Pandino gegangen mit dem Auftrag, den Fluß oberhalb im Rücken der Piemontesen zu überschreiten. Radetzki hatte sein Hauptquartier zu Turano. Hier erschien bei ihm Abercromby, Gesandter Großbrittanniens bei Karl Albert, und trug Waffenstillstandsverhandlungen an. Nach dem Schicksale der frühern zu Valeggio angeknüpften erwiderte Radetzki jetzt, daß die Anknüpfung neuer erst möglich sein werde, wenn die Oesterreicher am Tessin ständen.

Am 3. August Morgens besetzten die Vortruppen des 2. Armeekorps Lodi; dieses Korps und das erste rückten nun durch und bei Lodi vorbei gegen Melegnano; das 1. nach Tavazzano, das 2. nach Lodi Vechio, die Vorposten kamen an den Lambro zu stehen; das Reservekorps und das Hauptquartier kamen nach Lodi. Das 4. Korps sollte zur Beobachtung von Piacenza die Brigade Benedek bei S. Rocco stehen lassen, mit dem Gros aber Pavia und die Linie des Gravellone besetzen. Durch Kavalleriedetachements war die Verbindung zwischen dem Reservekorps und dem 4. Korps vermittelt. Wyß besetzte von Pandino aus die Addabrücke von Bisnate.

17. Gefecht von Mailand. Abzug der Piemontesen gegen den Ticino. Abschluß des Waffenstillstandes.

Auf der Süd- und Ostseite der Stadt Mailand, 3000—4000 Schritt von ihren Wällen, ließ Bava die piemontesische Armee Stellung nehmen. Der rechte Flügel lehnte sich bei Chiesa rossa an den Kanal von Pavia; die Linie ging dann über Vigentino und hinter Nosedo vorbei und näherte sich vor der Porta Orientale mit dem linken Flügel den Wällen. Die ganze Linie, hinter welcher die Reservedivision an den Wällen selbst in Unterstützung aufgestellt ward, während die Reste der lombardischen Division die Thore besetzten, hatte eine Ausdehnung von mehr als einer deutschen Meile.

Da der gesammte Rest des piemontesischen Heeres sich auf kaum 30,000 M. belief, so kamen auf die Besetzung der Linie, nach Abzug der lombardischen und der Reservedivision, wenig über 20,000 M. Diese standen den Rücken gegen eine Stadt, an deren längere Vertheidigung bei der Schwäche ihrer Befestigungen und den Mitteln Radetzki's selbst dann nicht zu denken gewesen wäre, wenn es auch nicht — zum Theil in Folge der Unordnungen bei dem Rückzuge der Piemontesen, zum Theil in Folge der schlechten Anstalten der lombardischen Regierung — an Munition und an Lebensmitteln gefehlt hätte.

Am 4. August ließ Radetzki seine Armee gegen Mailand aufbrechen; das 1. Korps von Tavazzano über Melegnano gegen Rosedo auf der großen Straße; links von ihm das 2. Korps von Lodi Vecchio über Salerano, Melegnano und Chiaravalle gegen Vigentino, Reservekorps und Hauptquartier nach S. Donato.

Etwa um 10 Uhr Vormittags traf die Avantgardebrigade Strassoldo des 1. Korps östlich Rosedo auf die Piemontesen, Brigade Savoyen, und schritt augenblicklich zum Angriff, ohne indessen lange Zeit zu einem Resultate zu gelangen, da besonders die linke Flanke der Brigade von Rosedo her bedroht und die hieher gesendeten österreichischen Truppen wiederholt zurückgedrängt wurden.

Als Strassoldo im Gefecht war, ward rechts von ihm Clam auf die Straße von Linate nach Mailand gegen Morsenchio gesendet. Er fand dieß unbesetzt und ging nun von hier aus gegen Castagnedo vor. Dort stieß er alsbald auf die Piemontesen, und das Gefecht entspann sich nun auch hier, geführt von kleinen Abtheilungen, denen in dem dichten Baumschlag Uebersicht und Zusammenhang leicht verloren ging.

Als der Kampf auf Seiten Strassoldo's lange Zeit entscheidungslos gedauert hatte, schickte Wratislaw aus seiner Reserve die Brigade Wohlgemuth links gegen Rosedo vor. So verstärkt und gestützt drang Strassoldo glücklich auf den Hof Gambaloito vor und nahm daselbst 7 Kanonen, eins seiner Seitendetachements vertrieb gleichzeitig die Piemontesen bei Ca Verde und eroberte 2 Kanonen.

Clam hatte unterdessen nicht bloß eine Unterstützung aus der Brigade Supplikatz erhalten; es war auch von Bisnate Oberst Wyß mit seinem Detachement bei Linate angelangt und war gleichzeitig mit dem gegen Porta Romana vorrückenden Clam gegen Porta Tosa vorgerückt. Auf dieser Linie wurden die Piemontesen nun schnell bis gegen die Wälle zurückgedrängt.

Auf dem linken Flügel kam die Avantgardebrigade des 2. Korps, Edmund Schwarzenberg, über Chiaravalle vordringend erst ins Gefecht, als dasselbe von Seiten Strassoldo's schon längere Zeit begonnen war. Nach der Wegnahme einiger vorliegenden Höfe drang Schwarzenberg mit seinem rechten Flügel in den westlichen Theil von Rosedo ein, solchergestalt die Verbindung mit dem 1. Armeekorps herstellend, und wendete sich dann, unterstützt von der Brigade Giulay, gegen Vigentino, aus welchem Orte die piemontesische Brigade Casale, obwohl, sowie Savoyen, von einzelnen Bataillonen der Brigade Garden verstärkt, nach längerem Kampfe zurückgedrängt wurde.

Um 4 Uhr Nachmittags waren die Piemontesen auf allen Punkten bis gegen die Wälle zurückgeworfen und es blieb nichts Anderes übrig, als die Truppen in die Stadt selbst zurückzuziehen und zu deren direkter Vertheidigung aufzustellen. Dieß geschah denn auch sogleich.

Indessen berief Karl Albert, der sein Hauptquartier eben auch in die Stadt, in den Palast Greppi verlegt hatte, einen Kriegsrath, zu dem sich die piemontesischen Generale, der General der Nationalgarde, die Munizipalität von Mailand und die Mitglieder des Vertheidigungskomite's versammelten.

Hier ward die Lage, in welcher man sich befand, erwogen; der piemontesische Reservepark war beim Rückzug über die Adda nach Piacenza dirigirt und dort ans rechte Po-Ufer gegangen; in der Stadt fehlte es nicht absolut an Pulver, aber an Kugeln und an Patronen, die Lebensmittel reichten höchstens für einige Tage, die ganze Kriegskasse bestand aus etwa 120,000 Franken.

Unter solchen Umständen erklärte die Mehrzahl der Mitglieder des Kriegsrathes sich für den Abschluß einer Konvention mit Radetzki und den Abzug der Piemontesen hinter den Tessin. Nur die Mitglieder des Vertheidigungskomite's waren dagegen: sie wollten nichts von einer Konvention wissen, erinnerten an die Märztage, wiesen auch auf zu erwartende Hülfe von außen hin. Die lombardischen Freischaaren standen meist noch gegen die Tyroler Grenze im Felde. Außerdem war das Korps Garibaldi's in der Nähe.

Garibaldi, wenn damals auch noch nicht so berühmt, als er es seitdem geworden, genoß doch auch zu dieser Zeit schon des besten Rufes als General und Patriot. Auf die Kunde vom Ausbruche des italienischen Unabhängigkeitskrieges mit einer kleinen Schaar Genossen aus Amerika zurückgekehrt, hatte er zuerst Karl Albert seine Dienste angeboten. Von diesem schnöde zurückgewiesen, hatte er im Juli bessere Aufnahme bei der Mailänder Regierung gefunden, hatte im Juli ein Freikorps von etwa 5000 Mann organisirt und war mit diesem nach Brescia abmarschirt. Bei dem Vordringen Radetzki's aber vom Mincio hatte ihn das Mailänder Vertheidigungskomite zurückgerufen und man konnte ihn am 4. August bei Monza vermuthen.

Die Vorstellungen der Mitglieder des Mailänder Vertheidigungsausschusses machten keinen Eindruck auf Karl Albert und den von ihm versammelten Kriegsrath und der König sendete in der Nacht vom 4. auf den 5. August die Generale

Rossi und Lazzari in Radetzki's Hauptquartier nach S. Donato. Rossi bot den Abzug der Piemontesen von Mailand an, wogegen Radetzki sich verpflichten sollte, den Abzug über den Tessin nicht zu belästigen und zu stören und Personen und Eigenthum der Bewohner Mailands zu schonen. Radetzki erklärte sich damit einverstanden, nur wollte er keine Bürgschaft für das übernehmen, was späterhin seine Regierung etwa betreffs Mailands beschließen würde, lediglich für die gute Haltung seiner Truppen wollte er einstehen.

Die Konvention war somit am Morgen des 5. August noch nicht vollständig abgeschlossen, vielmehr wartete Radetzki noch auf die definitive Antwort Karl Alberts, die zur endgültigen Unterzeichnung führen sollte.

Als aber die Nachricht von den angeknüpften Unterhandlungen in Mailand kund wurde, verbreitete sich hier die größte Aufregung. Man klagte den König an, daß er um sich und seine Krone zu retten, Mailand, die Lombardei, ganz Italien preisgebe und verrathe; überall erhoben sich Barrikaden, wo sie noch nicht bestanden, der König wurde im Palast Greppi vollständig belagert und insultirt, des Herzogs von Genua bemächtigte sich das Volk als Geisel.

Schon hatte sich über dieser Aufregung der König bestimmen lassen zu der Erklärung, daß er den Vertrag nicht sanktioniren, daß er weiter fechten wolle mit den Mailändern; doch der besitzenden Klasse in Mailand selbst war bei der wachsenden Unordnung bange geworden und eine Deputation der Munizipalität selbst, den Erzbischof an der Spitze, hatte sich zu Radetzki begeben, um die Unterzeichnung des Vertrages seinerseits und das Festhalten an ihm zu erbitten.

Karl Albert und der Herzog von Genua wurden endlich von piemontesischen Truppen befreit, und nun ward sogleich die Konvention österreichischerseits von F.M.L. Heß, italienischerseits von Karl Alberts Generalstabschef Salasco und dem Mailänder Podestà Bassi unterzeichnet. Am 6. August um Mittag sollten danach die Oesterreicher in Mailand einziehen.

Nachdem aber die Piemontesen in der Nacht vom 5. auf den 6. die Stadt geräumt hatten, um den Rückzug hinter den Tessin anzutreten, richtete die Munizipalität, welche eine Plünderung von Mailand seitens der Freiwilligen und der niedern Klassen der Bevölkerung befürchtete, wiederholte Bitten an Radetzki, noch Vormittag einrücken zu lassen.

Am 6. August Vormittags um 10 Uhr betrat darauf die Avantgarde der österreichischen Armee die lombardische Hauptstadt wieder.

Am 9. August wurde dann zu Mailand von Heß einerseits, von Salasco andererseits der in Italien gewöhnlich nach letzterem benannte Waffenstillstand unterzeichnet. Die Hauptbestimmungen des Waffenstillstandes waren: Die Tessingrenze bildet zugleich die Demarkationslinie zwischen der piemontesischen und österreichischen Armee. Die Piemontesen und ihre Verbündeten räumen Peschiera, Rocca d'Anfo, Osopo und Brescia und übergeben sie drei Tage nach der Bekanntmachung des Waffenstillstandes den Oesterreichern sammt allem Oesterreich gehörigen Kriegsmaterial; sie räumen deßgleichen Modena, Parma und die Stadt Piacenza mit ihrem Rayon, ebenso Venedig. Personen und Eigenthum in allen von den Piemontesen geräumten Landstrichen sind unter den Schutz der österreichischen Regierung gestellt. Der Waffenstillstand ist zunächst auf 6 Wochen geschlossen; er kann nach deren Ablauf entweder verlängert oder muß 8 Tage vor dem Ablauf gekündigt werden.

18. Die Uebergabe von Peschiera. Der Rückzug der Freiwilligenkorps aus der Lombardei.

Peschiera war von den Oesterreichern seit dem 31. Juli enge eingeschlossen; am 6. August entsendete Haynau ein starkes Detachement über Desenzano gegen Salò, um diesen Ort, welchen die Italiener als Hafen für ihre Dampfboote benutzten, mit denen sie die Belagerungsarbeiten gegen Peschiera störten, in seine Gewalt zu bekommen. Dieses Detachement hatte bei Lonato ein Gefecht gegen die Italiener zu bestehen. Die Artillerie hatte unterdessen ihre Arbeiten gegen Peschiera vollendet und 52 Geschütze gegen diese Festung in Batterie.

Am 9. August um 3 Uhr Nachmittags ließ Haynau, welcher natürlich den Abschluß des Waffenstillstandes Salasco noch nicht kannte, den Platz zur Uebergabe auffordern. Der piemontesische Kommandant, General Federici, welcher eben so wenig von dem Abschluß des Waffenstillstandes unterrichtet war, verweigerte die Uebergabe. Am 9. August um 7 Uhr Abends begann darauf die Beschießung von Peschiera, sie ward zunächst zwei Stunden bis zum Einbruch der Dunkelheit mit aller Lebhaftigkeit fortgesetzt; für die Nacht ward das Feuer gemindert, aber am 10. August Morgens um 5 Uhr mit der gleichen Lebhaftigkeit wie am Abend vorher wieder aufgenommen. Am Abend des 10. kam die Nachricht vom Abschlusse des Waffenstillstandes, demgemäß dann Peschiera den Oesterreichern übergeben ward.

General Durando hatte, ohne daß hier etwas Besonderes vorgefallen wäre, mit den lombardischen Freiwilligen an der Grenze von Südtyrol gestanden. Auf die Kunde von Radetzki's Vorbrechen aus Verona stellte er das Gros seiner Truppen zur Deckung von Brescia im Chiesethal zwischen Vestone und Gavardo auf, indem er nur Rocca d'Anfo weiter vorwärts mit 300 M. besetzt hielt. Als Durando die Nachricht von der Konvention von Mailand erhielt, zog er sich über Brescia nach Piemont zurück.

Der General Griffini, welcher mit 2500 Freiwilligen noch bis zum 12. August bei Brescia geblieben war, hielt es für klüger, durch die Thäler des Oglio und der Adda auf das neutrale Gebiet des schweizerischen Kantons Graubünden überzutreten.

Garibaldi stieß bei Monza am 5. August Abends mit einem von S. Donato dorthin entsendeten österreichischen Streifkommando zusammen, verhielt sich nach den sehr verschiedenartigen, ihm aus Mailand zukommenden Nachrichten abwartend und zog sich dann, als die piemontesische Armee hinter den Ticino zurückging, gleichfalls auf piemontesisches Gebiet zurück.

Allein als er kaum hier angekommen war, tauchte in ihm der Gedanke und die Hoffnung auf, daß er, indem er in dem Gebirgsgebiete der Lombardei einen Parteigängerkrieg beginne, den Aufstand neu beleben und unabhängig von der piemontesischen Regierung den italienischen Volkskrieg gegen die fremde Herrschaft zum Ausbruch bringen könne. In dieser Hoffnung marschirte er nach Arona, bemächtigte sich dort zweier Dampfer und einer Anzahl von Barken und setzte mit etwa 2000 Mann nach Luino über, von wo aus er das Land um Varese zu insurgiren suchte, nachdem er ein österreichisches Detachement glücklich geschlagen hatte.

Garibaldi's Erscheinen allarmirte die Oesterreicher aufs äußerste, und Radetzki ertheilte dem General d'Aspre den Befehl, mit dem 2. Armeekorps gegen ihn aufzubrechen. D'Aspre begann nun ein förmliches Treibjagen. Garibaldi, dessen Name damals in Italien sehr wenig bekannt war, fand bei der überdieß entmuthigten Bevölkerung wenig Anklang, und auch von denen, die mit ihm über den See gekommen waren, verließen ihn viele, so daß er binnen kurzem nur noch etwa 1500 M. verfügbar hatte. Mit dieser geringen Streitmacht gelang es ihm dennoch, das ganze zweite österreichische Armeekorps über eine Woche durch geschickte Hin- und Hermärsche in beständigem Allarm zu halten. Indessen bei 15,000 M. gegen 1500 konnte es am Ende nicht fehlen daß die Oesterreicher ihn dennoch mit Uebermacht trafen.

Am 26. August Mittags war Garibaldi in Morazzone zwischen Varese und Gallarate eingerückt. Da er hier seinen Truppen eine nothwendige Rast gönnen mußte, so gelang es d'Aspre, von vier Kolonnen, die aus allen Weltgegenden gegen die 1500 M. Garibaldi's operirten, fast die beiden vollständigen Brigaden Simbschen und Schwarzenberg gegen Morazzone zu konzentriren.

Garibaldi schlug alle Angriffe dieser Streitmacht bis zum Abend hin zurück. Als es aber dunkel geworden war und er erkannt hatte, daß er am nächsten Tag aller Berechnung nach eine noch größere Ueberlegenheit zu bekämpfen haben würde, trat er, den Feind geschickt täuschend, seinen Rückzug nach Luino an. Hier fand er seine Fahrzeuge nicht mehr vor und sah sich, da die Oesterreicher ihm folgten, genöthigt, auf das neutrale Gebiet des schweizerischen Kantons Tessin überzutreten.

19. Die Lage Venedigs und die Operationen des zweiten österreichischen Reservekorps vom Ende Juni bis zum Ende August 1848.

Nachdem Pepe mit den Trümmern des neapolitanischen Expeditionskorps, welche ihm nach seinem Uebergange auf das linke Po-Ufer geblieben waren, Venedig erreicht hatte, ward er daselbst zum Kommandanten sämmtlicher Truppen ernannt und trat durch einen Tagesbefehl vom 18. Juni sein Kommando an. Auch die römischen Truppen wurden seinem Befehle durch eine Verordnung des römischen Ministeriums unterstellt. Doch hinderte dieß, abgesehen von der Einmischung des Zivilgouvernements, keineswegs vielfache, oft entscheidend einwirkende Streitigkeiten mit dem kindischen Kriegsminister Armandi, mit dem Platzkommandanten Antonini, der in der That ein bedeutender Mensch und mehr als Pepe war, endlich mit Ferrari, dem Kommandanten der römischen Truppen, über die Befehlsgewalt.

Pepe suchte Venetiens Streitmacht zu organisiren, ohne indessen den Plan für die Anwendung der Streitkräfte, welcher auf eine gleichmäßige Vertheidigung nach allen Seiten, gegen das Meer und gegen das Land hin hinauslief, zu ändern. Die Vertheilung der Truppen in hundert verschiedene Forts und in eben so vielen kleinen Abtheilungen mußte selbstverständlich der Organisation noch mehr hindernd entgegentreten, als die Nähe des Feindes, der sich bald nach der Mitte des

Juni gegen die Landseite niederließ, und dessen Gegenwart zu vielen zusammenhangs- und planlosen, deßhalb auch vollkommen unbedeutenden Gefechten Veranlassung gab. Bemerken wir hier, daß Zucchi zu Treviso, auch vor der Uebergabe von Palmanova, die zu Venedig für das ganze Venetianische konstituirte Gewalt keineswegs anerkannte, vielmehr sich lediglich auf das Komite von Udine berief, welches, wie wir wissen, bald ein Ende fand.

Bis in den Juli hinein hatte in Folge der Arbeiten Pepe's die venetianische, in der Stadt Venedig und deren Umgegend konzentirte Landmacht die nachstehende Organisation erhalten.

Es bestanden 7 Bataillone venetianischer Mobilgarden zu etwa 600 M. in 6 Kompagnieen;

das Linienbataillon Galateo, vorzugsweise aus frühern österreichischen Soldaten formirt;

die 3 Bataillone von Vicenza, Padua und Gandone;

2 Bataillone neapolitanischer Freiwilligen;

das Bataillon Brenta-Bacchiglione;

das lombardische Bataillon Ruaro;

ein Gensdarmeriebataillon;

die Schweizerkompagnie Debrunner;

das 300 Mann starke kombinirte neapolitanische Linienbataillon;

die römische Division Ferrari von 4 Regimentern;

das 2. neapolitanische Jägerbataillon;

das Fußartilleriebataillon;

die Artilleriekompagnie Bandiera e Moro;

eine neapolitanische Artilleriekompagnie;

eine venetianische Sappeurkompagnie;

eine lombardische Geniekompagnie;

eine neapolitanische Geniekompagnie;

zwei Eskadrons römischer Kavallerie mit zusammen 180 Mann;

ein neapolitanisches Traindetachement.

Die ganze venetianische Landmacht zählte demnach 26¹/₆ Bataillone Infanterie zu etwa 600 M., 1¹/₃ Bataillons Artillerie, 3 Geniekompagnieen und 2 schwache Eskadrons Kavallerie oder etwas über 17,000 M.

Die Marine war in einem vortrefflichen Zustande; sie zählte etwa 5000 M., wovon ein Marinebataillon von 1000 Mann, 1200 Kanoniere, der Rest Matrosen zur Bemannung der Fahrzeuge. Von letzteren hatte Venedig unter dem Kontreadmiral Bua 2 Korvetten zu 24, 2 Briggs zu 16 Kanonen, außerdem 77 kleinere Fahrzeuge — Kanonenboote und Penischen — zur Vertheidigung der Lagunen. Auf den Werften befanden sich außerdem eine Fregatte von 40, eine Korvette von 24, eine Brigg von 16, eine Goelette von 10 Kanonen, ein Kanonenboot, zwei Penischen, ein Dampfer von 120 Pferdekraft. Alle Geschütze, die theils auf die Schiffe, theils auf den zahlreichen Vertheidigungswerken vertheilt waren, beliefen sich auf 954 Stück.

Die ganze Vertheidigungslinie Venedigs war in drei Bezirke getheilt.

Der erste unter dem Kommando des Generals Rizzardi, weitaus der wichtigste, enthielt die Stadt, die sie in der Lagune umgebenden Werke, den Brückenkopf Malghera mit Allem, was von ihm abhing, und Tre porti.

Der zweite Bezirk unter dem Oberstlieutenant Lanzetta umfaßte den Theil des Littorale, welcher die Eingänge von Porto di Lido und Malamocco enthält.

Der dritte endlich unter dem General Marsich den Rest mit dem Eingang von Chioggia und dem Fort Brondolo.

Ehe wir die kriegerischen Ereignisse der bezeichneten Periode erzählen, müssen wir wenigstens zum Verständnisse kurz die politischen Erlebnisse derselben andeuten.

Manin, als Präsident der Republik von S. Marco, hatte den Zusammentritt der konstituirenden Versammlung, welche ursprünglich auf den 23. Juni berufen worden war, auf den 3. Juli verschoben. An dem letzteren Tage trat die Versammlung zusammen. Viele der erwählten Abgeordneten vom Festlande fehlten in Folge der Fortschritte, welche die Oesterreicher zu dieser Zeit im Venetianischen von den Ufern des Isonzo bis zu denen der Etsch gemacht hatten. Aber die Schlacht von Custozza, das Gefecht von Volta waren noch nicht geschlagen. Noch stand Karl Albert am Mincio den Oesterreichern mit einer ansehnlichen Heeresmacht gegenüber. Es war daher in der venetianischen Repräsentantenversammlung eine starke unionistische oder, besser gesagt, annexionistische Partei vorhanden, welche alles Heil darin sah, daß man Venetien Karl Albert in die Arme würfe. Manin selbst mahnte zur Eintracht.

Die Annexion Venetiens an die Herrschaften des Königs Karl Albert ward daher sofort beschlossen. Manin dankte ab und eine neue Regierung, den General Castelli an der Spitze, übernahm die Geschäfte und kündigte dem König die Annexion Venetiens an Der König nahm an und sendete vom 15. bis 23. Juli zu Venedigs Unterstützung 3 Reservebataillone der Brigaden Savona, Acqui und Savoyen.

Am 7. August dann nahmen die Kommissarien Karl Alberts, Colli, Castelli und Cibrario, für ihn Besitz von Venedig.

Die Herrlichkeit sollte nicht lange dauern. Ungefähr zu derselben Zeit als die piemontesische Herrschaft zu Venedig begann, wurde die Stadt von den letzten neapolitanischen Truppen verlassen. Der König Ferdinand von Neapel, welcher glücklich den größten Theil des Expeditionskorps und das ganze Geschwader aus dem Kriege gegen Oesterreich zurückgezogen hatte, wollte auch noch die letzten Truppen zurückziehen, welche dem General Pepe nach der Lagunenstadt gefolgt waren. Der neapolitanische Konsul zu Venedig erhielt am 16. Juni den Befehl, mit allen Mitteln auf dieses Ziel loszuarbeiten. Pepe hielt den Konsul eine Zeit lang im Zaum. Aber es kamen neue Befehle von Neapel; den Kommandanten der verschiedenen regulären Korps — von der Rückkehr der Freiwilligen wollte Ferdinand nichts wissen — ward unter der Hand mitgetheilt, daß sie dem General Pepe gar nicht, sondern nur dem Oberstlieutenant Ritucci, Kommandanten des 2. Jägerbataillons, zu gehorchen hätten. Indisziplin riß in den neapolitanischen Truppen ein. Die piemontesischen Kommissäre zogen daher die Truppen am 9. August zurück und schifften sie am 10. nach Neapel ein; von den Offizieren blieb eine Anzahl freiwillig mit Pepe zu Venedig.

Vorerst deckten die frisch angekommenen piemontesischen Bataillone den Ausfall, der durch den Abzug der Neapolitaner eingetreten war.

Vom 9. August ab durchlief Venedig das Gerücht, daß die Oesterreicher in Mailand eingezogen seien, und am 11. August überbrachte ein Parlamentär Weldens von Mestre die Nachricht von dem Abschluß des Waffenstillstandes Salasco. Welden verlangte gemäß diesem Waffenstillstand die Uebergabe Venedigs, — die allerdings in demselben nicht stipulirt war. Die Kunde hievon verbreitete sich in der Stadt. Das Volk lief unruhig auf dem Markusplatze zusammen und bedrohte die piemontesischen Kommissäre.

Diese, ohne förmlich abzudanken, erklärten doch, daß sie bis auf Weiteres sich von den Geschäften fern halten würden, und Manin kündigte an, daß binnen zwei Tagen die venetianische Repräsentantenversammlung zusammentreten werde, um über die neue Regierung zu bestimmen, daß bis dahin er die Regierung führen würde.

Sowohl der sardinische Admiral Albini, als der piemontesische General Lamarmora versicherten, daß sie den Abzug der sardinischen Streitkräfte zu Land und zur See so sehr als möglich verzögern würden. In der That verließen die piemontesischen Truppen und das Geschwader Albini's Venedig erst am 9. September.

Die Repräsentantenversammlung übertrug am 13. August Manin bis auf Weiteres die Diktatur. Auf sein Verlangen wurden ihm für die hauptsächlich militärischen Geschäfte dieser

Zeit der Kontreadmiral Graziani und der Oberst Cavedalis beigegeben.

Auf besonderen Beschluß der Repräsentantenversammlung wurden Tommaseo und der Nationalgardegeneral Mengardo nach Paris gesendet, um die bewaffnete Intervention Frankreichs — wie bekannt und wie sich von selbst versteht, vergebens — zu betreiben.

Am 16. August wurde ein besonderer Vertheidigungsausschuß ernannt, welcher die höchste Gewalt in allen militärischen Fragen erhielt; er bestand aus dem Kontreadmiral Bua, Oberst Milani, Oberstlieutenant Ulloa (zugleich Generalstabschef des Oberkommandanten Pepe), Major Mezzacapo und Hauptmann Mainardi. Bald verwandelte dieser Ausschuß, aus welchem mehrere Mitglieder ausschieden, aus einer befehlenden sich in eine bloß berathende Behörde.

Dieses sind die wichtigsten politischen Ereignisse der Periode, deren unbedeutende militärische Begebenheiten wir nunmehr zu betrachten haben.

Welden, der sich nach der Kapitulation Treviso's an der untern Brenta etablirt hatte, richtete sein Augenmerk vorzüglich darauf, Venedig, so weit er es mit seinen schwachen Kräften konnte, die Verbindung mit dem Festlande abzuschneiden und ihm hiedurch die Verproviantirung zu erschweren. Wenn man bei solchen Absichten nicht von vornherein den Grundsatz festhält, durch Patrouillen von einer Zentralstellung aus wirken zu wollen, müssen sie stets zu einer sehr zersplitterten Kordonaufstellung führen.

Als die Brigade Susan bei Mirano und dann am Brentakanal bei Oriago Stellung genommen, mußte sie sofort ein Detachement längs dem neuen Brentakanal (Taglio nuovo della Brenta) bis Conche entsenden, wo dieses am 21. Juni eintraf. In den Nächten vom 21. auf den 22. und vom 22. auf den 23. Juni ließ Welden eine Batterie für einige Zwölfpfünder erbauen, welche am 23. Morgens um 3 Uhr ihr Feuer auf mehrere ungeschickt aufgestellte, zur Lagunenvertheidigung bestimmte Schiffe eröffneten.

Die Venetianer machten in diesen Tagen verschiedene Ausfälle aus Malghera, besonders darauf gerichtet, mehrere Häuser zu zerstören, welche den Oesterreichern Deckung gewährten und die Aussicht der Besatzung störten.

Am 25. und 26. Juni ließ Welden die Forts Cavanella d'Adige und Cavanella del Po, die von den Venetianern gänzlich vernachlässigt worden waren, durch kleine Detachements der Brigade Susan besetzen. Die Werke von Cavanella d'Adige, welche ziemlich verfallen waren, wurden alsbald hergestellt.

Pepe beschloß, dieses Fort wieder zu nehmen, und ertheilte den Auftrag dazu dem General Ferrari mit 4 Bataillons (1600 M.) und 2 Geschützen. Diese Truppen sollten sich am 6. Juli Morgens zu Chioggia vereinigen, nach Sa. Anna marschiren und von dort in drei Kolonnen vorrücken, deren linke Oberstlieutenant Ulloa, deren mittlere der Oberst Bignami, deren rechte der Oberstlieutenant Amigo zu befehligen hatte. Die beiden letzteren sollten das Fort in der Front, die erste sollte es in der Kehle angreifen. Die ganze Sache stimmte nicht zusammen, der Angriff wurde abgeschlagen und die Oesterreicher blieben im Besitz des Forts. Die Italiener hatten einen Verlust von 10 Todten und 44 Verwundeten, derjenige der Oesterreicher scheint noch geringer gewesen zu sein.

Unmittelbar darauf mußte Welden jene Verstärkungen nach der Etsch absenden, welche zum Theil die Expedition nach Ferrara machten, dann das 4. Armeekorps bei dem Vorrücken Radetzki's vom Mincio über die Adda bildeten. Er selbst führte die Truppen an die Etsch und kehrte am 14. Juli über Vicenza nach Padua zurück.

Welden ordnete jetzt die neue Aufstellung der ihm zum Theil nach den Abgaben an das 4. Armeekorps noch übrig gebliebenen, theils ihm aus Tyrol und über den Isonzo zugesendeten Truppen. Im Ganzen verfügte er vorläufig über wenig mehr als 10,000 Mann.

Davon bildeten etwa vorläufig 3000 die Division des F.M.L. Perglas, welche längs dem Po Aufstellung nahm, um die Romagna zu beobachten Perglas stand am linken Ufer des Flusses von Trecenta bis über Polesella hinab, hatte Detachements am rechten Ufer in Ponte lagoscuro und Bondeno und sein Hauptquartier zu Ponte Sa. Maria Maddalena gegenüber Lagoscuro.

Die übrigen 7000 M. bildeten die Division Stürmer, welche zur Zernirung Venedigs bestimmt war und das ganze Terrain von Cavanella d'Adige bis Caorle bewachte.

Der rechte Flügel dieses Zernirungskorps, die Brigade Macchio, stand von Cavanella d'Adige bis Ponte della Rana zwischen Mestre und Oriago; der linke Flügel, die Brigade Mitis, von Ponte della Rana bis Caorle.

Kleinere Detachements in den cadorischen Bergen und vor dem immer noch Widerstand leistenden Osopo kommen wenig in Betracht.

Die Venetianer unternahmen verschiedene kleinere Ausfälle, von denen diejenigen des 9. und 24. Juli die bedeutendsten waren, vorzugsweise vom Fort Malghera aus. Die schwachen Posten des sehr zersplitterten Zernirungskorps wurden dabei regelmäßig zurückgetrieben. Die Oesterreicher verloren bei diesen Gefechten sehr wenig Leute und eigentlich auch kein Terrain; mit einer Batterie, welche sie bei Fusina aufgestellt hatten, belästigten sie beispielsweise fortwährend die venetianischen Kanonenboote in den Lagunen. Aber sehr verwüstend traten in dieser Zeit die Lagunenfieber auf, selbst die Mannschaft, welche nicht gerade in die Lazarethe geschickt werden mußte, kam körperlich sehr herunter.

Als nach den Siegen von Custozza und Volta

Radetzky in der Verfolgung Karl Alberts begriffen war, ertheilte er dem Fürsten Franz Liechtenstein den Befehl, von Mantua aus über S. Benedetto ins Modenesische einzurücken, um den Herzog von Modena wieder in sein Land zurückzuführen. Liechtenstein, der am 4. August den Po überschritt, führte seinen Auftrag ungehindert aus, wie denn auch Parma von den Oesterreichern besetzt und im Namen des Herzogs von ihnen in Verwaltung genommen ward.

Welden war angewiesen worden, die Bewegung Liechtensteins seinerseits zu unterstützen. Welden hatte aber schon lange Zeit ein Auge auf Bologna geworfen, von woher Venedig noch die meiste Unterstützung erhielt. Er glaubte nun beides vereinigen zu können, die Unterstützung Liechtensteins und die „Züchtigung" Bologna's, wenn er gegen letzteres marschire. Er zog daher etwa 4000 M. unter Perglas und Susan zusammen und marschirte mit dieser Truppe selbst über Bondeno und Cento gegen Bologna, unter dessen Mauern er am 6. August ankam. Er rüstete sich nun zum Angriffe auf Bologna, als er die Weisung Radetzki's erhielt, das neutrale päpstliche Gebiet zu räumen und keine Feindseligkeiten auf demselben auszuüben. Er knüpfte darauf Unterhandlungen mit den Stadtbehörden an, denen er sagen ließ, daß er gegen die friedliche Stadt keine feindseligen Handlungen beabsichtige und von denen er nur die Verpflegung für seine Truppen verlangte. Am 7. August reiste er darauf nach Padua zurück, während er Perglas mit den Truppen noch zurückließ, um die Lebensmittel in Empfang zu nehmen und dann am 8. Abends auch den Rückmarsch anzutreten.

Indessen hatte das Erscheinen der Oesterreicher vor Bologna die Gemüther der Einwohner aufgeregt, und als am 8. österreichische Offiziere und Soldaten zu Einkäufen in die Stadt kamen, wurden sie dort thätlich angegriffen. Perglas erzwang durch ein Detachement die Herausgabe der ihm festgehaltenen Truppen und verlangte die Herstellung der Ruhe und die Bestrafung der Anstifter des Attentats auf seine Soldaten. Darüber große Erregung in der Stadt. Da Perglas seine Forderung nicht erfüllt sah, ließ er von 5 Uhr ab 5 Haubitzen gegen Bologna ihr Feuer eröffnen. Die Bologneser machten nun einen Ausfall und es kam zu einem hitzigen Kampfe, in dem die Oesterreicher keineswegs die Oberhand gewannen. Perglas trat daher um 9 Uhr Abends um so mehr seinen Rückzug an, als er die Weisung hatte, sich der Feindseligkeiten auf päpstlichem Gebiet zu enthalten. Er ging in den nächsten Tagen nach Ferrara, wechselte hier die Garnison und kehrte am 18. August an das linke Ufer des Stromes zurück.

Welden hatte unterdessen auf die ihm von der Hauptarmee zugehenden Nachrichten die Hoffnung gefaßt, durch eine Beschießung Malghera's die Venetianer einschüchtern zu können. Er ließ 6 Belagerungsgeschütze von Treviso kommen, in Batterie stellen und von 5 Uhr Abends am 10. August ab das Feuer gegen Malghera eröffnen. Das Fort erwiderte lebhaft und kräftig, vorzugsweise indessen zum Nachtheil der Stadt Mestre.

Als an demselben Tage die Nachricht von dem Abschluß des Waffenstillstandes Salasco kam, ließ Welden Venedig auffordern. Dieß führte, wie wir schon erzählt haben, lediglich zu der Abdankung der piemontesischen Kommissarien und der Einsetzung des Triumvirates unter Manins Leitung.

Welden hatte 4000 M. krank in den Spitälern. Als am 13. August ein piemontesischer Parlamentär nach Venedig gegangen war, um dort den Abschluß des Waffenstillstandes offiziell anzuzeigen, hoffte Welden, daß doch trotz des bisherigen Widerstandes, in Folge der Entfernung der piemontesischen Land- und Seestreitkräfte von der Lagunenstadt, diese sich ihm bald ergeben werde. Um den Truppen den Dienst zu erleichtern, gab er daher verschiedene ziemlich überflüssige Posten seines Kordons ganz auf und beschränkte die Besetzung von andern, und es trat auf der Zernirungslinie eine länger dauernde Ruhe ein.

20. Betrachtungen.

A. Operationen.

Im vorigen Abschnitte traten die Piemontesen als Angreifer auf; mit dem Beginne des vorliegenden übernimmt Radetzki die Offensive. Wir haben erwähnt, daß Radetzki nie darauf rechnete, ewig in der Defensive zu bleiben. In der That, er hatte eine Aufgabe, die er nur durch die Offensive lösen konnte: die Wiedereroberung der Lombardei und Venetiens. Aber zu dem einen wie zu dem andern mußte er erst Kräfte sammeln; bis er diese beisammen hatte in gehöriger Zahl, verlegte er sich lediglich auf die Behauptung desjenigen, was er besaß, nämlich der Gegend des Festungsvierecks und der Verbindung mit Tyrol.

Gegen Ende des Mai waren die erforderlichen Kräfte gesammelt; numerisch hatte er sich bedeutend verstärkt durch die Heranziehung der Reservearmee; moralisch durch den Erfolg von Sa. Lucia.

Radetzki konnte von seinen Stellungen aus zuerst nach Osten ausschlagen, also zur Wiedereroberung des Venetianischen schreiten, oder er konnte zuerst nach Westen ausschlagen, d. h. zuerst zur Wiedereroberung der Lombardei schreiten. In der Richtung gegen Westen stand der stärkste Feind, Karl Albert mit der piemontesischen Armee; schon dieß würde darauf hingewiesen haben, daß man mit der Lombardei den Anfang machte; hinzu kam aber noch eine näher liegende Rücksicht, diejenige nämlich auf den Entsatz des belagerten Peschiera.

Somit war die allgemeine Richtung entschieden. Bei der Bestimmung der Richtung im Speziellen handelte es sich um die Wahl zwischen dem direkten kürzesten Wege und dem längeren gegen die rechte Flanke der Piemontesen. Radetzki wählte den letztern, ging nach Mantua, brach von dort vor, siegte am Curtatone und marschirte weiter auf Goito. Hier stieß er auf ernsten Widerstand und es traten außer dem

Falle Peschiera's auch alle die übrigen Verhältnisse ein, welche Radetzki bestimmten, die Fortsetzung der Operation aufzugeben.

Er wählte dafür eine leichtere Operation gegen den minder starken Gegner im Venetianischen. Die Vortheile, welche für diesen Operationswechsel das Vorhandensein der durch Festungen gesicherten Uebergänge über Etsch und Mincio bot, springen leicht in die Augen. Radetzki hatte gewissermaßen immer nur den Sprung eines oder höchstens zweier Tage zu thun, um zwischen sich und seinen Gegner ein Hinderniß zu legen, welches dieser bei Weitem nicht so leicht zu überwinden vermochte und welches somit stets der österreichischen Armee einige Tage völliger Freiheit des Handelns verschaffte. Wir müssen hier noch insbesondere auf den Gebrauch hinweisen, den Radetzki von Verona machte, indem er es benutzte, den Feind über seine Absichten zu täuschen und sich deßhalb doch nicht der Mitwirkung der Truppen bei Vicenza beraubte, welche er nach dem Aufgeben der Offensive am rechten Minciooufer von Mantua nach Verona zurückgesendet hatte.

Im Venetianischen erleichterte Durando den Oesterreichern das Spiel beträchtlich, indem er seine ganze Streitmacht zu Vicenza vereinigte und sich hier einschließen ließ.

Mit dem Siege von Vicenza gewann Radetzki nicht bloß die freie Kommunikation durch das Venetianische an den Isonzo, sondern auch eine Nebenkommunikation durch die Val Arsa an die obere Etsch, so daß die direkte Kommunikation von Verona die Etsch unmittelbar aufwärts ihm nun doppelt entbehrlich wurde. Ferner erhielt er durch den Sieg von Vicenza und dessen unmittelbare Folgen die Möglichkeit, ein neues Armeekorps aus dem Venetianischen auf den Hauptkriegsschauplatz an der Etsch und dem Mincio zu ziehen, sein Recht zur Offensive gegen den Hauptfeind Karl Albert also neuerdings zu vermehren.

Von diesem Rechte machte er dann Gebrauch, indem er dießmal direkt von Verona gegen den Mincio unterhalb Pes-

20*

chiera vorging, was ihm Karl Albert erleichterte dadurch, daß er sich eben auf die Blokade Mantua's eingelassen hatte. Durch die Schlacht von Custozza machte sich Radetzki seine linke Flanke und den Weg über den Mincio frei; durch das Gefecht von Volta trug er vollends die Demoralisation in die piemontesischen Truppen und warf sich nun zu ihrer Verfolgung unmittelbar an den Po, um im Stande zu sein, Karl Albert den Rückzug ans rechte Ufer dieses Flusses zu verlegen. Karl Albert machte, ohne dazu gezwungen zu sein, seinen Rückzug auf Mailand, und so war ein anderes Ende als der Waffenstillstand Salasco unmöglich geworden.

Zerlegt man die Operationen Radetzki's, so wird man stets finden, daß sie mit einer großen Behutsamkeit im Allgemeinen angeordnet sind, während die Ausführung in einzelnen Partieen allerdings den Stempel der Kühnheit trägt, wie dieß namentlich von dem Flankenmarsche von Verona nach Mantua, nicht minder von dem Marsche über Legnago auf Vicenza gilt. Ein Moment, welches bei den Entwürfen Radetzki's hervortritt, ist das, möglichst wenig Soldaten zu opfern, um das Heer so stark als möglich zu erhalten und allen Eventualitäten so weit thunlich gewachsen zu bleiben, nicht bloß speziell auf dem italienischen Kriegsschauplatz und nicht bloß gegen die feindlich gegenüberstehenden Italiener, sondern auch auf andern Kriegsschauplätzen Oesterreichs und gegen andere Feinde, unter denen, was man nicht vergessen darf, die französische Republik eine nicht unbedeutende Rolle — in der Erwartung — spielte. Das Bestreben, Menschen zu sparen, leitet zu dem Versuche, gewisse Ziele so weit irgend möglich durch Manöver statt durch Gefechte zu erreichen, was dann freilich oft fehlschlägt. So unterliegt es beispielsweise keinem Zweifel, daß nach dem Gefecht am Curtatone Radetzki den Entsatz von Peschiera durch eine Bedrohung der Rückzugslinie Karl Alberts zu erreichen strebte. Daher die etwas weit ausholende Bewegung d'Aspre's gegen den Chiese hin und — nach dem verunglückten Versuch bei Goito durchzudringen — noch die

Entsendung der Reiterdetachements in die Lombardei hinein und das Warten auf eine etwaige Wirkung dieser Detachements. Nach verschiedenen Anzeichen zu urtheilen, hing es vielleicht nur an einem Faden, ob das Manöver d'Aspre's nicht in der That wirkte, vielleicht nämlich hing es nur daran, daß Karl Albert seine Armee besser unter der Hand gehabt und sie leichter hätte versammeln können; er möchte dann in der That zunächst gegen den Chiese hin Rückenfreiheit gesucht und so Peschiera freigegeben haben, insbesondere wenn diese Festung noch nicht so reduzirt gewesen wäre, als es wirklich der Fall war. Aber andererseits kann man sagen, daß wenn Radetzki in diesem Falle weniger auf Manöver und mehr auf die Wirkung durchs Gefecht gerechnet hätte, wahrscheinlich d'Aspre an dem Gefecht bei Goito theilgenommen haben würde, indem er näher bei der Hand war, und dann ist es äußerst fraglich, ob Karl Albert und Bava den Stoß bei Goito aufgehalten hätten, ob sie nicht vielmehr entschieden zum Rückzuge gezwungen wurden, also der Zweck Radetzki's, der Entsatz Peschiera's, erreicht ward.

Es ist Radetzki oft, namentlich von den Italienern selbst zum Vorwurf gemacht worden, daß er seine Zeit nicht zu benutzen verstanden habe.

Man kann diesen Vorwurf nicht recht verstehen. Nehmen wir z. B. die letzte Operation von Verona über Custozza und Volta, dann über Cremona nach Mailand; Radetzki rückte am 23. Juli von Verona zu derselben aus und am 3. August stand er vor Mailand. Er hatte also zu den 24 deutschen Meilen, welche auf diesem Wege zwischen Verona und Mailand liegen, 12 Tage gebraucht, sicherlich nicht zu viel, wenn man bedenkt, daß unter diesen vier harte Kampftage sind und daß Radetzki außerdem durch die Unterhandlungen von Valeggio fast zwei Tage hingehalten wurde.

Nun wollen wir allerdings nicht bestreiten, daß Radetzki den Piemontesen noch dichter hätte auf den Hacken bleiben können, — aber mit gleicher Schonung seiner Truppen? mit gleicher Bewahrung von Zucht, Ordnung und Kraft in seinem Heere?

Es kommen allerdings Fälle vor im Kriege, wo die Wichtigkeit, überhaupt zu einer bestimmten Stunde an einem Punkt zu sein, alles Andere überbietet, wo man nicht fragen darf, mit wie viel Mann man ankommen wird, wie viele unterwegs liegen bleiben. Aber wer sich die Mühe geben will, eine Anzahl von Fällen im Einzelnen genau anzusehen, wird doch immer finden, daß jene entschiedene Ausnahmen sind, und daß es in der Regel besser ist mit kräftigen und zahlreichen Soldaten einige Stunden später auf den Platz zu kommen, als mit wenigen und matten einige Stunden früher. Er wird finden, daß das Abhetzen meistentheils etwas sehr Unnöthiges ist, mehr der Angst und Unwissenheit der Befehlshaber entsprungen als der schwergewichtigen Ruhe und Sicherheit, die sie in sich selbst finden und die ihnen ihre Entschlüsse diktirt. Er wird endlich finden, daß durch dieses Abhetzen Heere, wenn es sich oft wiederholt, in kürzester Frist ruinirt und zum Schatten ihrer selbst gemacht werden. Es ist ja an sich klar, daß auch die Erhaltung der Ordnung, welche das Heer erst wirklich zum brauchbaren Instrument in des Feldherrn Hand macht, welche dem Heere die Sicherheit des Sieges im entscheidenden Momente verbürgt, ihre Opfer an Zeit und Kraft wie jedes Ziel erfordert. Eine regelmäßige ruhige Verpflegung z. B. ist nicht ohne solche Opfer zu haben, sie bringt aber auch Alles wieder ein, was sie kostet, und mit reichlichen Zinsen. Man glaube nicht, daß dem Soldaten sein Essen eben so gut schmeckt und ihn eben so gut nährt, wenn er beim Abkochen ein beständiges Gehetz um sich her sieht und von einer Masse sich widersprechender Befehle geplagt wird, wenn alle Augenblicke ein Befehl zum Abmarsch kommt, der in der nächsten Viertelstunde widerrufen wird, aber vielleicht nachdem die Feuer schon ausgelöscht sind, nachdem die nicht gahre Suppe mit dem besten Fett fortgeschüttet und nur das halbrohe Fleisch in den Brotbeutel versorgt ist. Dergleichen Hetzjagden kamen bei Radetzki's Armee nicht vor; der Soldat mußte früh abkochen, aber er wußte dann auch, daß er seine Zeit zum Kochen und zum Verzehren haben werde; und konnte es ja einmal nicht sein, nun so wußte er auch ganz gewiß, daß es nicht anders sein könne und fügte sich in das seltene Mißgeschick — wartete nicht etwa darauf, daß ja noch ein anderer Befehl kommen könne, sondern war augenblicklich unter der Fahne und zum Marsche bereit.

Daß man der Besorgung der Verpflegung, der regelmäßigen Ergänzung der Munition nach einigen Gefechten eine gewisse Zeit schenken muß, wird wohl so ziemlich von Allen begriffen werden, dagegen möchten wir noch auf einen andern Punkt aufmerksam machen, der viel weniger beobachtet zu werden pflegt und doch von nicht minderer Wichtigkeit ist. Um die Ordnung aufrecht zu erhalten, jene Festigkeit in die ganze Organisation zu bringen, welche auch bei ernsteren Anstrengungen das Abfallen allzu vieler Elemente vermeiden läßt, ist es absolut nothwendig, daß die untergeordneten Befehlshaber, wie Brigadekommandanten und Bataillonskommandanten, hin und wieder die von ihnen kommandirten Truppen für sich haben, in einer Weise, daß sie nicht ihren Soldaten, wie das bei dem ewigen Umherjagen vorkommt, als bloße Werkzeuge des Oberbefehlshabers, oft kaum persönlich gekannte Werkzeuge gegenübertreten, sondern als befehlende Persönlichkeiten, die wie das Recht so auch vollständig die Muße haben zu kommandiren, zu kontroliren, zu strafen und zu belohnen. Nur dieß kann den wahren Kitt in die ganze große Familie eines Heeres bringen. Wie aber ist es zu erreichen bei einer ewigen Hetzjagd, bei welcher, wenn das von oben herunter Befohlene gethan ist, jeder, vom Tambour bis zum Brigadegeneral herauf, nichts Besseres mehr zu thun hat, als sich auf sein Strohbund zu werfen oder auf den bloßen Boden, wenn er kein Bund Stroh hat?

Nein, man glaube nicht, daß die Zeit, die der Aufrechthaltung einer gehörigen Dienstordnung geopfert wird, eine

verlorne sei. Aus allem Vorigen ist das klar. Aber wir müssen auch ausdrücklich erwähnen, daß die Ruhe eines geregelten Dienstganges sich leicht und sicher den einzelnen Soldaten mittheilt und daß er in ihm an Selbstbewußtsein und Sicherheit einen innerlichen Gewinn macht, der immer dem Ganzen im entscheidenden Augenblicke in hohem Maße zu gute kommen wird. Jeder Offizier kann in dieser Beziehung schon im Friedensleben Betrachtungen anstellen; er braucht nur die Soldaten zweier Bataillone zu betrachten, von denen der Kommandant des einen seinen Kompagniekommandanten möglichst viel freie Disposition über ihre Leute läßt, während der andere in beständiger Hetzjagd zur Ueberwachung jeder Stunde und Viertelstunde ist. Aber wie viel mehr tritt der Unterschied noch im Kriege hervor! Es braucht ja auch kaum des militärischen Lebens, um die hier vorgetragenen einfachen Wahrheiten einzusehen. Es versetze sich ein Jeder nur einmal zuerst in die Gesellschaft von beständig nervös aufgeregten, immer schreienden und tobenden Leuten und das andremal in die Gesellschaft von ruhig redenden, ermahnenden Männern und ermesse den Unterschied des Eindrucks, den die eine und die andere Gesellschaft auf ihn selbst machen wird.

Sicherlich wurden 1848 und 1849 die piemontesischen Soldaten viel mehr umhergehetzt als die österreichischen. Darüber kam es aber auch bei jenen nie zu einem geordneten Dienst, und als das Unglück hereinbrach, da mangelte alle Festigkeit, aller Zusammenhalt.

Die einzige positive Thätigkeit der Piemontesen beim Beginne des Abschnittes, den wir eben beleuchten, war die Belagerung Peschiera's; zu deren Deckung hatten sie mit ihrer Hauptmacht defensive Stellungen gegen Verona und Mantua genommen. Sehr begründeter Weise rief der piemontesische Generalstab, nachdem Thurn sich mit Radetzki bei Verona vereinigt hatte, Durando zwischen Etsch und Mincio auf den rechten Flügel der Hauptmacht zurück, um diese zu verstärken. Durando kam nicht und dieses hatte die böseſten

Folgen. Die lange Unthätigkeit der piemontesischen Hauptmacht nach dem Gefechte von Sa. Lucia kann zu vielen Vorwürfen Veranlassung geben und hat zu denselben Veranlassung gegeben. Indessen bei genauerer Betrachtung wird man doch immer wieder darauf zurückkommen müssen, daß alle Schuld auf die falsche Wahl der ursprünglichen Operationsrichtung fällt. Selbst wenn jetzt Karl Albert in die rechte Richtung übergegangen wäre, so wäre dieß, nach der Vereinigung Thurns mit Radetzki, gar nicht mehr dasselbe gewesen als vor derselben; obwohl sich allerdings eine zweite Reservearmee im Venetianischen bildete und scheinbar dadurch das gleiche Verhältniß als früher eintrat, war dieß doch nicht so in der Wirklichkeit. Der große Unterschied lag im Verhältniß der Stärke der Hauptarmee Radetzki's einerseits, der österreichischen Reserve andererseits vor und nach Thurns Ankunft bei Verona. Ganz abgesehen hievon wäre auch die Verlegung der Operationslinie jetzt nicht ohne Zeitverlust zu bewerkstelligen gewesen und Radetzki hatte bei seiner nunmehrigen Stärke keine Veranlassung mehr, einer solchen Operation ruhig zuzusehen. Sie selbst mußte ihm bei dem Ueberschreiten der Flüsse u. s. w. seitens der Piemontesen Momente bieten, in denen er mit ziemlich sicherer Aussicht auf Erfolg gegen Theile der piemontesischen Armee einschreiten konnte.

So lag es mindestens sehr nahe, daß Karl Albert, da er einmal den Frontangriff begonnen hatte, in diesem beharrte und, als der minder methodische Weg, nämlich der Angriff auf die Feldstreitmacht Radetzki's mit dem Gefechte von Sa. Lucia gescheitert war, auf den methodischen Weg, nämlich zur Belagerung der Minciofestungen umkehrte. Das höchste, was er nun etwa noch thun konnte neben der Belagerung von Peschiera wäre gewesen, daß er sich an der Etsch oberhalb Verona festsetzte und sich hier eines tüchtigen Ueberganges versicherte, um dadurch die Kommunikation der Oesterreicher mit Tyrol zu verlegen und zugleich die Möglichkeit zu behalten, seinerseits auf das linke Etschufer überzugehen, was besonders dann von Wichtigkeit werden konnte, wenn Durando, was allerdings das bessere gewesen wäre, nicht an das rechte Etschufer hinüberging.

Die Ruhe des einen Theils ermuntert den andern, wenn er nicht ganz des Triebes zur Thätigkeit entbehrt oder nicht durch seine numerische Schwäche zur Unthätigkeit verdammt ist, immer doppelt zu aktivem Auftreten. Ein Heer also, welches sich in defensivem oder abwartendem Verhältniß befindet, muß wenigstens eine Art der Thätigkeit entfalten, die ihm keinesfalls geschenkt werden kann. Es muß beständig auf der Lauer liegen, um zu erforschen, was der Feind thun will, um augenblicklich bereit zu sein, diesem je nach den Umständen entgegenzutreten. Es muß also einen äußerst thätigen Sicherheitsdienst betreiben.

Wir müssen hier einiges über diesen Punkt einschalten.

Um den Sicherheits- und Spähdienst im Großen gut organisiren zu können, muß man vor allen Dingen sich eine Idee davon machen, was der Feind möglicherweise vornehmen kann. Nur auf diese Weise wird es möglich, denjenigen Weg, welchen möglicherweise der Feind einschlagen wird, gehörig zu beobachten und, sobald er diesen oder jenen einschlägt, sich eine klare und feste Idee schnell zu bilden, was man selbst nun thun muß. Gute Spione leisten in einem Lande, in welchem man wohl orientirt ist und welches uns befreundet ist, im Allgemeinen mehr als der Sicherheitsdienst der Truppen allein leisten kann. Unterrichtet von dem, was beim Feinde vorgeht, geben sie den ersten Allarmruf und erleichtern so die Verwendung der Truppen für die Erspähung des Beginnes der Ausführung. Aber allerdings sind gute Spione eine sehr seltene Waare und schwerer zu haben, als man gewöhnlich glaubt. Den Sicherheitsdienst mittelst der Truppen kann man nicht anders versehen, als indem man Detachements macht, sei es nun, daß man einem solchen einen bestimmten festen Posten anweiset, sei es, daß man es in beständiger Bewegung erhält (große Patrouillen). Die Gefahr bei diesen Detachirungen ist nun aber eine doppelte. Man kann die Detachements zu zahlreich und zu stark, man kann sie zu gering an Zahl und zu schwach machen. Im ersteren Falle ist es leicht möglich, daß man seine Hauptmacht zu sehr schwächt und zersplittert, im letzteren, daß man die Wahrheit nicht erfährt. Trifft z. B. ein schwaches Detachement mit einem Feinde zusammen, der auch nicht stark, aber doch stärker ist als es selbst, so wird es vielleicht rasch zum Weichen gezwungen, und es wird ihm nun schwer sein zu sagen, ob die feindliche Truppe, die es gegen sich hatte, ein selbstständiges Detachement oder die Avantgarde einer bedeutenden Macht war.

Läßt man seine eigenen Rekognoszirungsdetachements immer angriffsweise verfahren, so wird man, wenn sie von tapfern und geschickten Offizieren befehligt sind, immer den Feind zu einer größeren und besser überschaubaren und beurtheilbaren Entwicklung seiner Kräfte zwingen, als bei der Anwendung stehender Detachements. Es unterliegt also keinem Zweifel, daß die beweglichen Detachements (Patrouillen) den stehenden weit vorzuziehen sind, weil sie mit geringerer Kraft das gleiche Ziel erreichen lassen, und daß man die stehenden Detachements lediglich in Aufnahmspositionen für Patrouillen verwenden sollte.

Immer ist es dann noch gut, seine Hauptmacht so konzentrirt als möglich zusammenzuhalten. Denn je mehr dieß der Fall, desto leichter wird man sie zweckmäßig in Bewegung setzen können.

Auf piemontesischer Seite ward der Sicherheits- und Spähdienst jedenfalls nicht mit dem erforderlichen Geschicke gehandhabt Es hätte sonst nicht so lange dauern können, bis man Nachricht von dem Marsche der Radetzki'schen Armee auf Mantua erhielt. Ja es ist schon wunderbar, daß man von den Absichten Radetzki's auch absolut gar nichts im Voraus erfuhr. Wie sehr man immer Radetzki wegen der guten Anstalten loben muß, welche er traf, um seinen Plan geheim zu halten und den Gegner irre zu führen, immerhin wird noch

Grund zu Tadel gegen die Piemontesen übrig bleiben. Die piemontesischen Vorposten vor Sona und Sommacampagna standen kaum eine deutsche Meile von Verona entfernt und dennoch mußte die Nachricht über den österreichischen Marsch erst über Villafranca und Custozza nach Sommacampagna kommen.

Es ist dieß ein recht deutliches Beispiel für die alte Wahrheit, daß in abwartenden oder Vertheidigungsstellungen, die auf längere Dauer behauptet werden, aller geordnete und lebendige Dienst nur zu leicht einschläft, so daß schließlich der Feind Alles ungestraft unternehmen kann.

Als auf piemontesischer Seite der Plan Radetzki's völlig klar ward, handelte es sich nun darum, zu beschließen, was man selbst thun wollte. In dem erwähnten Zeitpunkt standen die Dinge so, daß nicht mehr davon die Rede sein konnte, Radetzki zwischen Etsch und Mincio angreifen zu wollen; es war klar, daß die Piemontesen hier zu spät kommen mußten. Es blieb also nichts Anderes übrig, als daß man auch an das rechte Mincioufer übetging. Dazu forderte doppelt der Umstand auf, daß die Piemontesen sich doch wesentlich die Aufgabe gestellt hatten, die Belagerung Peschiera's zu decken; da dieses jetzt dem Falle sehr nahe war, kam es doppelt darauf an, diese Aufgabe nicht aus den Augen zu verlieren, und man konnte sie unter den obwaltenden Umständen nur am rechten Minciоufer lösen. Es war also durchaus vernünftig, daß die Piemontesen sich bei Goito dem Gegner in den Weg stellten. Holte derselbe zu weit gegen den Chiese aus, ohne erst eine Schlacht gewonnen zu haben, so war man völlig in der Lage, ihn an der wundesten Stelle packen zu können, freilich aber auch selbst in Gefahr, vom Rückzuge abgeschnitten zu werden. Aber in solchem Falle mußte gewagt werden, und wenn man sich entschließen konnte, im rechten Moment zeitweise etwas aufzugeben, hier z. B. selbst die Belagerung Peschiera's, so war es immer noch möglich, für die Manöver gegen Rücken und Flanken Radetzki's die Anlehnung an den Po zu gewinnen.

Trotzdem wird man hier bereits zu der Bemerkung gezwungen, daß allerdings das Verhältniß der beiden Parteien, welches ursprünglich existirte, mindestens sehr entschieden dem Umschlagen nahe ist, wenn man den Umschlag auch noch nicht als wirklich erfolgt annehmen will. Ferner fällt es in die Augen, daß bei der Operation gegen Radetzki's linke Flanke die Armee Karl Alberts niemals in die mißliche Lage hätte gerathen können, in welcher sie sich nunmehr augenscheinlich befand.

Der Sieg der Piemontesen bei Goito und der Fall Peschiera's sammt allen Nachrichten, welche Radetzki bestimmten, die Fortsetzung der Operation am rechten Mincioufer vorläufig aufzugeben, waren nothwendig, um die Piemontesen in den ersten Junitagen aus der drohendsten Klemme zu ziehen.

Wenn der Sicherheits-, Späh- und Nachrichtendienst der Piemontesen sich schon bei Gelegenheit des Marsches Radetzki's von Verona nach Mantua in einem sehr schlechten Lichte zeigt, so tritt dieß doch noch viel entschiedener bei Gelegenheit des schönen Unternehmens Radetzki's gegen Vicenza hervor. Hier wird die Sache geradezu unglaublich. Am 3. Juni Abends tritt Radetzki seinen Rückmarsch aus der Gegend von Sacca nach Mantua an; am 4. Vormittags kann darüber kein Zweifel mehr bleiben; wohin sollte er nun wohl gezogen sein; entweder westlich gegen den Chiese oder östlich gegen die Etsch, gleichgültig ob auf Legnago oder Verona. Etwas Anderes war doch nicht leicht denkbar; spätestens am 5. konnte die piemontesische Armee völlig im Klaren darüber sein, wo Radetzki steckte. Und was lag nun näher, als ihn zwischen Etsch und Mincio aufzusuchen; was war leichter, als ihn hier zu treffen, wenn er wirklich auf Verona zurückging, und ihn selbst noch dießseits der Etsch einzuholen, wenn er auf Legnago marschirte? Hatten nicht die Piemontesen ihre Brücke bei Goito, welche gerade für ein solches Manöver wie ausdrücklich geschaffen war? Die Piemontesen übertrieben ihren Erfolg von

Goito. Aber gerade wenn sie ihn übertrieben, hatten sie dann nicht die doppelte Veranlassung, dem geschlagenen Feind auf dem Fuße zu folgen, um seine Niederlage zu vollenden? Dem weichenden Feind eine goldene Brücke bauen, das kann man doch nur wollen, wenn man seinen eigenen Erfolg eben sehr bescheiden beurtheilt.

Statt nun um jeden Preis Radetzki aufzusuchen, geht Karl Albert ruhig in seine Positionen gegenüber Verona zurück, überzeugt, daß auch Radetzki dorthin gegangen sein müsse, und selbst als am 7. Juni die Nachricht kommt, daß die Oesterreicher bei Legnago die Etsch überschritten, erwacht das piemontesische Hauptquartier nicht aus seinem Schlummer, sondern nimmt an, dieser Uebergang sei nur deßhalb geschehen, um den Spaziergang nach Verona desto sicherer ausführen zu können. Die Nachricht, welche am 8. Juni von Durando kam, daß er im Venetianischen bleiben wolle, um dieses zu behaupten, statt sich auf den rechten Flügel der piemontesischen Hauptarmee zu setzen, ward nicht in den mindesten Zusammenhang mit den möglichen Unternehmungen Radetzki's gebracht, und Karl Albert beschäftigte sich eben jetzt mit einer Operation — Besetzung des Plateau's von Rivoli, die Radetzki gerade im Begriffe stand, absolut überflüssig zu machen.

Die möglichen Operationen Karl Alberts unmittelbar nach dem Rückzuge Radetzki's von Sacca und Rivalta nach Mantua ergeben sich leicht zugleich als innerlich nothwendige, gerade unter der Voraussetzung, daß der Sieg von Goito im piemontesischen Hauptquartier für einen sehr bedeutenden gehalten wurde. Sie sind nämlich folgende:

Am 5. Juni konzentrirt Karl Albert alles was er am rechten Mincioufer hat bei Goito und giebt zugleich den am linken Ufer des Mincio noch für eine große Operation verfügbaren Truppen den Befehl, sich bei Custozza und Villafranca zu vereinigen. Das gegen Verona stehende Detachement wird möglichst abgeschwächt und erhält den Befehl, im

Fall eines Angriffes mit überlegenen Kräften sich auf Peschiera, welches jetzt eine piemontesische Festung ist, zurückzuziehen. Am 6. marschirte Karl Albert mit allen verfügbaren Kräften auf Isola della Scala, er wußte nun sicher, daß ein Theil des österreichischen Heeres von Nogara nach Mantua zog (das Reservekorps), zugleich mußten ihm Gefangene aber auch die Nachricht bringen, daß an demselben Tage der größte Theil des österreichischen Heeres über Legnago nach Montagnana ging, was unter keinen Umständen der kürzeste Weg für eine „geschlagene" Armee nach Verona war. Entweder hatte Karl Albert am 7. eine Schlacht mit dem Reservekorps und gewann über dieses bei seiner entschiedenen Ueberlegenheit einen entschiedenen Sieg. Dann hinderte nichts bis zum 8. Vormittags die Vortruppen bis Albaredo vorzuschieben, sich hier der Etsch zu bemächtigen und mit dem unterdessen herangezogenen Brückentrain am 9. eine Brücke hier über die Etsch zu schlagen, über welche seine ganze Armee noch an demselben Tage übergehen konnte. Am 10. standen die Piemontesen dann spätestens um Mittag dicht bei Vicenza, und die Schlacht von Vicenza konnte in diesem Fall nicht den Verlauf haben, den sie hatte, sie ward aller Wahrscheinlichkeit nach eine entscheidende Niederlage Radetzki's. Hatten die Piemontesen am 7. kein Gefecht mit dem österreichischen Reservekorps zu bestehen, so ging alles um einen Tag mindestens schneller.

Wir glauben, daß wir hier die möglichen Leistungen viel zu gering angenommen, auch dabei gar nicht auf einen außerordentlich prompten Nachrichtendienst bei den Piemontesen gerechnet haben, sondern nur auf den allernothdürftigsten.

Sehr wahrscheinlich war es allerdings, daß Radetzki, da bei den Oesterreichern der Nachrichtendienst viel besser besorgt ward als bei den Piemontesen, den Marsch Karl Alberts gegen die Etsch spätestens am 7. erfahren haben würde. In diesem Falle würde er wahrscheinlich das Unternehmen gegen Vicenza aufgegeben haben und nach Verona zurückgekehrt sein. Man sieht, daß wenn die Operation der Piemontesen auch nur diese Folge hatte, damit genug gewonnen war, nämlich die Erhaltung der ganzen Streitkraft Durando's.

Wie die Dinge im Lager Karl Alberts wirklich gingen, kam der Entschluß zu einem Abmarsch ans linke Ufer der Etsch um eine Woche zu spät.

Nothwendig sank nun die piemontesische Armee aufs neue in eine abwartende Haltung zurück. Das Umhertasten an der obern Etsch hatte jetzt zu wenig Sinn, als daß es zu irgend einem Erfolge hätte führen können. Der große Unterschied zwischen den Defensivmomenten in der Thätigkeit Radetzki's einerseits und derjenigen Karl Alberts andererseits wird jedem in die Augen fallen. Radetzki wartet immer nur auf Verstärkungen, um in eine selbstständige offensive Thätigkeit von neuem überzugehen, und kann mit ziemlicher Sicherheit vorausbestimmen, wann der Zeitpunkt dazu kommen wird. Dagegen wartet Karl Albert fast ausschließlich auf die neue offensive Thätigkeit Radetzki's, um auch selbst wieder eine bestimmte Beschäftigung zu erhalten. Radetzki wartet auf die Herstellung der eigenen entschiedenen Ueberlegenheit über Karl Albert, Karl Albert aber gerade auf den ihm überlegenen Radetzki. Man sieht, daß dieß für die Piemontesen eine sehr üble Lage war. Allerdings gab das Festungssystem an Mincio und Etsch Radetzki eine große Gunst der Verhältnisse, aber man kann sich leicht überzeugen, daß bei der Wahl des Angriffes gegen die österreichische linke Flanke Karl Albert niemals in diese ausgesprochene und gefährliche Abhängigkeit von den Oesterreichern gerathen konnte.

Durch die Einschließung Mantua's verschlimmerte Mitte Juli Karl Albert seine Lage um so mehr, als mit derselben eine neue Verstärkung Radetzki's in der Zeit zusammenfiel. Es war durchaus zweierlei, angesichts der österreichischen Armee bei Verona Peschiera einschließen und Mantua einschließen. Peschiera war eine kleine Festung mit einer schwachen Besatzung und erforderte wenig Truppen zu seiner Einschließung und selbst zu seiner Belagerung, so daß trotz der Blokade

Peschiera's Karl Albert den Haupttheil seiner gesammten Streitmacht für Operationen im freien Felde völlig bereit halten konnte. Ganz anders verhielt sich das mit dem weitläufigen und stark besetzten Mantua, vor welchem die Einschließungslinie durch den Mincio und seine Seen, so wie durch eine Anzahl von Kanälen in Abschnitte zerlegt ist, die jeder einzelne gehörig bemannt sein wollen, um den Ausfallsstößen der Besatzung Widerstand leisten zu können. Zur Einschließung Mantua's war die beste Hälfte der piemontesischen Streitmacht noch wenig genügend, und wollte man im Falle eines Vorbrechens Radetzki's von Verona die Einschließung auch sofort und ohne Besinnen aufheben, die Versammlung des Einschließungskorps aus seinen weitläufigen Stellungen zur Bereitschaft für die Operationen im freien Felde erforderte jedenfalls Zeit. Radetzki aber brauchte wenig Zeit, um von Verona aus über den ihm in der Vereinzelung gegenüber gelassenen Theil der Armee Karl Alberts herzufallen und ihn gründlich zu schlagen. Kaum war dann das piemontesische Einschließungskorps vor Mantua gesammelt, so konnte auch dieses schon den Feind auf dem Nacken haben. Die Piemontesen befanden sich für die Einschließung Mantua's keineswegs in der gleich günstigen Lage wie Bonaparte 1796 und 1797. Den großen Unterschied macht die Nähe des versammelten Radetzki'schen Heeres bei Verona 1848, und die Ferne der österreichischen Streitmassen, welche immer erst aus Tyrol und vom Isonzo heranziehen mußten, 1796 und 1797. Die Einschließung Mantua's seitens der Piemontesen 1848 war unter den obwaltenden Umständen eine der gewagtesten Operationen aller Zeiten, so gewagt, daß sie selbst ein zufälliger Erfolg nicht zu rechtfertigen vermocht hätte. Im April hätte man sie hinnehmen können, im Juli war das ganz unmöglich. Einige nebensächliche Umstände, wie namentlich der kleine Erfolg von Governolo und dessen Uebertreibung machten die Operation den Piemontesen noch verderblicher; wie es sich denn oft zeigt, daß bei Dingen im Kriege, die im Allgemeinen falsch eingeleitet sind, selbst einzelne Glücksfälle nur zur Verschlechterung der allgemeinen Situation beitragen, indem sie zum Beharren auf der falschen Bahn verleiten.

Als Radetzki aus Verona am 23. Juli vorgebrochen war, da faßte Karl Albert sicher den besten Entschluß, welcher gefaßt werden konnte, über Villafranca in die linke Flanke der Oesterreicher zu fallen. Indessen die gute Richtung des Angriffes ist allerdings nicht das allein Entscheidende, es handelt sich auch darum, die erforderlichen Kräfte in die rechte Richtung zu bringen, und dieß gelang Karl Albert nicht, theils wegen der Verzettelung seiner Armee in Folge der Einschließung von Mantua, theils wegen der schlechten Unterstützung, des Mangels an Selbstständigkeit des Urtheils und der Handlung, die er bei seinen Generalen fand. De Sonnaz ließ seinen König in diesen Tagen auf eine kaum erhörte Weise im Stich. Dazu fügten sich nun die ewig wiederkehrenden Mängel der administrativen Einrichtungen der Armee, endlich der unglückliche, weil wieder einmal in der Einbildung übertriebene Sieg von Sommacampagna, und so ereignete es sich, daß Karl Albert bei Custozza aus der Offensive in die entschiedenste Defensive zurückgeworfen, schleunigst sein Heil in der Konzentrirung am rechten Mincioufer suchen mußte. Der Umstand, daß Volta den Oesterreichern gegenüber nicht behauptet werden konnte, steigerte die Demoralisation dermaßen in der piemontesischen Armee, daß ohne einige Ruhe und die Möglichkeit des Wiederzusammenfassens gar nichts auszurichten war. Es waren noch weit traurigere Verhältnisse als diejenigen, welche im April 1849 Welden in Ungarn bestimmten, all seine Kraft vorerst auf das Zusammenfassen der österreichischen Armee zu verwenden. Es ist daher kaum verzeihlich, daß Karl Albert nicht, wenigstens für einige Tage, auf die Waffenstillstandsbedingungen Radetzki's einging. Nur der Hochmuth konnte hier über die Einsicht siegen, nur die Verblendung aber konnte über die Einsicht den Sieg davon getragen haben, als hinter der Adda Karl Albert, statt über Piacenza ans rechte Po-Ufer zu weichen,

plötzlich auf Mailand abmarschirte. Hinter dem Po, durch Piacenza gedeckt, konnte man immer noch wieder Ordnung in die piemontesischen Schaaren bringen, und jedenfalls machte man Radetzki seinen Erfolg schwerer. Was es aber bedeuten will, eine Armee in eine im Wesentlichen offene Stadt einzuschließen, selbst wenn deren Umgebungen hinzugenommen werden, das hatte erst unlängst Vicenza gezeigt. Das Beispiel war belehrend für jeden, der sehen wollte. Und doch hatte Durando noch Truppen, die im Wesentlichen für intakt gelten konnten. Karl Albert hatte kaum noch eine Armee, er war dahin gekommen, nur über demoralisirte Trupps zu gebieten. Nur wenige Brigaden waren noch im Stande, in gehöriger regelmäßiger Formation dem Feind entgegentreten zu können. Der Waffenstillstand Salasco konnte also nicht ausbleiben. Mit ihm war das Uebergewicht der Oesterreicher in der Lombardei so entschieden konstatirt, daß alle vereinzelten selbstständigen Operationen, wie diejenige Garibaldi's, wie tapfer die Truppen, wie geschickt die Führer sein mochten, nothwendig scheitern mußten.

B. Gefechte.

Die Gefechte, welche in dem oben beleuchteten Operationsabschnitte vorkommen, sind folgende:

Am Curtatone am 29. Mai;
bei Calmasino am 29. Mai;
" Goito am 30. Mai;
" Vicenza am 10. Juni;
" Rivoli am 9. und 10. Juli;
" Tomba am 13. Juni;
" Pieve di Cadore am 6. Juni;
" Enego am 9. Juni;
Beschießung von Treviso am 13. Juni;
bei Ceraino am 26. Juni;
" Dolce am 1. Juli;
" Governolo am 18. Juli;

bei Rivoli am 22. Juli;
" Sona und Sommacampagna am 23. Juli;
" Sommacampagna am 24. Juli;
Schlacht von Custozza am 25. Juli;
bei und in Volta am 26. und 27. Juli;
" S. Felice am 30. Juli;
" Crotta d'Adda am 1. August;
" Crema am 1. August;
" Turano und Muzza am 2. August;
" Mailand am 4. August;
" Morazzone am 26. August;
" Cavanella d'Adige am 6. Juli;
" Bologna am 8. August.

Von diesen Gefechten können wir als besonders wichtige und einer nähern Besprechung würdige diejenigen von Curtatone, Goito, Vicenza, dann den Komplex von Gefechten in der Minciogegend vom 23. bis 27. Juli hervorheben, welche — allgemein gesprochen — die Schlacht von Custozza ausmachen.

Am Curtatone befanden sich die Toscaner auf einem verlornen Posten, sie litten unter den im allgemeinen schlechten Dispositionen des Heeres Karl Alberts und ganz insbesondere unter dem schlechten Vorpostendienst zwischen Mincio und Etsch. Was es de Laugier genützt hätte, wenn er nach Bava's Anweisungen seine schwache Truppenmacht längs des Mincio aufgestaffelt hätte, ist schwer zu begreifen. Betrachtet man die Sache bei Licht, so ergibt sich, daß bei solchem Verfahren de Laugier in der Hauptstellung nothwendig schwächer sein mußte, als er es ohnedieß schon am 29. Mai war; daß also der Widerstand unmöglich so lange dauern konnte, als es in Wirklichkeit der Fall war; ja noch mehr, bei einer solchen Disposition gab man wahrscheinlich den Widerstand am Curtatone von Anfang an gänzlich auf und nun würden sicherlich die Oesterreicher an diesem Tage nicht hier und auf dem Glacis von Mantua Halt gemacht haben; sie wären wohl ohne Frage noch eine Meile weiter marschirt; es ist auch gar nicht unmöglich, daß sie am 29. noch bis Goito vorrückten, so daß aus der piemontesischen Konzentration bei Goito, wie die Betrachtung der Thatsachen zeigt, nichts werden konnte. Man gelangt also zu dem Resultat, daß die Toscaner durch ihren tapfern Widerstand am Curtatone zu dem Erfolge bei Goito am nächsten Tage ganz wesentlich beitrugen. Wären die Truppen der Toscaner nicht wesentlich junge Formationen und besser kommandirt gewesen, so konnten sie bei dem Muth, den sie thatsächlich zeigten, allerdings den Oesterreichern noch mehr zu schaffen machen.

Bei Goito am 30. Mai hatten die Piemontesen 18,000 Mann, also einen sehr geringen Theil der Armee konzentrirt, von verschiedenen Brigaden und Divisionen zusammengewürfelt; die Oesterreicher brachten im ersten Armeekorps und Reservekorps (von denen aber nur jenes wirklich ins Gefecht kam) etwa 24,000 M. heran.

Glücklicher Weise für die Piemontesen und, wie bemerkt, großentheils in Folge des Kampfes vom 29. Mai begann das Gefecht spät am Nachmittag, nachdem piemontesischer Seits die Stellung vollständig eingenommen war.

Die Stellung Bava's bei Goito war eine Staffelstellung vom linken nach dem rechten Flügel abfallend, sehr tief und von geringer Front; in Hinsicht auf die reine Form erinnert sie an die Keilformation, deren sich die Piemontesen zum Anmarsch gegen Sa. Lucia bedienten. Zur Wahl dieser Stellung war Bava durch zwei Dinge bestimmt worden; die taktische Festigkeit des linken Flügels, welchen man gewissermaßen als einen feuerfesten Punkt glaubte ansehen zu dürfen, obgleich dazu nach den Erfahrungen des April doch auch gerade kein Grund vorhanden war; — dann die Besorgniß vor einem starken österreichischen Angriff in der rechten Flanke in Verbindung mit einer kräftigen Umgehung in der Richtung auf Volta, welche allerdings die Piemontesen auf die einzige Brücke von Goito in ihrer rechten Flanke beschränkt hätte.

Durch verschiedene, den Piemontesen günstige Umstände blieb der Angriff auf ihre rechte Flanke, der allerdings vorbereitet war, aus; dieß brachte den Piemontesen doppelte Vortheile, nicht bloß den, daß sie überhaupt ihre ganze Kraft in Front gegen den österreichischen Frontangriff entwickeln konnten, sondern auch ganz allgemein den, daß die österreichische Truppenmacht kein numerisches Uebergewicht zur Wirkung brachte. Unter diesen Umständen blieben bloß noch die vortheilhaften Seiten der Stellung von Goito übrig, die Nachtheile kamen gar nicht zur Sprache. Es zeigte sich nämlich jetzt, angesichts der geringen gegen ihn verwendeten Kraft, der linke an den Mincio gelehnte Flügel wirklich als feuerfester Punkt und seine Batterieen konnten wirklich mit Ueberlegenheit gegen die auf den piemontesischen rechten gerichteten Angriffe der Oesterreicher auftreten.

Daß die Piemontesen am 30. Mai nicht mehr Truppen nach Goito heranbrachten, lag ganz wesentlich in ihren sehr ungeregelten Kommandoverhältnissen. Die Eintheilung der Armee war in nur drei Haupteinheiten, die beiden Korps von Bava und de Sonnaz und die Reservedivision des Herzogs von Savoyen. Der König war nominell Oberkommandant, aber nicht wirklicher; aber auch Bava war nicht Oberkommandant; so sehen wir das merkwürdige Spiel eintreten, daß bald Bava, bald de Sonnaz einen Auftrag erhält und diesen mit seinen Truppen, wozu dann höchstens noch bald hier bald dort die Reservedivision tritt, ausführen soll. Da man sich nun aber auch in gewissen Stellungen befindet, die abgesehen von jedem offensiven Auftreten behauptet werden sollen, und da jedes Korps einen Theil dieser Stellungen zu bewachen hat, so muß es nun bei jedem aktiven Auftrag, der ihm wird, stets Truppen in seinem Antheil an jenen Stellungen zurücklassen. Man wird finden, daß diese Dinge sich alle bei weitem günstiger gestaltet hätten, wenn z. B. das piemontesische Heer in 5 bis 6 von einander unabhängige Divisionen getheilt gewesen wäre. Man hätte dann stets (mit Ablösung) eine

Division auf den Vorposten in den zu behauptenden Stellungen haben können und die vier oder fünf übrigen waren disponibel, um sie da- oder dorthin zu werfen. Ein anderer, mit dem erwähnten nahe zusammenhängender Nachtheil ist die beständige Bildung von zusammengewürfelten Detachements bei den Piemontesen, statt fest zusammengehaltenen und fest zusammenbleibenden Abtheilungen die einzelnen Aufgaben zuzuweisen. Kaum jemals sehen wir 1848 volle Brigaden oder gar volle Divisionen in taktischem Zusammenhang mit einander auftreten, ewig zusammengeschüttelte Bruchstücke. Dieses Auseinanderreißen der Grundeinheiten des Heeres wird aber stets einen verderblichen Einfluß äußern; zunächst auf den innern Dienst, weil der Kommandant, dessen direkter Einwirkung Truppen zeitweise entzogen sind, sich um den innern Dienst derselben, wie sehr er es wollte, gar nicht bekümmern kann, der andere aber, dem sie zeitweise zugewiesen sind, sich auch nicht darum bekümmert, denn sein Hauptinteresse wird immer bei den Truppen sein, die er seit lange kennt, mit denen er am meisten zusammen war. Die Vernachlässigung des innern Dienstes wirkt aber höchst entschieden und sehr nachtheilig auf die Verwendbarkeit im Gefecht ein, ganz abgesehen davon, daß der Kommandant, der neben eignen Truppen zeitweise auch noch solche von andern Truppenkörpern befehligen soll, sich in der Verwendung der letztern nie so sicher und zuversichtlich zeigen wird, als im Gebrauch der erstern. Führer und Truppen verlieren auf diese Weise den rechten Halt und ein großer Theil der ihnen innewohnenden Fähigkeiten geht für das Ganze verloren. Nach 1848 haben die Piemontesen die hier gerügten Fehler mit ziemlichem Glücke vermieden; aber dieselben wiederholen sich bei allen Heeren und auf allen Kriegsschauplätzen noch immer so oft, daß man nicht oft genug auf sie zurückkommen kann.

Auf österreichischer Seite hatte man offenbar nicht einmal darauf gerechnet, so viel piemontesische Streitkräfte vor sich zu finden, als wirklich noch vorhanden waren. Daher das ziemlich planlose Herumtasten mit den Brigaden des ersten

Korps, der späte Angriff, das verspätete Heranrufen des zweiten Armeekorps, welches dann nicht mehr erscheinen konnte. Von österreichischer Seite war der Kampf von Goito mehr ein Avantgardegefecht zur Einleitung einer Schlacht für den nächsten Tag, als ein selbstständiges Gefecht. Die Schlacht des nächsten Tags blieb aus den bekannten Gründen aus.

Höchst interessant ist das Gefecht von Vicenza. Wir haben schon wiederholt auf den Uebelstand hingewiesen, der für die Italiener sich daraus ergab, daß Karl Albert nicht als König des revolutionären, der Einheit zustrebenden Italiens, sondern vielmehr als Gottesgnadenkönig von Piemont auftrat, welcher auf — nach seinen Begriffen — ganz legitime Weise sein bisheriges Staatsgebiet vergrößern wollte. Dieser Uebelstand wäre allerdings nicht so bedeutend hervorgetreten, wenn Piemont größer war, mehr eigene Kraft hatte, wenn also der piemontesische König nicht trotz seiner Velleitäten immer wieder gezwungen gewesen wäre, revolutionär aufzutreten. Der Kampf der beiden Richtungen, dem nicht auszuweichen war, brachte einen Kraftverlust, der Italien verderblich werden mußte. Neuste Vorgänge zeigen immer wieder Erscheinungen, welche in dieser Beziehung an 1848 erinnern, und das Stück, welches seit 1848 offen in Italien spielt, wird vielleicht auch in Deutschland abgespielt werden, wenn die Leute, welche dort von der Nation gekannt sind und denen der Zufall zeitweise die Leitung der Dinge in die Hand bringt, von dem Beispiele des geistig so innig verwandten Nachbarlandes nichts profitiren.

Als König der Revolution konnte Karl Albert mit fester Hand das Regiment über alle die zum Theil sehr spröde neben ihm stehenden andern italienischen Heereskörper ergreifen und am wenigsten hätte ein Durando es wagen können, sich Befehlen aus dem königlichen Hauptquartier der Revolution oder Insurrektion, wie man es nennen will, zu widersetzen. Neben dem legitimen König von Piemont aber, der auf „legitime" Weise mit seiner Armee erobern wollte, um sein Reich legitim zu vergrößern, hatten alle Staaten Italiens, alle seine „legitimen" Fürsten vollkommen ihre eigenen Rechte. — Das Gefecht von Vicenza war der größte militärische Unsinn, welcher uns jemals vorgekommen ist; aber dieser militärische Unsinn war ohne den politischen unmöglich. Sich mit 15,000 Mann in eine — im Wesentlichen offene — Stadt einschließen, kann nicht anders als ein militärischer Unsinn bezeichnet werden, — mit 15,000 Mann, von denen die eine Hälfte aus gut disziplinirten, die andere Hälfte aus leicht erregbaren Truppen bestand, mit denen man ohne allen Zweifel im offenen Felde, mit einer Rückzugslinie, die nichts beschränkte und wegnahm, einem doppelt so starken Feinde die Hölle gehörig heiß machen konnte.

Radetzki gebot vor Vicenza über ungefähr 32,000 M. Wir bemerken bei dieser Gelegenheit, daß die Oesterreicher in ihren offiziellen Stärkeangaben immer nur die Anzahl der Kombattanten der Infanterie und Kavallerie angeben, aber nicht die Zahl der wirklichen oder sogenannten Nichtkombattanten, auch nicht die Zahl der Artilleriemannschaft, sondern bei der Artillerie nur die Zahl der Geschütze. Wenn diese Dinge bekannt sind, so schadet das gerade nichts; aber es ist keineswegs allgemein bekannt, wie die verschiedenen Armeen in dieser Beziehung verfahren, und so kommen oft wunderbare Verschiedenheiten der Stärkeverhältnisse heraus, welche mit Allem, was Wahrheit heißt im bestimmtesten Widerspruche stehen. Da es bei einer offiziellen Darstellung nie Schwierigkeiten machen kann, das wirkliche Stärkeverhältniß im Detail anzugeben, so schiene es uns gerathen, daß bei solchen Darstellungen immer besonders aufgeführt würde die Zahl der Infanteriemannschaft, welche nach den Rottenzetteln oder ähnlichen Rapporten im Gefecht anwesend sein mußte, ebenso die Zahl der Kavalleriemannschaft, die Zahl der Artilleriemannschaft, der Ambulancen und der Intendanz, sowie des Genie. Alles dieß müßte dann noch summirt werden, bei der Artillerie wäre außerdem die Zahl der Geschütze aufzuführen. Sehr wünschenswerth ist es, den Theil der Truppen zu kennen, welcher wirklich im Gefecht verwendet wurde, da es häufig genug vorkommt, daß noch große Truppenzahlen auf dem Schlachtfeld, — vielleicht eine halbe deutsche Meile von jeglichem Geschützfeuer anlangen, nachdem bereits Alles entschieden ist. Auch mit diesen Truppen, Reserven, die bereit waren, um noch einzugreifen, wenn es nöthig ward, die thatsächlich aber gar nicht mehr zum Schlagen kamen, sondern höchstens noch irgend einen unnützen Parademarsch ausführten, wird in den Berichten ein ungeheurer Mißbrauch getrieben. Der Geschlagene rechnet sie natürlich ohne Weiteres unter dem mit, was ihm gegenüberstand; der Sieger rechnet sie gar nicht. Beides ist falsch, ungerecht und betrügerisch. Das wahre Licht würde erst über die Dinge verbreitet werden, wenn die offiziellen Darstellungen Alles aufzählten, was auf dem Schlachtfeld oder nur in dessen Nähe, so daß es bis zum Dunkelwerden noch herankommen konnte, gewesen ist; zugleich aber für alle die einzelnen Korps die Verlustlisten mittheilen wollten, aus denen sich auf die einfachste Weise ergibt, ob ein Korps gehandelt oder lediglich figurirt hat.

Radetzki ließ Vicenza von seinen Truppen in einem Halbkreise umgeben; völlig umstellen konnte er es nicht, weil es ihm dazu an ausreichenden Kräften mangelte. Er hatte indessen die Südseite eingeschlossen, auf welcher allerdings am direktesten Durando einen Ausweg suchen mußte, wenn er sich entschloß, Vicenza aufzugeben und sich durchzuschlagen. Genöthigt war Durando nicht zu der Wahl dieser Richtung Er konnte ebensowohl in die Richtung jener Gegend abmarschiren, durch welche früher Thurn um Vicenza herumgezogen war, und dann etwa über Castelfranco Venedig gewinnen. Radetzki hätte ihm sicherlich nicht mit allen seinen Kräften folgen dürfen, da es ihm immerhin nicht gestattet war, sich auf zu weit und zu lange Zeit von Verona zu entfernen. Zum Theil war es wohl ein Zufall, jedenfalls aber ein günstiger für Radetzki, daß er die Südseite umschloß, da er aus dem Süden herangekommen war.

Der Hauptangriffspunkt für die Oesterreicher waren jene

Ausläufer der berischen Berge, von welchen man die Stadt beherrscht. Der Angriff auf diese Höhen war im Mai an der Ueberschwemmung des Retronebaches gescheitert, deren ganze Ausdehnung die Oesterreicher nicht kannten. Jetzt wurde von den aus Verona herangezogenen Truppen unter Culoz die Ueberschwemmung mit Leichtigkeit umgangen, indem sie die Höhen von vornherein an einer westlicher gelegenen Stelle gewannen. Den Frontangriff auf den Höhen aber unterstützte in der allervortheilhaftesten Weise Clam durch seinen Angriff gegen die Verbindung der Höhen mit der Stadt. Auch für diesen Angriff war es höchst günstig, daß man eben von Süden her vor Vicenza eintraf.

Der Verlust der Verbindung der Stadt mit den Höhen bestimmte Durando zu dem Abschlusse jener Kapitulation, die allerdings der italienischen Sache zehnmal ungünstiger war, als der bloße Verlust der Stadt Vicenza es jemals gewesen wäre.

Wir kommen jetzt zu der Gruppe mehrtägiger Gefechte, welche im Großen die Schlacht von Custozza ausmachen.

Schon in der Nacht vom 22. auf den 23. Juli war der linke Flügel der gegen die Etsch vorgeschobenen piemontesischen Streitkräfte durch das Vorrücken Thurns zum Rückzuge auf Peschiera bestimmt worden; am 23. Morgens ward auch der rechte Flügel dieser Truppen aus den Stellungen von Sona und Sommacampagna gegen den Mincio zurückgetrieben. Radetzki rückte gegen diesen Fluß vor und schickte sich am 24. an, ihn zu überbrücken und zu überschreiten, als das Vorgehen Karl Alberts in seine linke Flanke einen Querstrich durch die Rechnung machte.

In dem Gefechte von Sommacampagna am 24. Juli hatte die Brigade Simbschen, welche hier allein zum Gefechte kam, Alles gegen sich, was eine Truppe nur gegen sich haben kann. Sie war nicht den dritten Theil so stark, als die angreifenden Piemontesen, sie war in sich getrennt, sie befand sich im Marsch nicht mit einer Absicht gegen den Feind, sondern lediglich um einen Punkt zu erreichen, den sie glauben mußte ohne Widerstand erreichen zu können, und wo sie in engste Verbindung mit andern Truppen ihres Heeres getreten wäre, sie ward endlich vollkommen überrascht.

Der Sieg von Sommacampagna war für die Piemontesen ein außerordentlich leichter; für die Oesterreicher war die Niederlage eher ein Glück als ein Unglück. Die Oesterreicher wurden dadurch rechtzeitig auf die ihnen drohende Gefahr aufmerksam und konnten die Anstalten dagegen treffen.

Karl Albert hatte, wie wir bemerkten, seine Truppen eine höchst günstige Richtung einschlagen lassen, um die Manöver Radetzki's zu pariren. Aber die Truppenkraft, die er bis zum 25. Juli für seine Operation vorwärts Villafranca zusammenbringen konnte, war viel zu gering. Ohne die Verzettelung, zu welcher die Einschließung von Mantua geführt hatte, würde Karl Albert am linken Mincioufer wenigstens über zwei Brigaden oder 10,000 bis 11,000 M. mehr frei verfügt haben. Noch standen die Dinge immer nicht so schlimm, wenn de Sonnaz in völliger Verbindung mit dem linken Ufer gewesen wäre, wenn er einen kräftigen offensiven Gedanken und seine Truppen besser unter der Hand gehabt hätte, als es thatsächlich der Fall war. Aber durch die Rückzüge vom 23. waren die Truppen von de Sonnaz bereits etwas demoralisirt und allem Anscheine nach nicht wenig durch und aus einander gekommen. So fand Karl Albert durchaus nicht jene selbstständige und einsichtige Unterstützung von seinen Generalen, als sie Radetzki von den österreichischen, in der Schlacht von Custozza ganz besonders auch von Haynau zu Theil ward. Die ganze thätige Streitkraft, über welche Karl Albert gebot, war diejenige, welche er auf dem linken Minciouser vor Villafranca vereinigt hatte.

Der Plan der Piemontesen war, mit verstärktem rechten Flügel, Herzog von Genua und Herzog von Savoyen, in den Rücken Radetzki's vorzudringen, der der Annahme nach noch Front gegen den Mincio hatte, während der linke Flügel (Bava) vorläufig nur den Drehpunkt festhalten sollte. Das

Kräfteverhältniß war der Durchführung dieses Planes unter allen Umständen sehr entgegen; denn, das Thurn'sche Armeekorps eingerechnet, hatte Radetzki in der Nacht zum 25. 54,000 M. auf dem Raume von kaum zwei Quadratmeilen versammelt, die sich mit Leichtigkeit in jede Richtung drehen ließen.

Es kamen aber nun auf Seite der Piemontesen noch falsche Annahmen hinzu, welche ihnen den Erfolg wahrscheinlicher machten, als er war. Die hauptsächlichste derselben war, daß sie glaubten, am 24. bei Sommacampagna einen viel beträchtlicheren Theil der österreichischen Armee geschlagen zu haben, als in der That der Fall war; das Gefecht des 25. ward daher von ihnen lediglich als eine Fortsetzung des Gefechtes vom 24. angesehen. Diese Ansicht hätte vollständig weichen müssen, sobald die wahren Stärkeverhältnisse ihnen bekannt gewesen wären, sowohl was die Gesammtkraft der österreichischen Armee, als was die Kraft der am 24. geschlagenen Brigade Simbschen betrifft. Sie hätten dann zur Erkenntniß gelangen müssen, daß am 25. nicht bloß eine besondere Schlacht, sondern auch die eigentliche Schlacht zu schlagen sei.

Sie hätten noch mehr zu dieser Erkenntniß gelangen müssen, wenn sie voraussetzten, daß Radetzki nach den Nachrichten über das Gefecht von Sommacampagna am 24. Juli nicht darauf beharren müsse, über den Mincio zu gehen, ehe er sich die Streitmacht in seiner linken Flanke am linken Mincioufer vom Halse geschafft habe, und daß er doch wohl Zeit gewinnen könnte, aus seinen ursprünglichen Dispositionen behufs des Ueberganges über den Mincio zu anderen überzugehen. Wäre allerdings das Gefecht von Sommacampagna nicht vorgefallen gewesen, so würde der höchsten Wahrscheinlichkeit nach Radetzki am 25. vollauf mit dem Uebergang über den Mincio beschäftigt gewesen sein. In diesem Falle hätte sich als glücklich für die Piemontesen auch dieß ergeben, daß die Streitkräfte von de Sonnaz in eine ernstere Thätigkeit kommen mußten, das Zahlverhältniß sich also für sie angemessener gestaltete.

Es ist keineswegs unsere Absicht, zu behaupten, daß die Ueberlegenheit der Zahl eine unerläßliche Bedingung zum Siege sei. Ist der moralische Gehalt der Truppen beider Parteien ein sehr verschiedener, so kann die weit geringere, aber innerlich werthvollere Zahl allerdings über die weit größere, minder tüchtige den Sieg davon tragen. Es wird aber dazu immer noch gehören, daß die Minderzahl angriffsweise verfahre; nur im Angriffe wird sie alle ihre vorzüglichen Eigenschaften in höchster Entwicklung zeigen und ausnutzen können. Nun hatten die Piemontesen bei Custozza aller Erfahrung nach kein Recht, sich in Bezug auf die innere Tüchtigkeit über die Oesterreicher zu stellen. Aber auch ihr letzter Vortheil sollte ihnen in Folge ihrer mangelhaften administrativen Einrichtungen verloren gehen; sie wollten angreifen, aber wegen der Verpflegung verzögerte das Vorrücken der eigentlich für den Angriff bestimmten Streitmacht sich dergestalt, daß Radetzki, der eigentlich angegriffen werden sollte, ihnen vorher auf den Leib kam.

Man kann die Frage aufwerfen, ob nicht Bava dem Gange der Schlacht eine andere Gestalt geben konnte, wenn er, sobald er dazu bereit war, was verhältnißmäßig früh eintrat, Valeggio angriff. Wir glauben dieß. Man kann auch nicht sagen, daß dieser Angriff ganz ungerechtfertigt gewesen wäre, da ja Bava mit dem linken Flügel der Piemontesen nur hätte den Drehpunkt festhalten sollen. Es war eben dieß ein Fehler der Piemontesen, daß ihre Befehlshaber an dem Tage von Custozza sich lediglich auf die am linken Mincioufer verfügbare Streitmacht beschränkten. Valeggio war allerdings der Drehpunkt für die Schwenkung in Radetzki's Rücken, welche die am linken Ufer vereinten Truppen Karl Alberts ausführen sollten. Aber es war nicht dieß allein, sondern noch mehr; es war zugleich der nächste Verbindungspunkt mit den Truppen am rechten Ufer unter le Sonnaz. Es unterliegt wohl keinem Zweifel, daß dieser aus seiner Unthätigkeit sehr leicht herauszuziehen war, sobald Karl Albert die nahe und direkte Verbindung über den Mincio bei Valeggio hatte. Ob der Angriff auf Valeggio von Seiten Bava's gelang, daß ist allerdings eine Frage; indessen konnte er bei der Truppenvertheilung der Oesterreicher, wenn er früh genug und herzhaft unternommen ward, allerdings gelingen. Daß der frühzeitige Beginn des Gefechtes auf dem piemontesischen linken Flügel nicht ohne Einwirkung auf die Bewegungen des gegen Sommacampagna gerichteten linken österreichischen Flügels geblieben wäre, den Angriff dieses österreichischen Flügels verzögert hätte, kann wohl als sicher angenommen werden. Daß dieß für die Piemontesen günstig war, versteht sich von selbst.

Bava, der doch bei Custozza eigentlich den Oberbefehl führte, befand sich gerade bei dem linken Flügel der Piemontesen. Für die am linken Mincioufer vereinigten Truppen war offenbar der rechte Flügel bei Sommacampagna und Custozza die Hauptsache. Eigentlich hätte also Bava dort sein sollen. Eine hohe Wichtigkeit, welche daselbst die Anwesenheit des piemontesischen Oberbefehlshabers wünschenswerth machte, erhielt Valeggio erst dann, wenn man die ganze piemontesische Armee, nicht bloß den am linken Flußufer vereinigten Theil, in Rechnung stellte. Valeggio erlangte dann aber seine Wichtigkeit nur als Verbindungspunkt, und Verbindungspunkt wurde es nicht eher, als bis man es sammt seiner Brücke genommen hatte.

Versetzen wir uns in die Lage Radetzki's am Abend des 24. Juli; nehmen wir aber an, was nicht der Fall war, daß er das wirkliche Stärkeverhältniß kannte, daß er nämlich wußte, wie viele Truppen Karl Albert vorwärts Villafranca am linken Ufer konzentrirt habe und daß Sonnaz am rechten und vom rechten Ufer her nicht die mindeste ernste Anstrengung machen werde, so konnte er sich unzweifelhaft auf eine Vernichtungsschlacht gegen die Piemontesen einrichten. Es ergeben sich ohne Weiteres die Anstalten, die in diesem Falle zu treffen gewesen wären.

Der linke Flügel Radetzki's vor S. Giorgio in Salice hatte vorerst gegen Sona und Sommacampagna hin die Piemontesen nur aufzuhalten; er brauchte nur dazu stark genug zu sein und es reichten hier 12,000 M. völlig; die Hauptmacht, auf dem rechten Flügel vereinigt, ging aber vom Monte Vento und Valeggio aus zum ernsten Angriff auf Bava vor, und da dieser bei solchen Anstalten schnell völlig geschlagen sein mußte, drang sie dann in östlicher Richtung in die linke Flanke und den Rücken der Herzöge von Savoyen und Genua vor und drängte unzweifelhaft Alles, was diese noch kommandirten, gegen Verona und die Etsch. Es war kaum denkbar, daß ein Mann der Piemontesen in solchem Falle der Gefangenschaft entgangen wäre.

Wir wissen, wie Radetzki gerade in entgegengesetzter Weise verfuhr. Indem er aus der Front gegen Westen in die Front gegen Süden überging, bestimmte er seinen nunmehrigen rechten Flügel lediglich zum Festhalten, den nunmehrigen linken Flügel aber, das 2. Korps, zum Angriff, und er beschränkte die Aufgabe dieses Angriffsflügels vorerst lediglich auf die Zurückeroberung der am 24. Juli verlornen Höhen von Sommacampagna und Custozza. Radetzki kannte also das Stärkeverhältniß nicht, er war daher des Sieges auf dem Schlachtfelde nicht völlig sicher, und so erlangte zunächst für ihn die Wiedereroberung und vollständige Sicherung der Verbindung mit Verona den Hauptwerth, und er hatte sogar auf den Fall Rücksicht genommen, daß er nicht im Stande sein werde, die direkte Verbindung zu behaupten, und deßhalb einen Brückentrain nordwärts an die Etsch gesendet. Zu dem Hauptgrunde, der ihn zu seinem Verfahren bestimmte, kamen einige Gründe von minderer Bedeutung. Er wollte nämlich, außer im Falle äußerster Nothwendigkeit, die Punkte am rechten Minciroufer, welche er am 24. Juli gewonnen hatte, nicht aufgeben und konnte nicht auf das schwächliche Auftreten von de Sonnaz rechnen, selbst wenn er glaubte, daß dieser General nicht sein ganzes Armee-

korps am rechten Ufer habe, sondern daß ein bedeutender Theil davon sich mit Bava und dem König am linken Ufer befinde. Endlich wollte Radetzki die Brigade Perrin nicht dem Schicksale der Brigade Simbschen aussetzen.

Alles wohl betrachtet, ist es sehr wahrscheinlich, daß wenn — eine keineswegs unmögliche Sache — am 25. Morgens die feste Verbindung Karl Alberts mit de Sonnaz hergestellt und dann ein entsprechender Theil von dessen Korps wirklich ans linke Ufer hinübergezogen wurde, die Schlacht an diesem Tage mindestens unentschieden blieb. Wie bekannt, war die Ermüdung der Oesterreicher an diesem Tage — woran namentlich die große Hitze die Schuld trug — so bedeutend, daß von einer Verfolgung am Abende gar nicht mehr die Rede sein konnte. Man darf also von dem Eingreifen frischer piemontesischer Truppen in den Nachmittagsstunden des 25. z. B. auf dem Monte Godio noch viel größere Dinge erwarten.

Die Piemontesen leisteten an diesem Tage sehr Bedeutendes. Wenn man auch die große Hitze hauptsächlich nur zum Nachtheil der Oesterreicher in Anschlag bringen will, weil sie mehr marschirt waren, so bestätigt sich doch auch bei Custozza wieder der Satz, daß man auf dem Terrain, wie es Italien durchschnittlich bietet, nur sehr geringe Truppenmassen braucht, um ein Gefecht lange hinzuziehen, falls man sich nur darauf beschränken will, und daß man folglich für Offensivstöße — selbst wo man in der absoluten Minderheit ist — viel mehr sparen kann, als in einem offenern, freiern Terrain. Aber eben daraus ergiebt sich, daß ein Feldherr hier noch mehr als anderswo die höchste Veranlassung hat, die Truppen, die ihm überhaupt zur Verfügung stehen, so straff als irgend möglich unter seine Hand zu bringen. Auch hier bei Custozza wieder zeigte die unrichtige, unbehülfliche Eintheilung in zwei Armeekorps alle ihre Nachtheile. Nur ein Theil des ersten Korps mit der immer bald hier-, bald dorthin geworfenen Reservedivision kam zum Gefechte, und die Unfähigkeit von de Sonnaz, die sich bei jeder Gelegenheit in diesem Feldzuge mit überraschender Beharrlichkeit bewiesen hatte, vermochte ein ganzes Armeekorps, obgleich es seiner Entfernung nach sehr wohl hätte ernst am Kampfe theilnehmen können, in diesem entscheidenden Momente der italienischen Geschichte zu paralysiren.

Der straffe Befehl nützt auch nichts, wenn die Unterbefehlshaber nicht entgegenkommen. Wie kann ein einzelner Mensch 50,000 oder 100,000 Menschen am Gängelbande leiten? Es ist eine materielle Unmöglichkeit. Die Generale müssen sich von oben her und unten her die Hand reichen. Von einem Manne, der ein Armeekorps oder eine Division kommandirt, muß man voraussetzen, daß er sich ein richtiges Bild von der Lage des Ganzen zu machen wisse; — aber man muß vor allen Dingen auch von ihm voraussetzen, daß er etwas thun wolle, daß ihm der Sieg der Sache, sei es um der Sache selbst willen, sei es um der Ehre der Armee willen (was im Resultat auf dasselbe hinauskommt), am Herzen liege. Merkwürdiger Weise sind diese Voraussetzungen bei den verschrobenen politischen und sozialen Verhältnissen des größten Theils von Europa nicht immer erlaubt, und auch hierin liegt einer der Gründe für die Vortheile, welche die Eintheilung einer Armee in eine größere oder nicht zu kleine Zahl von Grundeinheiten bietet.

Was bei Custozza verloren war, konnte bei Volta nicht wieder eingebracht werden. Wiederum kam hier ein vereinzeltes, überdieß durch planloses Hin- und Herziehen erschlafftes, des Vertrauens in sich selbst baares Armeekorps, das von de Sonnaz, ins Gefecht, welches lediglich bestimmt schien, die Demoralisation zu steigern und auszubreiten, welche in der piemontesischen Armee eingerissen war.

Alle die Fehler auf piemontesischer Seite im Gefecht, welche wir wiederholt berührt haben, Verzettelung der Truppen, unmotivirtes Aufgeben von Stellungen durch einzelne Führer, und Aehnliches, was der Mangel an Zusammenhandeln herbeiführt, wiederholen sich nun in immer steigendem Maße und die Gefechte, welche Karl Albert auf seinem Rückzuge noch den Oesterreichern vor Mailand liefert, entziehen sich der militärischen Kritik vollständig.

C. Märsche.

Durch die Märsche werden die Gefechte mit einander in Verbindung gebracht, durch sie werden die Truppen in die für strategisch vortheilhaft erkannten Richtungen gebracht, sei es, um das Gefecht zweckmäßig einzuleiten, sei es, um sich ihm zu entziehen.

Bei jedem Marsche muß der Wunsch vorwalten, bis er die Truppen auf einen bestimmten Punkt geführt hat, das Gefecht zu vermeiden; da aber diese Absicht nie mit vollständiger Sicherheit erreicht werden kann, weil es nicht denkbar ist, das Einverständniß des Feindes in dieser Beziehung zu erzielen, so muß man sich bei jedem Marsche auch darauf einrichten, schlagen zu können, ehe der Punkt erreicht ist, auf dem man das Gefecht annehmen oder suchen wollte.

Die Mittel, das Gefecht mit Wahrscheinlichkeit auf einer vorbestimmten Strecke zu vermeiden, sind im Wesentlichen das Geheimniß, beobachtet so lange wie möglich vor dem Antritte des Marsches in Betreff der Absicht zu ihm im Allgemeinen und des Planes, dem er dienen soll, im Besondern, erhalten, wenn möglich, auch während der Ausführung durch die Wahl der Nachtzeit, durch die Wahl von Wegen, an welche der Feind nicht denkt, durch vorausgehende Diversionen von einer angemessenen Wirkung und Dauer.

Die Mittel zum Schlagen bereit zu sein, auch ehe man den Punkt erreicht hat, auf welchem man selbst das Gefecht sucht oder anzunehmen wünscht, bestehen in einem guten Sicherheitsdienst, durch welchen man rechtzeitig die etwaigen Absichten des Feindes zur Durchkreuzung der eigenen Zwecke erfährt und sich in den Stand setzt, die Zeit zum Uebergang aus der Marsch- in die Gefechtsordnung zu gewinnen, dann in der zweckmäßigen Marschordnung selbst und in einer strengen Marschdisziplin im Großen wie im Kleinen.

22*

Die Anwendbarkeit und die Form der Anwendung der Mittel werden sehr wesentlich durch die Richtung bedingt, in welcher man sich zum Feinde, im Verhältniß zu dessen Stellung bewegt.

Bei Märschen vorwärts perpendikulär zu der Front des Feindes ist es leicht, einen Theil des Heeres voranziehen zu lassen, der zunächst allein mit dem Feinde zusammentrifft und im Kampfe selbst dessen Stärke und Stellungen erkundet, bevor die Hauptmacht verwendet werden muß. Wenn diese in mehreren, einander parallelen Kolonnen einherzieht, so hat man zugleich für die Sicherung der eigenen Flanken gesorgt, man hat sich die Entwicklung auf einer mehr oder minder ausgedehnten Fronte erleichtert, man hat die Möglichkeit zu eignen Bewegungen gegen die feindlichen Flanken und den feindlichen Rücken gewonnen. Es macht hiebei auch keine Schwierigkeiten, in einzelnen oder in allen Kolonnen, von denen jede auf einer besonderen Straße marschirt, einen Theil in Reserve zu freier Verfügung des Feldherrn zurückzubehalten, da eine Kolonne sich doch niemals gleichzeitig in Front entwickeln kann. Ebenso ist für die Sicherung des Gepäckes und Trains leicht Sorge zu tragen, da diese ihren Kolonnen oder einzelnen derselben nachziehen und so weit sie nicht zur unmittelbaren Verfügung der Truppenkörper mit diesen selbst nothwendig marschiren müssen selbst um einen oder einige Tagemärsche zurückgelassen werden können. Je bedürfnißloser die einzelnen Truppenkörper eines Heeres sind, desto geringeren Einfluß wird das Einschieben des kleinen Trains in die Marschkolonnen selbst üben. Der Feldherr kann bei der Anordnung dieser Märsche mit einer Freiheit schalten, wie sie ihm in anderen Fällen kaum gestattet ist; aber er ist keineswegs verhindert, auch hiebei eine große oder mindere Geschicklichkeit zu zeigen, je nachdem er die eine oder die andere der parallelen Kolonnen zuerst an den Feind zu bringen weiß, um dessen Aufmerksamkeit an einem bequemen Orte zu fesseln und dann mit den andern Kolonnen überraschend über einen andern Punkt der feindlichen Front herzufallen, hier den Sieg an sich zu reißen, je nach der Zweckmäßigkeit der Wahl durch diesen Theilsieg den Gesammterfolg zu steigern; je nachdem er seine Reserven gerade auf der rechten Linie hat, auf welcher sie am meisten zur Verfolgung des Siegs, wie zur Abwendung einer etwaigen Niederlage beitragen können, oder auf einer indifferenten Linie, auf welcher sie für alle ihre Zwecke mehr oder minder neutralisirt werden.

Je kürzer die Wege von dem Ausgangspunkte der Armee bis zu dem Punkte, auf dem es zum Schlagen kommen muß, desto weniger frei in seinen Bewegungen ist der Feldherr, desto mindere Kunst kann er entfalten und zeigen. So bietet z. B. in dem von uns eben erzählten Abschnitte der Geschichte der Marsch Radetzki's von Verona gegen die Stellungen von Sona und Sommacampagna wenig lehrreiches; viel unterrichtender ist der Marsch zur Verfolgung der Piemontesen über Volta auf Cremona und weiter, wo mit Recht Radetzki sein ganzes Augenmerk darauf richtet, den Po zu gewinnen und an diesem Flusse hauptsächlich vorzudrängen, um seinem Gegner das Ausweichen an das rechte Ufer unmöglich zu machen. Und dieß hält er selbst dort hauptsächlich im Auge, wo die Piemontesen auf Mailand plötzlich aus der westlichen Richtung nordwärts abbiegen, und er mußte es thun; denn das Abbiegen in die nördliche Richtung war für seinen Gegner so offenbar der Weg ins Verderben, daß man, bis vollständige Sicherheit über den Ernst dieses nördlichen Abbiegens erlangt war, allen Grund hatte, dasselbe für eine Finte zu halten, die von der wahren Absicht die Aufmerksamkeit der Verfolger ablenken sollte.

Wir müssen noch darauf aufmerksam machen, daß bisweilen dem Feldherrn bei offensiven Vormärschen dadurch eine besondere Gelegenheit zu zweckmäßigen Manövern geboten wird, daß seine Kolonnen beim Antritt des Marsches nicht auf einem Punkt oder auf einer kurzen Front vereint, sondern auf mehrere von einander entfernte Punkte vertheilt sind. So standen Radetzki's Kolonnen beim Beginne der Operationen von

Custozza nicht sämmtlich bei Verona, sondern zum Theil (das 3. Korps) oberhalb an der Etsch, zum Theil (das 4. Korps) in Mantua. Wir haben gesehen, wie diese Stellung von Radetzki benutzt ward.

Rückmärsche, vom Feinde weg, sind in der Regel von diesem erzwungene Rückzüge. Allerdings können sie auch etwas ganz Anderes sein; man kann lediglich die Absicht haben, sich vom Feinde zu entfernen, dem man gegenüber gestanden hat, um sich in einer günstigern Richtung als die bisherige war, ihm wieder entgegenzuwerfen, in seine Flanke, in seinen Rücken. Ein solches Manöver setzt voraus, daß man fast sicher sei, man werde nicht gestört werden, wenn man nicht gar zu lange mit der Ausführung und Durchführung zögert. Man braucht in solchem Falle sich wohl selten um mehr als einen Tagemarsch grad rückwärts zu bewegen, bevor man in die neue Richtung einbiegt; da man einem Feinde gegenübersteht, dem der Voraussetzung nach nicht besondere Aufmerksamkeit und Lebhaftigkeit zuzutrauen ist, so braucht man ihm auch nur eine geringe Arriergarde entgegen zu lassen, mehr der Beobachtung als der Deckung des Rückmarsches halber; da man unter den obwaltenden Umständen wohl annehmen, daß die genügende Zeit zum Fassen des Entschlusses und zur Vorbereitung seiner Ausführung vorhanden sei; es ist also möglich, das große Gepäck einen Tag voraus zurückmarschiren zu lassen, so daß es die Truppenbewegungen gar nicht stört, wenn es überhaupt nöthig sein sollte, das große Gepäck, welches sich ja doch immer im Rücken der Armee befindet, noch ausdrücklich zurückgehen zu lassen, wenn man es nicht sogleich in die später von der Armee einzuschlagende neue Richtung ablenken lassen kann.

Einer der seltenen Rückmärsche dieser Art, welche nicht zugleich Rückzüge sind, ist derjenige Radetzki's nach dem Verunglücken des Unternehmens zum Entsatz von Peschiera über Legnago auf Vicenza. Das Ausweichen gerade rückwärts geht hier nur bis Mantua; das Beobachtungsdetachement, welches zurückbleibt, wird in diesem Fall durch zweierlei vertreten: erstens durch die Festung Mantua, deren Dasein das Unternehmen ungemein begünstigt; zweitens durch die Truppen des Reservekorps, welche von Mantua zwischen Mincio und Etsch nach Verona zurückgehen.

Gewöhnlich aber, wie gesagt, sind die Rückmärsche auch Rückzüge, und hier stellen sich nun eigenthümliche Schwierigkeiten ein. Die Armee, welche den Rückzug macht, ist der Annahme nach die schwächere, wenn selbst nicht numerisch, so doch dem Geiste nach, welcher in ihr nach Niederlagen und anderm Mißgeschick herrschen wird. Man muß sie daher möglichst zusammenhalten, in wenigen Kolonnen auf wenigen nahe neben einander herlaufenden Straßen oder, wo es an einem Straßennetze passender Art fehlt, selbst nur auf einer Straße, um im Stande zu sein, mit Aussicht auf Erfolg einzelnen Kolonnen des Feindes die Spitze zu bieten, um außerdem die Disziplin besser zu erhalten, um die Verpflegung regelmäßig mittelst Magazineinrichtungen liefern zu können, um möglichst vollständig pünktlich bis auf die Stunde Herr der Bewegungen aller Truppenkörper zu bleiben. Je weniger aber der Kolonnen sind, desto größer wird jede einzelne, und dieß erschwert wieder ihre Beweglichkeit in anderer Weise. Sicherlich wäre es wünschenswerth, so schnell als möglich, während man nur eine Nachhut von entsprechender Stärke unmittelbar mit dem Feinde in Berührung läßt, um dessen Verfolgung zu verzögern, die Hauptmacht bis hinter einen starken Abschnitt zurückzuziehen, um dort die Ordnung wieder vollständig herzustellen und zu dieser Arbeit und allen neuen Dispositionen die erforderliche Zeit zu gewinnen. Aus diesem Gesichtspunkte müßte man Nacht- und Gewaltmärsche zu Hülfe nehmen. Aber wenn man dieses will, so muß der Geist in der Armee ein vortrefflicher sein, soll nicht dieses Mittel auf der einen Seite für die Disziplin und Streitfähigkeit viel größere Nachtheile bringen, als auf der anderen die mit ihm zu erreichenden Vortheile sein können. Dazu kommt noch etwas Anderes. Natürlich will die Armee ihre Parks, ihr großes Gepäck nicht im Stich lassen. Sie muß ihnen daher einen Vorsprung lassen, sobald sie mit dem Heere auf die gleiche Straße oder die gleichen Straßen gewiesen sind, damit das Heer nicht mit den Wagenkolonnen durch einander komme und hiedurch große Verwirrung angerichtet werde. Gewöhnlich wird aber das Gepäck auf die gleichen Straßen mit der zurückgehenden Armee gewiesen sein, um ihm die nothwendige Sicherheit zu gewähren, die hier sogar gegen schwache, in den Flanken vorprellende Streifparteien des Feindes nothwendig wird. In den seltensten Fällen wird es nur möglich sein, dem Gepäck eine Parallelstraße anzuweisen, auf welcher es seinen Rückzug mit größter Wahrscheinlichkeit vollständiger Sicherheit bewerkstelligen kann. Dann sollte es allerdings geschehen. Aber es müssen dabei solche Anstalten getroffen werden, daß man sicher bleibe, die nothwendigen Parks stets wieder an die Armee heranziehen zu können, sei es, wenn diese in einer neu gewonnenen Stellung Halt macht, um zu schlagen, sei es, wenn sie ihre Operationsrichtung wechselt. Man erkennt leicht, daß diese Bedingung nicht immer leicht zu erfüllen sein wird. Bewegen sich z. B. die Hauptoperationen längs dem einen Ufer eines großen Stromes, so könnte man etwa die Parks auf das andere Ufer senden, damit sie hier zurückgehen. Aber auf großen Strömen sind die stehenden Brücken nicht so häufig, verschlingt auch eine einzige Brücke so viel von dem Material der Feldbrückenequipagen, daß man jetzt nicht mehr auf jedem beliebigen Punkte die Parks wieder auf das gleiche Ufer mit der Armee zurückziehen kann. Es gilt also im Voraus die Chancen zu berechnen, welche bei dem Rückzuge der Armee und bei den neuen Operationen, zu denen sie aus dem Rückzuge übergehen mag, eintreten können. Man erinnere sich, wie der bereits ans rechte Po-Ufer zurückgesendete große Park der piemontesischen Armee durch deren plötzliches Abbiegen auf Mailand von ihr getrennt ward.

Um einen weitern Rückzug einer größern Armee ohne die entschiedensten Gefahren für ihren Bestand durchführen zu können, dazu gehört ein vortrefflicher Kommissariatsdienst auf vorsorglich eingerichteten Rückzugsstraßen, so daß das Auftreiben der Verpflegung durch tumultuarische Requisition niemals nöthig, daher die schädliche Einwirkung dieses Verfahrens auf die Disziplin möglichst vermieden wird, ein sorgsam geordneter, pünktlicher Generalstabsdienst, ein tüchtiges Offizierskorps, welches in solcher Noth die Kriegszucht mit doppelter Strenge zu handhaben weiß, und sie nicht umgekehrt gerade jetzt erschlaffen läßt, ferner das Vorhandensein wenigstens einiger frischer und durchaus tüchtiger, nicht leicht zu erschütternder Truppenkörper, welche genügen, dem Feinde eine entsprechende, im Widerstande eben so feste, als zu offensiven kecken Ausschlägen geeignete Nachhut nahe gegenüber zu lassen. Je mehr größere Abschnitte man auf seinem Rückzugswege findet, desto vortheilhafter ist es. Hinter diesen kann man dann immer oder meistentheils die Lager nehmen und dieß wird in Verbindung mit der Thätigkeit der Nachhut dazu beitragen, das Gros der Streitkraft vor wiederholten, wenn auch unbedeutenden Allarmirungen durch den Feind zu bewahren, die unter solchen Umständen nur zu leicht panische Schrecken herbeiführen können, unter deren Wucht ein Heer sich auflöst und zu einer bloßen, nicht mehr zu gebrauchenden Bande wird. Es versteht sich von selbst, daß man diese Abschnitte stets so einrichten muß, daß ihre Ueberschreitung, die Gewinnung ihres Schutzes zwar dem zurückgehenden Heere keine Schwierigkeiten macht, daß aber dem verfolgenden Feinde ihre Gewinnung aufs höchste erschwert werden könne; die besten Abschnitte dieser Art sind Flüsse.

Sehr lehrreich ist der Rückzug Karl Alberts von Goito über Cremona hinter die Adda und dann auf Mailand, welcher im gegenwärtigen Abschnitte erzählt worden ist, allerdings nicht weil bei diesem Rückzuge Alles den Forderungen der Kriegskunst gemäß eingerichtet gewesen wäre, sondern gerade weil das Umgekehrte der Fall war. Der Generalstabsdienst befand sich in einer erschrecklichen Verwirrung; von den höchsten Führern konnte man kaum noch sagen, daß sie ihre Truppen in der Gewalt hatten, das

Gepäck war niemals dort, wo man es brauchte, oder dort, wo es nicht hinderte. Ein Glück war es für Karl Albert, daß er durch die allerdings zu nichts führenden Waffenstillstandsunterhandlungen von Valeggio einen Vorsprung gewonnen hatte, daß die Oesterreicher in dem hart mitgenommenen Lande, um die Verpflegung in geregelter Weise zu bestreiten, auch nicht allzu stark nachdrängen konnten, endlich daß Radetzki auf keinen Fall das Abbiegen vom Po nach Mailand ohne Weiteres als wahrscheinlich voraussetzen konnte. Hätte er dieß gedacht, so wäre statt des Detachements des Obersten Wyß sicherlich ein Korps in der rechten Flanke der österreichischen Armee entsendet worden und aus der Bewegung des Obersten Wyß ergibt sich, daß ein Armeekorps keineswegs in der Unmöglichkeit gewesen wäre, den Addaübergang bei Lodi zu gewinnen, bevor Karl Albert mit seiner gesammten Armee die Gegend nördlich von Lodi erreicht hatte.

Die dritte Art der Märsche, welche man in Bezug auf die Richtung im Verhältnisse zur Stellung des Feindes, wie sie wirklich ist oder wie sie in einem bestimmten Moment gedacht wird, unterscheidet, sind die Flankenmärsche; ihre Richtung ist parallel der Front des Feindes und sie kommen besonders in Anwendung theils wo schnell die Vereinigung bisher getrennter Theile unserer eigenen Partei erzielt werden soll, theils wenn man sich aus einer früher minder günstigen Operationsrichtung in eine günstigere, sei es für den Angriff, sei es für die Vertheidigung, begeben will. Die wirklichen Eigenthümlichkeiten der Flankenmärsche kommen um so mehr zum Vorschein, je näher man sich dem Feinde befindet. Sie sind im Allgemeinen für denjenigen, der den Flankenmarsch ausführt, keine günstigen, und deßhalb kann es bisweilen darauf ankommen, diese Eigenthümlichkeiten oder Schwierigkeiten aus der Rechnung zu eliminiren oder wenigstens beträchtlich zu mindern. Dieß ist zu erreichen durch ein möglichst verheimlichtes anfängliches gerades Zurückwerfen der ganzen Macht, welche erst später in die Richtung ablenkt, in welcher der Flankenmarsch ausgeführt werden soll, also durch die Vergrößerung der Entfernung zwischen der Front des Feindes und der den Flankenmarsch ausführenden Truppe. Wir haben über diesen Punkt bei Erwähnung der nicht vom Feind erzwungenen Rückmärsche geredet.

Wo der Flankenmarsch rein und in seinem wahren Charakter auftritt, da sind seine Eigenthümlichkeiten stets folgende:

der Feind ist schlagfertig, der Annahme nach, er ist auf einer Front entwickelt, auf welcher er kampfbereit vorrücken kann zum Angriff;

die den Flankenmarsch ausführende Truppe hat dagegen in der Regel noch weniger als eine marschirende Truppe überhaupt ein Begehren danach, während des Flankenmarsches schlagen zu müssen, wie das schon aus den Zwecken, — Vereinigung, um größere Kraft zu erlangen; Versetzung, um eine günstigere Richtung zu erlangen, genügend hervorgeht;

und doch läuft die den Flankenmarsch ausführende Truppe mehr Gefahr als eine andere, während des Marsches und — vom Standpunkt des Feindes aus rechtzeitig — angegriffen zu werden, also kämpfen zu müssen, weil sie der Annahme nach sich im Bereich der intensivsten Späh- und Sicherungssphäre des Feindes befindet. Sie muß also schlagfertig sein, wie es vom Feinde angenommen wird, und möglichst immer schlagfertig bleiben.

Hieraus geht hervor, daß der Feldherr, der mit seinem Heere einen Flankenmarsch ausführen will, zunächst dahin streben wird, durch das Geheimniß, welches er über seine Absicht bewahrt, sowie durch Diversionen und Demonstrationen, welche die feindliche Aufmerksamkeit ablenken, den Plan so lange als möglich zu verbergen; daß er dann, wenn es möglich ist, suchen wird, für den Flankenmarsch selbst ein großes Terrainhinderniß zwischen sich und den Feind zu bringen, damit die Gefahr eines Angriffes sich mindere, daß er endlich suchen wird, die Zeit, welche hindurch er einem Angriffe ausgesetzt sein kann, bevor er das wahre Ziel des Flankenmarsches erreicht hat, möglichst abzukürzen, und daß er seine Truppen so ordnen wird, um mit mindestem Zeitverlust, wenn es die Umstände erfordern, aus der Marsch- in die Schlachtordnung übergehen zu können.

Ein Terrainhinderniß kann man natürlich nicht jedesmal zwischen den Feind und die im Flankenmarsch befindliche Truppe bringen, nicht bloß darum, weil in dem Bereich, in welchem er ausgeführt werden kann, sich überhaupt keins fände, sondern schon deßhalb bisweilen nicht, weil man den Marschweg, um den Schutz eines bedeutenden Terrainhindernisses zu gewinnen, zu sehr verlängern müßte, so daß dadurch der Forderung widersprochen würde, die Zeit der Gefahr möglichst abzukürzen.

Die Ordnung der Truppen ist immer in mehreren Kolonnen; alle diese Kolonnen ziehen der Voraussetzung nach parallel der Front des Feindes einher. Was ihre Zusammensetzung betrifft, so versteht es sich von selbst, daß man diejenigen Theile des Heeres, welche ihm für sein Dasein nothwendig, doch im Gefechte der Schlagfertigkeit nur hinderlich sein können, aus den Kolonnen entfernt, welche dem Feinde am nächsten marschiren, und auf diejenigen Kolonnenstraßen zusammenzieht, welche am fernsten vom Feinde laufen. Ebenso wird man auf diese entferntesten Straßen diejenigen Waffen oder die Haupttheile derjenigen Waffengattungen verweisen, welche man zwar in Gebrauch ziehen muß, sobald man den Flankenmarsch vollendet hat und nun zu derjenigen Operation übergeht, als Vorbereitung zu welcher der Flankenmarsch überhaupt unternommen wurde, welche aber wegen der Terrainbeschaffenheit minder brauchbar auf dem Gebiete sind, durch welches die Truppe während des Flankenmarsches sich bewegt.

Die Kolonne, welche dem Feinde am nächsten ist, bildet zugleich die Seitenhut des ganzen Heeres, sie trifft alle erforderlichen Sicherungsanstalten, was freilich auch die andern sämmtlich nicht ganz unterlassen können. Für die Sicherungsanstalten der Seitenhut gilt als Regel, daß sie eine Anzahl von kleinen Detachements gegen den Feind hin vorschiebt, aber nur soweit, damit wenn diese Detachements angegriffen werden und den Angriff des Feindes signalisiren, die Hauptkolonne der Seitenhut noch die erforderliche Zeit behalte, in Schlachtordnung überzugehen. Es ist daher nicht nöthig, daß die Seitendetachements soweit gegen die feindliche Front hin vorgehen, daß sie nothwendig mit dieser oder ihren Vorposten zusammentreffen müssen, ja es ist nicht einmal gut, sie soweit vorzuschieben. Wo möglich soll ja der Feind von dem ganzen Marsch nichts erfahren, als bis es für ihn zu spät ist, und dem würde es gerade widersprechen, wenn man selbst die Berührung mit ihm aufsuchen wollte.

In den vom Feinde entfernteren Kolonnen hat der Feldherr der Voraussetzung nach bereite große Reserven. Möglicher Weise kann dieß aber auch einmal nicht zutreffen. Es könnte sich z. B. ereignen, daß der Feind die Straße, auf welcher die Seitenhut marschirt, in seinem Vorrücken durchkreuzte, ohne auf sie zu treffen, weil sie noch zurück ist, während er nun auf der nächsten Parallelstraße gerade auf die nächste entferntere Kolonne stieße. Mit Rücksicht auf diese Möglichkeit hat man dann wohl die Regel gegeben, die vom Feinde entfernteste Kolonne zuerst von dem Ausgangspunkt des Marsches aufbrechen zu lassen, sodann die dem Feinde etwas nähere und so fort, so daß die Seitenhut zuletzt marschirt. Sie sollte dadurch in den Stand gesetzt werden, auf die Flanke des Feindes zu fallen, nachdem dieser ihre Marschstraße durchkreuzt hat und während er die Flanke der nächst entfernteren Kolonne bedroht.

Man erkennt, daß hier ein etwas allzukünstliches Abwägen und Berechnen der Umstände und Situationen vorliegt, welches nicht stets so stimmen und passen würde, wie man es sich gedacht hat.

Aber ein Grund liegt allerdings vor, die vom Feinde entferntesten Kolonnen zuerst, die ihm nächsten zuletzt aufbrechen zu lassen. In der Regel nämlich werden die vom Feinde entfernteren Kolonnen vom Ausgangspunkte ab auch einen weitern Weg bis zu dem Punkte haben, auf welchem angekommen man sagen kann, daß der eigentliche Flankenmarsch vollendet sei. In der Regel aber wird es auch wünschenswerth sein, auf diesem zweiten Punkte alle Kolonnen möglichst zu gleicher Zeit ankommen zu lassen. Es liegt daher nahe, diejenigen, welche den weiteren Weg haben, früher abmarschiren zu lassen, als diejenigen, welche den kürzern Weg haben. Dazu kommt noch, daß der höchsten Wahrscheinlichkeit nach der Marsch der vom Feinde entfernteren Kolonnen von ihm nicht so leicht entdeckt werden wird als jener der näheren. Man kann also die entferntern z. B. schon am Tage aufbrechen lassen, während man mit dem Aufbruche der näheren, um ihren Marsch besser zu verheimlichen, bis zum Einbruche der Nacht wartet.

Um möglichst bald aus dem Bereiche der Gefahr herauszukommen, wird man innerhalb desselben den Flankenmarsch stets als Eilmarsch ausführen; man wird also auch Nachtmärsche nicht scheuen, wo sich der Bereich der Gefahr über die Weite eines gewöhnlichen Tagmarsches ausdehnt, und es ist dieß zulässig, da man wohl überhaupt mit geschlagenen oder sonst unzuverlässigen Truppen sich nicht leicht an die Ausführung eines Flankenmarsches wagt. Alle großen Ruhehalte fallen also fort, aber Ruhehalte von mehreren Stunden zum Abkochen können nicht vermieden werden. Sie schaden auch nichts, wenn man durch gute Vorbereitungen, Mitführung der Lebensmittel von den Leuten, gute Kochgeschirre u. s. w. die Dauer derselben thunlichst abkürzt und die Leute in Schlachtordnung lagern läßt. Sie sind dann ebenso schlagfertig als sie es im Marsche wären.

Es ist auch wohl vorgeschrieben, man solle bei einem Flankenmarsche, während immer nur ein Theil der Kolonnen in Bewegung ist, abwechselnd den andern gegenüber dem Feinde Stellung nehmen und unter dem Gewehre bleiben lassen. Dieß aber wird sich doch nur dann empfehlen lassen, wenn der Flankenmarsch vom Feinde schon entdeckt ist oder seine Entdeckung in ganz sicherer Aussicht steht und wenn man trotzdem nicht von ihm abstehen will. Hier tritt in der That

aber der Flankenmarsch wesentlich aus dem Charakter eines Marsches heraus und nimmt denjenigen eines Manövers auf dem Schlachtfelde an.

Statt, während einzelne Abtheilungen im Marsch sind, andere nur gefechtsbereit dem Feind gegenüber in Stellung zu lassen, kann man diese letzteren auch zum Angriffe schreiten und später als Nachhut folgen lassen. Doch in der Regel kann dieß Verfahren nicht zweckmäßig genannt werden, da es bei dem Flankenmarsch nie auf ein Gefecht, sondern auf die Gewinnung eines gewissen Punktes, wo möglich ohne jedes Gefecht, ankommt und, da das Gefecht bei der mindesten, nicht ganz mit den Wünschen dessen, der es begonnen, übereinstimmenden Wendung auf die ganze Ordnung und das Wesen des Marsches nothwendig und schädlich zurückwirken wird. Ein lehrreiches, äußerst klares Beispiel für diesen Fall hat uns erst noch die neueste Kriegsgeschichte in dem Gefechte von Castelfidardo geboten.

Zwei Flankenmärsche, welche nach Wahl der Zeit und Richtung, Schnelligkeit der Ausführung, Anstalten zur Ablenkung der Aufmerksamkeit des Feindes als Muster gelten können, haben wir in dieser Erzählung, den einen im vorigen, den andern im gegenwärtigen Abschnitte kennen gelernt. Der erste ist der Marsch Thurns von der Piave zur Vereinigung mit Radetzki nach Verona, ein Flankenmarsch in Bezug auf Treviso, auf die vorausgesetzte Stellung Durando's an der Brenta und auf Vicenza. Der zweite ist der Marsch Radetzki's von Verona nach Mantua der ganzen piemontesischen Armee in ihren Stellungen zwischen Etsch und Mincio vorbei.

D. Positionen.

Die Theile einer Armee stehen stets mit einander oder können stets mit einander in einem bestimmten Zusammenhang stehend gedacht werden. Dieser Zusammenhang spricht sich in den örtlichen Verhältnissen der Theile zu einander aus und giebt die **Aufstellung** der Armee. Im Allgemeinen bestimmt man diese Aufstellung, indem man den Standort des rechten Flügels, des linken Flügels, des Zentrums, der Reserven im Ganzen oder ihren einzelnen Gliedern nach angibt. Läßt man eine Armee, deren verschiedene Korps wir als auf verschiedenen Straßen vertheilt annehmen, im Marsche, gehe nun dieser nach vorwärts, nach rückwärts oder nach einer Flanke, plötzlich Halt machen, so wird man ihre Aufstellung überschauen, und diese Aufstellung wird das beste Kriterium für die mehr oder minder zweckmäßige Anordnung der **Märsche** abgeben. Sie soll nämlich stets auf einen leichten, bequemen, sichern Uebergang zu jeder kriegerischen Thätigkeit berechnet sein, welche in dem gegebenen Zeitmomente von der Armee verlangt werden kann.

Eine Aufstellung auf längere Zeit und mit Rücksicht auf eine oder mehrere kriegerische Thätigkeiten, die in ihr erwartet oder die durch sie herbeigeführt werden sollen, nennt man eine **Stellung** (Position). Wir wollen die wesentlichsten Umstände, unter welchen Stellungen genommen werden, kurz aufzählen.

Beim Drohen eines Krieges, wenn derselbe nahe bevorsteht, nehmen die Heere beider Parteien stets **Versammlungsstellungen** ein. Diese müssen darauf berechnet sein, daß man aus ihnen zu der beabsichtigten kriegerischen Thätigkeit auf eine ungezwungene, natürliche Weise übergehen kann. Die einzelnen Truppenkörper werden von ihren Formationspunkten in sie vorgeschoben; in der Stellung selbst wird die Formation der Einheiten des Heeres vollendet. Um das Land zu schonen, wird meistentheils jede Einheit des Heeres einen größeren Terraintheil einnehmen. Jeder strategischen Einheit wird aber auch ein Sammelplatz angewiesen sein; von welchem ausgehend jede ihrer Bewegungen gedacht werden muß, an welchem sie im Nothfall ihre Widerstandskraft entwickelt, auf welchen sie sich stützt. Je nach der Absicht des Feldherrn wird die Versammlungsstellung auf den Uebergang in die Offensive oder auf die Führung der Defensive berechnet. Aber jede

Versammlungsstellung für den Angriffskrieg muß zugleich die Elemente für den Widerstand, für den Fall enthalten, daß der Feind mit dem Angriffe zuvorkäme. Ebenso muß jede Stellung für die Defensive die Elemente der Offensive enthalten für den Fall, daß die Umstände zu deren Ergreifung sich günstig gestalteten. Unter allen Umständen muß ein guter Vorpostendienst von den Truppen der ersten Linie und denen auf den Flanken organisirt und es muß eine schnelle und sichere Verbindung nicht bloß der Truppenkörper einer und derselben strategischen Einheit mit deren Hauptquartier, sondern auch zwischen den Hauptquartieren der verschiedenen strategischen Einheiten und dem Hauptquartier der Armee hergestellt werden. Es muß hierauf um so größerer Werth gelegt werden, je weiter ursprünglich aus Rücksichten der Verpflegung die Truppen aus einander gezogen sind, über ein je weiteres Gebiet die Versammlungsstellung ausgedehnt ist.

Jede Versammlungsstellung kann zugleich benutzt werden, um den Feind über unsere Absichten zu täuschen. Am besten möglich ist dieß, wenn die Absichten offensive sind. Besitzen wir eine den Feind umfassende Basis, so kann der Hauptangriff unsererseits von dem einen oder von dem anderen Schenkel derselben ausgehen. Ist zwischen den beiden Theilen der Basis, welche durch ihre Schenkel bestimmt werden, eine gute und schnelle Verbindung (durch Eisenbahnen) vorhanden, so können wir die Versammlungsstellung gerade auf demjenigen Theile wählen, von welchem aus wir die Angriffsoperation nicht beginnen wollen, um dann erst unmittelbar vor der Eröffnung der Operationen oder in unmittelbarer Verbindung mit ihr die Truppen auf denjenigen andern Theil der Basis zu tragen, von welchem aus wir vorgehen wollen. Ein solches Verfahren bietet auch den Vortheil, daß man sich nun während der Kriegsoperationen selbst auf ein Land stützt, welches noch nicht ausgefressen ist, weil es eben nicht zur Versammlungsstellung benutzt wurde. Es setzt aber nothwendig voraus, daß man bei guter Zeit auf dem Theil, von dem die Operationen ausgehen sollen, Magazine anlege und alle Anstalten treffe, um ihn zu einer wirklich nutzbaren Basis einzurichten.

Im Laufe der Operationen nimmt ein Heer häufig eine Stellung ein, weil es sich im Augenblicke zu einer positiven Thätigkeit nicht für fähig und kräftig genug hält. Es wartet ab. Dieß Abwarten im Allgemeinen kann mit einer sekundären oder Nebenthätigkeit in irgend einer Weise verknüpft sein oder auch nicht. Sekundäre Thätigkeiten dieser Art sind: die Belagerung einer Festung, welche von dem Gros des Heeres gegen den nahen Feind gedeckt wird, oder auch die Beunruhigung der feindlichen Kommunikationen. So stand während der Belagerung Peschiera's zu deren Deckung das piemontesische Heer mit seinem Gros gegen Verona; so unternahmen die Piemontesen aus derselben Stellung, wenn auch zu spät und ohne das Verständniß der Verhältnisse, ihre Angriffe auf die Oesterreicher im obern Etschthal.

Eine abwartende Stellung läßt für denjenigen Theil, welcher sie einnimmt, stets den schlimmsten Ausgang besorgen, wenn sie aus reiner Verlegenheit genommen ist, weil man absolut nicht wußte, was man thun sollte, wenn man auch gar keine bestimmte Ansicht von dem Zeitpunkte hat, wo man wieder wird zu einer positiven Thätigkeit übergehen können, von den Mitteln und Wegen, durch welche man sich das Recht zu der positiven Thätigkeit von neuem verschaffen will, wenn man Gott den lieben Mann sein läßt und ohne jeden Anhaltspunkt ins Blaue hinein hofft, daß er schon helfen werde. Stellungen, die unter solchen Umständen genommen werden, kommen im Kriege nur zu häufig vor, und man könnte ihnen mit gutem Grund einen eigenen Rang und Titel: Verlegenheitsstellungen, verleihen.

Es ist unzweifelhaft wahr, daß eine große und wohlbesetzte, wohlvertheidigte Festung eine ganze Armee, auch heutiger Dimensionen festhalten kann, weil man diese Festung einerseits nicht unbeachtet hinter sich lassen darf, weil andererseits ihre Beobachtung und Belagerung so viele Kräfte erheischt, daß von dem

Offensivheere nun nicht genug übrig bleibt, um noch selbstständig weitere Offensivoperationen zu unternehmen. So mögen Stellungen zur Deckung von Belagerungen immer noch häufig genug vorkommen, man kann sie offenbar nicht in Bausch und Bogen unter die Verlegenheitsstellungen einreihen, oft genug jedenfalls. Offenbar wäre es wünschenswerth, auch diese gewissermaßen motivirte Kategorie von Verlegenheitsstellungen aus der Kriegskunst auszumerzen, namentlich deßhalb, weil sie militärischen Nullitäten nur zu oft die Gelegenheit bieten, das Nichtsthun zu entschuldigen oder es gar noch mit einem Heiligenschein des Ruhmes zu umgeben. Absolut möglich ist die Sache nicht; eine Beschränkung aber ist allerdings zulässig, und um sie herbeizuführen, muß man sich erinnern, daß jede Festung, die sich aufgegeben fühlt, leichter fällt, als eine andere, die immer noch Hoffnung auf einen Umschwung des Schicksals, auf den eigenen Entsatz oder auf äußere, die Glücksumstände verändernde Schlachten hat. Um die Festungen des Feindes zu einer leichten Beute zu machen, muß man also suchen, die Feldarmeen des Feindes vorerst zu schlagen, und es ist nicht zweifelhaft, daß die ursprüngliche Wahl der Operationslinie immer in der Frage eine entscheidende Rolle spielen wird, ob man mit den Feldarmeen des Feindes früher oder später zusammentreffen wird und muß. Das Zusammentreffen aber ist die Vorbedingung des Sieges. Findet man den Feind gar nicht, so kann man ihn auch nicht schlagen, wie sehr man immer fähig sein möge, ihn zu schlagen, sobald man ihm in offener Feldschlacht begegnet. Wir müssen hier wiederum auf die Betrachtungen zurückverweisen, welche wir über die Wahl der ursprünglichen Operationslinie seitens der Piemontesen am Schlusse des zweiten Abschnittes angestellt haben; Betrachtungen, welche auch noch jetzt für zukünftige Ereignisse auf demselben, auf dem lombardo-venetianischen Kriegstheater ihren Werth bewahren.

Eine abwartende Stellung ist stets um so mehr motivirt, je sicherer auf einen Wechsel der Verhältnisse zu rechnen ist, welcher demjenigen in naher Zeit das vollständigste Recht zur Offensive geben wird, der die abwartende Stellung eingenommen hat. Dieser Wechsel der Verhältnisse läßt sich reduziren auf einen eignen Kraftgewinn, auf einen Kraftverlust des Feindes, auf die Verbindung dieser beiden Dinge mit einander.

Der Kraftgewinn fließt wesentlich her aus dem Herankommen von Verstärkungen, die uns zugehen sollen. Ist dieses das Entscheidende, so kann man die abwartende Stellung zweckmäßiger Weise so nehmen, daß man die Formation der erwarteten Verstärkungen deckt. Der eigene Kraftgewinn fließt weiter her aus einem Kraftverlust des Feindes. Der Kraftverlust des Feindes aber kann möglicher Weise herbeigeführt werden durch die Wahl der Stellung, welche man selbst einnimmt. Kann man nicht geradezu auf den Feind losgehen, ihn aufsuchen, um ihn positiv niederzuschlagen, ist also ein wirklicher Grund zum Abwarten vorhanden, so mag es doch immer noch möglich sein, daß man die Stellung so wähle, um dem Feinde seine Verbindungen abzuschneiden, das heißt ihn zu hindern, daß er seine Verpflegung ordne und geordnet erhalte, daß er Truppenverstärkungen an sich ziehe, die er aus irgend einer Richtung her erwartet. Der Feind ist hier in einer Lage gedacht, in der es ihm für den Augenblick gar nicht daran liegt, etwas Positives gegen uns zu unternehmen, in welcher er uns gern vorläufig in Ruhe läßt, wenn wir nur seine Verhältnisse nicht verschlechtern oder ihm die Aussicht auf deren Verbesserung nicht nehmen.

Wir verschlechtern aber seine Verhältnisse, wir beschränken ihm die Aussicht auf deren Verbesserung, wenn wir uns auf seine Verbindungen stellen. Wir erschweren ihm dadurch die Verpflegung, mit der schlechtern, mangelhaftern Verpflegung aber werden Krankheiten in seinem Heere einreißen und dieses dezimiren; wir erschweren ihm das Heranziehen von Truppenverstärkungen, ja wir gewinnen uns die Möglichkeit, diese heranziehenden Verstärkungen, die mit seiner Hauptmacht vereinigt, dieser die Fähigkeit zu einem offensiven Auftreten geben würden, vereinzelt abzufangen und zu schlagen, ehe sie herankommen können, möglicher Weise selbst ohne Wissen der Hauptmacht.

Da es nun sich so verhält, ist es auch klar, daß Stellungen gewählt auf oder an den Verbindungen des Feindes diesen geradezu zwingen können, gegen uns vorzugehen, um sich die auf ihn drückende Last vom Halse zu schaffen. Da nun vorausgesetzt worden ist, daß der Feind auch keine besondere Veranlassung zum Ergreifen der Offensive hatte, als wir unsere Stellung wählten, so ordnen wir, indem wir sie nehmen, seinen Willen dem unserigen unter, zwingen ihn zu etwas, was er nicht thun wollte, was er schwerlich mit großem Vertrauen auf den Erfolg unternimmt, von dem er höchstens erwartet, daß es ihm den nothwendigen Theil von Lebensluft für jedes Heer wiederbringe, aber nicht, daß es ihn zu einem entscheidenden Siege über uns führe.

In diesem Umstande liegt es nun auch, daß dergleichen Stellungen für jedes Heer minder gefährlich werden, welches sie nimmt, daß man daher im Nothfall dabei selbst die eignen Verbindungen nicht zu sehr in Betracht zu ziehen braucht, obgleich es selbstverständlich immer besser ist, daß man die eignen Verbindungen so frei als möglich, so sicher als möglich und für alle, auch die unglücklichsten Fälle hinter sich habe. Wir verweisen hiebei auf dasjenige, was wir in den Betrachtungen zum zweiten Abschnitt über die Operationen der Piemontesen gesagt haben.

Eine Partei, welche durch ihre Verhältnisse zur Gegenpartei das Recht der Offensive hat, soll im Allgemeinen keine Stellungen nehmen, um abzuwarten, da der Zeitverlust im Kriege am wenigsten wieder einzubringen ist. Indessen wenn die Gegenpartei sich selbst in festen, unangreifbaren oder fast unangreifbaren Stellungen befindet, so daß es in hohem Maße wünschenswerth wird, sie zur Schlacht, zur Entscheidung aus ihnen herauszulocken, wenn man selbst in kurzen Fristen bedeutende Verstärkungen zu erwarten hat, welche den Sieg um vieles

sicherer stellen, so sind allerdings Gründe vorhanden, den direkten Angriff hinauszuschieben und eine den Feind einengende Stellung zu wählen.

Immer müssen die Stellungen darauf eingerichtet sein, daß man in ihnen sich schlagen könne und mit Erfolg schlagen könne. Innerhalb der strategischen Stellung also muß es noch eine taktische (Gefechtsstellung) geben, welcher der Feind nicht ohne die erheblichsten Nachtheile für ihn vorbeigehen kann.

Da man bei dem längeren Verweilen in der strategischen Stellung, welches möglicher Weise nothwendig wird, Veranlassung hat, seine Truppen zu schonen, so wird man sie in den meisten Fällen zum größten Theile in Kantonnirungen rückwärts vertheilen. Selbst wo ein mildes Klima, die günstige Jahreszeit, gutes Wetter das Biwakiren völlig zulässig machen, wird oft noch die Vertheilung in Kantonnirungen empfehlenswerth sein, um die Verpflegung zu erleichtern. In der taktischen Stellung, in welcher man sich schlagen will, hält man also der Regel nach den kleinsten Theil seiner Truppen. Dieser empfängt den ersten Stoß des angreifenden Feindes, und da vom Feinde anzunehmen ist, daß er mit möglichst konzentrirter Kraft angreife, so werden unsere in der taktischen Stellung vereinten Truppen schwächer sein als er. Sie also können nur ein Defensivgefecht gegen den Feind aufnehmen, welches das Sammeln unserer übrigen Truppen decken soll, und damit sie dasselbe unter den denkbar günstigsten Umständen für uns führen können, muß man sich, so weit es nur die Zeit gestattet, mit der Verstärkung der taktischen Stellungen durch Verschanzungen beschäftigen.

Ein gut organisirter Vorpostendienst, um die Absichten des Feindes frühzeitig zu entdecken, gute Nachrichtenverbindungen und Marschkommunikationen (z. B. Eisenbahnen) innerhalb der gesammten strategischen Stellung (Kantonnirungsgebiet) garantiren die rechtzeitige Sammlung unserer Truppen, und wenn nun vorausgesetzt worden ist, daß in der verschanzten taktischen Stellung schon derjenige Theil von ihnen, welcher hier versammelt war, einen längeren Widerstand zu leisten vermag, so ergibt sich ohne Weiteres, daß wir unsere aus dem rückwärtigen Kantonnirungsgebiet vorgezogenen Truppen wesentlich in der Offensive, gegen empfindliche Stellen der feindlichen Macht verwenden werden.

Die taktische Stellung, welche gewissermassen als eine Verkleinerung, ein konzentrirter Auszug aus der strategischen Gesammtstellung zu betrachten ist, hat stets eine bestimmte Front, sie ist darauf berechnet, daß sie von einer Seite her angegriffen werde. Ist nun der Feind aber nicht durch die Verhältnisse absolut gezwungen, gerade von dieser Seite her anzugreifen, wie wahrscheinlich es immer sein mag, so müssen die Vertheidiger der Stellung sich auch auf andere Fälle gefaßt machen. Mit andern Worten, bei gewissen Operationen kann die Vertheidigung der gewählten taktischen Stellung ganz und gar wegfallen und die Partei, welche sie gewählt hat, kann veranlaßt sein, zu ganz anderen Operationen überzugehen. Dieß muß nicht absolut ein Nachtheil sein. Es kommt nur darauf an, daß man sich nicht in die Meinung verbissen habe, man müsse sich nothwendig in der gewählten taktischen Stellung schlagen, daß man vielmehr von vornherein an alle Fälle denke: wenn der des Schlagens in der vorbereiteten Stellung eintritt, ihn als einen Glücksfall hinnimmt, wenn nicht, wenigstens in Folge der Wahl der Stellung das Bewußtsein habe, daß durch ihr Vorhandensein der Feind, der ihr aus dem Wege gehen wollte, in eine ungünstigere Operationsrichtung hineingezwungen sei.

Ueber die Bewegungen des Feindes, welche uns veranlassen können, das Schlagen in der erwählten taktischen Stellung ganz aufzugeben, vermögen nur gute Vorpostenstellungen und ein gut organisirter Spionendienst aufzuklären. Eine möglichste Konzentrirung der Truppen, so daß man auf die Vorposten und Vortruppen aller Art und in allen Richtungen das mindest Denkbare verwendet, hilft dann zu rascher Benutzung des Gebotenen und gestattet sie im Augenblicke. Bei den meisten

Heeren wird der Vorpostendienst noch immer in einer Weise betrieben, daß man mit 10,000 M., die man beständig abquält, nicht so viel erreicht, als man bei bessern Anstalten mit 1000, auch ohne sie besonders anzustrengen, erreichen könnte.

Jede schnelle Kunde von Bewegungen des Feindes, die geeignet sind, uns zu anderen Entschlüssen zu bestimmen, ja selbst eine Konzentrirung unserer Truppen im Großen, welche sie ohne Mühe unter die Hand des Feldherrn bringt, würde in Fällen, wie wir sie vor Augen haben, wenig nützen, wenn der Feldherr nicht auf alle möglichen Fälle geistig vorbereitet wäre und wenn er nicht die materiellen Vorbereitungen getroffen hätte, um aus einer bestimmten (defensiven) Operationsrichtung in eine andere defensive oder offensive, die unter den gegebenen Verhältnissen nöthig werden kann, rasch überzugehen.

Hiezu wird vorzüglich gehören, daß man vermöge, Terrainabschnitte durch die Hindernisse, welche sie bieten, durch ihre Lage zum eigenen Heere und zum feindlichen in einem ganz bestimmten Verhältniß zur erwählten taktischen Stellung stehende und wahrhafte nicht eingebildete, als solche zu erkennen und daß man sich durch Kommunikationserleichterungen (Brücken, Weganlagen) einerseits, durch Hindernisse, die man dem Feind entgegenstellt (Brückensprengungen, Verderben von Wegen und Fuhrten, Befestigungen), andererseits ihre Benutzung bequem mache und sichere.

Die Stellung, welche die piemontesische Armee vom Ende des April bis zur Schlacht von Custozza theils zwischen der Etsch und dem Mincio, theils an dem letztern Flusse einnahm, war eine wirkliche Verlegenheitsstellung, so schlecht eingerichtet, als nur irgend möglich. In dieser Stellung rechnete man rein auf den blauen Dunst, auf nichts Reelles, Materielles, in einer bestimmten Zeit Erreichbares.

Man unternahm alles Mögliche aus ihr heraus, ohne jemals einen Gedanken kräftig zu verfolgen. Die sekundären Thätigkeiten, welche man mit dem Verharren in ihr verband, waren mehr Vorwände, in ihr zu bleiben, als Bedingungen für ihre Behauptung. So namentlich die Belagerung der kleinen, unbedeutenden Festung Peschiera. Durch die vielen Nebenthätigkeiten, die man eine nach der andern vornahm, Unternehmungen gegen die Etsch oberhalb Verona, gegen die Etsch unterhalb Verona, gegen Mantua, — lauter ungenügende Entschuldigungen des Verharrens in dieser Stellung, erreichte man nur, daß man sich immer mehr ausdehnte, immer mehr an jedem einzelnen Punkte an Widerstandskraft verlor, ohne offensiv irgend etwas zu gewinnen, was des Gewinnes werth gewesen wäre. Der Vorposten- und Kundschafterdienst schlief in dieser Stellung gänzlich ein, so daß die ganze österreichische Armee sich bei Verona ungestraft konzentriren und von dort aus jede beliebige Bewegung ungestraft unter der Nase der piemontesischen Armee beginnen durfte. Der Nachrichtendienst in den Kantonnirungen des piemontesischen Heeres selbst war auf eine Weise organisirt oder vielmehr nicht organisirt, welche jede Kritik ausschließt, insofern die Kritik nur ein absolutes Verdammungsurtheil sein könnte. Anstatt einen vernünftigen Vorpostendienst zu organisiren, verwendete man Abtheilungen der Armee, welche zu schwach waren, um ganzen feindlichen Heeren zu widerstehen, und zu stark für das bloße Beobachten und gab sie einer gewissen Vernichtung preis, ohne durch ihre Vermittlung etwas Anderes zu erfahren, als daß sie vernichtet seien. Der wichtigste Abschnitt des Mincio, um welchen sich Monate lang doch alle Thätigkeit der piemontesischen Armee drehen mußte, den es nothwendig war vollkommen zu beherrschen, und den es so leicht war vollkommen zu beherrschen, war ganz und gar vernachlässigt, es fehlte an Brücken und Brückenköpfen, es fehlte an einem geordneten Nachrichtendienst zwischen den beiden Ufern, wie ihn — wir sagen nicht ein großer Generalstab einer mächtigen Armee — wie ihn jeder Güidenlieutenant, der seinen Dienst mittelmäßig kennt, einrichten würde. Das Auftreten der piemontesischen Armee in diesem Feldzuge war die kompleteste Verurtheilung der stehenden und ähnlicher Heere. Man hatte das Unnütze im Ueberfluß, man wußte das Nothwendige nie zu finden. Man betrug sich mit Grandezza auf dem Schauplatze des ernsten Krieges nicht anders als auf dem Exerzir- und Manövrirplatz im Frieden, wo viele Dummheiten für erlaubt gehalten werden, weil kein wirklicher Feind sie augenblicklich bestraft, obgleich sie hier eben so wenig erlaubt sein sollten, als im Ernste. Denn der Spaß des Exerzir- und Manövrirplatzes soll auch Ernst sein, weil er die Vorbereitung auf den Ernst ist.

Vierter Abschnitt.

Vom Abschluß des Waffenstillstandes Salasco bis zu dessen Aufkündung. 9. August 1848 bis 12. März 1849.

1. Ereignisse in Süditalien.

Piemont hatte sich an die Spitze des Kampfes für die Unabhängigkeit Italiens gestellt. Mit dem Waffenstillstande Salasco trat es vom Schauplatze ab, aber nur vorläufig. Karl Albert hatte von Anfang an die Absicht, die Waffen wieder zu ergreifen, weniger aus Liebe zu Italien, als aus Lust sein Land zu vergrößern, als aus Wuth über die Niederlagen, welche die Oesterreicher ihm beigebracht. Das Motiv war gleichgültig. Denjenigen, welche die Unabhängigkeit Italiens verfechten wollten, mußte es wünschenswerth sein, Piemont wieder auf dem Kriegsschauplatze erscheinen zu sehen, wie wenig sie mit den Interessen, die Karl Albert verfolgte, einverstanden sein mochten.

Piemont mußte sich aber neu rüsten und dazu bedurfte es Zeit. Es wurde März, ehe Karl Albert glaubte, das Waffenspiel wieder gegen Oesterreich beginnen zu können. Die Zeit zwischen dem Abschluß des Waffenstillstandes Salasco im August 1848 und der Aufkündigung desselben im März 1849 haben wir jetzt zu betrachten.

Sie wurde sehr verschieden benutzt. Die italienische Nationalpartei rüstete den neuen Krieg, nicht ohne politisch sehr verschiedener Meinung zu sein, die italienischen Fürsten, welche die Behauptung ihrer Herrschaft direkt oder indirekt bloß dem Einflusse Oesterreichs auf der Halbinsel verdankten, benutzten die Siege der österreichischen Waffen, um wo möglich wieder zu erobern, was sie verloren hatten. Dieß ist der allgemeine Zusammenhang der Dinge; wir wollen die Einzelheiten in vier Gruppen zusammenfassen, indem wir die Ereignisse in Italien vom Waffenstillstand Salasco bis zu dessen Aufkündigung zuerst für Süditalien, dann für Mittelitalien, dann für Venetien, endlich für die Lombardei und Piemont erzählen. Letzteres führt uns dann unmittelbar auf die Wiederaufnahme des entscheidenden Kampfes über.

Es konnte nicht fehlen, daß die Schändlichkeit der Regierung Ferdinands II., welche am 15. Mai nur einen völlig klaren Ausdruck fand, in den Provinzen des neapolitanischen Festlandes eine allgemeine Entrüstung hervorrief. Zuerst erhob sich die Stadt Arriano, dann Salerno; Aufstände brachen in den Abbruzzen, in der Basilicata, in Calabrien aus. Indessen fehlte es diesen Aufständen zum Erfolg an dem Nothwendigsten, der Einheit, der Uebereinstimmung. Zu Cosenza ward für Calabrien eine provisorische Regierung errichtet, deren hervorragendste Mitglieder Ricciardi und Stocco waren. Sie sammelte eine kleine Armee von 8000 Mann, und Sicilien sendete zu deren Verstärkung 500 Mann mit 6 Feldgeschützen.

Ferdinand machte gegen den Aufstand sofort etwa 16,000 M. verfügbar: die Brigade Nunziante wurde zur See nach dem Pizzo gesendet, um von dort nordwärts über Monteleone gegen Cosenza vorzudringen; die Brigaden Busacca und Landi sollten sich bei Castrovillari mit der Brigade Nicoletti vereinigen und südwärts gegen Cosenza vorgehen.

Auch die Insurgenten theilten sich in mehrere Kolonnen; die eine schoben sie gegen Busacca über Spezzano Albanese vor, die zweite stellten sie an der Angitola dem Brigadier Nunziante gegenüber, die dritte endlich sendeten sie unnützer Weise nach Paola, um dort die Meeresküste zu bewachen.

Dieses defensive Verhalten trug schnell seine Früchte. Nunziante drängte die an der Angitola aufgestellte Kolonne schon am 27. Juni nach Maida zurück; nun griff auch Busacca von Castrovillari mit Erfolg an, was ihm gegenüber stand, und die Insurgenten, ohne eine Führung, welche ih troß vereinzelter Mißgeschicke hätte Vertrauen einflößen können, verliefen sich nach allen Seiten.

Man kann hier kaum von Gefechten reden. Aber die neapolitanische Reaktionspartei, welche aus dem nichtsnutzigen Gemeßel vom 15. Mai eine große Waffenthat gemacht hatte, verfuhr deßgleichen mit den Dingen in Calabrien. Und als nun vollends die Nachrichten von Custozza, Volta, Mailand, vom Abschlusse des Waffenstillstandes Salasco zu Ferdinands II. Ohren drangen, da schwoll ihm der Kamm so weit, daß er sich ernstlich rüstete, auch die Insel Sicilien wieder zu erobern. Er hielt dieß um so mehr für nöthig, da nach der in jener Zeit herrschenden Mode der Annexion (wie Pius IX. im Jahre 1860 gesagt haben würde) die Sicilianer im Juli den zweiten Sohn Karl Alberts, den Herzog von Genua, zu ihrem König ausgerufen hatten, ohne daß freilich Karl Albert, zumal nach den Schlägen von Custozza und Mailand, bisher seine Zustimmung erklärt hätte. Indessen der Waffenstillstand war kein Frieden geworden, und was noch nicht geschehen war, das konnte immer noch geschehen.

Ferdinand II. machte 20,000 M. mobil; die Zittadelle von Messina, der einzige Punkt auf der Insel, welcher dem Könige von Neapel noch gehörte, war mit 4000 M. unter General Pronio besetzt. Diese 4000 konnten sich mit jenen 20,000 vereinigen, um zunächst die Stadt Messina in Besitz zu nehmen und dann zu weiteren Operationen zu schreiten. Generallieutenant Filangieri erhielt das Kommando über das Expeditionskorps, zu welchem man die besten Truppen, darunter auch das 3. und 4. Schweizerregiment, zusammengelesen hatte.

Die Sicilianer hatten verschiedene Arbeiten unternommen, um einen regelrechten Angriff auf die von den Neapolitanern besetzte Zittadelle vorzubereiten, aber sie schritten sehr langsam vorwärts. Sie waren im Besitz der Forts Gonzaga und Castellaccio auf den südwestlichen Höhen; zur Verbindung des Hafens mit dem Meere im Süden der Zittadelle hatten sie eine Art erster Parallele gegen diese ausgeführt; die Parallele lehnte sich mit ihrem rechten Flügel an die Mündung des Bergflüßchens Cammari und hier war eine große Batterie, Sicilia, erbaut, welche theils gegen [illegible] Zittadelle, theils gegen Landungstruppen wirk[illegible] konnte. Im Ganzen verfügten die Sicilianer zu Messina [illegible] 100 Festungsgeschütze, 38 Feld-, 4 Gebirgsgeschütze und 60[illegible] Mann, von denen aber nur 800 in zwei Bataillonen r[illegible] mäßig organisirt waren.

Am 3. September eröffnete Filangieri die Operati[illegible]. Ein Geschwader von einer Fregatte, 4 Dampfkorvetten [illegible] 20 Kanonenbooten, mit 3000 M. Landungstruppen an Bo[illegible], kam von der calabrischen Küste herüber und eröffnete gleichze[illegible] mit der Zittadelle das Feuer gegen Messina. Ein Theil [illegible] Landungstruppen ward zur Verstärkung der Zittadellenbesatzun[illegible] ausgeschifft, und am 4. machten 3 Bataillone, worunter eine[illegible] vom 3. Schweizerregiment, einen Ausfall aus der Zittadell[illegible] und bemächtigten sich der Batterie Sicilia, so daß eine[illegible] Landung königlicher Truppen auf diesem Punkte nichts meh[illegible] im Wege stand.

Filangieri schiffte nun zu Reggio die 6000 M. starke Division Nunziante auf einem Geschwader von 3 Segelfregatten, 13 Dampfbooten und 30 Kanonenbooten ein. Die Truppen schifften sich an der Mündung des Gießbachs Calispera bei Contesse am 6. September aus und drangen nordwärts gegen die Stadt vor. Gleichzeitig ward ein Ausfall aus der Zittadelle unternommen. Dieser mißglückte gänzlich. Im Anfang sogleich schlug eine Bombe in die Ausfallskolonne, tödtete 12 Mann und die Truppen flohen in Verwirrung nach der Zittadelle zurück.

Dagegen bemächtigte sich die Division Nunziante der Dörfer Contesse und Gazzi, überschritt den Cammari und drang nun mit dem rechten Flügel gegen das Maddalenenkloster, mit dem linken auf den Höhen gegen das Kastell Gonzaga vor. Der rechte Flügel traf bei dem Magdalenenkloster auf einen so heldenmüthigen Widerstand der Sicilianer, daß an diesem Tage der Kampf an den Mauern der Stadt Messina sein Ende fand.

Die Verluste der Neapolitaner waren an diesem Tage so stark gewesen, daß einige ihrer Generale schon zur Wiedereinschiffung riethen. Filangieri aber widersetzte sich dem und suchte den etwas gesunkenen Muth seiner Truppen wieder zu heben.

Die Kommandanten des englischen und französischen Geschwaders auf der Rhede von Messina benutzten den Stand der Dinge am 6. zu dem Versuche einer Vermittlung. Indessen kam sie nicht zu Stande: denn während Filangieri die Uebergabe Messina's auf Gnade und Ungnade forderte, verlangten die Messinesen, daß die revolutionären Behörden in ihren Aemtern bestätigt, daß die Verfassungsfrage von den sicilianischen Kammern entschieden, daß die Gefangenen von beiden Seiten in Bausch und Bogen ausgewechselt würden.

So erneute sich denn am 7. September Morgens der Kampf. Auf den Höhen des Kastells Gonzaga setzte sich Filangieri's linker Flügel fest, nachdem die Schaar Lamasa's diesen Punkt, ohne angegriffen zu sein, in der Frühe verlassen hatte, und drang nun von hier aus in die Stadt. Auf dem rechten Flügel stürmte Pronio nach hartem Kampfe das Magdalenenkloster und drang dann gleichfalls in die Stadt, welche an vielen Orten in Brand gesteckt und geplündert wurde.

Der Verlust Filangieri's in den Tagen vom 3. bis 7. September 1848 belief sich an Todten und Verwundeten auf 1079 M., worunter 46 Offiziere. Schlägt man die verwendeten Truppen auf etwa 12,000 an, so gibt das einen Verlust von etwa $^1/_{11}$. Die 4000 Schweizer, welche in den Kampf gekommen waren, hatten 387 M. verloren, worunter allerdings nur 73 Todte.

Die Akte der Rohheit, welche von den Truppen Filangieri's in Messina allerdings geübt waren, wurden vom

Gerüchte noch übertrieben. Die Gesandten Frankreichs und Englands zu Neapel benutzten dieß, um eine neue Vermittlung zu versuchen. Und in der That kam jetzt ein Waffenstillstand von 6 Monaten zu Stande. Bis zum 13. März 1849 sollte also Sicilien Ruhe haben, und die Vertrauensseligen in Neapel und Sicilien gaben sich der Hoffnung hin, daß mit Hülfe der Intervention Frankreichs und Englands bis dahin Alles eine friedliche Lösung finde werde.

In der That beschäftigten sich England und Frankreich mit einer Vermittlung; aber selbst nicht einig, wie konnten sie Ferdinand zu einem vernünftigen Entschlusse bestimmen? Ferdinand kehrte sich überhaupt an Worte nicht, und daß weder Frankreich noch England bis zu einer bewaffneten Intervention gegen ihn gelangen würden, konnte er bald sehen. Nur diese aber hätte ihn auf andere Wege bringen können. Frankreich wünschte die Unabhängigkeit Siciliens nicht, weil es fürchtete, daß wie früher und noch mehr als früher der englische Einfluß dort mächtig werden könnte. Diesem Rivalen aber eine tüchtige Stütze im Mittelmeer zu geben, dazu hatte es nicht die mindeste Lust. England fürchtete den allgemeinen europäischen Krieg und fügte sich darum den Wünschen Frankreichs. So verlangten denn beide Mächte von Ferdinand nichts weiter, als daß er den Sicilianern konstitutionelle Versprechungen mache. Ferdinand, dem in seinem mit dem 15. Mai gewonnenen Uebermuthe alle solche Dinge rein zum Gespötte waren, trat darauf ein und versprach, an der Konstitution vom 29. Januar festhalten zu wollen, von welcher, wie ihm längst bekannt, die Sicilianer nichts wissen wollten.

So zerschlugen sich alle Verhandlungen; die Sicilianer aber blieben um so mehr in einem Provisorium, als sie überall nach einem König herumsuchten und kein Prinz bei der gegenwärtigen Lage der Sache und entgegen den Räthen Frankreichs, die nun auch von England unterstützt wurden, das Königreich Sicilien übernehmen wollte.

Auf die Vorstellungen Englands und Frankreichs hatte

Ferdinand am 1. Februar 1849 auch die neapolitanischen Kammern wieder zusammenberufen, aber nur um sie selbst zu verspotten und von der Kamarilla verspotten zu lassen. Als die Kammern ihm eine Adresse überreichen wollten, in welcher sie um Beseitigung des reaktionären Ministeriums baten, da verweigerte er es, diese Adresse anzunehmen, und am 13. März, dem Tage, da der Waffenstillstand mit Sicilien ablief und Filangieri die Operationen gegen die Sicilianer wieder eröffnete, ließ auch Ferdinand zu Neapel kurzweg die Kammern aus einander jagen, und es begann nun jenes System von Verfolgungen, welches die Regierung Ferdinands zum Abscheu der ganzen zivilisirten Welt gemacht hat.

Da wir uns dem Abschlusse der Periode, welche wir hier betrachten wollen, bedeutend genähert haben, verschieben wir die Erzählung der kriegerischen Ereignisse in Sicilien auf weiterhin, um den Zusammenhang nicht unterbrechen zu müssen.

2. Die Ereignisse in Mittelitalien.

Im römischen Gebiete hatte der Einfall Weldens in die Romagna und was bei Bologna vorgekommen, große Entrüstung erregt. Die liberale Partei verlangte vom Papste, daß er Genugthuung verlange. Pius IX. aber ließ sich nur zu einem lauen Proteste herbei Und als nun der Sieg Oesterreichs völlig sichergestellt war, als dieses wieder unumschränkt nicht bloß in der Lombardei, sondern auch in Modena und Parma regierte, als Ferdinand II. gezeigt hatte, daß auch er wieder vollständig zu Kräften gekommen sei, als die Zeit der Eröffnung der römischen Kammern herannahte, da berief der Papst Pellegrino Rossi zur Bildung eines völlig reaktionären, antinationalen Ministeriums, in welches als Kriegsminister auch General Zucchi eintrat, der durch seine Weigerung die Regierung von Venedig anzuerkennen und durch seine Uebergabe von Palmanova äußerst unpopulär geworden war.

Am 15. November sollten zu Rom die Kammern eröffnet

24*

werden. Auf seinem Gange zu dieser Eröffnung ward Rossi ermordet, und gleichzeitig damit brach der Aufruhr in den Straßen Roms los. Pius wurde bestürmt, die Constituante, welche neuerdings wieder das Stichwort der demokratischen Partei geworden war, zu gewähren und sich entschieden für den ernsten italienischen Krieg gegen Oesterreich zu erklären. Pius widerstand anfangs; aber die Nationalgarde machte gemeinschaftliche Sache mit dem Volke gegen die Schweizer. Es kam zum Kampf, und nun wich Pius und beauftragte Galletti mit der Bildung eines demokratischen Ministeriums. Zugleich aber faßte er den Entschluß zur Flucht, um aus sicherm Versteck widerrufen zu können, was er bewilligt.

Die Gesandten der französischen Republik, welche in Italien wie anderwärts eine ganz kleinliche und keineswegs republikanische Politik trieb, Spaniens und Bayerns riethen zur Flucht. Die Franzosen wollten den Papst zunächst nach Civitavecchia haben, wohin Cavaignac „zum Schutz der Person des heiligen Vaters" ein Okkupationskorps zu senden im Begriff stand.

War dieß Korps im Moment der Flucht noch nicht in Civitavecchia, so konnte Pius von hier immer leicht nach Frankreich hinüberkommen.

Die Spanier wollten den Papst auf die Balearen haben. Der bayrische Gesandte, welcher zugleich den österreichischen und neapolitanischen Einfluß ohne Aufsehen vertrat, rieth zu Gaeta Und nach Gaeta floh Pius am 25. November in Begleitung der Frau von Spaur, Gemahlin des bayrischen Gesandten. Von Gaeta erließ er ein Breve, durch welches er Alles, was in Rom geschehen, für null und nichtig erklärte und eine Regierungskommission von 7 Männern ernannte, von denen aber keiner in die Kommission eintreten wollte.

Das Ministerium entsendete darauf am 5. Dezember eine Deputation an den Papst, die ihn bitten sollte, zurückzukommen; die Deputation ward aber schon an der neapolitanischen Grenze abgewiesen. Nun ernannte das Ministerium eine

Kommission, welche „sich mit der Beseitigung der Schwierigkeiten beschäftigen sollte, die durch Pius IX. Abwesenheit entstanden wären". Zugleich sollte die Kommission sich mit Cavaignac ins Einvernehmen setzen, der wie bemerkt ein Okkupationskorps nach Civitavecchia senden wollte. Die Kommission erwies sich aber als unzulänglich und es wurde alsbald eine provisorische Regierungsjunta von den Kammern gewählt, welche aus Galetti, Corsini (Senator von Rom) und Camerata (Gonfaloniere von Ancona) bestehend, die Kammern auflöste, neue Wahlen auf den 21. Januar anordnete und ein neues Ministerium berief.

Am 5. Februar 1849 trat die neue konstituirende Versammlung zu Rom zusammen und erklärte die Absetzung des Papstes und die Republik. Sie übergab die ausübende Gewalt einem Triumvirat, welches aus Armellini, Montecchi und Saliceti bestand. Das Triumvirat erwies sich sehr bald als ganz unfähig; insbesondere vernachlässigte es die Reorganisation der Armee, welche allein die Republik hätte aufrecht erhalten können, ganz in der Weise, wie es bisher vom Papste geschehen war.

Anfangs März erschien Mazzini in Rom und ward sogleich in die Constituante gewählt. In dieser trat er am 16. März zum ersten Mal auf. Da Piemont in dieser Zeit Emmissäre in alle italienischen Länder gesendet hatte, um zur Theilnahme an dem Krieg gegen Oesterreich aufzufordern, den es beschlossen hatte, so bestimmte Mazzini die Versammlung augenblicklich zu der Erklärung, daß die römische Republik in diesem Kampfe mit dem Königreich Sardinien gehen werde; am 18. März trat dann auch eine Kriegskommission ins Leben, welche sich mit der Aufstellung einer römischen Armee von 40,000 bis 50,000 M. beschäftigen sollte, und am 22. März ward ein Aufruf zur Volksbewaffnung erlassen. Alle diese Maßregeln kamen, wie wir sehen werden, viel zu spät, um Piemont eine Hülfe aus den römischen Staaten zu verschaffen.

Der Großherzog von Toscana hatte mit Piemont bis ans Ende des Krieges redlich ausgehalten, so gering immer materiell die Verstärkung sein mochte, die er Karl Albert zubrachte. Auch nach dem Abschluß des Waffenstillstandes Salasco erklärte er, seine Truppen nicht von den Piemontesen trennen zu wollen. Sobald indessen österreichische Truppen in Parma und Modena eingerückt waren, sobald in einzelnen Ereignissen die Neigung der Oesterreicher hervortrat, ihre Herrschaft auch auf das päpstliche Gebiet auszudehnen, regte sich in Toscana nicht minder als in den übrigen italienischen Ländern die Reaktionspartei.

Der Großherzog ließ die Dinge gehen, wie sie wollten: ein Ministerium folgte dem andern, wie die Kammern, die in nutzlosen Reden sich ergingen, es gerade verlangten oder zu verlangen schienen.

Am 8. September entstand ein Aufruhr in Livorno; man verlangte dort entschiedenes Auftreten der Regierung für die italienische Sache. Montanelli ward als Gouverneur nach Livorno gesendet und dort mit Jubel aufgenommen; er regte die Idee einer konstituirenden Versammlung an, welche er gewissermaßen versprach.

Am 12. Oktober gab Capponi sein Portefeuille ab und Montanelli ward mit der Bildung eines neuen Ministeriums beauftragt, in welches auch Guerrazzi eintrat. Der Hauptpunkt in Montanelli's Programm war die Berufung einer allgemeinen konstituirenden Versammlung nach Rom, welche die Verhältnisse Italiens regeln sollte; allerdings war der Zeitpunkt dafür nicht besonders gut gewählt. Indessen beschäftigte man sich jetzt doch auch mit der Organisation der Streitkräfte und der Kriegsminister Ayala that in dieser Beziehung alles Mögliche.

Die Reaktionspartei bearbeitete indessen den Großherzog sehr entschieden gegen das Programm Montanelli's. Als anfangs Februar 1849 zu Rom die Republik erklärt ward und dieß auch in Toscana eine große Aufregung hervorrief, verließ der Großherzog Florenz und begab sich nach dem ruhigeren Siena. Hier von den Kammern aufgefordert, zurückzukehren und sich für die italienische verfassunggebende Versammlung zu erklären, lehnte er letzteres ab, indem er sich auf eine eben losgelassene Note Pius IX. berief, weil er dadurch sich selbst und viele gute Toscaner der Verdammung und Strafe der Kirche aussetzen würde, — und flüchtete zuerst nach San Stefano, dann gleichfalls nach Gaeta, um Pius IX. Gesellschaft zu leisten. Ehe er nach Gaeta ging, hatte er einerseits noch den General de Laugier, der im Ganzen über 1200 M. disponirte, den Befehl ertheilt, die Ordnung herzustellen, andererseits hatte er die Hülfe Karl Alberts angerufen, die ihm anfangs auch versprochen worden war.

Nach der Flucht des Großherzogs erklärten die toscanischen Kammern alsbald den Anschluß Toscana's an die italienische Republik mit der Hauptstadt Rom.

3. Die Ereignisse im Venetianischen und der Romagna.

Die im zweiten österreichischen Reservekorps überhand nehmenden Krankheiten, die Gerüchte von einer bevorstehenden Intervention Frankreichs und die Entwicklung der Dinge in Ungarn bewirkten nicht bloß, daß im Herbst 1848 die Zernirung Venedigs bedeutend beschränkt ward, sondern auch daß Radetzki von dem Einschreiten in der Romagna abließ, zu welchem er, wie der Papst sich immer entschiedener zur Reaktion bekehrte, immer geneigter ward, weßhalb auch schon für ein solches Einschreiten der in Parma und Modena kommandirende General Thurn mit Welden vorläufige Rücksprache nehmen mußte.

Die Venetianer benutzten die ihnen vergönnte Frist zunächst zur Reorganisation ihrer Landmacht.

Man bildete 5 Legionen: die erste von drei Bataillonen Mobilgarde; die zweite unter Oberst Bandani von einem Bataillon Mobilgarde und verschiedenen Fraktionen; gleiche Zusammensetzung hatte die dritte Legion unter Oberst Zannellato; die vierte Legion unter Oberst S. Martino bestand aus den Bataillonen Galateo und Cavalletto; die fünfte des Oberstlieutenant d'Amigo aus dem Bataillon vom Sile und verschiedenen Bruchtheilen. Jede Legion ward in zwei Bataillone formirt und war etwa 1200 M. stark.

Aus den beiden neapolitanischen Bataillonen ward ein einziges gebildet, ferner aus überschüssigen Unteroffizieren eine Instruktorenkompagnie.

Lombardische und romagnolische Freiwilligenbataillone, welche zum Theil neu ankamen, ersetzten den Ausfall, welcher durch den Abzug der neapolitanischen regulären Truppen und der piemontesischen Reserven eintrat.

Genie und Artillerie wurden ganz neu organisirt. Das Kommando des erstern erhielt der Oberstlieutenant Ronzelli. Die Artilleriekompagnie Bandiera e Moro ward auf zwei gebracht; dazu kamen 10 fernere Kompagnieen Festungsartillerie und 2 Kompagnieen Feldartillerie mit 16 Geschützen.

Verschiedene Verbesserungen wurden in der Verwaltung vorgenommen. Die Flottille wurde bis auf 143 Fahrzeuge verschiedener Größe vermehrt.

Der Geldmangel war bei allen diesen Anstalten, bei der Durchführung aller dieser Maßregeln äußerst störend. Papiergeld mußte aushelfen.

Lange wurde Venedig mit der Aussicht auf eine französische Vermittlung hingehalten und vertröstet; dieß wirkte auch auf die militärischen Operationen zurück; erst nach der ersten Hälfte Oktobers wurde Pepe von den Triumvirn angewiesen, die Feindseligkeiten ernstlich wieder aufzunehmen.

Unterdessen hatte am 13. Oktober die kleine Festung Osopo, der einzige Feind im Wesentlichen, welcher auf dem venetianischen Festland den Oesterreichern noch gegenüberstand, kapitulirt.

Pepe eröffnete die Feindseligkeiten am 22. Oktober Morgens mit einer kleinen Unternehmung gegen den Sile hin, auf Cavallino. Das ganze Truppenkorps, welches dazu bestimmt war, bestand unter Ulloa's Leitung aus 400 M. Infanterie, die von Treporti ausgingen, und einem bewaffneten Schiffsgeschwader, welches den Pordeliokanal aufwärts ging. Die Oesterreicher wurden zu Cavallino überfallen, verloren zwei kleine Geschütze, zwei Boote und viele Bagage und Lebensmittel.

Für den 27. Oktober ordnete nun Pepe eine größere Unternehmung gegen Mestre an, welche sehr künstlich angelegt ward, indessen sehr einfach zur Ausführung kam. Die verschiedenen Kolonnen nämlich, welche zu der Expedition bestimmt waren, im Ganzen etwa 3200 M., wirkten nicht zusammen und es kam so zu einem einfachen Angriff auf Mestre mit etwa 2000 M., der indessen kräftig durchgeführt ward. Die Oesterreicher verloren (nach ihren eigenen Angaben) 55 Todte und Verwundete und mehr als 300 Gefangene, wobei mehrere Offiziere, außerdem 5 Geschütze und eine Anzahl Munitionswagen.

Die Venetianer hatten 119 Todte und Verwundete.

Welden war am 2. Oktober vom Kommando des zweiten Reservekorps abberufen worden und dasselbe war an Haynau übergegangen. Haynau hatte indessen noch verschiedene andere Aufträge und konnte faktisch das Kommando erst Ende Januar 1849 antreten. In seiner Abwesenheit befehligte provisorisch F.M.L. Stürmer das Reservekorps. Er ward durch die Ereignisse vom 22. und 27. Oktober, was freilich bei einem alten General nicht mehr nothwendig sein sollte, von den Nachtheilen des Kordonssystems unterrichtet und auf die Meinung gebracht, daß es vortheilhaft sein werde, die Zahl der besetzten Posten noch mehr zu beschränken, und dafür jeden einzelnen Posten, der besetzt bliebe, stärker zu besetzen.

Das zweite Reservekorps erhielt nun folgende Aufstellung:

Die Division Susan hatte das Hauptquartier zu Padua. Davon besetzte die

Brigade Mastrovich, $6^1/_3$ Bataillons, 2 Eskadrons und 3 Geschütze, Dolce an der Etsch, Vicenza, Bassano und Padua;

Brigade Gerstner, 4 Bataillons, 2 Eskadrons und 6 Geschütze, Monselice, Rovigo und die vorliegende Postrecke; die Division Perglas mit dem Hauptquartier Treviso bestand aus den drei Brigaden Götz (der für den kranken Mitis das Kommando übernommen), Landwehr und Chavannes.

Die Brigade Götz, 4 Bataillons und 9 Geschütze, stand in Mestre und Umgegend. Mestre ward stark verschanzt.

Die Brigade Chavannes, 3 Bataillons mit 6 Geschützen, hielt S. Donà an der untern Piave und hatte ein Detachement zu Caorle, die Stellungen am Sile waren gänzlich aufgegeben.

Die Brigade Landwehr, 6 Bataillons, 2 Eskadrons mit der Reserveartillerie von 18 Geschützen, bildete die Unterstützung für Götz und Chavannes mit dem Hauptquartier zu Treviso, indem sie zugleich bei Belluno die obere Piave bewachte und hinter Götz Detachements bis an den Dese vorgeschoben hatte. Diese Brigade war trotz der großen Zahl von Bataillonen außerordentlich reduzirt.

Im östlichsten Theil des Venetianischen endlich, mit dem Hauptquartier zu Udine, stand die Division Weigelsperg, welche zu dieser Zeit nur die einzige aus 3 Bataillonen bestehende Brigade Thamm enthielt.

Das ganze 2. Reservekorps zählte 26$^1/_3$ Bataillons, 6 Eskadrons und 42 Geschütze. Es wurden zu ihm auch noch die Besatzungen von Ferrara und Legnago gezählt, so daß die Zahl der Bataillone auf 28 stieg. Rechnet man nun von dem Gesammtstande von 23,000 M. für Artillerie und Kavallerie 2000 M. ab, so kommen auf jedes Bataillon 750 M., wovon etwa $^1/_3$ in den Spitälern lag.

Der alte Pepe war immer ein großer Komödiant gewesen, mit seinen 65 Jahren ward er zum Ueberfluß auch noch kindisch. So errichtete er z. B. Höllenkompagnieen aus den „kühnsten und unerschrockensten“ Freiwilligen, welche bekanntlich außer rothen Hosen und sonstigem schreckhaftem Aufputz sehr oft nichts Höllenmäßiges haben. Es ist daher sehr begreiflich, daß Pepe bei Offizieren, die mehr verstanden wie er und sich weniger an Narrheiten ergötzten, wie Rizzardi, Graziani und Cavedalis, häufig auf Widerstand stieß, der allerdings dem allgemeinen Besten nicht zum Vortheil gereichte.

Sobald der Papst aus Rom entwischt war und die Römer nun an ihre eigene Sicherung denken mußten, riefen sie diejenigen ihrer Truppen, welche bisher noch zu Venedig geblieben waren, von dort ab. Diese Truppen verließen die Lagunenstadt am 17. Dezember 1848.

Cavedalis suchte die hiedurch entstehende Lücke durch die Organisation von Freiwilligenbataillonen vom venetianischen Festland auszufüllen und es gelang ihm in der That, mit Hülfe kühner Schmuggler fünf solche Freiwilligenbataillone nach Venedig zu schaffen und dort zu organisiren. Außerdem gründete man Militärschulen und eine militärische Erziehungsanstalt für junge Leute, die als Offiziere angestellt werden sollten, eine Art Kadettenhaus.

Alles dieß ging ziemlich gut; dagegen blieb die ungarische Legion, wie spätere und frühere ungarische Legionen, auf dem bescheidenen Stand von etwa 60 Mann, wovon die Hälfte noch Deutsche, Polen und Croaten sein mochten; das gleiche Schicksal hatte eine dalmatisch-istrische Legion.

England hatte sich sehr bald gegen die Ausfälle der Venetianer ausgesprochen, welche angeblich seine Vermittlung auf der Grundlage des Waffenstillstandes störten. Diese Ausfälle hörten nicht bloß in Folge von dergleichen Vorstellungen, sondern auch in Folge theils der Rathlosigkeit Pepe's, theils der Krankheiten auf, welche in der venetianischen Armee nicht mindere Verwüstungen anrichteten, als in der österreichischen.

Haynau inspizirte vom 28. bis 30. Januar die ihm untergebenen Truppen und schlug am 31. Januar 1849 sein Hauptquartier zu Padua auf. Das 2. Reservekorps erhielt zu derselben Zeit verschiedene Verstärkungen.

Die Aufstellung ward nun die nachstehende:

Division Stürmer, 14 Bataillons, 5 Eskadrons, 21 Geschütze.

Brigade Wolter, $2^1/_3$ Bataillons, 1 Eskadron und 3 Geschütze, in Vicenza, Motta (Val Arsa), Sufigana, Sacile, Belluno;

Brigade Coronini, 4 Bataillons, 2 Eskadrons, 6 Geschütze, 2 Pionnirkompagnieen und 3 Brückenequipagen in Padua und Ponte di Brenta;

Brigade Landwehr, 3 Bataillons, 2 Eskadrons, 6 Geschütze und eine Czaikistenabtheilung, zu Monselice und Rovigo gegen den Po.

Brigade Nugent, 4 Bataillons, 6 Geschütze, in und bei Verona.

Division Perglas, 10 Bataillons, 2 Eskadrons, 18 Geschütze.

Brigade Kerpan (Macchio), 5 Bataillons, $^1/_2$ Eskadron, 15 Geschütze, bei Mestre;

Brigade Susan, 3 Bataillons, $1^1/_2$ Eskadrons, 3 Geschütze, bei Treviso und gegen die Lagunenausgänge zwischen Mestre und der Piave;

Brigade Mastrovich, 2 Bataillons, bei S. Donà an der untern Piave.

Division Weigelsperg;

Brigade Thamm, 3 Bataillons, in Udine, Palmanuova und Osopo.

Artilleriereserve, 24 Geschütze, zu Padua und Treviso.

In Ferrara stand ein Bataillon, in Legnago $^2/_3$ Bataillon.

Die ganze Streitmacht Haynau's belief sich hienach auf $28^2/_3$ Bataillons, 7 Eskadrons und 63 Geschütze.

In Folge der Ereignisse zu Rom regte sich vom 6. Februar ab auch die Bevölkerung von Ferrara wieder; der österreichische Kommandant ließ die Stadt von der Zittadelle aus beschießen. Als dann die Nachricht nach Ferrara gelangte, daß zu Rom die Republik erklärt sei, brach der Aufstand aus, die päpstlichen Wappen wurden heruntergerissen und Barrikaden gegen die Zittadelle errichtet.

Als Haynau dieß erfuhr, zog er die Brigade Coronini, welche er mit 4 Batterieen verstärkte, nach Polesella, überschritt am 18. Februar den Po, erschien sofort vor Ferrara, besetzte die Thore der Stadt, verlangte die Auslieferung der Mörder mehrerer österreichischen Soldaten, die Stellung von Geiseln, die Wegräumung der Barrikaden, die Wiederaufrichtung der päpstlichen Wappen und die Zahlung einer starken Kriegskontribution. Nachdem diesen Forderungen bis auf die erste, der nicht Genüge gethan werden konnte, entsprochen worden war, trat die Brigade Coronini am 20. Februar ihren Rückmarsch über den Po nach Padua an.

Schon anfangs Februar hatte Haynau dem Feldmarschall Radetzki den Vorschlag gemacht, das Fort Malghera regelmäßig anzugreifen, um mit diesem Brückenkopf den Venetianern zugleich ihren besten Ausgangspunkt auf das Festland zu nehmen. Damals stand Oesterreich in Ungarn sehr schlecht; die französische und englische Vermittlung wegen Italiens war noch keineswegs abgeschnitten und Radetzki wollte nicht durch eine Handlung ernster Feindseligkeit den Schein auf sich laden, als wolle er den Unterhandlungen die Spitze abbrechen. So ward denn Haynau angewiesen, vorerst sich auf die Vorbereitungen zu einer Belagerung Malghera's, die Beschaffung von Material, Handwerkszeug u. s. w. zu beschränken.

Im Uebrigen ward die Waffenruhe aufrecht erhalten; nur da die Venetianer sich diese zu Nutze machten, um auf allen möglichen Wegen alle möglichen Mittel vom Festlande nach Venedig zu ziehen, machte am 27. Februar Haynau die Zernirungslinie bekannt, welche er zu behaupten gedächte. Diese Linie lief von Palmanova über Latisana, Portogruaro, San Donà, Mestre, Mira, Piove, Borgoforte an der Etsch längs dieser zum Meere.

Zur Verstärkung der Zernirungslinie ward von der Division Perglas jetzt die Brigade Landwehr nach Piove vorgezogen. Die Division des F.M.L. Stürmer übernahm bei dessen Abberufung zur Hauptarmee provisorisch der General Susan.

Seit die römische Republik erklärt war, hatte sich auch in Venedig, wie in Toscana, wie in Ligurien eine bedeutende Partei gebildet, welche auf die Vereinigung dieser vier Länder als Republiken, mit Rom als Mittelpunkt, hinarbeitete.

Es kam zu Manifestationen verschiedener und entgegengesetzter Art in der Stadt. Am 7. März übertrug die venetianische Repräsentantenversammlung von Neuem Manin, nunmehr als Präsidenten, die ausübende Gewalt. Manin bildete sich ein Ministerium, in welches außer Graziani und Cavedalis Maurogonato, de Camin und Calucci eintraten.

Während auf der einen Seite auf eine Vereinigung der theils noch zu gründenden, theils schon bestehenden Republiken losgearbeitet ward, suchte auf der andern Piemont für den neuen Krieg, den es gegen Oesterreich vorbereitete, eine möglichst starke Betheiligung der italienischen Länder und Streitkräfte unter seiner Leitung zu erzielen. In Venedig, wo dies piemontesische Streben keineswegs ungetheilten Beifall fand, war doch der kommandirende General, Pepe, ganz für dasselbe gewonnen. Behufs der Ausführung sollte eine Feldoperationsdivision von drei Brigaden gebildet werden; zwei von diesen Brigaden sollten sich zu Chioggia, eine zu Malghera konzentriren, die Bürgerwehr aber und die sonst für den Feldkrieg minder geeigneten Truppen sollten die Besetzung der Werke in den Lagunen übernehmen. Die Felddivision sollte unter Benutzung der Umstände vorbrechen, wobei auch auf ein Zusammenhandeln mit der in der Romagna sich konzentrirenden Division der römischen Republik unter Mezzacapo Rücksicht genommen ward.

Um auch auf dem offenen Meere handeln zu können,

ward ein Schiffsgeschwader von 3 Korvetten, 2 Briggs und einem Dampfer ausgerüstet, und unter den Befehl des Kontreadmirals Bua gestellt.

Von den drei Brigaden der Landmacht wurden zwei, kommandirt von den Obersten Morandi und Belluzzi, zu einer Division unter General Rizzardi vereinigt; die dritte Feldbrigade erhielt der General Paolucci. Die ganzen drei Brigaden zusammengenommen, zählten aber nicht mehr als 8627 Kombattanten. Mehr hatte man nicht verfügbar machen können.

Am 14. März erhielt Manin die Nachricht, daß Piemont den Waffenstillstand Salasco aufgekündigt habe. Er berief sogleich die Repräsentantenversammlung und legte ihr drei Dekrete vor: 1. Vertagung der Versammlung auf vierzehn Tage; 2. Einberufung sämmtlicher Offiziere zu ihren Korps; 3. Aufstellung der mobilen Bürgergarde, um mit der Armee zusammenzuwirken.

Diese Dekrete wurden angenommen, man rüstete sich also zum Kriege, und Rizzardi erhielt den Befehl, am 17. März die Feindseligkeiten mit der Besetzung von Conche zu eröffnen.

Am 15. März erhielt auch Haynau, schon seit mehreren Tagen darauf vorbereitet, von Radetzki die Nachricht, daß Piemont den Waffenstillstand aufgekündigt habe, zugleich aber den Befehl, Truppen für die Bildung des 5. Armeekorps abzugeben; unter solchen Umständen mußte der Beginn der ernsten Belagerung von Malghera hinausgeschoben werden und man mußte es auch ferner vorläufig bei der Zernirung der Lagunen bewenden lassen.

4. Ereignisse in Sardinien und der Lombardei.

In Piemont hatte, während Karl Albert im Kriege abwesend war, in seinem Namen und als Generalstatthalter der Prinz von Carignan regiert. Als die Lombardei und Venetien die Annexion an Piemont beschlossen hatten, mußte man die Regierung so zusammensetzen, daß außer Piemontesen

Zur Verstärkung der Zernirungslinie ward von der Division Perglas jetzt die Brigade Landwehr nach Piove vorgezogen. Die Division des F.M.L. Stürmer übernahm bei dessen Abberufung zur Hauptarmee provisorisch der General Susan.

Seit die römische Republik erklärt war, hatte sich auch in Venedig, wie in Toscana, wie in Ligurien eine bedeutende Partei gebildet, welche auf die Vereinigung dieser vier Länder als Republiken, mit Rom als Mittelpunkt, hinarbeitete.

Es kam zu Manifestationen verschiedener und entgegengesetzter Art in der Stadt. Am 7. März übertrug die venetianische Repräsentantenversammlung von Neuem Manin, nunmehr als Präsidenten, die ausübende Gewalt. Manin bildete sich ein Ministerium, in welches außer Graziani und Cavedalis Maurogonato, de Camin und Calucci eintraten.

Während auf der einen Seite auf eine Vereinigung der theils noch zu gründenden, theils schon bestehenden Republiken losgearbeitet ward, suchte auf der andern Piemont für den neuen Krieg, den es gegen Oesterreich vorbereitete, eine möglichst starke Betheiligung der italienischen Länder und Streitkräfte unter seiner Leitung zu erzielen. In Venedig, wo dies piemontesische Streben keineswegs ungetheilten Beifall fand, war doch der kommandirende General, Pepe, ganz für dasselbe gewonnen. Behufs der Ausführung sollte eine Feldoperationsdivision von drei Brigaden gebildet werden; zwei von diesen Brigaden sollten sich zu Chioggia, eine zu Malghera konzentriren, die Bürgerwehr aber und die sonst für den Feldkrieg minder geeigneten Truppen sollten die Besetzung der Werke in den Lagunen übernehmen. Die Felddivision sollte unter Benutzung der Umstände vorbrechen, wobei auch auf ein Zusammenhandeln mit der in der Romagna sich konzentrirenden Division der römischen Republik unter Mezzacapo Rücksicht genommen ward.

Um auch auf dem offenen Meere handeln zu können,

ward ein Schiffsgeschwader von 3 Korvetten, 2 Briggs und einem Dampfer ausgerüstet, und unter den Befehl des Kontreadmirals Bua gestellt.

Von den drei Brigaden der Landmacht wurden zwei, kommandirt von den Obersten Morandi und Belluzzi, zu einer Division unter General Rizzardi vereinigt; die dritte Feldbrigade erhielt der General Paolucci. Die ganzen drei Brigaden zusammengenommen, zählten aber nicht mehr als 8627 Kombattanten. Mehr hatte man nicht verfügbar machen können.

Am 14. März erhielt Manin die Nachricht, daß Piemont den Waffenstillstand Salasco aufgekündigt habe. Er berief sogleich die Repräsentantenversammlung und legte ihr drei Dekrete vor: 1. Vertagung der Versammlung auf vierzehn Tage; 2. Einberufung sämmtlicher Offiziere zu ihren Korps; 3. Aufstellung der mobilen Bürgergarde, um mit der Armee zusammenzuwirken.

Diese Dekrete wurden angenommen, man rüstete sich also zum Kriege, und Rizzardi erhielt den Befehl, am 17. März die Feindseligkeiten mit der Besetzung von Conche zu eröffnen.

Am 15. März erhielt auch Haynau, schon seit mehreren Tagen darauf vorbereitet, von Radetzki die Nachricht, daß Piemont den Waffenstillstand aufgekündigt habe, zugleich aber den Befehl, Truppen für die Bildung des 5. Armeekorps abzugeben; unter solchen Umständen mußte der Beginn der ernsten Belagerung von Malghera hinausgeschoben werden und man mußte es auch ferner vorläufig bei der Zernirung der Lagunen bewenden lassen.

4. Ereignisse in Sardinien und der Lombardei.

In Piemont hatte, während Karl Albert im Kriege abwesend war, in seinem Namen und als Generalstatthalter der Prinz von Carignan regiert. Als die Lombardei und Venetien die Annexion an Piemont beschlossen hatten, mußte man die Regierung so zusammensetzen, daß außer Piemontesen

Regimenter. An Artillerie wurden $19^1/_2$ Feldbatterieen mit 156 Stücken und ein Belagerungspark von 200 Geschützen aufgestellt.

Die Leistung Piemonts war groß, wenn man sich nur an die Zahlen hielt; das Land stellte an Soldaten etwa 4 Prozent der Bevölkerung auf, und wenn es auch die Mannschaft nicht alle selbst gab, wenn auch einige andere italienische Landschaften dazu steuerten, so mußte doch Piemont Alles organisiren und erhalten, das gesammte Material für die Armee liefern.

Schaute man näher zu, so mußte man sich bald überzeugen, daß der innere Werth des Heeres mit seiner numerischen Stärke nicht auf gleicher Stufe stand. Es ist zu begreifen, daß man in einem Lande, in dem ein durchgreifendes Milizsystem, prinzipiell auf die allgemeine Wehrpflicht und deren thatsächliche Durchführung gebaut, nicht existirte, um nicht lauter ungeübte Soldaten zu erhalten und doch ein zahlreiches Heer, die ältesten Reserveklassen in Anspruch nehmen mußte, zu denen auch viele verheirathete Leute, Familienväter, gehörten. Man nehme dazu, daß Piemont mit den Interessen Italiens keineswegs so verwachsen war, daß die Bevölkerung gerne die ganze Last des italienischen Kampfes auf sich genommen hätte, daß die Anstrengungen der übrigen italienischen Landschaften für die Heeresorganisation nicht im mindesten diejenigen Piemonts erreichten, und man wird leicht Keime der Unzufriedenheit im Heere selbst entdecken.

Nun gab es aber in Piemont auch eine mächtige aristokratische Partei, welche mit dem Kriege gegen Oesterreich und dem Kriege für Italien durchaus nicht einverstanden war, welche aber im Heere tiefe Wurzeln geschlagen hatte. Es war ihr leicht, bei den Soldaten die Keime der Unzufriedenheit zu nähren. Sie that dieß fast unwillkürlich, sie that es um so mehr, je mehr man sie selbst unzufrieden machte, ohne daß man doch ernstlich mit ihr brechen wollte, oder glaubte, mit ihr brechen zu können.

„Wenn die Italiener frei sein wollen", so sagte man dem piemontesischen Landmann im Heere, „warum greifen sie nicht selbst zu den Waffen? Warum sollt ihr es für sie thun? Wer schreit in Sardinien nach dem Kriege? die Bourgeois, die nicht mit ins Feld ziehen oder höchstens einmal auf ein paar Tage in einem Freikorps die Waffen tragen, um sich damit groß zu machen, aber ohne etwas auszurichten."

Selbst religiöse Hebel wurden in Bewegung gesetzt.

Piemont, eines derjenigen Länder Italiens, in welchen die Intelligenz im Allgemeinen am tiefsten stand, hatte zumal bei den aristokratischen Gewohnheiten, die bisher bei der Ergänzung des Offizierskorps regiert hatten, durchaus keinen übermäßigen Stoff, um für eine starke Armee ein tüchtiges Offizierskorps in wenigen Monaten zu bilden. Man griff jetzt nach allem Möglichen, nicht bloß in Piemont selbst, sondern auch aus dem übrigen Italien.

Dadurch aber fühlte die Aristokratie im piemontesischen Heere sich einerseits beleidigt und fand neuen Stoff zu stiller Aufreizung der Soldaten, andererseits waren die neugeschaffenen Offiziere wirklich nicht der Art, um diese Aufreizungen durch ihr Auftreten aufgeregten, wider sie eingenommenen Soldaten gegenüber niederschlagen zu können.

So kann man vielleicht sagen, daß in Piemont im Allgemeinen das Heer gerade diejenige Klasse der Bevölkerung war, welche am wenigsten vom Kriege wissen wollte. Ein böses Verhältniß!

Neuen Stoff zur Unzufriedenheit sollte die Wahl des Obergenerals geben. Karl Albert hatte ein tiefes Mißtrauen gegen seine eigenen Fähigkeiten zum Oberbefehlshaber, aber ein nicht minderes und, man muß es sagen, durchaus berechtigtes, gegen die piemontesischen Generale, welche 1848 ihre Probe abgelegt hatten.

Er suchte also und ließ suchen nach einem fremden General. In der französischen Armee glaubte man ihn am ersten zu finden, wegen der Kriegserfahrung dieser Armee und

25 *

weil man die Vermittlung Frankreichs zu Gunsten Italiens angesprochen hatte. Man fragte an bei den Generalen Bedeau, Lamoricière, Changarnier, Bugeaud. Alle lehnten die ihnen zugedachte Ehre in richtiger Beurtheilung der Sachlage ab. Für einen Oberbefehlshaber kam hier Alles darauf an, nicht mit Mißtrauen empfangen zu werden und mit dem Soldaten selbst reden zu können.

In Paris ward nun der Pole Chrzanowski empfohlen, — und man suchte auch diesen. Offenbar war er eine verdächtige Persönlichkeit. Indessen in Italien kann man es, wie anderswo, auch heute noch finden, daß man zwar im Allgemeinen gegen Fremde Mißtrauen hat, aber nicht gegen fremde Schwindler. Polen und Ungarn nehmen bekanntlich Alles an, ohne jemals ihre Kräfte zu untersuchen. Folglich nahm auch Chrzanowski an, übrigens von den Schwindlern dieser wilden Völkerschaften einer der besten.

Um seiner Aristokratie nicht wehe zu thun, übernahm nominell allerdings Karl Albert das Oberkommando. Chrzanowski aber übernahm die eigentliche Verantwortlichkeit und das Amt eines Obergenerals in Begleitung des Königs.

Der böse Geist in der piemontesischen Armee bewog die piemontesische Regierung zu einer Ueberstürzung der Aufkündung des Waffenstillstandes. Am 20. März 1849 lief einer der sechswöchentlichen Termine ab. Am 16. März erfolgte vom Turiner Ministerium im höchsten Grade formlos die Aufkündung. Selbst der Obergeneral Chrzanowski erfuhr die Sache erst, nachdem sie erfolgt war. Dieß scheint als sicheres Faktum stehen zu bleiben, obgleich man bei der späteren Untersuchung ein anderes Resultat herauszufinden gesucht hat. Höchstens kann das Untersuchungsresultat beweisen, daß es nicht die Schuld des piemontesischen Ministeriums war, wenn Chrzanowski zu spät unterrichtet ward.

Die Organisation der piemontesischen Armee war die folgende:

Oberkommandant: der König Karl Albert.
General en chef: Chrzanowski.
Generalstabschef: General Alexander Lamarmora.
Zugetheilt dem Hauptquartier:

Königliche Carabinieri (Gensdarmerie)	60
Zwei Geniekompagnieen	600
Das 3. und 4. Bataillon Bersaglieri	1316
3 Eskadrons Guiden	295
Bagagetrain	397

Im Ganzen mit den Offizieren des Generalstabes waren beim königlichen Hauptquartier 2693 Mann

Avantgarde Brigade: Oberst Belvedere.
18. Infanterieregiment,
1. und 5. Bataillon Bersaglieri,
3. reitende Batterie und Train,
oder 6 Bataillons, 8 Geschütze, 4642 M.

1. Division: Generallieutenant Johann Durando.
Brigade Aosta: Generalmajor Lovera;
5. und 6. Infanterieregiment;
Brigade Regina: Generalmajor Trotti;
9. und 10. Infanterieregiment,
1 Kompagnie Bersaglieri,
Regiment Nizza Kavallerie,
6. und 8. Feldbatterie,
1 Geniekompagnie,
oder 16½ Bataillons, 6 Eskadrons, 16 Geschütze, 13,637 Mann.

2. Division: Generallieutenant Bes.
Brigade Casale, Generalmajor Boyl;
11. und 12. Infanterieregiment;
Brigade des Generalmajor la Rocca;
17. und 23. Infanterieregiment,
1 Kompagnie Bersaglieri,
Regiment Piemont Kavallerie,
2. Positionsbatterie und 4. Feldbatterie,

1 Geniekompagnie,
Train 2c.,
oder $15^1/_2$ Bataillons, 6 Eskadrons, 16 Geschütze, 13,339 Mann.

3. Division: Generallieutenant Perrone.
Brigade Savoyen: Generalmajor Mollard;
1. und 2. Infanterieregiment;
Brigade Savona: Generalmajor Ansaldi;
15. und 16. Infanterieregiment,
1 Kompagnie Bersaglieri,
Regiment Genua Kavallerie,
3. und 7. Feldbatterie,
1 Geniekompagnie,
Train 2c.,
oder $16^1/_2$ Bataillons, 6 Eskadrons, 16 Geschütze, 12,027 Mann.

4. Division: Herzog von Genua.
Brigade Piemont: Generalmajor Passalacqua;
3. und 4. Infanterieregiment;
Brigade Pinerolo: Generalmajor Damiano;
13. und 14. Infanterieregiment,
1 Kompagnie Bersaglieri,
Regiment Aosta Kavallerie,
4. Positions- und 9. Feldbatterie,
1 Geniekompagnie,
Train 2c.,
oder $16^1/_2$ Bataillons, 6 Eskadrons, 16 Geschütze, 15,123 Mann.

5. Division: Generallieutenant Ramorino.
Brigade des Generalmajor Fanti;
19. und 20. Infanterieregiment;
Brigade des Generalmajor Gianotti;
21. und 22. Infanterieregiment,
1 Bataillon Bersaglieri,
Regiment lombardische Chevauxlegers,

Bataillon italienische Freiwillige,
Fremdenlegion,
2 lombardische Feldbatterieen,
Train 2c.,
oder $14^1/_2$ Bataillons, 6 Eskadrons, 16 Geschütze, 8357 Mann.

6. **Division:** Generalmajor Alfons Lamarmora.
Brigade des Generalmajors Collobianca;
24. und 25. Infanterieregiment;
Gemischte Brigade:
26. und 27. Infanterieregiment,
1 Kompagnie Bersaglieri,
2 Eskadrons Novara Kavallerie,
2. und 5. Feldbatterie,
Train 2c.,
oder $12^1/_4$ Bataillons, 2 Eskadrons, 16 Geschütze, 8883 Mann.

Reservedivision: Herzog von Savoyen.
Brigade Garden: Generalmajor Biscaretti;
1. und 2. Grenadierregiment, Gardejägerregiment;
Brigade Cuneo: Generalmajor Buffetti;
7. und 8. Infanterieregiment,
Regimenter Savoyen und Novara (4 Eskadrons) Kavallerie,
1. Positions-, 1. leichte, 1. und 2. reitende Batterie,
oder 16 Bataillons, 10 Eskadrons, 32 Geschütze, 13,783 Mann.

Detachirte Brigade des Generalmajors Solaroli.
30. und 31. Infanterieregiment,
Marinebataillon,
lombardisches Bersaglieribataillon,
2 Eskadrons lombardische Dragoner,
lombardische Batterie,
Train 2c.,
oder 8 Bataillons, 2 Eskadrons, 8 Geschütze, 5664 Mann.

Artilleriereserve:

3. Positionsbatterie und halbe modenesische Batterie,

2 Kompagnieen Pontonnire,

Parktrain,

oder 12 Geschütze mit 1819 Mann.

Die gesammte Armee kam somit auf $124^1/_4$ Bataillons, 46 Eskadrons, 156 Geschütze mit 116,967 Mann.

Wie wir bereits gesehen haben, hatte das piemontesische Kabinet aller Orten in Italien angeknüpft, um den Krieg möglichst allgemein zu machen und sich die Mitwirkung der andern Staaten zu sichern. Wir wissen schon, daß diese erst bei längerer Dauer des Krieges hätte wirklich eintreten können.

In der Lombardei wünschte die piemontesische Regierung gleichzeitig mit ihrem bewaffneten Vorgehen gegen Radetzki eine allgemeine Insurrektion entstehen zu sehen. Zu dem Behuf hatte sie eine Anzahl mit den Verhältnissen ihres Landes vertraute Lombarden in eine statistische Kommission zusammenberufen, um die Art und Weise zu ermitteln, in welcher die Insurrektion bewerkstelligt werden sollte und welche Unterstützung nothwendig wäre, um ihr Kraft zu geben. Die Kommission verlangte etwa 90,000 Gewehre, 100,000 Franken baares Geld und ein reguläres Korps von 1500 M. Gabriel Camozzi wurde im Speziellen mit der Ausführung beauftragt; an ihn sollten die Waffen, die Munition und das Geld übergeben werden. In der That erhielt Camozzi 10,000 Gewehre und 5000 Francs. Ueberdieß wurden die Vorbereitungen so lange hingezogen, daß die Insurrektion, wie sich zeigen wird, wo sie sich überhaupt erhob, viel zu spät kam.

Radetzki beschäftigte sich den Winter über vorzugsweise mit der Reorganisation der Verwaltung in den zurückeroberten lombardo-venetianischen Provinzen. Sie war dringend nothwendig, um das im Laufe des Kampfes bedeutend angewachsene österreichische Heer geordnet zu verpflegen und die mancherlei Verluste in Bekleidung und Ausrüstung zu ersetzen,

Fünfter Abschnitt.

Von der Aufkündigung des Waffenstillstandes Salasco bis zum Falle Venedigs. 12. März bis 24. August 1849.

Fünfter Abschnitt.

Von der Aufkündigung des Waffenstillstandes Salasco bis zum Falle Venedigs. 12. März bis 24. August 1849.

Da sich die Regierung so mit der Aufkündung des Waffenstillstandes übereilt hatte, daß sie nicht einmal sich die Zeit genommen, Lamarmora von Sarzana zurückzurufen, so erhielt nun dieser General den Auftrag, auf Parma zu marschiren. Von Sarzana nach Parma hat man auf sehr schlechten Wegen vier Tagemärsche. Es war nicht wahrscheinlich, daß Lamarmora in den ersten Tagen an dem Feldzuge thätig würde theilnehmen können.

Ramorino hatte ursprünglich die Instruktion, auf den Straßen nach Melegnano und über Belgiojoso zu rekognoszieren, sich wo möglich der Stadt Pavia zu bemächtigen; wenn dieß mißlänge, sich bei la Cava zu behaupten, im Nothfall sich auf Sannazaro oder Mortara zurückzuziehen. Nur in dem Falle, daß Radetzki mit sehr bedeutenden Kräften über Bereguardo vordränge, sollte Ramorino sich aufs rechte Po-Ufer über die Brücke von Mezzanacorte zurückziehen dürfen.

Diese Instruktion wurde schnell dahin geändert, daß Ramorino mit dem Gros bei la Cava die Tessinstrecke von Bereguardo bis zur Mündung in den Po bewachen, sich links in Verbindung mit Durando's Avantgarde in Vigevano halten, die Brücke von Mezzanacorte abbrechen und sich im Nothfall auf Sannazaro zurückziehen solle.

Chrzanowski's Grundidee war, mit dem Haupttheil der piemontesischen Armee die Offensive zu ergreifen und zwar auf der kürzesten Linie, auf Mailand. Er rechnete darauf, daß Radetzki sich hinter die Adda, vielleicht auf die Minciolinie zurückziehen werde, und wollte in Bereitschaft sein, den Oesterreichern auf dem Fuße zu folgen. Kam Radetzki mit der Offensive zuvor und zwar gleichfalls auf der kürzesten Linie über Buffalora, so setzte ihm Chrzanowski den Haupttheil seiner Streitmacht frontal entgegen. Drang Radetzki über Pavia gegen die untere Sesia vor, so rechnete Chrzanowski darauf, daß Ramorino zwischen la Cava und Sannazaro die Oesterreicher so lange aufhalten werde, um der piemontesischen Armee Zeit zu schaffen, zwischen Tessin und Sesia den Oesterreichern in rechte Flanke und Rücken zu fallen. Wurden dann die Oesterreicher in der Feldschlacht geschlagen, so war ihre Armee von allen Verbindungen mit der Lombardei und dem Festungsviereck am Mincio abgeschnitten, vernichtet.

Was geschah aber der piemontesischen Armee, wenn sie, den Rücken gegen die Alpen, zwischen Tessin und Sesia geschlagen ward?

Auf den Fall, daß Radetzki am rechten Po-Ufer aufwärts über Piacenza vorgehe, war vollends in dem Operationsplan Chrzanowski's gar keine Rücksicht genommen.

Unmittelbar nach der Aufkündung des Waffenstillstandes hatte Radetzki seine sämmtlichen für die Offensive gegen Piemont bestimmten Armeekorps gegen Mailand und Lodi in Bewegung gesetzt. Auf die Nachrichten, welche ihm über die Aufstellung des Feindes am Tessin zugingen, ließ er von den an diesem Fluß und um Mailand konzentrirten Truppen nur einen kleinen Theil, wie eine beobachtende Nachhut zurück, ließ dagegen Alles andere von Mailand und aus den übrigen Richtungen eine rückgängige Bewegung gegen Lodi und S. Angiolo ausführen.

Diese Operation bot verschiedene Vortheile.

Erstens näherte sie die Armee dem Po, auf den jede vernünftige Offensive, d. h. eine solche, bei der man des Sieges in der Feldschlacht sich nicht absolut versichert halten, sondern auch auf eine Niederlage als möglich rechnen will, in Oberitalien sich nothwendig stützen muß.

Zweitens näherte sie die Armee von Mailand aus gerechnet sowohl Pavia als Piacenza, d. h. den beiden Punkten, über welche die Offensive je nach den Umständen am linken oder am rechten Ufer des Stromes begonnen werden mußte.

Drittens konzentrirte sie die Armee und erregte doch zugleich bei den Piemontesen die Meinung, in der sie ohnedieß schon waren, daß Radetzki ohne Schwertstreich hinter die Adda zurückgehen wolle.

Radetzki, jetzt in ganz andern Umständen als im März 1848, durchaus nicht überrascht, war aber zu einer Offensive mit konzentrirter Kraft durchaus und lange entschlossen. Auf die näheren Nachrichten, welche ihm über die Stellung der piemontesischen Armee zugingen, entschied er sich auch leicht für die Offensive auf dem linken Ufer des Stromes und richtete daher am 18. und 19. alle seine Armeekorps auf Pavia.

Am 19. März Abends hatte die österreichische Armee nachstehende Stellung inne:

das 2. Armeekorps in Pavia mit den Vortruppen am Gravellone;

das 1. Armeekorps bei und in Mirabello (Straße von Mailand nach Pavia);

das Reservekorps bei Fossarmato (Straße von Lodi nach Pavia);

das 3. Korps bei Motta (Straße von Pizzighetone nach Pavia);

das 4. Korps dahinter bei Belgiojoso an derselben Straße.

Das Hauptquartier war bei Torre Bianca.

Am obern Tessin war lediglich die Brigade Görger der Division Wohlgemuth des 1. Armeekorps unter Wohlgemuths eigner Führung mit dem Hauptquartier zu Varese zurückgeblieben. Wohlgemuth hatte Befehl, wenn die Piemontesen ans linke Ticinoufer übergingen, sich über Rosate nach Bereguardo zurückzuziehen.

Am untern Ticino blieben schwache Kavallerieposten der Division Schaaffgotsche des 2. Armeekorps nebst einem Infanteriebataillon. Diese Truppen sollten sich vorkommenden Falls auf Pavia zurückziehen.

Mit Hülfe des nach Pavia geschafften Brückentrains wurden am 20. März Morgens noch zwei Feldbrücken unterhalb der stehenden Brücke über den Tessin geworfen. Um 11 Uhr Vormittags begann dann der Uebergang der österreichischen Armee über den Tessin.

Voran war die Brigade Kollowrat (Division Erzherzog Albrecht) des zweiten Armeekorps. Sie rückte sogleich an den Gravellonegraben vor, der die Grenze zwischen dem lombardischen und piemontesischen Gebiet bildet. Ihr folgte die Brigade Stadion.

Mittags um 12 Uhr bei Ablauf des Waffenstillstandes sollte der Uebergang dieser beiden Brigaden erfolgen; Kollowrat auf dem rechten Flügel, Stadion in zwei Kolonnen unter seiner eignen und Benedeks Führung auf dem linken Flügel und im Zentrum. Die Zentrumskolonne sollte demonstrirend den Feind hinhalten, die Flügel sollten auf S. Martino ihm in Flanken und Rücken fallen.

Dies wurde ausgeführt; viel mehr Terrainschwierigkeiten als die Piemontesen hielten die Oesterreicher auf.

Ramorino nämlich war durch die Nachrichten, welche ihm über den Marsch der österreichischen Armee auf Lodi zugingen, sehr beunruhigt worden. Er vermuthete, Radetzki werde bei Piacenza ans rechte Poufer gehen, die Brigade Belvedere erdrücken, Alessandria überfallen und sich dieses Hauptstützpunktes Piemonts bemächtigen. Man kann nicht sagen, daß diese Vermuthung eine unsinnige war. Wenn Radetzki nicht die Kunde von der Aufstellung der piemontesischen Armee hatte, welche er besaß, würde er wahrscheinlich am rechten Po-Ufer aufwärts operirt haben.

Ramorino ließ nun bei la Cava gegen den Gravellone unter dem Befehl des Generals Gianotti nur das 21. Infanterieregiment, das lombardische Bersaglieribataillon und die Trienter Studentenlegion, zusammen $4^1/_2$ Bataillons, wenig über 2000 M. zurück und ging mit dem größern Theil seiner Division bei Mezzanacorte ans rechte Po-Ufer nach Casatisma zur Unterstützung Belvederes. Gianotti hatte noch ein Bataillon nach Zerbold geschickt.

Die lombardischen Bersaglieri, Gianotti's Avantgarde gegen den Gravellone, wurden von den Oesterreichern nach kurzem Gefechte auf la Cava zurückgeworfen, und Gianotti auch schnell zur Räumung dieser Stellung und zum Rückzug ans rechte Po-Ufer gezwungen. Das nach Zerbold gesendete Bataillon mußte, abgeschnitten, sich auf Mortara zurückziehen.

Die Oesterreicher hatten in dem ganzen Gefecht am Gravellone nicht mehr als 10 Verwundete und der Verlust der Italiener belief sich nicht viel höher.

Radetzki ließ ohne Verweilen seine ganze Armee der Division Erzherzog Albrecht des 2. Korps an das rechte Ufer des Tessin nachfolgen.

2. Gefechte von Vigevano und Mortara am 21. März.

Am Abende des 20. März nach dem Tessinübergang und in Folge des Gefechtes am Gravellone hatte die Armee Radetzkis folgende Stellung:

der rechte Flügel, das 1. Armeekorps, bei Zerbold;
das Zentrum, 2. und 3. Armeekorps, bei Gropello;
der linke Flügel, Gros des 4. Armeekorps bei la Cava;
das Reservekorps hinter dem Zentrum bei Gravellone.

Die Brigade Liechtenstein des 4. Armeekorps war nach Mezzanacorte detachirt, hatte die dortige Pobrücke zerstört und beobachtete den am rechten Po-Ufer befindlichen Gegner.

Die Brigade Wimpffen des Reservekorps blieb als Garnison in Pavia.

Durch die Zerstörung der Pobrücke bei Mezzanacorte war Radetzki gegen einen Anfall auf seine linke Flanke so gut wie sicher gestellt. Er konnte annehmen, daß er die piemontesische Armee in zwei Theile geschnitten habe. Da er den auf dem rechten Po-Ufer befindlichen Theil höher schätzte, als er thatsächlich war, so wurde das Resultat für ihn ein noch größeres. Die Sache glich sich aber wieder dadurch aus, daß er im Allgemeinen die piemontesische Armee stärker schätzte als sie war, so daß die am linken Po-Ufer befindliche Stärke der Piemontesen ziemlich richtig taxirt ward.

Radetzki hielt den offensiven Gedanken fest, den er von Mailand ab verfolgte. Er beschloß demgemäß, am 21. das Gros seiner Armee bei Mortara zu konzentriren. Hier auf der Hauptstraße nach Turin und dem Po-Ufer sich wieder nähernd, war er im Stande, dem linken Flügel der piemontesischen Armee (Allem, was sich von dieser auf dem linken Po-Ufer befand) die Annäherung an den Po oder das Zurückwerfen zur Deckung Turins zu verwehren, oder wenn die Piemontesen zwischen dem obern Tessin und der obern Sesia stehen blieben, sich nordwärts und in günstiger strategischer Situation gegen sie zu wenden. Für den freien Rückzug hinter den Tessin über Pavia bürgte ihm in seiner linken Flanke die Zerstörung der Pobrücke von Mezzanacorte und die Aufstellung der Brigade Eduard Liechtenstein. Bös also blieb es für ihn nur, wenn der Feind das rechte Tessinufer abwärts, sich in seine rechte Flanke warf und dann siegte. Dafür mußte irgend eine Vorkehr getroffen werden.

Nach diesen allgemeinen Grundzügen gab Radetzki seine Befehle für den 21. März.

Das 1. Armeekorps sollte von Zerbold über Gambold nach Mortara marschiren und sich rechts (östlich) von dieser Stadt aufstellen;

das 2. Armeekorps sollte von Gropello über Garlasco nach Mortara gehn und, wenn es die Stadt nicht besetzt fände, vorwärts (nördlich) derselben Stellung nehmen;

das 3. Armeekorps, dem 2. folgend, sollte Mortara selbst besetzen;

das Reservekorps über Garlasco dem 3. Korps folgend, sollte nach Trumello gehen;

das 4. Korps sollte über Dorno nach S. Giorgio rücken.

Das 1. Armeekorps sollte aber, damit man sich versichere, ob der Feind nicht längs dem rechten Tessinufer in die rechte Flanke der Armee gehe, ein starkes Detachement von 2 Bataillons, 2 Eskadrons und 3 Geschützen unter Oberstlieutenant Schantz nach Vigevano senden.

26 *

Diese Bewegungen wurden am 21. März nach dem Abkochen angetreten.

Sehen wir nun, was unterdessen bei der piemontesischen Armee vorgefallen war.

Unmittelbar nach dem Ablauf des Waffenstillstandes, in derselben Stunde, da die österreichische Armee den untern Tessin und den Gravellone überschritt, und Gianotti von la Cava vertrieb, machte Karl Albert mit der Division des Herzogs von Genua einen Parademarsch über den obern Tessin über Buffalora auf Magenta. Als man nun auf keinen Feind stieß, kehrte Karl Albert in sein Hauptquartier Trecate zurück und ließ die Division des Herzogs von Genua bei Magenta stehen.

Gegen Abend des 20. März erhielt Chrzanowski die Nachricht, daß Ramorino aus der Position von la Cava vertrieben sei und daß Radetzki mit großer Macht den untern Tessin überschritten habe. Für Chrzanowski war nun der Fall eingetreten, in welchem er in die rechte Flanke des Feindes operiren mußte und er säumte auch keinen Augenblick, die betreffenden Befehle zu ertheilen.

Die Division Durando erhielt Befehl, von Vespolate augenblicklich über Mortara auf der Straße nach Pavia bis zu Roggia Biraga vorzugehen und sich dort bei den Sabbioni in einer günstigen Position aufzustellen.

Die Reservedivision des Herzogs von Savoyen sollte zu Durando's Verstärkung über Mortara nachrücken.

Die Division Bes sollte nach Vigevano marschiren und eine Avantgarde nach Borgo S. Siro schicken.

Die Divisionen Perrone und Herzog von Genua, welche letztere von Magenta zurückgerufen ward, sollten Bes folgen. Auch das große Hauptquartier ging nach Vigevano.

Die Brigade Solaroli sollte an des Herzogs von Genua Stelle den Uebergang von Buffalora bewachen.

Wären diese Befehle ausgeführt worden, so hätten am 21. März die fünf Divisionen, welche verfügbar waren zwischen

Casoni di S. Albino und Vigevano, auf einer Front von kaum zwei deutschen Meilen bereit gestanden. Der rechte Flügel in einer Stärke von 27,000 M. mit 48 Geschützen, der linke Flügel in der Stärke von 40,000 M. mit gleichfalls 48 Geschützen.

Thatsächlich kam Durando am 21. Morgens bei Mortara an und blieb hier stehen, wahrscheinlich um den Herzog von Savoyen zu erwarten, der erst am Nachmittag herankam. Es kann indessen auch sein, daß eine Verwechslung zwischen den in Chrzanowski's Befehl genannten Casoni San Albino und dem Kloster S. Albino vor Mortara stattfand.

Bes kam am Morgen des 21. bei Vigevano an und besetzte la Sforzesca, die beiden Divisionen des Herzogs von Genua und Perrone's erreichten Vigevano erst am 21. Nachmittags um 5 Uhr. Die Brigade Casale hatte Bes rechts detachirt, seine Vortruppen nach Borgo S. Siro geschoben.

Auf diese Vortruppen stieß am 21. Mittags 1 Uhr nicht blos das Kommando des Oberstlieutenants Schantz, sondern auch die bis dahin mit ihm marschirende Avantgardebrigade Strassoldo des 1. österreichischen Armeekorps.

Die Vortruppen von Bes wurden nach heftigem Gefechte aus Borgo S. Siro hinausgeworfen. Strassoldo marschirte nun auf Gambolò und traf jenseits dieses Ortes auf die Brigade Casale, mit welcher er zu einem unbedeutenden, blos hinhaltenden Gefecht kam.

Schantz war unterdessen auf der graden Straße von Borgo S.-Siro nach Vigevano, welche über S. Vittore und la Sforzesca geht, vorgerückt. Bei S. Vittore fand er die Vortruppen des Gros der Division Bes, welche sich alsbald auf la Sforzesca zurückzogen. Schantz griff diese Position an, wurde indessen sehr schlecht empfangen. Bald war er zum Rückzug gezwungen und da die Piemontesen in die Offensive übergehend schnell nachrückten, so kam die österreichische Abtheilung in Verwirrung und in die Gefahr, ihre Geschütze zu verlieren. Schantz wehrte dieß durch einen glücklich geführten Reiterangriff ab.

Bald erhielt er Hülfe durch Wohlgemuth. Dieser war am 21. Morgens von Rosate nach Bereguardo mit der Brigade Görger aufgebrochen und setzte nun bei Bereguardo mittelst der dortigen fliegenden Brücke seine Truppen an das rechte Ufer des Tessin über, was allerdings nur langsam von Statten ging. Als Wohlgemuth den Kanonendonner bei S. Siro hörte, eilte er mit drei Bataillonen, die schon übergesetzt waren, dorthin und erhielt eben hier angekommen, von Wratislaw den Befehl, zur Unterstützung von Schantz vorzurücken. Mit sich nahm er eine 12pfdr.-Batterie aus der Artilleriereserve des 1. Armeekorps. Bei la Sforzesca angekommen entwickelte Wohlgemuth seine Truppen und schritt nach kurzem Feuergefecht zum Bajonnetangriff. Da einige von Strassoldo entsendete Abtheilungen gerade in der rechten Flanke der Piemontesen eintrafen, zogen diese sich nach einander aus zwei Stellungen zurück und Wohlgemuth postirte sich vorwärts la Sforzesca auf der Straße nach Vigevano.

Ein gleichzeitiger und bedeutenderer Kampf hatte unterdessen bei Mortara stattgefunden.

Durando hatte am Nachmittag des 21. vorwärts Mortara gegen Garlasco hin, kaum 2000 Schritt vor der Stadt Stellung genommen; etwa senkrecht zur Straße von Garlasco; er stand auf einer Sandhöhe, den rechten Flügel lehnte er rechts der Straße von Garlasco gegen die von S. Giorgio hin an das Kloster S. Albino, welches mit einem Bataillon besetzt ward, die linke dehnte sich gegen die Straße von Vigevano hin aus und lehnte sich dort an den Kirchhof. Den rechten Flügel hatte die Brigade Regina, den linken die Brigade Aosta; beide waren durch einen tiefen Graben von einander getrennt, über welchen eine Verbindungsbrücke geworfen ward, die erste Linie bestand im Ganzen aus 8 deployirten Bataillonen, 4 in Kolonnen dahinter formirten ein zweites Treffen. Von der Kavallerie standen 3 Eskadrons in Reserve bei der Stadt, der Rest im Zentrum und auf dem linken Flügel, die Batterieen standen vor der Front.

Der Herzog von Savoyen, als er Mortara erreichte, nahm eine Staffelstellung hinter der rechten Flanke Durando's, mit dem rechten Flügel, der Gardebrigade, an Castello d'Agogna gelehnt; den linken gegen Mortara hin bildete die Brigade Cuneo; drei Batterieen standen vor der Mitte und den Flügeln; ein Kavallerieregiment hinter dem rechten Flügel, das andere mit einer Batterie hinter Mortara an der Straße nach Novara.

Der Herzog von Savoyen konnte schon wegen seiner bedeutenden Entfernung von Durando diesem keine kräftige Unterstützung gewähren. Noch schwerer wurde dieß durch die Beschaffenheit des sehr durchschnittenen Terrains, welches die Front des Herzogs von der rechten Flanke Durando's trennte, so daß sich das sonderbare Verhältniß herausstellte, daß der Herzog von Savoyen aus seiner linken Flanke zunächst durch Mortara abmarschiren mußte, um Durando beizuspringen, während wieder für einen guten Theil von Durando's Truppen der einzige Rückzugsweg durch die Stadt ging.

Oesterreichischer Seits war, wie wir wissen, am 21. das 2. Armeekorps an der Spitze der auf Mortara gerichteten Hauptkolonne.

Als d'Aspre mit der Division des Erzherzogs Albrecht sich der Stellung Durando's an der großen Straße von Garlasco näherte, ward er mit Kanonenschüssen begrüßt. Es war $4^1/_2$ Uhr Nachmittags.

D'Aspre entwickelte sofort die Division des Erzherzogs Albrecht in 4 Kolonnen zum Angriff, und zwar zwei rechts der Straße, zwei links der Straße. Die Kolonnen folgten vom rechten nach dem linken Flügel so:

erste Kolonne: Oberst Weiler mit 2 Jägerkompagnieen und dem Regiment Franz Karl;

zweite Kolonne: $^1/_2$ Jägerbataillon und das Regiment Paumgartten;

dritte Kolonne: $^1/_2$ Jägerbataillon und das Regiment Giulay, Oberst Benedeck;

diese beiden Kolonnen bilden unter Stadions Führung das Zentrum unmittelbar beiderseits der Straße;

vierte Kolonne: 4 Jägerkompagnieen und das Regiment Kaiser unter Kollowrat.

Eine Fußbatterie wurde an der Straße im Zentrum aufgestellt; eine Kavalleriebatterie auf die Flanken des Zentrums vertheilt.

Die Division Schaaffgotsche blieb bei den Casoni di S. Albino in Reserve; noch weiter zurück die sämmtliche Reiterei des Korps.

Das Gefecht ward mit einer heftigen, über eine Stunde andauernden Kanonade eröffnet. Schon beim Beginne der Kanonade zeigte sich Unruhe und Wanken bei der Brigade Regina, doch gelang es Durando, die Ordnung herzustellen.

Nach 6 Uhr Abends ließ nun d'Aspre seine sämmtlichen vier Kolonnen antreten; der Hauptangriff trifft auf die Brigade Regina, welche bis auf das einzige Bataillon, welches das Kloster S. Albino besetzt hält, bald in Unordnung zurückgeworfen wird. Die beiden Zentrumskolonnen von der Division Albrecht dringen hierauf um 8 Uhr bis an die Porta Milano (an der Straße von Garlasco) vor und nehmen dieses Thor. Schon wollte d'Aspre den Kampf einstellen, um die Verwirrung eines nächtlichen Gefechtes in den Straßen zu vermeiden. Aber Benedek ist in der Verfolgung der Brigade Regina, ehe er den Befehl erhält, bereits mit einem Bataillon Giulay und zwei Jägerkompagnieen in die Stadt eingedrungen und hat sich des Thors von Vercelli bemächtigt, wo er sich in der Straße verbarrikadirt und seine Gefangenen in Sicherheit zu bringen sucht.

Durando, als er die Brigade Regina in die Flucht geschlagen sah, ertheilte der Brigade Aosta den Befehl, auf Mortara abzurücken, um die Stadt wieder zu erobern; nur ein Bataillon der Brigade schlug mit einigen andern Abtheilungen den Weg gegen die Porta Milano ein, der Rest zog sich sofort gegen die Straße von Novara zurück. Jenes

Bataillon ward von den Oesterreichern in Empfang genommen und sogleich in die Flucht geschlagen.

Auch der Herzog von Savoyen hatte unterdessen Kunde von dem Mißgeschick Durando's erhalten und wollte diesem zu Hülfe eilen. Er nahm selbst ein Regiment der Brigade Cuneo; das andere gab er dem General Alexander Lamarmora, Chef des Generalstabs der Armee, welchen Chrzanowski nach Mortara gesendet hatte, um den beiden dort vereinigten Divisionen nähere Weisungen zu ertheilen.

Der Herzog rückte mit seinem Regimente gegen das Thor von Vercelli und stieß hier auf Benedek, der ihn aufhielt; der Herzog war unvermögend, bei den Truppen, die er am Thore vorfand, Ordnung zu stiften.

General Lamarmora war mit dem Regimente, welches er führte, auf der Westseite um Mortara herumgegangen, um dem Bataillon, welches noch im Kloster Albino sich wehrte, zu Hülfe zu kommen. Er hatte die Straße von S. Giorgio gewonnen, als er auch diesem zum Rückzuge gezwungenen Bataillon begegnete. Es war nach hartem Kampfe von der Kolonne Kollowrats gezwungen worden, seine Position aufzugeben. Lamarmora kehrte nun mit diesem Bataillon der Brigade Regina und dem von ihm herbeigeführten Regiment von Cuneo durch ein Seitenthor in die Stadt Mortara zurück und stieß hier alsbald auf die Barrikaden, welche Benedek in der Straße errichtet hatte, um sich den Rücken gegen Porta Milano hin zu sichern.

Benedek sah sich in übler Lage. Seine Geistesgegenwart gab ihm das Mittel ein, die Piemontesen zur Waffenstreckung aufzufordern. Das Glück, welches bisweilen die Tapfern begünstigt, wollte auch ihm wohl. Denn so eben zog von Porta Milano das andere Bataillon des Regimentes Giulay in den Rücken Lamarmora's heran. Der größte Theil von dessen Kolonne streckte nun wirklich das Gewehr; Lamarmora selbst mit wenigen hundert Mann hieb sich auf die Straße nach Novara durch.

Der Rückzug ging nicht ohne große Unordnungen ab. Der Herzog von Savoyen trat ihn nach Robbio zunächst an. Aber seine Arriergarde verirrte sich in der Dunkelheit auf die Straße von Valenza.

Die Piemontesen verloren bei Mortara über 2000 Gefangene, 6 Kanonen, eine Anzahl Munitionswagen.

Die Verluste der Oesterreicher am 21. März beliefen sich für das 1. Armeekorps bei Borgo S. Siro, Gambolò und la Sforzesca auf 21 Todte, 155 Verwundete und 15 Vermißte oder 191 M. (etwa 1/36), für die Division Erzherzog Albrecht des 2. Armeekorps, etwa 7000 M., auf 40 Todte, 102 Verwundete und 11 Vermißte oder 153 M. (etwa 1/46). Die Brigade Eduard Liechtenstein hatte bei einer Kanonade am Po bei Mezzanacorte gegen Ramorino am gleichen Tage 1 Todten und 9 Verwundete gehabt. Der Gesammtverlust der Oesterreicher am 21. März betrug also 354 M. oder etwa 1/200 der gesammten Armee.

Die österreichischen Armeekorps standen am Abend des 21. März

das 2. in Mortara, das 3. bei Trumello, das Reservekorps bei Gropello, sämmtlich an der großen Straße;

das 1. rechts bei Gambolo;

das 4. mit seinem Gros links bei S. Giorgio;

das große Hauptquartier kam nach Trumello.

3. Die Schlacht von Novara am 23. März.

Um Mitternacht vom 21. auf den 22. März erfuhr Chrzanowski die Niederlage von Mortara. Er gab darauf den Plan einer Hauptschlacht zwischen Vigevano und Mortara auf und sendete allen Divisionen den Befehl zum Rückzug auf Novara, wo er vereinigen wollte, was er überhaupt verfügbar hatte. Am 22. Abends war wirklich die piemontesische Armee ziemlich bei Novara vereinigt.

Radetzki ließ seine Korps am 22. März erst nach dem

Abkochen um 11 Uhr Vormittags aus ihren Lagern aufbrechen und zwar hielt er dabei die Hauptrichtung auf Novara fest.

Von der großen Zentrumskolonne rückte das 2. Armeekorps nach Vespolate, — mit der Avantgarde bis Garbagna; das 3. Armeekorps bis Borgo Lavezzaro, das Reservekorps nach Mortara.

Das 1. Armeekorps ward von Gambold links an die große Straße nach Cilavegna herangezogen; das 4. Korps von S. Giorgio über Robbio über Torre de Robbio hinaus an die Agogna.

Am 22. März Abends stand also die österreichische Hauptarmee auf einem Raum von kaum $1^1/_2$ deutschen Quadratmeilen konzentrirt. Radetzki wollte den bei Mortara geschlagenen Truppen direkt folgen und den von Vigevano weichenden den Weg über Vespolate oder Novara an die Sesia verlegen. In der Nacht aber vom 22. auf den 23. März trafen Nachrichten in seinem Hauptquartier ein, welche ihn an seinen Dispositionen zu dem konzentrirten Marsch auf Novara irre machten. Diese Nachrichten waren natürlich vom 22. etwa Mittags und stimmten daher weder für den Abend dieses Tags, noch für das, was etwa am 23. werden konnte.

Sie lauteten ungefähr folgendermaßen: daß sich bedeutende piemontesische Streitkräfte auf Vercelli zurückgezogen hätten, und daß Novara nur schwach besetzt sei.

Beides war richtig. Wie wir wissen, hatte der Herzog von Savoyen in der Nacht vom 21. auf den 22. zunächst den Weg nach Robbio (also auf Vercelli) eingeschlagen und war erst später nach Novara abgelenkt. Die drei von Vigevano auf Novara zurückgehenden Divisionen Chrzanowski's aber trafen mit ihrer Spitze erst am Nachmittag des 22. in Novara ein; also war Novara bis dahin allerdings so gut wie gar nicht besetzt.

Allerdings wußte nun Radetzki, daß keine Piemontesen von Vigevano über Vespolate gegen die Sesia zurückgegangen waren; sie mußten also, wenn sie an den letztern Fluß zurück wollten, nothwendig den Weg über Novara eingeschlagen haben. Aber er wußte keineswegs, daß am 21. März 3 volle Divisionen des piemontesischen Heeres bei Vigevano gestanden hatten, und aus den Verlusten, die sein 1. Armeekorps in den Gefechten von Gambolò und la Sforzesca erlitten, war dieß absolut nicht zu schließen. Nimmt man nun noch hinzu, daß es für den piemontesischen Obergeneral nach der sehr traurigen Niederlage von Mortara äußerst nahe lag, den Rückzug hinter die Sesia zu suchen, um einerseits Turin zu decken, um andererseits seine natürliche Basis, das rechte Po-Ufer bei Casale und Alessandria aufzusuchen, so mußte es freilich beim Zusammenhalten aller Nachrichten auch dem österreichischen Feldherrn nahe liegen, vorauszusetzen, daß der Haupttheil der piemontesischen Streitmacht nach Vercelli ausgewichen sei.

War dieß der Fall, so kam es darauf an, den Piemontesen wo möglich bei Vercelli zuvorzukommen. Aber ganz vernachlässigen und vergessen konnte man doch Novara unmöglich. Somit stellten sich in der Nacht vom 22. auf den 23. März für die österreichische Armee zwei Richtungen heraus. Man mußte wenigstens erst wissen, ob da oder dort, und dieß Verhältniß bestimmte sehr einfach die Bewegungen der österreichischen Armee am 23. März.

Radetzki ertheilte folgende Befehle:

Das 2. Armeekorps marschirt von Vespolate auf Novara; das 1. Korps zieht sich von Cilavegna über Robbio gegen Vercelli. Die andern Korps bleiben vorläufig in ihren Stellungen, bis sich der Hauptangriffspunkt entschieden hat, um dann in der einen oder der andern Richtung zu folgen.

D'Aspre setzte sich mit dem 2. Korps am 23. März Vormittags um 10 Uhr von Vespolate gegen Novara in Bewegung. Die Meldungen seiner Vortruppen waren der Art, daß er nicht glaubte, bei Novara auf einen bedeutenden Widerstand zu stoßen, und dieß bestimmte ihn, Thurn den Rath zu ertheilen, er möge nur ohne Weiteres, ohne das

1. Korps vorbeizulassen und ohne weitere Instruktionen zu erwarten, gegen Vercelli aufbrechen. Thurn folgte auch diesem Rathe und marschirte um so mehr auf Confienza ab, als er diesen Weg jedenfalls zunächst gewählt haben würde, mochte er nun nach Vercelli oder nach Novara gerufen werden.

Etwa um 11 Uhr Vormittags traf die äußerste Avantgarde d'Aspre's auf die piemontesischen Vortruppen, welche Olengo besetzt hielten.

Chrzanowski hatte seine Armee auf einer mäßigen Höhenlinie, eine Viertelmeile vorwärts (südlich) der Stadt Novara entwickelt, zwischen den beiden Wildbächen Agogna und Terdoppio, welche beiderseits der großen Straße ziemlich parallel mit ihr von Norden nach Süden fließen. Mit seiner eigentlichen Gefechtsfront dehnte er sich aber nicht bis zu diesen Bächen aus, sondern hatte sich auf die Zone freieren und minder durchschnittenen Terrains beschränkt, welche sich an der großen Straße, doch zum größern Theil gegen Westen derselben befindet.

Auf dem rechten Flügel stand die Division Durando an den Weiler Cittadella und den bei diesem vorbeifließenden Kanal gelehnt, dann folgte links die Division Bes und endlich noch weiter links die Division Perrone, welche die Häusergruppe der Bicocca und das Terrain von der großen Straße gegen den Terdoppio hin besetzt hielt.

Hinter dem rechten Flügel westlich Novara, an der Straße nach Vercelli, stand in Massen die Division des Herzogs von Savoyen; ebenso hinter dem linken Flügel östlich Novara, am Kirchhof S. Nazzaro und der Straße nach Trecate, die Division des Herzogs von Genua. Die Brigade Solaroli stand am rechten Ufer des Terdoppio mit Detachements am linken zwischen den Straßen nach Galiate und Trecate. Drei Bataillons Bersaglieri waren vor der Front der Piemontesen gegen Olengo hin entwickelt.

D'Aspre ließ, sobald er auf die ersten Bersaglieriposten

gestoßen war, die Brigade Kollowrat, welche die Avantgarde hatte, sich zum Gefechte formiren und zwar rechts der Straße das 9. Jägerbataillon und zwei Bataillone Kaiser Infanterie, links der Straße zwei Bataillone Franz Karl Infanterie.

Von der Brigade Stadion war ein Bataillon, zwei Jägerkompagnieen, eine halbe Eskadron nebst drei Raketengeschützen aus der Reserve bereits von Ribbiola aus über Montarsello entsendet, um in der äußersten linken Flanke längs dem Thalrand der Agogna den Fluß aufwärts zu ziehen. Zwischen dieses von Oberst Kielmannsegge geführte Detachement links und die Brigade Kollowrat rechts ward nun der noch disponible Rest der Brigade Stadion vorgezogen, nämlich zwei Bataillone Giulay, ein Bataillon Paumgartten und vier Kompagnieen des 11. Jägerbataillons. Ferner wurden aus der Reserve der Brigade Stadion noch drei Raketengestelle beigegeben, während die 12pfdr. Batterie des 2. Korps auf der Hauptstraße zur Brigade Kollowrat vorgezogen wurde. Der Spezialbefehl über die Brigade Stadion und die ihr beigegebene Artillerie ward dem Divisionskommandanten Erzherzog Albrecht übertragen. Die Division Schaaffgotsche blieb rückwärts in Reserve und noch weiter rückwärts die Kavallerie des Korps.

Während dieses Aufmarsches hatte das Gefecht begonnen. D'Aspre glaubte anfangs nur eine Arriergarde vor sich zu haben und traf darnach seine Anstalten. Der Kampf, welcher sich um die einzelnen Häuser von Olengo an der Straße und um Castellazzo drehte, nahm bald eine außerordentliche Heftigkeit an. Die Brigaden Stadion und Kollowrat wirkten hier zunächst der Straße zusammen, während Kielmannsegge, der bei Torrione Quartara auf die Truppen der Division Durando gestoßen war, den rechten Flügel der Piemontesen im Schach hielt.

Bald waren verschiedene Gefangene eingebracht und von diesen erfuhr d'Aspre nun gegen Mittag, daß er Chrzanowski's ganze Hauptmacht, mindestens 56,000 Mann, gegen sich habe.

Nun erstattete d'Aspre Bericht an Radetzki, sendete gleichzeitig an Appel, um diesen zu schnellerem Nachrücken und kräftiger Unterstützung mit dem 3. Korps aufzufordern, an Thurn, damit er nicht auf Vercelli, sondern auf Novara marschire. Im Uebrigen glaubte d'Aspre mit dem 2. Korps wenigstens so lange sich halten zu können, bis die verlangten Unterstützungen herankämen.

Radetzki hatte den Bericht d'Aspre's nicht abgewartet. Der bald nach 11 Uhr immer heftiger von Novara herschallende Kanonendonner ließ ihn im Verein mit andern Anzeichen schließen, daß die Hauptmacht des Feindes bei Novara stehe. Er ertheilte daher dem 3. Korps noch vor Mittag den Befehl, nach Novara aufzubrechen; das Reservekorps sollte von Mortara schleunigst folgen, das 4. Korps sollte gleichfalls gegen Novara rücken, das 1. Korps, welches von Cilavegna über Robbio im Marsch nach Vercelli war, sollte dem 4. Korps auf Novara folgen. Das 4. Korps erhielt den Befehl nicht, da der Ueberbringer sich verirrte; doch äußerte dieß, wie wir sehen werden, auf die Thätigkeit dieses Korps keinen Einfluß.

Bald nach Mittag, nachdem Radetzki die Meldung d'Aspre's erhalten hatte, stieg er selbst zu Pferde, um das 3. Korps zu eiligem Marsche anzutreiben.

D'Aspre war unterdessen im wüthendsten Kampf mit der Division Perrone und Theilen der Divisionen Bes und Durando. Es gelingt den Anstrengungen Stadions und Kollowrats Castellazzo und die Bicocca zu nehmen und die Brigade Savona, Perrone's erste Linie, zurückzuwerfen. Da führt indessen Perrone seine zweite Linie, die Brigade Savoyen vor, und bringt nun seinerseits die Oesterreicher zum Weichen.

D'Aspre zog zur Verstärkung die Brigade Bianchi der Division Schaaffgotsche in die Linie und ließ auch die letzte Brigade, Liechtenstein, vorrücken und bei Olenga

Stellung nehmen. Das 2. Bataillon Kaiserjäger dieser Brigade mußte Olengo selbst besetzen.

Mittelst dieser Verstärkungen wird jetzt auch die Brigade Savoyen zurückgeworfen, und Perrone versucht vergebens, sich der Bicocca wieder zu bemächtigen. Da kommt ihm der Herzog von Genua von S. Nazzaro zu Hülfe.

Er hat die Brigade Piemont in erster Linie und zwar das 3. Regiment, von General Passalacqua selbst geführt, an und zunächst der Straße gegen die Bicocca, das 4. Regiment links davon gegen Castellazzo. In zweiter Linie folgt die Brigade Pinerolo, und zwar das 13. Regiment hinter dem 3. und das 14. hinter dem 4.

An der Bicocca kam es zum mörderischen Kampfe, ebenso bei Castellazzo; indessen die Oesterreicher, schon aufs höchste abgemattet, müssen endlich weichen; wenige Bataillone bewahren noch ihre regelmäßige Formation; ganze Truppenkörper haben sich verschossen und wogen durch einander zu beiden Seiten der Straße zurück; der Herzog von Genua dringt über Castellazzo hinaus gegen Olengo vor. Dort aber setzt ihm das 2. Kaiserjägerbataillon einen plötzlichen und heftigen Widerstand entgegen, benutzt sogar die Trennung, in welcher sich zum Theil die piemontesischen Bataillone befinden, zu wiederholten Offensivstößen. So hat das Bataillon sich etwa eine halbe Stunde geschlagen, als plötzlich die piemontesischen Truppen zurückgezogen werden.

Chrzanowski nämlich hielt den Herzog von Genua für zu sehr ausgesetzt; darauf bedacht, eine reine Defensivschlacht zu schlagen und immer noch für seine Flanken besorgt, rief er den Herzog hinter Castellazzo zurück.

Nun drangen die Oesterreicher sogleich wieder vor. Sie stießen auf Perrone, der seine Division von Neuem gesammelt und geordnet hatte. Perrone wird in dem sich neu entwickelnden Kampfe tödtlich verwundet. Dieß macht einen üblen Eindruck auf seine Truppen, die Oesterreicher benutzen diesen Moment und nehmen die Bicocca und Castellazzo wieder.

Da rückt auf der rechten Flanke der Oesterreicher der Herzog von Genua mit der Brigade Pinerolo von Neuem vor, und gegen ihre linke Flanke sendet Chrzanowski ein Regiment der Division Bes und eine Brigade der Reservedivision.

In diesem Augenblick aber, bald nach 3 Uhr Nachmittags, nähert sich auch dem Schlachtfelde das 3. Armeekorps. Die erste Division desselben, Lichnowski, wird sogleich zur Verstärkung des 2. Armeekorps verwendet und zwar mit der Brigade Maurer rechts, mit der Brigade Alemann links der Straße. Die Division Taxis — Brigaden Thun und Popovich — wird im Zentrum in Reserve aufgestellt.

Radetzki, der mit dem 3. Korps herangekommen ist, will mit dem 2. und 3. Korps an der Straße den Kampf nur hinhalten, seine Hauptrechnung macht er auf das Erscheinen des 4. Korps in der rechten Flanke Chrzanowski's. Er begibt sich daher auch persönlich gegen die Agogna hin, um das Anrücken des 4. Korps zu erspähen.

Das Eingreifen des 3. Korps hat unterdessen auch dem Kampfe in der Front eine für die Piemontesen ungünstige Wendung gegeben; vergebens versucht der Herzog von Genua, die Truppen der Division Perrone zusammenzuhalten; ja seine eigene Division will nicht mehr das leisten, was sie anfangs geleistet.

Durando und Bes, so wie der Herzog von Savoyen werden unterdessen durch die Kunde von der Annäherung Thurns festgehalten, sie können die Wirkung gegen den linken Flügel des 2. und 3. österreichischen Korps, welche ihnen zugedacht war, nicht üben, der Herzog von Savoyen muß westlich Novara Front gegen die Agogna machen.

Thurn war am Mittag um 12 Uhr in Confienza angekommen; hier vernahm er den Kanonendonner von Novara, erhielt außerdem von einem nach Borgo Vercelli entsendeten Detachement die Nachricht, daß dort kein Feind zu erblicken sei, und schlug nun nach kurzem Besinnen den Weg nach

Novara ein. Er hatte bereits Casalino überschritten, als er auch die Aufforderung d'Aspre's zum Marsche auf Novara erhielt. Von Confienza über Casalino und Camariano bis zur Agognabrücke westlich Novara sind nicht ganz zwei deutsche Meilen, bald nach 4 Uhr näherte sich Thurn dieser Brücke und um 5 Uhr überschritt er sie und entwickelte sich zum Gefechte gegen den Herzog von Savoyen.

Unterdessen kam an der großen Straße von Mortara um 6 Uhr Abends auch das Reservekorps auf den Kampfplatz, und Radetzki befahl jetzt einen allgemeinen letzten Angriff. Die Grenadierbrigade des Reservekorps war im Zentrum, auf ihren Flügeln gingen die Truppen des 2. und 3. Korps beiderseits der großen Straße vor und auf der Straße von Vercelli avancirte Thurn mit dem 4. Korps. Auf allen Punkten wurden die Piemontesen nach Novara zurückgetrieben.

Da aber darüber die volle Dunkelheit eingebrochen war, so ließ Radetzki das Gefecht für diesen Tag einstellen. Das 2., 3. und 4. Armeekorps lagerten in der Gefechtsstellung, das Reservekorps zwischen Olengo und Garbagna, das 1. Korps am rechten Agognaufer bei Monticelli. Das Hauptquartier kam nach Vespolate.

Der österreichische Verlust belief sich bei der Division

Erzherzog Albrecht auf	227 Todte		948 Verwundete		333 Vermißte.	
Schaaffgotsche	„	179	„	495	„	151	„
Lichnowski	„	104	„	287	„	36	„
Culoz des 4. Korps	„	15	„	33	„	—	„

Im Ganzen also auf 525 Todte, 1763 Verwundete und 520 Vermißte, also 2808 M.

Sämmtliche österreichische Truppen, die überhaupt auf den Kampfplatz kamen, das 2., 3., 4. und Reservekorps kann man auf 48,000 bis 50,000 M., die 4 oben genannten Divisionen auf 24,000 M. anschlagen. Im Verhältniß zu der Gesammtzahl des Vorhandenen, von dem die Hälfte nur noch in Parade am Gefecht theil hatte, kommt der Verlust auf 1/18.

im Verhältniß zu den wirklich engagirten Kräften auf $1/_{8}$ bis $1/_{9}$; die Division Erzherzog Albrecht allein aber hatte $1/_{4}$ ihrer Streiterzahl verloren.

Die Piemontesen hatten an Todten und Verwundeten 2485 M. verloren, welche vorzugsweise auf die Divisionen Perrone und Herzog von Genua kommen; an Versprengten und Gefangenen über 2000 M. Sie ließen überdieß 12 Geschütze in den Händen der Oesterreicher.

4. Die Abdankung Karl Alberts und der Waffenstillstand.

Die Schlacht von Novara machte auf die piemontesische Armee denselben, ja bei den obwaltenden Umständen noch stärkeren Eindruck, als die Schlacht von Custozza und das Gefecht von Volta im vorigen Jahre. Die Bande der Disziplin waren nicht gelockert, sondern gelöst, der Soldat verweigerte seinen Vorgesetzten offen und ungestraft den Gehorsam, er plünderte die Habe des Bürgers, der, wie er sagte, einzig den Krieg gewollt habe und jetzt auch den Schaden tragen müsse. Chrzanowski ordnete zu Novara einige Befestigungsarbeiten an, aber sie konnten nicht ausgeführt werden, weil die Soldaten nicht arbeiten wollten.

Unter solchen Umständen sendete Karl Albert Parlamentäre in Radetzki's Hauptquartier nach Vespolate, um vom Marschall Waffenstillstandsunterhandlungen und eine sofortige Einstellung der Feindseligkeiten zu verlangen. Radetzki beschied die Unterhändler zur Anknüpfung von Unterhandlungen auf den 24. Morgens um 8 Uhr nach Vespolate zurück, verweigerte aber die Einstellung der Feindseligkeiten.

Da dankte Karl Albert, der an dem Unglückstage vergebens den Tod gesucht hatte, ab und reiste noch in der Nacht vom 23. auf den 24. März von Novara nach Nizza, um sich von dort nach Portugal, nach Oporto zu begeben.

Radetzki hatte unterdessen in der Nacht Anstalten treffen lassen, um am nächsten Morgen Novara beschießen.

27*

zu lassen. Das Feuer begann auch am 24. früh, ward aber bald eingestellt, da unterdessen Radetzki die Nachricht von der Abdankung Karl Alberts, dem Rückzug Chrzanowski's auf Momo und eine Einladung des neuen Königs Victor Emanuel nach Vignale zur Besprechung über einen Waffenstillstand erhalten hatte. Das 2. und 4. österreichische Armeekorps rückten von verschiedenen Thoren her zugleich in Novara ein.

Die Hauptbestimmungen des Waffenstillstandes, den auf Radetzki's Verlangen Victor Emanuel selbst unterzeichnete, waren: daß dieser Waffenstillstand die Basis eines schleunigst abzuschließenden Friedens zwischen Oesterreich und Piemont sein solle; Auflösung der aus österreichischen Unterthanen gebildeten Fremdenkorps in piemontesischem Dienst; 18,000 M. Infanterie und 2000 M. Kavallerie der österreichischen Armee besetzen während der Dauer des Waffenstillstandes das Land zwischen Tessin, Po und Sesia, 3000 M. von diesen Truppen bilden mit 3000 Piemontesen zusammen die Besatzung von Alessandria. Alle diese Truppen werden von Piemont verpflegt, welches außerdem sämmtliche noch von seinen Truppen besetzten italienischen Gebiete räumt, die vor dem Kriege ihm nicht gehörten; die sardinische Flotte räumt binnen 15 Tagen das adriatische Meer und kehrt an die sardinische Küste zurück; Victor Emanuel verspricht, sein Heer binnen kürzester Frist auf den Friedensfuß zu setzen; die Kriegsgefangenen werden sofort in Bausch und Bogen ausgewechselt; die Friedensverhandlungen werden sofort angeknüpft, im Fall sie abgebrochen werden sollten, muß der Waffenstillstand zehn Tage vor Wiederbeginn der Feindseligkeiten aufgekündigt werden.

Bei seinem Vorrücken über Mortara hatte Radetzki die bei Mezzanacorte zurückgelassene Brigade Eduard Liechtenstein, die aus der Lombardei nachrückende Cavriani und die in Pavia zurückgelassene Gustav Wimpffen zu einer Division unter dem Feldmarschallieutenant Wimpffen vereinigt. Wimpffen ward mit einer Demonstration auf der Turiner Straße und gegen Casale beauftragt. Er rückte am 23. März mit den Brigaden Liechtenstein und Cavriani nach Candia, überschritt am 24. die Sesia und bemächtigte sich am 25. nach unbedeutenden Scharmützeln, die im Ganzen den Oesterreichern 30 Todte und Verwundete kosteten, des Brückenkopfes von Casale, von wo er einen Versuch gegen die befestigte Stadt machen wollte, als die offizielle Nachricht von dem Abschlusse des Waffenstillstandes eintraf, in Folge deren die Feindseligkeiten eingestellt werden und Wimpffen ans linke Ufer der Sesia zurückgehen mußte.

5. Der Aufstand zu Brescia.

Wir müssen nun noch zweier großer Ereignisse erwähnen, welche mit dem Feldzuge zwischen Tessin und Sesia in nächster Verbindung stehen, zweier Aufstände, von denen der eine ferne dem Kriegstheater, von welchem wir eben erzählt haben, darauf berechnet war, Piemont während seines Krieges gegen Oesterreich zu unterstützen, der andere aber ein Protest gegen den Abschluß des Waffenstillstandes.

Brescia ward unruhig, sobald die Kunde von der Aufkündung des Waffenstillstandes Salasco eintraf. Die Forderung des österreichischen Kommandanten der Zittadelle, ihm augenblicklich 130,000 Fr. als Abschlag auf eine von Haynau der Stadt auferlegte Kriegskontribution zu zahlen, am 20. März beschleunigte den Ausbruch des Aufstandes und die Einsetzung einer revolutionären Regierung. Die Insurgenten besetzten außer der Stadt Brescia auch den Ort Sa. Eufemia, um die Verbindung Verona's mit der Zittadelle von Brescia zu unterbrechen.

Haynau, von diesen Vorgängen benachrichtigt, sammelte bei Montechiaro ein Detachement von 2 Bataillons, 2 Geschützen und 1/4 Eskadron unter General Nugent. Unterdessen hatte schon am 23. März der Kommandant der Zittadelle begonnen, die Stadt zu bombardiren. Am 26. März griff Nugent über Rezzato vorrückend das Detachement bei Sa. Eufemia an. Die Brescianer konzentrirten darauf alle ihre noch draußen zerstreuten Detachements in der Stadt. Am 27. blieb Nugent bei Sa. Eufemia stehen und begnügte sich mit Rekognoszirungen, erst am 28. März rückte er gegen Brescia vor, aus welchem ein Ausfall gegen ihn gemacht ward.

Unterdessen erhielt Haynau die Nachricht von dem Siege von Novara. Er ließ darauf noch 3 Bataillons, 1 Eskadron und 2 Feldgeschütze gegen Brescia marschiren, sendete auch eine 30pfündige Mörserbatterie dahin und begab sich dann selbst nach Brescia. Am 30. März ließ er Brescia von allen Seiten eng einschließen, ein Bataillon von Nugents Truppen zog er in das Kastell und verlangte nun am 31. die Unterwerfung der Stadt.

Nach Brescia waren aber vom 29. März ab verschiedene angebliche Bülletins von der piemontesischen Hauptarmee gelangt, welche diese als durchaus siegreich und einen Rückzug Radetzki's bis hinter die Etsch ankündigten. Das exaltirte die Brescianer und die rauhe Sprache Haynau's reizte sie. Eine Waffenruhe von wenigen Stunden, die Haynau zur Bedenkzeit bewilligte führte zu keinem Resultate, und am 31. März um 4 Uhr Nachmittags ließ nun Haynau ein heftiges Bombardement vom Kastell aus beginnen, während zugleich die Einschließungskolonnen gegen alle Thore zum Sturme vorrücken mußten.

Nur die Hauptkolonne Nugents, welche auf der Straße von Verona gegen die Porta Torre lunga vorrückte, vermochte, weil sie die vier Geschütze bei sich hatte, einzudringen, begünstigt zugleich durch einen kleinen Ausfall aus dem Kastell in den Rücken der Vertheidiger des Thores. Nun ließ Haynau aus dem Kastell ein ganzes Bataillon ausfallen, und die Kolonne Nugents und diese Ausfallstruppe vereinigten sich zu dem Angriffe auf die nächsten Barrikaden, welche von den Brescianern heldenmüthig vertheidigt wurden. Beim Einbruche der Nacht mußte Haynau den Kampf einstellen und sich auf die Behauptung des geringen eroberten Stadttheils beschränken. Nugent war schwer verwundet und starb an den Folgen der Wunde.

Am 1. April ließ Haynau den Kampf fortsetzen und zugleich das Bombardement vom Kastell aus mit größerer Heftigkeit beginnen. Die Brescianer wehren sich eben so heldenmüthig als am vorigen Tage. Die Verluste der Oesterreicher sind groß; Haynau, der die Brescianer in ihrem Wahn von den Siegen der Piemontesen gelassen hatte, befiehlt in der Erbitterung, keine Gefangenen zu machen, Alles niederzumetzeln, was am Kampfe theilnimmt, und Feuer an die Häuser zu legen. Dieß geschieht, und das Blutbad wird immer scheußlicher. Der gereizte Soldat, von dem Feldherrn selbst ermächtigt und angespornt, tödtete nicht bloß Bewaffnete, sondern auch Unbewaffnete, Weiber und Kinder.

Am 1. April Nachmittags zog Haynau noch 1 Bataillon und 1 Eskadron von Verona heran. Die Oesterreicher bemächtigten sich an diesem Tage auch der drei noch übrigen Thore durch Rückenanfälle von innen. Alle österreichischen Kolonnen betraten nun die Stadt und drangen in derselben konzentrisch vor. Die Nacht endete endlich den Kampf, aber nicht das Blutbad und die Plünderung.

Erhebungen von geringerer Bedeutung hatten zu Bergamo, Lecco und Como stattgefunden. Camozzi, der mit den von Piemont gelieferten Waffen die Lombardei durchzog, um die Insurrektion in Gang zu bringen, war am 1. April von Bergamo mit 800 M. herbeigeeilt, um den Brescianern Hülfe zu bringen. Er stieß vor den Thoren von Brescia auf eine der Kolonnen Haynau's und eröffnete das Gefecht mit ihr, als er erfuhr, daß in seinem Rücken, wie es sich auch wirklich verhielt, schon die Spitze des 3. österreichischen Armeekorps angekommen sei, welches Radetzki bereits über den Tessin nach der Lombardei zurückgesendet hatte. Er mußte sich hierauf ins Gebirge zurückziehen.

Die Oesterreicher verloren in dem Kampfe von Brescia nach ihren eigenen Angaben 326 M., etwa den zwölften Theil der ins Gefecht gebrachten Mannschaft, was für die Hartnäckigkeit des Kampfes zeugt, wenn man bedenkt, daß die Brescianer ohne Artillerie, überhaupt sehr mangelhaft bewaffnet waren.

6. Der Aufstand von Genua.

Eine Folge des Waffenstillstandes von Novara war, daß an die Stelle des demokratischen Ministeriums ein reaktionäres, Pinelli-Launay, trat. Sehr nahe knüpfte sich hieran die Besorgniß, daß in einem geheimen Artikel des Waffenstillstandes Victor Emanuel sich verpflichtet habe, die Verfassung abzuschaffen. Die Deputirtenkammer in Turin erklärte daher den Waffenstillstand für inkonstitutionell.

Die größeren Städte des Landes geriethen sämmtlich in Unruhe; Genua erhob sich auf die Nachricht vom Waffenstillstande am 27. März in Waffen.

Der piemontesische Kommandant konzentrirte seine Truppen um das Zeughaus; das Volk nahm gegenüber von ihm Stellung. Ein Triumvirat ward als provisorische Regierung eingesetzt, und schon am 29. sendete die Munizipalität Abgeordnete nach Turin, um das dort versammelte Parlament einzuladen, daß es seinen Sitz nach Genua verlege, was indessen nicht geschah.

Am 2. April zwang das Volk von Genua den piemontesischen Kommandanten de Asarta zur Kapitulation, die er unter der Bedingung freien Abzugs mit Waffen und Bagage einging.

Genua gehörte jetzt dem Volk. Vom Triumvirat wurden in der That einige Anstalten getroffen, den Platz gegen einen erwarteten Angriff zu behaupten; aber die Gluth der Bevölkerung hatte sich schnell abgekühlt, wozu nicht bloß die Versicherungen des neuen Königs, daß er an der Verfassung festhalten werde, sondern auch das Ausbleiben einer Hülfe beitrug, auf die man gerechnet hatte.

Diese Hülfe war die lombardische Division, die fünfte des piemontesischen Heeres; wie wir wissen war sie anfangs von Ramorino kommandirt und durch dessen Rückzug an das rechte Ufer des Po ward ihre Mitwirkung der piemontesischen Hauptarmee entzogen. Ramorino ward darauf sogleich, noch vor der Schlacht von Novara vom Kommando abberufen, um vor ein Kriegsgericht gestellt zu werden, welches ihn zum Tode verurtheilte. An Ramarino's Stelle hatte General Fanti das Kommando übernommen, aber auch keine Instruktionen erhalten, wie dieß nach den Ereignissen bei der Hauptarmee am 21. und 23 März nicht verwunderlich erscheinen kann. Fanti marschirte am 25. nach Alessandria und erfuhr hier den Abschluß des Waffenstillstandes. Gemäß diesem mußte die Division eigentlich aufgelöst werden. Sie ward vorläufig nach Voghera und Tortona in Kantonnirung verlegt.

Darüber brach der Aufstand in Genua aus und die Genueser verlangten die Hülfe der Division. Bei einzelnen Führern herrschte auch große Neigung, diese zu gewähren; doch die piemontesische Regierung, um dieses abzuwenden, versprach, daß sie der Division den Uebertritt in toscanische oder römische Dienste, wo sie für die Sache Italiens noch fortkämpfen könne, erleichtern wolle. Die Lombarden waren dessen zufrieden und wurden nun über Bobbio und Chiavari in Marsch gesetzt. So entging den Genuesern vorläufig die Hülfe der Lombarden, von denen übrigens nach der Rückkehr Genua's unter die piemontesische Herrschaft nur das Bersaglieribataillon Manara und eine Kompagnie des 22. Regimentes wirklich Ende April nach Rom eingeschifft wurden, während der Rest aufgelöst ward.

Während die neue piemontesische Regierung den Zug der lombardischen Division nach Genua verhinderte, ertheilte sie dem General Alfons Lamarmora, welcher laut dem Waffenstillstande mit der 6. Division das Gebiet von Parma räumen mußte, den Befehl, auf Genua zu marschiren und dieß zum Gehorsam zurückzubringen.

Lamarmora stieg an der Westseite von Genua im Polceverathal hinab und bemächtigte sich am 4. April ohne Widerstand des Forts Tanaglie in der äußern westlichen Umfassung und des Thores degli Angeli in derselben und besetzte am folgenden Tage alle Höhen westlich des Agacciobachs von Gronarolo im Norden bis zum Leuchtthurm im Süden.

Auf seine Aufforderung zur Uebergabe vom Volke angegriffen, erstürmte er den Palast Doria und beschoß die Stadt, worauf dann am 8. April eine Kapitulation zu Stande kam, laut welcher Genua sich unterwarf.

Dieß waren die Ereignisse, welche noch zu dem Kampfe zwischen Oesterreich und Piemont in Beziehung standen. Dieser Kampf ruhte. Aber in Italien dauerte der Krieg noch fort und wir müssen dessen Ereignisse nun erzählen.

7. Besetzung der Herzogthümer Parma und Modena und des Großherzogthums Toscana durch die Oesterreicher.

Es war sehr natürlich, daß Oesterreich, in den Besitz der Lombardei zurückgelangt, vor Piemont wahrscheinlich auf lange Zeit sicher, mit mehr Truppen in der Lombardei und Venetien, als es zur Einschließung des allein noch widerstehenden Venedigs bedurfte, und doch bei der allgemeinen Unsicherheit nicht im Stande, von diesen Truppen etwas aus Italien zurückzuziehen, einen Theil derselben augenblicklich verwendete, um seinen alten Einfluß in Italien, als Retter der von ihm abhängigen italienischen Fürsten, herzustellen und ihn gegen etwaige Eingriffe Frankreichs zu sichern.

So geschah es denn auch. Schon am 26. März 1849, unmittelbar nach dem Abschlusse des Waffenstillstandes mit Victor Emanuel, ertheilte Radetzki dem Feldzeugmeister d'Aspre Befehl, mit dem 2. Armeekorps in Parma und Modena einzurücken und dort „die Ordnung herzustellen“.

D'Aspre marschirte zunächst nach Piacenza, und von dort am 4. April, überall auf seinem Wege entwaffnend und die Verwaltung für den Herzog organisirend, nach Parma, wo er am 5., ohne auf Widerstand gestoßen zu sein, einrückte.

Die südliche Hälfte von Modena hatte sich in der letzten Zeit an Toscana angeschlossen und sollte nun auch für den Herzog wieder erobert werden. Die modenesischen Truppen wurden zu dem Ende durch die österreichische Brigade Kollowrat unterstützt. Diese Truppen setzten sich am 10. und 11. April in Bewegung und am 17. April war auch die Eroberung des südlichen Modena ohne Schwertstreich vollendet.

Es blieb nun Toscana übrig. Hier war nach der Flucht des Großherzogs eine provisorische Regierung, aus den Triumvirn Guerrazzi, Mazzone und Montanelli bestehend, aufgetreten. Ayala trat aus dem Ministerium und Apice ward Kommandant der toscanischen Truppen. Langier, der sich für den Großherzog erklärte und von diesem Befehle erhielt und annahm, ward von seinen Soldaten verlassen. Ueberhaupt desorganisirte sich die ganze toscanische Streitmacht. Am 25. März trat die neue Repräsentantenversammlung des Landes zusammen; aber schon am 28. kam die Nachricht von der Niederlage bei Novara und ihren Folgen. Dieß machte die überhaupt sehr zahme liberale Partei ängstlich und die reaktionäre kühn. Die Repräsentantenversammlung begnügte sich, Guerrazzi die Diktatur zu übertragen. Aber ohne Mittel, ohne entschiedene Entschlüsse, ohne die kräftige Mitwirkung des Volkes bedeutete die Diktatur nichts.

Livorno war im Grunde die einzige Stadt Toscana's, in der sich nicht eine mächtige Partei befunden hätte, die sich nach der Rückkunft des Großherzogs sehnte. In Florenz standen livornesische Freiwillige in Garnison; sie ließen sich am 11. April verschiedene Unordnungen zu Schulden kommen und die reaktionäre Partei benutzte dieß, um die Nationalgarde gegen sie aufzuwiegeln und das Landvolk gegen sie und die Diktatur Guerrazzi's herbeizurufen.

In Folge dessen übernahm der Munizipalrath von Florenz, welcher sich durch verschiedene Mitglieder der gemäßigten Partei, Serristori, Capponi, Ricasoli verstärkte, die provisorische Regierung; er sendete zugleich eine Deputation an den Großherzog Leopold nach Gaeta mit der Bitte an diesen, daß er in seine Staaten zurückkehren möge. Man hoffte auf diese Weise Toscana vor der österreichischen Invasion zu bewahren.

Indessen Leopold war in Gaeta in „guten" Händen. Man hatte ihm gesagt, daß er als legitimer Fürst seine Herrschaft nicht gewissermaßen von seinen Unterthanen zurücknehmen könne. Er antwortete also der Deputation damit, daß er die provisorische Regierung für aufgelöst erklärte und Serristori vorläufig zum Gouverneur ernannte. Ferner, wie er früher die Wiederherstellung seiner Gewalt von Piemont gefordert hatte, verlangte er nun auf österreichisches Zureden die österreichische Intervention.

Wie schon gesagt, Oesterreich mußte wünschen, überall in Italien zu interveniren. Außer dem Grunde, seinem italienischen Einflusse durch die Intervention eine neue Weihe zu geben, hatte es aber einen noch viel materiellern: nämlich die zahlreiche Armee möglichst wenig auf Kosten seiner eignen Provinzen erhalten zu müssen, sondern sie zum guten Theil auf Kosten Mittelitaliens erhalten zu können.

D'Aspre erhielt daher Befehl, mit dem 2. Armeekorps in Toscana einzurücken. In Modena und Parma ward dieß am 24. April durch eine Brigade des 1. Armeekorps ersetzt.

Am 3. Mai vereinigte d'Aspre die drei Brigaden Kolowrat, Liechtenstein und Stadion zu Massa und überschritt am 5. Mai die toscanische Grenze und den Serchio; Kollowrat besetzte Pisa, Liechtenstein und Stadion besetzten Lucca.

D'Apice hatte den Befehl von der provisorischen Regierung, sich vor den Oesterreichern zurückzuziehen; er that dieß; verschiedene toscanische Truppenkorps schlossen sich auch den Oesterreichern an, so daß diese auf gar keinen Widerstand an der Nordgrenze trafen. Nur von Livorno hatten sie solchen zu erwarten.

Am 8. ließ d'Aspre Livorno rekognosziren und am 9. die Brigade Kollowrat vorrücken. Am 10. wurden vom ganzen Armeekorps die Vortruppen der Livornesen in die Stadt zurückgetrieben und diese eingeschlossen Gegen die Südseite stand die Brigade Kollowrat, der die Brigade Liechtenstein als Reserve diente; im Norden ward Stadion von der Arriergardebrigade Wimpffen unterstützt.

Am 11. Vormittags um $8^1/_2$ Uhr nach kurzem Vorpostenscharmützel ließ d'Aspre auf der nördlichen Seite zwischen Porta S. Marco und Porta Fiorentina Bresche in die Stadtmauer schießen und drang ein; bald stießen die Brigaden Stadion und Wimpffen mit den von Süden her eingedrungenen Brigaden Kollowrat und Liechtenstein zusammen, und die auf geringen Raum beschränkten Vertheidiger Livorno's suchten zum großen Theil Zuflucht auf den fremden Schiffen im Hafen. Allerdings fehlte, wie es wohl in solchen Fällen zu geschehen pflegt, eine theilweise Erneuerung des Kampfes nicht, doch im Wesentlichen hatte die Einnahme der Stadt kaum wenige Stunden gedauert und nicht mehr als 39 M. gekostet, was allerdings den mit Allem wohl versehenen und gegen einen von außen kommenden Feind gut verschanzten Vertheidigern Livorno's kein rühmliches Zeugniß gibt, wenn man damit den heldenmüthigen Kampf der Brescianer gegen Haynau vergleicht.

D'Aspre erklärte Livorno in Belagerungszustand und gab ihm eine Besatzung von 2 Bataillonen, worauf er vom 19. April ab seine Truppen in zwei Kolonnen gegen Florenz in Bewegung setzte. In diese Hauptstadt Toscana's zog er am 23. April unter dem Jubel und fast erdrückt von den Rosenkränzen der Reaktionspartei ein.

Dieser ganze merkwürdige Feldzug schien nur zur Belohnung des 2. österreichischen Korps bestimmt, welches im März einen so harten Stand bei Novara und Mortara gehabt hatte.

8. Die römische Republik vom Ende des März bis Ende April. Die Franzosen vor Rom und das Gefecht vom 30. April.

Die römische Republik ward wie alle anderen Staaten Italiens von dem Unglücke von Novara überrascht; sie sah sich auf sich selbst gestellt und es wurden nunmehr Mazzini, Armellini und Saffi zu Triumvirn berufen. Der eigentliche Regent war Mazzini. Er beschäftigte sich aufs eifrigste mit der Organisation der Streitkräfte, leider dabei vielfach gehindert und beschränkt durch persönliche Eifersüchteleien und durch die bisherige Vernachlässigung der Organisation. Man schafft nicht in vier Wochen eine Armee und man kann mit den Streitkräften, welche man aus allen Weltgegenden in wenigen Tagen zusammenrafft, nicht Operationen unternehmen wie mit einer Armee, die seit langer Zeit organisirt ist.

Von drei Seiten, von Oesterreich durch die Romagna, von Neapel durch die Terra di Lavoro und die Campagna, — — von Frankreich endlich von der Seeseite her bedroht, beschloß die römische Republik die Formation eines Lagers in der Romagna unter Mezzacapo, und eines andern bei Terni zur Deckung Roms.

Am 18. Februar hatte der Kardinal Antonelli im Namen Pius IX. eine Note an die katholischen Mächte erlassen, in welcher er sie zur Intervention für das Papstthum aufforderte.

Frankreich bekümmerte sich jedenfalls nicht außerordentlich um das Papstthum, aber wohl darum, daß es Oesterreich gegenüber einen Einfluß in Italien habe. Dieß war unter allen Regierungsformen und zu allen Zeiten seine italienische Politik.

Schon im September 1848, unmittelbar nach der Niederlage von Custozza und dem Waffenstillstand Salasco hatte der damalige Präsident der französischen Republik, Cavaignac, die Aufstellung einer Expedition des mittelländischen Meeres angeordnet. Ueber den Vermittlungsunterhandlungen mit Oesterreich und England kam diese Expedition nicht zum Auslaufen. Der nachfolgende Präsident der Republik, Prinz Napoleon Bonaparte, stellte unmittelbar nach der Kunde von der Aufkündigung des Waffenstillstandes Salasco eine beträchtlich stärkere Expedition für das mittelländische Meer auf, um für alle Fälle bereit zu sein. General Oudinot de Reggio ward zum Kommandanten des Expeditionskorps ernannt und traf schon am 20. März in Marseille ein.

Bald folgte der Waffenstillstand von Novara. Die Oesterreicher zeigten jetzt nicht unbedeutende Lust, ihren Einfluß in Italien dadurch zu vermehren, daß sie außer der Wiedereinsetzung der Herzoge und Großherzoge von Parma, Modena und Toscana, mit aller schuldigen Achtung vor dem Papstthum für sich selbst ein Stück der päpstlichen Lande, die Romagna, nähmen, in welcher, wie ihre Generale und Beamten damals mit seltener Uebereinstimmung behaupteten, die Wiederkehr der Priesterherrschaft durchaus nicht gewünscht ward.

Augenblicklich ließ der Prinz Napoleon, um den Oesterreichern ein Paroli zu biegen, die Expedition einschiffen, und am 25. April 1849 landete Oudinot mit derselben bei Civitavecchia. Er erklärte den Römern, daß er die Wünsche der römischen Bevölkerung achte und daß Frankreich nur zu ihnen komme, um seinen begründeten Einfluß zu wahren, daß es aber keineswegs den Römern eine ihnen antipathische Herrschaft auferlegen wolle.

Es war nun allerdings ganz sicher, daß die Franzosen nicht aus Liebe zum Papst kamen, aber es war eben so sicher, daß sie für den Papst sich erklären würden, wenn sie nur dadurch verhindern konnten, daß Oesterreicher oder Neapolitaner in Mittelitalien Vortheile gewannen. Der Präfekt von Civitavecchia, Matteuci, konnte die Landung der Franzosen nicht hindern, weil Civitavecchia nicht befestigt war und weil nur ein römisches Bataillon dort stand.

Oudinot landete also, nachdem er dem römischen Truppenkommandanten den Vorschlag gemacht hatte, mit ihm gemeinschaftlich Garnison in Civitavecchia zu halten. Nach der Landung entwaffnete er sogleich das römische Bataillon Mellara.

Das gesammte Expeditionskorps bestand in drei Brigaden aus 6 Regimentern Infanterie, 1 Bataillon Fußjäger, 2 Eskadrons Jäger zu Pferd, 3 Feldbatterieen und 2 Geniekompagnieen. Von diesen Truppen waren aber für jetzt nur zwei Brigaden, zusammen gegen 8000 Mann stark, in Marseille eingeschifft und bei Civitavecchia ausgeschifft.

Oudinot hatte Befehl, wenn die Bevölkerung sich geneigt zeige, ihn aufzunehmen, sogleich nach Rom zu marschiren. Er sendete am 25. Nachmittags sogleich drei Offiziere dorthin, um dem Triumvirat seine Landung und den Zweck seiner Ankunft — diesen allerdings nicht mit wünschenswerther Klarheit — anzuzeigen. Doch da er sagte, daß er nicht beauftragt sei, ein Gouvernement zu unterstützen, welches die französische Republik nie anerkannt habe, so war wenigstens dieses klar genug, daß Oudinot gegen die römische Republik auftreten werde. Dahin deuteten auch alle seine Maßregeln: so erklärte er Civitavecchia in Belagerungszustand und ließ die Druckerrien schließen.

Am 26. April kam das lombardische Bersaglieribataillon Manara mit der Kompagnie des 22. Infanterieregiments von Chiavari im Hafen von Civitavecchia an. Oudinot wollte die Landung hindern. Manara erklärte indessen, daß seine Truppen so viel ausgestanden hätten, daß sie der Verzweiflung nahe wären und entschlossen, sich im Nothfall mit den Waffen in der Hand den Weg zu bahnen. Hierauf gestattete Oudinot die Landung und den Marsch nach Rom, doch mußte Manara versprechen, daß seine Truppen bis zum 3. Mai nicht gegen die Franzosen fechten dürften.

Die von Oudinot nach Rom gesendeten Offiziere hatten dort an ihren Quellen Erkundigungen eingezogen und kehrten mit der Nachricht, die ihnen wohl im Voraus diktirt war, zurück: Rom sei der Sammelplatz der Demagogen aller Länder; aber sobald die französische Expedition sich unter den Mauern der Stadt zeige, werde deren Bevölkerung sich sogleich zu Gunsten der Franzosen erheben.

Am 28. April ließ daher Oudinot seine Truppen gegen Rom aufbrechen.

In Rom traf man bei der ersten Kunde von der Landung der Franzosen die Maßregeln zur Vertheidigung; es ward beschlossen, die meistentheils jungen Truppen, welche doch gegen die Franzosen im freien Felde schwerlich etwas vermöchten, in der Stadt zu vereinigen. Selbst Mezzacapo sollte aus der Romagna herbeieilen, indem er nur Besatzungen zu Bologna und zu Ancona zurückließe. Eine Kommission ward ernannt, um die Anstalten zur innern Vertheidigung der Stadt, zu dem Bau von Barrikaden und sonstigen Abschnitten zu treffen. Uebrigens wollte man in der Hoffnung auf eine baldige mögliche Aenderung der französischen Politik Oudinot gegenüber Zeit zu gewinnen suchen und ihm jedenfalls das Gehässige eines ersten Angriffes lassen.

Die zu Rom befindlichen Truppen waren in vier Brigaden eingetheilt:

Die erste, General Garibaldi, bestand aus 2 Bataillonen der italienischen Legion, einem Bataillon Reduci, einer Studentenlegion, einem Zollwächterbataillon und einer Emigrantenlegion, zusammen: 2700 M.;

die zweite, Oberst Masi, zählte in 2 Bataillonen mobiler Bürgerwehr und 2 Bataillonen des 6. Linienregimentes 2100 M.;

die 3. Brigade (Kavalleriebrigade), Oberst Savini bestand aus den Kadres des 1. und 2. Dragonerregimentes, 400 M.;

die vierte endlich, General Galletti bestand aus dem 1. Linienregiment, dem 10. Linienregiment (römische Legion), dem Korps der Karabinieri (Gensdarmen), dem Geniekorps und dem Bataillon lombardischer Bersaglieri (Manara), zusammen: 3500 M.

Die ganze Besatzung von Rom zählte also 8700 M.

Die erste Brigade hielt die Umwallung von der Porta Portese (unterhalb am rechten Tiberufer) bis zur Porta Pancrazio und die vorliegenden Villen Pamfili und Corsini besetzt; die zweite stand von der Porta Pancrazio bis zur Porta Angelica nahe dem Kastell S. Angelo; das Zollwächterbataillon von der ersten Brigade erhielt später eine Aufstellung auf dem Monte Mario. Der Rest der Truppen war in Reserve und versah zugleich den Dienst am linken Tiberufer.

Oudinot lagerte am 29. April mit dem ausgeschifften und nicht in Besatzung zu Civitavecchia gebliebenen Theil seiner Truppen an der Poststraße von dort nach Rom auf der Höhe von Palo. Eine Rekognoscirungspatrouille, die an diesem Tage gegen Rom vorgesendet ward, wurde von den Römern mit Flintenschüssen empfangen, ein Mann von ihr getödtet, ein anderer gefangen gemacht.

Am 30. Morgens um 5 Uhr brach Oudinot mit seinen Truppen aus dem Biwak auf; bei der Maglianella, eine Meile von Rom, ließ er die Tornister ablegen. Als er sich der Stadt näherte, ward er mit Kanonenschüssen empfangen.

Er entwickelte nun seine Truppen angesichts der vorspringenden Höhen des Vatikan zwischen der Porta Cavalleggieri und Porta Angelica, die Brigade Molière zur rechten, die Brigade Levaillant zur Linken. Ein Detachement unter Oberst Picard ward rechts nach der Villa Pamfili vorgeschoben, um die rechte Flanke gegen die Porta Pancrazio hin zu decken. Picard trieb die Vertheidiger von Villa Pamfili gegen Villa Corsini zurück, wo sie sich setzten.

Nun unternahm Garibaldi mit der italienischen Legion und dem Studentenbataillon einen Ausfall aus Porta

Pancrazio gegen die Angreifer der Villa Corsini; anfänglich ward er zurückgetrieben, da die Franzosen sofort ihre Rechte von der Brigade Molière her verstärkten. Doch bald führt Oberst Galletti die römische Legion und einige Kompagnien des 1. Linienregiments zur Verstärkung Garibaldis herbei. Dieser nimmt ohne Säumen wieder die Offensive, schlägt die Franzosen vollständig zurück und nimmt ihnen 250 Gefangene ab.

Die Franzosen weichen hier. Nicht glücklicher waren sie auf ihrem linken Flügel. Man rechnete auf ein Einverständniß mit einem Theil der Bevölkerung, welcher die Porta Angelica von innen öffnen sollte. Die Brigade Levaillant erhielt Befehl, dorthin abzumarschiren. Aber auf ihrem Wege dahin kam sie an der Nordseite des Vatikan in das heftigste und kräftigste Flinten- und Kartätschfeuer der Römer; der Offizier, welcher sie führen sollte, ward getödtet und die Kolonne wich in Unordnung zurück.

Da nun auch auf dem rechten Flügel der Kampf durchaus ungünstig für die Franzosen ausgefallen war, so trat Oudinot den Rückzug an zuerst nach der Maglianella, dann nach Palo zurück. Sein Verlust belief sich auf 50 Todte und 200 Verwundete. Verfolgt wurden die Franzosen nicht. Mazzini verhinderte die Verfolgung durch die Kavallerie, weil er immer noch hoffte, eine Aenderung der französischen Politik herbeizuführen und deßhalb die Waffenehre der Franzosen nicht zu stark engagiren wollte.

Während Rom von Seiten der Franzosen nun, wie wir sehen werden, eine Zeitlang Ruhe hatte, bedrohten es von zwei Seiten andere Feinde, von Süden her die Neapolitaner, denen auch Spanier sich anschließen sollten, von Norden her die Oesterreicher. Keine der von Pius dem IX. angerufenen katholischen Mächte, unter denen ja auch keine einzige war, die nicht einmal über ein Stück von Italien geherrscht hätte, wollte hinter der andern zurückbleiben. Wir wollen zunächst von der neapolitanischen Invasion reden; aber als Einleitung dazu

28 *

ist es nothwendig, die Wiederaufnahme der Feindseligkeiten in Sicilien und die Fortschritte Filangieri's auf dieser Insel während des April zu erzählen, weil sie gewissermaßen die militärische Berechtigung Ferdinands II. zu seiner Intervention im Kirchenstaate sind.

9. Der sicilianische Feldzug von 1849.

Als der Waffenstillstand Ferdinands II. mit Sicilien abgelaufen war, richtete der Erstere seine Blicke sehnsüchtig nach Norden, wo eben Radetzki auf den Schlachtfeldern am Tessin mit der piemontesischen Armee zusammenstoßen sollte und als die Kunde von Radetzki's Sieg bei Novara eintraf, da erhielt Filangieri den Befehl, nun auch die Operationen zur Unterwerfung Siciliens zu beginnen.

Filangieri gebot nach Abzug der 3500 M. starken Besatzung von Messina über ein Operationskorps von 16000 M., welches in zwei Divisionen formirt war.

Die erste Division des Generals Pronio bestand aus den Brigaden Busacca und Rossarol, die 2. Division des Generals Nunziante aus den Brigaden Zola und Murali (Schweizer).

Die Sicilianer hatten in der langen Frist, welche ihnen vergönnt worden war, ihre Streitkräfte durchaus nicht auf den Stand gebracht, welcher den Mitteln des Landes entsprach, — was theils der Widerwille des Sicilianers gegen den regulären Militärdienst, theils aber auch der aristokratische Charakter der sicilianischen Bewegung verschuldete.

Da es an einheimischen Führern fehlte, so hatte man zwei Fremde berufen, den Franzosen Trobiand und den Polen Mieroslawski, und statt ein einheitliches Oberkommando zu schaffen, hatte man das etwa 19000 M. starke, aber auch nur zur Hälfte aus regulären Truppen bestehende Heer in zwei Divisionen getheilt, deren erste Trobiand, deren zweite Mieroslawski kommandirte. Die erste Division war zum Schutze der westlichen, die zweite zum Schutze der östlichen Hälfte des Landes bestimmt. Nur die letztere kam zum Schlagen.

Mieroslawski hatte unter seinem Befehle das 1., 3.,

5., 6., 7., leichte Bataillon und ein Jägerbataillon, außerdem die irregulären Truppen von Pracanica und Ascenso, zusammen etwa 8000 M.

Er zersplitterte diese Truppen in einen langen Kordon zur Vertheidigung der Ostküste.

Pracanica mit 900 M. ward am nördlichsten bei Scaletta Front gegen Messina aufgestellt, um den von dorther vorrückenden Neapolitanern die Spitze zu bieten. 2300 M. unter Oberst Sa. Rosolia bildeten auf einen Tagemarsch Abstand die Reserve Pracanica's.

Bei Taormina wurden 2000 M. aufgestellt.

An der Küste bei Calatabiana, Mascali, Riposto wurden etwa 3000 M. aufgestellt, meist Freiwillige. Hinter dem linken Flügel dieser Linie bei Piedimonte nahm Mieroslawski selbst mit 1200 M. und 5 Geschützen Stellung.

Die Garnison von Catania bildeten 800 M.

Mieroslawski bat wiederholt um Verstärkungen, die nicht kamen, zum Theil festgehalten durch eine Demonstration Filangieri's.

Dieser hatte nämlich gegen Ende März bei Messina die Brigade Busacca sich auf fünf Dampffregatten einschiffen lassen. Das Geschwader steuerte längs der Nordküste hin und zeigte sich am 31. März angesichts Cefalù. Es erweckte bei den Sicilianern den übrigens sehr natürlichen Gedanken, daß Filangieri sofort einen entscheidenden Angriff auf Palermo machen werde, und fesselte dadurch die Division Trobiand.

Filangieri zog nun aber sofort in der Nacht die Brigade Busacca um Faro an die Ostküste der Insel zurück und landete sie am 1. April bei Scaletta, angesichts der Stellung von Pracanica. Busacca bildete nun die Avantgarde des Heeres, die übrigen Brigaden folgten ihm von Messina längs der Küste und das Flottengeschwader begleitete die Bewegung.

Pracanica zog sich sogleich zurück und am 2. April stand die neapolitanische Armee bereits vor Taormina, wo es zu einem kleinen Arriergardegefecht kam. Unterdessen waren die Freiwilligen an der Meeresküste von Calatabiano bis Riposto, von Schüssen des Flottengeschwaders behelligt, auseinandergelaufen und Mieroslawski ordnete den allgemeinen Rückzug an.

Er selbst mit Allem, was er zusammenraffen konnte ging auf der Küstenstraße zurück, ließ eine Avantgarde in S. Gregorio, besetzte Catania mit seinen Kastellen und nahm mit dem Gros seiner Truppen zwischen S. Gregorio und Catania Stellung. Pracanica und Santa Rosolia aber erhielten Befehl, sich auf den westlichen Abhängen des Aetna entlang zu ziehen und dann über Gravina den Neapolitanern, welche die Stellung Mieroslawski's in Front angreifen würden, in die rechte Flanke zu fallen.

So erreichte eigentlich ohne Widerstand Filangieri am 5. April Aci reale. Hier ordnete er für den 6. April den entscheidenden Angriff auf Catania.

Nur eine Avantgarde von 5 Jägerbataillonen sollte auf der Küstenstraße entlang über S. Gregorio marschiren, der ganze Rest des Heeres dagegen den Weg längs der östlichen Abfälle des Aetna einschlagen, um so Catania von Westen her und von den Höhen anzugreifen.

Die Bewegung von Filangieri's Hauptmacht hatte zur Folge, daß Pracanica und Santa Rosolia aus ihrer Richtung abgedrängt wurden und alsbald den Rückzug auf Castro S. Giovanni antraten. In Folge davon mußte auch Mieroslawski seine Hauptstellung zwischen S. Gregorio und Catania aufgeben, um sich auf die Vertheidigung der letzteren Stadt zu beschränken.

Filangieri's Avantgarde erstürmte nun mit leichter Mühe S. Gregorio und rückte dann übermüthig und ohne die mindesten Vorsichtsmaßregeln auf Catania los. Mieroslawski ließ sie in die Aetnastraße eindringen, empfing sie dann in der Front mit Kartätschensalven und ließ sie zugleich aus den Nebenstraßen her in Flanke und Rücken angreifen. Die Avantgarde Filangieri's wurde so in größter Verwirrung aus der Stadt zurückgeworfen.

Unmittelbar darauf kam nun auch die Spitze des Gros der Armee, die Brigade Busacca am Nordende der Aetnastraße an und drang in Marschkolonne in dieselbe ein. Es ging ihr ebenso schlecht als der Jägeravantgarde.

Nun nahm, es war bereits dunkel geworden, gegen sieben Uhr Abends Filangieri das 4. Schweizerregiment aus der Reserve vor. Dieß drang mit großer Vorsicht in Catania ein, ward aber auch außerordentlich vom Glücke begünstigt. Die wenig an Disziplin gewöhnten und außerdem sehr ermüdeten Truppen Mieroslawski's nämlich zerstreuten sich in der Dunkelheit allgemach, und so drangen die Schweizer ohne allzu große Anstrengung zuerst bis zum Domplatz vor und nahmen dann auch diesen mit leichter Mühe ein. Catania war in der Nacht in den Händen der Königlichen; auch die Kastelle wurden von den Sicilianern ohne Widerstand geräumt.

Die 9000 Neapolitaner, welche am 6. April ins Gefecht gekommen waren, hatten an Todten und Verwundeten 378 M. (etwa $^1/_{24}$) verloren, wovon auf die Schweizer, ungefähr im Verhältniß, 58 M. kamen. Der Verlust der Sizilianer an Todten und Verwundeten ward auf beiläufig 500 M. angegeben.

Pracanica und Santa Rosolia, welche sich nach Adorno zurückgezogen, von deren Schaaren aber noch weniges übrig blieb, wurden vom genannten Orte am 9. April vertrieben. Syracus und Augusta, vor denen am 10. April das neapolitanische Flottengeschwader erschien, erklärten ihre Unterwerfung. Die Einnahme Catania's hatte eine allgemeine Entmuthigung zur Folge.

Frankreich legte sich ins Mittel und erwirkte für Sicilien ziemlich gute Bedingungen. Die Sicilianer verwarfen diese und thaten doch nichts für einen kräftigen Widerstand. Im Gegentheil verließen die Häupter der aristokratischen Partei, welche das Heft in der Hand hatte, selbst Ruggiero Settimo, ihre Sache und die Insel.

Filangieri hatte sich fast vierzehn Tage mit der „Pazifikation" der Ostküste der Insel beschäftigt. Erst am 22. April trat er in zwei Kolonnen den Marsch nach Palermo an, — mitten durch das Land. Am 26. April erreichte er Caltanisetta, wo ihm eine Deputation der Hauptstadt, den Erzbischof an der Spitze, entgegen kam, um die Unterwerfung Siciliens zu erklären.

An dem gleichen Tage war ein neapolitanisches Geschwader vor Palermo erschienen, aber von dem aufgeregten Volk, welches zur Bedienung der Strandbatterieen eilte, mit Kanonenschüssen verjagt worden.

Am 8. Mai kam Filangieri bei Misilmeri an. Die Palermitaner setzten ihnen hier noch einmal einigen Widerstand entgegen; zwei unbedeutende Gefechte fanden statt und neue Unterhandlungen wurden angeknüpft, in deren Folge dann Filangieri am 15. Mai, dem Jahrestage der Niedertracht von Neapel, in die Hauptstadt Siciliens einzog.

Die Insel war wieder vollständig im Besitze Ferdinands des Zweiten, da auch alle Städte der Westküste ihre Unterwerfung erklärt hatten, eine Sache die sich übrigens seit fünf Wochen, seit der Einnahme Catania's, vollständig voraussehen ließ.

10. Die Invasion des römischen Gebiets durch die Neapolitaner und deren Vertreibung.

Der Erfolg von Catania machte Ferdinand dem II. Lust, der Aufforderung Pius des IX. und Antonelli's zu folgen und in das römische Gebiet einzubrechen. Zu diesem Behufe bildete er sofort ein Expeditionskorps.

Dasselbe bestand unter dem Befehl des Generals Casella in den Brigaden Lanza, Carabba und Winspeare an Infanterie aus einer Kompagnie Pionnire, 3 Bataillonen Gardegrenadiere, 2 Bataillonen Gardejäger, 1 Bataillon königliche Marine, 1 Bataillon des 11. Linienregiments, 1 Bataillon Voltigeurs, kombinirt aus den Voltigeurkompagnieen des

1. und 2. Schweizerregiments, 1 Scharfschützenbataillon, 2 (Nr. 2 und 8) Jägerbataillons; an Kavallerie aus einem Peloton Guiden; 2 Eskadrons Karabinieri, 4 Eskadrons Dragoner, 4 Eskadrons Husaren vom 1. und 2. Regiment, 2 Eskadrons Lanziers und 2 Eskadrons Jäger; an Artillerie aus 1 Batterie 12pfdr.; 2 6pfdr. Batterien, 2 4pfdr. Gebirgsbatterien, 1 Raketenbatterie, sämmtlich zu 8 Geschützen; einer Batterie 12pfdr. Gebirgshaubitzen von 12 Stücken.

Das Ganze zählte also 11 Bataillons Infanterie, $14^1/_2$ Eskadrons Kavallerie und 7 Batterieen. Rechnet man auf das Bataillon nur 600 M., auf die Eskadron 100 M. und auf das Geschütz 20 M., so hat man 6600 M. Infanterie, 1500 M. Kavallerie, 1200 M. Artillerie; im Ganzen also 9300 M. mit 60 Geschützen; gewiß eine sehr bescheidne Rechnung, obgleich die Vertheidiger von Thron und Altar nach dem schmählichen Ausreißen ihrer Lieblinge sich nicht entblödet haben, die ganze neapolitanische Streitmacht auf kaum 5000 M. zu berechnen.

Ferdinand II. selbst, sein Bruder, der Graf Trapani, und der spanische Infant Don Sebastian begleiteten die zu großen Siegen bestimmte Armee, mit welcher, wie Oudinot sogar der Regierung der römischen Republik erklären mußte, Frankreich durchaus nichts zu schaffen haben wollte.

Am 2. Mai kam Ferdinand mit dem Gros seiner Armee nach Velletri, am 5. nach Albano, wo sich auch das von Winspeare geführte Flankendetachement ihm anschloß.

In Rom waren unterdessen von den aus den Marken zurückgezogenen Truppen 5 neue Linienbataillone angekommen, aus denen eine fünfte, für das linke Tiberufer bestimmte Brigade gebildet ward. Bei dieser Verstärkung und da der Erfolg vom 30. April den Muth der Römer bedeutend gehoben hatte und da von den Franzosen vorerst nichts zu befürchten war, glaubte man eine Expedition im freien Felde gegen die Neapolitaner unternehmen zu können und Garibaldi ward dazu mit seiner durch das Bataillon Manara und einer Eskadron Dragoner verstärkten Brigade bestimmt.

Er marschirte am 4. Mai Abends um 6 Uhr aus und zwar durch die Porta del Popolo, als gälte der Zug den Franzosen, wendete sich aber dann alsbald ostwärts gegen Tivoli und kam von hier aus über die Ruinen der Villa Hadrians am 6. Mai Abends nach Palestrina.

Am 9. Mai rückte Lanza mit $3^1/_2$ Bataillons, 4 Eskadrons und einer Gebirgsbatterie von Valmontone gegen Palestrina vor und griff hier das etwa 3000 M. starke Korps Garibaldi's an, wurde indessen kräftig abgewiesen und mußte sich zurückziehen.

Indessen waren in Rom wieder Besorgnisse wegen den Franzosen aufgetaucht und noch am 9. Mai spät Abends erhielt Garibaldi den Befehl zur Rückkehr. Er brach am Abend des 10. Mai von Palestrina auf und erreichte am 11. Morgens um 8 Uhr Rom.

Bald sollten die Besorgnisse eines raschen Wiederbeginns der Feindseligkeiten seitens der Franzosen von Neuem schwinden. Die Dinge standen im Ganzen folgendermaßen. Auf den Bericht Oudinots über das Gefecht vom 30. April erwiederte der Prinz Bonaparte, Präsident der französischen Republik: durch den Empfang, den die Römer den in wohlwollender Absicht zu ihnen kommenden Franzosen bereitet hätten, sei die Waffenehre engagirt und es würde Oudinot nunmehr an den nothwendigen Verstärkungen nicht fehlen, um kräftig zugreifen zu können.

Dagegen erhoben sich in der französischen Constituante von Seiten der wirklichen Republikaner heftige Angriffe auf die ganze Richtung der französischen Expedition. Der Prinz Präsident, ohne seine Absicht militärischen Einschreitens gegen die Römer im mindesten aufzugeben oder zu ändern, sah sich hiedurch doch genöthigt, einen Unterhändler, Lesseps, an die Triumvirn zu senden.

Lesseps knüpfte Unterhandlungen an im wesentlichen auf der Basis, daß die Römer sich der Feindseligkeiten gegen die französische Expedition enthalten sollten, daß dagegen die letztere die Stadt Rom nicht betreten solle. Vom ersten Augenblick an stand er schlecht und im geraden Gegensatz zu Oudinot, welcher seine besonderen Instruktionen hatte. Oudinot schrieb beständig nach Paris, daß man endlich handeln müsse, daß die Unterhandlungen zu weiter nichts dienten, als die Verproviantirung von Rom zu begünstigen, und der Prinz Präsident hatte auch bei sich selbst schon die Stunde bestimmt, wo er den Befehl zum Angriffe auf Rom geben wollte. Indessen der Zwiespalt zwischen Regierung und Kammer, zwischen den militärischen und den oppositionellen Velleitäten brachte doch immer eine Verzögerung in den Wiederbeginn der Feindseligkeiten und gab so den Römern eine Frist, während welcher allerdings Momente eintraten, in welchen sie sich ihrer Sache nicht sicher glauben konnten und auf einen augenblicklichen Angriff gefaßt sein mußten.

Als Garibaldi kaum nach Rom zurückgekehrt war, kam wieder eine jener Perioden, in denen man sich für längere Zeit vor den Franzosen sicher halten durfte, man hatte überdieß die Gewißheit erlangt, daß die Franzosen keinenfalls mit den Neapolitanern gemeinschaftliche Sache machen würden. Auf Grundlage dieser Momente beschloß man nun eine größere Expedition gegen die Neapolitaner.

Es ward zu dem Ende eine Division formirt, welche folgende Zusammensetzung erhielt:

Oberkommandant General Roselli.

Avantgarde Oberst Marocchetti; 2000 M. mit 60 Lanzieren und 2 Kanonen.

Hauptkolonne Garibaldi mit zwei Brigaden, 6000 M., wobei 8 Kanonen.

Reserve, Galetti, etwa 2000 M., wobei 300 Reiter und 2 Kanonen.

Am 16. Mai Abends verließ das Expeditionskorps Rom durch die Porta S. Giovanni und kam am 17. Vormittags um 11 Uhr bei Zogarolo an. Man erfuhr, daß die neapolitanische Hauptmacht bei Velletri stehe; am 18. ward nach Valmontone marschirt. Von hier wollte Roselli am 19. eine große Rekognoscirung gegen Velletri unternehmen. Am frühen Morgen des 19. indessen rückte Garibaldi mit der Avantgarde vor und griff die Neapolitaner an, welche ihm vor der Stadt entgegentraten. Das Gefecht wurde mit wechselndem Glücke geführt, bis endlich auch Roselli mit der Hauptmacht herankam, worauf sich die Neapolitaner bald in die Stadt zurückzogen. Auch diese räumten sie gänzlich am 20. Mai früh Morgens und Ferdinand II. trat den Rückzug über seine Grenzen an.

Mazzini, als er dies erfuhr, befahl Roselli, den Neapolitanern zu folgen. Roselli machte auf die Gefahren eines solchen Unternehmens mit seiner geringen Truppenmacht und daß auf eine Unterstützung der Bevölkerung in der Terra di Lavoro nicht zu rechnen sei, aufmerksam.

Es ward darauf beschlossen, daß nur Garibaldi mit einem Theil des Expeditionskorps den Neapolitanern folge, der Rest aber nach Rom zurückkehre. Dieß geschah denn auch; Garibaldi rückte über Anagni, Frosinone und Ceprano, die von Zucchi organisirten päpstlichen Banden auseinandertreibend, ins Neapolitanische ein, erhielt indessen schon am 27. Mai dicht an der Grenze zu Arce den Befehl zurückzukehren, da der Waffenstillstand mit den Franzosen zu Ende ging, und man einen ernsten Angriff auf die Hauptstadt zu erwarten hatte.

Erwähnen wir noch, daß am 26. Mai der General Cordova mit 5000 Spaniern und zwei Batterien zu Gaeta landete und am 3. Juni die südlichsten Ortschaften des römischen Gebietes besetzte, ohne indessen weiter etwas zu unternehmen.

11. Einbruch der Oesterreicher in die Romagna, Einnahme von Bologna und Marsch auf Ancona. Einnahme Ancona's.

Bald nachdem Radetzki den Einmarsch des 2. Korps in die Herzogthümer Parma und Modena und das Großherzogthum Toskana angeordnet hatte, ließ er auch zu gleichem Zweck für die Romagna eine detachirte Division unter dem Befehl Strassoldo's aus den Brigaden Pfannzelter und Thun zusammengesetzt und aus 10 Bataillons, 4 Eskadrons, zusammen 10000 M. mit 36 Geschützen bestehend, formiren. Das Generalkommando der Expedition ward dem F.M.L Wimpffen übertragen.

Dessen nächstes Ziel war die Einnahme von Bologna, wo nach der Abberufung der Division Mezzacapo gegen Rom nur noch das 4. römische Linienregiment, ein Detachement Zollwächter und Gensdarmen und eine schwache Nationalgarde, im Ganzen etwa 2000 M. mit drei schlecht ausgerüsteten Geschützen zurückblieben.

Wimpffen eröffnete seine Operationen am 6. Mai. Die vom linken Pouser kommende Brigade Thun überschritt am genannten Tag den Fluß und rückte nach Ferrara.

Wimpffens Hauptmacht brach am 7. Mai von Modena auf, schob ihre Avantgarde an die Samoggia vor und lagerte mit dem Gros bei Castelfranco, während Thun nach Cento marschirte.

Am 7. Abends sendete Wimpffen von Castelfranco eine Aufforderung zur Rückkehr unter die päpstliche Herrschaft nach Bologna. Allerdings war dort eine Partei, welche die Unterwerfung wünschte, aber die Volkspartei bestand auf dem Kampf und beschäftigte sich mit der Vervollständigung der Vertheidigungsmaßregeln.

Am 8. Mai rückte Wimpffen mit dem Gros auf der Hauptstraße gegen Bologna vor, ein Seitendetachement unter Major Hartung sendete er von Castelfranco rechts über Zola predosa nach Casalecchio am Reno. Die Brigade Thun war schon in der Nacht vom 7. auf den 8. Mai von Cento aufgebrochen und erreichte über Argile und Corticella schon am frühen Morgen die Gegend von Bologna vor der Porta Galliera. Die Brigade ward von den Mauern Bologna's mit Kanonenschüssen empfangen.

Der Kommandant von Bologna Marescotti wollte die

Stadt sogleich übergeben, er wurde ab und an seine Stelle der Oberst Boldrini gesetzt, welcher um 10 Uhr Vormittags einen kleinen, aber glänzenden Angriff gegen Thun unternahm, der diesem fast zwei Geschütze gekostet hätte. Boldrini selbst ward bei diesem Ausfalle getödtet. Thun zog sich am Abend des 8. Mai nach Corticella zurück. Er hatte einen Verlust von 131 M. Todten, Verwundeten und Gefangenen.

Bald nach Thuns Erscheinen vor Bologna, hatte auch Hartung den Reno überschritten und die Höhen südlich der Stadt besetzt. Als Wimpffen auf der großen Straße an der Brücke des Reno ankam ging auch er über den Fluß und stellte durch ein Detachement unter General Pfannzelter, welches er gegen den drei Miglien langen, die Stadt mit der Kirche Madonna di S. Luca verbindenden Portikus dirigirte, die Verbindung mit Hartung her. Auf allen Seiten eröffneten die Oesterreicher das Feuer, ohne indessen der Stadt besonderen Schaden zu thun.

Die Municipalität hatte die größte Neigung zur Uebergabe und sendete auch noch am 8. Abends eine Deputation deßhalb an Wimpffen; aber das Volk widersetzte sich jedem Abschluß einer Konvention. Am 9. Mittags begann Wimpffen, während auch die Brigade Thun wieder vorrückte, von Neuem die Beschießung aus 24 Geschützen. Wieder kam eine Deputation aus der Stadt, verlangte Einstellung der Feindseligkeiten und versprach für die Uebergabe zu arbeiten. Wimpffen stellte um so mehr sein Feuer ein als er Mangel an Munition hatte und erst auf deren Ergänzung von Mantua und Crema her wartete. Zugleich vervollständigte er mit nachrückenden Truppen die Einschließung.

Da die Uebergabe immer noch nicht erfolgen wollte, traf Wimpffen in der Nacht vom 11. auf den 12. Mai die Anstalten zu einem Sturme auf die Hauptthore, als er erfuhr, daß Gorczkowski mit 8 Bataillonen 1 Eskadron und 12 Geschützen im Marsche auf Bologna sei und am 14. hier eintreffen werde. Nun schob Wimpffen den Sturm vorläufig auf.

Die Bologneser unterdessen warteten auf Entsatz. Der Kriegsminister der römischen Republik, General Avezzana, hatte die Bildung eines Entsatzkorps unter Pianciani und Gariboldi* bei Imola angeordnet. Es wurden hier wirklich 3000 bis 4000 Freiwillige gesammelt und am 13. Morgens rückte Pianciani mit der Avantgarde dieser kleinen Streitmacht von Imola gegen Bologna vor. Wimpffen sendete ihm ein Detachement unter Thun an die Savenna entgegen, welches nach kurzem Gefechte die Römer zurückwarf. Jenes österreichische Detachement blieb nun an der Straße nach Imola zur Beobachtung etwaiger fernerer Bewegungen des Feindes von dieser Seite her stehen.

Am 14. Mai Mittags kam Gorczkowski vor Bologna an und ließ am 15. Mittags ein Bombardement aus 2 Mörsern und 16 Haubitzen beginnen, worauf sehr bald auf den Thürmen weiße Fahnen und dann bei Gorczkowski Abgeordnete der Stadt erschienen, welche die Uebergabe antrugen, die dann am 16. Mai Vormittags erfolgte.

Nach der Unterwerfung Bologna's blieb Gorczkowski mit einem Theile der Truppen zu Bologna stehn, während Wimpffen den Auftrag erhielt, mit der Hauptmacht gegen Ancona zu marschiren. Das österreichische Flottengeschwader, welches unter dem Vizeadmiral Dahlrup vor Venedig vereinigt war, sollte zur See die Landoperationen Wimpffens unterstützen.

Dessen Expeditionskorps ward nunmehr eingetheilt in die Avantgardebrigade Pfannzelter, 3 Bataillons, 2 Eskadrons, 6 Geschütze;

die Division Strassoldo mit den Brigaden Erzherzog Ernst 4 Bataillons, 1 Eskadron und 6 Geschütze, und Thun, 3 Bataillons, 1 Eskadron und 6 Geschütze,

dann die Artilleriereserve mit 25 Geschützen.

Das Korps zählte also 10 Bataillons, 4 Eskadrons und 43 Geschütze.

* Nicht zu verwechseln mit dem zu dieser Zeit bei Rom befindlichen Garibaldi.

Am 17. Mai Mittags brach Wimpffen von Bologna auf und marschirte mit dem Gros bis S. Lazzaro, mit der Avantgarde bis Castel S. Pietro; am 18. ging die Avantgarde bis Castel Bolognese, das Gros bis Imola. Ueber Forli und Cesena kam Wimpffen am 21. nach Rimini. Nirgends traf er auf Widerstand, da Gariboldi mit den 2200 M., welche ihm allein noch von dem Entsatzkorps geblieben waren, sich eilig gegen Ancona zurückzog. Ueberall wurden die Nationalgarden entwaffnet und neue Behörden eingesetzt. Am 23. Mai erreichten die Oesterreicher über Pesaro Sinigaglia und hier ward durch den Dampfer Triest die Verbindung mit der Flotte eröffnet.

Am 24. ging Wimpffen über den Esino bis nach Montagnolo vor Ancona und gleichzeitig näherte sich Dahlrup mit seinem Geschwader von 6 Fahrzeugen dem Hafen des Platzes.

Obgleich die Werke von Ancona sich nicht in dem vortrefflichsten Zustand befanden, war es doch immer eine Festung, die bei energischer und zweckmäßiger Vertheidigung eine regelmäßige Belagerung nothwendig machte. Die Artilleriearmirung war ziemlich reichlich, noch in der letzten Zeit aus den Arsenalen von Venedig her ergänzt. Der Kommandant des Platzes Oberst Livio Zambeccari hatte alles Mögliche gethan, um auch die fortifikatorische Armirung in guten Stand zu bringen und die Stadt gehörig zu verproviantiren. Die Besatzung bestand aus 4000 M., wovon aber höchstens 1800 für einigermaßen reguläre Truppen gelten konnten.

Lesseps hatte in seinen Verhandlungen mit dem römischen Triumvirat auch den Vorschlag gemacht, daß sich der römische Staat gegen Oesterreich unter den Schutz Frankreichs stelle; damit hing es zusammen, daß der Kommandant des französischen Geschwaders auf der Rhede von Ancona dem Obersten Zambeccari den Vorschlag machte, er wolle eine Abtheilung Seesoldaten landen, um die Festung solchergestalt gegen jeden Angriff der Oesterreicher sicher zu stellen. Zambeccari, mit gerechtem Mißtrauen gegen die Franzosen erfüllt, wies diesen Vorschlag zurück.

Ebenso ward nun aber auch von ihm und dem Gemeindspräsidenten Mattioli die Aufforderung Wimpffens zur Uebergabe abgewiesen.

Als Wimpffen vor Ancona erschien, konnte er vorerst schon darum nicht an eine förmliche Belagerung des Platzes denken, weil es ihm an Belagerungsgeschütz fehlte, welches erst nachkommen sollte. Hiezu kam aber noch ein weiterer Umstand. Oesterreich war nicht sicher, was Frankreich eigentlich wollte. Gelang es der römischen Republik, sich mit Frankreich auseinander zu setzen oder dieses gar für sich zu gewinnen, so konnte möglicherweise der größte Theil der zu Rom vereinigten italienischen Streitmacht, wie der Gedanke auch wirklich gehegt ward, zum Entsatz Ancona's marschiren. In diesem Falle mußte Wimpffen entweder Ancona nur schwach zernirt halten und mit seinem Gros dem römischen Entsatzheer entgegengehen oder er mußte die Zernirung ganz aufgeben, um sich auf Bologna vorläufig zur Vereinigung mit Gorczkowski zurückzuziehen. Im erstern Falle setzte er seine Zernirungsabtheilung einer Vernichtung durch die Ausfälle der Besatzung von Ancona aus und wußte doch nicht, ob er im Stand sein würde, dem römischen Entsatzheer mit Erfolg die Spitze zu bieten, da seine Kräfte nicht eben bedeutend waren. Im zweiten Falle konnte Roselli Ancona zum Stützpunkte seiner Operationen machen und dadurch beträchtlich an Stärke gewinnen. Die Unsicherheit in dieser Beziehung hörte für Wimpffen erst am 5. Juni auf, an welchem Tage, nachdem alle Unterhandlungen mit dem römischen Triumvirat abgebrochen waren und Oudinot die Belagerung Roms begonnen hatte, ein französischer Offizier dem Geschwaderkommandanten auf der Rhede von Ancona den Befehl überbrachte, sich jeglicher Feindseligkeit gegen die Oesterreicher zu enthalten.

Auf Wimpffens Vorstellungen hatte Radetzki befohlen, daß d'Aspre nach der Unterwerfung Toscana's die Brigade Liechtenstein ins römische Gebiet einrücken lasse, um Wimpffen den Rücken gegen Rom hin zu decken. Liechtenstein brach am

27. Mai von Florenz auf und marschirte über Incisa und Arezzo nach Perugia, wo er am 30. Mai eintraf und von wo er dann am 2. Juni nach Foligno rückte.

Am 25. Mai begann Wimpffen seine Bewegungen zur Einschließung von Ancona auf der Landseite, die er am 27. Mai vollendete. Am letztern Tage eröffneten auch zwei Fahrzeuge des österreichischen Geschwaders ihr Feuer gegen die Stadt und auf der Landseite wurden Batteriebauten auf dem Monte Pulito am rechten Flügel, dem Monte Marino im Zentrum, dem Monte Scrima am linken Flügel des Einschließungskorps begonnen. Die drei hier erbauten Batterieen waren am 30. Mai armirt und begannen an demselben Abend, indessen ohne Wirkung, ihr Feuer.

Am 31. Mai verließ Dahlrup mit dreien seiner Fahrzeuge wieder die Gegend von Ancona, um vor Venedig zurückzukehren, welches er gleichfalls von der Seeseite blokiren sollte.

Von der Ankunft der Brigade Liechtenstein zu Foligno unterrichtet, zog Wimpffen dieselbe nach Macerata, wo sie über Tolentino am 5. Juni eintraf und die Aufgabe erhielt, dem Belagerungskorps gegen die sich in Umbrien und an der neapolitanischen Grenze neu bildenden Freischaaren den Rücken zu decken.

Vom 2. Juni ab trafen vor Ancona auch Abtheilungen österreichischen Belagerungsgeschützes ein.

In der Nacht vom 1. auf den 2. Juni ließ Wimpffen vom rechten Flügel des Einschließungskorps, der Brigade Pfannzelter, einen Angriff auf den Borgo Margherita und gegen den Monte Gardetto hin unternehmen, einestheils um die Wasserleitung zu zerstören, anderntheils auch wohl, um sich der Lunette S. Stefano zu bemächtigen. Die Besatzung machte einen kräftigen Ausfall und es kam zu einem nächtlichen Gefechte. Während desselben hatte auch der Dampfer Curtatone sich den Werken des Platzes genähert und ließ denselben von einigen ausgesetzten Booten mit Raketen bewerfen.

Zambeccari machte nicht bloß mehrere glückliche Ausfälle zu Lande, sondern nachdem auch der österreichische Dampfer Curtatone nach Venedig abberufen war, so daß nur zwei Segelfregatten vor Ancona zurückblieben, ließ er auch den kleinen Dampfer Roma zur See verschiedene Ausfälle machen und bedrohte den an der Küste sich allmälig sammelnden österreichischen Belagerungspark.

Am 5. Juni hatte Wimpffen drei Mörser in Batterie und ließ diese am Abend des 5. Juni ein Bombardement beginnen, welches in der That den Einwohnern einigermaßen Schrecken einjagte. Am 9. begann dann eine allgemeine Beschießung Ancona's. In Folge davon sendete der Kardinal-Erzbischof, der schon am 6. Juni sich mit Wimpffen in Verbindung gesetzt hatte, eine Deputation an denselben und ließ bitten, daß man doch nicht auf die Stadt, sondern nur auf die Werke feuern möge. Dergleichen sonderbare Aufforderungen kommen häufig genug vor und haben selbst durch die Aeußerungen verschiedener militärischer Autoritäten des 18. Jahrhunderts eine gewisse Berechtigung gefunden.

Wimpffen erwiderte, daß er zwar nicht mit Absicht auf die Spitäler würde feuern lassen, jedoch keine besondern Rücksichten nehmen könne, bevor man sich nicht geneigt zeige, wegen der Uebergabe des Platzes Unterhandlungen anzuknüpfen.

In Folge dieser Antwort ließ Zambeccari ein heftiges Feuer von allen Batterieen der Festung eröffnen und zugleich von der Lunette S. Stefano aus einen größeren Ausfall unternehmen.

Wimpffen vermehrte in den folgenden Tagen seine Batterieen, so weit es die ihm zukommenden Mittel erlaubten und hatte am 16. Juni Morgens in Batterie

auf dem Monte Pulito 22 Geschütze, worunter 2 Mörser und 8 Haubitzen;

auf dem Monte Marino 18 Geschütze, worunter 4 Mörser, 4 Haubitzen und 6 Raketen;

29 *

auf dem Monte Scrima 12 Geschütze, worunter 3 Mörser, 4 Haubitzen und 3 Raketen;

im Ganzen also 54 Geschütze, worunter 9 Mörser, 16 Haubitzen und 9 Raketen (34 Wurfgeschütze).

Zugleich war auch auf Anfordern Wimpffens der Dampfer Custozza von Venedig nach Ancona zurückgesendet worden.

Am 16. Juni um 6 Uhr Abends ließ nun Wimpffen aus allen seinen Landbatterieen ein wohlgenährtes Feuer gegen den Platz eröffnen. Der Dampfer Custozza näherte sich den Molobatterien und beschäftigte durch seine Lagen von der Seeseite Ancona.

Die Festungsartillerie antwortete anfangs lebhaft, doch bald brachen an verschiedenen Orten in der Stadt, sowie in den abgesonderten Festungswerken Feuersbrünste aus. Während der Nacht setzten wenigstens die Mörser das Bombardement fort und am 17. Morgens nahmen es alle Geschütze wieder auf. Wimpffen forderte nun die Stadt abermals zur Uebergabe auf. Die Bürgerschaft, der Beschießung sehr müde und theilweise auch von der gleichfalls des fernern Kampfes überdrüssigen Garnison unterstützt, lehnte sich gegen Zambeccari und den Gemeindspräsidenten Mattioli auf, und am 19. Juni ward eine Konvention abgeschlossen, in Folge deren die Oesterreicher an diesem und dem folgenden Tage Ancona besetzten.

Der Verlust der Oesterreicher vom 25. Mai bis 17. Juni betrug 130 M.; die Belagerten hatten 151 M. verloren.

12. Die Belagerung und Eroberung von Rom durch das französische Expeditionskorps.

In sonderbarem Kontrast zu den Unterhandlungen, welche Lesseps zu Rom führte und auch noch nicht einstellen wollte, als am 30. Mai Oudinot auf telegraphischen Befehl von Paris den Waffenstillstand aufkündigte, über welchen man mündlich übereingekommen war, war vom 30. April ab die französische Armee beständig vermehrt worden. Sie hatte beim Wiederbeginn der Feindseligkeiten nachstehende Zusammensetzung:

1. Division: General Regnault de S. Jean d'Angely.
Brigade Molière, 4 Bataillons Infanterie, 1 Bataillon Fußjäger;
Brigade Morris, 1. Regiment Jäger zu Pferd, 11. Dragonerregiment.
2. Division: General Rostolan.
Brigade Charles Levaillant, 4 Bataillons;
Brigade Chadeysson, 4 Bataillons.
3. Division: General Guesviller.
Brigade Jean Levaillant, 4 Bataillons;
Brigade Sauvan, 4 Bataillons.
Genie: General Vaillant, 6 Kompagnieen Sappeurs.
Artillerie: General Thiry, 4 Feldbatterieen, 1 Belagerungspark.

Mitte Juni kamen noch 8 Bataillone Infanterie, eine 12pfdr. Batterie, eine Mineurkompagnie und eine Pontonnirkompagnie hinzu, so daß nun die gesammte Armee 30 Bataillone, 8 Eskadrons mit 36 Feldgeschützen und 40 Belagerungsgeschützen zählte.

Die Römer geboten nach der Konzentration aller ihrer Streitkräfte in Rom über 15,000 M. mit 24 Feldgeschützen und 40 Festungsgeschützen, 36pfdrn., 18pfdrn. und 24pfdr. Haubitzen.

Obgleich Rom durchaus keine Stadt ist, deren — nur in Mauerwerk ausgeführte — bastionirte Umwallung eine regelmäßige Belagerung nothwendig machen sollte, so ward von Oudinot doch eine solche beschlossen.

Schon am 10. Mai hatte Oudinot seine Bewegung vorwärts gegen die Stadt wieder begonnen und am 12. bei der Maglianella an der Straße von Civitavecchia Stellung genommen. An den folgenden Tagen dehnte er sich rechts bis zur Tiber unterhalb Roms aus, ließ auch bei Sa. Passera eine Brücke über die Tiber beginnen, warf einen Posten hier an das linke Tiberufer hinüber und erbaute einen Brückenkopf, der zu gleicher Zeit als Batterie benutzt werden sollte.

Am 1. Juni theilte Oudinot dem General Roselli mit, daß er am 4. die Feindseligkeiten eröffnen werde, da er den positiven Befehl habe, so bald als möglich in Rom einzuziehen. Hienach mußten bei den Römern alle Illusionen schwinden und sie hatten sich nur noch auf den beginnenden Kampf vorzubereiten.

Die Streitkräfte wurden in zwei Divisionen und eine Reserve eingetheilt, die erste Division unter Garibaldi für das rechte, die zweite unter Bartolucci für das linke Ufer.

Oudinot wählte als Angriffsfront diejenige, welche auf dem Monteverde durch die beiden Bastionen Nr. VI und VII bezeichnet wird, gelegen in der Mitte etwa zwischen dem Gianicolo und der Porta S. Pancrazio einerseits, dem rechten Tiberufer und der Porta Portese anderseits.

Diese Front bildet einen vom Angreifer leicht zu umfassenden Vorsprung und der Belagerer befindet sich hier etwa auf gleicher Höhe mit den Werken. Außer diesen militärischen Vorzügen wird aber als Grund für die Wahl eben dieser Angriffsfront auch angegeben, daß man wünschte, die Kunstdenkmäler Roms bei der Belagerung möglichst zu schonen.

Nach der erwähnten Mittheilung Oudinots an Roselli mußten die Römer glauben, daß die Franzosen nicht vor dem 4. Juni die Feindseligkeiten eröffnen würden. Oudinot eröffnete sie in der That am 3. Juni. Wenn hier noch von einer Kriegslist die Rede sein soll, so steht sie wenigstens scharf auf der Grenze, auf welcher sie nicht mehr von gemeiner, völkerrechtswidriger Betrügerei zu unterscheiden ist.

Der Zweck des französischen Angriffes war, sich der Villen Pamfili, Corsini und Valentini zu bemächtigen, welche von den Römern besetzt die projektirten Angriffsarbeiten der Franzosen gegen die Bastione VI und VII in die linke Flanke genommen haben würden. Zugleich sollte, wie schon früher unterhalb der Stadt die Verbindung mit dem linken Tiberufer hergestellt war, dieß nun auch oberhalb der Stadt durch die Wegnahme des Ponte Molle erzielt werden.

Zur Wegnahme der obengenannten Villen war zunächst die Division Regnault, verstärkt durch die Brigade Jean Levaillant der Division Guesviller bestimmt; die Brigade Sauvan der letztern Division sollte Ponte Molle wegnehmen.

Um 2 Uhr Morgens ließ Oudinot seine Truppen aus ihren Lagern aufbrechen. Levaillant ging gegen die westliche Seite der Parkmauer von Villa Pamfili vor und ließ durch den Mineur Bresche in sie legen, während Molière auf der Südseite an der Via Nocetta den Park umging. Die Vertheidiger von Pamfili, von dem Bataillon Melara, welches Oudinot längere Zeit zu Civitavecchia gefangen gehalten und erst zurückgeschickt hatte, nachdem die Römer ihm die am 30. April ihm abgenommenen französischen Gefangenen zugesendet, wollten aufgeschreckt ihren Posten räumen, fielen aber nun Molière in die Hände und dieser machte 200 von ihnen gefangen, der Rest warf sich nach dem Kloster Pancrazio, nach den Villen Corsini und Valentini zurück; auch diese wurden nun von den Franzosen angegriffen und nach kurzem Kampfe erstürmt; die Römer zogen sich in das Vascello, ein Gebäude dicht vor der Porta Pancrazio zurück und leisteten hier jetzt einen sehr energischen Widerstand.

Unterdessen war der Allarm in die Stadt gedrungen und Garibaldi sammelte etwa 3000 M., mit denen er aus der Porta Pancrazio vorrückte, um die verlornen Positionen wieder zu erobern. Es erhob sich nun ein äußerst erbitterter Kampf um das Vascello, die Villa Corsini und die zwischenliegenden Häuser; mehrmals wurden die Positionen verloren und genommen, endlich aber mußten sie, da die Franzosen Brigade auf Brigade in den Kampf führten, am Abend von den erschöpften Römern bis auf das Vascello den Franzosen überlassen werden.

Sauvan war am frühen Morgen gegen den Thurm

vorgerückt, welcher Ponte Molle vertheidigt, und hatte das hier aufgestellte römische Detachement überfallen, worauf er von seinen Sappeurs eine Brücke über den gesprengten Bogen des Ponte Molle werfen ließ und mit einem Detachement ans linke Tiberufer überging. Es kam hier den Tag über zu verschiedenen Scharmützeln mit römischen Truppen, die von Porta del Popolo vorrückten, doch blieb die Brücke in den Händen der Franzosen.

Diese hatten im Ganzen 38 Todte und 242 Verwundete, also 280 M. verloren; der Verlust der Römer aber, die bei den Villen vor der Porta Pancrazio fast immer die Angreifer gewesen waren und von den wohl eingenisteten Fußjägern besonders gelitten hatten, belief sich auf das Doppelte bis Dreifache.

Der Terraingewinn war für die Franzosen, da sie sich einmal zu einer regelmäßigen Belagerung entschlossen hatten, ein sehr bedeutender und ebenso war der Terrainverlust für die Römer unersetzlich zu nennen.

Noch in der Nacht vom 4. auf den 5. Juni eröffneten die Franzosen mit 1200 Arbeitern, die durch zwei Bataillone Laufgrabenwache gedeckt wurden, die erste Parallele, welche vom Kloster S. Pancrazio aus auf 400 Schritt bei den Spitzen der Bastione VI und VII vorbeiging und sich dann auf dem rechten Flügel mittelst eines Hakens zurückbog. Während des ganzen Laufes der Belagerung hatten nun immer zwei Infanteriebataillone nebst einer Fußjägerkompagnie die Tranchéewache; die Zahl der Arbeiter wechselte nach dem Bedürfnisse von 400 bis 1200 M.

In der gleichen Nacht, in welcher die erste Parallele eröffnet wurde, begann die Artillerie den Bau von zwei Batterieen Nr 1 und Nr. 2 hinter dem rechten Flügel. Jede dieser Batterieen ward mit 2 24pfündern und einer 8zölligen Haubitze armirt. Die Batterie 1 war schon am 5. Juni Morgens zum Feuern in Bereitschaft; sie lag ziemlich auf der Kapitale des Bastions VI, etwa 800 Schritte von der Spitze entfernt. Die Batterie 2 war gegen die römischen Batterieen

S. Alessio und des Testaccio am linken Tiberufer unterhalb der Stadt bestimmt. In der Nacht vom 5. auf den 6. Juni ward in der ersten Paralle selbst eine Batterie von 4 8zölligen Mörsern eingerichtet.

Die Römer, ermüdet von den Kämpfen des 3. Juni, hatten die Arbeit der Tranchéeeröffnung nicht gestört, am 5. Morgens aber eröffneten sie ein heftiges Feuer auf die begonnenen Laufgraben- und Batteriearbeiten. In der Nacht hörte das Feuer der Belagerten auf, so daß die Belagerer ungestört ihre Trancheearbeiten fortsetzen konnten. In der Nacht vom 8. auf den 9. wurde die Batterie Nr. 4 von 2 24pfündern und 2 16pfündern gegen die rechte Face von Bastion VI und zum Theil gegen die Curtine VI—VII armirt. Während der vorhergehenden Tage schwebten die Franzosen beständig in Besorgniß wegen eines Angriffs der Belagerten auf den Brückenkopf von S. Paolo am linken Tiberufer und die dortige Brücke. Sie verstärkten deßhalb hier ihre Posten.

In der Nacht vom 10. Juni hatte Garibaldi 8000 Mann vereinigt, um mit diesen Truppen einen großen Ausfall aus der Porta Pancrazio zu unternehmen. Es zeigte sich auch hier, daß solche nächtliche Unternehmungen mit großen Massen durchaus nicht räthlich sind, insbesondere wenn man es mit jungen ungeübten Truppen zu thun hat. Kaum waren die Römer zum Thore heraus, als eine solche Verwirrung einriß, daß Garibaldi nichts Besseres thun konnte, als das ganze Unternehmen aufgeben und die Kolonne in die Stadt zurückziehen. In derselben Nacht machten die Römer den Versuch, die französische Brücke unterhalb der Stadt durch einen großen Brander zu zerstören; der Brander ward aber von den französischen Posten rechtzeitig entdeckt, abgelenkt und abgefangen.

Die Franzosen hatten unterdessen die Approchen vorwärts zur zweiten Parallele, sowie die Kommunikationen aus der ersten Parallele rückwärts ausgeführt. In der Nacht vom 11. auf den 12. erbauten sie die Batterieen Nr. 5 gegenüber Bastion VII und Nr. 6 zunächst der Villa Corsini. Am 12. Juni Morgens unternahmen zwei Kompagnieen der Römer einen Ausfall gegen diese Arbeiten; indem sie sich längs der Mauer eines Gartens, eines alten ehemaligen Ravelins vor der Front VI—VII hinschlichen, überfielen sie die Arbeiter und vertrieben sie, wurden indessen ihrerseits bald von der französischen Trancheewache zum Rückzuge gezwungen. Die beiden französischen Batterieen wurden darauf in der Nacht armirt. Vorher noch am Abende des 12. Juni hatte Oudinot einen Parlamentär mit der Aufforderung zur Uebergabe an die Triumvirn gesendet, welcher mit einer abschläglichen Antwort zurückkehrte.

Am 13 Juni Morgens eröffneten die neuen französischen Batterieen Nr. 4, 5 und 6 ein lebhaftes Feuer gegen die Bastione VI und VII, welches von den Römern nicht minder lebhaft erwidert wurde; ebenso am 14., nachdem in der Nacht die französischen Approchen weiter vorgetrieben und eine kurze zweite Parallele vor der Spitze des alten Ravelins vollendet worden. Die Vertheidigungsbatterieen der Bastione VI und VII litten am 14. Juni erheblich, wogegen das Feuer des Kollateralbastions VIII sich ansehnlich verstärkte.

In den folgenden Nächten und Tagen hoben die Franzosen eine dritte Parallele aus, welche auf 80 Schritt bei den Spitzen der Bastione VI und VII vorbeilief und erbauten in dieser drei Breschbatterieen: Nr. 7 gegen die Curtine VI—VII, Nr. 8 gegen die rechte Face von Bastion VI und Nr. 9 gegen die linke Face von Bastion VII. Außerdem ward dicht vor dem Garten der Villa Corsini die Batterie Nr. 10 erbaut zur Beschäftigung der Bastione VIII und IX.

Am 20. Juni mit Tagesanbruch eröffneten die Breschbatterieen ihr Feuer, unterhielten es den ganzen Tag über, setzten es die Nacht aus und nahmen es am Morgen des 21. Juni wieder auf. Am Nachmittag waren die drei Breschen praktikabel.

Die Römer hatten sich unterdessen aus der aurelianischen Mauer, die sie durch Erdanwürfe verstärkten, einen Abschnitt, eine zweite Linie geschaffen. Jedoch war diese Arbeit sehr wenig zweckmäßig geleitet und eingerichtet; ebenso verhielt es sich mit einem fleschenförmigen Werk, welches vor der aurelianischen Mauer, zwischen dieser und der Curtine VI—VII begonnen war.

Für die Nacht vom 21. auf den 22. beschlossen die Franzosen den Sturm der Breschen. Es sollten aber auch nur diese genommen, dann Verbauungen in den Bastionen angelegt, in diesen und an der Curtine neue Batterieen gegen die zweite Linie errichtet werden. Zu dem Unternehmen wurden 12 Elitekompagnieen (Voltigeurs und Grenadiere) bestimmt. Jede der drei eigentlichen Sturmkolonnen ward aus zwei Kompagnieen gebildet, die übrigen sechs Kompagnieen sollten eine Reserve am Fuß der Breschen formiren, die Laufgrabenwache eine weitere Unterstützung, endlich der noch bleibende Ueberrest der zweiten Division die Hauptreserve. Jeder der Sturmkolonnen wurden 30 Sappeurs und 150 Infanteriearbeiter beigegeben.

Die Breschen wurden von den Franzosen nach sehr kurzem Widerstand genommen, ebenso die Villa Barberini hinter der Curtine V—VI. Einige Versuche verschiedener römischer Abtheilungen, die Breschen wieder zu nehmen oder die Verbauungsarbeiten auf ihnen zu stören, mißglückten gänzlich. Die Franzosen verloren bei diesem ganzen Kampf nur 22 Todte und 68 Verwundete.

Sie erbauten nun zunächst die Batterie 11 auf der Curtine. Aber diese Batterie konnte kaum zum Feuern kommen. Sie litt namentlich von den Werken des linken Tiberufers, Monte Testaccio und S. Alessio. Es half auch nichts, daß man die Batterie Nr. 2, die man beim Fortschritt der Arbeiten schon entwaffnet hatte, wieder armirte. Die Franzosen ließen daher die Batterie 11 eingehen und erbauten dafür zwei besser geschützte Nr. 12 und Nr. 13 in den beiden Bastionen VII und VI. Die beiden neuen Batterieen sollten ihr Feuer gegen eine große Batterie richten, welche die Römer hinter ihrer zweiten Linie auf dem Pino, vorwärts S. Pietro in Montorio, erbaut hatten. Zugleich wurde eine vierte Parallele, theils zur innern Verbindung von Bastion VI und VII, theils außen gegen Bastion VIII begonnen. Am 25. Juni sendeten die fremden Konsuln zu Rom an Oudinot einen Protest gegen das Bombardement der ewigen Stadt.

Am 27. eröffneten die Batterieen 12 und 13 ihr Feuer; am nächsten Tage die Bresch(Contre)batterie 14, welche an der Spitze des Bastions VII erbaut war, gegen die linke Flanke von Bastion VIII.

Am 29. Juni ward die Bresche in Bastion VIII vollendet und am 30. Morgens um 2 Uhr erfolgte der Sturm mit einer Kolonne von außen her, während eine zweite Kolonne innen von Bastion VII gegen die Kehle des Bastions VIII vordrang. Nach einem äußerst hartnäckigen Kampf, der den Römern 400, den Franzosen 116 M. kostete, setzten diese sich in Bastion VIII fest. Sie waren somit unmittelbar an dem rechten Flügel der aurelianischen Mauer, und es konnte ihnen nicht fehlen, diese bald zu öffnen und somit die ganze zweite Linie unhaltbar zu machen. Eine dritte von den Römern vorbereitete Linie von der Porta S. Pancrazio gegen S. Pietro in Montorio war von geringer Bedeutung.

Da stellte in der römischen Repräsentantenversammlung Cernuschi den Antrag, jede weitere Vertheidigung für unnütz zu erklären. Mazzini wollte, daß man Rom verlasse und den Kampf draußen weiter fortsetze. Darüber rief man Garibaldi. Dieser theilte mit, daß man die Vertheidigung allerdings noch von Linie zu Linie fortsetzen könne; aber mehr als einige Tage seien damit nicht zu gewinnen.

Darauf nahm die Versammlung den Antrag Cernuschi's an und übertrug der Munizipalität von Rom die Sorge für die Anknüpfung von Unterhandlungen mit Oudinot. Die bisherigen Triumvirn dankten ab und Mariani, Calandrelli und Saliceti traten an ihre Stelle. Garibaldi erhielt das Oberkommando der Truppen.

Die Unterhandlungen dauerten vom 30. Juni bis zum 2. Juli, ohne zu einer wirklichen Uebereinkunft zu führen. Am Abend des 2. Juli begannen die Franzosen die ihnen ohne Widerstand überlassenen Thore zu besetzen, und am 3. Juli zog die ganze französische Armee in Rom ein.

Am 4. Juli löste Oudinot die Repräsentantenversammlung mit Gewalt auf, ließ Cernuschi verhaften und erklärte auch die römische Armee für aufgelöst.

Garibaldi hatte dieß nicht abgewartet; mit etwa 3000 Mann, die ihm freiwillig folgen wollten, hatte er am 2. Juli Abends die Stadt verlassen, um zu versuchen, ob er nicht den Kampf gegen die Oesterreicher, den Volkskrieg der Italiener neu beleben könne. Wir werden seinem Marsche später folgen, nachdem wir noch die Ereignisse in und vor Venedig bis zu dem gegenwärtigen Zeitpunkt weiter betrachtet haben.

Der Gesammtverlust der Franzosen während der Belagerung von Rom belief sich auf 162 Todte und 842 Verwundete, im Ganzen 1004 M., worunter 56 Offiziere. Der Verlust der Römer stieg auf mehr als 2000 M.

13. Die Ereignisse in und vor Venedig. Die Belagerung von Malghera.

Wir haben früher die venetianischen Ereignisse bis um die Mitte März verfolgt. Wir sahen, wie Haynau sich bereits zu dem förmlichen Angriffe auf Malghera rüstete, aber wegen der Aufkündigung des Waffenstillstandes Salasco den Beginn desselben verschieben mußte; wie andererseits die Venetianer gedachten, die Offensive im freien Felde zu ergreifen, wie zu dem Ende ein Feldoperationskorps gebildet war und wie Pepe bereits sein Hauptquartier zur Eröffnung der Operationen nach Chioggia verlegt hatte. Kaum dort angekommen, erhielt er indessen von Cavedalis den Befehl, sich auf Operationen im freien Felde nicht einzulassen, sondern sich auf die Beunruhigung der Oesterreicher um seine Positionen her zu beschränken.

Indessen hatten die Truppenansammlungen bei Brondolo die Aufmerksamkeit der Oesterreicher erregt und der General Landwehr erhielt den Befehl, sich gegen Chioggia hin festzusetzen, um die linke Flanke der Venetianer zu beobachten und ein etwaiges Vorbrechen von Chioggia her aufzuhalten.

Am 21. März machte Landwehr, nachdem er sich bei Calcinara und Sa. Margherita festgesetzt, einen Angriff auf Conche und nahm auch diese Position nach einem längern, aber unbedeutenden, fast unblutigen Gefecht.

Am 24. März wollte Pepe die Stellung von Conche wiedernehmen, vertrieb auch anfangs den dort stehenden österreichischen Posten, mußte dann aber, da die Oesterreicher alsbald größere Streitkräfte vorführten, von seinem Unternehmen abstehen.

Unterdessen hatte Radetzki den kurzen Feldzug gegen die Piemontesen siegreich beendet. Bald drang die Trauernachricht nach Venedig in einer Weise, daß an ihrer Wahrheit nicht mehr gezweifelt werden konnte. Die venetianischen Truppen wurden daher aus den äußern Stellungen am 1. April zurückgerufen und das Feldoperationskorps aufgelöst.

Auch Haynau kündigte den Venetianern das für die Piemontesen unglückliche Ende des Feldzuges von Novara an und forderte sie auf, sich auf ehrenhafte Bedingungen zu ergeben, die später nicht mehr bewilligt werden könnten. Manin berief darauf am 2. April die Repräsentantenversammlung, damit sie sich über die Aufforderung Haynau's ausspreche. Die Versammlung beschloß: „Venedig wird sich auf keinen Fall den Oesterreichern ergeben, und um dieß durchzuführen, wird Manin mit unumschränkter Gewalt bekleidet." Manin sendete diesen Beschluß als Antwort an Haynau.

Zugleich machte er noch einen neuen Versuch, eine energische Intervention Frankreichs und Englands zu Gunsten Venedigs hervorzurufen. Nichts wurde aber in Venedig versäumt, um die Vertheidigungskräfte mit allen Mitteln zu heben. Doch wollte man sich auf eine strikte Vertheidigung beschränken und ging in dieser Beziehung selbst zu weit.

Am 9. April formirte Haynau sein Belagerungskorps gegen Malghera:

Division Perglas:

Brigade Coronini, $4^2/_3$ Bataillons, $^1/_4$ Eskadron, 6 Geschütze.

Brigade Kerpan, 5 Bataillons, $^1/_4$ Eskadron, 6 Geschütze.

Division Simbschen:

Brigade Macchio, 5 Bataillons, $^1/_4$ Eskadron, 2 Geschütze.

Brigade Thurn, $3^1/_3$ Bataillons.

Selbstständige Brigade Wocher, 6 Bataillons, $^1/_4$ Eskadron.

500 M. Artillerie, 3 Kompagnieen Pionnire, 40 Sappeurs, $^1/_2$ Kompagnie Mineurs, 1 Kompagnie des Flottillenkorps, 1 Sanitätskompagnie und eine Transportdivision, ein Artilleriepark von 90 Geschützen.

Die Division Perglas auf dem rechten Flügel hielt mit der Brigade Coronini Oriago, Ponte della Rana, Malcontenta und Moranzona, mit der Brigade Kerpan Mestre besetzt; die Division Simbschen auf dem linken Flügel mit der Brigade Macchio Carpenedolo, mit der Brigade Thun Fusaro. Die Brigade Wocher stand in Zellarino in Reserve.

Die übrigen Truppen des 2. Reservekorps, welche nicht zum eigentlichen Blokadekorps gehörten, waren folgendermaßen vertheilt:

die Brigade Landwehr (jetzt unter Oberst Cerrini), 2 Bataillons, 2 Eskadrons, 8 Geschütze, 1 Czaikistenabtheilung, bei Rovigo und Gegend, links bis Calcinara und Conche;

die Brigade Mastrovich, $2^2/_3$ Bataillons, 3 Eskadrons, 15 Geschütze, in Padua, Treviso, Motta, Belluno, Conegliano, Bassano, Vicenza, Legnago;

die Brigade Tisma, $1^1/_2$ Bataillon, 1 Czaikistendetachement, 2 Geschütze, zu San Donà, Caorle, Grisolera, Musestre, Bosco Montello;

die Brigade Thamm, 2 Bataillons, zu Udine, Palmanova, Osopo, Portogruaro, Codroipo.

Eine österreichische Flottille unter dem Vizeadmiral Dahlrup sollte den Angriff auf Venedig durch die Blokade von der Seeseite unterstützen, welches der Abgang der sardinischen Flotte unter Albini in Folge des Waffenstillstandes möglich machte. Sieben Fahrzeuge unter Korvettenkapitän Schmidt wurden sogleich vor Venedig beordert; 3 Fregatten sollten sich zuerst im Hafen von Pirano sammeln, um dann unter Dahlrup selbst vor Venedig zu steuern.

Vom 9. April ab ließ Haynau mit verdoppelter Anstrengung die Vorbereitungsarbeiten für die Belagerung von Malghera betreiben und am 18. April verlegte er sein Hauptquartier nach der Villa Papadopoli an der Straße von Treviso.

Noch ehe die Belagerung begann, ward, da Paolucci krank wurde, der Befehl über das Fort Malghera und die von ihm abhängigen detachirten Werke dem Oberst Ulloa, bisherigen Generalstabschef Pepe's, übergeben.

Das eigentliche Fort Malghera besteht aus einem innern etwa viereckigen bastionirten Werk; es ist in der Richtung von Westen nach Osten länger, als in derjenigen von Norden nach Süden. Gegen Westen, gegen Mestre hin, liegt die eine der bastionirten Fronten; gegen Süden, Westen und Norden ist das innere Werk mit einem Kronwerk von vier Bastionen umschlossen, und dieses ganze System umgibt ein tüchtiger Wassergraben, der seinerseits einen von mehreren Lunetten vertheidigten bedeckten Weg vor sich hat.

Nordostwärts oder rechts rückwärts von Malghera, wenn man sich dessen Front gegen Mestre denkt, liegt das kleine detachirte Fort Manin, ebenso links von Malghera das Fort Rizzardi; hinter Malghera auf dem Eisenbahndamm war unter Benutzung einer gesprengten Brücke die Batterie

Cinque Archi erbaut, und noch weiter rückwärts in der Lagune, dicht nördlich der großen Eisenbahnbrücke, lag das Fort S. Giuliano.

Die Artilleriearmirung von Malghera bestand aus 74 Kanonen, 8 Haubitzen, 18 Mörsern; Fort Rizzardi und der bedeckte Weg, welcher es mit Malghera verbindet, hatte 13, ebenso Fort Manin 13 Geschütze; die Batterie Cinque Archi 5, das Fort S. Giuliano 16 Geschütze.

Die Besatzung Malghera's und seiner Dependenzen bestand aus 2744 M.

Der Boden, auf welchem die Oesterreicher ihre Belagerungsarbeiten beginnen mußten, ist durch die Linien der Eisenbahn, des Kanals von Mestre und des Oselinokanals, welche in dieser Gegend ungefähr von Westen nach Osten laufen, in mehrere Abschnitte getheilt. Außerdem ist dieser Boden sehr angewässert. Zu den Vorbereitungsarbeiten der Oesterreicher für die Eröffnung der Belagerung gehörten daher nicht bloß die gewöhnlichen; eine Hauptarbeit war vielmehr die Anlage von Durchstichen und Abzugsgräben, um das Terrain so weit möglich zu entsumpfen. Dadurch ward doch immer nur so viel erreicht, daß man jetzt auf den höher gelegenen Stellen Approchen ausführen konnte, indem man diesen keine größere Tiefe als drei Fuß gab und dafür eine desto größere Breite, um den nothwendigen Boden für die Deckungshöhe und Deckungsdicke zu gewinnen. Eine regelmäßige Führung der Linien war nicht zulässig, man mußte vielmehr vorzugsweise die höher gelegenen Bodenstellen aufsuchen und diese gaben das Gesetz für die Gestaltung und Führung von Parallelen und Approchen.

Der allgemeine Plan der Oesterreicher war, den Hauptangriff gegen die Mestre zugekehrten Fronten von Malghera zu beginnen, dann aber insbesondere längs der Eisenbahn den rechten Flügel der Arbeiten vorzutreiben, um die Kehle von Malghera zu gewinnen. Ein Nebenangriff sollte, um die Aufmerksamkeit der Belagerten zu theilen, in der Richtung von Campalto unternommen werden.

In der Nacht vom 29. auf den 30. April eröffneten die Oesterreicher auf etwa 1200 Schritt von Malghera mit 1850 Arbeitern, die von 1000 M. Trancheewache gedeckt wurden, eine sogenannte Vorbereitungsparallele, die Kommunikationen von ihr nach rückwärts waren zum größten Theil bereits früher ausgeführt. Die Arbeit wurde gar nicht gestört; um 8 Uhr Abends fand zwar ein kleiner Ausfall aus dem Fort statt und die Venetianer drangen bis über die schon ausgeführte Trace vor, ohne indessen dieselbe zu bemerken. Die Arbeiten dehnten sich rechts und links der Eisenbahn aus; gleichzeitig mit der Vorbereitungsparallele wurden verschiedene Annäherungen nach vorwärts begonnen und am 1. Mai konnte man auch schon den Bau der Batterieen in Angriff nehmen.

Es wurden zunächst sieben erbaut und zwar drei auf dem linken Flügel, nördlich dem Mestrekanal, die Mörserbatterie Nr. I mit 4 60pfündigen Mörsern, Batterie II mit 4 30pfündigen Mörsern, Batterie III mit 5 7pfündigen Haubitzen; — zwei im Zentrum zwischen Mestrekanal und Eisenbahn, Nr. IV mit 4 24pfündern und 2 18pfündern, Nr. V mit 4 24pfündern und 2 18pfündern; zwei auf dem rechten Flügel südlich der Eisenbahn, Nr. VI mit 4 30pfündigen Mörsern, Nr. VII mit 3 30pfündigen Mörsern.

Am 3. Mai Abends waren diese Batterieen mit Ausnahme von Nr. V hergestellt und konnten armirt werden; gleichzeitig verschloß die österreichische Flottille die Eingänge durch den Lido zu den Lagunen, und unter Zuhülfenahme des Flottillenkorps und des Czaikistendetachements, welche den Oesterreichern zu Gebote standen, suchten sie sich mittelst häufiger Patrouillen die Herrschaft über die Lagunenkanäle nach der Landseite hin zu sichern, mittelst deren die Venetianer sich stetig zu verproviantiren wußten. Es kam dabei zu mehreren kleinen Scharmützeln; bei den labyrinthischen Verschlingungen der Lagunenkanäle und der genauen Bekanntschaft des venetianischen Flottillenkorps mit ihnen erreichten hier die Oesterreicher übrigens ihren Zweck nicht.

Am 4. Mai, eine halbe Stunde nach Mitternacht, ließ Haynau von seinen sämmtlichen Batterieen das Feuer gegen Malghera eröffnen.

Ulloa hatte bis dahin den Dienst im Fort und seinen Dependenzen gehörig organisirt, die Besatzung, um sie besser unterbringen zu können, auf 2340 Mann reduzirt, die feuergefährlichen Barracken, in denen die Mannschaft früher gelagert, entfernen lassen und sie durch Zelte ersetzt, so weit die vorhandenen Kasematten in den Werken für die Unterkunft nicht ausreichten.

Wegen der Natur des Bodens konnte Ulloa die Arbeiten der Oesterreicher nicht durch große Ausfälle stören, auch mit dem Artilleriefeuer mußte er wegen der großen Entfernung der österreichischen Hülfsparallele sparsam umgehen. Er bestimmte nur vier schwache Kompagnieen zur nächtlichen Beunruhigung der feindlichen Arbeiten; eine dieser Kompagnieen schlich sich nahe an die Oesterreicher heran, feuerte viel auf die Arbeiter und wich aus, sobald die Tranchéewache vorrückte, um auf einem andern Punkt dasselbe Spiel zu beginnen; die drei andern Kompagnieen bildeten die Reserve; um bei ihrem Rückzuge diese ganze Ausfallsmannschaft aufnehmen zu können, wenn sie heftig gedrängt ward, wurden jeden Abend vor dem Dunkelwerden einige Stücke in passenden Stellungen so gerichtet, daß man die Verfolger gehörig beschießen konnte.

Das Feuer, welches die Oesterreicher am 4. Mai Morgens mit Heftigkeit eröffneten, erschreckte anfangs die jungen venetianischen Soldaten in Malghera sehr; doch wußte Ulloa ihnen schnell Muth einzuflößen; sie sammelten und erholten sich bald und die venetianische Artillerie erwiederte das österreichische Feuer nun so kräftig, daß binnen kurzem namentlich die österreichische Batterie Nr. V ungemein beschädigt war. Um

30*

7 Uhr Abends wurde das Feuer der Oesterreicher eingeschränkt und am 5. Mai Morgens um 5 Uhr gänzlich eingestellt.

Die Oesterreicher geben ihren Verlust an Menschen am 4. Mai auf nur 1 Todten, 1 Verwundeten an; die Venetianer hatten 4 Todte und 18 Verwundete.

Radetzki selbst war am 4. Mai Abends bei Haynau eingetroffen. Er mochte denken, daß die Beschießung vom 4. die Venetianer bereits genügend eingeschüchtert habe und sendete daher in Form einer Proklamation an die Bevölkerung Venedigs am 5. eine Aufforderung an Manin. Er verlangte unbedingte Unterwerfung und die sofortige Uebergabe sämmtlicher Festungswerke, Waffen u. s. w. Dagegen versprach er einen Generalpardon und für alle, die Venedig verlassen wollten, die Erlaubniß hiezu auf dem von ihnen gewählten Land- oder Seewege binnen 48 Stunden nach der Uebergabe.

Manin antwortete, indem er auf die Erwiederung verwies, welche er gemäß dem Beschluß der Repräsentantenversammlung vom 2. April an Haynau ertheilt habe, er fügte hinzu, daß er bald Näheres über die Vermittlung Frankreichs und Englands zu erfahren hoffe, daß dieß aber eine direkte selbstständige Unterhandlung mit dem Wiener Ministerium nicht ausschließe. Er stellte es Radetzki anheim, ob er zu solchem Behuf die Feindseligkeiten einstellen wolle.

Am 6. Mai erklärte hierauf Radetzki, daß sein Kaiser von einer Intervention fremder Mächte (vergleiche Rußland in Ungarn!) nichts mehr wissen wolle, und daß er, der Marschall, deßhalb alle weiteren Unterhandlungen abbreche.

Ulloa hatte, da er keinen Befehl seiner Regierung zur Einstellung des Feuers erhielt, dasselbe um so mehr fortunterhalten, als er bemerkte, daß die Oesterreicher rüstig an der Ausbesserung ihrer Batterieen arbeiteten, und hatte eine in etwas ungebräuchlicher Weise von Haynau mit ihm eröffnete Korrespondenz kurz abgeschnitten.

Indessen tauchte doch schon am 5. Mai in Venedig die Frage auf, ob man nicht Malghera räumen solle, um die

Vertheidigung noch mehr zu konzentriren. Die Sache ist etwas unbegreiflich, jedoch kam Cavedalis am 5. Mai zu Ulloa herüber, um mit ihm diesen Gegenstand zu verhandeln. Er führte besonders an, daß man bei der Fortsetzung der Vertheidigung von Malghera große Verluste an Menschen und Material erleiden werde und daß man ja nur ehrenhalber Malghera nicht aufgegeben, bevor die Oesterreicher ihr Feuer eröffneten. Ulloa sprach seine entgegengesetzte Meinung aus und legte besonders den Ton auf den schlechten Eindruck, den es auf die Soldaten, wie auf die Venetianer überhaupt machen müsse, wenn man Malghera ohne ernstlichen Kampf übergebe. Die Regierung Venedigs ließ darauf die Sache fallen und die Vertheidigung ward fortgesetzt.

Am 6. Mai Morgens nahmen die Oesterreicher das Feuer wieder auf, und in der Nacht vom 6. auf den 7. Mai eröffneten sie ihre erste Parallele vorwärts der Vorbereitungsparallele und 750 Schritte vom Fort Malghera entfernt. Zugleich wurden die Angriffsarbeiten links (nördlich) vom Oselinokanal gegen Fort Manin begonnen; ebenso der Bau von zwei Demontirbatterieen in der ersten Parallele, rechts (südlich) des Eisenbahndammes, für 8 18pfündige Kanonen und 9 Bombenkanonen.

Ulloa ließ in dieser Nacht von den Ausfallstruppen, welche noch durch die Schweizerkompagnie verstärkt wurden, einen heftigen Angriff gegen die rechte Flanke und das Zentrum der ersten Parallele ausführen, bei welchem die Oesterreicher 20 Todte und 55 Verwundete hatten, während die Venetianer mit einem äußerst geringen Verlust davonkamen.

Am 7. Mai traten heftige Regengüsse ein; die Venetianer hatten sowohl den Oselinokanal als den von Mestre gestaut; das Wasser hatte also keinen Abfluß und überschwemmte die gegen Mestre zu gelegenen Felder und insbesondere auch die Parallelen, so daß die österreichischen Angriffsarbeiten völlig ins Stocken geriethen.

Ulloa, der den Stillstand der österreichischen Arbeiten wohl bemerkte, aber den Grund nicht genau kannte, ließ am 9. Mai Morgens, um sich über die obwaltenden Verhältnisse zu unterrichten, einen Ausfall in drei Kolonnen machen, zu denen er im Ganzen 660 Mann Infanterie, 100 Sappeurs, ein Detachement Artillerie und zwei kleine Dreipfünder bestimmte.

Der rechte Flügel unter Major Rossarol ging von Lunette 13 am Mestrekanal vor; die beiden andern Kolonnen gingen von Lunette 12 aus und zwar die des Zentrums unter Major Cosenz gegen die Front der Parallele zwischen dem Mestrekanal und der Eisenbahn, die des linken Flügels unter Major Sirtori südlich der Eisenbahn gegen die rechte Flanke der bisher ausgeführten österreichischen Parallele.

Um 4 Uhr Morgens begann der Angriff der Venetianer und das Gefecht dauerte bis 6 Uhr Morgens; die Venetianer verloren 4 Todte und 26 Verwundete, die Oesterreicher nur 1 Todten und 9 Verwundete; aber den venetianischen Sappeurs war es gelungen, während des Gefechtes den südlichen Damm des Mestrekanals vollständig zu durchstechen, so daß nun das Terrain zwischen diesem Kanal und der Eisenbahn, auf welchem der Haupttheil der ersten österreichischen Parallele lag, völlig überschwemmt ward.

Ein sehr großer Theil der österreichischen Angriffsarbeiten wurde gänzlich ungangbar; aber die Oesterreicher wurden eben dadurch auf das ihnen günstigste, zum Approchiren brauchbarste Terrain südlich des Eisenbahndammes geleitet, wo sie nun auch bald die beiden Demontirbatterieen in der ersten Parallele Nr. XV und XVI zu Stande bringen konnten.

Die Oesterreicher verlängerten ihre erste Parallele beständig nach dem rechten Flügel gegen den Kanal delle Berze südlich der Eisenbahn und legten nun auch vornämlich die Batterieen an, welche sie ursprünglich für den Raum zwischen der Eisenbahn und dem Mestrekanal projektirt hatten. Zugleich schritten sie gegen Campalto auf ihrer äußersten Linken hin vor und erbauten hier Batterieen gegen Fort Manin, S. Giuliano und die Lagunenflottille.

Unterdessen ward Haynau vom Belagerungskorps vor Venedig abberufen, um das Oberkommando in Ungarn zu übernehmen. Er verließ das Belagerungskorps am 17. Mai und an seine Stelle trat F.M.L. Thurn. Die Belagerungsarbeiten wurden fortgesetzt, namentlich durch Ausdehnung der ersten Parallele nach rechts hin an den Kanal delle Berze und zum Paluettekanal, so daß das Fort Rizzardi und fast die ganze linke Seite des Kronwerks vom Fort Malghera umfaßt war.

In der Nacht vom 23. auf den 24. Mai hatten die Oesterreicher folgende Batterieen armirt:

1. Auf dem linken Flügel der Vorbereitungsparallele zwischen dem Mestrekanal und der Eisenbahn die Batterieen Nr. I, II, III, IV, V mit 16 Mörsern und 5 Haubitzen;

2. auf dem rechten Flügel der Vorbereitungsparallele zwischen der Eisenbahn und dem Kanal delle Berze die Batterieen VI und VII mit 7 Mörsern;

3. auf dem linken Flügel der ersten Parallele links vom Mestrekanal Batterie Nr. VIII mit 4 Kanonen und 6 Haubitzen;

4. im Zentrum der ersten Parallele Batterie Nr. XIV mit 5 Kanonen, zwischen Mestrekanal und Eisenbahn;

5. auf dem rechten Flügel der ersten Parallele, von der Eisenbahn bis zu den Kanälen delle Berze und Paluette, die Batterieen Nr. XIV bis, Nr. XV, Nr. XVI und Nr. XVI bis mit 26 Kanonen, 4 Haubitzen und 4 Mörsern;

6. bei dem Nebenangriff gegen Fort Manin an dem Weg von Campalto nach Malghera, dann am Oselinokanal die Batterieen XVII a, b und c, XVIII, XIX, XIX bis und XX mit 10 Kanonen und 4 Mörsern.

Es konnten also in Thätigkeit gesetzt werden beim Hauptangriff 27 Mörser, 15 Haubitzen, 35 Kanonen, beim Nebenangriff 4 Mörser, 10 Kanonen, zusammen 31 Mörser, 15 Haubitzen, 35 Kanonen oder 81 Geschütze.

Ulloa war den Fortschritten der Oesterreicher aufmerksam gefolgt, hatte auch seinerseits neue Batterieen armirt, stets ein so kräftiges Feuer als möglich unterhalten, die Lunetten 12 und 13 miniren lassen, um sie, falls sie in die Hände der Oesterreicher geriethen, wegsprengen zu können, da ihre Brustwehren zu hoch waren und fast das Hauptwerk dominirten, außerdem hatte er Barrikaden vorbereiten lassen, um dem Feind den Eintritt ins Kernwerk von den Außenwerken her verwehren zu können, falls letztere in die Hände der Oesterreicher geriethen.

Am 18. Mai war im Hauptquartier Thurns die Nachricht von dem Falle Bologna's eingetroffen; Thurn machte hievon sogleich Mittheilung an die Regierung von Venedig. Allerdings nahm diese davon keine besondere Notiz. Indessen führte das nun erfolgende Vordringen Wimpffens gegen Ancona, die Vertreibung der römischen Truppen in diesen Gegenden, die Herrschaft, welche auch die österreichische Flotte an der italienischen Küste des adriatischen Meeres gewann, allerdings Nachtheile für die Vertheidigung Venedigs mit sich, insofern die Verproviantirung aus dieser Richtung her, die von kühnen und mit den Gewässern wohlbekannten Schiffern immer noch betrieben ward, mehr und mehr gehindert wurde.

Am 20. Mai unternahm Rizzardi von Brondolo aus einen größeren Ausfall in drei Kolonnen an und zum Theil über die Etsch, welcher vor allen Dingen eine neue Verproviantirung zum Zwecke hatte. In der That brachte dieser Ausfall, bei welchem es zu einigen Scharmützeln kam, den Venetianern mehr als 300 Häupter Schlachtvieh und eine große Menge anderer Lebensmittel ein, welche nach Chioggia geschafft wurden.

Am 21. Mai sendete Thurn einen Parlamentär nach Venedig mit der Aufforderung an die fremden Konsuln die

Räumung der Stadt seitens ihrer Landsleute in Aussicht auf den nahen ernsten Angriff bewirken zu wollen. Mehr als 3000 Menschen verließen in Folge dessen Venedig.

Am 24. Mai Morgens um $5^1/_4$ Uhr ließ nun Thurn das Bombardement des Forts Malghera beginnen; die Batterie Nr. V gab das Signal, alle anderen Belagerungsbatterieen nahmen nach und nach das Feuer auf. Das Fort erwiederte die Begrüßung mit Lebhaftigkeit. Das Resultat war am Abend des 24. folgendes:

In der Belagerungsbatterie XIV waren 2 32pfündige Kanonen demontirt und die ganze Brustwehr zerstört, so daß diese Batterie schon seit 11 Uhr Vormittags das Feuer hatte einstellen müssen: in der Batterie III war am Nachmittag nur noch eine Haubitze dienstfähig; Batterie VIII war stark beschädigt und ein Geschütz in ihr demontirt; Batterie XVII b war gänzlich demontirt. An Mannschaft hatten die Oesterreicher nur 17 Todte und 35 Verwundete verloren.

In Malghera waren 17 Geschütze demontirt, darunter die ganze Cavalierbatterie auf der Defensionskaserne des Kernforts, mehrere kleine Pulvermagazine waren in die Luft geflogen, zwei Barken mit Munition, die im Militärkanal in der Kehle des Forts lagen, in Grund gebohrt. An Mannschaft hatte Ulloa 49 Todte und 100 Verwundete verloren.

Während der Nacht vom 24. auf den 25. Mai setzten die Oesterreicher nur ihr Wurffeuer fort; auf beiden Seiten arbeitete man an der Herstellung der beschädigten Werke, auf österreichischer Seite mit solchem Erfolg, daß am Morgen des 25. sämmtliche Geschütze mit Ausnahme eines einzigen in der Batterie Nr. XIV wieder in Thätigkeit treten konnten. Anders verhielt es sich in Malghera, wo auf dem engen Raum der Schaden ein viel größerer war, und wo man bei der geringen, den Tag über beträchtlich angestrengten Besatzung nicht so viele Arbeiter verfügbar machen konnte, als den Belagerern draußen zu Gebote standen.

So kam es denn, daß als Thurn am 25. Mai Morgens das Feuer von Neuem eröffnet hatte, bald im Laufe des Vormittags dieses Feuer über das der Belagerten eine entschiedene Ueberlegenheit erlangte. Die Brustwehren des Forts waren unförmliche Haufen, das Innere von Bomben und Kugeln durchfurcht, von Neuem waren mehrere Handpulvermagazine aufgeflogen. Am Abend hatte Ulloa nur noch 1742 Mann der Besatzung disponibel.

Im Laufe des 25. erhielt Ulloa eine Mittheilung der Regierung von Venedig, wonach man genaue Nachrichten haben wollte, daß am 27. Morgens Thurn einen allgemeinen Sturm auf Malghera unternehmen werde. Die Regierung meinte, daß es unter solchen Umständen angemessen sein werde, Malghera zu räumen, um sich auf die zweite Vertheidigungslinie zurückzuziehen. Ulloa berief darauf einen Kriegsrath, um dessen Meinung über die Zustände einzuholen. Nach Anhörung des Kriegsrathes erwiderte er der Regierung, daß er glaube, die Vertheidigung Malghera's noch fortsetzen zu können, wenn er Zivilarbeiter, Sandsäcke, Faschinen und Munition erhielte.

Die Regierung antwortete, daß sie seinen Forderungen nicht Genüge thun könne, daß namentlich Zivilarbeiter bei den gefährlichen Umständen, in denen Malghera sich befände, nicht mehr aufzutreiben wären. Ulloa verlangte hierauf ein vollständiges Dekret Manins, welches ihn nicht bloß zur Räumung Malghera's ermächtigte, sondern dieselbe anbefahl, war im Uebrigen entschlossen, den Widerstand jedenfalls noch den 26. Mai fortzusetzen. Im Laufe des 26. erhielt Ulloa das verlangte Dekret.

In der Nacht vom 25. auf den 26. bewarfen die Oesterreicher Malghera stark mit Wurfgeschossen, um Reparaturarbeiten so weit thunlich unmöglich zu machen. Es war kaum nöthig, da die Ermattung der schwachen Besatzung, welche Ablösungen unmöglich machte, ohnedieß jede Reparatur verbot und da die Verheerungen einen zu großen Umfang hatten, als daß in wenigen Nachtstunden dem Schaden auf einigermaßen gründliche Weise wäre abzuhelfen gewesen.

Am 26. nahmen die Oesterreicher ihr Feuer mit voller Heftigkeit wieder auf. Für die Nacht vom 26. auf den 27. hatte in der That Thurn den Sturm auf Malghera beschlossen. Bei näherem Zusehen ergab sich indessen, daß noch Manches dazu fehlte, und so wurde das Unternehmen noch verschoben. Am 26. Mai Vormittags versammelte Ulloa die Truppenkommandanten, um sie mit den Dispositionen für die Räumung bekannt zu machen; dieselbe sollte in vier Echellons vor sich gehen, die sich von Stunde zu Stunde folgten. Das erste Echellon sollte um 9 Uhr abgehen. Um 5 Uhr sollte das Fort Rizzardi sein Feuer beginnen und nach einer halben Stunde aufhören, worauf die nächste Batterie von Fort Malghera das Feuer für eine halbe Stunde aufnahm. So sollte dieß bis zum rechten Flügel (Fort Manin) fortgesetzt werden und dann Rizzardi wieder beginnen. Bei der Räumung der verschiedenen Posten sollten auf einzelnen Geschützen noch Lunten von verschiedener Brennzeit zurückgelassen werden. Auf diese Weise hoffte man am besten den Oesterreichern die Räumung zu verheimlichen.

Der Abzug der Burschen der Infanterieoffiziere mit deren Effekten, schon um 6 Uhr, brachte einigen Allarm in die Mannschaft der Besatzung, welcher von der Absicht der Räumung noch nichts gesagt worden war. Indessen ward dieß ins Gleiche gebracht, und die Räumung begann, wie vorgeschrieben, um 9 Uhr. Am 27. Mai um 1½ Uhr Morgens war sie vollendet.

Bald nachdem dieß geschehen war und als das Feuer vom Fort Malghera gänzlich schwieg, schlich sich eine österreichische Patrouille in dasselbe und entdeckte, daß es gänzlich verlassen war. Die Oesterreicher ergriffen nun am 27. Besitz von dem Fort, sowie von den Forts Manin und Rizzardi. Sie fanden 151 Geschütze, jedoch meistentheils mit zerschossenen Laffeten, sowie einige Vorräthe an Munition.

Während der ganzen Belagerung von Malghera vom 4. bis 26. Mai hatten die Oesterreicher 74,000 Artilleriegeschosse gebraucht, die Vertheidiger 80,000. Der Verlust derselben an Mannschaft während der Belagerung belief sich auf 100 Todte und 400 meist schwer Verwundete, also auf fast ein Viertel der Besatzung. Die Oesterreicher geben ihren Verlust auf 105 Todte, 236 Verwundete, also 341 M. an.

Nach dem Aufgeben von Malghera sprengten die Venetianer sieben Bogen der großen Eisenbahnbrücke. Als die Oesterreicher Malghera besetzten, gingen zugleich zwei Detachements vor, theils um auf der Eisenbahnbrücke vorzudringen, theils um sich des Forts S. Giuliano zu bemächtigen.

Das Vordringen auf der Eisenbahnbrücke war unmöglich, doch ward auf dem Eisenbahndamm zunächst dem Eingang zur Brücke eine Deckung für einige Geschütze ausgehoben.

Das Kommando zu S. Giuliano sollte nach der Räumung Malghera's Sirtori übernehmen. Indessen war die Besatzung von S. Giuliano von einem panischen Schrecken ergriffen bis auf 12 Mann nach Venedig durchgegangen. Mit diesen 12 Mann konnte Sirtori nicht an eine Vertheidigung denken. Als er daher sah, daß die Oesterreicher Anstalten zu einem Angriff machten, legte er eine Lunte an das Pulvermagazin und räumte das Fort. Das gegen S. Giuliano gesendete Detachement der Oesterreicher nahm sonach ohne Widerstand Besitz von dem Fort. Kaum aber war dieß geschehen, als das Pulvermagazin explodirte. Nur wenige Leute des zu S. Giuliano befindlichen österreichischen Detachements kamen bei dieser Gelegenheit mit dem Leben davon.

14. Der Angriff auf Venedig bis zum Beginn des Bombardements der Stadt.

Die Venetianer waren nach dem Falle von Malghera auf die zweite und dritte Vertheidigungslinie an der Eisenbahnbrücke zurückgewiesen. Diese, zunächst unter Ulloa's

Kommando gestellt, bestand aus folgenden Batterieen. Auf dem großen Platze in der Mitte der Eisenbahnbrücke befand sich die Platzbatterie (**Batteria del Piazzale**), später Batterie S. Antonio genannt. Rechts der Brücke, 1500 Schritt hinter S. Antonio, das Fort S. Secondo. Zwei Schiffsdivisionen, aus Prahmen, Flößen, Piroguen und Trabakeln zusammengesetzt und mit Geschütz armirt, ankerten die eine unter dem Korvettenkapitän Sangredo rechts, die andere unter dem Korvettenkapitän Viscovich links der Brücke rückwärts von S. Antonio.

Die gesprengten Bogen der Brücke befanden sich etwa 1200 Schritt vorwärts der Batterie S. Antonio, es wurden noch 8 weitere Bogen unmittelbar vor dieser Batterie gesprengt. An allen vorhandenen Werken wurden Verbesserungen vorgenommen. Die Batterie Pio nono an der Eisenbahnbrücke unmittelbar am Eingang der Stadt, ward in eine große Batterieschanze mit Kommandement über S. Antonio verwandelt und mit den beiden Batterieen S. Marco rechts und Carlo Alberto links so zusammengehängt, daß hier eine bastionirte Front entstand. Zwischen der Brücke und S. Giorgio in Alga wurde der Bau einer Batterie auf eingerammten Pfählen begonnen. Späterhin ward noch auf der Brücke selbst zwischen S. Antonio und S. Secondo eine neue Batterie (Rossarol) erbaut.

Radetzki, welcher auf die Nachricht von der Einnahme Malghera's noch am 27. Mai zum Belagerungskorps geeilt war, ordnete an, daß dieses sich mit den Belagerungsarbeiten zunächst auf die Bekämpfung der Batterie S. Antonio beschränke, um nähere Aufstellungen an Venedig auf der Brücke zu gewinnen; daß im Uebrigen die Blokade auf der Landseite sowohl als von der Seeseite verschärft werde, um dadurch Venedig wo möglich noch vor dem Eintritt der allerheißesten und ungesundesten Monate zur Uebergabe zu zwingen. Hiemit wurden auch neue Unterhandlungen in Verbindung gebracht.

Die österreichischen Truppen erhielten nunmehr nachstehende Aufstellungen und Bestimmungen:

Von der Division Simbschen besetzte

die Brigade Wolter (später Macchio), 8 Bataillons, 1/2 Eskadron, 2 Mineurs-, 1 Sappeur- und 2 Pionnierkompagnieen, Mestre und Malghera und übernahm die Fortsetzung der Belagerung, soweit sie überhaupt stattfinden sollte;

die Brigade Macchio (später Dreyhann), 4 1/2 Bataillons, 1/4 Eskadron, ein Czaikistendetachement, mit dem Gros in S. Michele am Sile, bewachte mit Detachements die ganze Küstenstrecke nordöstlich von Mestre, von Tessera bis Caorle. Die Bewohner des Küstenstrichs zwischen dem Sile und der Piave mußten diesen räumen und sich mit ihrer Habe und ihrem Vieh ins Innere des Landes zurückziehen, damit den Venetianern die Möglichkeit genommen werde, sich aus diesen Gegenden her zu verproviantiren.

Von der Division Perglas bewachte

die Brigade Kerpan, 4 Bataillons, 1/4 Eskadron, mit dem Gros zu Piove die Strecke am Taglio novissimo della Brenta von Ponte della Rana bis Codevigo;

die Brigade Coronini, 5 2/3 Bataillons, 1/4 Eskadron, ein Detachement Czaikisten und 18 Geschütze, machte bei Cavarzere und Sa. Anna Front gegen die Lagunen um Brondolo;

die Brigade Landwehr, 3 2/3 Bataillons, 5 Eskadrons und 9 Geschütze, bestritt die Besatzungen im Innern Venetiens, sowie an der untern Etsch und dem untern Po.

Weigelsperg mit 2 Bataillons hielt Palmanova, Udine, Portogruaro, Lattisana und Codroipo besetzt.

Die Oesterreicher, in den Besitz von Malghera gelangt, armirten dessen Kehle, sowie die des Forts Rizzardi gegen Venedig; dann bemächtigten sie sich S. Giuliano's von Neuem, da eine zweite Explosion nicht zu fürchten war, und endlich trafen sie Anstalten, auf der Brücke selbst Batterieen, insbesondere gegen S. Antonio zu erbauen. Indem sie aus dem aufgehäuften Schutte eines der gesprengten Brückenbogen in der Höhe von S. Giuliano Nutzen zogen, legten sie hier die Batterie XXI für zwei weittreibende Mörser an, welche bereits am 29. Mai ihr Feuer eröffnen konnte; hinter Nr. XXI ward am westlichen Zugang zur Brücke auf dem Eisenbahndamme die Batterie Nr. XXII für 5 Bombenkanonen erbaut und in der Nacht vom 29. auf den 30. Mai armirt; hinter Nr. XXII wurde dann wiederum auf dem Eisenbahndamme die Batterie Nr. XXIII erbaut, hauptsächlich zur Abwehr der venetianischen Schiffe bestimmt, welche sich wiederholt der Mörserbatterie XXI zu nähern suchten.

S. Giuliano ward durch einen Steg mit dem Lande verbunden und sogleich zur Vertheidigung eingerichtet, es wurden dann auf der Insel die Batterieen Nr. XXIV für 6 24pfünder und dahinter Nr. XXV für 4 12pfündige (Steingewicht) Mörser erbaut.

Die Kommunikationen zu den Batterieen auf der Eisenbahnbrücke wurden durch Sandsacktraversen gesichert. Um die venetianischen Fahrzeuge noch besser im Schach halten zu können, wurde auf gleicher Höhe mit S. Giuliano, jedoch südlich der Eisenbahnbrücke bei Bottenighe am 7. Juni mit großer Mühe und unter höchst ungünstigen Umständen der Bau der Batterie Nr. XXVI für 4 18pfdr. Kanonen begonnen und am 8. Juni vollendet.

Am 31. Mai hatte Manin die Repräsentantenversammlung zusammenberufen, um ihr Mittheilung von einem Anerbieten Kossuths zu machen, der den Venetianern, falls sie sich bis zum Juli wehrten, ungarische Truppen, Geld und zwei in England angekaufte Dampffregatten verhieß. Selbstverständlich spornte dieses Anerbieten die Venetianer von Neuem zum Ausharren an und machte sie für österreichische Anträge minder empfänglich. Am gleichen Tage hatte Manin ein Schreiben Brucks erhalten, in welchem dieser anzeigte, daß er mit unbedingter Vollmacht zum Unterhandeln in Mestre eingetroffen sei. Manin sendete zwei Bevollmächtigte dorthin; aber die

Gesichtspunkte, von denen die beiden Parteien ausgingen, waren zu verschieden, als daß irgendwie ein Einverständniß hätte erwartet werden können. Bruck wollte Unterwerfung Venedigs und begnügte sich, daneben das konstitutionelle Glück der Märzverfassung des österreichischen Kaisers von 1849 zu rühmen. Manin dagegen verlangte die Anerkennung Venedigs als eines selbstständigen Staats und die Zutheilung so vielen Gebiets vom venetianischen Festland, daß die selbstständige Existenz Venedigs für gesichert gelten könnte.

Die Sprengarbeiten an den Bögen vor der Batterie S. Antonio waren am 3. Juni vollendet. Mehrere Versuche der Venetianer auf S. Giuliano, mittelst Fahrzeugen gemacht, hatten kein Resultat, als die Beunruhigung der Batteriebauten der Oesterreicher. Am 9. zwang das Feuer der österreichischen Batterien auf S. Giuliano und bei Bottenighe die venetianischen Schiffsdivisionen zu den beiden Seiten der Brücke zum Rückzug aus ihren bisherigen Stellungen. Am Tage hielten diese Divisionen sich von jetzt an außer dem Schußbereiche der österreichischen Batterieen und nur in der Nacht gingen sie wieder vor, um diese zu beunruhigen und den Patrouillendienst zu versehen.

Am 13. Morgens hatten die Oesterreicher gegen die zweite Vertheidigungslinie sieben Batterieen armirt, nämlich die Batterieen Nr. XXI bis Nr. XXVI, von denen schon die Rede gewesen ist, und die Batterie Nr. XXII bis für zwei 30pfündige Mörser an der Eisenbahnbrücke. Um 6 Uhr früh am 13. Juni eröffneten sie nun ein heftiges Feuer gegen die venetianische Brückenbatterie S. Antonio. Diese litt ungemein, auch erreichten mehrere Geschosse die äußersten Stadttheile von Venedig, unter Anderm das Hospital Sa. Chiara.

Am 14. setzten die Oesterreicher ihr Feuer fort. In der Nacht vom 14. auf den 15. brachten sie in die Batterie Nr. XXII statt der piemontesischen Bombenkanonen, die sich als unbrauchbar erwiesen hatten, 3 24pfünder und 2 32pfünder ein; sie verlängerten diese Batterie auch um 3 Geschützstände und begannen auf S. Giuliano den Bau einer neuen Batterie Nr. XXV bis für 3 Granatkanonen.

In derselben Nacht vom 14. auf den 15. Juni stellten die Venetianer die Batterie S. Antonio vollständig wieder her. Sehr große Sorge machte ihnen der Zustand der gesprengten Brückenbogen vor der Batterie S. Antonio; das Feuer der österreichischen Batterieen hatte auch mehrere Fahrzeuge in den Grund gebohrt, welche mit dem Wegschaffen der Trümmer dieser Brückenbogen beschäftigt gewesen waren, so daß sich nun hier zum Theil völlig bequeme Zugänge zu S. Antonio hergestellt fanden. Die Schiffsdivisionen mußten alle ihre Kraft und ihren Muth aufwenden, um diesem Uebelstand einigermaßen abzuhelfen. Gerade auf denselben gründete sich ein Vorschlag, die Batterie S. Antonio mit blanker Waffe zu stürmen, sobald sie wiederum durch das österreichische Feuer beträchtlich gelitten haben würde, ein Vorschlag, welchen der Hauptmann Brüll von Kudelka-Infanterie machte. Späterhin ward wirklich der Versuch gemacht, dieß auszuführen, worauf wir zurückkommen werden. Vorläufig nahm das Feuer aus den bereits aufgeführten und den allmälig hinzukommenden österreichischen Batterieen gegen die venetianischen und die Schiffsdivisionen seinen Fortgang.

In Venedig fühlte man sich, wie die Sache auch gedreht werden mochte, seit dem Falle Malghera's unsicher und eine gewisse Mißstimmung, eine verderbliche Klubwühlerei, bei welcher sich auch gar manche Offiziere betheiligten, trat immer mehr hervor. An demselben Tage, 16. Juni, an welchem Venedig ein förmliches Bündniß mit Ungarn auf den bereits früher erwähnten Grundlagen abschloß, mußte bei der Mißstimmung gegen die Minister des Kriegs und der Marine, auf welche man die Schuld der üblen Lage Venedigs wälzte, eine besondere Militärkommission eingesetzt werden, in welche man den General Ulloa, Oberstlieutenant Sirtori und Schiffslieutenant Baldisserotto wählte. Sie sollte unbedingt über alle Kriegsangelegenheiten entscheiden. Allerdings war festgesetzt, daß die Rechte des Armeekommandanten vorbehalten blieben; indessen konnte man schwer bestimmen, was dieß eigentlich heißen sollte. Der einzige Mann in der Militärkommission von wirklichen militärischen Kenntnissen und militärischem Urtheil war Ulloa; die Gefahr, daß er von seinen heißblütigen und unwissenden Kollegen bei jeder Gelegenheit überstimmt werde, lag nur zu nahe. Pepe begriff diese Verhältnisse wohl und protestirte gegen die Militärkommission. Man beschwichtigte ihn damit, daß man ihn zu deren Präsidenten ernannte. Ueberdieß wurden auch andere Maßregeln sehr bald nach der ersten Hitze ergriffen, um die Militärkommission unschädlich zu machen. Der Oberstlieutenant Cosenz erhielt an Ulloa's Stelle den Befehl über die zweite Vertheidigungslinie und der Oberstlieutenant Rossarol den Befehl über die Batterie S. Antonio.

Wir verlassen indessen hier vorläufig die Ereignisse an der Hauptangriffslinie der Oesterreicher, an der Eisenbahnbrücke, um uns auf dem österreichischen rechten Flügel, der gegen Brondolo dirigirt war, umzusehen.

Nicht bloß der Wunsch, die Stadt Venedig enger einzuschließen und ihren Verproviantirungsrayon zu beschränken, sondern auch die Rücksicht auf die gleichzeitigen Ereignisse in der Romagna und den römischen Marken bestimmten die Oesterreicher dazu, dem Fort Brondolo und den dortigen Ausgangspunkten der Venetianer eine besondere Aufmerksamkeit zu widmen. Am 30. Mai rückte deßhalb die Brigade Coronini von Cavarzere an den Kanal de Valle und an den Kanal Busola vor.

Die Venetianer hatten, auf Brondolo gestützt, das linke Ufer der Brenta bis zum Meere durch eine Verschanzungslinie verstärkt und außerdem die Eingänge der Kanäle von Valle, Busola u. s. w. ins rechte Brentaufer durch Verpfählungen versperrt. Die nächsten Arbeiten der Oesterreicher richteten sich nun darauf, diese Verpfählungen fortzuräumen, damit sie durch die Kanäle Fahrzeuge auf die Brenta bringen und mittelst dieser behufs eines Ueberfalls auf die venetianischen Werke Truppen ans linke Ufer der Brenta übersetzen könnten. Indessen zeigte sich bald, daß die Venetianer zu aufmerksam waren, als daß man ohne weiters ihre Verpfählungen hätte forträumen können; ein augenblicklich beginnendes Kartätsch- und Flintenfeuer hinderte dieß jedesmal. Unter solchen Umständen begann man Batteriebauten, um das Feuer der venetianischen Batterieen zum Schweigen zu bringen. Eine Batterie für 10 Geschütze ward bei Busola erbaut; eine andere für 3 Geschütze weiter links am Kanal de Valle. Am 4. Juni Nachmittags um 3 Uhr eröffneten diese Batterieen ihr Feuer und ein Kriegsdampfer und eine Kriegsbrigg vom Geschwader Dahlrups beschossen zugleich die venetianischen Werke an der Mündung der Brenta in das Meer. Die venetianische Artillerie erwies sich indessen so überlegen, daß die Oesterreicher um $4^1/_2$ Uhr ihr Feuer einstellen mußten.

Sie beschlossen nun eine förmliche Parallele längs dem rechten Brentaufer mit verstärkten Batterieen und Kommunikationen rückwärts rechts und links des Busolakanals auszuführen; dann unter dem Schutze eines möglichst heftigen Feuers gegen das verschanzte Lager von Brondolo die Verpfählung im Busolakanal aufzuräumen, so daß man durch diesen Fahrzeuge auf die Brenta bringen könne und dann mittelst der auf diesen Fahrzeugen eingeschifften Truppen den Sturm mit blanker Waffe auf die venetianischen Werke vor Brondolo am linken Brentaufer zu unternehmen.

Dahlrups Flottengeschwader hatte in dieser Zeit folgende Stellung:

3 Fahrzeuge befanden sich vor Ancona;

5 Fahrzeuge unter Schiffslieutenant Scopinich bei der Punta della Maestra vor den Pomündungen;

4 Fahrzeuge unter Korvettenkapitän Schmidt vor Porto di Chioggia;

2 Fahrzeuge unter Korvettenkapitän Fautz vor Porto di Malamocco;

endlich 2 Fahrzeuge nebst verschiedenen Booten unter Korvettenkapitän Bourguignon bei Sacco di Piave und vor Porto di Lido.

Ehe Coronini die neuen Operationen gegen das Lager von Brondolo ausführen konnte, ward er am 27. Juni abberufen und Oberst Cerrini übernahm provisorisch das Kommando der allerdings 7$^2/_3$ Bataillons zählenden, aber durch zahlreiche Erkrankungsfälle numerisch sehr geschwächten Brigade. Am 26. Juni Nachts waren die Laufgräben am rechten Brentaufer eröffnet; in den folgenden Tagen wurden die Arbeiten fortgesetzt, am 29. ward das venetianische Werk am Ausfluß der Brenta, Ca Lino alla Brenta, mit Raketen beworfen und in der folgenden Nacht der Bau einer Demontirbatterie gegen dieses Werk, sowie weiter aufwärts einer Mörserbatterie gegen Fort Brondolo angefangen. Am 2. Juli hatte man auch nach einer Arbeit von 19 Nächten die Verpfählung im Busolakanal so weit beseitigt, daß dem Einfahren von Barken in die Brenta kein Hinderniß mehr im Wege zu stehen schien, auch die Batteriebauten waren vollendet. An demselben Tage traf General Dierkes bei der Brigade Cerrini ein, um nunmehr deren Kommando zu übernehmen, und der 4. Juli ward zum Uebergang über die Brenta und dem Sturm auf das Lager von Brondolo bestimmt. Indessen am 3. Juli lief der Befehl ein, wegen der zahlreichen Erkrankungen die Belagerungsarbeiten gegen Brondolo einzustellen und sich auf dieser Seite auf die bloße Einschließung zu beschränken. Die hiedurch entbehrlich gewordenen Truppen wurden in gesundere Quartiere im innern Venetien verlegt. Dasselbe System wurde zu dieser Zeit auf sämmtliche vor Venedig befindliche österreichische Truppenkorps angewendet. Man rechnete derart, daß keine Truppe länger als 14 Tage hinter einander in den ungesunden Lagunengegenden verwendet werden sollte und zwar eine Woche auf den Vorposten, eine Woche in Reserve.

Ihre Beschießung der venetianischen Batterieen an der Eisenbahnbrücke hatten die Oesterreicher seit dem 15. Juni beständig, bald stärker, bald schwächer fortgesetzt. Am 19. Juni traf die Venetianer ein großes Unglück, indem die Pulvermühle auf der Insel La Grazia bei der Giudecca in die Luft flog. Die Ursache blieb unermittelt; österreichische Geschosse waren nicht Schuld daran. Dagegen fielen allerdings am 23. Juni einige österreichische Bomben in der Nähe der einzigen Kornmühle nieder, welche Venedig mit Mehl versorgte. Die Venetianer umgaben dieselbe mit großen Baumwollenballen, welche von einer Wache gehütet wurden, und arbeiteten rüstig an der Wiederherstellung ihrer Pulvermühle.

Vom 23. Juni ab verstärkten die Oesterreicher ihr Feuer gegen die Batterie S. Antonio bedeutend und am 27. Juni gelang es ihnen, die rechte Flanke derselben zu zerstören und drei Geschütze zu demontiren. An diesem Tage ward in der Batterie der Oberstlieutenant Rossarol getödtet, welcher die Besatzung zum Ausharren ermuthigte.

Manin hatte die Unterhandlungen mit Oesterreich, wie wenig auch die erste Zusammenkunft seiner Abgesandten mit Bruck zu Mestre versprach, doch nicht ganz abgebrochen; zu einer Konferenz mit Bruck am 21. Juni hatte er neue Gesandte nach Verona geschickt, um mit diesem über die Verfassung zu diskutiren, welche vom Kaiser von Oesterreich dem Venetianischen gewährt werden sollte. Indessen hatte sich Bruck auf die Bestimmung von Garantieen in dieser Beziehung durchaus nicht eingelassen, war vielmehr lediglich bei vagen Versicherungen stehen geblieben, hatte die Unterwerfung auf Grund der Radetzki'schen Aufforderung verlangt und außerdem bemerkt, daß das venetianische Papiergeld im Werth auf $^1/_3$ reduzirt werden müsse. Dieses Resultat seiner Unterhandlungen legte Manin am 30. Juni der Repräsentantenversammlung vor, welche darüber zur Tagesordnung schritt, indem sie den Druck der Verhandlungen beschloß, damit Europa zwischen Oesterreich und Venedig richten könne. Die Unterhandlungen mit Oesterreich wurden nun am 1. Juli vollständig abgebrochen. Jedoch waren nicht alle Leute in Venedig damit einverstanden, es kam sogar zu Demonstrationen und Unruhen. Der Mangel machte sich allmälig fühlbar, und eine mit der Inspektion der vorhandenen Getreidevorräthe beauftragte Kommission fand heraus, daß dieselben noch allenfalls bis zum 24. August reichen würden.

Die Oesterreicher wollten indessen in der Nacht vom 6. auf den 7. Juli nach mehreren glücklichen Rekognoszirungen zur Ausführung des Brüll'schen Vorschlags gegen die Batterie S. Antonio schreiten.

Gegen Mitternacht ward im Kanal S. Secondo ein österreichisches Minenschiff gegen die Eisenbahnbrücke geleitet, es sollte von der zur Ebbezeit eintretenden Strömung an den Brückenpfeiler hinter der Batterie S. Antonio getrieben werden, dort in die Luft fliegen und hiedurch die Aufmerksamkeit der Vertheidiger von S. Antonio dorthin lenken.

Gleichzeitig rückte Hauptmann Brüll mit 64 Freiwilligen auf der Eisenbahnbrücke vor, um von ihr dort, wo die Sprengung der Bögen begann, hinabzusteigen und nun theils auf den Trümmern der Sprengung vorschreitend, theils schwimmend in die Batterie S. Antonio nach der Explosion des Minenschiffes einzudringen.

In Reserve folgte ihm Lieutenant Balogh mit 140 M. Auf gleicher Höhe mit Brüll ruderten rechts und links der Brücke zwei Boote, jedes mit 16 Mann, vor, um sich des venetianischen Wachtschiffes zu bemächtigen, welches man unter dem Brückenbogen der Batterie S. Antonio vermuthete.

Die Explosion des österreichischen Minenschiffs that vollständig ihre Wirkung; fast gleichzeitig erstieg auch der tapfere Brüll mit seinen Leuten die Brustwehren von S. Antonio und erschienen die beiden österreichischen Boote in den Flanken. Die Besatzung von S. Antonio floh gegen die Stadt zu; die Oesterreicher beschäftigten sich mit dem Vernageln der Geschütze. Cosenz indessen, von dem Vorgefallenen unterrichtet, führte alsbald eine venetianische Reserve vor und schlug nach kurzem Kampfe die Oesterreicher in die Flucht. Brüll selbst war todt, außerdem verloren die Oesterreicher nur 5 Verwundete. Das

Unternehmen war aber vollständig gescheitert. Die Oesterreicher rechneten nicht mehr darauf, ohne Weiteres ihre Batterieen so nahe an der Stadt Venedig plaziren zu können, daß ein Bombardement derselben mit gewöhnlichen Mitteln möglich wurde.

Man dachte an außerordentliche Mittel, und der berühmte Artillerist, F.M.L. **Augustin**, machte gleichzeitig zwei bezügliche Vorschläge.

Der erste war dieser, durch **Luftballons** Bomben nach Venedig zu transportiren. Man fing die Sache so an: in einem Luftballon war ein Holzgestell angebracht, in welchem sich ein langsam brennender Zünder befand; an dem Holzgestell hing eine 30pfündige Bombe, mit Shrapnells gefüllt oder auch nicht; die Bombe hatte einen gewöhnlichen Zünder. War der langsam brennende Zünder ausgebrannt, so entzündete er außer dem Bombenzünder auch eine Büchse mit einer stark explodirenden Mischung, welche das Holzgestell und den Ballon zertrümmerte, so daß nun die Bombe mittelst ihrer eigenen Schwere niederfiel. Die mit Bomben armirten Luftballons wurden von den am **Lido** liegenden Dampfern losgelassen. Bei den verschiedenen Strömungen in den verschiedenen Luftschichten hatte man natürlich gar keine Gewalt, den Bomben die erforderliche Richtung zu geben. Am 12. Juli, während des Festes der **Madonna della Salute** ward ein erster, am 25. ein zweiter Versuch gemacht. Der ganze Erfolg war, daß die Venetianer ein Schauspiel hatten, welches sie doppelt amüsirte, einmal an sich, wie jedes Aufsteigen eines Luftballons Spaß macht, dann aber auch, weil die Inoffensivität der auf solche Weise entsendeten Bomben zum Spotte herausforderte.

Ganz anders verhielt es sich mit dem **zweiten** Vorschlag Augustins und dessen Resultaten.

Man brachte auf sehr soliden, auf Grundpfählen ruhenden Bettungen und in starken, den Mörserlaffeten ähnlichen Laffeten **24pfdr. Kanonen unter einem Winkel von 45° in Batterie**, um mit ihnen auf eine möglichst große Entfernung glühende Kugeln zu werfen.

Am 18. Juli war die Pulvermühle auf la Grazia, kaum wieder in Betrieb gesetzt, zum zweiten Male in die Luft geflogen.

Am 29. Juli Abends hatten die Oesterreicher ihre neuen Batteriebauten vollendet. Um Mitternacht vom 29. auf den 30. Juli begannen sie aus 10 unter 45° gerichteten schweren Kanonen und aus 7 weittreibenden Mörsern von der Eisenbahnbrücke und S. Giuliano ihr Feuer gegen die Stadt.

Die glühenden Kugeln aus den Kanonen reichten über 6000 Schritt, die Granaten und Bomben 5000 Schritt im Durchschnitt, dergestalt, daß nun zwei Drittheile der Stadt durch das Feuer der Oesterreicher unsicher gemacht wurden.

Dieses erregte in Venedig den größten Schrecken und veranlaßte eine allgemeine Flucht nach den östlichsten Stadttheilen, wo die Bewohnerschaft der bedrohten nun an der Riva de' Schiavoni und auf dem S. Marcusplatz biwakirte, so weit sie nicht bedeckte Unterkünfte zu finden vermochte. In den 24 Stunden vom Beginn des Feuers bis zum Morgen des 31. Juli hatten die Oesterreicher 2130 Geschosse schwersten Kalibers auf die Stadt geschleudert, und es kostete die größte Mühe, den ausbrechenden Feuersbrünsten Einhalt zu thun. Auch in den August hinein setzten die Oesterreicher dieses Feuer, welches sich so wirksam erwies, fort. Ehe wir die Folgen betrachten, wollen wir aber hier noch den Fortgang und Ausgang eines anderen Unternehmens erzählen, welches darauf berechnet war, in Verbindung mit der Vertheidigung Venedigs zu treten.

15. Der Zug Garibaldi's von Rom nach S. Marino. Die Auflösung seines Korps.

Wir sahen, wie am 2. Juli Abends Garibaldi mit etwa 3000 Mann, wobei 400 Reiter, Rom verließ, um den Unabhängigkeitskrieg in Mittelitalien wo möglich von Neuem anzufachen. Er marschirte über Tivoli, Mentana, Poggio Mirteto zunächst nach Terni, wo er am 8. Juli eintraf und sich mit der Legion des Obersten Forbes vereinigte, die etwa 800 Feuergewehre zählte. Bei Terni angekommen, hatte er die von Oudinot entsendeten Franzosen, welche unter Morris über Civita Castellana folgten, hinter sich, die Oesterreicher und Toscaner aber auf allen Straßen, welche immer er einschlagen mochte, vor sich.

Den Franzosen war es nicht sehr ernst mit ihrer Verfolgung, was Garibaldi freilich nicht wissen konnte; desto ernster war es den Oesterreichern.

Die Brigade Paumgartten (früher Liechtenstein), welche am 7. Juli in ihren Kantonnirungen zu Foligno und Perugia eingetroffen war, erhielt Befehl, kräftig gegen Garibaldi zu operiren. Zu ihrer Verstärkung ward noch ein Bataillon der Brigade Stadion unter Major Holzer nach Arezzo geschickt und 8 toscanische Kompagnieen mit 25 M. Kavallerie besetzten Borgo S. Sepolcro, Cortona, Chiusi, Radecofani, Pittigliano an der Südgrenze und dahinter S. Quirico und Siena.

Ein hauptsächlich mit nach allen Seiten weithin streifenden Patrouillen betriebener Sicherheitsdienst mußte das Korps Garibaldi's gegen unbequeme Ueberraschungen verwahren. Am 9. Juli marschirte Garibaldi nach Cesi und S. Gemine, am 11. nach Todi, wo sich zum ersten Mal Reiter der Brigade Paumgartten von Perugia her zeigten, indessen sich schnell zurückzogen; am 12. traf ein Garibaldisches Reiterdetachement bei Foligno mit den Oesterreichern zusammen. Paumgartten schloß nun, daß Garibaldi längs den östlichen Ufern des trasimenischen Sees in Toscana einbrechen wolle, und besetzte dort alle Pässe.

In Todi blieb Garibaldi auch den 12. Juli stehen, um erst sichere Nachrichten aus Toscana über die Stellung der Oesterreicher zu erwarten. In seinem Korps riß bereits sehr stark die Desertion ein, und der Geist der Bevölkerung, welchen man antraf, war keineswegs für die Wiederbelebung des Aufstandes vielversprechend. Garibaldi richtete sein ganzes Sinnen daher schon jetzt darauf, einen bequemen Punkt an der Meeresküste zu suchen, wo er sich einschiffen könnte, um nach Venedig zu steuern, dorthin eine willkommene Hülfe zu bringen und außerdem durch sein persönliches Erscheinen die Venetianer vielleicht zu einem aktiven Auftreten im freien Felde zu veranlassen.

Der Einschiffungspunkt konnte möglicher Weise irgendwo an der toscanischen Küste gesucht werden, an welcher mehrere amerikanische Schiffe kreuzten, oder an der Küste der Marken. Jedenfalls wollte Garibaldi dem Feinde so sehr als möglich aus dem Wege gehen, um Gefechte zu vermeiden und seine Truppen möglichst intakt nach Venedig zu bringen. Sowohl wegen der Stellungen der Oesterreicher, als nach den Terrainverhältnissen schien unter solchen Umständen der Weg durch Toscana in jedem Falle zunächst der vorzüglichere.

Am 14. Juli erreichte Garibaldi über Brodo Orvieto. Die Bürgerschaft machte anfangs Miene, ihm den Eintritt zu verwehren, kam indessen bald auf andere Gedanken. Uebrigens erfuhr Garibaldi, daß die Franzosen im Anmarsch auf Orvieto seien, und bog daher am 15. wieder nordwärts ab, um nach Ficulle zu marschiren, am 16. zog er nach Salci, am 17. nach Cetona, welches bereits im Toscanischen liegt. In den folgenden Tagen ging der Marsch über Sarteano, Montepulciano und Torrita nach Fojano, wo Garibaldi am 21. Juli eintraf.

Die toscanischen Truppen von Sarteano und Cetona hatten sich bei Garibaldi's Annäherung nach Chiusi zurückgezogen.

D'Aspre fürchtete vor allen Dingen, daß Garibaldi sich an der toscanischen Küste einschiffen könne; er schickte deßhalb Oberstlieutenant Teuchert mit einem Bataillon am 21. Juli nach Livorno, um von dort zur See nach Porto San Stefano, dem Hafen von Orbetello, zu gehen, und Stadion mit 3 Bataillons, 1 Eskadron und 6 Geschützen seiner Brigade schon am 18. nach Siena, wo derselbe am

20. eintraf. Am 21. rückte er auf die ihm über den Marsch seines Gegners zukommenden Nachrichten nach Buonconvento, wo er auch am 22. stehen blieb. Paumgartten hatte sich begnügt, das Bataillon Holzer, welches er von Arezzo an sich gezogen, von Perugia über Citta delle Pieve und Chiusi Garibaldi nachzusenden. Dieß Bataillon kam am 21. in Acquaviva an.

Somit standen am 21. Garibaldi's Verfolger hinter ihm, statt ihm irgendwie den Weg zu verlegen; noch am 21. marschirte Garibaldi weiter bis Castiglione Fiorentino, wo er Anstalten gegen ein österreichisches Jägerdetachement traf, welches von Perugia über Cortona zur Unterstützung Arezzo's im Marsch war. Die Oesterreicher blieben bei Cortona stehen.

Am 22. rückte Garibaldi vor Arezzo. Dieß hatte eine kleine toscanische Besatzung; außerdem befand sich daselbst ein österreichisches Spital, dessen Kommandant sogleich die Krankenwärter und Rekonvaleszenten zusammennahm und im Verein mit den Toscanern Maßregeln zur Vertheidigung der ummauerten Stadt ergriff. Garibaldi wollte sich bei der Nähe seiner Verfolger und dem von Tage zu Tage übleren Zustande seiner Truppen auf einen Angriff Arezzo's nicht einlassen. Er begnügte sich damit, daß ihm die Bürger, was der österreichische Kommandant nicht hinderte, Lebensmittel herausbrachten und marschirte am 23. Juli Abends auf der Straße gegen die Hochapenninen rechts ab; in der Nacht auf den 24. lagerte er hinter Valle und am 24. Abends zwischen Monterchi und Citerna.

Da d'Aspre allmälig von der Hauptmarschrichtung Garibaldi's Kunde erhalten, rief er Teuchert, der durch Stürme bisher am Auslaufen von Livorno gehindert war, am 22. von dort zurück, gab dann noch 1 Eskadron und 3 Geschütze bei und sendete ihn auf Arezzo.

Stadion marschirte am 23. von Buonconvento nach Asciano; das Bataillon Holzer rückte am Abend des 23. in Arezzo ein und das Bataillon Martinowsky von der Brigade Paumgartten besetzte Fojano, von wo es am 24. gleichfalls nach Arezzo marschirte; dort traf zu gleicher Zeit auch Teuchert und am 25. über Marciano auch Stadion mit dem Gros seiner Brigade ein.

Es ward nun ein förmliches Treibjagen auf Garibaldi veranstaltet, zu welchem die Brigade Stadion auf der Linie von Bagno, Pieve S. Stefano, Borgo S. Sepolcro, die Brigade Paumgartten auf der Linie Città di Castello, Pietralunga, Scheggia, die Brigade Erzherzog Ernst des Wimpffen'schen Korps von Ancona nach Urbino gerufen, von hier mitwirken sollten. Diese Truppen, zusammen gegen 15,000 M., während Garibaldi kaum noch 1500 bei einander haben mochte, sollten am 28. die bezeichneten Grundstellungen eingenommen haben. Außerdem sendete Gorczkowski aus Bologna noch ein starkes Detachement nach Cesena und Rimini, um den Weg an die Meeresküste zu verlegen.

Garibaldi marschirte, nachdem er am 25. bei Citerna verweilt, am 26. nach S. Giustino und stieg am 27. über die Alpe della Luna ins Metaurothal hinab; am 28. Juli Morgens um 10 Uhr erreichte er in diesem Thale Mercatello.

In der Nacht vom 25. auf den 26. ließ Stadion den Major Holzer mit 1 Bataillon gegen Bagno aufbrechen, wo derselbe am 27. eintraf.

Major Tsoldos mit 1 Bataillon (20. Jäger), 3 Geschützen und ½ Eskadron mußte nach Monghiari marschiren und kam am 27. nach Borgo S. Sepolcro.

Major Martinowsky mit 1 Bataillon kam am 26. nach Monterchi, wo er am 27. stehen blieb. Teuchert marschirte mit 1 Bataillon an demselben Tag nach Borgo S. Sepolcro.

Stadion schob von Arezzo noch ein Bataillon nach Monte S. Leo, wo sich die Straßen nach Borgo San Sepolcro und Città di Castello trennen und behielt den Rest seiner Brigade zu Arezzo; Paumgartten schob ein Bataillon nach Città di Castello.

Am 28. Juli marschirte Holzer von Bagno nach Rivolpare in der Richtung auf Pennabili; Teuchert lagerte bei Badia Tedalda; Stadion mit dem Gros seiner Brigade an der Hauptstraße von Borgo S. Sepolcro ins Metaurothal in Sossaglia.

Am 29. Juli marschirte Holzer auf Pennabili, Teuchert nach Sestino, Stadion auf S. Angelo in Bado, ebendahin Martinowsky. Die Brigade Erzherzog Ernst schob noch in der Nacht vom 28. auf den 29. ihre Vorhut nach Urbania im Metaurothal vor. Die Brigade Paumgartten konzentrirte sich am 29. über Scheggia nach Cantiano.

Wenige Stunden war Garibaldi erst bei Mercatello, als die Nachricht einlief, daß der Feind — es waren Patrouillen der Brigade Erzherzog Ernst — bei S. Angelo in Bado sich zeige. Garibaldi brach daher am 28. Nachmittags von Mercatello nach S. Angelo in Bado auf, welches er vom Feinde unbesetzt fand. Er hatte indessen, wie wir wissen, den Erzherzog Ernst dicht vor sich, Stadion dicht hinter sich, Holzer und Teuchert in der linken, Martinowsky in der rechten Flanke, war demnach so gut wie völlig eingeschlossen. Er ließ seine Truppen die Nacht vom 28. auf den 29. nördlich von S. Angelo in Bado an einem aus dem Metaurothal nach Macerata feltria im Fogliathal führenden Wege lagern. Am 29. Vormittags brach er nach Macerata feltria auf. Kaum befand sich die Kolonne in Marsch, als Stadions Avantgarde in S. Angelo in Bado einrückte und dort eine schwache Reitereskadron, die Garibaldi noch daselbst zurückgelassen hatte, überfiel und zum großen Theile zusammenhieb. Unmittelbar darauf kam auch Martinowsky und Stadions Hauptkolonne in S. Angelo in Bado an.

Stadion ließ zunächst durch zwei Bataillone Garibaldi verfolgen. Indessen war die Verfolgung nicht heftig. Garibaldi kam mit seiner Avantgarde um 9 Uhr Abends in Macerata feltria an. Holzer, der ihm unter Umständen sehr gefährlich hätte werden können, befand sich, wie wir wissen, zu dieser Zeit erst in Pennabili, $2^1/_2$ deutsche Meilen von Macerata feltria. Noch in der Nacht entfernte sich Garibaldi ein wenig von Macerata und marschirte dann am 30. Juli auf Carpegna, wo er mit einem Detachement Holzers zusammentraf, von welchem er nichts wußte. Es kam zu einem unbedeutenden Scharmützel und die Oesterreicher zogen sich zurück.

Das Gros von Stadion und dem Erzherzog Ernst besetzten erst am 30. Mittags, nachdem Garibaldi schon weit weg war, Macerata.

Gegen Abend des 30., nachdem Holzers Truppen sich vollständig von Carpegna zurückgezogen hatten, überschritt Garibaldi die obere Conca und gewann den Weg nach S. Marino. Am 31. Morgens lagerte er an der Grenze der kleinen Republik, die ihm sogleich den Rückzug auf ihr Gebiet gestattete. Die Oesterreicher folgten von Westen und Süden nach. Die Truppen Garibaldi's waren so heruntergekommen, daß er einsah, er könne mit ihnen keine großen Wagnisse bestehen. Bei dem Rückzug und der Verfolgung kleiner österreichischer Detachements kamen Szenen des Ausreißens vor, welche ihn völlig davon überzeugten. Garibaldi beschloß die Auflösung des Korps und kam mit den Behörden von S. Marino dahin überein, daß sie in diesem Bezuge mit den Oesterreichern unterhandeln sollten, was denn auch geschah.

Garibaldi selbst mit wenigen hundert Begleitern, die sich nicht von ihm trennen wollten, von denen sich aber noch viele auf dem folgenden Zug verloren, schlug in der Nacht vom 1. auf den 2. August den Weg gegen die Meeresküste ein. Er erreichte am 2. August Cesenatico, trieb hier 13 Fischerbarken auf und schiffte sich mit dem Rest seiner Mannschaft ein, um an der seichten Küste nach Venedig zu steuern, sicher, wie er meinte, vor den größeren Schiffen der Oesterreicher.

Am 4. August Abends aber ward er von den Wachtschiffen des österreichischen Geschwaders, welches unter dem Schiffslieutenant Scopinich an der Punta della Maestra kreuzte, bemerkt, und Scopinich machte sogleich Jagd auf ihn. In der Nähe der Sacca pelazza wurden 8 Barken mit 164 Mann genommen, Garibaldi selbst aber entkam mit 5 Barken, seiner Frau und einer Anzahl treuer Freunde an die Ufer der Romagna. Auch hier von einem über den Po entsendeten Detachement der Brigade Dierkes völlig gejagt, ward er von dem größten Theil seiner Begleiter getrennt; seine Frau erlag ihrer Niederkunft; mehrere der gefangenen Begleiter wurden von den Oesterreichern, die sich unendlich viel darauf zu gute thaten, ihren klügeren und kräftigeren, obwohl unglücklichen Feind, nachdem sie so lange vergebens zehnfache Streitkräfte gegen ihn gesendet, als „Räuberhauptmann" zu behandeln, zu Bologna erschossen. Garibaldi selbst entkam durch die Romagna und Toscana nach Genua, von wo er sich zuerst nach Tunis, später nach Amerika einschiffte.

16. Der Fall Venedigs.

Wir haben gesehen, wie die Oesterreicher von der Nacht des 29. auf den 30. Juli ab ein höchst wirksames Bombardement gegen die Stadt begannen und daß zu den Schrecken desselben der drohende Mangel an Lebensmitteln kam, indem die Nachforschung nach dem Vorhandenen erwies, daß Venedig allenfalls noch bis zum 24. August würde bestehen können; die Qualität der Lebensmittel verschlechterte sich dabei von Tage zu Tage.

Die Nachrichten von außen her waren auch nicht die erfreulichsten. Was man über die römische Republik erfuhr, ließ jede Hoffnung schwinden, daß sie den Kern einer im freien Felde wieder auferstehenden und allgemeinen Insurrektion würde abgeben können. Ebenso brachen die stets trauriger lautenden Nachrichten aus Ungarn, auf die Vereinigung mit welchem zu gemeinsamen Kampf so starke Rechnungen gemacht waren, alle Aussicht auf eine Unterstützung von dort her.

Unter solchen Umständen, da nur noch auf das Wunder

zu rechnen war, sahen Viele in Venedig den Zeitpunkt nahe voraus, da aller Widerstand von selbst aufhören müßte, und hielten es für klug, bei Zeiten Unterhandlungen anzuknüpfen, damit man nicht durch die Noth schließlich gezwungen würde, über Hals und Kopf Alles zu unterschreiben, was die Oesterreicher verlangen würden. Wie es aber zu gehen pflegt, eine andere Partei redete gerade jetzt von einem verzweifelten Widerstand und entwarf allerhand ungeheuerliche Plane, ungeheuerlich mindestens jetzt, wenn sie auch in früheren Zeitpunkten ausführbar gewesen sein möchten.

Dieser Partei schlossen sich besonders auch viele Offiziere an, welche jung an Jahren und an Wissen und Erfahrung doch höhere Stellen bekleideten und, obgleich man angesichts des Feindes war, dennoch in lebhaftem Verkehr mit den verschiedenen Klubs standen, die auf die Fortsetzung des Widerstandes drangen.

Am 1. August machte Sirtori mit 1200 Mann und 4 Feldgeschützen von Chioggia einen Ausfall gegen Conche und nahm, obgleich es nicht gelang, wie beabsichtigt war, den Oesterreichern den Rückzug abzuschneiden, den genannten Ort, erbeutete 200 Flinten, Munition, eine Fahne und brachte 200 Ochsen, sowie mehrere Säcke Getreide und eine Anzahl Fässer Wein nach Venedig.

Ein anderer Ausfall gleicher Art, der am 2. August Abends gegen Cava Zuccarina unternommen werden sollte, kam gar nicht zur Ausführung.

Gleichzeitig zirkulirte in Venedig eine Petition an die Repräsentantenversammlung, sie möge den Leiden der Stadt durch die Anknüpfung von Unterhandlungen ein Ende machen, welche sich mit immer mehr Unterschriften bedeckte. Dieß führte zu Unruhen, das Volk sammelte sich vor dem Palaste des Erzbischofs, welcher als der Haupttreiber zur Anknüpfung von Unterhandlungen bezeichnet wurde, warf ihm die Fenster ein und beging andere Unbilden, denen Tommaseo, unterstützt von einem Detachement der Bürgerwehr, nur mit Mühe ein Ziel setzte.

Zu allem Unglück, zu allen bösen Nachrichten aus Ungarn, aus Italien selbst, über den Fall Roms, die Auflösung des Korps Garibaldi's, dessen Einzug man in Venedig bereits erwartet hatte, kam auch noch die Cholera, welche zuerst zu Chioggia ausbrach und in einem Tage 270 Opfer forderte.

Die Partei des extremen Widerstandes, indem sie kleine Erfolge, wie diejenigen Sirtori's bei Conche weit übertrieb, benutzte die wachsende Unzufriedenheit, um alle Schuld der Leiden auf die obere Leitung der Vertheidigung zu werfen. Die älteren Offiziere wurden von den jüngern und von den Klubs der Unfähigkeit, Unentschlossenheit oder noch schlimmerer Dinge angeklagt, und es zirkulirte ein Projekt, welches eine Aushebung in Masse oder eine Aushebung von 6000 M. vorschlug, um die einschließlich 4000 Kranke und Rekonvaleszenten auf 14,224 M. herabgesunkene Armee auf 20,000 M. zu bringen und nun mit 10,000 bis 12,000 M. einen großen Ausfall zu machen.

An und für sich betrachtet war ein solches Projekt militärisch kein Unsinn. Ein großer Ausfall mit 10,000 bis 12,000 Mann frischer thatkräftiger Truppen unternommen gegen die weitläufige Zernirungslinie der Oesterreicher, welche noch weit mehr von den Krankheiten litten als die Venetianer, hätte allerdings großartige Folgen haben und, wenn er entschieden glücklich war und weit genug über das ausgehungerte nächste Land des Estuario vordrang, mindestens wieder auf lange Zeit die Verproviantirung sichern können.

Aber die Voraussetzungen, welche in allen diesen Beziehungen hätten müssen gemacht werden dürfen, galten keineswegs mehr. Man war in Venedig bei jener Zeit der Niedergeschlagenheit, der Demoralisation, der gegenseitigen Vorwürfe angekommen, wo große Entschlüsse lediglich noch zu Verzweiflungscoups führen, die eben deßhalb fruchtlos bleiben. Wenn Venedig sich auch noch Monate lang hielt, was konnte das nützen? Es wäre eine ganz andere Sache gewesen, wenn in

Italien noch hier und dort die Insurrektion lebendig gewesen wäre und man hätte hoffen können, daß sie sich wieder erheben, daß sie doch noch der Oesterreicher Herr werden und von außen her mit den Venetianern zusammenwirkend, das Werk des Unabhängigkeitskrieges wieder aufnehmen können. Aber davon war nichts, gar nichts zu erwarten. Auch auf Ungarn war durchaus nicht mehr zu rechnen. Und wie stand es mit den Mitteln? Die ganze Jugend war in der Armee und der Bürgerwehr; nicht einmal die Aushebung von 1000 Mann mobiler Bürgerwehr, welche schon am 19. Juli dekretirt war, hatte man bis anfangs August zu Stande bringen können. Die Leute drängten sich gar nicht mehr zum Waffendienst, die größten Schreier am wenigsten; Regularität in die Aushebung zu bringen, war fast unmöglich,. weil die Mehrzahl der Bewohner Venedigs ihre Wohnungen in den westlichen Stadttheilen verlassen hatte, und Alles durch einander sich in den östlichen Stadttheilen zusammendrängte. Woher sollte man also 6000 M. nehmen? Und angenommen, man hätte sie zusammengebracht, wie sollte man sie bewaffnen, kleiden, ein wenig in den Waffen üben, und Alles das bis einige Tage vor dem 24. August, ehe man vollends auf das letzte Stück Brot reduzirt war, also Alles in höchstens 14 Tagen? Und war dann noch mit einer so tumultuarisch zusammengewürfelten Macht ein großer Erfolg, ein Vordringen über die ausgehungerten, von Lebensmitteln entblößten Striche des Estuario hinaus denkbar, wahrscheinlich? Gewiß nicht, da auf ein straffes Zusammenhalten, die absolut nothwendige Kraft des Kommando's jetzt nicht mehr gerechnet werden durfte.

Ulloa, dem das Projekt des Massenausfalls vorgelegt wurde, setzte alle Hindernisse der Ausführung aus einander und fügte hinzu, daß für die Verproviantirung vielleicht noch die Marine etwas thun könnte; ein einziges Schiff mit Getreide, welches sie aufbringe, würde Venedig mehr nützen, als was drei Ausfälle an Proviant herbeischaffen könnten.

Manin war völlig überzeugt, daß man auf die Unterhandlungen zurückkommen müsse. Am 6. August berief er die Repräsentantenversammlung und setzte ihr den Stand der Dinge aus einander. Die Versammlung antwortete darauf, indem sie ihm unbedingte Vollmacht gab, im Interesse Venedigs zu handeln, und sich nur die Ratifikation jedes Beschlusses über die politischen Angelegenheiten vorbehielt.

Am 7. August kam es darauf zu Unruhen von Seiten der Partei des fortgesetzten Widerstandes. Volksmassen sammelten sich vor dem Dogenpalast und verlangten Aushebung in Masse. Manin, sobald er den gröbsten Tumult ein wenig gestillt hatte, eröffnete sogleich Bureaux zum Einschreiben von Freiwilligen. Das Resultat war, daß in drei Tagen sich achtzehn Mann einzeichnen ließen!!

Man hatte unterdessen die Flotte zum Auslaufen gedrängt; man setzte auf sie noch einige Hoffnung.

Nach der Schlacht von Novara war die Schiffsdivision für das offene Meer entwaffnet worden; man beschränkte sich damals auf die reine Defensive und hatte die Mannschaften der Marine in die Forts und Batterieen der Landbefestigung vertheilt, wo sie sich durch besonderes Geschick und Eifer auszeichneten. Bald war man aber von dem unglücklichen Gedanken abgekommen, das Meer gänzlich den Oesterreichern zu überlassen, und am 16. Juni hatte die Militärkommission dekretirt, von Neuem eine Schiffsdivision zu bewaffnen. Sie ward aus den Korvetten Lombardia, Veloce und Civica mit zusammen 67 Kanonen, den Briggs San Marco, Crociato und Pilari mit 48 Kanonen, dem Dampfer Pio nono und 5 Trabakeln gebildet, deren jedes einen 24pfünder führte, und unter das Kommando des Kontreadmirals Bucchia gestellt.

Kaum aber war die Division vereinigt, als sich zu zeigen begann, daß die Schiffsdisziplin bei der Verwendung der Mannschaft in den Landbatterieen stark verloren gegangen war. Zuerst brach eine Meuterei auf dem Pio nono aus, dann zeigte sich die böse Stimmung auch auf andern Fahrzeugen.

Die Neubewaffnung der Division war mit großer Schnel-

32 *

ligkeit ausgeführt worden. Aber kaum war sie vollendet, als nun auch schon in den ersten Tagen des Juli Buchia gedrängt wurde, auszulaufen. Er wendete dagegen ein, daß er erst Disziplin und Instruktion wieder in Gang bringen müsse, auch wünschte er eine Verstärkung der Division; diese erfolgte wirklich. Man gab noch eine Goelette von 10 Kanonen, drei Remorqueur-Dampfer, einen Brander und einen Trabakel mit 2 schweren Geschützen her. Als auch jetzt noch Bucchia nicht auslief, sondern sich begnügte, nur Ausfälle von einzelnen Fahrzeugen machen zu lassen, dachte man daran, ihn abzusetzen. Ein zusammenberufener Marinerath fand aber, daß man keinen Offizier habe, der fähig sei, Bucchia in seiner Stellung zu ersetzen.

Am 17. Juli ertheilte nun die Militärkommission Bucchia den definitiven Befehl, auszulaufen. Er aber wendete sich an Manin und stellte diesem die ganze Gefahr vor, welche bei dem Zustande der Division diese laufe, wenn sie dem Befehl nachkäme. Die frühere Entwaffnung der Division für die offene See zeigte jetzt erst alle ihre Nachtheile.

In Folge der Debatten über die Aushebung in Masse, den Ausfall zu Lande in Masse und der damit in Verbindung stehenden Ereignisse ließ sich Bucchia endlich am 8. August bestimmen, wirklich auszulaufen.

Als dieß Manöver von den österreichischen Kreuzern bemerkt wurde, rief Dahlrup alle seine Schiffe und Fahrzeuge zusammen, womit er erst am Abend des 9. August zu Stande kam.

Bucchia hatte sich unterdessen 18 italienische Meilen vom Littorale entfernt und einen mit Wein befrachteten Trabakel unter österreichischer Flagge aufgebracht. An demselben Tage, 9. August, zeigte sich an Bord mehrerer venetianischer Schiffe die Cholera mit Heftigkeit. Dieß bestimmte Bucchia, sich Chioggia wieder zu nähern.

Am 10. August Morgens setzte Dahlrup bei frischem Südostwind sein Geschwader in Schlachtordnung auf zwei

Linien in Bewegung. Um 3 Uhr Nachmittags bemerkten die Oesterreicher auf der Höhe von Chioggia das venetianische Geschwader, und es stand nun eine Seeschlacht in Aussicht. Bucchia aber wartete den Angriff nicht ab; da die Cholera unter seiner Mannschaft die höchste Bestürzung verbreitet hatte, kehrte er alsbald in den Hafen von Malamocco zurück, worauf Dahlrup das österreichische Geschwader wieder in die Observations- und Blokadestellungen vertheilte.

In Folge der Ablösungen verschiedener Truppenkörper erhielt die österreichische Blokadearmee zu Lande vom 10. August ab eine neue Aufstellung und Eintheilung.

Von der Division Perglas besetzte die Brigade Macchio, 5 Bataillons, 6 Kompagnieen Genie, 1 Sanitätskompagnie, 1 Detachement des Flottillenkorps, 1 Eskadron, 6 Geschütze, das Fort Malghera und war zugleich zur Betreibung der Belagerungsarbeiten in erster Linie bestimmt. Als Reserve, sowie zur Ablösung diente ihr die Brigade Landwehr, 3²/₃ Bataillons, 3 Eskadrons, 3 Geschütze, zu Padua, Vicenza und Legnago.

Die Division Simbschen besorgte die ganze Zernirung von Caorle bis Civè am Kanal di Pontelungo und zwar stand auf dem linken Flügel von Campalto bis Caorle die Brigade Ruß, 8 Bataillons, 1 Eskadron, 6 Geschütze, Ruderflottille und Czaikistendetachement; auf dem rechten Flügel von Ponte della Rana bis Civè die Brigade Kerpan, 4 Bataillons, 6 Geschütze und ein Detachement der Flottille.

Die Brigade Dierkes, 6¹/₃ Bataillons, 1 Eskadron, 6 Geschütze, 1 Czaikistenabtheilung, stand gegen Brondolo von Cavarzere an der Etsch bis zur Hauptmündung des Po.

Das ganze Blokadekorps, 29 Bataillons, 6 Eskadrons und 27 Feldgeschütze stark, würde unter gewöhnlichen Umständen etwa 28,000 M. gezählt haben; der Krankenstand belief sich aber anfangs August auf 12,000 M., so daß einzelne Bataillone der Auflösung nahe waren, und eine Brigade von 8 Bataillons doch in dieser Zeit kaum 4000 dienstfähige Leute hatte.

Den Befehl über das Blokadekorps (2. Reservekorps) trat in Stelle Thurns, welcher den Befehl über das in Piemont zurückgelassene vierte Korps übernahm, am 10. August der General Gorczkowski an, welcher sogleich die Zahl der unter 45 Grad gerichteten 24pfdr. Kanonen, von denen zwei auch bei Campalto aufgestellt wurden, bis auf 14 Stück vermehren ließ.

In Venedig war trotz des unglücklichen Ausfalls der Einschreibung von Freiwilligen die Idee der Aushebung in Masse immer noch nicht aufgegeben. Am 10. August fanden von Neuem Unruhen statt, und am 11. August bildete sich eine förmliche Offiziersversammlung im Hotel Brittania, um über das Projekt zu deliberiren. Pepe mußte strenge Maßregeln ergreifen; 15 Offiziere wurden verhaftet und in den Lagunenforts eingesperrt. Außerdem aber gebrauchte man das Mittel, einen der größten Schreier für den Ausfall in Masse mit hinreichenden Kräften zu einem Ausfall von Treporti zu befehligen und, als er hier unüberwindliche Schwierigkeiten fand, aber erklärte, daß von Brondolo aus die Sache besser gehen werde, ihn sogleich nach Brondolo zu senden. Da er auch von hier zurückkehrte, ohne im mindesten etwas versucht zu haben, war es erreicht, den Mann lächerlich zu machen und hiemit auch die öffentliche Meinung in Bezug auf die Ausführbarkeit wahnsinniger Projekte einigermaßen abzukühlen.

Die schnelle Rückkehr der Flotte in den Hafen von Malamocco hatte in Venedig sehr böses Blut gemacht und die Art, wie sich das Volk darüber aussprach, bestimmte das Geschwader, am 16. August noch einmal auszulaufen, aber auch dieses Mal nur, um sogleich wieder zurückzukehren, da die Oesterreicher einige Manöver machten, als ob sie den Venetianern den Rückzug abschneiden wollten.

Manin, gestützt auf die ihm von der Repräsentantenversammlung übertragene Vollmacht, schrieb am 11. August an den österreichischen Minister Bruck, der sich zu Mailand aufhielt, um ihm die Wiederanknüpfung der früher abgebrochenen Unterhandlungen anzubieten.

Bruck antwortete darauf am 14. August, daß unter den obwaltenden Umständen füglich von nichts Anderem als unbedingter Uebergabe die Rede sein könne; indessen habe sich Radetzki herbeigelassen, die am 4. Mai den Venetianern angetragenen Bedingungen auch jetzt noch aufrecht halten zu wollen. Er legte eine Proklamation Radetzki's an die Venetianer bei und forderte und sprach die Hoffnung aus, daß Manin dieselbe ungesäumt zur Kenntniß des Volkes bringen würde. Wenn die Venetianer die Radetzki'schen Bedingungen eingehen wollten, so sollten sie sich dann sogleich an Gorczkowski wegen der Spezialitäten des Verfahrens bei der Uebergabe wenden.

Manin erhielt am 16. August diese Schriftstücke und berief sogleich die Minister, die Militärkommission, die Munizipalität, den Admiral Graziani und den General Cavedalis zu einer Berathung. Es ward beschlossen, eine Deputation von Mitgliedern der Munizipalität zur Vertretung der Interessen der Stadt und von einem Militär zur Vertretung der Interessen der Armee an Gorczkowski zu senden. Auf eine Zuschrift der erwählten Deputation erklärte Gorczkowski, daß er dieselbe am 19. August Mittags zu Mestre empfangen wolle, daß jede fremde Einmischung (z. B. englischer und französischer Konsuln) ausgeschlossen bleiben müsse und daß er das Feuer seiner Batterieen vorläufig nicht einstellen könne.

Am 16. August bestimmte Manin noch die Munizipalität zu einer neuen Anleihe von 6 Millionen Franken, um den zu entlassenden Truppen drei Monate Sold auszahlen zu können.

Die Deputation ging am 19. nach Mestre, wo die Unterhandlungen geführt wurden, und wo am 22. auch Heß mit Vollmachten von Radetzki eintraf.

In der Stadt kam es auf die Kunde von der Anknüpfung von Unterhandlungen zu erneuten Unruhen. Die Partei des Widerstandes regte die Soldaten auf, wozu die Unsicherheit der

Zahlung des dreimonatlichen Soldes benutzt wurde. Massen von Soldaten versammelten sich vor dem Dogenpalast und verlangten von Manin den Ausfall in Masse. Diese Dinge hatten schon am 21. August begonnen, am 22. August wiederholten sie sich in verstärktem Maße; 400 bis 500 M. bemächtigten sich selbst der Batterie Rom und drohten, die Stadt zu bombardiren, wenn ihnen nicht ihr Wille gethan würde.

Pepe war krank; Ulloa, der das Kommando führte, ließ Generalmarsch schlagen und traf die erforderlichen Anstalten, sich der Batterie Rom wieder zu bemächtigen. Indessen kamen die Meuterer in der folgenden Nacht von selbst zur Besinnung und verliefen sich von der Batterie.

Am 24. August Nachmittags war die Kapitulation abgeschlossen. Sie lautete:

„1. Vollständige Unterwerfung unter die durch S. Exzellenz den Grafen Radetzki in der Proklamation vom 14. August (vom 4. Mai) festgestellten Bedingungen.

„2. Die vollständige Uebergabe wird in vier Tagen von übermorgen ab gerechnet bewerkstelligt werden. Es wird eine Militärkommission eingesetzt, welche besteht einerseits aus S. Exz. dem General der Kavallerie von Gorczkowski und dem Feldzeugmeister Baron Heß, aus dem Herrn Oberst Ritter Schlitter, Generaladjutant S. Exz. des Feldmarschalls Grafen Radetzki, und dem Ritter Schiller, Chef des Generalstabs vom 2. Reservekorps, andererseits aus dem Herrn Ingenieur Cavedalis, welcher sich einen höhern Offizier der Marine beigesellen wird.

„Nachdem die Herren venetianischen Abgeordneten die Nothwendigkeit einiger Erläuterungen bezüglich der in den Artikeln 4 und 5 der oben erwähnten Proklamation aus einander gesetzt hatten, ward erklärt, daß man unter den Personen, welche Venedig zu verlassen hätten, begreifen würde: 1. Alle Offiziere, welche die Waffen gegen ihren legitimen Herrscher ergriffen hätten; 2. alle fremden Militärs, mit welchem Grade sie immer bekleidet wären; 3. die Zivilpersonen, welche in der den Abgeordneten übergebenen Liste verzeichnet wären.

„In Erwägung, daß in Venedig eine ungeheure Menge Papiergeld zirkulirt, während das baare Geld fehlt, daß dieses Papiergeld nicht der Zirkulation entzogen werden kann, ohne die größten Nachtheile für die Bevölkerung, welche dieses Geldes bedarf; in weiterer Erwägung, daß es nothwendig ist, diese Angelegenheit vor dem Einzug der Truppen in Ordnung zu bringen, — wird bestimmt, daß das Papiergeld, welches unter dem Namen Carta comunale existirt, auf die Hälfte seines Nominalwerths herabgesetzt wird und daß es mit diesem reduzirten Werthe Zwangskurs haben soll zu Venedig, Chioggia und in den andern Oertlichkeiten, welche in das Gebiet der Stadt inbegriffen sind (Estuario), bis daß es durch die Sorge des Munizipalrathes zurückgezogen und ersetzt ist (was in einer kurzen Frist geschehen muß). Die Amortisirung dieses neuen Papiers geschieht gänzlich auf Kosten Venedigs und des Estuario, mittelst einer Zuschlagssteuer von jährlich 25 Centimes auf jede Lire der Grundsteuer, sowie mittelst aller andern finanziellen Hülfsmittel, welche erforderlich sein könnten, diese Amortisirung zu beschleunigen. In Anbetracht dieser neuen Steuer werden keine Kriegskosten auferlegt, sowie auf die den venetianischen Eigenthümern bereits auferlegten Lasten Rücksicht genommen werden soll. Was die gänzlich aus der Zirkulation zurückgezogene Carta patriotica, sowie die andern Titel der öffentlichen Schuld betrifft, so wird man darüber später bestimmen und passende Verfügungen treffen.

Ausgefertigt in duplo und unterzeichnet zu Mestre am 24. August.

Gorczkowski, General der Kavallerie.	Marzani.
	Nicola Priuli.
Heß, Feldzeugmeister.	Dataico Medini.
	Giuseppe Calucci.
	Andrea Antonini.
	C. Cavedalis.“

Am 25. August begann die Uebergabe der Werke, des Materials und der Flotte, welche am 27. August beendet ward. Am 28. August zog Gorczkowski, welcher zum Militär- und Zivilgouverneur von Venedig ernannt war, mit den Truppen ein, und am 30. hielt Radetzki seinen Einzug. Die venetianischen Truppen waren während dieser Zeit in einzelnen Abtheilungen ausmarschirt und entwaffnet worden.

Die Oesterreicher hatten von Ende Oktobers 1848, von dem Zeitpunkt, wo eine eigentliche Zernirung Venedigs eingetreten war, bis zum Ende August 1849 zwar in den verschiedenen Gefechten und bei den Belagerungsarbeiten nur 236 Todte und 454 Verwundete verloren, dagegen waren in dem bezeichneten Zeitabschnitt 62,300 Kranke in die Spitäler aufgenommen worden; davon waren 7000 bereits gestorben und eine große Anzahl erlag noch später den Folgen des Lagunenfiebers oder blieb zeitlebens siech und ungesund. Die Oesterreicher hatten während der ganzen Zeit der Belagerung 108,535 Artilleriegeschosse verschiedener Art und 7760 Zentner Pulver verbraucht.

Die Venetianer hatten 210 Todte und 820 Verwundete verloren; aber durch Krankheiten ganz wie die Oesterreicher bei weitem mehr; 43,398 Kranke waren in der Zeit der Einschließung in die Spitäler aufgenommen worden.

So fiel also Venedig, lange schon vereinzelt, der letzte Fleck italienischer Erde, über welchen die Oesterreicher ihre Herrschaft oder ihren Einfluß wiederherzustellen hatten.

Betrachtungen.

A. Operationen.

Bei der Eröffnung der Operationen im Jahr 1849 standen die beiden Vorkämpfer der Parteien, die piemontesische und die österreichische Armee, einander beide zum Angriff entschlossen gegenüber.

Oesterreich hatte durch das Ende des vorjährigen Feldzuges an Ansehen gewonnen; Piemont hatte verloren. Italien wollte allerdings von Piemont noch etwas wissen, weil Piemont nicht zu entbehren schien, aber nicht, weil man Piemont vertraute; im Gegentheil, man mißtraute ihm und die republikanische Partei hatte bedeutend gewonnen, was unter den obwaltenden Umständen nur ein Nachtheil sein konnte, da die Spaltung innerhalb Italiens nur deutlicher und kräftiger hervortrat, ohne daß die monarchische oder die republikanische Partei allein materielle Kraft genug gehabt hätte, es mit Oesterreich aufzunehmen. Auf Seiten Italiens trat Neapel ganz aus der Rechnung, was für Oesterreich ein offenbarer Gewinn war. So sehr die Südprovinzen Italiens stets italienische Gesinnung hatten, so leicht es ist und stets sein wird, sie zu italienischen Provinzen zu machen, so schwer wird es immer sein, sie zu piemontesischen Provinzen zu machen. Und wenn von der piemontesischen Partei in Bezug auf Süditalien Fehler begangen werden, so kann Piemonts Gegenpart stets daraus und auf die leichteste Weise von der Welt den entschiedensten Vortheil ziehen. Gegen Italien werden Neapel und Sicilien niemals in Harnisch zu jagen sein, gegen Piemont mit der allergrößesten Bequemlichkeit. Es ist nicht überflüssig, diese Bemerkung auch im gegenwärtigen Momente zu machen, weil der Widerstreit Süd- und Norditaliens sich noch oft und lange geltend machen kann, während in einem Gesammtitalien ohne hegemonische Provinz sich Alles leicht ausgleicht. Es herrschen hier genau dieselben Verhältnisse wie in Deutschland. Alle Deutschen ordnen sich einem deutschen Reiche unter, aber die Süddeutschen wollen so wenig preußische Vasallen werden, hohenzollernsche Lohndiener, als die Norddeutschen österreichische Vasallen oder habsburgische Knechte.

Ihrer innern Zusammensetzung nach stand die österreichische Armee der piemontesischen unzweifelhaft weit voran; in der österreichischen Armee war wohl kaum ein Offizier, der gegen diesen Krieg, unter den Umständen, wie er gekommen, etwas einzuwenden hatte; in der piemontesischen Armee war die ganze, in ihr sehr einflußreiche Aristokratie, der Dienstadel, welcher es dem preußischen in Versumpfung wo möglich noch zuvorthut, gegen den Krieg.

Die Stärke beider Heere war so ziemlich im Gleichgewicht. Die Eintheilung war auf beiden Seiten gut und zweckmäßig; die Piemontesen hatten ein wenig in der Gelenkigkeit der Gliederung, die Oesterreicher in deren Straffheit voraus; dort sieben Divisionen und zwei selbstständige Brigaden, hier fünf Korps. Was die Organisation des Oberbefehls betraf, so waren die Oesterreicher im entschiedensten Vortheil; sie hatten ihren Radetzki; bei den Piemontesen führte dagegen abermals den nominellen Oberbefehl der König Karl Albert und wieder hatte er einen Helfer für den faktischen Oberbefehl zur Seite, dießmal schlimmer als das vorige, einen Fremden, Chrzanowski, einen tüchtigen, einsichtigen General. Aber der Fremde hatte der verballhornten piemontesischen Dienstaristokratie noch mehr vor den Kopf gestoßen, als im vorigen Jahre der Plebejer Bava, an dem allerdings auch sehr wenig war, dessen Erhebung zum — nicht unbedingten — Rather und Helfer Karl Alberts indessen doch genug für den Mangel an Intelligenz in der Dienstaristokratie Piemonts beweist.

Chrzanowski's Feldzugsplan war grundfalsch. Jede piemontesische Armee, die ursprünglich die Defensive in einem Feldzug gegen die Lombardei bewahren will, muß sich am rechten Ufer des Po halten, diejenige, welche offensiv unter denselben Voraussetzungen operiren will, muß sich am linken Ufer des Po so dicht als möglich halten, wenn sie nicht die Vortheile des rechten Ufers sich noch eine Zeit lang aneignen will, was in der Mehrzahl der Fälle vollständig möglich ist.

Chrzanowski konzentrirte die Hauptkraft der piemontesischen Armee an der kürzesten Straße nach Mailand und zwar, um die Offensive zu ergreifen. Das Gleiche ist im Jahre 1859 von Napoleon III. geschehen, und, wie denn in der

Regel die Menschen nach dem Erfolge urtheilen, hat man dieß ungemein schön gefunden.

Es wird immerhin gut sein, die sehr entschiedenen und durchgreifenden Unterschiede zwischen den Operationen Chrzanowski's einerseits und Napoleons III. andererseits hervorzuheben.

Sie sind im Wesentlichen folgende und den Hauptunterschied stellen wir voran:

Chrzanowski machte dieses Manöver von vornherein; Napoleon erst nach der Konzentrirung seiner Armee am rechten Po-Ufer um Alessandria, nachdem er durch hundert kleine Ereignisse und durch das Gefecht von Montebello zum Ueberfluß darüber ins Reine gekommen war, daß die Oesterreicher dießmal nicht von einem Radetzki, sondern von einem Giulay kommandirt waren.

Napoleon machte das Manöver mit einer durch die piemontesische Armee verstärkten französischen Armee, die an innerem Zusammenhalt und an der Güte der Elemente der österreichischen mindestens gleichkam, die in Bezug auf die numerische Stärke mit dem piemontesischen Zuschlag der österreichischen Armee überlegen sein mußte. Chrzanowski machte dasselbe Manöver mit einem Heere, dessen Qualität er nach den Erfahrungen des Feldzugs von 1848 nicht über die des österreichischen Heeres stellen durfte, — um so weniger nach der Kenntniß von den Alluren der piemontesischen Aristokratie, die er wenigstens hätte haben sollen. Außerdem führte Chrzanowski das Manöver gegen eine Armee aus, die, wenn sie der seinigen um etwas numerisch nachstand, wenigstens nur um ein so Kleines in dieser Beziehung ihr nachstand, daß die Qualität, welche bei den Oesterreichern unzweifelhaft besser war, als die des gewissermaßen neu geschaffenen piemontesischen Heeres, sehr leicht den Ausschlag zu des letztern Nachtheil geben konnte.

Chrzanowski war also nicht im mindesten in gleicher Weise wie Napoleon III. berechtigt, den Sieg auf dem Schlachtfelde für so wahrscheinlich zu halten, daß er daraufhin sich in jede auch die ungünstigste strategische Position begeben durfte.

Daß nun auch für Napoleon 1859 eine Anzahl von Eisenbahnen vorhanden war, über welche Chrzanowski 1849 noch nicht verfügte, ist nur eine sekundäre Sache.

Obgleich auch die Wahl Napoleons nicht vollständig zu billigen ist, sieht man doch leicht, daß Napoleon allerdings eine ganz andere strategische Erlaubniß hatte als Chrzanowski.

Der österreichische Feldzugsplan war vortrefflich. Radetzki hatte Alles darauf angelegt, sich den Sieg auf dem Schlachtfelde zu sichern; daher die Konzentrirung aller seiner Kräfte mit einem fast völligen Preisgeben der Lombardei in Verbindung. Ward der Sieg auf dem Schlachtfelde von den Oesterreichern errungen, so gab es nun für dessen Ausbeutung gar keine günstigere Operationsrichtung als eben die von Radetzki gewählte. Die Verfolgung des Sieges konnte zu völliger Vernichtung der piemontesischen Armee führen. Aber so sehr Radetzki Alles gethan hatte, um den Sieg auf dem Schlachtfeld an sich zu reißen, hatte er doch keineswegs Alles auf eine Karte gesetzt, hatte er doch keineswegs diesen Sieg im Voraus für etwas Gewisses, nicht zu Bezweifelndes angenommen, sondern er hatte sich auch auf den Fall eingerichtet, daß der Sieg auf dem Schlachtfelde ausbleibe, auch auf den Fall einer Niederlage. Nichts konnte ihn, wenn er auf dem Schlachtfeld unterlag, hindern, sich üb.r Pavia hinter den Tessin, im Nothfall selbst über Piacenza an das rechte Po-Ufer zurückzuziehen. Hier liegt nun der große Vorzug der Radetzki'schen Operationsrichtung vor der piemontesischen, die erstere war für Sieg wie für Niederlage gut, die letztere war es lediglich für den Fall des Sieges.

Gehen wir jetzt zur Ausführung der Operationen über.

Jedenfalls war die Stellung Chrzanowski's eine gewagte. Hat man sich einmal in eine solche Stellung freiwillig begeben, wie hier der Fall offenbar vorlag, so muß der Schluß erlaubt sein, daß man überhaupt das Wagniß zu seiner Regel für den Feldzug machen wolle. Man konnte also von Chrzanowski erwarten, daß er, nachdem er den Uebergang Radetzki's über den Tessin erfahren, erst recht auch seinerseits über den Tessin gehen werde, an dessen linkes Ufer, um in raschen Schritten in der Lombardei vorzudringen und diese zu revolutioniren, Piemont aber einstweilen sich selbst und dem Volksaufstand zu überlassen.

Sicherlich war das gewagt; aber der Grundplan soll dem Ganzen seinen Charakter aufprägen. Wenn man von den Oesterreichern hatte erwarten können, wie es wirklich der Fall gewesen war, daß sie bei dem ersten offensiven Schritt der piemontesischen Armee über Hals und Kopf die Lombardei räumen würden, so durfte man doch, als nun diese Voraussetzung nicht eingetroffen war, als Radetzki sogar der beabsichtigten piemontesischen Offensive mit der eignen Offensive entgegenkam, wohl immer noch voraussetzen, daß ein kühnes Vorgehen der Piemontesen in der Lombardei, Radetzki aus Piemont wieder heraus in die Lombardei zurückmanövriren werde.

Als Radetzki 1848 an Etsch und Mincio stand, haben wir durchaus nicht angenommen, daß wenn Karl Albert die Operationsrichtung im Venetianischen gegen die linke Flanke der Oesterreicher und ihren Rücken wählte, jener in die Lombardei vorgehen würde. In der That hatte Radetzki zu einer Forderung von einer dermaßen gewagten Art nicht den mindesten Anlaß gegeben. Er hatte sich gerade auf seine Festungen zurückgezogen und war mit der höchsten Sorgfalt bemüht, seine zerrissenen oder bedrohten Kommunikationen wieder anzuknüpfen und zu sichern. Einem Feldherrn, der mit solcher Ueberlegung und Regelmäßigkeit arbeitet, hat man kein Recht zuzumuthen, daß er jede Sicherheit aufgeben, nur noch wagen soll. Aber Chrzanowski 1849 that das gerade Gegentheil von dem, was Radetzki 1848 gethan hatte. Statt seine Verbindungen zu bewahren, hatte er sie aufgegeben und verlassen, er stand in der Luft, auf nichts gestützt. Einem Feldherrn, der so handelt, darf man zumuthen, daß er sich lediglich auf das Wagniß stütze. Andernfalls könnte man ja von ihm nur noch sagen, daß er leichtsinnig oder muthwillig gehandelt habe.

Weniger Wagniß, als bei dem Eintritt in die Lombardei vor einem Siege über die Oesterreicher war bei dem Wege, den Chrzanowski thatsächlich einschlug.

Er konzentrirte, was er von seiner Streitmacht überhaupt unter der Hand hatte, in Front den Oesterreichern gegenüber zwischen Sesia und Tessin und zwar verstärkte er dabei seinen linken Flügel bei Vigevano. Wenn man einmal die allgemeine Richtung der Operation zuläßt, — das gänzliche Aufgeben der Verbindungen auf Seiten Chrzanowski's also in den Kauf genommen hat, — so war das jetzt ausgeführte Manöver vollständig korrekt. In der Art, wie die Truppen konzentrirt werden sollten, lag es ausgesprochen: Hinhalten mit dem rechten Flügel vor Mortara; Offensive mit dem linken Flügel, um den Sieg über die österreichische Rechte zu gewinnen und die Oesterreicher somit vom Tessin, von ihren Verbindungen und Quellen, vom Rückzug über Pavia abzuschneiden.

Die Konzentrirung, zwar nicht ganz auf der von Chrzanowski beabsichtigten Linie, ward doch mit ziemlicher Schnelligkeit ausgeführt und hier kann man im Ganzen Chrzanowski's Anstalten nur loben.

Es folgten nun die Gefechte von Mortara und Vigevano. Bei Mortara erlitten die Piemontesen eine Niederlage in aller Form, bei Vigevano blieb Alles in dem Charakter des Nebensächlichen, Unbedeutenden.

Was hätte nun Chrzanowski thun können? Möglicher Weise konnte er seinem rechten, bei Mortara geschlagenen Flügel befehlen, sich sobald als möglich wieder zu sammeln und wieder gegen Mortara vorzurücken oder, daran verhindert, doch in der Richtung auf Vercelli den Vormarsch des Feindes so lange aufzuhalten als nur irgend möglich, zugleich konnte er mit seinem linken, am 21. Abends vollständig konzentrirten Flügel, 40,000 Mann, zum entschiedenen und entscheidenden Angriff auf die österreichische Rechte schreiten.

Daß dieß Manöver gar nicht unmöglich war, geht aus der Erzählung von Thatsachen, bei den sich ergebenden Stärkeverhältnissen mit Deutlichkeit hervor. Hier aber trat nun der Moment ein, wo sich die wahre Feldherrngröße zu zeigen hatte. Und Chrzanowski versagte. Der Pole kann das Mißgeschick schwer ertragen und erliegt leicht dessen Eindruck. Chrzanowski ward durch die Niederlage bei Mortara ungemein niedergeschlagen. Es war nicht ganz so gekommen, als er sich gedacht hatte; folglich sollte nun gar nichts mehr zu machen sein. Von diesem Momente an dachte er, was er späterhin aussprach: Was soll man mit Truppen anfangen und ausrichten, die sich nicht schlagen? Allerdings einer der bösesten Gedanken für einen Feldherrn.

Aber, — eine ganz allgemeine Frage — hat ein Feldherr, der sich in eine so gewagte Grundstellung begeben, als Chrzanowski im März 1849, das Recht, sich von einer einzelnen Theilniederlage, die am Ende Jeder und unter allen Umständen als möglich voraussetzen und in den Kauf nehmen muß, so niederschlagen zu lassen? Gewiß nicht.

Oder enthüllte nun, da es Chrzanowski an der nothwendigen Charakterstärke fehlte, um das Mißgeschick zu ertragen und auszuharren, nicht die Niederlage von Mortara die ganze Schwäche und strategische Unzulässigkeit der von ihm gewählten Operationsrichtung? Man vergleiche Napoleon III. 1859 in den ersten Momenten der Schlacht von Magenta und Chrzanowski am 21. März 1849. Wir behaupten: wenn Napoleon nicht mehr Ausdauer und Zähigkeit gehabt hätte als Chrzanowski, würde es um den Erfolg der Schlacht von Magenta übel bestellt gewesen sein.

Chrzanowski also beschloß den Rückzug aller seiner Truppen. Daß er sich zunächst noch mehr von dem rechten Po-ufer und seinen Verbindungen entfernen mußte, war unter den obwaltenden Umständen bei dieser Wahl allerdings nicht zu vermeiden; aber das letzte Marschziel hätte doch Novara von Rechts wegen niemals sein können. Nach dieser Eröffnung des Feldzuges lag es nahe, mit Aufbietung der ganzen Marschfähigkeit der piemontesischen Armee die natürlichen und zweckmäßigen Verbindungen, zunächst also das rechte Ufer der Sesia zu suchen. Bei Vercelli oder auch nördlich von Vercelli hätten selbst die Truppen von Vigevano die Sesia noch am 23. erreichen können, wenn sie am 22. beim ersten Morgengrauen aufbrachen. Chrzanowski beschloß die Schlacht mit vereinigter Macht bei Novara und lieferte sie als Defensivschlacht dergestalt, daß mit ihr der ganze Feldzug sein Ende fand.

Die Reihe der Beschuldigungen, welche gegen Chrzanowski erhoben werden können, ist nicht kurz. Fügen wir nun aber auch die Aufzählung der Hindernisse bei, welche ihm im Wege standen.

Obgleich er faktisch an die Spitze der Armee gestellt war, also aller Voraussetzung nach das höchste Vertrauen hätte genießen sollen, fehlte ihm doch dieses in der Armee, namentlich bei den höheren Offizieren ganz. Man mißtraute nicht seiner Fähigkeit, aber man stellte sich ihm feindlich gegenüber, als einem Fremden, der andern, Italienern, die Stellung entzogen habe, die ihnen gebühre. So kam es, daß er durchaus nicht von Allem, nicht von dem ganzen Verhältnisse Piemonts zu Oesterreich, sowie zu den andern italienischen Staaten unterrichtet ward, daß selbst die Aufkündung des Waffenstillstandes geschah, bevor er befragt worden war. So kam es, daß er von den kommandirenden Offizieren noch schlechter unterstützt wurde als Bava im vorigen Jahr, und auch der größte Feldherr kann isolirt, allein, ohne die Unterstützung der höheren Führer, die ihm untergeben sein sollen, nichts thun. Die Anstalten der piemontesischen Generale bei Mortara waren unter aller Kritik. Ramorino mußte für alle andern büßen, obgleich er sich um nichts schlechter benommen hatte, als die Mehrzahl der andern.

Radetzki's Einleitungsmanöver waren ausgezeichnet. Wir glauben noch besonders darauf aufmerksam machen zu sollen, wie die anscheinende Rückwärtsbewegung der Truppen vom Tessin her in der Richtung gegen Lodi und die Adda, welche doch ein wesentliches Mittel der Konzentrirung war, sich für die Täuschung der Piemontesen so sehr wirksam erwies, weil sie weniger darauf berechnet war, in denselben eine neue Gedankenreihe zu erwecken, als vielmehr sie auf einem falschen Gedanken, den sie schon hatten, demjenigen, die Oesterreicher wollten auf die Etsch und den Mincio zurückgehen, zu erhalten.

Bei der Fortsetzung der Operationen zwischen dem Tessin und der Sesia war die Vertheilung der Truppen eine durchaus angemessene. Drei Korps im Zentrum auf der mittleren Straße, so daß sie nach rechts oder nach links mit gleicher Leichtigkeit hingezogen werden konnten, ein Korps auf dem rechten Flügel, um die Anlehnung an den Tessin festzuhalten und den Rückzug auf Pavia, falls er überhaupt nothwendig werden sollte, zu sichern, ein Korps auf dem linken Flügel, um den Rücken des Gros der österreichischen Armee gegen mögliche Bewegungen des noch am rechten Po-Ufer befindlichen rechten piemontesischen Flügels zu decken.

Erst die Unsicherheit, die nach dem Rückzuge der Piemontesen von Mortara und Vigevano über ihre ferneren Absichten eintrat, führte zu einigem Durcheinanderwerfen der Truppen auf österreichischer Seite, zu sehr erklärlichen Verzögerungen, die indessen bei der Passivität Chrzanowski's keine weiteren üblen Folgen hatten. Daß Radetzki nicht Unrecht hatte, nach den Gefechten von Mortara und Vigevano eine Konzentrirung der piemontesischen Armee gegen Vercelli hin für wahrscheinlich zu halten, ergiebt sich aus dem, was wir über die Operationen Chrzanowski's vorher gesagt haben, von selbst.

Die weiteren Operationen der Oesterreicher einerseits nach Parma, Modena und Toscana, andererseits in die Romagna und das päpstliche Gebiet überhaupt, nach dem Waffenstillstande von Novara bieten kein militärisches Interesse. Sie sind bloße diplomatisch-polizeiliche Ausbeutungen des Schreckens, den der Sieg der Oesterreicher bei Novara fast über ganz Italien verbreitet hatte.

In dieselbe Kategorie gehört das Auftreten der Piemontesen selbst gegen das insurgirte Genua.

Der ganze sicilianische Feldzug trägt den Stempel der Unbedeutendheit; die Vertheidigung war so ungeschickt, daß von vornherein die Niederlage vorauszusehen war. Sie schien gewissermaßen nur darauf berechnet, daß den Koryphäen der Reaktionspartei die Gelegenheit gegeben werde, ihren Werkzeugen auf eine wohlfeile Weise Bülletinsruhm zu verschaffen und sie dadurch wieder für einige Zeit desto fester an sich zu ketten.

Nur einer Frage aus diesem Feldzuge müssen wir eine kurze Beleuchtung widmen, weil wir in Bezug auf sie von der gewöhnlich ausgesprochenen Meinung abweichen. Man hat nämlich gesagt, nach der Einnahme Catania's hätte Filangieri, statt durch das Innere der Insel über Caltanisetta zu ziehen, seine Truppenmacht wieder einschiffen und sie dann von Neuem in der Nähe Palermo's landen sollen, um hier der Insurrektion sogleich den letzten Schlag zu versetzen. Niemand wird zweifeln, daß sich dieß mit großer Leichtigkeit hätte ausführen lassen. Aber es kam für die Neapolitaner in Wahrheit weniger darauf an, die Insurrektion nur in kürzester Frist auf ihren Kernpunkten niederzuschlagen, als der Wirkung des Sieges möglichste Nachhaltigkeit zu geben.

Es ist bekannt genug, daß die Neapolitaner bis 1849 Herren des Innern von Sicilien eigentlich niemals gewesen waren. Aus diesem konnte aber die Insurrektion sich immer wieder nähren. Nach den Siegen an der Ostküste der Insel bot sich nun eine ganz vortreffliche Gelegenheit für die Neapolitaner, einmal mit einer verhältnißmäßig imponirenden Streitmacht, die auch überdieß von den Bülletins übertriebene und ausgeschmückte Siege erfochten hatte, das Innere zu durchziehen, in dieser Weise auf die lebhafte Imagination der Sicilianer zu wirken und ihnen gewissermaßen begreiflich zu machen, daß dieses nun auch den Neapolitanern gehöre. Diese Erscheinung mußte, wie man berechnen konnte, wenigstens eine ganze Zeit lang vorhalten. Daß er keinen nennenswerthen Widerstand mehr im Innern, ja selbst bei und in Palermo treffen würde, wußte Filangieri sehr gut.

Hieraus ergiebt sich klar, daß Filangieri's Zug durch das Innere eine ganz wohl berechnete und durchaus zweckmäßige Operation war, wenn auch nicht von dem sogenannten „rein" militärischen Standpunkt aus, von welchem aus zu kritisiren übrigens niemals erlaubt ist, da er niemals existirt. Wir haben dieß schon zu wiederholten Malen hervorgehoben, namentlich bei Gelegenheit der Besprechung der piemontesischen Operationen im Jahre 1848. Allerdings kann eine falsche politische Anschauung auch zu verkehrten militärischen Maßregeln führen, und dieß traf ein in Bezug auf die Wahl der Operationslinie Seitens Karl Alberts. Filangieri's Zug durch das Innere Siciliens war aber auf die vollständige und richtige Erkenntniß der politischen und sozialen Verhältnisse der Insel gebaut.

Wir werden in einem folgenden Kapitel über die Belagerung von Rom reden. Hier genügt es, einige Bemerkungen über das Operationssystem der römischen Republik im Allgemeinen zu machen. Die römische Republik ward von vier Mächten und konnte von fünf verschiedenen Seiten her bedroht werden. Die Mächte waren Oesterreich, Frankreich, Neapel und Spanien; die Seiten das Venetianische, Modena und Toscana, die Küste des tyrrhenischen Meeres (Franzosen), die Küste des adriatischen Meeres (österreichische Flotte) und die neapolitanische Terra di Lavoro.

Unter solchen Umständen ist in gewöhnlichen Verhältnissen die Vertheidigung auf die Operationen auf der innern

Linie angewiesen. Sie wählt sich eine passende Ausgangs- und Rückzugsstellung möglichst in der Mitte zwischen den verschiedenen Feinden und ihren Angriffspunkten, konzentrirt sich hier und fällt von hier bald in dieser, bald in jener Richtung aus, um Theilerfolge erringen zu können. Je weniger die verschiedenen Feinde politisch mit einander einig sind, je weniger sie folglich auch militärisch die Einheit des Befehls und der Handlung hergestellt haben, desto anwendbarer wird dieß System sein. Der Fall des Zwiespaltes in den letzten politischen Tendenzen der Feinde lag hier vor, und wenigstens von diesem Standpunkte aus wäre das Operiren auf der inneren Linie erlaubt gewesen. Sehen wir uns dagegen die Hindernisse einer solchen Aktion an, so werden wir uns bald überzeugen, daß durch sie der eine Vortheil reichlich aufgewogen wird.

Eine solche Zentralstellung, wie wir sie oben bezeichnet haben, kann eigentlich nur ein System von Flüssen, die nicht allzu unbedeutend sind, allenfalls auch nur ein solcher Fluß geben, vorausgesetzt dabei immer die Verstärkung durch Befestigungen, welche nicht zu entbehren sind, um der Zentralstellung ihre Vollendung zu geben.

Der einzige Fluß, welcher allenfalls auf dem Gebiet der römischen Republik eine solche Rolle spielen konnte, ist die Tiber. Immerhin ist sie nur unbedeutend, passende Befestigungen waren an ihr keine vorhanden, konnten auch unmöglich im Handumdrehen hergestellt werden. Außerdem befindet sich die Tiber auch nicht einmal annähernd in der Mitte des Vertheidigungsgebiets.

Zweitens setzt die Anwendung des Operirens auf der innern Linie immer voraus, daß man, während man sich ernstlich auf einem Punkte, gegen einen Feind konzentrirt, die sämmtlichen andern wenigstens aufhalten, ihr Vorrücken eine gewisse Zeit lang verzögern könne. Dieß wird auf verschiedene Weise, durch Volksbewaffnung, durch Aufstände und Gegenwehr einzelner Städte, durch Benutzung politischer Verhältnisse und Anknüpfung von Unterhandlungen geschehen können.

Aber wie immer die Dinge sich stellen mögen, wenn auch noch so schwache organisirte Korps muß man allen einzelnen Feinden gegenüber lassen, schon um den nothwendigen Zusammenhang in die Gesammtoperation zu bringen und ihn zu erhalten. Dieß erfordert also eine gewisse Zahl von organisirten Truppen, die sich steigert mit der Anzahl der Feinde und der Zahl der möglichen Angriffspunkte. Es läßt sich leicht berechnen, daß die römische Republik unter den obwaltenden Verhältnissen, wenn dann auch die sonstigen militärischen Bedingungen, namentlich die passend gelegene Zentralstellung vorhanden gewesen wäre, doch nicht mit weniger als 50,000 Mann mit wirklicher Aussicht auf Erfolg das System der Operation auf der inneren Linie hätte anwenden können. Ueberhaupt wird seine Anwendung immer mißlich, wenn man nicht wenigstens halb so viel Truppen hat, als die gegenüberstehenden Feinde zusammengenommen. Woher sollte aber die römische Republik diese Truppenzahl nehmen? Sie hatte kaum jemals über 25,000 Mann auf dem ganzen Gebiete zusammen.

Warum hatte aber die römische Republik nicht mehr Truppen? Der Kirchenstaat hatte eine Million mehr Einwohner als die Schweiz und diese gebietet über ein organisirtes Heer von mehr als 100,000 Mann. Die einfache Antwort darauf ist, daß das schweizerische Heer nicht in wenigen Monaten organisirt, sondern eine mit dem Volke seit Jahrhunderten erwachsene Institution ist. Im Kirchenstaat waren aber die Bewohner von Alters her der Waffen entwöhnt, in wenigen Monaten konnte man weder ein starkes und nur einigermaßen regulirtes Heer hier erschaffen, noch Ordnung in die Finanzen bringen. Es unterliegt gar keinem Zweifel, daß gerade aus vielen Theilen des früheren Kirchenstaats Italien dereinst zahlreiche Soldaten ziehen wird, die zu seinen besten zu zählen sein werden; aber die römische Republik mußte sich 1849 in ihren Verhältnissen wesentlich auf die Zusammenbringung von Freiwilligen beschränken, und hätte es ihr schließlich auch an Soldaten nicht gefehlt, woher sollte sie bei der bisherigen

Vernachlässigung aller militärischen Dinge im Kirchenstaat sich Waffen, woher die nothdürftigste Zahl einigermaßen brauchbarer Offiziere verschaffen, wie sollte sie augenblicklich diejenige Ordnung in das Finanzwesen bringen, welche durchaus erforderlich war, um ein starkes Heer zu erhalten?

Sonach kann man sagen, daß die römische Republik während der kurzen Zeit ihres Bestehens alles Mögliche that, damit daß sie 25,000 Mann organisirter Truppen aufstellte.

Damit war aber eine regelmäßige Operation auf der innern Linie nicht durchzuführen.

Hiezu kam nun noch ein sehr wichtiger Umstand. Die Stadt Rom nämlich hatte eine ganz überwiegende Wichtigkeit. Ein italienisches Reich, möge es Namen und Gestaltung haben wie es wolle, Königreich oder Republik, zentralisirt oder föderalistisch, kann ohne seine natürliche Hauptstadt Rom nicht bestehen. Rom ist aber eine offene Stadt oder so gut wie eine solche, obgleich die Franzosen es einer Belagerung gewürdigt haben. Behaupten, vertheidigen konnte man es also nur durch die Konzentration einer starken lebendigen Truppenkraft, — mit andern Worten, der ganzen oder doch fast der ganzen regulären Streitkraft, über welche die römische Republik überhaupt verfügte.

Die Wichtigkeit der Stadt Rom in dieser Beziehung wuchs aber in demselben Maße, in welchem der Kampf Italiens ein hoffnungsloser wurde. So paradox dieß klingen mag, so sicher ist es doch wahr.

Die römische Republik allein, isolirt, wie geschickt immer die Verwendung ihrer Streitkräfte sein mochte, wie sehr sie ihre wirklich verfügbaren Kräfte ausbeutete und nutzbar machte, konnte der Uebermacht der Feinde gegenüber immer nur einen temporären Widerstand leisten, einen Widerstand, der für eine bemessene Zeit vorhält. Ein solcher Widerstand aber hat einen materiellen Werth nur, wenn während seiner möglichen Dauer ein Umschwung der — augenblicklich — ungünstigen Verhältnisse zu erwarten steht. Ein kleiner Staat ohne Bundesgenossen; auf sich selbst angewiesen, befindet sich einer starken einheitlichen oder bundesgenossenschaftlichen Macht gegenüber in diesen Lagen immer in dem Verhältniß einer belagerten Festung. Materiellen Werth hat die Vertheidigung der Festung nur insofern, als deren nothwendige Belagerung den Feind von anderen Zielen fern hält, damit aber die Gelegenheit zur Organisation und Vorführung anderer Streitkräfte gibt, mögen diese nun übrigens noch zum Entsatze der Festung zu rechter Zeit kommen oder mögen sie nur für den Staat, dem die Festung angehört, im Allgemeinen einen Umschwung möglich oder wahrscheinlich machen.

Kann die Vertheidigung einer Festung zu einem Umschwung nicht mitwirken oder ist dieser Umschwung während ihrer Dauer nicht zu erwarten, so schwindet der materielle Werth und es bleibt nur noch der moralische Werth. Es handelt sich noch um die Waffenehre, es handelt sich um den nationalen Ruhm, um Dinge, die nicht immer mit Zahl und Maß zu messen sind. Dieser Wechsel, das Verschwinden des materiellen, das Bleiben des moralischen Werthes, wird jedesmal auch auf den Gang der Vertheidigung der Festung den entschiedensten Einfluß üben.

In diese Lage gerieth nun seit der Schlacht von Novara die römische Republik von Tage zu Tage mehr hinein. Ihre Vertheidigung verlor den materiellen Werth. Piemont, das Schwert Italiens, trat vom Schauplatze ab; anfangs mochten sich manche erhitzten Geister noch mit der Hoffnung schmeicheln, daß aus dem Waffenstillstand von Novara kein Friede werden würde. Diese Hoffnung mußte immer mehr schwinden. Die Niederlage der piemontesischen Waffen bei Novara verbreitete aber auch in dem ganzen übrigen Italien eine große Niedergeschlagenheit. Die römische Republik mußte sich täglich mehr davon überzeugen. Die Unterhandlungen mit Venedig konnten zu einem materiellen Nutzen nicht führen, weil Venedig in derselben Lage war wie Rom, ja noch tiefer, noch prägnanter darin steckte. Die Unterhandlungen mit

Toscana nach der Flucht des Großherzogs sprachen in Lapidarschrift.

Der materielle Werth der Vertheidigung der römischen Republik schwand sehr bald. Aber damit war nicht gesagt, daß auch der moralische Werth der Vertheidigung aufhöre. Er blieb; wenn er aber allein blieb, so konnte die Vertheidigung unmöglich den gleichen militärischen Charakter tragen, als wenn es auch noch auf die Erreichung eines materiellen Zieles angekommen wäre.

Und was lag nun näher, als daß die nationalen Häupter der römischen Republik sich selbst, wenn auch nicht dem ersten besten Soldaten, sagten:

Wir müssen durch die möglichst lange und kräftige Vertheidigung Roms, der Hauptstadt Italiens, zeigen, daß wir an Italien glauben, daß wir erkannt haben, Rom und Rom allein sei Italiens Hauptstadt.

Dieß war in der That nun der Charakter des sich um Rom konzentrirenden Kampfes.

So weit aber das System der Operation auf der innern Linie noch durchgeführt werden konnte, ohne daß man aus diesem durchschlagenden Charakter der Vertheidigung ganz und gar heraustrat, ward es auch zur Anwendung gebracht.

Zeuge dafür sind die von Mazzini mit einem lange nicht genug geschätzten Aufwand von Geist und Ausdauer mit den Franzosen geführten Unterhandlungen, um diesen Feind zeitweise, wenn nicht für immer, brach zu legen, und die Benutzung der auf solche Weise wirklich gewonnenen Theilruhe zu den glücklichen Ausfällen gegen die Neapolitaner.

Als am Ende der Vertheidigung Roms Garibaldi mit seiner kleinen Schaar hinauszog, um wo möglich die Insurrektion noch wieder zu beleben, da war ihr vollends schon im Volke der Boden ausgeschlagen. So nahm der Zug Garibaldi's sehr bald den Charakter eines Rückzuges an, dessen Objekt Venedig ward. Bei der völligen Hoffnungslosigkeit der

Zustände aber fand der Rückzug bereits zu S. Marino mit der Auflösung der Schaar seinen Zielpunkt.

Das Detailstudium dieses Rückzuges ist sehr lehrreich. Sicherlich hatte Garibaldi mit allen nur denkbaren Schwierigkeiten zu kämpfen; eine der größten war die in seiner Truppe einreißende Indisziplin und Desertion, welche unter den obwaltenden Umständen sich freilich wohl in jeder Truppe gezeigt haben würde. Auf einem Rückzuge sollte der Zusammenhalt der Truppe der größtmögliche sein; thatsächlich ist er meist der kleinste. Es darf nicht oft genug daran erinnert werden, daß man in den Tagen der Ruhe und der Erfolge die Disziplin, die militärische Ordnung und Regelmäßigkeit pflegen muß, um diese kostbaren Güter in den Tagen der Noth und Gefahr zu besitzen. Dieß wird nur zu häufig versäumt und vergessen, namentlich bei Freiwilligenschaaren, welche keine größeren Feinde haben als diejenigen, welche die Behauptung aufstellen, daß eine Freischaar sich durch die Unordnung von der regelmäßigen Truppe unterscheiden dürfe oder gar müsse.

Es konnte nicht fehlen, daß Garibaldi's kleines Häuflein schließlich von den Oesterreichern rings eingeschlossen und ihm das Weiterkommen unmöglich gemacht ward. Wunderbar kann es lediglich erscheinen, daß die Expedition doch noch bis S. Marino kam. Die österreichischen Generale beobachteten bis gegen das Ende des Juli theils eine kaum erklärliche Ruhe, theils beschrieben sie die bekannte Pudelkurve. Interessant ist besonders derjenige Theil der Expedition Garibaldi's, welcher den Eintritt desselben ins Toscanische und die dortigen Manöver umfaßt.

B. Gefechte und Schlachten.

Die im vorliegenden Abschnitte vorkommenden Gefechte und Schlachten sind:

bei Vigevano am 21. März;

" Mortara am 21. März;

bei Novara am 23. März;
" und in Brescia vom 26. März bis 1. April;
in Genua am 27. März, 4. bis 8. April;
bei und in Livorno vom 8. bis 11. Mai;
vor Rom am 30. April;
bei Taormina am 2. April;
" Catania am 6. April;
" Palestrina am 9. Mai;
" Velletri am 19. Mai;
" Bologna am 8. Mai und die folgenden Tage bis zum 14. Mai;
vor Ancona vom 25. Mai bis 17. Juni;
" Rom am 3. Juni;
bei Conche am 21. März;
" S. Angelo in Vado am 29. Juli.

Bei Mortara traten die Piemontesen vertheidigungsweise auf, die Oesterreicher als Angreifer; beides war ganz der Rolle entsprechend, die seit dem Uebergang Radetzki's über den Tessin und dem darauf folgenden Entschluß Chrzanowski's die beiden Parteien übernommen hatten. Auch wenn der Gegenangriff Chrzanowski's im Großen zur Ausführung gekommen wäre, hätte immer noch der bei Mortara vereinigte rechte piemontesische Flügel sich defensiv verhalten müssen.

Die Stellung der Piemontesen entsprach den Anforderungen, welche an eine defensive Gefechtsstellung gemacht werden müssen, nicht im Mindesten.

Diese Forderungen sind im Wesentlichen: Bedeutende Hindernisse mindestens vor demjenigen Theile der Front, über welchen man nicht selbst hervorbrechen will, einige feste Stützpunkte in der Front selbst, ein möglichst bedecktes Terrain in der Front der Stellung und im Vorterrain, welches man aus der Position gut übersieht und beherrscht, gute Verbindungen der einzelnen Theile der Stellungsfront unter sich und Leichtigkeit für die Reserven, ihre Unterstützung überall dorthin zu bringen, wo es nothwendig erscheint, endlich eine gute Aufnahmsposition, in welche man bequem zurückgehen, in welche aber der Feind nicht eben so bequem nachdringen kann.

Die Piemontesen hatten eigentlich zwei Stellungen, diejenige Durando's und die des Herzogs von Savoyen. Die Festigkeit der erstern war sehr unbedeutend, wirkliche Anlehnungen existirten nicht für sie, und die Verbindung im Innern war sehr mangelhaft. Als Aufnahmsstellung hätte man die Stadt Mortara ansehen können; doch eine Stadt kann in dieser Beziehung immer nur schlechte Dienste leisten. Eine ummauerte Stadt von nicht zu großem Umfang kann einer kleinen Truppenmacht, die selbstständig fechten soll, einen passenden Stützpunkt abgeben; sie kann auch ganz zweckmäßiger Weise in eine Gefechtsstellung hineingezogen werden; so, sollte man meinen, könnte sie auch bei einem Rückzuge von geringer Truppenzahl vertheidigt, dem Gros einer Armee gestatten, in Ordnung sich aus dem Bereich der Verfolgung des Feindes zu entfernen. Dieß ist aber nicht so. Die Straßen der Stadt, das Gewirre dieser Straßen, zumal wenn sie noch winklig und enge sind, ist der Erhaltung der Ordnung beim Rückzuge oder gar ihrer Wiederherstellung, wenn sie schon verloren gegangen wäre, nicht im Mindesten günstig. Geschütze und Wagen fahren durch und in einander und sperren die Durchgänge, die Soldaten, welche keine Lust zum Fechten haben, verlieren sich mit Leichtigkeit in die Häuser und begehen hier ungestraft Unbilden, die höheren Führer verlieren die Uebersicht und die Möglichkeit, einzugreifen, ihre Autorität zu bewahren. Kann nun gar noch der Feind ungestört in den Flanken vordringen, wie es bei Mortara der Fall war, so verliert eine solche Stadt jede Befähigung, als Stützpunkt für die Deckung des Rückzuges zu dienen. Diese Fähigkeit könnte ihr also einigermaßen gegeben werden dadurch, daß ein Fluß etwa gleichlaufend der ursprünglichen Stellungsfront der Gegner sie durchströmte, also auch die Umgehung auf den Flanken hinderte, indem er zugleich einen vorgelegenen Theil der Stadt, der zunächst noch behauptet wird, von einem weiter rückwärts gelegenen sondert, in welchem mit einiger Ruhe an der Herstellung der Ordnung gearbeitet werden kann.

Die Stellung des Herzogs von Savoyen hätte man als eine solche betrachten können, aus welcher in einem entscheidenden Momente des von Durando begonnenen Gefechtes zur Offensive vorgebrochen werden sollte. Die Stellung des Herzogs hätte auf diese Weise einen Sinn gehabt. Indessen fällt es sogleich auf, daß sie diesen Sinn nicht haben konnte. Um dieses Vordringen, ganz abgesehen von den Terrainverhältnissen, wirklich nützlich zu machen, hätte der Herzog von Savoyen statt rechts, vielmehr links hinter Durando stehen müssen, um bei seinem vorausgesetzten Vordringen die österreichische Rückzugslinie bedrohen zu können. Unter allen Umständen aber hätte die Stellung des Herzogs wenigstens so gewählt sein müssen, daß ein Vordringen aus ihr durch kein Terrainhinderniß aufgehalten ward. Gerade das Umgekehrte war der Fall. Der Herzog stand so, daß er, um Durando auch nur in einer Weise beispringen zu können, durch die die Stadt Mortara ziehen mußte. Man denke sich nun Durando im Rückzug und den Herzog im Vormarsch zur Hülfe, man denke sich ein Zusammentreffen beider Divisionen in Mortara und man wird sich die Folgen vorstellen können.

In solchen unglücklichen Lagen ist es für denjenigen, der sich in ihnen befindet, ein noch lange nicht genug geschätzter Vortheil, daß der glückliche Gegner fast niemals den ganzen Umfang dessen kennt, was er gewonnen hat. Existirte für den Geschlagenen dieser Vortheil nicht, so würde die Weltgeschichte noch von viel mehr gründlichen, entscheidenden, vernichtenden Siegen und Niederlagen zu erzählen haben, als es jetzt der Fall ist. Aus diesem Verhältnisse folgt aber auch deutlich und unverkennbar die große Gewalt, welche in einem einfachen, großgedachten Plane bei jeder kriegerischen Operation liegt. Hat man eine größere Truppenzahl in Bewegung gesetzt, so gleichen die einzelnen Truppenkörper, nur mit Ausnahme der klug aufgesparten Reserve, immer sehr stark den aus der Büchse geschossenen Kugeln. Ist die Richtung gut und richtig gewählt, so werden sie wohl ihr Ziel treffen; je größer ihre Energie, ihre Kraft, desto gewaltiger werden sie es treffen. Die Energie der Wirkung der einzelnen Truppenkörper in einem Gefechte hängt aber gar nicht allein von der guten Detailführung oder allein von den mehreren oder minderen materiellen Hindernissen ab, welche die Truppe auf ihrem Wege finden kann. Vielmehr ist der Auftrag, welchen sie empfängt, von der höchsten Wichtigkeit in dieser Beziehung. Eine Truppe, die den klaren Befehl hat, anzugreifen, wird bei demselben Muth, demselben Eifer der Soldaten, demselben guten Willen und derselben Tüchtigkeit der Führer viel seltener in den Fall kommen, auf halbem Wege stehen zu bleiben, als eine andere, welcher nur der Auftrag ertheilt wäre, den Feind zu beschäftigen.

Hierin liegt gerade einer derjenigen deutlichen Vorzüge der Offensive, welche uns noch nicht genügend gewürdigt zu sein scheinen.

Durando war bei Mortara gerade stark genug, um mit seiner Division eine erste Linie in einer vortheilhaften Stellung bilden zu können. Reserven hatte er aus eignen Mitteln gar nicht; die also mußte der Herzog liefern. Ohne Reserven kann man kein Gefecht liefern; auch wenn die Truppen Durando's im Durchschnitt besser gewesen wären, als man dieß gerade behaupten kann, würde er einen schweren Stand gehabt haben, weil er sich überhaupt in der Defensive befand und weil durchaus nicht in einer vortheilhaften Stellung, die große passive Fronthindernisse dem österreichischen Angriff entgegensetzte.

Wenn der Angriff im Allgemeinen diejenige Form ist, mit welcher man wahrscheinlich zu schlagenderen Resultaten gelangt, so gilt dieß vorzüglich überall dort, wo man junge Truppen und wo man südländische Truppen kommandirt. Diese leisten stets mehr, wenn man sie in die Hitze bringt, als wenn man an ihr kaltes Blut appelliren muß. Hat man junge und südländische Truppen, so ist vollends der Angriff vorgeschrieben. Dieser Fall trat für die Piemontesen bei Mortara ein. Ihre Armee mußte nach den Schlägen von 1848 und nach der bedeutenden numerischen Verstärkung im Winter ganz wesentlich als eine junge angesehen werden.

Wie wir es gesagt haben, die Piemontesen bei Mortara befanden sich im Allgemeinen in der Defensive. Aber damit ist nicht gesagt, daß für jeden einzelnen Truppenkörper nun auch die Defensive galt, daß jeder einzelne Truppenkörper sich im Standhalten bewähren mußte. Für das einzelne Bataillon kann man sich fast immer den Vortheil der Offensive bewahren, auch in einer Vertheidigungsstellung. Allerdings ist es richtig, daß dieß um so leichter ist, je stärker die Front der Vertheidigungsstellung.

Je stärker nämlich die Front einer Vertheidigungsstellung, je mehr man also voraussetzen darf, daß der Feind nur an einzelnen Punkten und mit schwachen Abtheilungen in sie eindringen werde, desto schwächer braucht man die Front selbst mit Truppen zu besetzen, desto mehr Truppen also darf man zurückstellen. Und nur mit in Reserve zurückgestellten Truppen kann man innerhalb einer Vertheidigungsstellung die Offensive ergreifen, wo man zu schwach ist, um von vornherein auf die Verbindung einer großen Offensivbewegung mit der passiven Vertheidigung auf einem andern Theil der Front (Defensivfeld) rechnen zu dürfen.

In dieser Hinsicht war allerdings Durando's Stellung, deren Front gar kein bedeutendes Hinderniß bot, eine sehr ungünstige.

Ein gemeinschaftlicher Oberbefehl war auf Seiten der Piemontesen nicht vorhanden. Der Fehler lag hauptsächlich in dem Mangel an Uebung. Bei einer alten und wohlregulirten Armee versteht es sich von selbst, daß, wo immer zwei Truppentheile zusammenstoßen, um gemeinsam zu handeln, der dienstälteste Truppenkommandant den Oberbefehl übernimmt. Bei jungen Armeen hat dieß bisweilen schon deßhalb seine

Schwierigkeiten, weil die Altersverhältnisse nicht so genau vorgeschrieben und bekannt sind. Nimmt man hinzu, daß Alles sehr schnell geht, daß die Befehle vom Oberkommando her nicht die präzisesten sind, berücksichtigt man, daß jeder Befehlshaber am liebsten nur mit Truppen zu thun hat, welche er seit längerer Zeit kennt und welche ihn seit längerer Zeit kennen, so wird man begreifen, wenn auch nicht entschuldigen, daß oft genug gegen die Grundregel verstoßen wird, zu gemeinsamem Handeln bestimmte Truppen auch unter einem Oberkommando fest zu vereinigen.

Bei Mortara befanden sich als kommandirende Offiziere der Herzog von Savoyen und Durando; zu ihnen kam dann noch, von Chrzanowski ausdrücklich gesendet, dessen Generalstabschef Lamarmora. Lamarmora, einer der jüngsten Generale, konnte selbstverständlich das Kommando nicht übernehmen; er konnte nur Aufträge überbringen und diese nach der Vollmacht, die ihm der Oberbefehlshaber ertheilt hatte, passend an Ort und Stelle ergänzen.

Der ordentliche und vollständig ausreichende Dienstgang wäre bei Mortara folgender gewesen: Der Herzog von Savoyen trat, sobald er bei Mortara eingetroffen war, durch einen Tagsbefehl das Kommando der vereinigten Truppen an; Durando, sobald er von der Ankunft des Herzogs unterrichtet war, mußte dessen Tagsbefehl gar nicht erst abwarten, sondern ihm unverzüglich Rapport erstatten und sich unter sein Kommando stellen. Lamarmora mußte sich so schnell wie möglich zur Disposition des Herzogs stellen, diesem seine Aufträge überbringen und seine etwaigen Rathschläge ertheilen.

An die Stelle dieses geordneten Dienstganges trat eine Art Uebereinkunft, welche das Kommandoverhältniß ziemlich ungeregelt ließ. Man kann nicht genug darauf dringen, daß jeder kommandirende Offizier darauf hinarbeite, das Kommandoverhältniß so schnell als möglich festzustellen. Jeder hat in der That Vortheil davon, auch wenn man ganz davon abstrahiren wollte, daß das allgemeine Beste der Armee und des Staates, dem sie angehört, diese Feststellung nothwendig erheischt. Die meisten Fälle der Abwälzung von Verantwortlichkeiten, der Verdunkelung der wirklichen Thatsachen, entstehen aus ungeregelten Kommandoverhältnissen.

Gar manchen Kommandanten ist es allerdings nur zu süß, selbstständig zu kommandiren, allerdings meist den ungeschicktesten und unberechtigsten und nur so lange, als es sich um die Befriedigung persönlicher Bequemlichkeiten handelt und die Uebernahme einer schweren Verantwortlichkeit nicht ins Spiel kommt. Sobald diese verlangt wird, hört dann freilich alle Lust zum selbstständigen Kommandiren auf, aber dann auch meist zu spät für das Beste der Sache.

Die Oesterreicher kamen bei Mortara ziemlich spät am Tage zum Gefecht; dieß war ein Glück für die Piemontesen, die Dunkelheit hinderte eine kräftige Verfolgung, die, wenn der Kampf zwei bis drei Stunden früher beendet worden wäre, allerdings möglich war. Die Anstalten d'Aspre's waren nicht besonders kunstvoll; er führte einen einfachen Frontalangriff aus; die Trennung der ersten feindlichen Linie in sich, der geringe Widerstand, welchen die Brigade Regina leistete, die schlechte Verbindung zwischen den beiden Linien der Piemontesen machten den Oesterreichern den Sieg als eine Reihe von Theilsiegen leicht. Der Held des Tages war Benedek, dessen Entschlossenheit in der Stadt belohnt ward, wie sie es verdiente.

Für eine Armee, die des Sieges auf dem Schlachtfelde ziemlich sicher ist, ist es immer wünschenswerth, früh am Tage zum Schlagen zu kommen. Andererseits sollen die Soldaten, bevor sie zum Kampfe gelangen, gehörig verpflegt sein. Beide Dinge stehen einander in einer nicht ganz zu beseitigenden Feindschaft gegenüber, da die Verpflegung, Vertheilung der Lebensmittel und Abkochen, stets nur mit Zeitverlusten bewerkstelligt werden kann, insbesondere im fremden Lande, wie gut immer das Kommissariat sein möge. Um diese Zeitverluste zu beseitigen, so weit irgend möglich, scheint immer noch das beste, die Hauptmahlzeit, wenn man sich in der Nähe des Feindes befindet, auf den Nachmittag oder Abend in die Zeit sobald als möglich nach dem Einrücken in das Biwak zu verlegen, dagegen am Morgen vor dem Ausrücken die Truppen lediglich den Kaffee nehmen zu lassen. Haben die Soldaten dann noch Brot, ein Stück kaltes Fleisch vom vorigen Tag und die Feldflasche voll Wein oder Branntwein mit Wasser bei sich, so können sie es den Tag über schon aushalten.

Je näher man am Tage vor einem zu erwartenden Gefechte am Feinde steht, desto frühzeitiger wird man ihn auffinden. Indessen ganz abgesehen davon, daß man die Stellung des aufzusuchenden Feindes in den wenigsten Fällen genau vorher kennt, ist auch eine zu große Nähe am Feinde schon deßhalb unstatthaft, weil man sich durch sie selbst in den Biwaks unbequemen Ueberraschungen aussetzen könnte. Eine Entfernung der Haupttruppe vom Feinde am Tage vor der Schlacht von etwa 2 bis 3 Wegstunden erscheint als ein Minimum.

Außer der auf das (mehr oder minder beschränkte) Abkochen und auf den Marsch selbst zu verwendenden Zeit trennt uns vom Feinde noch die andere, welche zum Abmarsch aus den Biwacks, zum Abwickeln der Kolonnen nöthig ist. Wenn man eine Armee zum Schlagen bringen will, so kann man natürlich nicht wünschen, vorerst nur eine schwache, leicht überzurennende Spitze an den Feind zu führen, muß vielmehr wo möglich die ganze Armee gleichzeitig in Marsch zu setzen suchen, was immer lange noch nicht wörtlich zu verstehen ist. Die Sache macht sich im Ganzen leichter, wenn man in mehreren Kolonnen auf verschiedenen Parallelstraßen marschirt, als wenn man die ganze Streitmacht auf einer Straße beisammen hat. Indessen vergeht auch in jenem günstigeren Fall mit dem Abwarten der Meldungen über die Marschbereitschaft der verschiedenen Kolonnen immer eine gewisse Zeit.

Befindet man sich am Abend vor dem zu erwartenden Gefecht auf 20,000 Schritt vom Feinde mit 30,000 Mann an der gleichen Straße, läßt man um $4^1/_2$ Uhr Morgens Tag-

34*

wache (Reveille) schlagen, so kann nach dem Kaffeekochen etwa um 6 Uhr Morgens ins Gewehr getreten werden; es vergeht dann eine gute Stunde, ehe die 30,000 M sämmtlich marschbereit sind, wobei aber die Spitze aus dem Biwak abrückend schon mindestens 3000 Schritt vorwärts Terrain gewonnen haben wird. Man kann also in solchem Falle mit der Spitze etwa um 10 Uhr oder 11 Uhr Morgens das Gefecht entwickeln, wobei der Aufenthalt, den das Abwarten von Rekognoszirungsberichten mit sich bringt, schon eingerechnet ist.

Zu der hier erwähnten Tageszeit kam d'Aspre am 23. März 1849 vor Novara ins Gefecht. Sie ist eine ganz zweckmäßige für den Theil, welcher den Sieg davonträgt. Und den Sieg davontragen, das will doch jede Partei, wenn es auch in jeder Schlacht nur der einen gelingen kann.

Die Schlacht von Novara ist eines der bedeutendsten Ereignisse der neueren Geschichte, sie ist es vorzugsweise durch ihre Folgen, durch die Schnelligkeit, mit welcher mittelst ihrer der ganze Krieg Oesterreichs gegen Piemont — richtiger gesprochen gegen Karl Albert — beendet ward. Aber auch, wenn man nur die militärische Seite ins Auge fassen will, bleibt diese Schlacht von Novara eines der interessantesten Ereignisse der Geschichte.

Von österreichischer Seite kamen an diesem Tage kaum 25,000 Mann ins wirkliche Gefecht, in das ernste Gefecht aber kaum 20,000 Mann. Die Piemontesen hatten 56,000 M. um Novara; am Abend des 23. März mochten 70,000 Oesterreicher in Linie sein und sie hätten am 24. auch schlagen können; aber an dem Kampfe des 23. hatten, wie gesagt, nicht mehr als 25,000 theilgenommen, und zwar nicht deßhalb, weil man nicht mehr hätte gebrauchen können, sondern deßhalb, weil nicht mehr vorhanden waren. Woher es kam, daß nicht mehr vorhanden waren, haben wir bereits bei der Erzählung der Ereignisse gezeigt. Man hat viele Konjekturen darüber aufgestellt, weßhalb nicht mehr Leute auf österreichischer Seite in den ersten vier oder fünf Stunden selbst des ernsten Gefechtes vorhanden waren. Man hat von der Enge der Straßen, von ihrer Versperrung durch die Parks und Bagagen des zweiten Armeekorps geredet. Obgleich diese kleinen Hindernisse der Vorwärtsbewegung großer Massen nicht gänzlich vernachlässigt werden dürfen, obgleich auch sie zu dem Aufenthalt beitragen, liegt doch in ihnen bei einer Armee wie diejenige Radetzki's von 1849, bei welcher auch für das Pionnirwesen bei jedem einzelnen Korps auf eine höchst zweckmäßige Weise gesorgt war, eine nur geringe Erklärung der Ereignisse. Es ist sonderbar, daß es noch immer so viele Leute geben kann, welche zwar für die Bewegung der Materie einen gewissen Zeitbedarf in Anspruch nehmen, welche aber gar nicht begreifen, daß auch die Bewegung des Geistes Ansprüche an die Zeit stellt, welche befriedigt sein wollen. Auch der Geist springt nicht im Nu von einem Gedanken zum andern über. Auch er bedarf der Zeit, um zu verstehen und seine Uebergänge auszuführen. Wenn man für den Bau einer Brücke über einen lumpigen Straßengraben eine halbe Stunde und mehr fordert, wie sollte man dann nicht ein Recht haben, mindestens eben so viel Zeit für eine Brücke zu fordern, die von einem ganz richtigen Grundgedanken zu einem ganz neuen hinüberführt, den man ursprünglich gar nicht haben durfte, den man erst fassen konnte, nachdem man über neue Thatsachen völlig unterrichtet war, so unzweifelhaft, daß gar kein Zwiespalt der Meinungen mehr gestattet blieb.

Ursprünglich hatte Radetzki gar nicht die Erlaubniß, für seine Pläne etwas Anderes vorauszusetzen, als den Marsch der Piemontesen an die Sesia, auf Vercelli oder dessen Gegend. Jedermann wäre berechtigt gewesen, Radetzki die größten Vorwürfe zu machen, wenn er Vercelli ganz aus den Augen verloren und seine Kräfte blind und toll auf Novara gerichtet hätte. Man denke den Fall, daß die Piemontesen wirklich mit Anstrengung aller ihrer Kräfte an die Sesia marschirten, während Radetzki auf Novara ging, daß es keine Schlacht von Novara gab, daß die Piemontesen mit anstrengenden, aber doch im eigenen Lande keineswegs unmöglichen, vielmehr unter ähnlichen Verhältnissen hundertmal vorgekommenen Märschen sich den Weg nach Alessandria ans rechte Po-Ufer bahnten, daß sie hiedurch die Entscheidung hinausschoben, daß ganz Italien sich erhob, daß schließlich Radetzki unterlag, — wie viele schöne Auseinandersetzungen über die Ungeschicklichkeit des alten, jetzt hochgerühmten Feldmarschalls würden wir zu lesen bekommen haben?

Der nothwendige Spielraum für den Bau der Brücke von dem ersten, guten, gerechtfertigten Gedanken Radetzki's an das Ausweichen der Piemontesen hinter die Sesia zu dem andern Ufer, dem Gedanken an das Stehenbleiben der Piemontesen bei Novara, dieser Spielraum, welcher dem österreichischen Feldherrn eben so sehr gegönnt werden muß, als dem Pontonnierhauptmann, der eine Brücke über den Tessin oder die Sesia zu werfen hat, — er war es, welcher veranlaßte, daß d'Aspre gewissermaßen während der ganzen Dauer der Schlacht von Novara allein blieb.

Selbst wenn es noch lange nicht so gut für die Oesterreicher abgegangen wäre bei Novara, als es wirklich abging, hätte man keinen Grund, Radetzki einen Vorwurf zu machen. Denn auf den Uebergang von einem Gedanken zum andern folgt nun immer noch die Verwandlung des neuen Gedankens in gedrängte und bestimmte Befehle, die Uebermittlung dieser Befehle, ihr Verständniß seitens der Kommandanten, welche sie erhalten, dann schließlich erst die Ausführung, welche somit dem Gedanken sehr lange nachhinken kann, ohne irgend eine Schuld, ein Versäumniß des Oberbefehlshabers oder seines Generalstabes.

Daß die Schlacht von Novara so entscheidend zu Gunsten Oesterreichs ausfiel, als es wirklich der Fall war, das ist ein Ruhm der Armee Radetzki's. Es sind viele Dithyramben über diesen Feldzug geschrieben worden; wie es aber dabei zu gehen pflegt, das Wichtigste, das Ruhmvollste bleibt nur zu oft ungesagt, am häufigsten aus Unverstand, seltener aus Mißgunst. Uns möge es vergönnt sein, hier wenigstens Eins klar und deutlich hervorzuheben.

Man denke sich an die Stelle der österreichischen Armee die piemontesische, Karl Albert möge Radetzki vollkommen ebenbürtig angenommen werden, die piemontesische Armee aber nebst ihren Divisionskommandanten möge bleiben, was sie war. Glaubt man, daß diese piemontesische Armee jemals gegen die bei Novara konzentrirt gedachten Oesterreicher eine Schlacht vom 23. März gewonnen hätte? Ganz gewiß nicht. D'Aspre mochte durch seine Kampflust fortgerissen werden, und es mag ihm unsertwegen, obgleich ungerechter Weise, nicht zum Verdienst angerechnet werden, daß er fünf bis sechs Stunden und auch, nachdem ihm längst die numerische Ueberlegenheit der Piemontesen bekannt war, den Kampf allein aushielt. Aber hätte wohl Karl Albert bei einem seiner Generale dasselbe Verständniß der Lage, dieselbe Entschlossenheit gefunden, wie sie Radetzki beispielsweise bei Thurn fand?

Mit uns muß das Jedermann nach der von uns gelieferten wahrhaftigen Erzählung der Ereignisse bezweifeln. Nicht oft genug können wir darauf hinweisen, daß die Arbeit eines einzelnen Mannes nicht Alles bezwingen kann, daß alle Anstrengungen des Oberbefehlshabers fruchtlos bleiben müssen, wenn er von seinen Unterbefehlshabern nicht genügend unterstützt wird. Die Piemontesen haben auch in spätern Feldzügen praktische Kommentare zu dieser Lehre sammeln können. Und nicht bloß die Piemontesen. Italien wird überhaupt in seiner ganzen neuern Kriegsgeschichte viele Beispiele für die Hilflosigkeit aufbringen können, in welche den tüchtigsten Oberbefehlshaber die Inertie und die Unfähigkeit seiner Unterkommandanten zu versetzen vermag.

D'Aspre's großartige Leistungen bei Novara wurden einestheils allerdings nur möglich durch die vollständige Verzweiflung Chrzanowski's am Erfolge, Chrzanowski's, der nicht die nothwendige Stärke des Charakters, nicht den nothwendigen Glauben an die Sache mitbrachte, um eine junge Armee zum Siege führen zu können.

Als die Soldaten nicht für ihn die Schlachten gewannen, da verzweifelte er; er verlangte von den Soldaten, daß sie den Glauben haben sollten, den er selbst nicht hatte. Ein anderer General hätte diese Soldaten immer noch zum Siege führen können. Aber Chrzanowski kam von vornherein als Kritiker in die italienischen Angelegenheiten hinein. Dieß ist der höchste Vorwurf, der ihm gemacht werden muß. Ein Mann, der da wagt, die Stellung eines Oberbefehlshabers anzunehmen, muß im Stande sein, die Sache, für welche er auftritt, vollständig zu der seinigen zu machen. Kann er das nicht und nimmt dennoch an, so darf er den Vorwurf, daß er ein charakterloser Avanturier sei, nicht zurückweisen. Der Oberbefehlshaber erlangt das Recht zu seiner Stellung nur dadurch, daß er — in verzweifelten Sachen erst vollends — der Letzte auf dem Platze bleibt. Und dieß gilt doppelt von dem Oberbefehlshaber, der in einer Sache auftritt, deren Vertretung ihm nicht durch die Geburt, durch nationale Bande auferlegt ist.

In unserer Zeit kann das Condottierihandwerk nicht mehr bestehen, und man kann in unserer Zeit keinen Menschen achten, der dort einen Oberbefehl oder nur ein höheres Kommando annimmt, wo er nicht mit ganzer Seele dabei sein kann. Er unterscheidet sich wenigstens in nichts Gutem von dem gemeinen Soldknecht, nur im Bösen, insofern er höhere Profite aus seiner Nichtsnutzigkeit zieht, als der gemeine Soldknecht.

Aber die großen Leistungen d'Aspre's, abgesehen davon, daß sie ein glänzendes Zeugniß für den Beruf dieses Podagristen ablegen, größere Truppenabtheilungen zu führen, — was selbst die entschiedensten Feinde dieses tüchtigen Generals nicht offen zu bestreiten gewagt haben, — geben zugleich Kunde davon, wie sehr es bei kräftigem Angriff auf bedecktem und durchschnittenem Boden möglich ist, selbst eine ganz unzweifelhafte Uebermacht lange Zeit hindurch nicht bloß hinzuhalten, sondern sie selbst zu besiegen.

Als die übrigen Truppen Radetzki's herankamen, da war nichts Anderes mehr nöthig, als sie dem Feind zu zeigen, um den baaren Sieg ohne Weiteres einzukassiren. Es ist hier nichts mehr über die Thätigkeit der Oesterreicher bei Novara zu sagen. Wir müssen uns dagegen über das Verfahren Chrzanowski's und der piemontesischen Armee möglichst deutlich aussprechen.

Das Projekt Chrzanowski's, die zwischen Tessin und Sesia aufwärts vordringenden Oesterreicher vorwärts Mortara und Vigevano anzugreifen und zu schlagen, war durch den Sieg d'Aspre's bei Mortara vereitelt, oder Chrzanowski sah die Dinge wenigstens so an, wenn dieß bei einem tüchtigen Vertrauen in die Truppen auch nicht absolut nothwendig gewesen wäre. Chrzanowski blieb nun auf derselben Linie, auf welcher er ursprünglich hatte kämpfen wollen, er zog sich gradaus zurück und konzentrirte sich zugleich. Man war nach diesem Manöver vollkommen berechtigt anzunehmen, daß Chrzanowski seinen Plan in den wesentlichen Grundzügen immer noch nicht aufgegeben habe. Man konnte sagen: in Folge des Mangels an Einklang in den Bewegungen der piemontesischen Divisionen ist es nicht gelungen, mittelst einer vor Mortara geleisteten Defensive, mittelst einer gleichzeitig von Vigevano ausgehenden Offensive die Oesterreicher entscheidend zu treffen und sie, geschlagen, von ihrem Rückzuge ans linke Tessinufer abzuschneiden. Aber was am 21. März mißlungen ist, das soll noch einmal versucht werden, nur aus einer weiter rückwärts gelegenen Position, bei Novara. Chrzanowski hat es lediglich aufgegeben, für diesen Zweck auf eine Kombination von Manövern zu vertrauen. Er konzentrirt jetzt alle seine Streitkräfte bei Novara, um selbst sie in der Hand zu haben, um dadurch die Unfähigkeit und Unbehülflichkeit seiner Divisionskommandanten und seines Generalstabes zu paralysiren. Jetzt, in Folge der Konzentrirung, hält er selbst das einfache Schwert fest in der Hand und er wird es gebrauchen können, wenn er es überhaupt kann.

Man wird nicht läugnen können, daß in solcher Weise die Konzentrirung der Piemontesen auf Novara einen vollständigen Sinn hatte, aber man wird auch keinen andern Gedanken finden können, der ihr Sinn und Berechtigung zu verschaffen vermöchte. Es bleibt weiter nur übrig anzunehmen, daß die piemontesische Armee nach Novara lief, weil Novara hinter der Linie Mortara-Vigevano lag.

Bei einer solchen Annahme hört jede Wirkung des Verstandes und der Leitung auf; dieser Fall verdient daher gar keine militärische Betrachtung; man kann den Geist nicht auf seinem Wege verfolgen, wo überhaupt kein Geist ist, wo die rohe Materie, höchstens der Instinkt der Selbsterhaltung allein wirken. Man ist auch gar nicht berechtigt, den Mangel jedes Plans vorauszusetzen, wo er nicht bewiesen werden kann, und das trifft im vorliegenden Falle nicht zu; im Gegentheil beweist die vollbrachte Konzentrirung bei Novara in einer verhältnißmäßig guten Stellung, wie sie überhaupt diese Gegenden nur für die Konzentrirung einer Armee bieten können, daß die Einwirkung des Planes und der Oberleitung keineswegs auf piemontesischer Seite aufgehört habe.

Kaum jemals war eine Armee von 56,000 Mann so vollständig zur Schlacht konzentrirt, so sehr unter der Hand des Führers, als die piemontesische Armee am Tage von Novara. Selbst wenn man Terdoppio und Agogna als Grenzen des Schlachtfeldes annimmt, dehnte sich die Front wenig mehr als 6000 Schritt aus, so daß 9 Mann auf jedem Schritt der Front kamen, und auf dem Theile des Schlachtfeldes, auf welchem der eigentliche Kampf wirklich stattfand, war die Dichtigkeit der Aufstellung eine noch viel größere.

Wenn nun Chrzanowski einem wohlüberdachten, aus den Verhältnissen sich ergebenden Plane, d. h. einzig und allein demjenigen, welchen wir ihm oktroyiren mußten, folgte, wie war dann zu handeln?

Wir wollen das im Einzelnen verfolgen.

Ward die piemontesische Armee geschlagen, so ward ihr

wichtigste Linie für sie diejenige an die Sesia. Diese war ihre nothwendige Rückzugslinie; der Weg nach Westen mußte selbst durch allerlei Umwege erkauft werden. Wir denken deßhalb nicht an den Rückzug auf Vercelli; dieser Rückzug ward nach einer verlorenen Schlacht für Chrzanowski unter allen Umständen unmöglich, aber es blieb z. B. der Weg auf Carpignano. Hieran kann, überhaupt eine ausreichende militärische Tüchtigkeit der Piemontesen vorausgesetzt, Niemand zweifeln, der beispielsweise Blüchers Rückzug von Ligny auf Wavre ins Auge faßt. Freilich war Chrzanowski kein Blücher. Eines, was für einen guten General von der höchsten Wichtigkeit ist, fehlte Chrzanowski ganz, wie es nicht erst in diesem Feldzuge bewiesen zu werden brauchte, wie es schon im polnischen Insurrektionskriege bewiesen worden war, er war keine schöpferische, vertrauensvolle, glaubensreiche Natur, er verhielt sich vielmehr entschieden kritisch, auch gegen sich selbst. Er war nicht im Stande, den Soldaten anzuregen und zu begeistern, er verstand diese Kunst des Feldherrn, welche selbst aus den schwierigsten Lagen noch Rettung bringt, gar nicht. Und wenn ihn in dem Feldzug von 1849 noch seine Unkenntniß der Sprache des Landes und der Armee hinderte, so war doch dieß keineswegs die Hauptsache, die Hauptsache hiebei lag vielmehr in seinem Naturell, auch mit seinen Landsleuten, den Polen, hatte er nicht von Herzen weg, wie der Soldat es versteht, zu reden gewußt.

Aus der Wichtigkeit der rechten Flanke für die piemontesische Armee folgt, daß man den Oesterreichern, die von jener Seite herkamen, den Uebergang über die Agogna verwehren mußte. Die Verwendung von Truppenkraft zu diesem Zwecke mußte aufs äußerste beschränkt werden. Es kam also in erster Linie darauf an, den Oesterreichern materielle Hindernisse zu bereiten, und hiezu bot sich Gelegenheit durch die Zerstörung und Unbrauchbarmachung der Uebergänge auf und zunächst der Straße von Vercelli. Diese Uebergänge konnten der piemontesischen Armee doch nichts nützen, wenn sie geschlagen wurde:

in dem Falle mußte sie jedenfalls zuerst weiter nordwärts retiriren; die piemontesische Armee brauchte aber diese Uebergänge vollends nicht, wenn sie siegte: denn in diesem Falle wurde die Richtung ihrer Verfolgung gegen den Tessin hingewiesen. Mit der Zerstörung der bezeichneten Uebergänge erreichte man, daß man mit wenigen hundert Mann vorerst an der Agogna, in der rechten Flanke der piemontesischen Armee auskam. Allgemeine Reserven mußten ohnedieß aufgespart werden, und wenn es nöthig ward, bevor man einen entschiedenen Sieg in der Front gewonnen hatte, in der rechten Flanke mit Ernst aufzutreten, konnte man sie immer noch dort verwenden. Höchst nöthig war es, wenn auch schwache, doch weit ausholende Patrouillen auf der Straße nach Vercelli auszusenden, um beurtheilen zu können, wie viel Zeit man für die freie Handlung in der Front noch übrig behalten werde.

In ihrer linken Flanke hatten die Piemontesen von den Oesterreichern eigentlich wenig zu besorgen; Radetzki hatte kein Interesse daran, hier mit großer Kraft aufzutreten. Zu einer positiven Handlung lag hier kein Grund vor. Daß ihm der Rückzug in die Lombardei, im Fall einer Niederlage abgeschnitten werde, hatte Radetzki nicht zu fürchten, bei Bereguardo und Pavia hatte er seine Tessinübergänge sicher, und sich einen Uebergang über den Tessin auf der direkten Straße nach Mailand erst gewinnen zu wollen, daran dachte Radetzki nicht und konnte daran nicht denken; er hatte den italienischen Kriegsschauplatz, den von Oberitalien, lange genug studirt, um zu wissen, was freilich heut die meisten Leute noch nicht wissen, worüber sie vollends durch die zufälligen Erfolge von 1859 ganz irre geworden sind, daß man, um vernünftig zu operiren, in diesen Gegenden sich immer auf den Po stützen müsse, diesen Fluß, der allerdings nie eine politische, eine Landesgrenze abgeben kann, aber allerdings immer eine vortreffliche strategische Grenze abgeben wird.

Wenn Radetzki bedeutende Kräfte an der Straße von Trecate, in der linken Flanke der Piemontesen verwendete, so konnte er damit höchstens erreichen, daß diese frühzeitiger zum Rückzuge gegen Carpignano bestimmt wurden, was jedenfalls keine Entscheidung zu Gunsten der Oesterreicher brachte, sondern diese Entscheidung — vom österreichischen Standpunkte angesehen — nur hinausschieben konnte.

Das Verhältniß für Chrzanowski gestaltete sich also folgendermaßen:

Anwendung aller in kurzer Zeit aufzuwendender Kunstmittel, um den Oesterreichern den Uebergang über die Agogna, in der rechten Flanke, so lange als möglich ohne den Aufwand bedeutender Truppenkräfte zu verwehren, Verwendung möglichst weniger Truppen auf dieser Seite, nur so vieler, daß man stets rechtzeitig von dem unterrichtet werden konnte, was die Oesterreicher hier beabsichtigten, daß man einen vorläufigen ersten Widerstand im Nothfalle leisten konnte, bis man vermochte, größere Kräfte von den verfügbaren Reserven hier ins Gefecht zu bringen.

Genaue Beobachtung auf der linken Flanke, an der Straße von Trecate und zunächst südlich derselben.

Zu diesen beiden Aufgaben brauchte Chrzanowski höchstens, selbst unter der Voraussetzung, daß er das Verhältniß nicht in seiner ganzen Schärfe und Wahrheit auffaßte, 6000 Mann zu verwenden. Und es blieben ihm folglich 50,000 M. rein für die Hauptsache auf der Front gegen Süden zwischen der Agogna und dem Terdoppio.

Die natürliche Marschrichtung der Oesterreicher, hier in wunderbarer, kaum jemals in solchem Maße wieder gefundener und wieder zu findender Uebereinstimmung mit den Terrainverhältnissen verwies ihre Hauptaktion an die große Straße von Mortara nach Novara. Seiner ganzen Lage nach mußte hier auch Chrzanowski mit seiner Hauptmacht und offensiv auftreten, während er westlich dieser Straße nicht bloß gegen die Agogna hin, sondern auch mit dem rechten Flügel seiner Front strategisch auf die Defensive angewiesen war.

Der Torrione und la Cittadella, das war auf dem Schlachtfeld von Novara dasselbe, was Mortara am 21. März, und die Bicocca und das Castellazzo war auf dem Schlachtfeld von Novara dasselbe, was am 21. März Vigevano und die Sforzesca hätten sein und werden sollen.

Aber Chrzanowski verwendete gerade auf seinem rechten Flügel, wo es auf einen bloßen Beobachtungs- und Widerstandsdienst, der durch die Anwendung materieller Hülfen noch bequem erleichtert werden konnte, ankam, die drei Divisionen Durando, Bes und Herzog von Savoyen, auf dem linken Flügel, wo die Entscheidung lag, nur die Divisionen Perrone und Herzog von Genua und die Brigade Solaroli, welche paralysirt war, weil ihr nichts als der unnütze Beobachtungsdienst an der Straße nach Trecate zufiel.

Es gab nichts Einfacheres auf der ganzen Welt, als eine zweckmäßige Truppenvertheilung auf dem Schlachtfelde von Novara, selbst unter Berücksichtigung der verschiedenen Erlebnisse der piemontesischen Armee an den vorigen Tagen.

Die Truppenvertheilung hätte folgende sein sollen:

Front: rechter Flügel, Division Bes, von der Agogna bis zur Straße Mortara-Novara; linker Flügel, Division Perrone, an der letztgenannten Straße;

Reserve, massirt zwischen der Bicocca und Novara: Divisionen Herzog von Savoyen, Herzog von Genua, Durando, Brigade Solaroli, mit Detachements an der Agogna (Patrouillen gegen Vercelli) und am Terdoppio (Patrouillen gegen Trecate und Sozzago).

Chrzanowski mußte den Angriff der Oesterreicher abwarten und je länger derselbe auf sich warten ließ, desto besser; — er ließ lange genug auf sich warten. Sobald der österreichische Angriff, — auf der einzigen Hauptlinie, auf welcher er ursprünglich möglich war, — eintrat, mußte er selbst zum Angriffe schreiten.

Daß die Oesterreicher nicht gleichzeitig auf ihrer Angriffsrichtung übermäßige Kräfte entwickeln konnten, — auf der Linie Mortara-Novara — konnte Jeder im Voraus schließen, der das Terrain auch nur oberflächlich kannte, dazu bedurfte es wirklich hier keiner großen militärischen Kenntnisse, sondern lediglich des einfachsten gesunden Menschenverstandes.

Wie sehr die Dispositionen des durch seine Rücksicht auf Vercelli abgelenkten Radetzki einen Angriff der Piemontesen an der Straße Novara-Mortara begünstigten, das konnte Niemand voraussehen. Es liegt aber gerade hier einer der schlagendsten Beweise für die Vortheile einer kecken Offensive vor. Unter zehn Malen wird man kaum ein Mal sich irren, wenn man mit freiem, frischem Entschlusse zu ihr greift, nach einer einfachen, großen Anschauung, ohne um Kleinigkeiten sich zu kümmern, wenn man nicht von jedem einzelnen ausreißenden Lümmel sich abschrecken läßt. Gerade hier liegen die unendlichen Vortheile der Theorie. Freilich ist auch die Theorie ein Säemann, der ausgeht zu säen; hier fällt sein Same auf Fels und geht nimmer auf; dort auf unfruchtbares Feld und bringt spärliche Halme; aber wo er auf fruchtbaren Boden, den fruchtbaren Boden einer gesunden Vernunft und eines tüchtigen Charakters fällt, da sprießen entweder die Halme des Sieges reichlich auf oder wo das nicht sein sollte und nicht sollte sein können, da wird wenigstens der Feind theuer zu zahlen haben, wenn er auch mit ungeheurer Ueberlegenheit einen kleinen Vortheil gewinnt.

Chrzanowski, der nach der ganzen Lage der Dinge auf die Offensive angewiesen sein mußte, der auf sie angewiesen war, nicht bloß durch seine gegenwärtige Stellung, sondern durch Alles was sich seit drei Tagen ereignet hatte und was er selbst zu dem Gang der Ereignisse gethan, dachte so wenig an die Offensive, daß er selbst den Herzog von Genua zurückrief, als dessen Vordringen das österreichische Korps von d'Aspre mit der vollständigsten Vernichtung bedrohte. Zwei Drittel der piemontesischen Armee blieben außer eigentlicher Thätigkeit und verdankten ihre Debandade, ihre Unbotmäßigkeit, ihre Verwandlung aus einer Truppe in eine Räuberbande eben dem Umstande, daß sie nicht verwendet wurden.

Will man von dem Drohen des österreichischen Angriffes auf die rechte Flanke der Piemontesen reden? Aber ausgesendete Patrouillen waren das gebotene Mittel, um Aufschluß darüber zu geben, zu welcher Stunde etwa der österreichische linke Flügel an der Agogna erscheinen konnte, und es war zu berechnen, wie schon auseinandergesetzt, daß durch ein kleines Detachement selbst nach ihrem Erscheinen an der Agogna die Oesterreicher eine gute Zeit aufzuhalten sein würden, wenn die Anstalten passend getroffen waren. Folglich mußte Chrzanowski leicht schließen können, wie viel Zeit ihm für die Durchführung des Kampfes in der Front, unbeirrt von Flankendrohungen und Flankenangriffen, bleiben würden. Und je kürzer diese Zeit sein mochte, desto energischer mußte sie zur Durchführung des Frontkampfes benutzt werden. War dieser beendet, ehe der Flankenangriff eintrat, nun so ward man mit letzterem gewiß fertig, wenn Thurn ihn überhaupt noch wagte, was mindestens zweifelhaft erscheint, da er nun in Gefahr gekommen wäre, gänzlich von seiner natürlichen Rückzugslinie abzukommen. Es ist gewiß klar, daß ein General, der jenen Flankenangriff Thurns dergestalt fürchtete, daß er sich dadurch in der Führung des Frontkampfes beirren ließ, nicht das mindeste Recht hatte, die piemontesische Armee in diejenige strategische Lage zu versetzen, in welche Chrzanowski sie bei Novara gebracht hatte. Derjenige, welcher dieß gethan hatte, mußte den Flankenangriff mit in den Kauf nehmen, welcher von Vercelli her drohte, und konnte lediglich die Verzögerung dieses Flankenangriffes, welche thatsächlich eintrat, als eine Gunst des Schicksals annehmen und ausbeuten.

Aus der Zahl der übrigen Gefechte des Jahres 1849 in Italien ist vorzugsweise nur noch der mörderische Straßenkampf von Brescia herauszuheben. Wenn er sonst nichts zeigen könnte, würde er doch dieß zeigen, daß die Italiener sich ebenso heldenmüthig schlagen können, als andere Nationen.

C. Ueber den Einfluß der gezogenen Feuerwaffen auf die Taktik der Gefechte und Schlachten.

In den Jahren 1848 und 1849 war die Hauptwaffe der Linieninfanterie noch das glatte Bajonetgewehr; die Hauptwaffe der Artillerie das glatte Geschütz. Seitdem sind die Infanterieen aller Heere fast durchgängig mit gezogenen Gewehren bewaffnet worden; namentlich wurde seit dem Krimkriege diese Bewaffnung allgemein und seit dem Feldzuge von 1859 in Italien traten nun auch gezogene Geschütze in den Feldschlachten auf.

Während von vielen Militärs in Folge der allgemeinen Einführung gezogener Gewehre große Veränderungen in der Gefechtstaktik vorausgesagt wurden, während dabei wesentlich an die vorausgesetzte mörderische Wirkung der gezogenen Gewehre als Grundlage angeknüpft ward, bestritten andere einen so weit gehenden Einfluß, indem sie hervorhoben, daß das Moment der Feuerwirkung nur eines der vielen Momente sei, welche im Kriege in Betracht kommen, und daß die Feuerwirkung selbst nicht bloß von der Konstruktion der Gewehre und der Munition, sondern noch von gar vielen anderen Dingen abhänge. Wir haben von Anfang an zu denen gehört, welche die letztere Ansicht vertraten, und dabei ebenso von Anfang an die Meinung ausgesprochen, daß aller Wahrscheinlichkeit nach die gesteigerte Feuerwirkung der Infanterie nur zur Ausbildung jener längst bekannten taktischen Formen und Bewegungen führen würde, welche immer den Sieg gebracht haben, zur Fortbildung des Angriffs in Schnelligkeit und Kraft der Bewegungen, daß hierin wenigstens das sicherste Mittel liegen würde, der gesteigerten Feuerwirkung desjenigen, welcher sich auf sie allein verläßt, bedeutend von ihrem Werthe zu nehmen. Diese Ansicht ist gegenwärtig eine ziemlich allgemeine geworden. Man hat den Laufschritt kultivirt, man hat die zweigliedrige Stellung allgemein eingeführt, welche nicht gerade etwas Neues war, man hat großen Fleiß auf die individuelle Ausbildung des Mannes verwendet, damit er als Tirailleur, wie in dichteren, scheinbar minder geordneten, durch den innern Halt der einzelnen Leute dennoch geschlossenen Schwärmen brauchbarer werde; man hat endlich den Soldaten, wie zur Zeit des siebenjährigen Krieges, wieder an das Bajonet, will sagen die Kraft des entschlossenen, tapfern Draufgehens erinnert.

Wenn die allgemeine Einführung des gezogenen Infanteriegewehrs in der Taktik der offenen Feldschlacht somit keine eigentlichen Aenderungen hervorgebracht hat, wäre damit noch nicht gesagt, daß es sich ebenso mit der Einführung der gezogenen Geschütze verhalten müsse. Es verlohnt sich daher der Mühe, diese einer eigenen Betrachtung zu unterwerfen. Treten wir hiemit auch freilich nicht zuerst auf, mögen wir doch immerhin noch einen Beitrag zu völliger Aufhellung der Ansichten liefern können.

Die technischen Einrichtungen der gezogenen Geschütze sind höchst verschiedenartige; das eine wird von hinten, das andere von vorn geladen; das eine hat vier Züge, das andere vierzig; das eine ist von Gußstahl, das andere von Bronze; die Geschosse des einen haben nur Perkussionszünder — mehr oder minder empfindliche — diejenigen des andern auch Zeitzünder. Sicherlich werden sich ganz nach Analogie der bei Einführung der gezogenen Infanteriegewehre beobachteten Vorgänge die Systeme der gezogenen Geschütze immer noch mehren. Es ist gar zu bequem, mit solchen kleinen Künsteleien sich einen Namen zu machen, auch wohl mit Patenten darauf den Beutel zu füllen; auf Schießplätzen, vor halb blödsinnigen Kommissionen, vielleicht begünstigt von einer vortheilhaften Stellung, zu beweisen, daß man das Unübertrefflichste geleistet hat, wenn denn endlich auch — und vielleicht nach sehr kurzer

Zeit — auf dem ernsten Schlachtfeld bewiesen wird, daß bei der unübertrefflichen Erfindung nicht einmal dem einfachsten Menschenverstand sein Recht gelassen war, der wo möglich in der Gluthitze des Enthusiasmus für das Unübertreffliche noch verhöhnt wurde.

Alles dieses sind Kleinigkeiten. Wenn über den Unsinn dieser Art Staaten — vorläufig — zu Grunde gehen, so haben sie es sicherlich nicht besser verdient. Wenn die Jeremiasse heute diese Staaten mit einer neu erfundenen Kanone retten wollten und morgen sich an den Ufern der Spree, Havel, Donau und Isar niederlassen, um mit deren Wassern ihre Thränen zu mischen, weil die sichere Rettung doch einmal wieder sich trüglich erwies, so kann der vernünftige Mensch sie ruhig weinen lassen, so lange sie wollen.

In unserer Zeit der Erfindungen gleicht sich Alles rasch aus. Ein sehr großer Uebelstand z. B. ist es offenbar, wenn die Hohlgeschosse von gezogenen Geschützen nur Perkussionszünder haben und keine Zeitzünder. Indessen der Zeitzünder für diese Geschosse existirt doch und wenn man auch die höchsten Grade des Eigensinnes für zuläßig erklärt, ewig können doch die Artilleristen, selbst der chinesischen Armee, nicht so beschränkt sein, daß sie sich gegen die Einführung dieses vorhandenen, gegebenen, nur von der Straße aufzulesenden Zeitzünders stemmen sollten.

Wir nehmen also auf diese technischen Kleinigkeiten keine Rücksicht und reden von dem gezogenen Geschütze hier mit Rücksicht auf die Feldschlachten in derjenigen vollkommensten Gestalt, welche wir heute vor Augen haben können. Es kommen dabei die Kosten der Herstellung, Ausrüstung u. s. w. und die Kunst der Herstellung gar nicht in Betracht. Technische Unmöglichkeiten in den Grenzen, die überhaupt von Bedeutung werden können, existiren nicht mehr, und was das Geld betrifft, so kann es daran den Staaten gar nicht fehlen. Nützliche Reformen sind noch in allen Theilen des Staatswesens mög-

35*

lich, und darunter nicht wenige, welche wahrhaft zu Ersparungen führen. Hier liegen also nicht die mindesten Schwierigkeiten vor, wenn der gute Wille da ist; und uns ist es folglich erlaubt, von den gezogenen Geschützen im Vergleich zu den glatten lediglich in Bezug auf Manövrirfähigkeit oder Bewegungsfähigkeit im Allgemeinen und in Bezug auf die Wirkung von der Stelle aus zu sprechen und danach die Schlüsse zu ziehen, welche für etwaige Aenderungen in der Taktik daraus gezogen werden möchten.

Für das gleiche Geschoßgewicht, für größere Schußweite und für größere Genauigkeit des Schusses kann man beim gezogenen Geschütz mit dem Spitzgeschoß, welches zu ihm gehört, viel kleinere Kaliber wählen, als beim glatten Geschütz. Folglich wird das Rohr des gezogenen Geschützes nicht bloß für gleiche, sondern auch für erhöhte Wirkung viel leichter als das Rohr des glatten Geschützes, und da sich außer dem der Munition alle Gewichte der Artillerie wesentlich nach dem Rohrgewicht bestimmen, wird überhaupt das Artilleriesystem der gezogenen Geschütze leichter als das der glatten Geschütze. Die Artillerie gewinnt also ohne allen Zweifel an Manövrirfähigkeit, an Beweglichkeit. Man kann gezogene Geschütze, ohne an Wirkung zu verlieren, ja noch mit einem Gewinne an Wirkung dorthin bringen, wohin man glatte Geschütze nicht bringen konnte. Dieser immense Vortheil geht natürlich ganz und gar verloren, wenn man den gezogenen Geschützen das gleiche Zollkaliber geben will, als die glatten Geschütze früher hatten. Man vergesse nicht, daß es im Feldkriege eine gewisse Grenze der Perkussionskraft gibt, über welche hinaus man eigentlich gar nichts — will man sich minder scharf ausdrücken, doch so wenig — gewinnt, daß es nicht in Betracht kommt. Man vergesse nicht, daß wenn die Leichtigkeit des eigentlichen Geschützes einer besondern Art von Manövrirfähigkeit entspricht, wenn man gezogene Geschütze — gleiche Wirkung vorausgesetzt — immer noch im Gefechte dorthin schaffen kann, wohin glatte nicht mehr zu schaffen waren, diese besondere Art von Manövrirfähigkeit noch nicht die ganze Bewegungsfähigkeit ausmacht, daß die Leichtigkeit des Geschützes noch nicht die Leichtigkeit der Batterieen konstatirt, welche von den Geschützen nicht allein gebildet werden. Zu den Geschützen gehören Munitionswagen; deren Zahl richtet sich nach dem Gewicht der mitzuführenden Munition, — die Bewegungsfähigkeit der einzelnen Wagen, also ihre Fähigkeit, den Geschützen zu folgen, — als gegeben angenommen. Das Gewicht der Munition bestimmt sich aber nicht allein nach der Zahl der mitzuführenden Schüsse auf jedes Geschütz, — über welche Zahl man ziemlich einig ist und welche man nur etwa willkürlich beschränken könnte, weil man sich nicht mehr zutraut, das Nothwendige mitführen zu können. Dieses Gewicht bestimmt sich auch nach dem Gewicht des einzelnen Schusses, und der einzelne Schuß wird für ein gezogenes Geschütz bei gleichem Rohrkaliber immer schwerer sein als für ein glattes. Daher ist auf die Einführung geringer Rohrkaliber für gezogene Batterieen nie ein zu großes Gewicht zu legen. Je größer die Zahl der Fahrzeuge in einer Batterie wird, desto größer werden Artillerieparks und Armeetrains im Allgemeinen, desto unbeweglicher, gehemmter in ihren Bewegungen wird die Armee. Will man aber trotz der Beibehaltung großer Rohrkaliber an Batteriefahrzeugen und Parkfahrzeugen sparen, so kann dieß nur auf Kosten der nothwendigen Schußzahl für jedes Geschütz geschehen und man setzt sich tausend Verlegenheiten, dem Fehlen der Munition in den entscheidendsten Momenten aus. Dieß ist zwar sehr einfach und leicht einzusehen; um es zu begreifen, braucht man nichts als die Kenntniß der gemeinen Regeldetri; aber zeigt uns nicht die Erfahrung täglich, daß die dümmsten Sophismen aufgewendet werden, daß eine Menge Geist zur Geltendmachung dieser dümmsten Sophismen verschwendet wird, um die einfachsten Wahrheiten zu verdunkeln und zu Liebe persönlichen Vortheilen, Eitelkeiten, allerhöchsten Dummheiten über sie fortzuhelfen, bis dann endlich wieder einmal die Erfahrung zeigen muß — meist auf sehr unliebsame Weise, —

was sie niemals mehr hätte in die Verlegenheit gebracht werden sollen, von Neuem zu zeigen?

Die Wirksamkeit des an Ort und Stelle in Thätigkeit befindlichen Geschützes mißt sich nach der Schußweite, der Genauigkeit des Schusses, der Wirkung des einzelnen treffenden Schusses. Das gezogene Geschütz hat selbst bei verhältnißmäßig kleinen Kalibern eine viel bedeutendere Schußweite als das glatte, und die Genauigkeit des Schusses aus dem gezogenen Geschütz ist bei gleicher Schußweite eine viel größere als aus dem glatten Geschütz. Auf einer vollkommenen Ebene wird die größere Schußweite darauf wirken, daß man das Feuer auf eine viel größere Distanz eröffnen kann als früherhin, daß folglich der Feind eine längere Zeit den Wirkungen unsers Feuers ausgesetzt bleibt.

Schüsse, welche über die ersten Treffen hinweggehen, werden immer noch die zweiten Treffen und die Reserven finden. Man hat hieraus auf die Nothwendigkeit geschlossen, die bereitzuhaltenden Reserven sehr weit zurückzustellen. Indessen diese Betrachtungen, auf einen ebenen Boden gebaut, sind von sehr geringem Werth. Man findet eben nirgend ein ganz ebenes Terrain, vielmehr immer und überall einen mehr oder minder bedeckten Boden mit wechselnden Höhenverhältnissen. Hiedurch wird die Aussicht beschränkt; die Sehweite der gezogene Geschütze bedienenden Artilleristen mag so groß sein als sie will, mag durch künstliche Mittel gesteigert sein, wie sie wolle, wie man durch ein Brett sehen kann, das ist doch noch nicht erfunden. Die Grenze für die Wirkung der gezogenen Geschütze liegt daher weder in ihrer erlaubten Schußweite, noch in der Sehkraft der Artilleristen, sondern in den Bedeckungen des Bodens. In den seltensten Fällen und immer nur ausnahmsweise wird man daher die vollen Schußweiten der gezogenen Geschütze ausnutzen können, z. B. an großen Straßen, die lange in der gleichen Richtung fortlaufen, und die Aufstellung der Reserven wird jetzt eben so wenig Schwierigkeiten machen als früherhin, man wird sie ebenso nahe als früher

an die vorderen Linien heranziehen können. Beeinträchtigt oder reduzirt wird die Wirkung der gezogenen Geschütze durch die Schußweiten auch insofern, als nach der Gestalt des Geschosses und insbesondere, wenn dieß noch einen Perkussionszünder hat, man mit ihnen ganz auf den Aufsatzschuß, also einen Schuß mit sehr geringem bestrichenen Raum angewiesen ist. Wenn die Perkussionszünder, wie die preußischen, sehr empfindlich sind, so deckt schon die geringste Maske, z. B. eine Buscheinfassung an einem Bache, eine Hecke um einen Garten, jede 50 bis 100 Schritt hinter ihr aufgestellte Truppe gegen die Wirkungen des gezogenen Geschützes, da das Geschoß an der Maske krepirt.

Die Geschoße, welche im Feldkriege zur Anwendung aus den gezogenen Geschützen kommen, sind wesentlich Hohlgeschosse; obgleich man auch Vollgeschosse aus ihnen schleudern kann, werden doch die Hohlgeschosse wegen ihrer größeren Wirkung unzweifelhaft meist vorgezogen werden.

Auch die Shrapnellwirkung mit den Geschossen aus gezogenem Geschütze zu erreichen, hat bei der Einführung des Zeitzünders keine Schwierigkeit. Aus der ausschließlichen oder fast ausschließlichen Anwendung des Hohlgeschosses und der Sprengwirkung schließt man nun wohl, daß dichte geschlossene Kolonnen fernerhin auf dem Schlachtfelde ihre Anwendbarkeit verlieren. Größere Gefechtskolonnen als Bataillonskolonnen mußten aber schon seit lange für unanwendbar gelten, und auch eine gewöhnliche Granate, welche ein Bataillon günstig traf, war im Stande, in demselben die größte Unordnung anzurichten. Die Schlüsse auf die Folgen, welche die Einführung der gezogenen Geschütze für die Gefechtstaktik haben werde, scheinen uns daher wenig begründet. Allerdings wird man sich beim eigentlichen Angriff wegen der in neuerer Zeit allgemein gesteigerten Feuerwirkung mit Vorliebe mehr oder minder dichter Tirailleurschwärme bedienen. Wenn man dieß nun annimmt und außerdem eine große Tiefe der Aufstellung für unmöglich erklärt, so kommt man allerdings darauf, daß die Dichte der Schlachtordnung abnehmen müsse, daß die Schlachtordnungen sich folglich in die Länge ausdehnen werden, und man fragt sich unter solchen Voraussetzungen allerdings mit berechtigtem Erstaunen, wie es auch nur möglich sein werde, eine Armee von 100,000 Mann auf einem Schlachtfelde zweckmäßig zu leiten und welche neue Bedingungen der Leitung da eintreten müßten. Man sucht jetzt nach neuen taktischen Formen. Aber bei Licht besehen hat man es ganz ebensowenig nöthig, als Bülow im Anfange dieses Jahrhunderts. Denn möge immerhin der eigentliche Angriff mit Tirailleurschwärmen oder losen Linien geführt werden, die Anwendung einer großen Tiefe der Aufstellung ist, wie gezeigt worden, dem gezogenen Geschütz gegenüber keineswegs ausgeschlossen, sobald man sich nicht auf einer Tabula rasa, sondern auf einem bedeckten, durchschnittenen Terrain, auf welchem Höhe und Tiefe mannigfach wechselt, wie die Natur es eben stets bietet, denkt.

Man hat also zahlreiche Reserven, mit denen man den Kampf immer erneuen, ihm Dauer und Nachhaltigkeit geben kann. Viele Militärs denken sich das Gefecht allzu sehr als ein unausgesetztes Hauen. Aber diese Vorstellung ist falsch, im wirklichen Gefecht spielen die Manöver immer noch, wie sonst eine bedeutende Rolle. Sehr häufig kann man diese Manöver in wohlgeschlossenen Kolonnen, weil gedeckt gegen feindliche Sicht und folglich im Wesentlichen auch gegen feindliches Feuer ausführen. In geschlossener Kolonne kann man ganze Brigaden hinter einem Waldsaume fortführen, um die Entwicklung erst zu beginnen, wenn man aus diesem Schutze herauskommt. Ein Bataillon wird man hinter einem Hause in Reserve nicht gedeckt in Linie aufstellen, aber wohl in Kolonne. Die Kolonne, weil sie die Truppe am festesten und übersichtlichsten unter die Hand des Führers bringt und in ihr erhält, ist noch immer die beste Form für alle vorbereitenden Bewegungen, wie zum Sammeln außer dem feindlichen Feuer; nicht außerhalb der absoluten Schußweite der feindlichen Geschütze, aber wohl außer der relativen durch die vorhandenen Terraindeckungen bestimmten Schußweite. Je mehr Gebrauch man im eigentlichen Kampfe von der Form der losen Schwarmlinie macht, desto wichtiger wird es wieder werden, daß die Soldaten ein großes Geschick in den Evolutionen erhalten; der Evolutionen werden wenige sein, — Bildung der Linie aus der Kolonne (Deployiren oder Ausschwärmen) und Bildung der Kolonne aus der Linie (Sammeln), Frontänderungen aller Art in diesen Formen — aber die wenigen Formen müssen der Truppe ganz geläufig sein und auf den bloßen Wink der Führer nicht bloß auf der Stelle, sondern in jeder Bewegung, auch im Laufschritt ausgeführt werden können.

Zur Schädigung und Zerstörung aller materiellen Deckungsgegenstände und bereits aus größeren Entfernungen eignen sich die gezogenen Geschütze in viel höherem Maße als die glatten. Dieser Umstand wird seinen Einfluß auf die Feldbefestigungskunst nicht verfehlen können. Sicherlich muß man im Allgemeinen die Brustwehren der Feldschanzen fortan stärker machen, die elenden Profile, welche bisher wohl hin und wieder angewendet wurden, welche übrigens auch bisher kaum gerechtfertigt erscheinen konnten, müssen vor den gezogenen Geschützen gänzlich verschwinden; außerdem scheinen tiefe und schmale Graben und hohe Glacis (glacisförmige Aufwürfe), letztere mit nicht zu niedrigen Spickpfählen besetzt, geboten zu sein. Die Spickpfähle werden bereits genügend sein, um Geschosse mit sehr empfindlichen Perkussionszündern vorzeitig zum Krepiren zu bringen. Es versteht sich von selbst, daß die übertriebene Besorgniß vor den gezogenen Geschützen, von welchen bisweilen gesprochen wird, als ob sie fortan jede Art von Deckung illusorisch machen müßten, eine ganz unbegründete ist. Was auch Friedensversuche lehren mögen, niemals können sie ein wahres Bild der Wirklichkeit geben, niemals können sie klar aufzeigen, wie die Dinge sich gestalten würden, wenn auch von der andern Seite geschossen würde, wenn der Vertheidiger dem gezogenen Geschütz des Angreifers auch seinerseits gezogenes Geschütz entgegenstellt. Will der Feind Verschanzungen mit seiner Artillerie angreifen, indem er in großer Entfernung von ihnen bleibt, so kann er auch unmöglich vollständig übersehen, was sich in ihnen vorbereitet, und Ausfälle gegen die Angriffsartillerie werden um so zulässiger, durchführbarer, und können nicht ohne den durchgreifendsten Einfluß auf den Gang der Dinge bleiben.

Einen durchgreifenden Einfluß auf die Gestaltung der Taktik werden nach Allem die gezogenen Geschütze so wenig erlangen, als die gezogenen Infanteriegewehre; noch weniger ist zu erwarten, daß sie zu einer Umgestaltung unserer ganzen gegenwärtigen Kriegs- und Heereseinrichtungen, unserer Militärsysteme führen werden, obgleich allerdings ein solcher Einfluß gar nicht undenkbar wäre, wenn einmal derjenige Einfluß der gezogenen Geschütze auf die Taktik, von welchem viel gesprochen wird, als wirklich existirend angenommen würde.

Gestehen wir zu, daß im eigentlichen Kampfe stets auf gleicher Front nur geringe Streitkräfte verwendet werden dürfen, weil nur in losen Schwärmen der wirkliche Kampf geführt werden kann, daß aber auch große Tiefen der Aufstellung (erste, zweite, dritte Linie, Reserve 2c.) nicht zulässig sind, weil bei der großen Schußweite der gezogenen Geschütze die Reserven vernichtet sein würden, ehe sie nur zum Kampf kommen könnten, schließen wir also daraus, daß überhaupt in den künftigen Schlachten auf gleichem Frontraum weniger Truppen in Thätigkeit gesetzt werden können als früher, fügen wir dann noch hinzu, daß eine Schlacht nicht mehr möglich ist bei einer übertriebenen Frontausdehnung, daß wenn letztere bei der einen Partei gewisse Grenzen überschreitet, dieß der andern Partei endlich gleichgültig sein kann, wenn sie auch eine weit geringere Frontausdehnung hat, — nehmen wir alles das als Basis an, so würde es nun nicht mehr so ganz unerlaubt sein zu sagen: folglich dürfen jetzt die Heere wieder geringer werden, als sie es in neuester Zeit sind und waren, folglich können

wir das Konskriptionssystem verlassen, zum System der Freiwilligen übergehen, auf die Ausbildung des einzelnen Mannes und seine Auswahl dafür so viel mehr Sorgfalt verwenden.

Man kann dem nur entgegenhalten, daß es im Kriege nicht bloß auf die einzelne gleichzeitige Handlung, sondern auch auf eine Folge von Handlungen, welche möglich sein muß, ankommt, daß der Zug unserer Zeit daneben aus ganz anderen als taktischen Gründen, aber solchen, die mächtiger sind als die taktischen, auf die allgemeine Wehrbarmachung der Völker hingeht.

Existirten beide Richtungen und Wirkungen und jede in einer nennenswerthen Stärke, so könnten sie in ihrer Konsequenz allerdings zu einer lebendigen Verknüpfung von die ganzen Völker umfassenden Milizsystemen, mit aus diesen hervorgehenden Freiwilligenheeren führen, und darin möchte nun freilich ein wirklicher Fortschritt liegen. Die Zukunft muß zeigen und kann möglicher Weise sehr bald zeigen, ob zu diesem Fortschritt eine ernste Aussicht vorhanden ist.

D. Belagerungen.

Die Belagerung einer Festung ist eine Angriffsschlacht, sowie die Vertheidigung einer Festung eine Vertheidigungsschlacht unter besonderen Verhälnissen. Die besonderen Verhältnisse dieser Art Schlacht gehen hervor aus den materiellen Hindernissen, die seit lange vorbereitet der Vertheidiger in seiner Stellung dem Angreifer entgegenstellt, die er sich durch eine künstliche Umwandlung des Terrains verschafft hat, die nun auch den Angreifer zur Entfaltung der kräftigsten Streitmittel und der kräftigsten Deckungsmittel zwingen, aus der Dauer, welche hiedurch der Kampf erlangt.

Die Verhältnisse, unter denen eine Belagerung begonnen wird, die Lage und die Beschaffenheit des Platzes und seiner Armirung, die Beschaffenheit der Streitmittel des An-

greifers bestimmen den Gang der Belagerung und der Vertheidigung.

In dem vorliegenden Abschnitte haben wir von drei Belagerungen zu erzählen gehabt: Ancona, Venedig, Rom.

Ancona und Venedig sind Seefestungen; die eigenthümlichen Verhältnisse, welche überhaupt bei dem Angriffe auf Seefestungen mitspielen, kamen auch hier in Betracht. Gegen Ancona hätte eine förmliche Belagerung zu Lande geführt werden können. Indessen genügte in der That bei dem Zustande, in welchem Besatzung und Werke des Platzes sich befanden, eine lebhafte Beschießung, ohne eigentliche Belagerung. Immerhin ist zu bemerken, daß Ancona vom 24. Mai bis zum 17. Juni, also $3^1/_2$ Wochen, den Feind vor seinen Mauern sah. Die so oft sich wiederholende Beobachtung, wie selbst schlecht ausgerüstete und schlecht besetzte Festungen Wochen und Monate lang den Feind aufhalten, ja ohne daß sie nur eine eigentliche Gegenwehr leisten, sollte nicht so obenhin angesehen werden, wie es häufig geschieht. Seit der Einführung der gezogenen Geschütze spricht man einmal wieder von den Mauern der Festungen, als würden sie wie Staub hinweggeblasen, als fielen sie wie die Mauern von Jericho vor den Trompeten der Juden. Angenommen die Widerstandsfähigkeit der Festungen, wie sie heute sind, gegen das schwere Geschütz des Belagerers, wie es heute ist, wäre wirklich eine unendlich geringe, was noch nicht so absolut zuzugeben ist, so steht es doch fest, daß nichts desto weniger die Festungen einen ungeheuren Einfluß auf die Kriegführung üben können. Die Mittel des Feldkrieges reichen hier nicht aus; vor großen Festungen kommt der Feldkrieg gewöhnlich zum Stehen. Der Belagerer braucht eine längere Zeit, nur um sich die Mittel zu verschaffen, welche ihn überhaupt in den Stand setzen, seinen Angriff mit Aussicht auf Erfolg zu beginnen; er braucht später noch eine weitere Zeit, um seine beschafften Mittel in wirksame Thätigkeit zu setzen. Ist die Festung, welche er angreifen will, nicht ganz isolirt, ist sie mehr als eine letzte Zuflucht für die Vertheidiger einer bereits verlorenen Sache, so führt der Angriff nothwendig zu einer Theilung der Kräfte des Angreifers. Er muß belagern und aufpassen, was außerhalb vorgeht, mit andern Worten, die Belagerung decken. Die Partei des Angegriffenen erhält die Gelegenheit, äußere Mittel in einer günstigen und durch die Umstände selbst vorgeschriebenen Weise zu verwenden. Die falsche strategische Verwendung der Festungen hat diesen viel mehr geschadet, als alle ihre Mängel, als alle Erfindungen von Zerstörungsinstrumenten zusammengenommen. Sieht man in einer Festung nichts als den Strohhalm, an den man sich beim Ertrinken klammert, um den man sich aber vorher nicht im mindesten bekümmert hat, was will man schließlich von diesem Strohhalm verlangen? welches Recht hat man, irgend etwas Vernünftiges von ihm zu verlangen?

Wenn Batterieen vom Belagerer in aller Ruhe erbaut worden sind, auf große Entfernungen, wenn sie bewaffnet sind mit gezogenen Geschützen, warum sollen diese Batterieen nun nicht die Mauern des Platzes niederwerfen? Wenn das bloße Niederwerfen der Mauern, die Zerstörung schlecht angelegter Pulvermagazine genügt, um die Vertheidiger zur Uebergabe zu bestimmen, warum soll man da nicht Festungen aus meilenweiten Distanzen erobern?

Man schließt aus einzelnen Fällen zu voreilig auf das Allgemeine. Es ist jedenfalls nicht gleichgültig, ob der Belagerer allein sich in dem Vortheil des Besitzes schwerer gezogener Kanonen befindet oder ob auch der Vertheidiger ihm solche entgegenstellen kann. Uebergangszeiten werden in allen Perioden der Geschichte eintreten; aber dieß kann man wohl so sicher als irgend etwas behaupten: in der Gegenwart sind in allen militärischen Dingen, bei denen es bloß auf die Verbreitung von Erfindungen ankommt, die Uebergangszeiten ungemein kurz. Abgesehen hievon aber: wer hat es denn jemals früherhin für eine besondere Heldenthat von Festungsvertheidigern angesehen, daß sie wie die Schlafmützen in ihrem Loche saßen und den Angreifer in aller Ruhe thun ließen, was ihm beliebte? Ist es nicht wahr, daß in allen Vertheidigungen, von welchen die Geschichte als besonders rühmlichen Erwähnung thut, das aktive Auftreten der Belagerten in Ausfällen, der Anstrengung aller Geistesthätigkeit und der Ausnutzung aller technischen Mittel der Vertheidiger die Hauptrolle spielt? Den Heldenmuth der sogenannten Vertheidiger von Gaeta in die Wolken zu erheben, das konnte nur dem legitimistischen Byzantinismus des 19. Jahrhunderts, welcher glücklicher Weise den völligen Verfall des Legitimitätsprinzips sicher verkündet, in den Sinn kommen.

Wenn der Belagerer seine Batterieen auf Distancen erbaut, auf die er unmöglich etwas sehen und beurtheilen, von denen aus er Erfolge, die er mit seiner Artillerie etwa erlangt, unmöglich ausnutzen kann, so bietet sich den Belagerten eine Gelegenheit zu fruchtbaren Ausfällen, wie die Verhältnisse früherer Zeiten sie niemals gegeben haben. Nicht merkwürdiger, aber dummer Weise scheint es, als ob die Ingenieure in Europa über den Erfolgen der gezogenen Kanonen imbecillen Festungskommandanten gegenüber vollständig auch das letzte Quentchen Verstand verloren haben, welches ihnen ihre verdorbene Erziehung bisher noch gelassen hatte. Die Faseleien von Eisenpanzerungen der Wälle, von allem möglichen Schutz durch dicke Erdbedeckungen nehmen überhand; und von der Steigerung des offensiven Elements, welche gerade durch die Einführung der gezogenen Geschütze in dem Festungskrieg nothwendig geboten ist, von der Steigerung des Gebrauchs der Außenwerke und der Ausfälle spricht kaum noch ein Mensch. Wenn Einen der Schöpfer mit einer genügenden Portion Vernunft bedacht hat, weiß man kaum noch, was man von all dem Unsinn denken soll, der heut mit Salbung zu Markte getragen wird. Es könnte fast scheinen, als sei die sogenannte Vertheidigung von Gaeta wirklich das Muster einer Festungsvertheidigung, und als bereiteten sich sämmtliche Festungskommandanten der Zukunft bereits vor, sich eben so zu benehmen, oder als suchte man nur nach den Mitteln und Wegen, sie zu überbieten, so weit einem Menschen das möglich sein könnte.

Auch der holde Vogel Strauß kommt neuerdings zu Ehren. Freilich, wenn früher die Kinder erzählen hörten, daß er seinen Kopf in einen Busch stecke und sich dann einbilde, daß auch der ihn verfolgende Jäger ihn nicht sehe, so lachten die Kinder, und die Alten meinten, die Kinder hätten recht. Jetzt hat die Sache sich geändert. Die Ingenieure in Preußen z. B. stecken die ganzen Festungen aus Angst vor den gezogenen Geschützen mit den Köpfen in die Büsche. Freilich reden sie dabei weder vom Vogel Strauß, noch lachen sie über sich selbst. Aber die Sache bleibt dieselbe; sie wollen Masken von den Beholzungen des Glacis auf diesem stehen lassen. Sicher ist, daß sie dabei selbst vom Feinde nichts mehr sehen können, und daß er, wenn er einigermaßen entschlossen ist, ihnen ohne die mindeste Gefahr ziemlich nahe auf den Leib rücken kann. Sicher ist auch, daß die Vertheidiger viel weniger von den Arbeiten des Belagerers sehen werden, als dieser von der Lage ihrer Werke wissen wird. Denn eine Festung baut man nicht in einem Tage und die Pläne von Festungen gehen durch ganz Europa, aber Pläne von zukünftigen Belagerungsarbeiten kann man bis auf den heutigen Tag noch nicht in den Buchläden kaufen. Nur vorwärts mit dieser „neuen Aera" auch in der Kriegskunst, und es ist Hoffnung vorhanden, daß die allerneueste Aera bald beginne.

Ancona war 1849 faktisch sich selbst überlassen, es hatte, wie unsere Erzählung zeigt, von außen her nichts zu erwarten, obwohl die Oesterreicher im Anfang andere Voraussetzungen machten; 1860 befand sich Ancona in demselben Fall, es war auch in diesem Jahre ein isolirter Platz, obwohl die Vertheidiger eine kurze Zeit sich mit Hülfe von Außen schmeichelten. Es widerstand 1860 nur viel kürzere Zeit als 1849, nur fünf Tage, und dießmal hatte die italienische Flotte — einer der Ausnahmsfälle — einen nicht unbedeutenden Theil an dem

Erfolge, während die österreichische 1849 nur sehr wenig thun konnte.

Wie Ancona, so war auch Rom im Jahre 1849 ein isolirter, auf seine eigenen Kräfte angewiesener Platz; es hatte von außen nur Feinde, nicht die mindeste Unterstützung zu erwarten. Wir haben gesehen, wie eine eigentliche Belagerung durch Art und Stärke der Werke von Rom nicht bedingt war, und aus welchen Gründen dennoch die Franzosen eine Belagerung unternahmen. Dieselbe hatte in ihrem Gange viel von einer Uebung nach dem vauban'schen System, welches vor Plätzen, die eben keine Festungen sind, allerdings noch anwendbar ist. Es scheint, daß jede neue Regierung von Frankreich fortan ihre Thätigkeit mit einer solchen Belagerungsübung eröffnen will. Ludwig Philipp eröffnete die seinige mit der Belagerungsübung vor Antwerpen, Napoleon III. mit derjenigen vor Rom.

Die wichtigste der Belagerungen von 1849 ist diejenige von Venedig. Venedig war, wie Ancona, wie Rom, ein isolirter Posten, als die Oesterreicher den ernsten Angriff begannen. Betrachtet man die Verhältnisse Venedigs zu einem Angreifer, so fällt vor allen Dingen die Schwierigkeit einer vollständigen Einschließung auf. Die Seeseite ist für denjenigen, welcher eine tüchtige Flotte besitzt, am leichtesten abzusperren; auf der Landseite ist wegen der großen Ausdehnung des Estuario und der Menge der Verbindungswege die völlige Absperrung fast unmöglich. Das Auskunftsmittel, welches die Oesterreicher zuletzt ergriffen, daß sie den Landstrich nächst dem Estuario völlig von Einwohnern, Vieh und Vorräthen räumen ließen, war noch die zweckmäßigste, führte doch aber auch nicht völlig zum Ziele. Nicht bloß die große Ausdehnung der Grenze des Estuario, auch die ungesunde Luft in diesem Landestheile, welche den Oesterreichern so viele Opfer kostete, erschwert die Einschließung Venedigs von der Landseite. Wenn man die Vorräthe aus den nächsten Strichen um die Lagunen zurückbringen läßt, so daß man nicht mehr nöthig hat, hier das

Land vollständig zu überwachen, so gewinnt man noch den Vortheil, daß man auch die Truppen weiter ins Land zurück und aus den ungesundesten Strichen fortziehen kann. Wenn die Oesterreicher von vornherein dieses System konsequent verfolgt hätten, so würden sie unzweifelhaft viel weniger Einbuße erlitten haben.

Das Venetianische sehnt sich noch nach der Vereinigung mit dem Königreich Italien; über kurz oder lang wird es der Gegenstand eines Kampfes sein. So lange die Stadt Venedig in den Händen der Oesterreicher ist, sind die Italiener in dem ernsten Auftreten gegen das Festungsviereck sehr gehemmt. Daß die Stadt wieder auf dieselbe Weise wie 1848 ohne Kampf in die Hände der Italiener falle, ist wenig wahrscheinlich. Die Italiener müssen sich daher auf einen Angriff auf Venedig vorbereiten; der Angriff auf Venedig muß eine der ersten Thätigkeiten des Krieges um das Venetianische sein.

Bei jedem Angriff auf Venedig ist es von der höchsten Wichtigkeit, daß man ihn aus der Ferne mit aller Kraft vorbereite; nicht eher zu ihm vorrücke, bis man sich einen festen Belagerungsplan gemacht, bis man außerdem diejenigen und so viele Streitmittel zusammengebracht hat, daß ein schneller Erfolg die größte Wahrscheinlichkeit erhält. Dieses verlangt die ungesunde Beschaffenheit des Umlandes; jedes lange Verweilen vor Venedig, folglich jedes Probiren muß dem angreifenden Heere verderblich sein. Es versteht sich von selbst, daß der Besitz der Stadt Venedig die Hauptsache ist, die Stadt muß nothwendig das Hauptangriffsobjekt werden. Von der Landseite her ist der Angriff auf sie heute, wie sonst, nicht anders möglich als von Mestre her. Die Italiener müssen, um sich Venedigs zu bemächtigen, zuerst Malghera nehmen, sich bei Campalto und bei Fusina festsetzen. Sowohl die Wegnahme Malghera's als seiner Nebenforts, als auch die weiteren Operationen an der Eisenbahnbrücke gegen die Stadt selbst können heute nicht mehr dieselben Schwierigkeiten machen als wie früherhin. Die gezogenen Geschütze geben eine große Leichtigkeit, weite Distanzen wirksam zu überreichen, was gerade den Oesterreichern 1849 so große, mit den damaligen Mitteln fast unüberwindliche Schwierigkeiten machte. Jetzt braucht man weder zu den Luftballons, noch zu den unter 45° eingegrabenen Kanonenröhren seine Zuflucht zu nehmen.

Neben dem Angriffe von der Landseite aber dürfen sich die Italiener die Vortheile des Angriffs von der Seeseite her nicht entgehen lassen. Je mehr es darauf ankommt, nach gefaßtem Entschluß und Beendigung aller Vorbereitungen schnell zum Ziele zu gelangen, desto wesentlicher ist es, von so vielen Seiten als möglich anzupacken, um jeden Ausweg zu versperren, die Aufmerksamkeit zu theilen. Vorausgesetzt muß dabei allerdings werden, daß Italien mit imponirenden Kräften auftrete. Kann es das nicht, so darf es überhaupt gar nicht an einen Krieg um das Venetianische denken. Wichtig ist für den Angriff von der Seeseite her die Festsetzung auf einem Punkte des Littorals, möglichst nahe der Stadt, also auf dem Littoral von Malamocco. Hier fällt die Hauptarbeit der italienischen Flotte zu. Diese hat außer der Beobachtung der österreichischen Flotte, so weit letztere nicht in den Lagunen selbst stationirt ist, noch die Beobachtung der sämmtlichen Lagunenausgänge zu übernehmen, bei der Eroberung der diese Ausgänge vertheidigenden Forts mitzuwirken und die Landung der Streitkräfte zu vermitteln, welche auf dem Littoral verwendet werden sollen.

Am stärksten vertheidigt ist die Einfahrt Porto di Lido; es ist auch gar nicht unmöglich, daß die Oesterreicher sie durch Versenkung von Schiffen versperren würden. In diesem Falle müßte man selbstverständlich auf das Eindringen durch sie verzichten. Aber nichtsdestoweniger müßte, damit man sich auf dem Littoral von Malamocco festsetzen könnte, das Fort San Nicolo erobert werden. Hiebei könnten schwer armirte Panzerschiffe sehr nützlich helfen. Am leichtesten würde — für die Italiener — aller Wahrscheinlichkeit nach das Eindringen durch den Porto di Chioggia sein. Die hier eingedrungenen

Fahrzeuge würden in den Lagunen vordringend wesentlich dazu beitragen, die Festsetzung auf dem Littoral zu decken und zu unterstützen. Es ist auch nicht wahrscheinlich, daß die Oesterreicher sämmtliche Eingänge in die Lagunen versperren würden. Aber auch auf den Fall, daß dieß einträte und daß man nicht darauf rechnen dürfte, mit Hülfe gewandter Lagunenschiffer durch die engen ausgesparten Durchfahrten das Binnengewässer zu gewinnen, müssen die Italiener bei ihren Vorbereitungen denken, indem leichte, leicht zusammenzustellende eiserne Fahrzeuge beschafft würden, die man über das Littoral in die Lagunen bringen könnte (nicht durch die Einfahrten). Denn in der Stadt selbst so bald als möglich zu landen, darauf muß das ganze Streben der Italiener bei ihrem Angriff auf Venedig sich konzentriren. Ist Malghera, Porto di Lido und die Stadt in ihren Händen, so fallen ihnen die übrigen, nun isolirten Forts binnen 48 Stunden von selbst zu. Daß eine Landung in Venedig selbst von einem Aufstande der Venetianer kräftig unterstützt werden würde, unterliegt keinem Zweifel. Bei einer Landung müssen gleichzeitig der Marcusplatz, das Marsfeld und die Inseln Giudecca, S. Cristoforo und Murano ins Auge gefaßt werden.

Die Belagerung von 1849 hat bewiesen, wie lange bei Hin- und Herprobiren aller Art die Vertheidigung sich hinausziehen kann. Allerdings befänden sich die Italiener heute in einer viel günstigeren Lage Venedig gegenüber, als die Oesterreicher 1849; durch die gezogenen Geschütze, durch die Ueberlegenheit ihrer Flotte, durch die Unterstützung der Einwohner, welche ihnen sicher wäre. Indessen bei der unendlichen Wichtigkeit, welche ein Gelingen so schnell als möglich, — wenn selbst nicht am allerschnellsten — für Italien hat, dürfte gar nichts für diesen Angriff versäumt werden. Die neuere Zeit hat einen gewissen Horror vor jenen Riesenarbeiten, welche die Heere des Alterthums bisweilen gegen wichtige und sehr starke Plätze anwendeten. Sie vertraut zu sehr auf das Genügen ihrer gewöhnlichen Mittel und probirt lieber hin und her, als daß sie

36 *

sogleich einen großen Entschluß faßte, sie verliert lieber Jahre über diesem Hin- und Herprobiren, als daß sie von vornherein die Möglichkeit in den Kauf nehmen möchte, Monate zu verlieren.

Wenn eine Stadt, wie Venedig, allerdings auch fallen kann ohne die Anwendung so heroischer Mittel, so verdiente sie doch jedenfalls einen Dammbau wie Tyrus, einen solchen, der unmittelbar nach der Festsetzung auf dem Littoral von Malamocco begonnen würde, und ohne daß man deßhalb im mindesten von der Anwendung irgend eines der andern gewöhnlichen Mittel abstrahirte, welche möglicher Weise viel schneller zum Ziele führen können, aber nicht müssen, indem man vielmehr gleichzeitig von diesen gewöhnlichen Mitteln den ausgiebigsten Gebrauch machte.

Es ist bekannt, daß die verschiedenen Flüsse, welche in die Lagunen ursprünglich und ihrem natürlichen Laufe nach münden, im Laufe der Zeit durch Kanäle in andere Richtungen abgelenkt worden sind, und daß dieß geschehen ist, um den Lagunen einen permanenten Wasserspiegel und Venedig den Charakter einer Inselstadt zu bewahren, — daß wenn es nicht geschehen wäre, binnen kurzem auch die jetzt lebendigen Lagunen in einen Sumpf verwandelt sein würden, welcher Venedig unbewohnbar machen müßte, daß sie bald in eine Sand- und Landfläche verwandelt sein würden, welcher das Estuario fest mit der Inselstadt verbände.

Es ist auch bekannt, wie eben aus diesem Grunde die Stadt Venedig mit einem kleinen Gebiet im Estuario niemals einen unabhängigen, selbstständigen Staat bilden könnte. Ein solcher Staat muß wirklich naturnothwendig das ganze oder doch fast das ganze Gebiet des sogenannten Venetianischen umfassen, er muß die untern und die mittlern Läufe jener Flüsse, welche Venedigs Lagunen und deren Nachbarschaft zuströmen, in seiner Gewalt haben, um die Flüsse in ihrem nothwendigen Stand zu erhalten.

Wir erwähnen dieß hier nur ausdrücklich mit Bezug auf

verschiedene Projekte, die im Jahre 1848 und 1849 zur Sprache kamen, die an sich nicht unvernünftig waren, da allerdings unter Umständen eine einzelne Seestadt einen unabhängigen Staat bilden kann, die aber unvernünftig waren mit Bezug auf die besondern Verhältnisse Venedigs; wir erwähnen es in Bezug auf künftige Kriege und auf etwaige Friedensschlüsse, die demjenigen von Villafranca ähnlich sehen könnten, indem sie die Grenzen Italiens — wenigstens nach dieser Seite hin — ein wenig weiter hinausrückten, aber nicht so weit, als sie zum Wohle Italiens und Europa's — wie die Dinge sich einmal seit 1859 gestaltet haben — nothwendig hinausgerückt werden müssen.

Ein Eroberer des Alterthums würde augenblicklich beim Beginn einer Belagerung Venedigs daran gedacht haben, jene aus ihrem natürlichen Laufe und von den Lagunen abgelenkten Flüsse wieder in ihre Betten einzulenken; ja er hätte vielleicht seine ganze übrige Belagerungsarbeit darauf beschränkt, diese Einlenkung zu decken und ein Eingreifen der Vertheidiger in den Gang der Natur in entgegengesetztem Sinne zu hindern, obgleich er wußte, daß Jahre darüber vergehen mußten, ehe sein Beginnen wirkliche Folgen äußern konnte. Diesem Geiste des Alterthums gegenüber müßte das melancholische Venedig vollends eine Geisterstadt werden, — vielleicht freilich, um in späteren Zeiten mit einem neu oder mehreren neu am Littorale selbst gebildeten und desto vollkommeneren Häfen sich zu neuer Handelsgröße zu erheben. Wem aber fielen bei solchen Betrachtungen nicht die vielen Sagen ein, welche an allen Meeresküsten umgehen, auch an den Küsten der Ostsee und Nordsee, — von reichen, üppigen, seebeherrschenden Handelsstädten, die auf den Meeresgrund — versunken sein sollen.

Zu wenig Werth wird meistentheils auf den moralischen Eindruck gelegt, welchen der Beginn derartiger Riesenarbeiten auf die Belagerten machen muß. Der von Anfang herein gefaßte und gezeigte Entschluß, um jeden Preis zum Ziele zu gelangen, das Geständniß, daß möglicher Weise das Ziel fern ab liegen kann, und die sichere Ueberzeugung, daß es dennoch erreicht werden wird, die beständige und kräftige Arbeit jedes Tages auf dasselbe Ziel hin, haben eine große Gewalt, die am Ende siegreich aus dem Kampfe hervorgehen muß.

Trotz mancher Abirrungen hat Italien von diesem mächtigen Vertrauen in den schließlichen Erfolg seines Unabhängigkeitskampfes viel gezeigt. Anderen Nationen fehlt dieses Vertrauen noch gänzlich.

Inhalt.

Seite

Erster Abschnitt.

Einleitung. Bis zur Vereinigung der österreichischen Armee am Mincio und der Etsch, anfangs April 1848.

1. Die Entwicklung der Freiheits- und Unabhängigkeitsideen in Italien vom Jahre 1815 bis zur Thronbesteigung Pius des IX. . 3
2. Fortgang der Bewegung von der Thronbesteigung Pius des IX. ab während der Jahre 1846 und 1847 bis zum Ausbruche der Insurrektion im Königreich beider Sicilien 11
3. Der Aufstand im Königreich beider Sicilien 14
4. Einfluß des Aufstandes in Unteritalien auf den Rest der Halbinsel; die französische Februarrevolution und der Mailänder Aufstand 18
5. Rückzug Radetzki's von Mailand. Der Aufstand im Venetianischen. Zusammenziehung der österreichischen Armee an dem Mincio und der Etsch 32
6. Italien als Kriegsschauplatz 41

Zweiter Abschnitt.

Von der Vereinigung der österreichischen Armee am Mincio und der Etsch bis zur Vereinigung der österreichischen Reservearmee mit der Hauptarmee. Anfang April bis Ende Mai 1848.

1. Das österreichische Heer auf dem italienischen Kriegsschauplatz 53
2. Die italienischen Streitkräfte 59
3. Vorrücken des sardinischen Heeres an den Mincio. Gefecht von Goito 76
4. Ereignisse am Mincio und in Südtyrol vom Gefechte von Goito bis zum Gefechte von Pastrengo 83
5. Der Uebergang der Sarden über den Mincio und das Gefecht von Pastrengo 96

Seite
6. Das Gefecht von Sa. Lucia 106
7. Beginn der Belagerung von Peschiera und Vorgänge an der Tyroler Grenze 122
8. Vormarsch der österreichischen Reservearmee an die Piave und gegen Treviso 125
9. Marsch der Reservearmee von Visnadello nach Verona . . 134
10. Der 15. Mai in Neapel. Abberufung des neapolitanischen Expeditionskorps 142
11. Betrachtungen.
A. Die Operationspläne und Operationen 149
B. Gefechte 169
C. Ueber die Bildung von Freischaaren im Allgemeinen und in Italien insbesondere 181

Dritter Abschnitt.

Von der Vereinigung der österreichischen Reservearmee mit der Hauptarmee bis zum Abschluß des Waffenstillstandes Salasco. Ende Mai bis 9. August 1848.

1. Marsch Radetzki's von Verona nach Mantua 201
2. Gefechte von Curtatone und Calmasino am 29. Mai . . 206
3. Das Gefecht von Goito und der Fall von Peschiera . . 209
4. Radetzki's Marsch gegen Vicenza. Einnahme dieser Stadt . 216
5. Karl Alberts Unternehmen gegen die Stellung von Rivoli und sein neuer Versuch gegen Verona 224
6. Das zweite Reservekorps und seine Operationen im Venetianischen. Fall von Treviso, Padua und Palmanova. Rückkehr des Restes des neapolitanischen Expeditionskorps in die Heimat . . 230
7. Lage der Hauptarmee Ende Juni und Anfangs Juli. Entschluß, die Blokade von Mantua zu unternehmen 238
8. Die Einschließung von Mantua 242
9. Vorbereitungen Radetzki's zu der großen entscheidenden Offensive. Die Verproviantirung Ferrara's und das Gefecht von Governolo 244
10. Die Offensive Radetzki's. Vordringen Thurns am 22. Juli. Gefechte von Rivoli 248
11. Einnahme der Höhen von Sona und Sommacampagna durch Radetzki am 23. Juli 253
12. Gefechte am Mincio und bei Sommacampagna am 24. Juli 258
13. Die Schlacht von Custozza am 25. Juli 1848 263
14. Die Gefechte von Volta am 26. und 27. Juli 273
15. Rückzug Karl Alberts hinter die Adda 280
16. Plötzlicher Entschluß Karl Alberts zum Marsche nach Mailand. Radetzki's Verfolgung dahin 284
17. Gefecht von Mailand. Abzug der Piemontesen gegen den Ticino. Abschluß des Waffenstillstandes 288

Seite

18. Die Uebergabe von Peschiera. Der Rückzug der Freiwilligenkorps aus der Lombardei 293
19. Die Lage Venedigs und die Operationen des zweiten österreichischen Reservekorps vom Ende Juni bis zum Ende August 1848 296
20. Betrachtungen.
    A. Operationen 306
    B. Gefechte 323
    C. Märsche 339
    D. Positionen 351

Vierter Abschnitt.

Vom Abschluß des Waffenstillstandes Salasco bis zu dessen Aufkündung. 9. August 1848 bis 12. März 1849.

1. Ereignisse in Süditalien 365
2. Die Ereignisse in Mittelitalien 371
3. Die Ereignisse im Venetianischen und der Romagna . . . 375
4. Ereignisse in Sardinien und der Lombardei 383

Fünfter Abschnitt.

Von der Aufkündung des Waffenstillstandes Salasco bis zum Falle Venedigs. 12. März bis 24. August 1849.

1. Aufstellungen und erste Bewegungen des österreichischen Heeres. Tessinübergang der Oesterreicher 397
2. Gefechte von Vigevano und Mortara am 21. März . . . 402
3. Die Schlacht von Novara am 23. März 410
4. Die Abdankung Karl Alberts und der Waffenstillstand . . 419
5. Der Aufstand zu Brescia 421
6. Der Aufstand von Genua 424
7. Besetzung der Herzogthümer Parma und Modena und des Großherzogthums Toscana durch die Oesterreicher 426
8. Die römische Republik vom Ende des März bis Ende April. Die Franzosen vor Rom und das Gefecht vom 30. April . . 430
9. Der sicilianische Feldzug von 1849 536
10. Die Invasion des römischen Gebiets durch die Neapolitaner und deren Vertreibung 440
11. Einbruch der Oesterreicher in die Romagna, Einnahme von Bologna und Marsch auf Ancona. Einnahme Ancona's 444
12. Die Belagerung und Eroberung von Rom durch das französische Expeditionskorps 452
13. Die Ereignisse in und vor Venedig. Die Belagerung von Malghera 461
14. Der Angriff auf Venedig bis zum Beginn des Bombardements der Stadt 476
15. Der Zug Garibaldi's von Rom nach S. Marino. Die Auflösung seines Korps 488

Seite

16. Der Fall Venedigs 495

Betrachtungen.

A. Operationen 506

B. Gefechte und Schlachten 523

C. Ueber den Einfluß der gezogenen Feuerwaffen auf die Taktik der Gefechte und Schlachten 545

D. Belagerungen 555

Einnahme von Vicenza

am 10. Juni 1848.

2 a

Stellungen der Parteien kurz vor dem Rückzug der Schweizer von den Höhen von Madonna del Monte.

—— Vertheidigungslinie der Italiener.

—— Oesterreicher. a. Brigade Culoz. b. Brigade Clam. c. Brigade Strassoldo. d. Brigade Wohlgemuth. e. Brigade Friedrich Liechtenstein. f. Brigade Taxis. g. Reserve Radetzkis.

1.

C. Faenza e Scuchellina
Ranche
Strada ferrata
Morsella
Burio di S. Giorgio
di S. Antonio
Gambarina
Cattanea
Casoni de' Peri
Roggia Biraga
Cavo
Cattanea
Molini di Faenza
Cimitero
Garbana
Gualina
Cimitero
Remondo
1
2
3
4
5
6

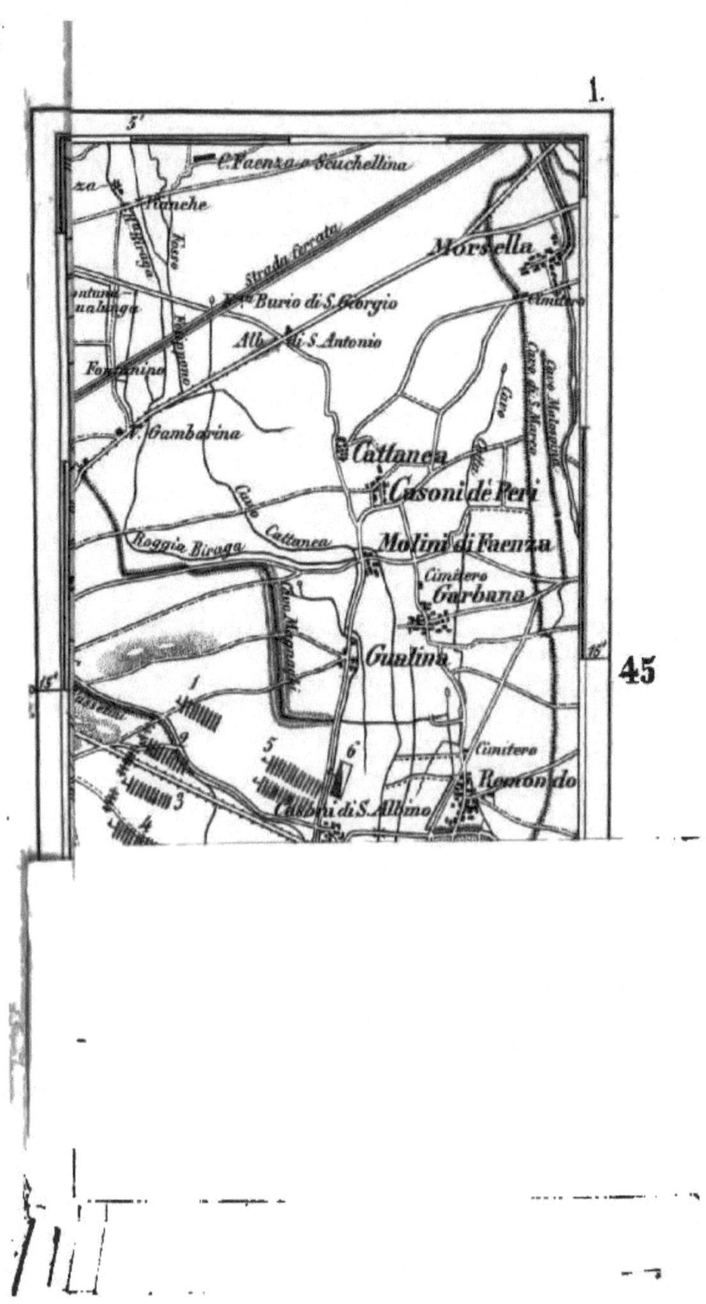

45

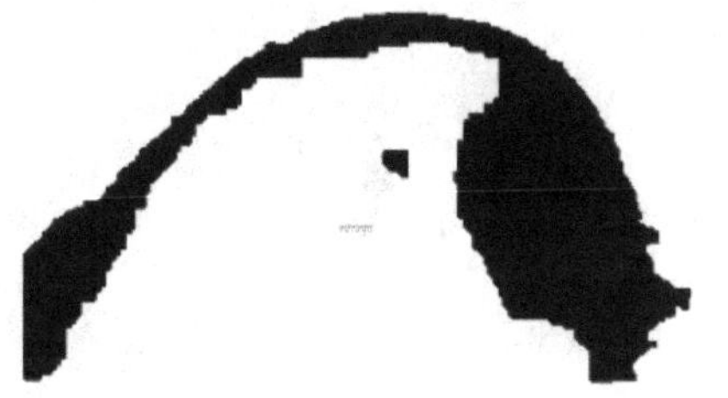

Einnahme von Vicenza

am 10. Juni 1848.

2 a.

Stellungen der Parteien kurz vor dem Rückzug der Schweizer von den Höhen von Madonna del Monte.

—— Vertheidigungslinie der Italiener.

—— Oesterreicher. a. Brigade Culoz.
b. Brigade Clam.
c. Brigade Strassoldo.
d. Brigade Wohlgemuth.
e. Brigade Friedrich Liechtenstein.
f. Brigade Taxis.
g. Reserve Radetzkis.

Zeitfracht Medien GmbH
Ferdinand-Jühlke-Straße 7
99095 Erfurt, Deutschland
produktsicherheit@kolibri360.de